纪念马克昌先生

刑法总论

〔日〕高桥则夫 著
李世阳 译

中国政法大学出版社
2020·北京

声　　明　　1. 版权所有，侵权必究。

2. 如有缺页、倒装问题，由出版社负责退换。

图书在版编目（ＣＩＰ）数据

刑法总论/(日)高桥则夫著；李世阳译.—北京：中国政法大学出版社，2020.1
ISBN 978-7-5620-9418-0

Ⅰ.①刑… Ⅱ.①高… ②李… Ⅲ.①刑法－法学－日本 Ⅳ.①D931.34

中国版本图书馆CIP数据核字(2019)第300512号

出 版 者	中国政法大学出版社
地　　址	北京市海淀区西土城路25号
邮寄地址	北京 100088 信箱 8034 分箱　邮编 100088
网　　址	http://www.cuplpress.com (网络实名：中国政法大学出版社)
电　　话	010-58908586(编辑部) 58908334(邮购部)
编辑邮箱	zhengfadch@126.com
承　　印	北京中科印刷有限公司
开　　本	720mm×960mm　1/16
印　　张	37.75
字　　数	620 千字
版　　次	2020 年 1 月第 1 版
印　　次	2020 年 1 月第 1 次印刷
定　　价	99.00 元

当代日本刑事法译丛编辑委员会

主　　编：贾　宇　西原春夫
副 主 编：黎　宏　本乡三好
执行主编：付玉明
委　　员：赵秉志　陈兴良　张明楷　贾　宇　刘明祥　冯　军
　　　　　胡学相　张绍谦　谢望原　黎　宏　莫洪宪　林亚刚
　　　　　李邦友　夏　勇　陈泽宪　陈子平　齐文远　李　洁
　　　　　卢建平　张　旭　刘艳红　于改之　陈家林　付立庆
　　　　　付玉明　王昭武　王　充　郑军男　黄明儒　程　红
　　　　　钱叶六　周振杰　李立众　李立丰　刘建利　张光云
　　　　　车　浩　劳东燕　何荣功　高　巍　江　溯　陈　璇
　　　　　田文昌　李贵方　李传敢　尹树东

　　　　　西原春夫　山口厚　　曾根威彦　高桥则夫　松原芳博
　　　　　石川正兴　甲斐克则　井田良　　塩見淳　　佐伯仁志
　　　　　田口守一　川出敏裕　只木诚　　金光旭　　松宫孝明
　　　　　星周一郎　十河太朗　桥爪隆　　川本哲郎　本乡三好

编 辑 部：付玉明　张小宁　周啸天　苏明月　谢佳君　秦一禾
　　　　　吕英杰　黎其武　李　强　李世阳　于佳佳　储陈城
　　　　　赵姗姗　陈建军　陈少青　张梓弦　姚培培

学术助理：杨智宇　汪萨日乃　姜天琦　翟艺丹

总序一[*]

经西北政法大学贾宇校长的提议与努力，《当代日本刑事法译丛》开始得以出版发行。值此之际，承蒙贾宇校长力邀，我亦有幸得享主编之誉，想必这是对我近25年来为中日刑事法学术交流所做微薄贡献的肯定。

早在1988年，由我提议发起召开了首届"中日刑事法学术研讨会"，此后隔年一次定期举行，迄今已历经27载，共计召开了14届。并且，第15届与第16届研讨会的会议日程与承办学校也已经确定。在此期间，尽管中日之间的关系令人遗憾地出现了一些负面情况，迄今仍尚未得到完全修复，但是这丝毫未影响到两国之间的刑事法学术交流。这足以说明，至少在刑事法学术交流的领域，中日关系已经坚如磐石；刑事法学界的两国同仁也不止于单纯的学术交流，而是已经超越国界，达至心心相连的境界。于我而言，没有比这更值得欣慰的事情了。

在这里，我又情不自禁地想起了马克昌先生。虽然马先生已于2011年仙逝，但我们两人之间的深厚友情，正象征着承担中日两国刑事法学术交流的同仁之间的牢固纽带。1998年，正在东京创价大学访问的先生第一次拜访了我。自此之后，我就与先生成为肝胆相照的学术知己！2002年，在武汉大学召开的第7次"中日刑事法学术研讨会"上，日方与会者均惊叹于"马家军"的威势，此后，中国刑法学界的"马家军"作为一种传说流传至今。包括那次会议在内，我曾十数次访问武汉，对先生的敬仰之

---

[*] 本序文由付玉明移译校对。

情弥深。在先生患病住院期间，曾两度去医院探望的外国人，想必除我之外别无他人。可以说，我与先生之间惺惺相惜已然不分国界。

先生早年曾在河南省周口市就学，亦曾深受日本军国主义之毒害，但作为一名刑法学者，却仍能对日本刑法学中的可取之处毫不犹豫地给予积极评价，一想到这一点，我便不由得在与先生交往之初即向其由衷地表达敬意。这样说来，从先生的角度来看，想必早已完完全全看透了我内心对那些不堪回首之往事的强烈纠结，并理解了我此后的所言所行。我想，我与先生之间的友情正是因为相互跨越了过去，才能得以超越国界。

在贾宇校长邀请我一同担当主编之际，我之所以能欣然接受未曾有丝毫犹豫，其理由正是在于，这次的《当代日本刑事法译丛》有"纪念马克昌先生"之意，而且，从该丛书的中方编委名单中，也能看到"马家军"的成长壮大。这次的出版计划赋予了中日刑事法学术交流以新的形式，在这一点上，我以为意义重大。以贾宇校长为首的相关人员为实现本出版计划付出了相当努力，在此，谨表达我衷心的敬意与谢意，同时，也深切祝愿本丛书进展顺利。

是为序。

早稻田大学名誉教授、原校长
中日刑事法研究会名誉会长
西原春夫
2015年2月8日于日本东京

总序二

法律是人类的微缩历史。法律既是人类文明的成果积淀,也是多元文化的综合汇聚;不同的国家虽然可能采用不同类型的法律制度,但是都大致共享着同样的法治伦理。因此,不同国家的法律思想和法律制度需要并且可以相互进行交流与借鉴,甚或移植。

众所周知,中华法系起于先秦,盛于唐宋,解于清末,曾经一度是世界领先的法制文明,覆盖了泛东亚儒家文化圈。日本在公元八世纪初开始学习和接受唐朝的律令,成为律令制国家,之后直至明清时期,日本的律令制度一直深受中华法系的影响。但是明治以后,日本开始维新政治,转向西学,取法欧陆,勖行法治,成为亚洲最早转型成功的近代国家。清末时期,修律大臣沈家本邀请日本东京帝国大学的冈田朝太郎博士担任顾问,日本法学的思想理念开始回馈襄助中华。自此之后,中日两国的法律交流,出现了"师襄彼此,各有优长"的局面。

在当代,中日两国刑事法的交流与合作,主要是由日本早稻田大学前任校长西原春夫先生与中方的马克昌先生、高铭暄先生联合确立推动的。西原先生是日本杰出的刑法学家、教育家以及社会活动家,曾经入选福田政府的顾问团,是立场鲜明的"和平主义者",也是我们眼中的"知华派"。马克昌先生是新中国第一代刑法学家,是武大刑法学的领军人物,与高铭暄先生并称中国刑法学界的"南马北高",马先生能够广纳天下英才而育之,门下弟子众多,被学人戏称为刑法学界的"马家军"。马先生虽未出国留学,但是精通日语,能够通畅交流。因此于1998年与西原先生在东京相逢之后,两人一见如故,彼此引为知己。两位先生志趣相合,心意相连,高山流水遇知音,肝胆相照两学人。因为马先生的关系,西原先生曾经十余次访问武汉,并亲自出席马先生八十华诞学术研讨会,尤其是在马先生生病住院期间,西原先生更是曾经两度越洋探访,这在两国学界都十分鲜见。两位先生的学术友情,实不让于管鲍之交、钟伯之谊,业已成为中日学术史上的传奇美谈。

马克昌先生是我的授业恩师,不仅引领我踏入法学研究的学术殿堂,而且对我更有人生际遇上的知遇之恩。先生高风雅量,宽厚待人,爱才惜才,醉心学术,在古稀之年,仍然用手工书写的方式完成了80余万字的鸿篇巨制——《比较刑法原理——外国刑法学总论》一书,震动学界。先生看重学问,常怀克己之心、追贤之念,秉学人高格、务法律之实,对我等弟子亦各有期许。

2011年6月22日,先生因病不治,驾鹤仙游。学门弟子,悲痛心情,无以言表。我曾以诗纪念先生:"先生累矣,溘然长眠;学门兴盛,师心所牵。吾侪弟子,克勤克勉;事业有继,慰师安然。师恩难忘,一世情缘;恩师音容,永驻心间。"为了告慰先师,身为弟子,理应承继先生志业,竭尽绵力于一二。

中日刑事法的交流圈子,是先生亲自将我领入。早在2002年的中日刑事法学术研讨会上,马先生就将我郑重介绍给西原先生,并嘱我日后要多多参与、支持中日刑事法的学术交流活动。因此,在2007年我专门邀请西原先生赴西安讲学,并为西原先生举办了八十华诞学术研讨会。此后,常常在各种不同的学术会议的场合与西原先生遇见,相知益深,被先生引为忘年之交,不胜荣幸。

2011年10月1-5日我受日本中央大学的邀请访学东京,期间专门择时拜访了西原先生,先生在东京日比谷公园著名的松本楼接待了我。松本楼是中国民主革命先行者孙中山先生的挚友梅屋庄吉的故居,是孙中山先生与宋庆龄女士的结发场所和旅居之地；在当代，则一向是日方对华友好人士接待中国来宾的重要场所，具有很强的文化意象。其时，恰遇中日关系出现了些许波折，又逢我的恩师马克昌先生新近离世，西原先生设宴松本楼，深具厚意与情怀。席间念及马先生，西原先生不禁肃穆满怀，把酒遥祭，深情追忆了与马先生相识相交的详细过程，言之谆谆，意之切切，令我深为感动。因此，我当场向西原先生提出合作主持出版一套《当代日本刑事法译丛》的意向，一来以此纪念马克昌先生，二来为中日刑事法学的继续深入交流做些实事。西原先生毫不犹豫，欣然应允，答应联署译丛主编并愿意承担一些组织工作。

本套译丛的编委会委员，邀请了部分日方著名的刑法学家，特别是译著的作者；中方编委会成员主要是马克昌先生的部分学生，也邀请了中国刑法学界热心此项工作的部分专家学者。副主编则由黎宏教授与本乡三好先生担任：黎宏教授是马先生的高徒，早年留学日本，如今已成长为中国刑法学界的青年领军人物；本乡三好先生长期担任久负盛名的成文堂出版社的编辑部长，协助西原先生为中日刑事法学的交流发展做出过大量工作，对中国学界有巨大贡献。我的学生付玉明担任本套译丛的执行主编。玉明聪明好学，治学刻苦，曾受马克昌先生与西原先生的惠助，留学日本。他为这套丛书的联络、组织、翻译、出版付出了巨大努力。译丛编辑部主要由留日归来的青年刑法学者组成，他们精研刑法，兼通日文，是中国刑法学界的后起之秀，其中大多也是本套译丛的译者。

北京京都律师事务所的田文昌先生、北京德恒律师事务所的李贵方先生、西北政法大学校友汪功新先生，以及西北政法大学刑事辩护高级研究院，为本译丛慷慨解囊提供出版经费，在此致谢！感谢他们心系学界，关爱学问。

中国政法大学出版社的前社长李传敢先生及现任社长尹树东先生为本译丛提供出版支持，编辑部主任刘海光先生、丁春晖先生具体负责方案落实，辛苦备至，他们勤勉认真的工作态度令我们敬佩有加！

法律的故事就是人类的故事,法治的历史实际上就是法律人奋斗的历史。坚硬的法律背后,更多的是温情的人间故事。让我们记住这段当下史,记住这些名字。

是为序。

西北政法大学教授、校长
中国刑法学研究会副会长
贾 宇
2015 年 2 月 8 日于古城长安

中文版序言

李世阳博士将我的《刑法总论》［成文堂2016年版（第3版）］翻译为中文，荣幸之至，在此出版之际，我想衷心表达我的谢意。

关于中国刑法学，通过中日刑事法论坛以及诸多到早稻田大学留学的中国留学生，我也学习到了部分内容。然而，先不谈其中个别问题的详细论点，要把握中国刑法学的整体面貌是极其困难的。在这一点上，恐怕中国的刑法研究者对于日本刑法学的认知也是同样的状况吧。既然刑罚是"国家"的刑罚，而刑法学又是深深根植于其国家的文化、社会、政治等因素的产物，因此我认为这种状况的产生是必然的结果。那么，为什么说刑法的比较法考察是重要的呢，这是因为，在尊重各自异质面的同时，探求在考察犯罪与刑罚之际的共通框架，这一工作对于各自的刑法学（立法论以及解释论）的进展是极其有益的。

我认为，对作为形成我的刑法学基础的"行为规范与制裁规范"这一框架，在这种比较法的考察上具有重要意义。规范论（Normentheorie）是在思考人类、社会、国家的问题上不可或缺的要素。自此之后，通过规范论比较性检讨中国刑法学与日本刑法学，可以说是我的课题了。

李世阳曾经留学于我的门下，他以《关于日中犯罪参与体系的比较法考察》为题出色地完成了博士论文，并顺利获得早稻田大学法学博士的称号，是新近锐气的研究者。我不仅期待他为中国刑法学的构建添砖加瓦，而且期待他能致力于中日刑事法交流事业。另外，在本书中译本出版之际，陈兴良先生为本书作序，让我欣喜之极、无上光荣。借此场合，我想对陈兴良先生表达我诚挚的谢意。

本书的出版，如果能对中国刑法学的发展有任何贡献的话，再也没有比这更令人高兴的事情了，与此同时，我也会一步一步将研究继续往前推进。

柔和的五月之风吹拂我脸庞

高桥则夫

2017年5月5日

序

日本早稻田大学法学研究科高桥则夫教授《刑法总论》一书的中文版即将在我国出版，本书的译者李世阳博士嘱我为本书写序。我翻阅了本书的中文版，觉得这是一部具有个人特色的刑法体系书，值得向我国读者推荐。因此，我欣然接受李世阳博士的邀请，写下本序。

我国的刑法学术起步较晚，然而进步较快，这在很大程度上有赖于对国外学术资源的吸收与借鉴。尤其是德日的刑法教义学对于我国刑法理论的复兴与发展起到了重要的助力作用。在此，翻译工作功不可没。目前，德日等国的重要刑法学术著述，尤其是刑法教科书都被分批次地介绍到我国，成为我国刑法学术研究的重要参考资料。其中，又以日本的译著较为丰富，数量与质量均属上乘。就刑法教科书而言，日本著名学者的刑法教科书大多已经在我国翻译出版，例如大塚仁、大谷实、西田典之、山口厚等学者的刑法教科书都已经翻译出版。现在，高桥则夫教授《刑法总论》又在我国翻译出版，为这个学术园地又增添了光彩。

高桥则夫教授《刑法总论》一书即使是在日本学者中，也是十分独特的一部刑法教科书。日本刑法学者的刑法教科书都是个人独著，具有鲜明的个人特色。而且，日本刑法学界以行为无价值论与结果无价值论划分学派，刑法教科书亦以此区分。然而，高桥则夫的《刑法总论》一书的独特性远不止于此，而在于以规范论为核心观点叙述刑法基本原理，由此与其他日本学者的刑法教科书截然区分。

高桥则夫教授曾经出版了其具有代表性的专著《规范论和刑法解释论》(中国人民大学出版社 2011 年版)，该书是由李世阳博士和戴波博士共同翻译出版的。在该书中，高桥则夫教授采用规范论的方法对刑法总论的主要专题进行了深入探讨。而在《刑法总论》一书中，高桥则夫教授将规范论的研究方法推广到整个刑法总论，由此构造了规范论的刑法学理论体系。本书的第一章刑法学序说的第一节就是刑法的规范构造，可以说开宗明义地对规范论进行阐述，由此奠定了本书的理论基调。

关于规范论，高桥则夫教授的基本观点是：行为规范与制裁规范的二元论，即刑法规范是由行为规范与制裁规范构成的。在行为规范问题上，高桥则夫教授强调它与法益保护之间的关联性，认为行为规范是为法益保护而设定的，因此在是否具有行为规范违反的判断中，必须进行法益关联性的判断。在这个过程中，由于无法否定预防性的法益保护这一事前判断性，因此，只要存在对于法益的一般的、抽象的危险，就能够肯定行为规范的违反。而在制裁规范问题上，高桥则夫关注它与刑罚目的之间的连接性，认为刑罚目的是制裁规范正当化的根据，刑罚具有恢复被违反的行为规范的功能。这些观点构成高桥则夫教授犯罪论与刑罚论的基本立场，也是理解本书内容的中心线索。

在《刑法总论》一书中，高桥则夫教授将规范论贯穿于法律犯罪论与刑罚论的论述之中。例如，在论及犯罪的本质时，高桥则夫揭示了犯罪的本质的规范性质，指出：行为规范指向一般人，由于违反了该行为规范，该行为就成为违法行为。而该判断是关于应为却不为这种当为（Sollen）的无价值判断。接着，必须进一步追问是否可能遵循该当为实施相应的行为。也就是说，这是关于能为却不为这种可能（Koennen）的无价值判断。据此，就可以对行为人自身进行非难，即追究责任。这是属于义务规范的范畴。从该义务规范派生出了应当遵循行为规范来做意思决定的义务（意思决定义务）。意思决定义务并不是从行为规范（法规范）派生出来的，而是在直面行为规范以前就在我们心中作为一般性的东西存在的。因此，在高桥则夫看来，犯罪的本质就在于对行为规范的违反。而这种对行为规范的违反，对于不法来说，是违反当为义务。对于责任来说，是违反意思决定义务。因此，高桥则夫教授对犯罪性质的规范论观点既不同于规范违反说，又不同于法益侵害说，确实具有其自成一类的特点。

在论及刑罚的性质时，提出了刑罚是作为对于犯罪的规范性报应的命题。这种规范性报应的观点正是规范论在刑罚论的必然延伸。高桥则夫教授指出：作为制裁规范发动的效果，刑法设置了刑罚这一制度。制裁规范首先意味着作为对于行为人违反行为规范的反作用。因此，作为制裁规范发动之效果的刑罚也具有这种反作用的一面。与此同时，还具有使被违反的行为规范恢复的一面，也可以将这两个侧面称为报应。刑罚的本质就是在这种意义上的规范性报应。但是，作为该报应的刑罚，并不是漫无目的的，而是通过怀着某种社会性目的而将其存在正当化。在此，高桥则夫教授从制裁规范是对行为规范违反的反作用这个意义上展开对刑罚性质的论述，由此而将行为规范与制裁规范紧密地连接起来，实现了行为规范与制裁规范的统一。

不仅在刑法中心观点上独具一格，而且在内容上也不同于其他日本刑法教科书。例如，在因果关系问题上，日本学者的传统观点是相当因果关系说，并对源自德国的客观归责理论不以为然。例如，日本老一代刑法学家大塚仁教授论及客观归责时指出：客观归责想抑制条件说对因果关系范围的扩大，在这一点上，具有与相当因果关系说同样的志向，其适用的实际，可以说也与相当因果关系说没有大的差别。但是，所谓客观归责的观念本身和其刑法理论体系上的地位等，尚缺乏明确性，存在不少问题。在日本，也看到一部分观点赞同该理论。但是，应该没有放弃相当因果关系说而采用这种理论的必要。[1]而高桥则夫教授对相当因果关系与客观归责

---

[1] [日]大塚仁：《刑法概说（总论）》（第3版），冯军译，中国人民大学出版社2003年版，第188页。

的看法则发生了重大的变化。在本书中，虽然仍然以实行行为与相当因果关系为线索叙述构成要件的内容。但高桥则夫教授敏锐地发现了相当因果关系说的局限性，指出：最近，对相当因果关系说的判断构造提出疑问的判例也层出不穷。尤其是在大阪南港事件［最决平成2年（1990年）11月20日刑集第44卷第8号第837页］与夜间潜水训练事件［最决平成4年（1992年）12月17日刑集第46卷第9号第683页］等案件中，以介入因素之异常性的有无为问题对相当因果关系说提出了疑问。高桥则夫教授认为，在上述案件的判决中，日本最高法院的判例没有采用相当因果关系说，即并未通过行为时的事前判断来确定判断基底；把贡献度（影响力）置于因果关系判断的核心。此外，由于将贡献度作为核心问题，因此也没有采用条件说（以及原因说）。相反，从结论上来看，可以说判例的立场采用了危险的实现（危险的现实化）这一客观归属理论的框架。因此，虽然没有达到以客观归责替代相当因果关系说的程度，但以客观归责补充相当因果关系说的不足，这对日本刑法传统理论已经是一个突破。由此可见，高桥则夫教授并不满足于现有的理论框架，进行了大胆的探索，这是极为可贵的。

通常来说，刑法教科书是对刑法通说的体系性叙述，然而它又不得不反映学者个人的理论特色。如何平衡这两者是在刑法教科书撰著过程中需要拿捏与把握的一个难点。高桥则夫教授对此做了有益的尝试，尤其是在个人创新性方面较为突出，这也正是本书的新意之所在。

我与高桥则夫教授在中日刑事法交流中多次相遇，收获良多，受益匪浅。本书译者李世阳博士是我指导的硕士生，在硕士生阶段就参与翻译了高桥则夫教授的《规范论和刑法解释论》一书。在博士生阶段，李世阳师从梁根林教授，并留学日本，师从高桥则夫教授，同时攻读北京大学与早稻田大学两所学校的法学博士学位。经过不懈努力，李世阳终于获得了北大和早大的双博士，这是极为难得的。现在，李世阳博士入职浙江大学光华法学院，本书的翻译出版既是李世阳的学习成果，也是对高桥则夫教授师恩的报答。我相信，李世阳博士在未来的学术生涯中，会汲取中日两国的刑法研究成果，获得更大的学术成就。

是为序。

陈兴良

谨识于北京海淀锦秋知春寓所

2017 年 4 月 24 日

初版前言

本书是刑法总论的体系性著作，其内容是关于犯罪论和刑罚论的基础理论与解释论的展开。现在，"哎呀呀"这种感叹是我真实的感受。因为至今为止，我一直面对许多人提出的"教科书还没出来吗"这一疑问。现在虽然已经部分完成了对这一问题的回答（刑法各论还未完成）。之所以耗费这么多时间，首先自不待言是因为我的才疏学浅，但是也因为我具有这样的强烈观念：在讲到刑法学时，就必须对于人类是什么、社会是什么、国家是什么等根本问题做出自己的回答。但是，我当然也认识到了这些问题是永远的课题，想要等到这些问题得以圆满解决，那么体系性教科书的出版就不可能实现，于是我决意执笔写教科书。但是，我也认为本书在尽量地意识到了与上述根本问题的关系这一点上，是具有意义的。

此外，作为本书的特征，可以列举出：从行为规范与制裁规范这一视角出发来检讨犯罪论与刑罚论。规范论也是永远的课题，但由于关于这一点可以构建一个大致的结构，所以我认为从这个结构出发试着检讨刑法总论的诸问题，也多多少少是有意义的。

另一方面，在本书中，努力详细地刊载尽可能多的判例或裁判例（包括事实关系）。既然解释论具有作为"规范与事实的桥梁"这一实践的性质，那就不应该是抽象理论的空战，而是与具体问题相对决的陆战。特别是法科大学院的学生，有必要对于判例在与事实的关系上进行仔细检讨，反复往返于事实与判旨之间，把握判例所要表达的东西。这一点对于本科生来说也是妥当的吧。

遥想当年,从恩师西原春夫先生手里接过《刑法总论》这一著作(1977年,成文堂)是在博士课程一年级的时候。从那时到现在经过了33年,我终于可以将刑法总论的体系书谨呈于先生面前,不禁无限感慨。我也想在此承诺刑法各论的体系书在不远的将来出版。

本书的出版,自不待言得到多方援助。关于本书的校对和文献的补充等,得到研究室的冈部雅人君(姬路独协大学法学部专任讲师)、增田隆君(帝京大学法学部助教)、宿谷晃弘君(东京学艺大学教育学部专任讲师)、小坂亮君(佐贺大学经济学部准教授)、仲道祐树君(早稻田大学社会科学部专任讲师)的鼎力相助。在此对各位深表感谢。

最后,本书的出版,得到成文堂的阿部耕一社长、土子三男总经理的关照。进而,我也想对于劝说我执笔作为本书母体的讲义案的田中胜家销售部部长表示感谢。如果没有这个讲义案的执笔就不会有本书的诞生。此外,编辑工作全部由篠崎雄彦编辑部员担任。借此场合,对各位衷心地表示感谢。

路漫漫其修远兮,我想宁静而淡泊地漫步在这迂回曲折的道路上!

春风拂面
高桥则夫
2010年4月1日

第二版前言

本书初版的刊行已经过了三年，能够在这里给大家呈献第二版，我觉得非常幸运。在第二版中，除了补充了初版刊行后的法律修正、重要判例、重要文献，进而，在添加了一体的行为论与共谋的射程等新项目的同时，也意图使本书的叙述更加明确化、精致化。这是否能够成功，只能委诸读者的评价。如果对于本书能够被评价为变得更为充实了，那么，我想这在很大程度上也要归功于诸多法务研究科院生、法学研究科院生、学部学生的各种各样的质问。在他们当中，不少学生都在包含脚注在内逐字逐句地阅读本书的基础上，对于本书的理论与归结的不明确性、与拙著《刑法各论》的整合性、叙述的方式等，提出了尖锐的意见。只要这种优质的交流还继续存在，我的热情也不会衰退，自然会将本书再版。

本书的基本观点完全与初版一脉相承。我想以后恐怕这本书的理论框架也不会改变。但在每天都紧跟理论刑法学的展开以及判例实务的展开这一过程中，观点也不可避免地会发生变化。也就是说，十年一日的理论自当衰退，理论必须日益进化。

在第二版的修订过程中，承蒙成文堂篠崎雄彦编辑部员的大力关照。借此场合，由衷表示感谢。

从本书初版到第二版这一期间，有种笔墨枯尽的艰难感觉。就像在

《刑法各论》的"前言"中也说到的,我想剩下的只有将"实事求是"(Zur Sache)这一点铭记于心。

追寻远夏的记忆
高桥则夫
2013年8月1日

第三版前言

从本书第二版刊行以来已经过了三年，终于可以将第三版呈现在大家面前。蓦然回首，惊奇地发现自己是每三年进行一次修订，"3"这一个数字天生就是一个极其有趣的、令人感动的数字，我想今后也要努力维持这一个周期规律。

在第三版中，附加了平成28年（2016年）6月所施行的《刑法等的部分修正之法律以及关于对药物使用等犯罪者之部分刑罚执行犹豫的法律》，与此同时，当然也通过例子而大量增加了最近的判例及裁判例。例如，到了校正阶段还增加了涉谷温泉设施爆炸事件（最决平成28年5月25日）与明石花火大会步道桥事件（最决平成28年7月12日）等。此外，在最近一系列的古稀祝贺论文集等的执笔过程中，愚见也得以进展或变化，伴随而来，也有部分地方改变了之前的观点，关于这一点将在本书中明示。

在第三版校正印刷版的检查与文献的补充上，得到冈部雅人君（爱媛大学法文学部准教授）、田川靖纮君（爱媛大学法文学部准教授）、木崎峻辅君（筑波大学人文社会系助教）的大力帮助。在此深表谢意。此外，在第三版的修订工作中，也得到了成文堂的篠崎雄彦编辑部员的诸多关照。借这个机会，表示感谢。

终于，我们这一辈的时代也走向了"终结的开始"，随着大量优秀的年轻研究者的出现，我想，逐渐向他们传递接力棒的时代已经到来。可是，研究是永无止境的，我还想继续往前一步。

于暑气笼罩的喧嚣而开放的校园中

高桥则夫

2016 年 8 月 6 日

凡　例

1. 法令

法令的缩略语按照大家一直以来的惯用语。

2. 判例

（1）引用判例的略称，依以下之例：

最判（决）昭和 27 年 12 月 25 日刑集第 6 卷第 12 号第 1387 页＝最高裁判所判决（决定）昭和 27 年 12 月 25 日最高裁判所刑事判例集第 6 卷第 12 号第 1387 页。

东京高判昭和 30 年 5 月 19 日高刑集第 8 卷第 4 号第 568 页＝东京高等裁判所判决昭和 30 年 5 月 19 日高等裁判所刑事判例集第 8 卷第 4 号第 568 页。

（2）略语

刑录：大审院刑事判决录

刑集：大审院刑事判例集、最高裁判所刑事判例集

裁判集刊：最高裁判所裁判集刑事

高刑集：高等裁判所刑事判例集

高刑裁特：高等裁判所刑事裁判特报

高刑判特：高等裁判所刑事判决特报

高刑速报：高等裁判所刑事裁判速报集

高检速报：高等裁判所刑事裁判速报

东京刑时报：东京高等裁判所刑事判决时报

一审刑集：第一审刑事裁判例集

下刑集：下级裁判所刑事裁判例集

裁时：裁判所时报

刑月：刑事裁判月报

判时：判例时报

判夕：判例タイムズ

新闻：法律新闻

评论：法律评论

最判解：最高裁判所判例解说刑事篇

3. 教科书

青柳：青柳文雄：《刑法通论Ⅰ总论》（1965年，泉文堂）

浅田：浅田和茂：《刑法总论》（补正版，2007年，成文堂）

阿部：阿部纯二：《刑法总论》（1997年，日本评论社）

井田：井田良：《讲义刑法学 总论》（2008年，有斐阁）；《刑法总论的理论构造》（2005年，成文堂）

板仓：板仓宏：《刑法总论》（补订版，2007年，劲草书房）

伊东：伊东研祐：《刑法讲义总论》（2010年，日本评论社）

伊藤总论：伊藤涉、小林宪太郎、镇目征树、成濑幸典、安田拓人：《Actural 刑法总论》（2005年，弘文堂）

金井总论：金井猛嘉、小林宪太郎、岛田聪一郎、桥爪隆：《刑法总论》（第2版，2012年，有斐阁）

植松：植松正：《再订刑法概论Ⅰ总论》（1974年，劲草书房）

内田（文）：内田文昭：《改订刑法Ⅰ（总论）》（补订版，1997年，青林书院）；《刑法概要（上卷）（中卷）》（1995年，1999年，青林书院）

大越：大越义久：《刑法总论》（第5版，2012年，有斐阁）

大塚（仁）：大塚仁：《刑法概说（总论）》（第4版，2008年，有斐阁）

大场：大场茂马：《刑法总论（上卷）（下卷）》（复刻版，1994年，信山社）

大谷：大谷实：《刑法讲义总论》（新版第4版，2012年，成文堂）

冈野：冈野光雄：《刑法要说总论》（第2版，2009年，成文堂）

小野：小野清一郎：《新订刑法讲义总论》（增补版，1950年，有斐阁）

香川：香川达夫：《刑法讲义（总论）》（第3版，1995年，成文堂）

柏木：柏木千秋：《刑法总论》（1982年，有斐阁）

川端：川端博：《刑法总论讲义》（第3版，2013年，成文堂）

吉川：吉川经夫：《改订刑法总论》（改订版，1972年，法律文化社）

木村（龟）：木村龟二（阿部纯二增补）：《刑法总论》（1978年，有斐阁）；《犯罪论的新构造（上）（下）》（1966年，1968年，有斐阁）

草野：草野豹一郎：《刑法要论》（1956年，有斐阁）

江家：江家义男：《刑法（总论）》（1952年，千仓书房）；《刑法讲义总则篇》（改订7版，1954年，敬文堂）

小林：小林宪太郎：《刑法总论》（2014年，新世社）

齐藤（金）：齐藤金作：《刑法总论》（改订版，1955年，有斐阁）

齐藤信治：齐藤信治：《刑法总论》（第6版，2008年，有斐阁）

齐藤（诚）：齐藤诚二：《特别讲义刑法》（1991年，法学书院）

齐藤信宰：齐藤信宰：《新版刑法讲义（总论）》（2007年，成文堂）

齐野：齐野彦弥：《刑法总论》（2007年，新世社）

佐伯（千）：佐伯千仞：《刑法讲义（总论）》（四订版，1981年，有斐阁）

佐伯（仁）：佐伯仁志：《刑法总论的思考方式、解读方式》（2013年，有斐阁）

佐久间：佐久间修：《刑法总论》（2009 年，成文堂）

盐见：盐见淳：《刑法的道标》（2015 年，有斐阁）

下村：下村康正：《犯罪论的基本思想》[1960 年，（续）1665 年，成文堂]

庄子：庄子邦雄：《刑法总论》（第 3 版，1996 年，青林书院）

铃木：铃木茂嗣：《刑法总论》（第 2 版，2011 年，成文堂）

关：关哲夫：《讲义刑法总论》（2015 年，成文堂）

曾根：曾根威彦：《刑法总论》（第 4 版，2008 年，弘文堂）；《刑法的重要问题（总论）》（第 2 版，2005 年，成文堂）；《刑法原论》（2016 年，成文堂）

泷川：泷川幸辰：《犯罪论序说》（改订版，1947 年，有斐阁）

立石二六：《刑法总论》（第 4 版，2015 年，成文堂）

团藤：团藤重光：《刑法刚要总论》（第 3 版，1990 年，创文社）

内藤：内藤谦：《刑法讲义总论（上）1983 年、（中）1987 年、（下Ⅰ）1991 年、（下Ⅱ）2002 年，有斐阁》

中：中义胜：《讲述犯罪总论》（1980 年，有斐阁）

中野：中野次雄：《刑法总论概要》（第 3 版补订版，1997 年，成文堂）

中山：中山研一：《刑法总论》（1982 年，成文堂）；《新版概说刑法Ⅰ》（2011 年，成文堂）

西田：西田典之：《刑法总论》（第 2 版，2010 年，弘文堂）

西原：西原春夫：《刑法总论（上卷）（改订版）、（下卷）（改订准备版）》（1993 年，成文堂）

野村：野村稔：《刑法总论》（补订版，1998 年，成文堂）

萩原：萩原滋：《刑法总论》（第 3 版，2014 年，成文堂）

桥本：桥本正博：《刑法总论》（2015 年，新世社）

林（干）：林干人：《刑法总论》（第 2 版，2008 年，东京大学出版

会）

日高：日高义博：《刑法总论》（2015年，成文堂）

平野：平野龙一：《刑法总论》Ⅰ（1972年）、Ⅱ（1976年）（有斐阁）；《犯罪论的诸问题（上）总论》（1981年，有斐阁）

平场：平场安治：《刑法总论讲义》（1952年，有信堂）

福田：福田平：《全订刑法总论》（第5版，2011年，有斐阁）

藤木：藤木英雄：《刑法讲义总论》（1975年，弘文堂）

船山：船山泰范：《刑法学讲话（总论）》（2010年，成文堂）

堀内：堀内捷三：《刑法总论》（第2版，2004年，有斐阁）

前田：前田雅英：《刑法总论讲义》（第6版，2015年，东京大学出版会）

牧野：牧野英一：《刑法总论》上卷［1958年、下卷（1959年，有斐阁）；《日本刑法》上卷（重订版，1937年，有斐阁）］

町野：町野朔：《刑法总论讲义案Ⅰ》（第2版，1995年，信山社）

松原：松原芳博：《刑法总论》（2013年，日本评论社）

松宫：松宫孝明：《刑法总论讲义》（第4版，2009年，成文堂）

三原、津田：三原宪三、津田重宪：《刑法总论讲义》（第5版，2009年，成文堂）

宫本：宫本英修：《刑法大纲》（1935年，弘文堂）；《刑法学萃》（1931年，弘文堂）

泉二：泉二新熊：《日本刑法论总论》（1927年，有斐阁）

森下：森下忠：《刑法总论》（1993年，悠悠社）

山口：山口厚：《刑法总论》（第3版，2016年，有斐阁）；《问题探究刑法总论》（1998年，有斐阁）

山中：山中敬一：《刑法总论》（第3版，2015年，成文堂）

总研：裁判所职员总合研修所：《刑法总论讲义案》（四订版，2016年，司法协会）

4. 注释书、讲座、判例解说、判例研究等

Pocket（口袋）：小野清一郎、中野次雄、植松正、伊达秋雄：《刑法（口袋注释全书）》（第 3 版增补，1989 年，有斐阁）

注释：团藤重光编：《注释刑法总则（1）-（3）》（1964-1969 年），《补卷（1）（2）》（1974 年、1976 年，全卷复刊版，1991 年，有斐阁）

大 Comment（大评论）：大塚仁、河上和雄、佐藤文哉、古田佑纪便：《大评论刑法》第 1 卷-第 13 卷［第 2 版，1999-2006 年，第 3 版，2013-2015 年（1、3、4、6、7、8、9、11 卷）］

注释刑法：西田典之、山口厚、佐伯仁志编：《注释刑法 第 1 卷 总论》（2010 年，有斐阁）

新基本 Comment：浅田和茂、井田良编：《新基本法评论刑法》（2012 年，日本评论社）

条解：前田雅英编辑代表：《条解刑法》（第 3 版，2013 年，弘文堂）

裁判例 Comment：川端博、西田典之、原田国男、三浦守编：《裁判例评论刑法》第 1-3 卷（1977-1982 年，成文堂）

刑罚法大系：石原一彦、佐佐木史朗、西原春夫、松尾浩也：《现代刑罚法大系》第 1-7 卷（1977-1982 年，日本评论社）

刑法基本讲座：阿部纯二、板仓宏、内田文昭、香川达夫、川端博、曾根威彦编：《刑法基本讲座》第 1-4 卷（1992-1994 年，法学书院）

刑法的基本判例：芝原邦尔编：《刑法的基本判例》（1989 年，有斐阁）

刑法的争点：西田典之、山口厚、佐伯仁志编：《刑法的争点》（2007 年，有斐阁）

刑法的判例：松原芳博编：《刑法的判例 总论》（2011 年，成文堂）

百选Ⅰ：山口厚、佐伯仁志编：《刑法判例百选Ⅰ总论》（第 7 版，2014 年，有斐阁）

百选Ⅱ：山口厚、佐伯仁志编：《刑法判例百选Ⅰ各论》（第 7 版，

2014年，有斐阁）

重判：《重要判例解说》（各年度，有斐阁）

现代性展开：芝原邦尔、堀内捷三、町野朔、西田典之编：《刑法理论的现代性展开（总论）》（1996年，日本评论社）

理论刑法学的最前线：山口厚、井田良、佐伯仁志：《理论刑法学的最前线》（2001年，岩波书店）

理论刑法学的探究：川端博、浅田和茂、山口厚、井田良编：《理论刑法学的探究①-⑨》（2008-2016年，成文堂）

刑事事实认定重要判决50选：小林充、植村立郎编：《刑事事实认定重要判决50选》（上）（下）（第2版，2013年，立花书房）

刑事事实认定：小林充、香城敏磨编：《刑事事实认定》（上）（下）（1992年，判例时报社）

基本问题：木谷明编：《刑事事实认定的基本问题》（第3版，2015年，成文堂）

理论刑法学入门：高桥则夫、杉本一敏、仲道祐树：《理论刑法学入门——刑法理论的趣味之处》（2014年，日本评论社）

5. 拙著

各论：高桥则夫：《刑法各论》（第2版，2014年，成文堂）

共犯体系：同上：《共犯体系与共犯理论》（1988年，成文堂）

损害恢复：同上：《刑法中损害恢复的思想》（1997年，成文堂）

探求：同上：《修复性司法的探求》（2003年，成文堂）

规范论：同上：《规范论和刑法解释论》（2007年，成文堂）

对话：同上：《通过对话的犯罪解决》（2007年，成文堂）

6. 祝贺论文集

牧野还历：牧野教授还历祝贺，刑事论集（1938年，有斐阁）

宫本还历：宫本博士还历祝贺，现代刑事法学的诸问题（1943年，弘文堂）

小野还历：小野博士还历纪念，刑事法的理论与现实（1）（2）（1951年，有斐阁）

泷川还历：泷川先生还历纪念，现代刑法学的课题（上）（下）（1955年，有斐阁）

木村还历：木村博士还历祝贺，刑事法学的基本问题（上）（下）（1958年，有斐阁）

齐藤还历：齐藤金作博士还历祝贺，现代的共犯理论（1964年，有斐阁）

日冲还历：日冲宪郎博士还历祝贺，过失犯（上）（下）（1966年，有斐阁）

竹田、植田还历：竹田直平博士、植田重正博士还历祝贺，刑法改正的诸问题（1967年，有斐阁）

佐伯还历：佐伯千仞博士还历祝贺，犯罪与刑罚（上）（下）（1968年，有斐阁）

植松还历：植松博士还历祝贺，刑法与科学（法律编）（1971年，有斐阁）

中野还历：中野次雄判事还历祝贺，刑事裁判的课题（1972年，有斐阁）

平场还历：平场安治博士还历祝贺，现代的刑事法学（1977年，有斐阁）

井上还历：井上正治博士还历祝贺，刑事法学的诸相（上）（下）（1981年、1983年，有斐阁）

团藤古稀：团藤重光先生古稀纪念论文集（第1-3卷）（1983年、1984年，有斐阁）

小野退官：小野庆二判事退官纪念论文集，刑事裁判的现代性展开（1988年，劲草书房）

井上退官：井上祐司先生退官纪念论集，现代中的刑事法学的课题

(1989年，棹歌书房)

平野古稀：平野龙一先生古稀祝贺论文集（上）（下）（1990年、1991年，有斐阁）

庄子古稀：庄子邦雄先生古稀祝贺，刑事法的理想与理论（1991年，第一法规）

柏木喜寿：柏木千秋先生喜寿纪念论文集，近代刑事法的理念与现实（1991年，立花书房）

中义古稀：中义胜先生古稀祝贺，刑法理论的探究（1992年，成文堂）

八木古稀：八木国之先生古稀祝贺论文，刑事法的现代性展开（上）（下）（1992年，法学书院）

内藤古稀：内藤谦现实古稀祝贺，刑事法学的现代性状况（1993年，有斐阁）

福田、大塚古稀：福田平、大塚仁博士古稀祝贺，刑事法学的总合性检讨（上）（下）（1993年，有斐阁）

吉川古稀：吉川经夫先生古稀祝贺，刑事法学的历史与课题（1994年，法律文化社）

下村古稀：下村康正先生古稀祝贺，刑事法学的新动向（上）（下）（1995年，成文堂）

森下古稀：森下忠先生古稀祝贺，变动期的刑事法学（上）（下）（1995年，成文堂）

铃木古稀：铃木义男先生古稀祝贺，美国刑事法的诸相（1996年，成文堂）

香川古稀：香川达夫博士古稀祝贺，刑事法学的课题与展望（1996年，成文堂）

中山古稀：中山研一先生古稀祝贺论文集（1）-（5）（1997年，成文堂）

西原古稀：西原春夫先生古稀祝贺论文集（1）-（5）（1998年，成文堂）

松尾古稀：松尾浩也先生古稀祝贺论文集（上）（下）（1998年，有斐阁）

宫泽古稀：宫泽浩一先生古稀祝贺论文集（1）-（3）（2000年，成文堂）

大野古稀：大野真义先生古稀祝贺，刑事法学的潮流与展望（2000年，世界思想社）

田宫追悼：田宫裕博士追悼论集（上）（2001年，信山社）

光藤古稀：光藤景皎先生古稀祝贺论文集（上）（下）（2001年，成文堂）

三原古稀：三原宪三先生古稀祝贺论文集（2002年，成文堂）

内田古稀：内田文昭先生古稀祝贺论文集（2002年，青林书院）

中谷伞寿：中谷瑾子先生伞寿祝贺，21世纪中刑事规制的方向（2003年，现代法律出版）

齐藤古稀：齐藤诚二先生古稀纪念，刑事法学的现实与展开（2003年，信山社）

佐佐木喜寿：佐佐木史朗先生喜寿祝贺论文集，刑事法的理论与实践（2003年，第一法规）

井上追悼：法学博士井上正治先生追悼论集，刑事实体法与裁判程序（2003年，九大出版会）

能势追悼：能势弘之先生追悼论集，剧烈动荡期的刑事法学（2003年，信山社）

阿部古稀：阿部纯二先生古稀祝贺论文集，刑事法学的现代性课题（2004年，第一法规）

板仓古稀：板仓宏博士古稀祝贺论文集，现代社会型犯罪的诸问题（2004年，经草书房）

| 刑法总论 |

松冈古稀：松冈正章先生古稀祝贺，量刑法的总合性研究（2005年，成文堂）

小暮古稀：小暮得雄先生古稀纪念论文集，罪与罚——无情中闪烁人性的光辉（2005年，信山社）

小林、佐藤古稀：小林充先生、佐藤文哉先生古稀祝贺刑事裁判论集（上）（下）（2006年，判例时报社）

神山古稀：神山敏雄先生古稀祝贺论文集（1）（2）（2006年，成文堂）

冈野古稀：冈野光雄先生古稀纪念，交通刑事法的现代性课题（2007年，成文堂）

铃木古稀：铃木茂嗣先生古稀祝贺论文集（上）（下）（2007年，成文堂）

原田退官：原田国男判事退官纪念论文集，新时代的刑事裁判（2010年，判例时报社）

立石古稀：立石二六先生古稀祝贺论文集（2010年，成文堂）

福田古稀：福田雅章先生古稀祝贺论文集，刑事法中的人权诸相（2010年，成文堂）

植村退官：植村立郎判事退官纪念论文集，现代刑事法的诸问题（1）-（3）（2011年，立花书房）

大谷喜寿：大谷实先生喜寿纪念论文集（2011年，成文堂）

岩井古稀：岩井宜子先生古稀祝贺论文集，刑法、刑事政策与福祉（2011年，尚学社）

三井古稀：三井诚先生古稀祝贺论文集（2012年，有斐阁）

齐藤古稀：齐藤丰治先生古稀祝贺论文集，刑事法理论的探求与发现（2012年，成文堂）

福井古稀：福井厚先生古稀祝贺论文集，改革期的刑事法理论（2013年，法律文化社）

津田追悼：津田重宪先生追悼论文集，刑事法学中的话题与实践（2014年，成文堂）

町野古稀：町野朔先生古稀纪念，刑事法、医事法的新展开（上）（下）（2014年，信山社）

生田古稀：生田胜义先生古稀祝贺论文集，自由与安全的刑事法学（2014年，法律文化社）

曾根、田口古稀：曾根威彦先生、田口守一先生古稀祝贺论文集（上）（下）（2014年，成文堂）

山口献呈：山口厚先生献呈论文集（2014年，成文堂）

川端古稀：川端博先生古稀纪念论文集（上）（下）（2014年，成文堂）

野村古稀：野村稔先生古稀祝贺论文集（2015年，成文堂）

目 录

总序一 ·· 1
总序二 ·· 3
中文版序言 ··· 7
序 ··· 9
初版前言 ··· 14
第二版前言 ·· 16
第三版前言 ·· 18
凡 例 ·· 20

第一编 序 论

第一章 刑法学序说 ··· 3
第一节 刑法的规范构造 ··· 3
第二节 刑法学的对象 ··· 13
第三节 刑法解释论 ·· 16
第四节 刑法的功能 ·· 18
第五节 刑法的沿革 ·· 21

第二章 刑罚法规 ··· 27
第一节 罪刑法定主义 ··· 27
第二节 刑法的效力 ·· 37

第三章 刑法的理论 ……………………………………… 43

第二编 犯罪的理论

第一章 犯罪论序说 ……………………………………… 53
第一节 犯罪论体系 ……………………………………… 53
第二节 犯罪论的基础理论 ……………………………… 57

第二章 行　为 …………………………………………… 64
第一节 含　义 …………………………………………… 64
第二节 行为论的诸学说 ………………………………… 65
第三节 从社会行为论看行为概念 ……………………… 70
第四节 行为概念的内容 ………………………………… 73

第三章 构成要件 ………………………………………… 75
第一节 构成要件的概念 ………………………………… 75
第二节 构成要件的理论 ………………………………… 76
第三节 构成要件的功能 ………………………………… 79
第四节 构成要件的构造 ………………………………… 80
第五节 法人的刑事责任 ………………………………… 84

第四章 实行行为 ………………………………………… 89
第一节 含　义 …………………………………………… 89
第二节 实行行为与危险概念 …………………………… 90
第三节 作为行为规范违反的"实行行为"与作为制裁规范发动条件的"具体危险" ……………………………… 91
第四节 实行行为概念的展开过程 ……………………… 91
第五节 实行行为概念的崩溃过程 ……………………… 93

第五章 构成要件结果 …………………………………… 95
第一节 犯罪的性质（罪质） …………………………… 95

第二节　刑法中的结果概念 ·· 96
　　第三节　犯罪论中结果的地位 ·· 97
　　第四节　犯罪的结果与犯罪的终了 ·· 98

第六章　因果关系 ·· 100
　　第一节　含　义 ·· 100
　　第二节　条件关系 ·· 101
　　第三节　相当因果关系 ·· 107
　　第四节　从相当因果关系说到客观归属论 ···································· 111
　　第五节　判例中的因果关系 ·· 116

第七章　不作为犯 ·· 132
　　第一节　作为犯、不作为犯的概念 ·· 132
　　第二节　不作为的因果关系 ·· 133
　　第三节　不作为犯的成立要件 ··· 136

第八章　故　意 ··· 149
　　第一节　含　义 ·· 149
　　第二节　构成要件故意 ·· 151
　　第三节　对于"该当于构成要件的事实"之认识 ·························· 152
　　第四节　故意的种类 ··· 163

第九章　事实错误 ·· 168
　　第一节　含　义 ·· 168
　　第二节　构成要件错误 ·· 169
　　第三节　具体的事实错误 ·· 171
　　第四节　抽象的事实错误 ·· 176

第十章　过　失 ··· 186
　　第一节　含　义 ·· 186
　　第二节　过失犯的行为规范 ·· 187

第三节　过失犯的构造——旧过失论、新过失论、
　　　　新新过失论 ································· 189
第四节　注意义务违反 ································· 192
第五节　信赖原则 ····································· 203
第六节　过失的标准 ··································· 206
第七节　过失犯的实行行为 ····························· 209
第八节　监督过失 ····································· 211
第九节　过失的竞合 ··································· 215
第十节　结果加重犯 ··································· 217

第十一章　违法阻却事由 ······························· 219
第一节　含　义 ······································· 219
第二节　行为无价值论与结果无价值论 ··················· 220
第三节　可罚的违法性理论 ····························· 223
第四节　正当化事由（违法阻却事由）··················· 227
第五节　正当行为 ····································· 232
第六节　正当防卫 ····································· 239
第七节　紧急避险 ····································· 272
第八节　超法规的正当化事由 ··························· 284

第十二章　责任论概说 ································· 304
第一节　含　义 ······································· 304
第二节　责任是什么 ··································· 305

第十三章　责任阻却事由 I——责任能力的欠缺（以及减少）······ 310
第一节　总　说 ······································· 310
第二节　无责任能力与限定责任能力 ····················· 311
第三节　原因上的自由行为 ····························· 317

第十四章 责任阻却事由Ⅱ——不存在其他责任要素 …… 326

第一节 总　说 …… 326

第二节 不存在责任故意或责任过失 …… 326

第三节 不存在违法性意识可能性 …… 327

第四节 不存在期待可能性 …… 338

第十五章 可罚性阻却、减少事由 …… 341

第十六章 未遂犯 …… 343

第一节 总　说 …… 343

第二节 未遂犯的处罚根据 …… 344

第三节 实行的着手 …… 345

第四节 不能犯 …… 356

第五节 中止犯 …… 363

第十七章 共　犯 …… 374

第一节 总　说 …… 374

第二节 间接正犯 …… 378

第三节 共犯的基础理论 …… 387

第四节 共同正犯 …… 399

第五节 教唆犯 …… 430

第六节 从犯（帮助犯） …… 433

第七节 共犯的诸问题 …… 440

第十八章 罪　数 …… 459

第一节 犯罪的个数 …… 459

第二节 科刑上一罪 …… 467

第三节 并合罪 …… 473

第三编　刑罚的理论

第一章　刑罚的概念 ⋯⋯⋯⋯⋯⋯⋯⋯⋯⋯⋯⋯⋯⋯⋯⋯⋯⋯ 479
　　第一节　刑罚是什么 ⋯⋯⋯⋯⋯⋯⋯⋯⋯⋯⋯⋯⋯⋯⋯⋯ 479
　　第二节　刑罚与修复 ⋯⋯⋯⋯⋯⋯⋯⋯⋯⋯⋯⋯⋯⋯⋯⋯ 480
　　第三节　刑罚的种类与内容 ⋯⋯⋯⋯⋯⋯⋯⋯⋯⋯⋯⋯⋯ 482

第二章　刑的适用 ⋯⋯⋯⋯⋯⋯⋯⋯⋯⋯⋯⋯⋯⋯⋯⋯⋯⋯⋯⋯ 492
　　第一节　法定刑及其加减 ⋯⋯⋯⋯⋯⋯⋯⋯⋯⋯⋯⋯⋯⋯ 492
　　第二节　刑的量定、宣告、免除 ⋯⋯⋯⋯⋯⋯⋯⋯⋯⋯⋯ 496

第三章　刑罚执行与执行犹豫 ⋯⋯⋯⋯⋯⋯⋯⋯⋯⋯⋯⋯⋯⋯⋯ 501

第四章　刑罚的消灭 ⋯⋯⋯⋯⋯⋯⋯⋯⋯⋯⋯⋯⋯⋯⋯⋯⋯⋯⋯ 509

第五章　保安处分 ⋯⋯⋯⋯⋯⋯⋯⋯⋯⋯⋯⋯⋯⋯⋯⋯⋯⋯⋯⋯ 513

事项索引 ⋯⋯⋯⋯⋯⋯⋯⋯⋯⋯⋯⋯⋯⋯⋯⋯⋯⋯⋯⋯⋯⋯⋯⋯ 516

判例索引 ⋯⋯⋯⋯⋯⋯⋯⋯⋯⋯⋯⋯⋯⋯⋯⋯⋯⋯⋯⋯⋯⋯⋯⋯ 532

译者后记 ⋯⋯⋯⋯⋯⋯⋯⋯⋯⋯⋯⋯⋯⋯⋯⋯⋯⋯⋯⋯⋯⋯⋯⋯ 556

第一编
序 论

第一章 刑法学序说

第一节 刑法的规范构造

一、个人与共同体

每个人都能够自由生活的社会是理想的社会。但是，当说到"每个人"时，已经涉及到了"自己与他人"的关系问题。他人，既是压抑自己自由的存在，[1]同时也是促进自己自由的存在。从这种"他人含义的双重性"[2]出发，个人与公共就呈现出了尖锐的对立或融合的关系，于是，就面临着应该构建自由社会还是共同体社会的抉择。[3]但是，将哪一种方案贯彻到底都会出现严重问题。具体而言，如果将自由社会的构想贯彻到底，个人自由虽得以伸展，但同时也会产生价值分裂的事态，甚至可能导致社会的分裂。我认为现代社会就具有这种倾向，而这一点对于犯罪问题产生了巨大的影响。由于自由主义将"向善而生"的思想消融于自我决定的问题之中，因此，"向善而生"就切断了与共同体的道德性联系，于是就产生了"只要不给他人添麻烦，做什么都是自由的"这种道德观念与自由至上主义，从而导致对他人的漫不关心与公共性的丧失。[4]与此相对，如果将共同体社会的构想贯彻到底，

---

[1] 法国哲学家萨特（Sartre）疾呼"他人即地狱"。参见萨特（伊吹武彦译）：《没有出口》，选自《萨特著作全集》第5卷（1961年），第126页。

[2] 参见见田宗介："交响圈与规则圈——社会构想的复层理论"，载井上俊等编：《岩波讲座·现代社会学》（第26卷）（1996年），第149页以下；同：《社会学入门》（2006年），第167页以下。

[3] 关于自由主义与共同体主义的争论，参见井上达夫：《给他人的自由》（1999年）；Michael J. Sandel（菊池理夫译）：《自由主义与正义的界限》（原著第2版）（2009年）。

[4] 菊池理夫：《现代的共同体主义与"第三条道路"》（2004年）；同：《更生日本的政治思想——现代共同体主义入门》（2007年）。

虽然会产生价值的统一，并由此导向社会的统一，但是，"向善而生"的思想也会被共同体之锁紧紧束缚，并导致不存在个人的整体主义国家。在这里，存在着共同体论的问题。因此，应该被构想的是向"自由共同体"迈进的道路，[1]也就是说，有必要在分别充分考虑了个人与共同体立场的基础上来构建社会或国家。

二、社会规范与法规范

因此，在由个人与共同体所构成的社会中，产生各种各样的利益对立与纷争是理所当然的事情。为了调整这种冲突，就有必要存在控制冲突的规则。也就是禁止或命令实施某种行为。如果不存在这种规则，那么，人的社会生活就无法进行，最终必然导致个人、共同体、社会乃至国家的崩塌。这种规则的总体就被称为"规范"。[2]例如，以大学为例，也能列举出像"在校园内指定的场所以外禁止吸烟"，或者"上课时禁止看漫画"等规范。但是，当违反这些规范时，对于违反者而言，最多也只是产生被关注等效果。因为这些规范是依托于各人的良心与伦理的道德规范。与此相对，在向他人借钱而不还，或者盗窃他人物品的情形中，就会进一步产生强制性效果。也就是说，前者内含"返还所借金钱"这一规范，后者内含"禁止盗窃他人物品"这一规范。当违反这两条规范时，作为法律上的效果，前者产生的是民法上的效果，而后者则进一步产生刑法上的效果。据此，就可以将能够产生法律上效果的规范称为"法规范"。法规范是由统制人们行为的行为规范与当违反行为规范时将产生某种效果的制裁规范这两者构成的。

三、哈特的"法与道德"的分析

关于法与道德的关系，存在两个重要论战，即哈特与德富林的论战以及哈特与富勒的论战。前者提出了可否实施道德的法律强制这一问题，后者则提出了法理论中"法律与道德"的位置问题。[3]

---

[1] 参见［美］罗纳德·德沃金："自由共同体"，载《现代思想》第22卷第5号（1994年），第116页以下。

[2] 参见西原（上）第1页以下；高桥：《规范论》，第1页以下。

[3] 关于这两个争论，存在诸多文献，代表性的有中山龙一：《二十世纪的法思想》（2000年），第53页以下；矢崎光圀：《法哲学》（2000年），第126页以下。

哈特与德富林的论战是围绕1957年英国提交下议院的报告书，即所谓的《沃尔芬登报告》展开的。具体而言，在该报告书中，主张同性恋与卖淫等行为都是应该依托于各人自我决定的事情，既然没有给公众带来不愉快的感觉就不应该认定为犯罪。这是以密尔的"侵害原理"为依据的观点，哈特基本上支持该观点，但德富林为了维持共同道德，提出了这样的反驳，即：取缔不道德其本身是可能的，这是法的责任与义务。可以说德富林是立足于"法定的道德主义"，与此相对，哈特则立足于自由主义。但是，作为对于侵害原理的补充，当从个人切身的利益出发有必要对其施加保护时，哈特也肯定了一定程度的法律强制。这就是所谓的"家长主义"，从该立场出发，就能够肯定诸如对于麻药等药物贩卖的禁止。

哈特与富勒的论战是围绕拉德布鲁赫关于纳粹统治与法实证主义之间关系的观点展开的。拉德布鲁赫严格区别了"实然法"与"应然法"，进而论证了是"法律就是法律"这一法实证主义导致了纳粹统治。但哈特主张法律与道德的混同会导致法律的神秘化，而这一点才是危险的。并非"不正义的法律不是法律"，而应该以"这虽然是法律，但由于在道德上是不正当的，因此不可能遵循该法律"为理由来批判邪恶的法律。与此相对，富勒主张应该承认法的内在道德这一观念，由于纳粹法施行溯及法令与秘密法令，甚至无视制定法，因此缺乏"法的内在道德"，其本身不是法律。但是，如后所述，由于哈特也承认内含于实定法中的"最小限度的自然法内容"，因此这一论战可能也没有那么尖锐。但是，富勒主张法制度所具有的道德才是法的基础之所在，与此相对，哈特主张强调法制度偶然含有的道德会损害"法的自立性"。这一论战简直可以说是在追问"法的存在意义"。

这样的话，哈特一方面主张法律与道德的分离，另一方面又从前述的"最小限度的自然法内容"这一视角出发考察存在于法律基础中的原始性内容。

其出发点是"人类的目的在于生存"。也就是说，"在提起关于人类应当怎样共同生存这些问题之际，一般而言，成为人们首要的目的就是生存。从该观点出发，讨论就变得单纯许多。试着回顾关于人类本性以及人类所居住的世界的几个非常明了的一般原则——毋宁说是自明的真理，只要这些原则还是妥当的，那么，就能够理解无论在怎样的社会组织中，既然其想要存续，

就必然存在一定的行为规则。"〔1〕其具体内容有以下五点。〔2〕

第一，人类容易受伤。对于社会生活而言最重要的规则就是限制暴力的行使。如果不存在这些限制暴力的规则，即使其它种类的规则再完善，对于我们人类的生存而言也毫无用处。这是以人类经常具有对身体实施攻击的倾向以及如果受到攻击就容易受伤这一事实为基础的。

第二，大致的平等性。人类相互之间存在能力上的差别，这一点虽然是事实，但是也不存在那么极端的差别，不能根据能力的优越程度使一个人协助或者长时间地支配或服从他人，这一点也是事实。这种人与人之间大致上的平等性要求人类应相互自制与妥协。但是，这也与存在违反该平等性的人类这一点不相矛盾，其存在本身也为规则的形态从道德统制走向法律统制提供理由。

第三，有限的利他主义。人类并不是受想将他人灭绝这一愿望支配的恶魔，但同时也不是天使。当人类是恶魔或天使，规则都毫无意义。人类正是处于这两个极端的中间，从这一事实出发，相互的自制体系被认为是必要且可能的。正因为人类的利他主义在当前是有限的，如果想要攻击的这一倾向没有受到限制，那么将对社会生活造成致命性的打击。

第四，有限的资源。这世界还不存在足以使人类即使什么都不做也能生活下去的无穷无尽的资源，栽培、收割、建设等劳动是必不可少的。但是，如果通过劳动所生产的财产被他人剥夺了，生活也难以进行下去。因此，除所有人以外的其他任何人都不能利用该财产，这一相互之间最小限度的自制对于生活而言是必要的。

第五，有限的理解力与坚强的意志。坚强的意志在这里是指能够牺牲眼前的利益。通过规则相互地确保各自利益这一点虽然是很清楚的，但其动机是多种多样的。由于通过相互之间的自制能够使利益变得非常明确，因此遵守规则的人会比反抗规则的人更多，但是有时也会存在想选择自己利益的情形。此时如果不存在对该行为的处罚，规则就不能发挥其功能。在这里应该注意的是，该制裁并不是为遵守规则提供动机，而是作为保障规则的必要

---

〔1〕 H. L. A. Hart, The Concept of Law, 1961 (3. ed., 2012) ［H. L. A. 哈特（长谷部译）：《法的概念》（第3版）（2014年），第301页］。

〔2〕 参见哈特，前列：《法的概念》，第303页以下。

手段。

从以上单纯的、自明的道理中派生出来的是人类的相互自制与合作。而这可以说是哈特的基本道德观。

四、法规范的构造——行为规范与制裁规范的结合

行为规范与制裁规范的区别对应于哈特的第一次规则与第二次规则的区别。[1]哈特认为，规则之中存在着两种类型。一种类型是"……据此，不管人们是否愿意，都被要求实施或控制某个行为"。另一种类型是"寄生于第一种类型，或者说相对于第一种类型是二次性的。之所以这样说，是因为，这些规则是根据人们实施或叙述某事而导入了第一次类型的新规则，废弃或修正旧的规则，通过各种各样的方法来决定其行动范围，从而为了能够维护规则的作用而设定的。第一种类型的规则是科加义务，第二种类型的规则是赋予公的或私的权能。第一种类型的规则与包含物理性活动和变化的行动相关联，第二种类型的规则不仅规定了物理性的活动和变化，还规定了义务与责务的创设与变化所带来的作用"。[2]也就是说，第一次规则是表明某种态度的规范，第二次规则是决定第一次规则妥当性的规范。哈特认为，第一次规则是责务规则，第二次规则是承认（认定）规则、变更规则、裁决（裁定或裁判）规则。

进而，哈特区分了规则的内在侧面和外在侧面。即：当某个社会集团事先设定一定的行动规则时，这一事实使得诸多虽密切关联但却属于不同种类的主张得以可能存在。这也是因为，在与规则的关系上，人们可以选择作为不接受规则的单纯观察者，或者也可以选择将其作为行为的指针而接受该规则，并作为集团中的一员。[3]哈特把前者称为"外在的视角"，把后者称为"内在的视角"。大多数人是根据从内在视角出发所看见的规则来安排生活的。

据此，责务规则就是内在视角里的社会规范，更具体地说，是"诸如一

---

[1] 关于哈特的法理论，进而参见 Neil MacCormick（角田猛之编译）：《哈特法理学的整体图像》（1996年）；中山（龙），前列：《法思想》，第31页以下；桥爪大三郎：《语言游戏与社会理论》（1985年），第77页以下；同：《对于人类而言法是什么》（2003年），第43页以下；泷川、宇佐美、大屋：《法哲学》（2014年），第191页以下；森村：《法哲学讲义》（2015年），第127页以下。

[2] 参见哈特，前列：《法的概念》，第140~141页。

[3] 参见哈特，前列：《法的概念》，第152页。

定行为的禁止、对违法行为的刑罚规定、科以纳税的义务这种关系到每个人行动的规则的集合。这些是直接地指向各个市民的、对他们附加各种各样的'义务'和'责务'的行为规范，在这个意义上，也可以将其称为义务附加性的规则群"。[1]但是，哈特认为这样的第一次规则中存在着三个缺陷。[2]第一个缺陷是规则的不确定性，即，如果没有确认该责务规则的共同意识，那么，什么是规则、该规则的范围延伸到哪里是不明确的。第二个缺陷是规则的静态性，即，不存在为了应对规则的变化而通过废除旧规则，导入新规则，并有意识地使规则适应变化状况的手段。第三个缺陷是规则的非效率性，即，维持规则的社会性压力是散漫分布的。为了弥补这些缺陷，与第一次规则不同的第二次规则就必不可少。第二次规则虽与第一次规则关联，却与之处于不同平面。第一次规则是"与个人必须做或者禁止做的行动相关联"，与此相对，第二次规则是"如何最终地将第一次规则确认、导入、废除、变更，并明确地最终确定对第一次规则的违反事实"。这就是"法是第一次规则与第二次规则的结合"这一哈特定义的出发点。[3]

可以认为，以上所阐述的哈特的"第一次规则与第二次规则的结合"这一命题，是与刑法中的"行为规范与制裁规范的结合"相对应的。[4]

五、法规范中的刑法规范

在法规范中，刑法规范指的是能够产生刑罚这一法效果的规范。换句话

---

[1] 参见中山（龙），前列：《法思想》，第46页。

[2] 参见哈特，前列：《法的概念》，第156页以下。

[3] 参见哈特，前列：《法的概念》，第138页以下；桥爪（大），前列：《语言游戏》，第85页以下；MacCormick，前列：《哈特法理学的整体图像》，第242页以下。

[4] 进而，从语言行为论的视角出发，可以将行为规范置于作为统制性规则的位置，而将制裁规范置于作为构成性规则的位置上。这两项的对立，将行为规范与制裁规范的关联更加明确化。关于这一点，Searle作了以下说明："对于刑法而言，重要的点在于其统制性，而不在于其构成性。例如，事前禁止存在一定的行为样态（例如，杀害）是重要的。但是，要让这种机制获得有效性，必须存在制裁，即，要求对违反法规的人分配新的地位。其结果，以一定的条件（称为K）杀害他人（称为X），对于完成该事件并作为有责的人，则赋予其"谋杀而有罪"这一地位（称为Y，因此，是制度性事实）。在赋予该新的地位的同时，适当的刑罚也得以显现。这样的话，统制（禁止杀害）就产生出适当的构成（具备一定因素的杀害就被认定为谋杀，谋杀被认定为犯罪，将被处以死刑或者惩役刑的刑罚）。"（Searle, *Die Konstruktion der gesellschaftlichen Wirklichkeit*, 1977, S. 60）。也就是说，具有归属可能性的规范违反当然为刑法上的制裁化提供根据。在这个意义上，制裁规范就被赋予了构成性机能。

说，制裁规范的内容为刑罚的就是刑罚规范。在刑罚中，存在作为主刑的死刑、惩役、禁锢、罚金、拘留、科料，以及作为附加刑的没收（《刑法》[1]第9条）。刑法规范有时甚至也能够产生剥夺人的生命这种法效果。于是，设置这些刑罚的意义，即施加刑罚的意义在哪里就成为问题。[2]我认为，以刑罚为法效果的刑法是通过刑罚从而规范性地（间接性地）规制人们行为的最终手段（ultima ratio），因此，其目的在于通过刑罚使行为规范得以恢复。

在各种各样的行为规范中，通过赋予刑罚这一法效果，某一行为规范就成为刑法上的行为规范。也就是说，当存在某一行为规范，并且在该行为规范之后附加了刑罚时，就形成了刑罚这一制裁规范。因此，可以得出这样的结论：刑法规范是由行为规范与制裁规范构成的。

六、刑法中的行为规范与制裁规范

例如，《刑法》第199条的杀人罪规定如下：杀人者，处死刑、无期或5年以上的惩役。该条文中，前半段规定了法律要件，后半段规定了法律效果。那么，该条文是面向谁呢？也就是"接受对象是谁"这一问题。首先，该条文的接受对象是裁判官这一点是不言自明的，这是因为，当满足前半段的要件时，科加（宣告）后半段之刑罚的是裁判官。于是，如果要问该条文是否指向行为人，回答虽是肯定的，但严密地说，行为人并不是违反了该条文，而是充分满足了该条文。那么，如果继续追问行为人所违反的是什么呢，应该说是违反了从该条文导出的"禁止杀人"这一行为规范。在这种情形中，由于行为人是从我们当中产生的，因此，可以说行为规范是以包括行为人在内的一般人为接受对象的。

概括而言，刑罚规范是以其本身是裁判规范这一点为前提，在明示刑法上的行为规范的同时，也明示了当违反该行为规范时就科以刑罚的制裁规范。因此，行为规范与制裁规范的对置是一种误导。

制裁规范是当存在违反行为规范的这种情形时，为了恢复该行为规范所必要的规范。因此，刑罚基本上是以恢复行为规范为目的，制裁规范必须与某

---

[1]《刑法》指《日本刑法》，另外本书所引用法律若无特别说明，均指日本法律。下文不再进行说明。——译者注

[2] 关于刑罚的目的，参见后述边页第12页以下。

一行为规范的违反相联系。[1]

七、行为规范与法益保护

刑法的任务在于保护社会中人们的共同生活,具体而言,在于保护个人的生命、身体、自由、名誉、财产等法益。这是刑法的出发点,但问题在于以怎样的形式来保护法益。刑法是通过刑罚来保护法益的。那么,这具有怎样的意义呢?[2]

例如,即使对杀人者科以刑罚,被杀的被害人也当然不能复活,即使对毁坏财物者科以刑罚,被毁坏的财物也无法复原。这样,从法益保护的视角出发来看,刑罚经常是姗姗来迟的。于是,通过具备刑罚的刑法所实施的法益保护就经常仅仅对于将来才具有意义(预防性的法益保护)。在这一点上存在着刑法的行为规范性基础。具体而言,刑法是通过事前的提示诸如作为"禁止杀人"这一行为要求意义上的规范来保护法益的,因此,只有肯定了行为人通过某行为侵害某规范这一点,才能肯定犯罪性(违法性)的核心要素。

由于行为规范是为法益保护而设定的,因此在是否具有行为规范违反的判断中,必须进行法益关联性的判断。在这个过程中,如前所述,由于无法否定预防性的法益保护这一事前判断性,因此,只要存在对于法益的一般性的、抽象性的危险,就能够肯定违反行为规范。

但是,针对这种法益保护思想,也有学者主张行为规范是为了维护社会伦理秩序而设定的。但我认为,法规范虽然具有与社会伦理重叠的一面,但在理论上必须区分这两者。此外,立法者是为了保护一定的利益而立法的,社会伦理的维持只要作为附带效果来考虑就足够了。进而,最近也有学者提

---

[1] 参见高桥:《规范论》,第1页以下。将行为规范与制裁规范的对置作为犯罪论之基础的,有山中第17页以下;同:"犯罪论的规范构造",载《产大法学》第34卷第3号(2000年),第385页以下〔同:《犯罪论的功能与构造》(2010年),第55页以下所收〕;增田丰:《通过规范论重新构筑责任刑法》(2009年),第7页以下。但是,其基本理解以及解释论上的结论与本书不同。此外,野村第39页以下,三分为行为规范、制裁规范、裁判规范,但在将行为人作为制裁规范的对象这一点上存在疑问。

[2] 参见高桥:《规范论》,第7页以下。关于法益概念,参见伊东研祐:《法益概念史研究》(1984年);内藤谦:《刑法理论的历史展开》(2007年),第67页以下;"(特集)法益论的意义与界限",载《刑法杂志》第47卷第1号(2007年),第1页以下。

出修复性司法的观点,这一观点主张法益概念归根到底是从国家的立场出发,为了利益保护而设置的,并不考虑发生于被害人身上的各种各样的伤害,因此有必要使这种伤害得以恢复(修复性司法的观点)(边页第532页以下)。但是,刑法中的行为规范并不直接防止这种伤害的出现,只有把这种伤害理解为法益侵害,才能把行为规范的目的理解为直接防止伤害。因此,必须注意刑法具有其意义与界限。

八、制裁规范与刑罚目的(制裁规范的正当化根据)

刑罚这一制裁规范是依托于怎样的根据而被正当化的呢?[1]这一问题既是刑罚的目的是什么的问题,也是从古至今一直被讨论,但仍未有定论的永恒课题。[2]

如前所述,制裁规范在作为对于"尽管已经通过行为规范事前地对(包含行为人的)一般人发布禁令或命令,但行为人却违反了该行为规范"这一点的反作用上具有其意义。因此,刑罚确实具有恢复被违反的行为规范的功能。但是,如果仅仅说是使诸如"禁止杀人"这一行为规范得以恢复,未免过于抽象。因此,就有必要考虑涉及该行为规范的出场人物。首先,当然存在作为加害人的行为人,也存在被害人。但是,这并不仅仅关涉到当事人,同时也关涉到从各个关系人(微观社区)出发到地域社会(宏观社区)等公共层面,进而,甚至能看到扩展到了社会、国家这一层面。犯罪就是这样从私人性质到公共性质而派生出来的,这也是刑法之所以被称为公法之所在。也就是说,恢复刑法上的行为规范无非就是指恢复被犯罪所侵害的法的和平。可以进一步理解为:所谓"法的和平"是指加害人、被害人、社区这三者之间的规范性交流,而恢复该交流的最终手段就是刑罚。

可以把这种观点归入将刑罚理解为强化一般人对于法秩序的忠诚及信赖

---

[1] 参见高桥:《规范论》,第10页以下。
[2] 关于刑罚的目的,参见吉冈:《刑事法》(新版)(1996年),第129页以下;吉田(敏):《法和平的恢复》(2005年);José Llompart等编:《法的理论28(特集)现在,考虑刑罚!》(2009年);高桥(直):"刑罚的定义",载《骏河台法学》第24卷第1、2号(2010年),第522页以下;中村(悠):"关于刑罚的正当化根据的一个考察(1)-(4完)",载《立命馆法学》第341号第244页以下、第342号第208页以下、第343号第134页以下、第344号第164页以下(2012年);松原(芳):"刑法与哲学——围绕刑罚的正当化根据",载《法与哲学》第1号(2015年),第57页以下;饭岛:《自由的普遍性保障与哲学性的刑罚理论》(2016年)等。

的"积极的一般预防论"。但是,在"积极的一般预防论"的内部还存在几个理论变种,例如有将关注焦点放在"通过与行为人的纷争的处理情况来考察一般性法意识的满足效果"上的观点,也有将关注焦点放在确保规范的妥当性上的观点等。其内容未必是明确的,毋宁说,可以将这里所说的"法和平的恢复"理解为,从规范性的层面来把握被害人的恢复、加害人的恢复、社区的恢复这三者。与此相对,修复性司法是在事实的层面上把握以上三者的恢复,同时也提出了刑罚与修复的关系这一问题。[1]

在刑罚论中还存在以下其他观点。

第一,报应刑论。该观点认为刑罚是作为对于犯罪的反作用,科赋刑罚其本身就具有意义。这是以康德的"以眼还眼"这一正义论为基础的观点,是一种回顾性的刑罚观。但是,报应的含义是多种多样的,有单纯作为对于历史性事实之反作用的报应;[2]有形而上学意义上的国家性报应;有作为自我内在的净化过程为问题的赎罪这一意义上的报应;有来自被害人的被害报应等。黑格尔认为,刑罚是法的否定之否定,是对于"法的恢复",这样的话,报应刑论也就具有了某种目的。"法和平的恢复"这一观点也可以说是以黑格尔的思想为基础的。由于无目的、绝对的报应刑论是以绝对的国家为前提的,因此是不妥当的。既然认为刑法规范的目的在于法益保护,那么,刑罚就必须带有某种积极的社会性目的。

第二,特别预防论。该观点认为刑罚的目的在于对行为人的改善与教育。显然,该观点的目的在于"为了让行为人复归社会而通过处遇使其社会化"。李斯特如下展开了特别预防论,即,对于可能且必要改善的犯罪人进行改善(再社会化)、对于有必要改善的犯罪人进行威吓、对于不能改善的犯罪人做无害化(隔离)处理。与报应刑论的刑罚观不同,特别预防论是建立在预防行为人将来的犯罪这一展望性的刑罚观基础之上的。这种特别预防论在行刑(受刑者的处遇)层面上被付诸实践。但是,认为刑罚的目的仅仅在于行为人

---

[1] 参见高桥:《探求》,第33页以下。与此相对,将刑罚目的求诸修复的是,宿谷:"共和主义政治理论与刑罚论的射程范围——修复性正义与布尔什维特",载《比较法学(早大)》第40卷第3号(2007年),第41页以下。

[2] 李斯特在马尔堡纲领中,着眼于这一意义上的报应,关于这一点,参见小坂:"刑罚的本质与目的——以李斯特的马尔堡纲领为题材(1)(2完)",载《佐贺大经济论集》第41卷第4号(2008年),第29页以下,第5号(2009年),第43页以下。

的改善，归根结底还是无条件地承认了国家的善，从而忽视了刑罚本身的恶。我认为，特别预防的观点应该被纳入"法和平的恢复"这一框架中进行考察。

第三，消极的一般预防论。这一观点认为刑罚是对于一般人的威吓，并非对具体的行为人，而是以对潜在的行为人（一般人）实施抑制犯罪这种心理性强制为目的。这一观点主张通过事前性地公布刑罚预告从而实现预防。如后所述，这也成为罪刑法定主义的一个根据。确实，该观点准确地把握了以事前遵守行为规范为目的这一规范的性质，但不仅忽视了规范的事后性处理这一层面，而且往往具有往严罚化方向发展的危险性。

第四，结合说。该观点认为以上的刑罚论均无法贯彻到底，应综合性地考虑以上的观点。但问题是应该以怎样的形式结合以上的各种观点呢。既可以将以上观点进行并列性组合（相对的报应刑论，例如，在判决之际，将报应作为上限，同时考虑预防因素），也可以依照先后顺序综合以上观点（分配说。例如，在法定刑层面上考虑一般预防，在判决层面上考虑报应，在行刑层面上考虑特别预防）。我认为，回顾性的报应论与展望性的预防论是异质的，虽不能简单地将两者结合，但结合说在把握住了刑罚的动态层面这一点上可谓真知灼见，可以说这一点对于在考虑"法和平的恢复"时，对其进行并列性或者按照先后顺序排列具有启发意义。

第二节 刑法学的对象

一、刑法学与周边诸科学

某个行为是否能够被评价为犯罪是刑法学的核心对象。例如，某个男生失恋之后就计划杀害女友，于是往女友家中邮寄了一瓶混入毒液的威士忌，这瓶酒送到了女友家中，女友的父亲喝了这瓶毒酒，中毒身亡。在这一案例中，该男生对于实际死亡的女友的父亲是否成立杀人罪，或者成立过失致人死亡罪。此外，对于本来作为杀害对象的女友是否成立犯罪，如果成立，到底成立什么犯罪。以这些问题为研究对象的就是刑法学，也被称为刑法解释论、刑法解释学、理论刑法学等。

与此相对，以该男生为什么会实施犯罪这一问题为研究对象的是犯罪学。[1]以逮捕、起诉、审判该男生这一过程为研究对象的是刑事诉讼法学。[2]以如何防止这种犯罪以后再次出现,以及如何防止该男生再实施犯罪等问题为研究对象的是刑事政策学。[3]

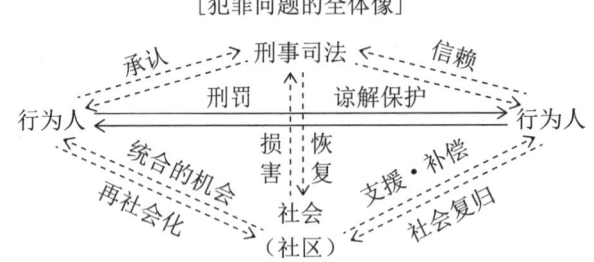

[犯罪问题的全体像]

二、犯罪现象是什么

由于以犯罪为对象的学问存在多个分支,因此当说到"犯罪"时,必须注意这是以什么领域、什么层面上的犯罪为问题的。此外,也有必要认识到刑法学的对象只是犯罪问题中的一小部分。我认为,虽然无法直接被反映到刑法解释论这一领域,但如何看待犯罪现象这一犯罪观是极其重要的。[4]

当行为人违反刑罚法规上的行为规范时,国家基于刑罚法规上的制裁规范而对其科处刑罚,因此,刑法是处理国家对行为人(加害人)的法律关系。也就是说,刑法属于公法领域。因此,在刑法中,犯罪是被放在国家对加害人这一框架下考察的。但是,从犯罪现象学的视角来考察的话,犯罪并不是只以在加害人身上存在犯罪的原因为起因而单方实施的。犯罪是在与社会的关系,当存在被害人时,还与被害人的关系,进而与刑事司法的关系等相互作

---

[1] 关于犯罪学,特别参见濑川:《犯罪学》(1998年)。

[2] 关于刑事诉讼法学,特别参见田口:《刑事诉讼法》(第6版)(2012年)。

[3] 关于刑事政策学,特别参见大谷:《新版刑事政策讲义》(2009年);川出、金:《刑事政策》(2012年)。此外,构筑包含刑法学与刑事政策学在内的整体刑法学的是李斯特。关于李斯特,参见小坂:"李斯特理论的现代性意义(1)(2完)——李斯特的马尔堡纲领之考察",载《早稻田法学》第82卷第1号(2006年),第97页以下,第2号(2007年),第113页以下。

[4] 日本犯罪现象的概要,通过《犯罪白皮书》可以获知,但如何判断各种各样的统计,是困难的问题。对于治安的恶化、对犯罪的不安以及由此带来的严罚化的风潮,有必要进行慎重的检验。关于这一点,参见高桥:《对话》,第178页以下。

用下产生的。[1]在与犯罪问题的全体像的关系中，必须自觉认识到刑法学的研究对象只是其中一小部分而已。与此相对，修复性司法（正义）才是试图把握这种犯罪问题的全体像的思路。[2]

三、刑法的种类

最广义的刑法（刑事法）包括实体刑法、刑事程序法（刑事诉讼法等）、行刑法（关于刑事收容设施及被收容者等的处遇法等）。广义的刑法（实体刑法）分为作为一般刑法的刑法典（狭义刑法）与特别刑法。广义的特别刑法可以分为（狭义的）特别刑法（具有作为刑法典的附属法规或补充法规性质的法，例如轻犯罪法等）与行政刑法（即为行政取缔目的而设置的罚则法规，例如道路交通法等）。[3]

狭义的刑法分为刑法总则与刑法分则。前者总括性地规定共通于各个犯罪以及刑罚的问题（《刑法》第一篇"总则"）；后者规定了关于各个犯罪的法律要件与法律效果（《刑法》第二篇"罪"）。

17

---

[1] 认为不能将犯罪原因全部归于加害人身上，同时也应当考虑被害人的有责性的这一学问领域，称为被害人学。关于被害人学，参见宫泽：《被害人学的基础理论》（1996年）；诸泽：《新版被害人学入门》（1998年）。但此后，被害人学将其视点转移到被害人保护这一方向上，现在，被害人论这一名称更为合适。当前，被害人的权利保护这一被害人支援的动向如火如荼地展开，甚至到达了被害人参加制度的实现这一阶段。但是，在将被害人的权利包含于刑事司法的情形中，必须进行极其慎重的检讨。这是因为，作为被害人的权利与刑事司法之关系的模型，存在惩罚性的被害人权利模型与非惩罚性的被害人权利模型这两种，我认为应当向后者的道路迈进。关于这一点，参见高桥：《对话》，第16页以下。

[2] 参见高桥：《探求》，第33页以下；同：《对话》，第1页以下。

[3] 狭义的特别刑法与刑法典同样采用"实施……者，处以……"这一规定形式，行政刑法显示了"禁止……""必须……"之后，在各部法律的末尾都设置了"罚则"，在罚则中，显示了"违反……条之规定者，处以……"这一形式（刑罚）的制裁规范。例如，在《垄断禁止法》中，在第3条规定了"事业者不得实施私人垄断或交易限制"这一行为规范，作为其制裁规范，规定了排除措施命令（第7条）、科征金（第7条之2），进而规定了罚则（第89条第1款第1号）。在该情形中，作为刑罚的制裁规范的意义在于担保行为规范的遵守，也就是说，在于维持规范的妥当性这一点上。据此，就形成了保护法益的这一构造。最近，经济刑法、医事刑法等特别刑法（广义）的研究之进展引人注目。关于经济刑法，参见野村：《经济刑法的争点》（2002年）；芝原：《经济刑法研究》（上、下）（2005年）；神山、齐藤（丰）、浅田、松宫编：《新经济刑法入门》（第2版）（2013年）；山口厚编：《经济刑法》（2012年）等。关于医事刑法，参见甲斐：《面向医事刑法之旅Ⅰ》（新版）（2006年）；山中：《医事刑法概论Ⅰ（序论：医疗过错）》（2014年）等。此外，关于特别刑法，参见高桥、松原编：《判例特别刑法》（2012年）；同：《判例特别刑法》（第2集）（2015年）。

刑法总则的规定原则上适用于所有的实体刑法（《刑法》第8条）。

第三节　刑法解释论

一、法的解释

法的解释[1]是指确定条文的含义内容。其中，出发点是对条文的用语进行国语学上的文字性解释，被称为文理解释。例如，如果不是毁灭了"人"，就不成立杀人罪（《刑法》第199条），当毁灭他人饲养的狗，由于狗非人，因此不成立杀人罪［器物损坏罪（《刑法》第261条）］。但是，大部分的情形都不能仅仅依靠这种文理解释就能够解决，此外，如果仅仅执着于文理解释，有时可能就埋没了作为纠纷解决手段的法的意义。例如，在公园的入口放着"禁止车辆入内"这一告示牌，那么，"由于婴儿车也是车，因此禁止入内"这一解释虽然是可能的，但必须说这是傻瓜解释。确实，认为被称为"车"的一切物品都禁止入内的解释具有统一性，也许能够确保法的安定性。但是，仅仅依靠这一点并无助于个人的自由与共同体之结合的实现，充其量只是一种无意义的规则而已。为了实现具体的妥当性，只有充分考虑该告示牌是为了什么而设立的，才有可能作出妥当的解释。也就是说，体系性解释与目的论解释是必不可少的。

在进行体系性、目的论解释时，有以下方法。第一，当然解释。以前述的"禁止车辆入内"为例，如果说自行车也属于车辆的话，那么汽车就当然包括在内。第二，反对解释。由于人不是车辆，因此作为"禁止车辆入内"的反对解释，就不是"禁止人入内"，而是"允许人入内"。第三，缩小解释。例如，将其解释为"自行车禁止入内"，就缩小了"车辆"这一用语的范围。第四，扩张解释。即扩大"车辆"这一用语之范围的解释，但在怎样的限度内该解释是被允许的就成了问题，这与后述的"类推解释（适用）"

---

[1] 关于法解释的性质，存在以下两种立场的对立：第一种立场认为法解释的作用在于发现或认识该条文的唯一正确含义；第二种立场认为法解释的作用在于应当做这样理解的决定意思与实践作用。关于法解释的性质及其意义，参见碧海：《新版法哲学概论》（修订第2版，补正版）（2000年）；笹仓：《法解释讲义》（2009年）。关于法的议论，参见龟本：《法的思考》（2006年），第1页以下。

的异同也成为问题（边页第 35 页）。

二、刑法的解释

刑法学以现行刑罚法规的解释为任务。[1]例如，即使是像杀人罪（《刑法》第 199 条）中的"人"这种一看不言自明的用语，为确定其范围都有必要进行解释。具体而言，由于只有将人毁灭才成立杀人罪，因此，杀害在成为人之前的"胎儿"就只成立堕胎罪（《刑法》第 212 条），分解人死亡之后的"尸体"就只成立损坏尸体罪（《刑法》第 190 条）。这就是人的始期与终期的问题，必须通过解释才能确定。

如果再加上杀人罪中是否"杀人"这一问题，那么，如果不发挥解释的作用，一切都无从谈起。例如，甲试图杀害 X，用刀刺伤了 X，路人发现了倒在路边的 X，叫来救护车送 X 去医院，但救护车遭遇交通事故，由于该事故，X 当场死亡。在该案例中，是否能够对甲肯定杀人既遂罪的成立。或者，乙与自己孩子（幼儿）在海边玩耍，之后打瞌睡，等醒来之后发现孩子已被海水淹没，正在奋力求救，但是乙对于养育孩子没有自信，当时产生了孩子溺死也无所谓的想法，于是就那样放任不管，最终孩子溺死。在这个案例中，是否能够对乙肯定杀人罪的成立。应该说，如何解决这些案件正是刑法解释论的任务。

三、作为规范与事实之桥梁的刑法解释

据此，刑法的解释对于将刑罚法规适用于具体事实是必不可少的操作。在这个过程中，一方面，如果不明确条文的主旨、意义内容，就无法将条文适用于事实，另一方面，事实本身也必须被明确到使解释、适用条文成为可能这一程度。

例如，［事例 A］"在现场发现有 A 的尸体在淌血，甲拿着手枪站在尸体旁边，神色木然"。假设这一事实通过证据已得以明确，那么，对于该事实，就不能做"没错，《刑法》第 199 条的杀人罪已是板上钉钉"这样简单的处理。因为如果甲不存在实行行为与杀意，就无法肯定杀人罪中的实行行为。因此，仅凭上述的事实无法进行刑法意义上的评价，必须进一步明确相关事实。

---

[1] 作为关于刑法解释的包括性研究，参见萩原：《罪刑法定主义与刑法解释》（1998 年）；关：《刑法解释的研究》（2006 年）；增田（丰）：《语用论的意义理论与法解释方法论》（2008 年）。

这样的话，如果发现了"甲之前受到 A 的强烈侮辱，因此制定了杀害 A 的计划，并从熟人那里采购了手枪"这一事实，那么杀意就能得以确定。该杀意是杀人罪中的故意问题。如果认识到了该当于杀人罪的客观构成要件的事实，就能够肯定杀人罪的故意。此时，就必须理解故意是什么这一点。进而，如果甲的行为与 A 的死亡之间不存在因果关系，也不成立杀人既遂罪。此时，必须理解因果关系的判断框架。至此，故意是什么、实行行为是什么、因果关系是什么等刑法解释论上的重要问题已经粉墨登场。

让我们继续展开事例 A。[事例 B] 如果"实际上是被害人 A 试图杀甲，手握匕首朝甲冲过来，甲因此向 A 开枪"这一事实得以明确，又该如何处理呢。自不待言，甲是否成立《刑法》第 36 条的正当防卫就成为问题，此时，被害人 A 的行为是否符合急迫性、不正的侵害等正当防卫的要件就必须被逐一判断。作为其前提，如果不理解"急迫性"的含义就无法判断。根据判例，"即使具有'预见到了侵害，并利用该机会而对对方施加积极的加害行为'的意思（积极的加害意思），也不能就此否定急迫性"（边页第 275 页）。于是，[事例 C] 当"实际上，甲之前就考虑到了如果遭受 A 的攻击就不得不将其杀害，于是事先准备了手枪"这一事实得以明确时，根据判例，就产生了挑出与积极加害意思有无相关的事实。与此相对，如果认为积极的加害意思并不是急迫性的要件，例如，根据将其还原为防卫行为之相当性的学说，就应该在相当性这一框架下寻找事实。

如上，刑法解释对于将规范适用于事实是必不可少的，其扮演着沟通规范与事实的重要角色。

第四节 刑法的功能

一、保护法益功能与保障自由功能的协调

刑法的功能[1]归根到底就是行为规范与制裁规范的功能。如前所述，由

---

[1] 关于刑法的功能，参见平野：《刑法的基础》（1966 年），第 93 页以下；同：《刑法的功能性考察》（1984 年），第 1 页以下；芝原：《刑法的社会性功能》（1973 年）；西原："刑法的意义与作用"，载《现代刑法讲座》第 1 卷（1977 年），第 1 页以下；同："刑罚权的哲学性基础"，载《刑法杂志》第 25 卷第 1 号（1982 年），第 148 页以下；松泽：《功能主义刑法学的理论》（2001 年）。

于行为规范是为保护法益而存在的，因此刑法的功能首先在于保护法益（保护法益功能），而维持社会伦理秩序只具有作为附带效果的意义。此外，作为刑法（行为规范）的第二个重要功能，必须提到保障自由功能。也就是说，除了被刑法禁止或命令的行为之外都是自由的功能。这一"行为自由与保护法益的协调"是刑法学最重要的课题，而其协调的基准就是行为规范。因此，作为设定行为规范的立法与确定行为规范之内容含义的解释就各自成为问题。

进而，如前所述，由于将作为制裁规范的刑罚目的理解为"法和平的恢复"，因此可以列举出刑法的第三个功能，即指示法和平（或者打破法和平）的象征性功能。在处于法和平状态的社会中，由于加害人的出现，被害人以及社区当然也蒙受其害。因此，刑法有必要明确指出破坏法和平的，即破坏其与被害人以及社区之间关系之法和平的是加害人。这一象征性功能是赋予刑法将行为人的行为评价为犯罪的功能，也是刑法上的行为规范（违反）的功能。因此，制裁规范应该在考虑了这种行为规范所具有的象征性功能之后才被发动，当该象征性功能充分发挥其作用时，就没有必要通过刑罚去实现"法和平的恢复"，其结果是，制裁规范以被缓和的形态而被发动。例如，缓刑的可能性就是以此为基础的。

二、侵害原理、家长主义、法律·道德主义

作为法的介入原理，第一是由于存在对他人的生命、身体、财产等的侵害而介入的侵害原理；第二是为了保护行为人自身而介入的家长主义[1]；第三是为了通过法律而强制道德而介入的法律（道德主义）。多数观点以侵害原理为原则、以家长主义为补充。例如，在所谓的"无被害人的犯罪"中，比如自己持有毒品、赌博、风俗犯等，作为其刑罚化的根据，有必要明示从侵害原理出发什么法益被侵害（或者处于危险状态）。例如，在传播淫秽物品罪（《刑法》第175条）中，（作为其被侵犯的法益）可以列举出"不忍直视之人的自由"以及"少年的保护"。但是，在自己持有毒品和赌博等情形中，由于难以认定该类行为侵害他人，因此不得不从由于行为人自身已经堕落，因而有必要保护行为人这一家长主义的视角出发才能为处罚的正当性提供根据。少年法的健全培养理念（《少年法》第1条）也同样如此。与此相对，应当排斥法律

---

[1] 参见中村（直）：《家长主义的研究》（2007年）。

（道德主义）。之前存在的尊亲属杀害罪（旧《刑法》第200条）就是其适例。

但是，在侵害原理中也存在诸多问题。侵害的内容并不是被害人的损害，而是通过法律而被保护的利益及法益，必须注意到这里存在不一致的地方。此外，侵害原理具有忽视共同体的重要性这一负面效果。由于个人是从共同体派生出来的，因此从最初开始并不是个人的存在。在个人与共同体的关系上必须考察法律的介入。

三、刑法与民法之功能的异同

有必要探讨刑法中的行为规范、制裁规范的功能与民法的功能之间的关系。[1]损害赔偿的履行对于加害者而言也是一种财产的剥夺，在这一意义上也被认为是显示了加害人一定程度的害恶。民法上的损害赔偿义务的科赋并不是单纯基于惹起损害，可以说还必须做这样的规范性判断，即这一事项是否可以归属于义务者的行为及责任。也就是说，民法上的损害赔偿义务的基础中也存在一定的无价值判断，民法也是为了回避能够导致损害发生的危险行为而控制人们的行动。于是，民事责任与刑事责任归根到底还是服务于同一的社会性目的。其结果，应该说这两种责任不应该被相互加算，而应该做减法计算。损害赔偿是对违法行为赋予第一次性的惩罚，而刑罚则是对违法行为赋予第二次性的惩罚。

但是，这样的观点可能面临以下批判，即对于民法赋予过度的期望，只通过民法无法抑制将来的犯罪行为。这是因为，经济性的、功利性的行为人可能会预期违法行为的成本，并且甘愿忍受该成本而实施犯罪行为。但是，也有观点认为当行为人"自愿地"实施损害恢复给付时，也同时满足了刑罚的目的。也就是说，自愿地履行损害恢复的行为人，通过其行为就表明了该行为人承认自己所违反的行为规范具有拘束力。也可以说这在一定程度上满

---

[1] 关于民法（损害赔偿）与刑法（刑罚）的分化过程的历史性展开以及理论性展开，参见西原："民事责任与刑事责任"，载《现代损害赔偿法讲座Ⅰ总论》（1976年），第25页以下；山田："民事法的正义与刑事法的正义"，载《法曹时报》第49卷第6号（1997年），第1页以下；松泽："刑法与损害赔偿法"，载早稻田大学第21世纪COE·季刊《企业与法创造》第1卷第4号（2005年），第155页以下；"（特集）刑事法与民事法的相关"，载《现刑》第6卷第6号（2004年），第4页以下。"（特集）刑法与民法的交错"，载《刑杂》第44卷第2号（2005年），第61页以下；高桥：《规范论》，第20页以下。进而，参见佐伯（仁）、道垣内（弘）：《刑法与民法的对话》（2001年）。

足积极的一般预防之要求。

如果从规范论的视角出发,刑罚与损害赔偿在制裁规范的层面上是不同的,因此在制裁规范的层面上可以区分刑法与民法。在行为规范的层面上民法与刑法具有同样的内容,通过刑法科赋刑罚的行为规范就成为刑法上的行为规范,通过民法赋予损害赔偿的行为规范就成为民法上的行为规范。因此,刑罚与损害赔偿都是为了维持社会中的行为规范而存在的,当存在违反该行为规范的行为时,刑罚与损害赔偿就都共同服务于恢复被违反的行为规范。

在围绕侵权行为法的道德性基础的争论中,存在着以下三种正义论。[1]第一是个人性的正义,在要件/效果这一对应的格式中,个人性的正义关心的是该当相应要件之事实的有无。第二是全体性正义,这是在损害/负担这一对应的格式中考虑应该让谁承担损害的观点。第三是共同体的正义,这一观点首先从加害到恢复整体性地看待侵权行为。在此基础上再考虑为了去除被害人的痛苦,加害人面对被害人可以做什么,即这一观点关注的是从侵权到恢复的过程。

如果坚持第一种观点的"要件/效果"以及第二种观点的"损害/负担"这一格式,那么在民法与刑法的差异上就可以强调前者是损害调整,而后者是规范性报应这一差异。与此相对,把重点放在"恢复过程"的第三种观点则将规范的恢复作为民法与刑法的共通项,只是在其规范的具体性与抽象性,以及在只是现实性地、具体性地保护被害人还是进而考虑到了潜在的被害人与加害人以及现实的、具体的加害人这些点上,民法与刑法存在不同的内容而已。

第五节　刑法的沿革

一、总说

日本的刑法在古代时不仅非常朴素而且具有宗教的性质,但到了王朝时代,由于受到中国法的强烈影响,就出现了以笞、杖、徒、流、死这五刑为中轴的律令时代。之后由于私有田的增加,逐渐形成了庄园制度,于是以土地国有制为基础的律令制度就崩溃了。庄园制度首先产生了贵族阶级,进而

---

[1] 关于这一点,参见棚濑:"侵权行为责任的道德性基础",载《法学家》第 987 号(1991 年),第 68 页以下,收录于同编:《现代侵权行为法》(1994 年),第 3 页以下。

产生了武士阶级，于是进入了武家政治的时代。武家时代的刑法内容是以身份制度为基盘的封建性的、武断性的东西，这样的刑法直到明治维新都一直存续着。〔1〕

明治维新以后，日本的刑法受到西方法律的影响而逐渐近代化，近代刑法是在明治维新以后开始的。

二、明治维新以后的刑法沿革

（一）假刑律

明治维新以后最初的刑法是假刑律。〔2〕但是，由于该法律既未被公布也未被施行，只是当中央对于地方的询问而发布指令时，该假刑律作为准据而被使用。

（二）新律纲领

在假刑律之后，于明治3年（1870年）制定的是新律纲领。〔3〕在以日本传统的法体系为基础这一点上，该法律与假刑律是一样的，不同点是该法律被颁布并被施行。但是，其内容是非常非近代性的，例如，否定罪刑法定主义并允许类推，承认刑法的溯及效力、承认根据身份的差别对待、承认复旧等。

（三）改定律例

为了补充新律纲领而被制定的是明治6年（1873年）的改定律例。〔4〕由于该法律是与新律纲领一起施行的应急性补充法，因此其内容依然是旧态的。但是，在以下方面可以说是受到了西欧法律的若干影响，例如此时的日本法律开始采用第××条的条文形式、引入了惩役、禁锢这一近代性的刑种。

（四）旧刑法

日本与欧美诸国缔结不平等条约并不得不赋予其领事裁判权的原因就是因为日本的法典是非近代性的。因此，明治政府在明治6年（1873年）招聘了巴黎大学的教授波阿索拿德，在立法上得到其协助。其成果表现为明治9

---

〔1〕 关于日本刑法的沿革，参见重松：《日本刑法史年表》（增补改订版）（2007年）；小野（清）：《关于刑罚的本质及其他》（1955年）；庄子、大塚（仁）、平松编：《刑罚的理论与现实》（1972年）。

〔2〕 关于假刑律，参见手塚：《明治初期刑法史的研究》（1956年），第3页以下。

〔3〕 关于新律纲领，参见手塚，前列：《明治初期刑法史》，第33页以下；藤田：《新律纲领、改定律例编纂史》（2001年），第3页以下。

〔4〕 关于改定律例，参见藤田，前列：《编纂史》，第251页以下。

年（1876年）的《日本帝国刑法初案》、明治10年（1877年）的《日本刑法草案》。政府在太政官内设置了刑法草案审查局负责草案的审查，该《刑法审查修正案》提交给元老院审查，于明治13年（1880年）作为刑法而被颁布，并于明治15年（1882年）1月1日施行。这就是所谓的旧《刑法》。[1]

作为旧《刑法》的特色，其从正面肯定了罪刑法定主义、排斥根据身份的差别对待、确立责任主义、将执行死刑的方法限定于绞首。

（五）现行刑法

由于旧《刑法》存在部分不符合日本国情的内容（犯罪类型过多而导致烦杂，而且由于刑期过窄而导致不能灵活地运用，流刑等也不符合今日的实情，此外，也不存在执行犹豫的规定），因此，从其施行之年起就开始了改正工作。首先是编纂刑法改正案（明治23年案），虽向议会提出，但最终并未完成审议，此后，经过第一改正案、第二改正案，于明治39年（1906年）重新设置了法律调查委员会，该委员会所制定的改正案（明治40年案）获得议会通过。该改正案在明治40年（1907年）4月24日以法律第45号的形式被公布，并于次年（1908年）10月1日正式施行。这就是到现在仍有效力的现行刑法。[2]

旧《刑法》以法国刑法为模本，与此相对，现行刑法是受1871年《德国刑法》的影响而制定的。作为现行刑法与旧刑法的不同点，可以列举出以下几点：例如，废除了重罪、轻罪、违警罪这一犯罪的三种分类；减少条文数量；法律条文也变得简单并显著扩张了刑罚的裁量余地；废除诸如停止公权、剥夺公权这类的名誉刑；废除诸如监视、惩治场留置这类的刑事政策性的措施等。

三、刑法的部分改正

现行日本刑法典在明治40年（1907年）被制定之后已经经过了100多年，到今天为止已经接受了多次的局部性改正。

尤其是昭和22年（1947年）的改正是伴随着战后新宪法的制定而改正的，在总则中，缓和了可附加执行犹豫的条件（《刑法》第25条）、新设了前

---

[1] 关于旧刑法，参见西原、吉井、藤田编著："旧刑法1、2-Ⅰ·Ⅱ、3-Ⅰ·Ⅱ·Ⅲ"，载《日本立法资料全集》第29~34卷（1994年-1997年）；新井："旧刑法的编纂"，载《法学论丛》第98卷第1号（1975年），第54页以下；同：第4号（1976年），第98页以下。

[2] 关于现行刑法的制定过程，参见小早川：《明治法制史论公法之部下卷》（1940年），第1026页以下；高桥、小谷共编（松尾：增补解题）：《刑法沿革综览（增补）》（1990年）。

科消灭的规定（《刑法》第 34 条之 2）、删除了关于连续犯的规定（《刑法》第 55 条）等。在分则中，删除了对于皇室的犯罪（《刑法》第 73 条~第 76 条）、对外国元首及使节的犯罪（《刑法》第 90 条、第 91 条）、妻子的通奸罪（《刑法》第 183 条）、对安宁秩序的犯罪（《刑法》第 7 章之 2）、加重了公务员的职权滥用罪（《刑法》第 193 条~第 195 条）、暴行罪（《刑法》第 208 条）、胁迫罪（《刑法》第 202 条）之法定刑等。

此后，还进行了几次部分改正。作为比较新的改正，例如，昭和 62 年（1987 年）对于计算机犯罪的反应，平成 7 年（1995 年）的刑法典口语化以及废除尊亲属重罚规定。自从进入 21 世纪以来，实施了以下改正：第 14 条的改正（将有期徒刑的最长期限提升到 30 年），新设了危险驾驶致死伤罪（《刑法》第 208 条之 2）、机动车驾驶过失致死伤罪（《刑法》第 211 条第 2 项），创设了关于用于支付的卡片的电磁记录犯罪（《刑法》第 18 章之 2）、新设了人身买卖罪（《刑法》第 226 条之 2）、新设了关于不正指令电磁性记录的犯罪（《刑法》第 19 章之 2），改正并新设了强制执行妨害罪等。平成 25 年（2013 年），因《关于机动车驾驶致人死伤等的处罚之法律》的出台，危险驾驶致死伤罪以及机动车驾驶过失致死伤罪从刑法典中移除，放置于该法律中。此外，同年还导入了刑罚部分执行犹豫制度，并于平成 28 年（2016 年）施行。

四、刑法的全面改正工作

与以上的部分改正同时进行的，刑法的全面改正工作自从大正 10 年（1921 年）就已经开始了。政府在第一次世界大战之后，鉴于国内外形势的变化，并考虑到日本固有的道德与美风良俗，肯定了改正的必要性，临时法制审查会于大正 15 年（1926 年）10 月通过了《刑法改正的纲领》40 项，并提交政府。昭和 2 年（1927 年）1 月，在司法省部内设置了刑法改正原案起草委员会，基于之前的纲领制定了被称为 "刑法改正预备草案" 的刑法草案。此后，设置了刑法改正起草委员会，虽然继续审议草案，但在没有得到确定案前就中断了战前的改正工作。该委员会作为未定稿而发表的刑法草案的总则编与分则篇合起来被称为 "改正刑法假案"，并被作为战后改正工作的参考资料。

关于战后的改正工作，昭和 31 年（1956 年）当时的法务大臣牧野良三对法务省特别顾问小野清一郎提出了是否需要改正刑法的咨询，并在法务省内设置了刑法改正准备会。昭和36年（1961年）12月20日公开发表了《改正刑法准备草案》。之后，昭和38年（1963年）5月20日，当时的法务大臣中垣国男向法制审议会咨询是否需要改正刑法，并设置了刑事法特别部会，在历时8年半的审议过程中，该部会不断向法制审议会报告刑法改正的必要性。昭和46年（1971年）11月29日，法制审议会进行了审议，昭和49年（1974年）5月29日，法制审议会通过了《改正刑法草案》。之后，由于对于改正刑法草案的批评意见非常强烈，刑法的全面改正工作至今仍未实现。但是，刑法全面改正工作引起了关于刑法的作用、功能等刑法基本立场的争论，在这一点上可以说还是有其意义的。[1]

五、刑事立法的活性化

如前所述，刑法最近不断创设新的处罚规定或者提高现有犯罪的法定刑，简直进入了"刑事立法的活性化"时代[2]。确实，日本也成为风险社会[3]的一员，以组织犯罪、毒品犯罪、交通犯罪为开端，呈现出了不知什么时候会成为被害人这种犯罪不安的状况。可以说，这样的被害人视角仅仅在强调之前整体的刑事司法忽略了被害人这一点上有其意义。但是，在这里当然也存在界限。应当注意最近的倾向是招来了处罚的早期化、处罚的严罚化、处罚的扩大化这一现象。[4]

我认为，这样的倾向起因于认为通过刑罚这一制裁规范就能保护法益这一误解。如前所述，直接保护法益的是行为规范，制裁规范只不过是间接地保护法益而已。此外，保护被害人的报应感情这一点也促进了这种倾向，但是，行为规范的任务是保护法益，在该法益中不能包含被害人的报应感情。

---

[1] 关于刑法的全面改正，参见平场、平野编：《刑法改正之研究 1、2》（1972年、1973年）等。
[2] 井田：《变革时代中的理论刑法学》（2007年），第27页以下；"（特集）最近的刑事立法动向及其评价"，载《法时》第75卷第2号（2003年）第4页以下；中山：《21世纪的刑事立法与刑事裁判》（2009年）。
[3] 关于风险社会，参见 Ulrich Beck, Riskiogesellschaft, 1986 ［乌尔里希·贝克（东、伊藤译）：《风险社会》（1998年）］。
[4] 关于风险社会与刑法的问题，参见金：《风险社会与刑法》（2001年）；小田："风险社会"，载《法教》第264号（2002年），第63页以下；岛田："风险社会与刑法"，载长谷部编：《从法律看风险》（2007年），第9页以下；"（特集）风险社会与犯罪理论"，载《刑事法学家》第33号（2012年），第4页以下；高桥：《对话》，第34页以下等。

应当注意，风险社会也包含不知什么时候就会成为被害人这一危险，刑法归根结底负有防止国家权力滥用进而保护加害人的任务。但是，以刑法中被害人的地位为问题本身当然也是重要的课题。[1]

---

[1] 参见高桥：《探求》，第33页以下；同：《对话》，第69页以下；同："从修复性司法的观点来看对犯罪被害人之对应策略"，载《早稻田法学》第85卷第1号（2009年），第307页以下。

第二章 刑罚法规

第一节 罪刑法定主义

一、含义

罪刑法定主义指的是犯罪与刑罚必须由法律规定的这一原则。[1]可以通过"无法律则无犯罪,无法律则无刑罚"这一标语来表达。该原则对应于中世纪以及近代初期的罪刑专断主义,可以说是近代启蒙思想的产物。

罪刑法定主义在1215年《英国大宪章》第39条首次出现,之后,在1776年的美国《独立宣言》、1788年《合众国宪法》、1789年法国革命时期的《人权宣言》中开花,并通过1810年的《拿破仑法典》波及欧洲诸国,支配了19世纪以后的刑事立法。

日本刑法最初将罪刑法定主义明文化的是明治13年(1880年)的旧《刑法》。具体而言,旧《刑法》第2条规定"法律没有相应条文规定时,无论行为人所为何事,均不得处罚之"。进而,明治22年(1889年)的《帝国宪法》第23条虽然存在法律保留,但仍然规定"未依照法律,日本臣民不受逮捕、监禁、审问处罚",并将其作为宪法上的原则。明治40年(1907年)的现行刑法并未重新设置关于罪刑法定主义的规定。

现行宪法也承认罪刑法定主义原则。具体而言,《刑法》第31条规定"任何人未经法律规定的程序,均不得剥夺其生命或自由,或者科处其他刑罚"。

---

[1] 关于罪刑法定主义,参见泷川(春):《罪刑法定主义》(1952年);大野(真):《罪刑法定主义》(1980年);萩原:《罪刑法定主义与刑法解释》(1988年);"(特集)罪刑法定主义的现代性意义",载《现刑》第3卷第11号(2001年),第4页以下;杉本:"刑法与宪法中'不明确性'的主张",仲道:"作为行动准则的刑法与罪刑法定主义",载《理论刑法学入门》,第251页以下、第267页以下等。

该规定虽然是刑事程序中关于正当程序的规定,但在"法律所规定的程序"中,可以理解为也包含规定犯罪与刑罚之间关系的实体刑法。进而,《宪法》第 39 条规定"任何人在实行时是合法的行为或者是已经被认定为无罪的行为,均不得追究其刑事上的责任。此外,对于同一犯罪,不得重复追究其刑事上的责任",明确宣布禁止溯及既往。

但是应当注意,20 世纪的独裁国家从正面否定了罪刑法定原则。具体而言,如 1935 年由纳粹追加的《德国刑法》第 2 条。这个条文肯定类推适用,规定"实施根据法律被宣布为具有可罚性的行为,或者根据刑罚法规的基本思想以及健全的国民感情认为值得处罚的行为,对其实施处罚。当不存在可以直接适用于该行为的刑罚法规时,对于该行为,根据具有最适当的基本思想的法规进行处罚"。但是,德国已在 1946 年将这种规定废除。

二、理论性根据

罪刑法定主义是以民主主义的原理与自由主义的原理为根据的。

作为民主主义原理的内容,可以列举出以下两点:第一,三权分立的思想,即,将国家权力划分为立法、行政、司法,并分别分配到国会、政府、裁判所这三个独立对等的机关,三个机关互相牵制的思想。据此,裁判所只能适用国会所制定的法律,对于法律没有事先规定的行为就不允许科处刑罚。[1]第二,议会制民主主义的思想,据此,刑罚法规就只能是国民自身通过议会而决定。

自由主义的原理指的是通过事前地向国民预告什么是禁止的、什么是允许的,使国民对自己的行动具有预测可能性这一自由主义的要求。该自由主义原理是从前述的行为规范的事前统制功能派生出来的。以前是通过费尔巴哈(边页第 49 页)所主张的心理强制说进行说明的。具体而言,人们比较了由实行犯罪所被满足的快感与对之所科处的刑罚的痛苦,如果后者大于前者则不选择犯罪,因此,应该事前地预告犯罪与刑罚,强制任何人都不想实施犯罪的心理。这就是为前述刑罚的消极一般预防论提供基础的理论。心理强制说虽然将人类理解为理性的、精打细算的合理性人类,但却忽略了犯罪的

---

[1] 该三权分立的思想只不过描述了罪刑法定主义是面向法官这一作为"刑罚法规的对象"而已,是仅仅考虑了刑法的事后的制裁规范性的主张,并没有提及罪刑法定主义的本质性内容。罪刑法定主义的本质性内容是从刑罚法规派生出来的行为规范性问题。

社会病理性侧面与生物学侧面。

在罪刑法定主义的基础中，存在作为行为自由与法益保护之调整原理的行为规范性。对于行为人而言，行为自由发挥其功能，而对于被害人以及社区而言，法益保护则发挥其功能。因此，罪刑法定主义的基础理论在于通过设定行为规范而产生的国民行动自由与通过法益保护而得到的国民的规范信赖。于是，归根结底，可以说还是在于确证社会中规范的作用，即确证社会构成人员会根据规范而行动。

三、内容

作为罪刑法定主义的内容，可以列举出以下五点。

（一）罪刑的法定性（法律主义）

所谓的犯罪与刑罚，必须通过"法律"来确定。这里所说的"法律"原则上是指，在国会以法律的形式被制定的狭义的法律。因此，在作为比法律更为下位的行政命令（政令、省令、规则等）与最高裁判所规则等原则上不能规定刑罚法规。

但是，该原则存在三个例外。

第一个例外是在政令中设置罚则的情形，这一点仅限于存在宪法对法律的特定委任的情形（《宪法》第73条第6号但书）。最大判昭和27年（1952年）12月24日刑集第6卷第11号第1346页认为，如果要在政令中规定罚则，在应当被实施的法律中"具体性的委任"的存在是必要的，据此否定了规定了罚则的《铁炮火药类取缔法施行规则》[明治44年（1911年）勒令第16号]的有效性。与此相对，一般性的、包括性的委任是不被允许的，如果肯定这种委任的话，无异于容忍纳粹的授权法。但是，在猿扒事件中，《国家公务员法》第102条第1项仅仅规定"不得实施人事院规则所规定的政治性行为"，具体的禁止行为的内容则委诸人事院规则14-7（政治性行为），尽管这样的委任是包括性委任，最大判昭和49年（1974年）11月6日刑集第28卷第9号第393页还是做了"并未超越宪法所容许的委任限度"的判示。[1]

---

[1] 此外，最决平成22年（2010年）9月27日判夕第1355号第122页认为，《道路整备特别措施法》第58条、第24条第3款实质上并没有委任由高速道路股份公司制定，因此认为该条款并不违反《宪法》第31条、第73条第6号。

第二个例外是在普通地方公共团体的条例中设置罚则的情形。《地方自治法》第 14 条第 3 项规定："除了在法令中存在特别的规定，在本条例中，对于违反条例者，普通地方共同团体可以设定 2 年以下的惩役或者禁锢、100 万日元以下的罚金、拘留、科料或者没收之刑或者 5 万日元以下的罚款之意旨的规定"。但是，由处于比法律更为下位之位置的条例设定法则的合宪性就成为问题。关于这一点，最大判昭和 37 年（1962 年）5 月 30 日刑集第 16 卷第 5 号第 577 页作出了以下判示："条例是经由公选的议员组成的地方共同团体的议会之决议而制定的自治立法，与政府所制定命令等的性质不同，毋宁说这类似于经由国民所公选的议员所组成的国会之决议制定而成的法律，因此，当通过条例设定刑罚，只要法律授权在相当程度上是具体的、被限定的，就足够了，这样的理解是正当的。"从而认定并不违反法律主义。确实，条例是根据作为住民代表人之地方议会的决议形成的，因此可以说这基本上满足民主主义的要求。但是，条例所设定的罚则有时也会波及法律没有规制的情形，这一点是否违反法律主义就成为问题。例如，《福冈青少年保护育成条例》第 10 条第 1 项规定："任何人均不得对青少年实施淫行或者猥亵行为"，并在该条例第 16 条第 1 项对于违反的行为规定"处以 2 年以下的惩役或者 10 万日元以下的罚金。"对于甲明知 A 女不满 18 周岁（当时 16 岁）仍与其性交的事案，最大判昭和 60 年（1985 年）10 月 23 日刑集第 39 卷第 6 号第 413 页肯定了该条例的合宪性。但是，在法律（刑法典）的层面上（《刑法》第 176 条、第 177 条）不受刑法处罚的行为却通过条例来处罚，在这一点上还是存有疑问的。[1]

第三个例外是将犯罪成立要件的细目委诸法律以外的下位规范，即所谓的空白刑罚法规的情形（作为刑法典上的犯罪，有中立命令违反罪（《刑法》第 94 条）。当法律自身大概显示出了应受处罚之行为的轮廓，或者明确了所委任的下位规范的存在时，可以说并不违反罪刑法定主义（参见前述的猿扒事件）。

在"法律"中，并不包含习惯法（在一定范围的人们之间被反复实行的

---

[1] 但是，通过所谓的儿童卖春处罚法（《关于儿童卖春、儿童色情文学的行为等的处罚以及儿童的保护等的法律》）（1990 年公布、实施），在根据一直以来的条例而被处罚的行为中，关于与该法律的处罚规定相抵触的部分被认定为丧失效力（该法附则第 2 条）。

行动样式等习惯当中,具有作为法的效力的习惯)。不被成文法化的习惯刑法是被禁止的。但是,在刑法解释之际,也存在必须考虑到社会生活上的习惯或者某一地方的习惯法,这与罪刑法定主义的问题并无关系。例如,水利妨害罪(《刑法》第123条前段)中的水利权的内容,就不得不通过习惯法来确定。

(二)事后法的禁止(溯及处罚的禁止)

不允许将行为当时合法的行为通过之后的法律(事后法)将其认定为犯罪,或者将虽然在行为当时是犯罪但受较轻处罚的行为通过事后法加重处罚。这不仅在《宪法》第39条(刑罚法规不溯及的原则)存在明确的规定,而且也可以做以下推导:由于刑法是行为规范,该行为规范必须是行为当时的禁止或命令规范。

这一原则也存在例外。具体而言,《刑法》第6条规定:"当犯罪后的法律存在刑罚变更时,从轻处罚"。当裁判时法比行为时法的刑罚更轻时,承认裁判时法的溯及效力。在这种情形中,违反了行为当时的行为规范这一点并未改变,只是在作为制裁规范之刑罚的变更上限定性地朝对被告人有利的方向解释。既然前述的制裁规范的正当化根据在于法和平的恢复,那么,将刑罚的减轻这一变更视为被告人的利益也是可能的(关于刑法的时间适用范围,参见边页第42页以下)。[1]

当判例对被告人作出不利益的变更时,与刑罚法规一样,溯及处罚是否应被禁止就成为问题。[2]认为判例并非刑法的法源(在适用法律之际可作为法而援用的法形式),因此对被告人不利益的判例变更可溯及适用这一理解也是可能的。最判平成8年(1996年)11月18日刑集第50卷第10号第745页也做了以下判示:"即使根据行为当时的最高裁判所的判例所提供的法解释是无罪的行为,对其进行处罚也不违反《宪法》第39条。"[3]但是,规范并不是成文法其本身,也可以将其理解为"像判例一样而被解释的成文法",并且承认在判例中也存在控制行为的功能。因此,我认为判例在补充性的意义上具有法源性。据此,应当做这样的理解:根据对被告人做不利益变更的判例

---

[1] 东京高判平成22年(2010年)1月21日判夕第1338号第282页作出了以下判示:平成16年(2004年)刑法改正之前的伤害致死行为在适用第205条之际,认为刑的短期不适用轻的行为时法的原判决的法令适用之错误,在本案的具体情况之下显然影响到了判决。

[2] 参见中山:《判例变更与溯及处罚》(2003年)。

[3] 关于本案,参见村井,平成8年(1996年)度重判,第142页以下。

而溯及处罚是被禁止的，其变更只是面向将来宣布的。[1]

(三) 类推适用的禁止

类推适用是指，对于法律没有规定的事项，适用与其性质相类似之事项的法律。类推适用是裁判官的立法，允许类推适用就会导致不当地抑制被告人的行动自由。因此，至少对被告人不利的类推适用是必须被禁止的。

但是，尽管法律解释是以条文语句的语言学解释（文理解释）为出发点的，但在解释时也必须参见将该法律的趣旨、目的作为整体的法秩序，才能确定其含义内容，因此，超越条文语句之文理的解释在一定限度内也是被允许的。也就是说，扩张解释是被允许的。[2]

问题是，被禁止的类推适用（类推解释）与被允许的扩张解释的区别。[3]有学者认为由于这两者在结论上都是扩张条文的语句，在这一点上是相同的，因此其区别并没有多大意义。[4]但是，这两者的思考方向是不同的。具体而言，类推解释采用以下思考方向，即并不是解释某个条文，然后判断某个行为是否包含于条文之中，而是首先从国家社会的立场出发取出可恶的事实，之后再寻找类似条文。因此，这一思考方向已经放弃了解释，类推"适用"这一名称会更加名副其实。与此相对，扩张解释则采用以下思考方向，即从归根结底是否在条文解释的范围内这一视角出发来看待行为。[5]前者首先是以事实为基点，而后者首先是以条文为基点。

但是，扩张解释的界限也必须作为严肃问题对待。虽然其界限可归结为各个条文的解释问题，但一般而言，可以求诸是否在一般人的预测可能性的范围内、是否在语义可能的范围内。

此外，类推适用的禁止是为了保护被告人的行动自由而设置的原则，因此，可以理解为往对于被告人有利的方向发展的类推适用是被允许的。但是，罪刑法定主义不仅仅是被告人的行动自由，来自被害人、社区的规范信赖也

---

[1] 参见西原（上）第40页以下。
[2] 关于刑法的解释意义，参见本书第19页以下。
[3] 关于类推解释与扩张解释的区别问题，参见伊东："刑法的解释"，载《刑法基本讲座》第1卷（1992年），第46页以下；川口："刑法中的类推禁止原则（上）（下）"，载《关大法学论集》第57卷第3号（2007年），第414页以下、第57卷第6号（2008年），第1038页以下。
[4] 参见植松第76页。
[5] 参见西原（上）第44页。

在其射程范围之内。在这里，来自被害人、社区方面的"预测可能性"就成为问题，因此，应该认为犯罪性阻却、刑罚减轻或免除等规定归根结底也只有在扩张解释的范围内才能被允许。

虽然判例从之前就肯定扩张性的解释，但直到今日都没有对是类推还是扩张进行概念界定。例如，在电气盗窃事件中，旧《刑法》将窃取他人的"所有物"视为盗窃（旧《刑法》第366条），关于窃取他人电流的案件，大判明治36年（1903年）5月21日刑录第9辑第874页认为即使不是有体物，只要具有可动性或管理可能性，就可成为盗窃罪的目的物，据此肯定盗窃罪的成立。[1]此后，现行《刑法》第245条规定"电气视为财物"。这种规定之所以必要，我认为其原因在于将"电气"包含于"所有物"，作为旧刑法当时的解释具有勉强的地方。在油罐车颠覆事件中，油罐车的司机甲因过失而导致该车颠覆并导致多数的乘客死伤，是否成立《刑法》第129条的过失往来危险罪（或者，第211条的业务上过失致死伤罪）就成为问题。大判昭和15年（1940年）8月22日刑集第19卷第540页基于以下理由，作出了油罐车包含于第129条所规定的"汽车"的判示，即：代用汽车的油罐车，只是与汽车的动力不同，本质上都是在铁道线路上行驶，并为多数的货物或客人提供方便而且迅速安全之服务的陆上交通工具。[2]但我认为，本条的列举是限制列举，此外，如果将"汽车"这一文言作为解释的出发点，那么在文理解释的阶段上就不得不得出不包括油罐车的结论。这一点与以下的解释是同样的，均是类推解释，例如，《刑法》第134条第1项的泄露秘密罪的行为主体是"医师、药剂师、医药品贩卖从业者、助产师、律师、辩护人、公证人或者从事这些职业的人"，却将护士也包含其中的解释。[3]在野鸭捕获事件中，甲明明不具有法定的例外事由，却以食用为目的，在河边使用洋弓枪（十字弓）瞄准野鸭发射了4支箭，但均未命中，最终未能成功捕获野鸭。关于这一案件，最判平成8年（1996年）2月8日刑集第50卷第2号第221页将甲的行为认定为符合《鸟兽保护法》第1条之4第3项的告示3号中所禁

---

[1] 关于本案，参见平野：《百选Ⅰ》（第2版），第8页。
[2] 关于本案，参见川口：《关大法学论集》第57卷第3号，第36页。
[3] 此外，《保健师、助产师、看护师法》第42条之2、第44条之3，排除了保健师、看护师、准看护师泄露秘密的行为。

止的"使用弓箭的方法捕获"。[1]关于捕获的含义,不仅仅是现实的捕获,也包括捕获"行为"的解释从文理解释以及体系性解释、目的论解释出发是否可能就成为问题。从以下三点出发,本罪的"捕获"应当解释为现实捕获。具体而言,第一,捕获"行为"在很大程度上脱离了"捕获"的可能语义;第二,没有未遂规定[平成14年(2002年)设置了处罚未遂的规定];第三,应当将本罪理解为实际侵害了鸟兽的保护繁殖的侵害犯。

进而,还存在以下判例。两名被告人在共谋的基础上将病死的牲畜肉向食用肉贩卖从业者贩卖。对于这一事案,最判平成2年(1990年)5年11月刑集第44卷第4号第363页作出了以下判示:《食品卫生法》的目的在于防止发生起因于饮食的卫生上的危害、促进公共卫生的提高与增进。另一方面,关于由《食品卫生法》第5条第1款所规制的供食用的牲畜的处理,即牲畜的处理必须在卫生的条件下进行。参见这一点,在本案中,将未遵循《屠杀牲畜场法》的程序合法地屠杀并解体的死亡牲畜解释为该当于《食品卫生法》第5条第1项所说的"病死的牲畜"是适当的。最决平成9年(1997年)7月10日刑集第51卷第6号第533页中,对于在国立公园的第一种特别地域中被指定的海岸采集石珊瑚的行为,认定为该当于《自然公园法》第17条第3款第3号所说的"采集土石"。最决平成12年(2000年)2月24日刑集第54卷第2号第106页中,由于能够认定被告人为了狩猎而发射散弹枪的场所在混有住户与田野的地域内,在发射地点周围半径约200米以内有10户人家等状况,因此作出了以上场所该当于《鸟兽保护法》第16条的"住户稠密的场所"的判示。

(四) 罪刑的明确性

刑罚法规对于怎样的犯罪科处什么程度的刑罚这一点对于一般人而言,必须在预测可能的程度内被具体且明确地规定。首先,犯罪必须明确。如果行为规范禁止什么不能从条文出发去理解的话,该刑罚法规就是不明确的,因此是违宪、无效的。其次,刑罚必须明确。据此,诸如"处以惩役"这种完全没有确定期间的绝对不定期刑就使得对于被执行刑罚的预测变得困难,因此不能被承认。与此相对,宣告确定刑罚的长期与短期,而现实的执行期间则在这一范围内委托于执行机关的裁量这种相对不定期刑,当其长期与短期的差异并不甚显著时,未必就违反罪刑法定主义。《少年法》第52条对于

---

[1] 关于本案,参见浅田:《百选Ⅰ》,第4页。

少年的自由刑就承认这一点。

在德岛市公安条例事件中，参加集体示威游行的甲组织集体行进者以"S"形前进，该行为被认定为该当于《德岛市公安条例》第 3 条第 3 项，因此被起诉，但这一条款中的"维持交通秩序"这一规定的明确性成为问题。最大判昭和 50 年（1975 年）9 月 10 日刑集第 29 卷第 8 号第 489 页认为，刑罚法规是否明确由以下基准决定，即，在具有通常判断能力的一般人的理解中，对于在具体的情况下该行为是否接受其适用的判断是否可能。据此认定该规定虽然作为立法措施而言缺乏妥当性，但作为犯罪构成要件的内容并不缺乏明确性。此外，在前述的（边页第 34 页）《福冈青少年保护育成条例》中，"淫行"这一文言的明确性也成为问题。最大判昭和 60 年（1985 年）10 月 23 日刑集第 39 卷第 6 号第 413 页认为，当把"淫行"理解为"性行为的总体"时，"就同时也包含了难以考虑作为社会通念上以及处罚对象的内容"，该解释有失宽泛，对于"淫行"应当做以下限定解释，即，"除了诱惑、威吓、欺骗青少年或者使其陷入迷茫等，利用其身心未成熟并通过不当的手段所实施的性交或类似性交的行为，只有将青少年作为单纯地满足自己性需求的对象，这种性交或类似性交的行为才能被认定"，进而作出以下判示：这种解释也适用于具有通常判断能力的一般人的理解，因此，不能说该规定的处罚范围过于广泛或者不明确。[1]

这样，最高裁判所对于有不明确或过度广泛之嫌的法律规定通过合理的解释，采用将其规制对象限定于可合宪性规制的行为这一解释方法，从而回避当该规定在文面上违宪的结论（合宪限定解释）。规制暴走族等在公园等公共场所中集会的《广岛市暴走族追放条例》，其罚则规定的合宪性成为问题，对于这一案件，最判平成 19 年（2007 年）9 月 18 日刑集第 61 卷第 6 号第 601 页，通过合宪限定解释作出了其不违反宪法的判示。本判决采用以下合宪限定解释，即，将该条例的规制对象限定于除了本来意义上的"暴走族"之外，还包括服装、旗帜、言语行动等与"暴走族"相类似，并且在社会观念上能够与暴走族同等看待的集团。但是，该条例第 16 条第 1 款规定"任何人

---

[1] 关于本案，参见佐伯（仁）：《百选I》，第 6 页。最判平成 26 年（2014 年）10 月 7 日裁判集刊 315 号第 1 页，作为成人影响的自主审查机关（日本影像伦理协会）的元审查员的被告人，怠慢于成人 DVD 的适当审查，以贩卖淫秽图书帮助罪等罪名被起诉。对于该案件，最高裁判所驳回了被告人的以下主张，即，《刑法》第 175 条所说的"淫秽"概念是不明确的，违反《宪法》第 21 条。

都不得实施以下所列的行为"，并没有对作为行为规范之对象的行为主体做任何限定，进而，在该条例第 2 条第 7 号中存在暴走族的定义规定，还对其进行限定解释就不妥当了。此外，该定义本身过度广泛，即使将适用范围限定于暴走族也没有意义，根据后述的"刑罚法规的适正原理"，本条例只是单纯地将不安感、恐怖感作为保护法益，但这都缺乏作为法益的适格性。从以上理由出发，我认为这显然是在合宪性这一点上具有疑问的条例。此外，最决平成 10 年（1998 年）7 月 10 日刑集第 52 卷第 5 号第 297 页认为，不能说《食品卫生法》第 4 条第 2 号所说的"有害物质"的含义不明确，秋葵泡菜是含有《卫生法》第 4 条第 2 号中所说的"有害物质"的食品。

（五）实体的正当程序

从实体的正当程序理论出发可以归结的是罪刑的均衡性以及刑罚法规内容的适正性。[1]对于前者而言，当刑罚法规所规定的犯罪与刑罚有失均衡时，不仅不当地限制了行动自由，而且也丧失了规范信赖，因此违反罪刑法定主义。对于后者而言，当刑罚法规的内容违反宪法上的人权保障规定或者处罚了不值得处罚的行为时，其内容就被认为是不适正的，因而违反罪刑法定主义。

前者的"罪刑的均衡原理"是指，当某一刑罚法规规定了与其犯罪类型相比不得不说是不合理的内容以及程度（刑种、刑量）的刑罚时，该刑罚法规就被认为是违宪的、无效的原理。该原理既是从《宪法》第 31 条的实体正当程序出发的要求，也是后述的（边页第 341 页）责任主义的归结。罪刑均衡与否应当综合该犯罪的性质、所引起的害恶及社会性影响、抑制的必要性与紧急度、该刑罚对于抑制的有效性等多种多样的要素进行判断。[2]

---

[1] 关于实体的正当程序理论，参见芝原：《刑法的社会性功能》（1973 年）；萩原：《实体的正当程序理论的研究》（1991 年）；田宫：《变革中的刑事法》（2000 年），第 58 页以下。

[2] 东京高判平成 11 年（1999 年）3 月 12 日《东高刑时报》第 50 卷第 1-12 号第 24 页中，经营轻型货车运送事业的被告人 A 与作为配送员的其他被告人等共谋将自家用的轻型汽车用于货物的有偿运送。对于该案件，东京高等裁判所认为，当保持相关法条的整合性，为不产生罪刑不均衡而进行合理解释时，对于将自家用的轻型机动车有偿地用于货物运送的行为，在不超过对于轻型机动车运送未经许可的经营的罚则之限度范围内，应该说，有必要将《道路运送法》第 98 条第 2 号的罚则适用于该行为。最判平成 26 年（2014 年）1 月 16 日刑集第 68 卷第 1 号第 1 页，作出了以下判断：关于利用互联网异性介绍事业而引诱儿童之行为的规制等法律第 7 条第 1 款、第 32 条第 1 号所规定的伴随罚则的申报制度，应当说，作为为了达成正当立法目的的手段，是必要且合理的，并不违反《宪法》第 21 条第 1 款。关于本案，参见冈田：《判评》第 677 号（判时 2256 号），第 145 页。

关于后者的"刑罚法规的适正原理",例如,(旧)《按摩师、针灸师以及柔道整复师法》第12条规定:除本法第1条所规定的除外,不得以"医疗类似行为"为业。被告人在没有许可证的情况下,使用HS式高周波器这种器具有偿实施了被称为HS式高周波疗法,对于这一案件,最大判昭和35年(1960年)1月27日刑集第14卷第1号33页认为,在没有认定该疗法是否无害的情况下就认为其违反该法条进而对其进行处罚,违反《宪法》第22条所保障的职业选择自由,因此撤销原判决。这样,由于处罚无害行为的罚则不当地限制了行动自由,因此违反罪刑法定主义。最高裁昭和35年(1960年)的判决将处罚对象限定于"有危害人体健康之嫌的业务行为",这一点是立足于侵害原理(边页第22页),可以说是妥当的判决。但此后,既无许可也无法定事由,从事贩卖以柠檬酸或者柠檬酸钠为主要成分的"不累"以及"不累粒"的业务,对于这一案件,最判昭和57年(1982年)9月28日刑集第36卷第8号第787页认为,"即使其主要成分与一般作为食品而通用的柠檬醋与梅醋是一样的,对于人体也是有益无害的",仍然成立违反《药事法》的犯罪。[1]

第二节 刑法的效力

一、关于刑法的时间效力(时间的适用范围)

(广义上的)刑法从其施行[2]到废止都具有效力,对违反其规定的行为均适用。但是,当犯罪时的法律与裁判时的法律不一致时,就产生了应该适用哪一种法律的问题。

首先,"犯罪时"是什么时候就成为问题。刑法上的时间适用范围这一问

---

[1] 此外,东京高判平成22年(2010年)3月29日判夕第1340号第105页中,对于国家公务员所实施的发布正当机关用纸的行为,作出了以下判示:既然无法肯定法益侵害的抽象危险性,适用国家公务员法的罚则规定,就违反《宪法》第21条、第31条。关于本案,参见曾根:《法的科学》第42号,第148页。

[2] 由于法令一般是在公布之后经过一定的天数才施行的,因此罚则在法令施行日以后才具有效力。判例认为,关于规定着"从公布之日起施行"的法令,由于法令的公布是由官方进行,这在"置于一般国民应该知道的状态"之时点中就能够被承认,因此应认为在该时点就获得实施了[最大判昭和33年(1958年)10月15日刑集第12卷第14号第3313页]。

题是《宪法》第 39 条的禁止事后法（溯及处罚的禁止）的问题，这是罪刑法定主义的派生原理之一。如前所述（边页第 32 页），由于罪刑法定主义的本质内容在于行为规范性，因此所谓的犯罪时应当理解为"（实行）行为时"（判例、通说）。[1]

（1）根据行为时法不是犯罪的行为，但根据裁判时法却成为犯罪的行为。在这种情形中，根据罪刑法定主义的原则不溯及新法，因此该行为不成立犯罪。

（2）根据行为时法是犯罪的行为，但根据裁判时法却不成立犯罪，在这种情形中，根据《刑事诉讼法》第 337 条第 2 号，当认为其符合根据犯罪后的法令而被废止刑罚时可宣告免诉。[2]只是，在所谓的"限时法"这种情形中，即为了一时的特定事情、仅限于一定期间而被制定的法律，仅限于设置了"关于对废止前的行为之罚则的适用，仍然依照从前之例"这种特别的规定，旧法才能追及相应行为并认定有罪。但是，在没有设置这种特别规定的情形中，允许追及已经确定了废止期日的旧法就违反了罪刑法定主义。

（3）根据行为时法是犯罪的行为，根据裁判时法也是犯罪。在这种情形中，当旧法与新法在刑罚上没有不同时，根据刑罚法规不溯及既往的原则，应适用行为时法，当刑罚存在不同时，根据第 6 条，适用规定了较轻刑罚的法律。

---

[1] 判例对于继续犯［最判昭和 27 年（1952 年）9 月 25 日刑集第 6 卷第 8 号 1093 页］、包括一罪［大判明治 43 年（1910 年）11 月 24 日刑录第 16 辑第 2118 页］、牵连犯［大判明治 42 年（1909 年）11 月 1 日刑录第 15 辑第 1498 页］，适用了施行后的罚则。在不将继续犯理解为实行行为的继续，而理解为构成要件结果的继续时，就适用旧法。此外，当正犯由于跨越新旧两法继续实行从而适用新法时，也存在对在旧法时终了的从犯适用新法的判例［大判明治 44 年（1911 年）6 月 23 日刑录第 17 辑第 1252 页］。这是从认为共犯的违法性是从正犯处借用的共犯借用说出发的归结，可以说忽略了共犯固有的行为性以及违法性［作为与此相对的妥当的判例，参见大阪高判昭和 43 年（1968 年）3 月 12 日高刑集第 21 卷第 2 号第 126 页］。

[2] 对于"刑的废止"的理解，由于最终结果是变更了对该行为的构成要件的具体内容，因此应当理解为包含了所有在裁判时不具有构成要件该当性的倾向。因此，对于与被视为外国的奄美群岛之间的走私罪，认为在该地域不被视为外国之后，就该当于刑的废止之情形的判例［最大判昭和 32 年（1957 年）10 月 9 日刑集第 11 卷第 10 号第 2497 页］是妥当的。但即使基于旧《道路交通取缔法施行令》第 41 条的旧新潟道路县道路交通取缔规则第 8 条的乘车限制（第 2 种带原动机的汽车的二人座之禁止）被废止，该施行令第 41 条，即使由公安委员会制定了限制，但由于这是预想到根据当时的必要而应当做适当变更，从而试图处罚违反行为当时之限制的行为。因此，认为不能说对于其废止前所实施的行为存在刑的废止的判例［最大判昭和 37 年（1962 年）4 月 4 日刑集第 16 卷第 4 号 345 页］是不妥当的。

"刑罚的变更"虽然是指法定刑的减轻（主刑、附加刑的变更），但根据判例，劳役场留置期间的变更也相当于刑罚的变更［大判昭和16年（1941年）7月17日刑集第20卷第425页］，但关于刑罚的执行犹豫条件之规定的变更并不被认为是刑罚的变更［最判昭和23年（1948年）6月22日刑集第2卷第7号第694页］[1]。

二、关于刑法的空间效力（空间的适用范围）

这是日本的刑法对于在什么场所内所实施的犯罪而适用的问题。日本的刑法以属地主义为原则，保护主义、属人主义则作为例外而被承认。

（一）国内犯

刑法适用于"在日本国内所犯的罪"（国内犯）（《刑法》第1条第1款），不问行为人的国籍，对于在日本国内以及日本的领域（领土、领空、领海）内所犯的罪，日本刑法均适用，这就是所谓的属地主义。进而，在"日本国内的日本船舶或日本航空器内"所犯的罪也同样适用（《刑法》第1条第2款），这被称为旗国主义。

在属地主义中，虽然某罪是否是在日本国内所犯的，具有重要意义，但判例与通说认为，只要该当于构成要件的行为或结果的一部分发生在国内，就可以将其解释为发生在国内（遍在说）。这是从如前所述的刑法既是作为行为规范，同时也作为制裁规范出发的归结。与其相对，如果将作为刑法基本原理的法益保护作为核心来考虑的话，就会主张应当将结果发生地作为犯罪地的结果说[2]。但是，关于人的适用范围问题，不得不承认作为主体的人会影响到违法性，而且不可想象刑法对于国外犯采用结果说。综合这两点，应当说结果说是不妥当的。[3]

---

[1] 此外，最决昭和42年（1967年）5月19日刑集第21卷第4号第494页认为，关于通过刑的加重而延长公诉时效期间，当然应当以加重前的罚条作为基准。但问题是，仅仅延长公诉时效期间的清形。公诉时效期间的事后延长，是对行为人的不利变更，可以说违反《宪法》第39条（参见町野第46页以下）。

[2] 参见辰井："关于犯罪地的决定（1）（2完）"，载《上智法学论集》第41卷第2号（1997年），第69页以下；同：第3号（1998年），第245页以下（第273页）（此外，对于场所要求故意（同第277页），参见渡边（卓）：《电脑空间中的刑事规制》（2006年），第44页。

[3] 进而，根据结果说，外国人从日本邮寄混入毒药的威士忌而杀害处在外国的人，就成为国外犯，这是不妥当的。

判例认为，关于失火罪，既然过失行为是在国内实施的，即使结果发生在国外，也是国内犯［大判明治44年（1911年）6月16日刑录第17辑第120页］。即使贿赂的提供是在国外实施的，当其共谋是在国内实行时，即可认为犯罪构成事实的一部分是在国内实现的，因此包括贿赂的提供在内，整体都是国内犯［东京地判昭和56年（1981年）3月30日刑月第13卷第3号第299页，进而参见仙台地气仙沼支判平成3年（1991年）7月25日判例时报第789号第275页］[1]。当共同正犯（包括共谋共同正犯）其中一人的犯罪地在国内时，其他参与人的犯罪地也在国内，即使教唆、帮助行为是在国外实行的，只要正犯是在国内遂行的，共犯的犯罪地也是在国内［最决平成6年（1994年）12月9日刑集第48卷第8号第576页］。当教唆、帮助行为在国内实行，而正犯是国外犯时，共犯为国内犯，但是，当对于正犯而言，不存在国外犯处罚规定时，即使将共犯作为国内犯，也不能处罚正犯。

刑法的空间适用范围的法律性质是客观处罚条件（边页第95页），因此，一般认为，即使关于空间的适用范围存在错误，也不阻却故意。但是，空间的适用范围问题，在另一方面上也是日本刑法的行为规范与制裁规范之保护领域的问题。该保护领域的问题是构成要件该当事实的问题，因此，应当认为其错误是阻却故意的。

（二）国外犯

当犯罪地不在国内时就是国外犯，现行刑法设置了以下规定。

（1）保护主义（适用于所有人的国外犯）。《刑法》第2条列举了包括内乱、外患、伪造货币等侵害日本利益的重大犯罪，即使是在日本国外实施，也适用日本刑法，即"本法律适用于在日本国外实施的以下所列犯罪的所有人"。在这一点上明显采用了保护主义。

---

[1] 在美国国内，利用服务提供者所管理的网络计算机，往日本国内传送淫秽图像信息并使其记忆、隐藏的行为，由于其内容是由日语构成，为了能在国内的主页上直接显示而设置了链接，从日本国内能够容易登录该信息，因此，这无非就是淫秽图画公然陈列罪的实行行为的重要部分，成立国内犯［大阪高判平成11年（1999年）3月19日判夕第1034号第283页］。进而，最决平成26年（2014年）11月25日刑集第68卷第9号第1053页，将淫秽动画等的数据文件记录于设置于外国的网站的基础上，通过发布信息的网站而将该数据文件记录于日本国内的顾客的电脑等记录媒体中，对于该行为，最高裁判所认定其该当于淫秽电磁性记录等送信颁布罪等。关于本案，参见伊藤（亮）：《刑事法学家》第44号，第82页；山本（高）：《法学新报》第122卷第3、4号，第399页；镇目：《判例选择》第1卷（2015年），第33页。

(2) 积极的属人主义（国民的国外犯、公务员的国外犯）。《刑法》第3条规定"本法律适用于日本国民在日本国外实施的以下所列犯罪"，进而列举出了放火、强奸、杀人、窃盗、强盗等比较重的犯罪。此外，第4条规定"本法律适用于日本国的公务员在日本国外实施的以下所列犯罪"，进而列举了滥用职权、受贿等公务员犯罪。对于这些犯罪而言，不问其在外国是否被认为是可罚的行为，其重点是突出这是以日本国民所犯的罪这一点为根据从而适用日本刑法的这一宗旨，因此，这当然例外性地承认了以行为人具有日本国民这一属性为积极根据的积极的属人主义。[1]判例认为，即使行为人在行为当时，是在位于外国的机关从事职务，既然其具有日本国籍，就可以根据日本刑法进行处罚［最判昭和33年（1958年）5月24日刑集第12卷第8号第1535页，最判昭和28年（1953年）10月27日刑集第7卷第10号第2009页］。

此外，虽然还存在日本国民这一属性在什么时点上有必要存在这一问题，但从刑法上的行为规范、制裁规范的层面出发，只要在行为时成为其对象就足够了，没有必要要求其在裁判时也成为其对象。

(3) 消极的属人主义（非日本国民"针对日本国民"的国外犯）。以前，在《刑法》第3条第2款中，规定了对于日本国民实施杀人等犯罪的外国人也适用日本刑法。这被认为是采用以被害人具有日本国民这一属性为消极性根据的消极的属人主义，但在第二次世界大战结束后的1947年的刑法改正中被删除。但是，从以下理由出发，即"由于交通的发达，国际性的人流移动已经日常化，日本国民在日本国外遭受犯罪被害的机会也在增加，考虑到这些状况，从保护在日本国外的日本国民这一观点出发，当日本国民遭受杀人等对于生命、身体等某些重大犯罪时，有必要设置国外犯的处罚规定"。于是，在2003年，作为《刑法》第3条之2，规定了"本法律适用于日本国民以外者在日本国外对日本国民实施的以下所列之罪"，几乎同样的规定得以立法化。

(4) 世界主义（普遍主义、根据条约的国外犯）。《刑法》第4条之2规

---

［1］ 关于属人主义的根据，存在两种观点，第一种观点认为，日本国民即使在外国也应当遵守日本的刑法，当违反时，就应当处罚，即以国家固有的刑罚权为根据；第二种观点认为，在外国应当受处罚的行为，代替外国而在本国处罚，即以代理处罚为根据。由于根据外国的行为地法并不是犯罪的要件，因此现行法是基于前一种观点的。

定"除了从第 2 条到前一条所规定的情形，本法律还适用于在日本国外，犯了根据条约规定即使在日本国外也被认为应受处罚的第二编之罪的所有人"，采用了世界主义。这是满足诸如《关于对于被国际性保护者（包括外交官）之犯罪的防止及其处罚条约》［昭和 62 年（1987 年）条约第 3 号］第 3 条，以及根据《关于采取人质行为的国际条约》［昭和 62 年（1987 年）条约第 4 号］第 5 条的裁判权设定的要求所设置的法条。现在，作为该当于第 4 条之 2 所说的"条约"，除了上述的两个条约，还有《关于核物质的防护条约》［昭和 63 年（1988 年）条约第 6 号］等。

（三）外国判决的效力

如上所述，日本的刑法既适用于在国内的外国人，也适用于在国外的日本人以及外国人，这样的话，就可能存在日本的刑法与外国的刑法被重叠性适用的情形。在这种情形中，从国家主权出发来看，可以作出与他国的裁判相独立的应当适用日本刑法的裁判［最大判昭和 28 年（1953 年）7 月 22 日刑集第 7 卷第 7 号第 1621 页］。但是，当犯人已经在国外就同一事件接受了刑罚的执行时，重复地对其执行刑罚就对犯人赋予了超越其责任程度的不利益。因此，《刑法》第 5 条规定了"即使是在国外接受了确定裁判者，也不妨碍就同一行为再次进行处罚。只是，当犯人已经在国外接受了所宣告之刑罚的全部或部分时，减轻或者免除刑罚的执行"。

三、刑法的对人效力（人的适用范围）

日本的刑法原则上只要涉及关于时间以及空间的效力，对实施犯罪的所有人均适用，但在以下情形中例外性地不适用日本的刑法。

（1）由于国内法上关系的情形。对于天皇而言，在其摄政即在任期间不受追诉（《皇室典范》第 21 条），因此并非终身不受追诉。国会议员在议院内所实施的演说、讨论、表决，在议院外不被追究责任（《宪法》第 51 条）。国务大臣具有"在其任职期间，如果没有内阁总理大臣的同意，不受追诉"的保障（《宪法》第 75 条）。这些条款都被理解为人的处罚阻却事由。

（2）由于国际法上关系的情形。即外国的君主、总统，其家属以及非日本国民的随从、被信任的外国大使、公使、附属员及其家属以及非日本国民的雇员、随从，受承认的驻扎在外国领土内的外国军队的成员以及军舰等情形。由于这些情形欠缺诉讼条件，因此只能成为诉讼障碍而已。

第三章　刑法的理论

一、总说

在古代，刑法是最古老的法律，甚至可以追溯到公元前 1700 年左右的《汉谟拉比法典》，刑法思想与刑罚思想已经被各种各样的哲学家所论述。但是，将国家刑罚权行使的条件做体系性理论梳理的刑法学的展开，则是在个人的自由与平等被强调的近代启蒙时代以后。

作为出发点的"近代刑法学"，在此后直到现在，经历了几次变迁，可以说，所谓的"近代刑法学"直到现在仍被追寻着。

二、旧封建社会制度的刑法思想

启蒙时代以前的旧封建社会制度（旧制度）的刑法思想带有神学性赎罪、伦理性报应的强烈色彩，作为当时的刑法制度的特色，可以列举出刑法与道德、宗教的结合（干涉性）、根据身份的不平等对待（不平等性）、罪刑专断主义（恣意性）、苛刻的刑罚（苛刻性）等。为这些特点提供基础的思想可以归结于赎罪报应思想与一般威吓思想。[1]具体而言，苛刻严酷的重刑罚才具有赎罪力，此外，让行为人公之于世以威吓其他一般人。进而，由于国民事前无法得知什么样的行为会构成犯罪并被科处怎样的刑罚，这种罪刑专断主义处于支配性地位，在刑事程序上也采用自白证据主义，其结果是一直施行通过拷问的取证。

三、启蒙主义的刑法思想

这种旧制度的刑法思想在 18 世纪后半期被启蒙思想瓦解。自然科学的进展所带来的合理主义的思想将个人的平等与自由视为最高的价值，进而认为

---

[1] 参见佐伯（千）第 52 页以下；庄子：《近代刑法思想史研究》（1995 年）。

国家社会并不是由神的意志构成，而是由自由平等的个人的契约构建而成的（社会契约论）[1]。在诸多的启蒙思想家当中，意大利的贝卡里亚在其著作《论犯罪与刑罚》一书中，批判了旧制度的刑罚制度，论证了犯罪认定的尺度是犯罪产生的社会损害，构筑了近代刑法学的基础，因此被奉为近代刑法学的始祖。[2]

四、古典学派（旧派）的刑法理论

基于启蒙思想的刑法理论，与继其之后的刑法理论相对比，被称为古典学派（旧派）。但是，在该古典学派中存在两个流派，一个是出现在以上所说的从18世纪开始到19世纪初期的欧洲市民社会成立时期，基于启蒙主义之刑法思想的古典学派；另一个是出现在从19世纪中期到20世纪的资本主义兴盛时期，与后述的近代学派相对抗而展开"学派之争"的古典学派。可以将前者称为"前期学派"，将后者称为"后期学派"。[3]

代表前者的学者是费尔巴哈。他以康德哲学中严格区分法律与道德、罪刑的均衡为基础，树立了立足于目的、手段之功利主义的刑法论，主张通过预告犯罪与刑罚使一般人对于犯罪仅仅停留于有想法这一阶段的一般预防论。[4]

后者是以康德哲学中的形而上学性的报应思想[5]以及黑格尔的"犯罪是

---

[1] 参见卢梭（桑原、前川译）：《社会契约论》（1954年）。此外，卢梭基于社会契约论肯定了死刑。

[2] 参见贝卡里亚（风早、五十岚译）：《犯罪与刑罚》（1959年），（小谷译）《犯罪与刑罚》（2011年）。贝卡里亚认为，刑罚权的根据在于，在每个人通过社会契约而形成社会之际，每个人都相互交出来的部分自由的总和，超过该根据的刑罚权之行使，都是权力的滥用，是不正当的，每个人都没有臣服于此的必要。从这一点出发而构筑罪刑法定主义、罪刑均衡原理、死刑废除论等重要原理。

[3] 区别前期旧派与后期旧派的是，平野："刑法的基础"，载《法蝉》第181号（1966年），第56页以下；平野第15页以下、第11页以下，此后成为通说。进而，参见佐伯（千）第61页。但是，对该区别提出疑问的是，齐藤（诚）："围绕所谓的'前期旧派'与'后期旧派'"，载《日大法学纪要》第40卷别册（1999年），第9页以下。

[4] 安塞姆·费尔巴哈是唯物论的路德维希·费尔巴哈的父亲。如前所述，他通过主张心理强制说提供根据。他的功利主义思想树立了客观主义的刑法学，可以将其称为"近代刑法学之父"。

[5] 在康德哲学中，具有两面性，即，一方面是"法律与道德的严格区别"这一标签，另一方面是"形而上学的报应思想"这一国家主义侧面。必须注意其两面性。

对法律的否定，刑罚则是对其否定之否定"这种报应思想[1]为基础的刑法理论。这一立场认为，法律中存在伦理性质，犯罪是自由意思的产物，因此，刑事责任的基础是道义性责任，从而主张报应刑论。这一流派的学者有宾丁[2]、毕尔克·迈耶[3]、贝林[4]等。

五、近代学派（新派）的刑法理论

伴随着经济发展的变动与人口的城市集中化，19世纪后半期以来资本主义的发展导致了贫困、失业、疾病等社会问题，其结果也导致了犯罪，尤其是累犯、常习犯的增加。此外，通过新技术的发明、发现，从自然科学的实证主义立场出发对于犯罪以及犯罪人的研究也如火如荼进行着。这带来了对于犯罪的全新认识，即犯罪并不是像古典学派所说的理性人基于自由意思所做的选择，而是由素质与环境所决定的。例如，在调查了犯罪人的头盖骨与体型，并明确其人类学特征的基础上，提倡天生犯罪人这一概念的龙勃罗梭[5]、将该方法扩展到社会学领域的菲利、加洛法罗等意大利学派的研究所坚持的就是这一观点。[6]另一方面，德国的李斯特[7]在刑法中展开了目的思想，提倡

---

[1] 黑格尔的观点是，与前述的本书将刑罚理解为"法和平的恢复"这一立场具有相通之处，但问题是"法和平恢复"的内容，不能将其作为国家主义的思想，而必须通过自由共同体思想进行填充。
[2] 宾丁展开了规范论这一刑法学的基础，主张如下：犯人并不是违反刑罚法规（毋宁说是符合了刑罚法规），而是违反了从刑罚法规派生出来的行为规范（如果是杀人罪的话，就是"禁止杀人"这一禁止规范）。他的观点在否定罪刑法定主义功能、带有国家主义色彩等处也存在疑问点，但提供了前述的"行为规范与制裁规范"这一范式的基础，在这一点上是引人注目的。
[3] 毕尔克·迈耶在后述的"学派之争"中，是对抗新派的旧派刑法学的代表性论者。他主张因果关系论中的原因说，以此为基础，为展开共犯论的客观共犯论提供根据。
[4] 如后所述，贝林以刑法总论为开端导入了构成要件的概念，树立了"构成要件该当性、违法性、责任"这一三阶层的犯罪论体系。
[5] 意大利都灵大学教授龙勃罗梭于1876年写了《犯罪人论》一书，以形成犯罪原因之实证性科学研究为出发点，被称为近代犯罪学之父。在追及这种生物学原因中，有遗传学的进路、体质学的进路、心理学以及精神医学的进路等。即使现在，例如，对于性染色体异常的研究、与智能之间关系的研究、精神分析的研究等，仍然提供着重要的真知灼见。尤其是最近的脑科学的进展引人注目。
[6] 之后，对于犯罪原因的社会学进路性质的分析，有动乱论（涂尔干）、亚文化群论（科恩）、不良行为漂流论或者不良行为中和理论（Matza 与 Sykes）、分化的接触理论（萨瑟兰）等。到了20世纪60年代，犯罪由个人的素质与环境产生的这一观点被激进变革，犯罪标签论粉墨登场，即，犯罪与犯罪人都是个人与社会的相互作用，也就是说，是由实施行为者与试图处罚该行为人的人之间的相互作用而产生的。这些犯罪学理论与对于刑法的基本理解相关联，即，刑法是展示存在于社会的共通价值（全体国民的价值观）的制度，还是作为社会的支配层为了维护少

目的刑论。他认为，在社会原因层面，能够将其去除的社会政策就是最好的刑事政策。在个人原因层面，从"应受处罚的不是行为，而是行为人"这一立场出发，他提倡将犯罪人划分为机会犯、有改善可能的状态犯、不可能改善的状态犯，并分别对这三种犯罪人进行威吓、改善、无害化处理。

六、学派之争

（后期）古典学派对于近代学派的主张提出了激烈的反对意见。由此招来了两派的激烈对立与争论。这就是所谓的"学派之争"。尤其是代表古典学派的毕尔克·迈耶与近代学派的统帅李斯特之间的论战最为出名。[1]

学派之争的要点，如下所示。

（1）报应刑论对目的刑论。来自于（后期）古典学派的报应刑论将刑罚的本质理解为报应，即对于过去所实施行为的反作用（回顾性的刑罚观）；来自于近代学派的目的刑论也被称为教育刑论，将刑罚的本质理解为对于针对将来的犯罪所实施的社会防卫手段（展望性的刑罚观）。

（2）一般预防论对特别预防论。来自于（前期）古典学派的一般预防论将刑罚理解为通过事前规定然后事后执行从而达到威吓一般人、事前地预防犯罪的作用；来自于近代学派的特别预防论将刑罚理解为通过事后性地隔离或者改善犯罪人从而实现预防犯罪。

（3）道义责任论对社会责任论。（后期）古典学派的刑法理论将犯罪理解为理性人根据其自由意思的产物，对于本来可以不选择犯罪但却选择了犯罪这种"无耻的行径"进行非难，即，将道义责任理解为责任的本质（道义责任论）；与此相对，近代学派的刑法理论认为，自由意思应当被否定，犯罪是犯人的素质与环境的产物，因此不能非难犯人，只不过是将对于社会的危险

（接上页）数派之统治的手段。在犯罪学的研究中，也开辟了"被害人学"这一研究领域，即，并不仅仅将犯罪原因归咎于加害人，同时也求诸被害人的过错、有责性。但现在，朝着被害人支援（信息、保护、参加）这一形态变化，开辟出了更为广阔的研究领域"被害人论"这一名称更为妥当，关于这一点，参见本书第15页注1。

[7] 李斯特是代表新派刑法学的德国刑法学者，在理论刑法学的领域中，主张严格区分违法与责任，将违法的实质求诸于法益侵害与危险的客观主义，在这些点上，具有其特征。进而，参见本书第14页注释3。

[1] 关于学派之争，参见大塚（仁）：《刑法塚的新、旧两派的理论》（1957年）；内藤：《刑法理论的历史性展开》（2007年）。

性这一负担让犯人承担罢了，即，将社会责任作为责任的本质（社会责任论）。

（4）客观主义对主观主义。（后期）古典学派的刑法理论认为刑罚是对过去所实施的行为的反作用，刑罚的轻重应当与所实施的违法行为的大小相适应，因此，客观上所实施的违法行为其本身具有现实性意义，据此采用客观主义。与此相对，近代学派的刑法理论认为，犯人的社会危险性是最重要的，刑罚的轻重也应当与其相适应。因此，所实施的违法行为仅仅具有表征犯人的危险性这一意义，据此采用主观主义。即认为，"应受惩罚的是行为人，而不是行为"。

七、学派之争的现代性意义

（一）刑法中的人

既然法律是为了人类继续生存下去而存在的，可以说其预定了某种人类观。宪法、民法、商法等都将一定的人类观作为其出发点。[1]其中，刑法中的人类观这一视点从之前到现在一直被作为重大议题而被讨论着。旧派（古典学派）对新派（近代学派）之争就是围绕这种人类观之争。[2]

古典学派是以从近代中个人的发现所派生出来的，能够功利性地、理性地计算之"合理的人类观"为基础的。作为罪刑法定主义的根据之一而被援用，费尔巴哈的心理强制说就是其典型例子。如果科以严厉的刑罚，理性人经过计算损失与收益，当然就不会选择犯罪了。通过肯定人的自由意思，将犯罪理解为其产物，确立了仅仅处罚其行为这一客观主义。

与此相对，近代学派是以"宿命的人类观"为基础的，即犯罪并不是自由意思的产物，犯罪人实施犯罪是被决定的。由于人是被素质与环境所决定的，因此刑罚就是对其进行教育和改善。

这两种人类观现在已经被扬弃了。人，确实是被素质和环境决定着，但也不能否定自由的领域，可以说犯罪是两者的产物，因此，刑罚对于前者而言就是教育与改善，而对于后者而言就成为非难。团藤博士将这样的人类观

---

[1] 关于民法中的人类观，参见星野：《民法之演进》（1998年），第161页以下。
[2] 参见中：《刑法中的人类观》（1984年）；西原：《刑罚的根基》（增补版）（2003年）。

命名为"行为的人类观"。[1]即,人类"既被决定也做决定"(主体的人类观)。

这样的话,显然不仅仅是刑法,所有的法律都是以一定的人类观为前提来构筑的,但必须注意的是作为法律对象的人,均为抽象性的人。团藤博士为了捕捉具体的人,展开了主体性论,即便如此,这归根到底也只是在"人"这一被抽象化的范围内的具体化而已。因为这是法律,其中必须有法的意义与界限。

(二)从抽象的人到具体的人

但是,关于这种法的意义与界限,对于后者"法的界限"不断提出问题成为今天的现象。具体而言,认为不应该以抽象的人,而应该以具体的人为问题这一观点从多方面逐渐被主张。女性、婴儿、少年、被害人、外国人、高龄人、残疾人等即为是。[2]在统一的、普遍的法律世界中混入了差异的、特殊的个人世界,因此不得不对法律世界造成震撼效果。这虽然也可以视为近代法与现代法的对立,但不管怎样,不得不说法的课题变得越来越沉重。

但我认为,当试着终究性地考察人类时,最终结果将归于加缪所说的"无条理"。[3]人类本来就是充满矛盾、冥顽不灵的生物,这样的话,对其实施控制的法律世界充满着困难也是理所当然的事情,可以说并不值得大惊小怪。但是,为了打开这种困难的局面,试图仅仅通过追求合理性与科学性来处理,本来就是不可能的,我认为这反而会产生负面效果。具体而言,直接与人类的无条理性针锋相对,这一体系总有一天会崩溃。我认为不应采取这样的措施,而应该从正面坦然地承认人的无条理性,并以此为出发点。

在犯罪问题上,我认为不忘却无条理的人类这一视点对于其解决是很重要的。人类本来就是善恶同在并充满着矛盾。但是,以这样的人类观为前提的刑法学会是什么样的呢?

(三)纳粹的刑法理论

旧派对新派这一学派之争,在纳粹时代顷刻土崩瓦解。纳粹的刑法理论

---

[1] 参见团藤第32页以下。
[2] 参见中西、上野:《当事人主权》(2003年);宿谷:"关于对英美中的自由主义刑罚论的批判之本质与'批判后'的刑罚论的一个考察——Duff 的政治理论与刑罚论的检讨",载《比较法学(早大)》第39卷第1号(2005年),第70页以下。
[3] [法]阿贝尔·加缪(清水译):《西西弗的神话》(1969年)。

是以民族主义的世界观为基础的全体主义刑法理论，并非个人，而是作为民族共同体的国家才是刑法的保护对象。其结果是守护个人自由的罪刑法定主义被否定（允许类推解释）。为了镇压犯罪，一方面，主观性的"意思刑法""危险性刑法"被采用；另一方面，刑罚作为对民族共同体之忠诚的违反的道义性非难，成为报应性的东西。在这样的社会背景下，报应刑论与客观主义、目的性论与主观主义这一图示，在全体主义思想之下必然荡然无存。[1]

在纳粹的刑法理论中，简直是彻底贯彻了将人类差别化对待、严格区分敌人与朋友这一思想，在这一点上，可以看出以具体的人为问题的危险性。勿忘在"人"这一上位概念中进行抽象化的意义。

（四）战后德国的刑法理论

战后德国的刑法理论从否定纳粹的刑法理论出发，在强调罪刑法定主义与责任主义的同时，从存在论的基础出发、展开，刑法理论的目的行为论逐渐有力，目的行为论至今仍然持续影响着德国的刑法学。此后，在1954年之后的刑法改正工作中，与"犯罪化"以及积极的责任主义（有责任就有刑罚）等倾向相对抗，"无责任则无刑罚"这一消极的责任主义以及"与康德、黑格尔诀别"等观点得以主张。进而，从刑事政策的视角出发重新构建的目的理性刑法理论也逐渐有力。最近，从社会系统论出发展开刑法学的观点和以黑格尔的思想为基础的刑法学等各种各样的观点被主张着，呈现出了五花八门的局面。[2]

（五）日本的刑法理论

日本近代的刑法理论[3]被认为是以对旧刑法的制定产生影响的Boissonade的新古典主义（报应刑论与目的刑论的折中的刑法理论）为开端的，但通过新派刑法学的展开，这种折中主义也随着旧刑法一起衰退。

现行刑法出台后，从近代学派的立场出发展开现行法之解释论的是牧野英一，他提倡刑法的进化论、主张教育刑论与主观主义犯罪论。与此相对，

---

[1] 关于纳粹刑法理论，参见木村（龟）："纳粹的刑法"，载杉村等编：《纳粹的法律》（1934年），第157页以下；山中："纳粹刑法中的'法之革新'的意义——其阐明的尝试"，载纳粹研究班编：《纳粹法的思想与现实》（1989年），第159页以下。

[2] 井田：《变革时代中的理论刑法学》（2007年），第75页以下。

[3] 参见内藤，前列：《刑法理论的历史性展开》，第556页以下；吉川、内藤、中山、小田中、三井编：《刑法理论史的研究》（1994年）；中山：《刑法的基本思想》（增补版）（2003年）。

从古典学派的立场出发，开辟解释进路的是小野清一郎与泷川幸辰，他们展开了以构成要件概念为基础的客观主义犯罪论。但是，小野强调通过刑法来维持国家的道义秩序，主张道义性的、国家性的报应刑论。与此相对，泷川通过坚持罪刑法定主义，展开了古典学派所具有的自由主义的一面。

到了二战后，在谱写了尊重基本人权的新宪法之下，已经没有任何学者从纯粹的形式上主张近代学派的主观主义刑法理论，客观主义刑法理论占据支配性地位。因此，现在的争论是在客观主义刑法理论内部展开的。但是，在刑罚论中，近代学派的目的刑论也被有力主张着，在行刑实务上，向着受刑者的改善更生的努力也被付诸实践。

在现代的刑法理论中，最重要之争论的是前述的刑法全面改正工作（1956年至今）。具体而言，在这里展开了刑法的功能是在于维持社会伦理秩序还是在于保护法益这一争论。围绕该刑法功能的争论对于违法本质论、责任本质论产生了重大影响。对于前者而言，产生了行为无价值论与结果无价值论的对立；对于后者而言，产生了是基于道义责任论的回顾性责任论还是同时也考虑预防因素的展望性责任论这一对立。但是，如前所述，在将刑法的功能求诸保护法益的同时也展开行为无价值论是可能的。因此，将这些问题作表格化的机械式理解是不妥当的。

第二编

犯罪的理论

第一章 犯罪论序说

第一节 犯罪论体系

一、犯罪的概念

在刑事法学上,犯罪概念被作为几个意思来使用。[1]

第一,犯罪是指甲杀害了乙这种现实的事实,这被称为"作为实在的犯罪"。这种作为实在的犯罪,虽然成为刑事诉讼法学、刑事政策学、犯罪学的对象,但并不是刑法的直接对象。刑法学的任务在于明晰犯罪的规范性意思内容,因此,加害人甲或者被害人乙均被抽象化、一般化了。但是,有关甲或乙的具体事实在确定犯罪的规范性意思内容之际,具有作为补充性资料的意义,例如可能对违法或者责任的程度问题产生影响,进而在量刑判断中也成为重要的量刑情节(边页第551页)。

第二,犯罪意味着杀人、盗窃、放火这种"作为个别类型性概念的犯罪"。在这种情形中,例如甲杀害乙的行为或者丙杀害丁的行为均被包括在杀人这一犯罪概念之内。而且这必须与甲伤害乙的情形或者甲失误致乙死亡的情形相区别,因此这是刑法学的对象。这种意义上的犯罪成为刑法分论的对象。

第三,犯罪是"作为一般概念的犯罪",具体是指作为包括各个犯罪类型之上位概念的一般性的犯罪概念。这是作为刑法总论之对象的犯罪,我们将阐明该一般性概念的部分称为"犯罪论"。

阐明犯罪的一般概念之意义在于:第一,明确划分犯罪与非犯罪的基准;第二,设定犯罪成立与否的统一性原理,对处罚或不处罚的根据赋予体系性

---

[1] 参见西原(上)第73页以下。

意义。

二、犯罪论体系的意义与功能

为了明确犯罪的一般性概念，将该概念分解为几个要素并遵循一定的理论顺序对其进行说明是必要的。这是因为，如果不这样的话，虽然也能将某个行为评价为犯罪，却会产生根据感情论而恣意进行的危险性。在这一点上体现了构筑犯罪论体系的目的。具体而言，犯罪论体系是控制裁判官及其他法实务家的判断，并为判断提供引导的东西。因此，犯罪论体系并不是纯粹的思辨性产物。但是，由于犯罪论体系在很大程度上受到论者所依据的思想性、哲学性所处的位置、国家观与人生观等方面的影响，各种各样的体系构成充斥学术市场，因此很多初学者在该丛林中迷失方向、停滞不前。

在构筑犯罪论体系之际，以下三个视点是重要的。

第一是犯罪论体系与刑事政策性价值决定的关联。之前李斯特认为"刑法是刑事政策不可逾越的鸿沟"，对刑事政策设置原理性的界限成为刑法的任务。[1]这一点到现在都应该被维持。但是，有必要注意最近出现了将"刑法视为刑事政策的一种手段"这种倾向。[2]如何建构刑法与刑事政策性价值决定之间的关联，在今后将成为重要课题。

第二是体系性思考与问题性思考的关联。一方面，为了排除判断者的恣意性，体系性思考是必不可少的；但另一方面，如果仅仅肯定体系其本身的价值并从该体系出发演绎性地或者一刀两断式地解决各个问题，就有忽视包含于各个问题中重要论点的危险。为了凸显出各个问题中所具有的固有论点，问题性思考是必要的，[3]进而有必要考虑其与体系性思考的关联。

第三是刑法典对于犯罪论体系是否有所表述。在第一篇《总则》中主要是共通于各个犯罪的规定，尤其是关于犯罪成立及阻却事由的规定。在第二篇"罪"中，规定了各种犯罪类型。犯罪论体系不仅应当自觉地对应于这种

---

[1] 参见 Franz v. Liszt, Ueber den Einfluss der soziologischen und anthroppologischen Forschungen auf die Grundbegriff des Strafrechts, in: ders, Strafrechtliche Vortraege und Aufsaetze, 2. Bd., 1905, S. 80.

[2] 处罚的早期化、处罚的严罚化、处罚的扩大化是其表现。关于这一点，参见高桥："刑法保护的早期化与刑法的界限"，载《法时》第75卷第2号（2003年），第15页以下。

[3] 主张从体系性思考转向问题性思考的是，平野：《刑法的基础》（1966年），第225页以下；进而，参见平野Ⅰ第87页以下；松宫第361页以下。

划分来进行构建，而且条文的文言，例如"行为""实行""不罚"等，在探讨犯罪的概念要素之际，成为重要的线索。

三、犯罪的概念要素的体系性排列

将犯罪分解为几个概念要素，对其在进行体系性排列的基础上再进行判断，但在此之际，作为排列顺序，"从外部到内部""从形式到实质""从客观到主观"这一顺序是比较容易理解的。进而，分解成什么要素便成为问题。为此，不得不踏入犯罪是什么这一本质论问题，与此同时，有必要从刑法中的四个原则出发进行演绎。

首先，犯罪的本质论是前述的（本书第 7 页以下）规范论的问题。行为规范指向一般人，由于违反了该行为规范，该行为就"成为"违法行为。而该判断是关于"应为却不为"这种当为（Sollen）的无价值判断。接着，必须进一步追问行为人是否可能遵循该"当为"而实施相应的行为。也就是说，这是关于"能为却不为"这种可能（Koennen）的无价值判断。据此，就可以对行为人自身进行非难，即追究"责任"。[1]这是属于义务规范的范畴。从该义务规范派生出了应当遵循行为规范来做意思决定的义务（意思决定义务）。意思决定义务并不是从行为规范（法规范）派生出来的，而是在直面行为规范以前就在我们心中作为一般性的东西存在的。[2]

其结果，从规范论的角度而言，犯罪是由行为规范和义务规范构成的，前者是"（规范的）违法性"，后者是"（规范的）责任"。而在这两种规范中均设置了制裁规范。于是，对于前者而言，就附加了"（可罚的）违法性"，对于后者而言，则附加了"（可罚的）责任"。

其次，作为刑法中的四个原则，可以列举出行为原理（边页第 74 页）、罪刑法定主义（边页第 30 页）、法益保护主义（边页第 11 页）、责任主义（边页第 331 页）。

第一，从"犯罪是行为"这一行为原理出发，产生了"行为"这一要素。

第二，从"无法律即无犯罪和刑罚"这一罪刑法定主义出发，产生了"可罚性"这一要素。

---

[1] 参见西原（上）第 130 页。
[2] 参见中野第 39 页注 1。

第三，从"无法益侵害或危险则无违法"这一法益保护主义出发，产生了"违法性"这一要素。

第四，从"无责任则无刑罚"这一责任主义出发，产生了"责任"这一要素。

据此，可以将犯罪定义为"违法、有责且可罚的行为"（作为犯罪本质论的定义）。

四、犯罪论的全体像

综上，虽可将犯罪定义为"违法、有责且可罚的行为"，但现行刑法典将犯罪的性质一方面作为各个犯罪所特有的要件（构成要件），另一方面作为一般共通于犯罪的要件（犯罪成立阻却事由）来规定。因此，构成要件既是违法类型、责任类型，也是可罚类型。[1] 在对于某行为是否符合（该当）构成要件的判断的基础上，接着再检讨是否存在阻却犯罪成立的事由。也就是说，检讨犯罪的成立与否，可以遵循"行为——构成要件该当性——违法阻却——责任阻却——可罚性阻却"这一判断顺序。[2]

从刑法规范的构造论来看，行为规范是由禁止、命令规范与容许规范构成的。例如，当成立正当防卫，就发动了容许规范，因此就不存在行为规范违反。但是，从刑法典上的构造来看，禁止、命令规范是被放置在构成要件上，而容许规范则被放置在违法阻却事由（正当化事由）上。因此，当成立正当防卫，虽然该当于构成要件，但违法性被阻却了。此外，例如在无责任能力的情形中，由于不能承认义务规范违反，因此责任被阻却，而在亲族相盗例（《刑法》第244条）的情形中，可罚性被阻却。

---

[1] 参见中野第62页（边页第87页）。
[2] 犯罪一般被定义为"该当于构成要件的违法且有责的行为"，但我认为这是一种容易招来误解的表述。这是因为，构成要件该当性的判断与违法性的判断被认为是相互分离的各自判断，这从在构成要件该当性的判断之后，才进行（积极的）违法性判断这一理论构成就可以看出来。但是，如果根据将构成要件理解为与违法判断相分离的行为类型之立场（参见内田（文）第91页、曾根第58页以下），虽然可以得出这一理论构成，但从构成要件是违法类型这一一般性的理解出发，这一理论构成是不妥当的。构成要件该当性的判断，无非是违法性的判断，如果该当于构成要件，原则上就违法，只是例外（例如在正当防卫等情形中）地阻却其违法性。行为的实质性评价可以归类于违法与责任，构成要件是基于可罚性这一要素而将这两个实质性评价类型化。应当注意"违法且有责的行为"是指对于该当于构成要件之行为的违法（阻却）与责任（阻却），在此意义上使用犯罪是指"该当于构成要件的违法且有责的行为"这一定义。

规范论的基础		犯罪论体系	规范论的基础	
行为规范 (规范性违法)	禁止(命令) 规范	构成要件 该当性	可罚的类型	制裁规范
	容许规范	违法阻却	可罚的违法	
义务规范 (规范的责任)		责任阻却	可罚性阻却	
		可罚的责任		

第二节 犯罪论的基础理论

一、同时存在原则及其例外

构成犯罪的所有要素并不是个别地、分散地存在于时间数列上就可以，而是必须在一定的时间点上同时存在。该原则被称为同时存在原则（Koinzidenzprinzip）。[1]例如，在前述的犯罪是指该当于构成要件的违法且有责的行为这一定义中，产生了行为、构成要件该当性、违法性、有责性这些要件必须同时存在的要求，就是从该同时存在原则派生出来的。同时存在原则的形式性根据无非来源于前述的犯罪成立要件的那种定义。但是，那样的定义是否妥当，怎样的要素必须一致，这一犯罪构成要素的实质性含义内容就必然成为问题。此外也必须揭示同时存在原则的实质性、规范性根据。从其实质性、规范性的根据出发，有时同时存在原则也未必妥当，从而承认"同时存在原则的例外"。

同时存在原则尤其在"原因上的自由行为"（边页第355页）的可罚性问题上被讨论。其中，实行行为与责任能力的同时存在是重点被讨论的问题。但是，同时存在原则适用于所有的犯罪要素。例如，甲误将乙射杀后认识到了该事实，即使对该结果持欢喜态度，甲也不成立杀人既遂罪。在这种情形中，因为故意与实行行为并不同时存在，所以在实行行为之后即使存在故意也不成立杀人罪。这就是所谓的"事后故意"。[2]另一方面，也存在这样的

---

[1] 参见高桥：《规范论》，第30页。
[2] 关于事后的故意，参见西原（上）第191页，山中第325页以下。

情形：即使在试图使未遂犯成立的实行行为时不存在故意，而在此之前的行为遂行时存在故意即足够。例如，甲企图偷税，在某个周五制作了不正的申告书并放到邮筒里，由于甲患有健忘症，在周六完全忘记了该事实，而该申告书在周日送达。在这种情形中，也应当肯定存在违反税法之罪的故意。此外，在被害人的承诺中，承诺必须存在于实行行为时。例如，在某物被盗窃之后，即使所有人将该物作为无用之物并放弃所有权，也不能认为存在承诺而阻却构成要件该当性。进而，在中止犯中，在实施杀害行为之后，由于后悔而将被害人送往医院接受治疗的这种情形中，虽然放弃了杀意，但当初杀人的实行行为上的故意并不当然消失。

据此，一定的犯罪要素各自必须同时存在，当在时间上错开时，犯罪就不成立。但是，追本溯源，何种犯罪要素之间必须同时存在以及以怎样的形式同时存在，对于这一问题的回答，未必是明确的。此外，也存在很多这样的事例，即：在由于欠缺一定的犯罪要素而无法肯定可罚性的情形中，通过事前行为的填补而最终肯定可罚性。例如，在不真正不作为犯（边页第 161 页）中即使欠缺行为能力，如果无行为能力是由于事前的不注意而引起的，就存在成立过失犯的可能性。还有，行为人即使欠缺违法性意识（边页第 356 页），但当该错误根据事前的信息可以阻止时，就具有责任归属的可能性。此外还存在挑拨防卫（边页第 292 页）与自招侵害（边页第 317 页）等各种各样的事例群。以怎样的根据来肯定这些同时存在原则的例外必须被作为问题。

同时存在原则及其例外的问题是必须被放在整个犯罪论中进行讨论的问题。因为同时存在原则无非是犯罪论中的归属问题，是"规范的相互关联"的问题。

二、事前判断与事后判断的对应原则

与以上的"同时存在原则"相并列，可称为犯罪论上重要的视点的，就是"事前判断与事后判断的对应原则"（Korrespondenzprinzip）（以下称为"对应原则"）。[1]该原则，广义理解的话是指主观与客观的不一致，于是也包含了错误问题。例如，在以杀害 A 的意思却由于认错人而将 B 杀害这种客体错误（边页第 193 页）的情形中，也可以说是事前判断上对于 A 的故意与事后判断上 B 的死亡的对应问题（一般使用"符合"这一名称）。但是，在该

---

[1] 参见高桥：《规范论》，第 92 页以下。

情形中，对于 A 的故意也可能作为事后判断的对象，因此不能说是对应原则本来的适用领域。

对应原则的基本适用领域是事前判断与事后判断的判断基准与判断对象不一致的情形。例如可以举出不能犯与因果关系的问题。在不能犯（边页第398页）的问题上，其中行为时的危险判断与行为后的判断的对应成为问题。但例如，在甲将稻草人误认为 X，怀着杀意开枪的情形中，如果纯粹地贯彻具体危险说（边页第399页），那么在行为时的事前判断中，如果一般人也认为是 X，就成立杀人未遂，结果就不考虑与事后判断的对应原则了。通过事后判断，考虑到稻草人这一事实，将其与事前行为人的认识以及一般人的认识可能性等的关系作为问题的观点，才是考虑了对应原则的观点。由于客观危险说（边页第400页）是只根据事后判断的学说，因此对应原则当然不被考虑。进而，在因果关系（边页第116页）的问题上，例如，甲怀着杀意捅了 X，X 虽然被救护车送往医院，但次日因医院发生的火灾而死亡。在这一情形中，条件说（边页第124页）只根据事后判断来肯定因果关系，而相当因果关系说（边页第124页）只根据行为时的事前判断，将医院的火灾从判断基底中排除，对通过刺伤而导致死亡是否相当进行判断，如果是致命伤，就肯定因果关系。这两种学说都不考虑对应原则。与此相对，客观归责论（边页第131页）考虑到了通过行为时的事前判断的危险创出与通过行为后的事后判断的危险实现之间的关系，当认为后者不能纳入前者的框架内，则否定因果关系。这可以说就是考虑了对应原则的观点。

这样，对应原则就是以进行事前判断与事后判断的观点为前提，并以这两者的关系为问题的学说。如果说为什么有必要考虑这样的对应原则，这是因为该原则是对应于"行为规范与制裁规范"这一理论框架的原则。具体而言，事前判断的基准与对象是行为规范的问题，而事后判断的基准与对象是制裁规范的问题。规范的体系是由事前的展望性评价体系与事后的回顾性评价体系构成的。如果根据前者被认为是合法的行为，根据后者却被认为违法，那么就会导致规制人类行为的规范分裂，与此同时，也会完全否定人们的行动预期。[1]因此，只有根据前者被认为违法的行为，根据后者也被认为违法的情形，或者根据前者被认为违法，但根据后者例外性地被认为合法的情形

---

[1] 尼古拉斯·卢曼（村上、六本译）：《法社会学》（1977年），第39页。

才值得考虑。

三、分析性评价与全体性评价

例如，甲被 X 殴打，于是甲也殴打 X 的脸部，此时 X 向甲扔了铝制烟灰缸（直径 19 厘米，高 60 厘米的圆柱形烟灰缸），甲继续殴打 X 的脸部（第一暴行），X 摔倒在地动弹不得，但甲继续施加暴行，踢 X 的腹部等（第二暴行），致 X 负伤，结果 X 由于脑膜出血死亡，而成为 X 死因的伤害是由第一暴行引发的，[1]在这一案件中，是将第一暴行与第二暴行分断成两个行为来评价还是作为一体的行为来评价，就是其中的问题。可以将前者称为"分析性评价"，将后者称为"全体性评价"。[2]关于本案，第一审整体性考察了两个暴行，既肯定了伤害致死罪，也肯定了防卫过当的成立。但第二审与最高裁判所虽然对第一暴行肯定了正当防卫，但对第二暴行则否定正当防卫以及过当防卫的成立，从而对被告人作出了成立伤害罪的判示。

这样，是分断事实从而个别性地评价行为，还是把握事实的全体从而将行为作一体化评价的这一问题，不仅关系到以上的正当防卫问题，而且是关系到整个犯罪论的问题。例如，在通过复数行为实现犯罪的情形中关于实行行为性与因果关系的把握、复数行为人的情形中共谋的成立与从共谋的脱离问题、作为与不作为的复合形态、结合犯的类型等，在诸多领域上都成为问题。

该问题并不是单纯的事实认定问题，而是规范性评价的问题。在前述的平成 20 年（2008 年）最高裁决定中，由于急迫不正的侵害的继续性被否定，而且不存在防卫的意思，因此，第一暴行与第二暴行被分割开来进行判断。这样的判断是否妥当虽然是在正当防卫的范围内进行论述（边页第 298 页），但在犯罪论全体中，时刻意识到将分析性评价与全体性评价视角相结合来进行考察是非常重要的。但是，这一问题是事实的分割方法的问题，在实务上当然会根据证明的困难性等因素来进行分割，但选定刑法评价对象的工作，应当说是犯罪论上的重要问题。[3]

---

[1] 参见最决平成 20 年（2008 年）6 月 25 日刑集第 62 卷第 6 号第 1859 页。此外参见后述（第 299 页）。
[2] 参见永井："量的过剩防卫"，载龙冈编：《现代裁判法大系》第 30 卷（1999 年），第 133 页以下。
[3] 参见高桥："犯罪论中的分析性评价与整体性评价"，载《刑事法学家》第 19 号（2009 年），第 39 页以下。

四、"一体的行为"论

前述的"分析性评价与全体性评价"的核心问题是"行为的分割方法"（行为的分断还是统合），可以将其放在"一体的行为"论的位置上。"一体的行为"论分别在构成要件该当性阶段、违法阻却阶段、责任阻却阶段展开。

第一，关于在构成要件该当性阶段的"一体的行为"论，行为（实行行为）、因果关系（作为介入因素的行为人的行为）、不作为等的分割成为问题。例如，在"摔落阳台致死事件"［东京高判平成13年（2001年）2月20日判时第1756号第162页］（边页第75页）中，被分割为刺杀行为与抓揪行为这两个行为，通过杀意的继续性评价为（杀人的）一体的实行行为。在"氯仿杀人事件"［最决平成16年（2004年）3月22日刑集第58卷第3号第187页］（边页第184页）中，关于杀人罪实行的着手时期，重点考察的是行为人"计划"中的"一体的行为"。具体而言，被分割为氯仿吸入行为与翻落海中行为这两个行为，根据3个基准（边页第393页），在前一个行为的氯仿吸入行为时肯定了杀人罪的实行着手。在"高速道路停车事件"［最决平成16年（2004年）10月19日刑集第59卷第7号第645页］（边页第148页）中，这是一个关于停车行为与暴行行为是属于实行行为还是属于因果关系的介入因素之问题的案件，本案件提出了被告人的第二个行为性质这一困难的问题。在"沙克蒂治疗杀人事件"［最决平成17年（2005年）7月4日刑集第59卷第6号第403页］（边页第162页）中，被分割为带出行为与不保护行为这两个行为，前者被评价为实行行为，而后者被评价为不作为的实行行为，但产生了不作为部分是否可以成为刑法的评价对象这一问题。在构成要件该当性阶段，通过时间与空间的接近性、行为的样态、行为意思的一贯性等来判断是否是一体的实行行为。但是，在这种情形中，行为的分断或统合虽是前提，但首先是从事实探查结果原因，再通过其与行为的社会意义，选取出行为。接着再判断是否是一体的实行行为，但在此之际，作为还是不作为、是否是因果关系的介入因素等问题就会被追问。

第二，关于在违法阻却阶段中"一体的行为"论，就像前述的"烟灰缸投掷事件"（边页第69页），是将其二分为正当防卫行为与违法行为，还是将其分割为正当防卫行为与过当防卫行为，作为一体的防卫行为统合起来，就成为问题。在此之际，在构成要件该当性阶段的分断、统合与在违法阻却阶段的分断、统合之间的关系就成为问题。进而，在假想过当防卫中行为的分断、统合也成为问题［东京高判昭和 54 年（1979 年）5 月 15 日判夕第 394 号第 161 页］。

第三，关于在责任阻却阶段中的"一体的行为"论，例如，在原因上的自由行为（边页第 355 页）以及像"敲肩棒事件"［长崎地判平成 4 年（1992 年）1 月 14 日判时第 1415 号第 142 页］（边页第 362 页）这种"责任能力在实行行为的中途丧失或减弱"的情形中，行为的分断或统合与作为责任非难对象的行为之间的关系成了问题。

进而，在与共谋的射程（边页第 451 页）的关系上，"一体的行为"的相对性也成为问题。例如，在迪尼斯事件［最判平成 6 年（1994 年）12 月 6 日刑集第 48 卷第 8 号第 509 页］中，对于其他共同正犯者认定了一体的行为，与此相对，被告人的行为被分断为前半行为与后半行为，从而认定"新的共谋"是必要的。

第四，在各个犯罪类型中，"一体的行为论"也成为问题。例如，①强制猥亵（强奸）致死伤罪中的伴随行为的问题。在准强制猥亵行为之后，由于被被害人发现并抓住，为了从现场逃离，拉了被害人一把，结果导致被害人负伤，对于该案件，最决平成 20 年（2008 年）1 月 22 日刑集第 62 卷第 1 号第 1 页中将其认定为准强制猥亵行为的伴随行为，据此肯定了强制猥亵致伤罪的成立。在这里，猥亵或奸淫意思与逃走意思的连续性被作为问题的核心，当作为后者的逃走意思成为新的意思时，连续性就被否定，当由于被害人的反抗而转化为逃走意思时，连续性就被肯定。可以说这一问题也是可否将猥亵或奸淫行为与逃走行为评价为"一体的行为"的问题。②在事后强盗罪中的"盗窃机会"，尤其是"现场回归型"的问题。在最决平成 16 年（2004 年）12 月 10 日刑集第 58 卷第 9 号第 1047 页中，将日本最高裁判所平成 14 年［最决平成 14 年（2002 年）2 月 14 日刑集第 56 卷第 2 号第 86 页］关于"盗窃机会"所明示的一般性判断基准即"是否容易被被害人发现或者取回财物，或者可能被逮捕的状况是否处于继续状态"进一步具体化。在这里，盗窃行为与暴行行为是否基于盗窃意思的"一体行为"这一点，与"盗窃机会"的判断相关联。③强盗杀人罪中被害人死亡后的财物夺取问题。例如，在强盗致死罪成立之后的第 3 天到第 8 天这一期间又返回被害人家中拿走了手枪与存折，对于这一案件，东京高判昭和 60 年（1985 年）4 月 24 日判例时报第 577 号第 91 页认为拿走手枪等财物的行为该当于强盗致死罪中的强取。在该情形中，作为死亡后的夺取是否涵盖于强取这一问题的判断标准，可以列举出被害人的占有样态、被害人死亡与财物夺取之间的时空紧密关联程度等客观因素，但基本上还是可以归结于这一点，即：死亡后的财物夺取与通过杀害被害人的财物夺取是否基于同一个意思而实行。④此外，关于各个犯罪构成要件中的行为样态，将"一体行为"作为实行行为的例子很多。例如，关于《刑法》第147条的水道损坏罪中的"损坏"，大阪高判昭和49年（1974年）6月12日判例时报第760号第106页认为，从在送水管上开洞到撤去送水管的"一体行为"都该当于"损坏"。作为业务妨害罪中的"一体行为"，东京高判平成20年（2008年）5月29日判例时报第1273号第109页（都立板桥高校事件控诉审）将"呼唤""怒吼""抗议"作为一体行为，从而排除了律师提出的将"呼唤"与"此后的防御行为"做分断处理的主张，据此认为作为原审判决的东京高判平成24年（2012年）9月27日东高刑时报第63卷第1-12号第202页的判示，即"将在极短的时间内连续不断地向被害人的发言做分断处理，部分发言并不该当于胁迫行为"，作出了以下重新解读：作为对于生命或身体等害恶的告知，应将全体发言作一体化把握。

在各个犯罪类型中，存在各个犯罪中与行为相关联的固有问题，难以作为一般论展开。但归根结底，行为意思的连续性这一点是重要的标识。在此之际，应将被害法益的同一性、行为样态的同一性、时空的接近性、局面的同一性等客观性状况作为基础进行判断。

这样，"一体的行为"论既是实务领域的问题，与此同时也是犯罪论上的重要问题。将怎样的行为作为刑法的评价对象这一问题并非与理论刑法学毫无关系，可以说该问题是与犯罪论的基础理论相关联的问题。[1]

---

[1] 关于"一体的行为"论，尤其参见仲道：《行为概念的再定位——犯罪论中的行为特定理论》（2013年）；深町："关于'一体的行为'论——整体性考察的意义与界限"，载《立教法务研究》第3号（2010年），第93页以下。进而，参见小野（晃）："过早的结果发生于实行行为——围绕'一体的行为'之考察"，载《阪大法学》第60卷第1号（2010年），第155页以下；同："'承继的责任无能力'与实行行为的个数——围绕责任阶段中的'一体的行为'之考察（1）（2完）"，载《阪大法学》第61卷第5号，第153页以下、第62卷第2号，第223页以下（2012年）；滝谷："围绕'一体的行为'概念的思考方法——'原因上的自由行为'以及'实行行为途中的心神丧失'（1）（2完）"，载《法研论集（早大）》第141号，第301页以下、第142号，第129页以下（2012年）；同："一体的实行行为与故意"，载《法研论集（早大）》第143号（2012年），第231页以下；"'一体的行为'与因果关系——作为实体法与程序法的支配领域之一（1）（2）（3完）"，载《法研论集（早大）》第151号第259页以下、第153号第171页以下、第154号第135页以下（2014年、2015年）；高桥："围绕'一体的行为'论的诸问题"，载《司法研修所论集》第125号（2016年），第158页以下；同："构成要件解释中的'一体的行为'论"，载《椎桥古稀》（2016年刊行）。

第二章 行 为

第一节 含 义

"犯罪是行为"这一行为原理在"无行为则无犯罪"这一意义上,具有最初划定犯罪与非犯罪的功能。例如,将自然现象、反射动作、单纯的意思或思想其本身等置于犯罪概念之外,通过行为性来限定犯罪。[1]此外,行为是犯罪概念的基本要素,刑法典也将行为作为基本要素进行条文化。例如,"根据法令或正当业务的行为,不罚"(《刑法》第35条),"无犯罪意思的行为,不罚"(《刑法》第38条第1项文本),"心神丧失者的行为,不罚"(《刑法》第39条第1项)这种成为违法阻却或责任阻却的行动也被认为是"行为",进而,像"一个行为触犯两个以上的罪名,或者作为犯罪的手段或结果的行为触犯其他罪名时"(《刑法》第54条第1项)所说的,对于具备所有犯罪成立要件的行动也可以认定为"行为",因此可以说刑法典将犯罪行动的核心求之于行为。

这样,如何理解行为概念的内容这一议论就是所谓的"行为论"。[2]之前,行为论对于"犯罪论的体系构成"具有重要意义,所采用的是从一定的行为论出发来演绎全体犯罪论这种方法论。但此后,对于行为论的哲学性、思辨性之讨论的有效性提出了疑问,现在则一般认为行为论是一片不值得开

---

[1] 关于行为概念的功能,一般可以列出以下三种:作为基本要素的功能(包括被规定于构成要件中的所有行为样态的功能)、作为结合要素的功能(结合犯罪论体系的各个评价阶段的功能)、作为界限要素的功能(区别行为与非行为,排除后者的功能)。其中最为重要的功能是第三种的作为界限要素的功能。

[2] 关于行为论,参见平场:《刑法中的行为概念研究》(1966年);米田:《行为论与刑法理论》(1986年);生田:《行为原理与刑事违法论》(2002年);仲道:《行为概念的再定位——犯罪论中的行为特定理论》(2013年)等。

垦的领域。[1]但是,在各种各样的事实中选择出刑法的评价对象这一工作在实务上是不可或缺的,既然将刑法评价的对象求诸行为,那么,行为论就可以以"行为的特定"这一形式开辟新的道路。[2]

例如,在以下的事例中,成为刑法评价之对象的行为是哪一个呢?

"被告人甲被妻子X称为吃软饭的,因被骂而激愤,从厨房取出菜刀冲向X,将惊慌欲逃的X在卧室仰向推倒,抱着杀意用菜刀刺了胸部几刀,身负重伤的X在要逃出门槛之时,甲持菜刀在后面追,将X带回卧室,因为X的道歉,甲走向厨房把菜刀放下。但是,在此之际,X想从阳台逃出,两脚放在阳台栏杆上,背部朝向阳台的外侧,呈膝盖弯曲的状态,因为想借助栏杆逃入邻家。甲为了用煤气将X毒死,想把她带回。在揪抓X之际,X在逃避之时毁坏了栏杆,从阳台(公寓的9层)摔下死亡。"[3]

以下,我想从"犯罪论的体系构成"与"行为的特定"这两个视角出发概览行为论。

第二节 行为论的诸学说

一、因果行为论

因果行为论是将行为理解为"根据意思而在外界所引起的因果性事象"的观点。[4]根据该观点,基于某种意思(有意性)而产生结果,就是行为,其意思内容是专属于责任的问题。因此,故意行为与过失行为在有意的身体性举动这一点上并无差异,于是在行为论的阶段上就无法区别这两者。根据因果行为论,难以认定不作为犯[5]与忘却犯(基于无认识过失的不作为犯)中的行为性,于是,为了肯定其行为性,就不得不进行某种程度的修正,例

---

[1] 参见平野I第105页。
[2] 关于行为特定问题,参见仲道,前列:《行为概念的再定位》。
[3] 即所谓的"阳台摔落致死事件"[东京高判平成13年(2001年)2月20日判时第1756号第162页]。关于本案,参见高桥:《规范论》,第32页以下。
[4] 参见小野第93页、泷川第22页。
[5] 拉德布鲁赫认为只要在自然意义上、物理意义上理解行为,就不能将不作为包含于行为之中,从而将犯罪论体系二分为行为与不作为。Radbruch, Der Handlungsbegriff in seiner Bedeutung fuer das Strafrechtssystem, 1904, S, 140f.

如，对先行行为承认其有意性。

而对于犯罪论的体系构成而言，故意犯与过失犯在构成要件该当性（违法性）的阶段上是共通的，只有在责任的阶段上这两者才被区分。"违法被（纯）客观地判断，责任被（纯）主观地判断"，于是引导出硬性的结果无价值论型的犯罪论。例如，在故意的体系性地位这一问题上，故意就被理解为责任要素。

关于行为的特定，由于将所有的自然性动作都认定为行为，其结果导致极其难以将行为特定。在"阳台摔落致死事件"中，"向X走去的行为""扑倒行为""刺杀行为""揪抓行为"等都被认定为行为，丧失了行为的界限功能，只能通过刑法的评价来进行限定。例如，通过实行行为或法益侵害行为等来进行限定。但这些都是构成要件该当性的判断，因此，因果行为论最终将走到否定"行为论"的存在意义的立场上。[1]

二、目的行为论

目的行为论是将人的行为的本质理解为追求目的的活动，将目的性置于行为之核心的观点。[2]根据该观点，故意行为与过失行为在行为的存在构造上存在差异，因此在行为论的阶段上就可以区分这两者。也就是说，行为是指"客观性要素与主观性要素的统一体"。[3]但由于目的行为论是以故意犯为核心的，因此对于没有目的性的过失犯以及不作为犯而言，难以认定其行为性。于是，例如设定了作为行为与不作为之上位概念的"形态"[4]，对过失犯也肯

---

[1] 此外，也有观点排除有意性，将行为单纯地理解为"人的身体之动静"（平野Ⅰ第113页）。根据该观点，睡眠中的动作与反射运动也包含于行为，通过行为性的限定功能就丧失，处罚范围的设定，如本书所述，就通过法益侵害行为的有无等进行。

[2] 目的行为论由威尔泽尔创立并倡导，在战后德国占据有力的立场之地位，但现在并不是支配性观点。关于目的行为论，参见汉斯·威尔泽尔［福田、大塚（仁）译］：《目的行为论序说》（1962年）；齐藤（金）、西原："目的行为论的一个批判"，载《早稻田法学》第31卷第1、2号（1955年），第245页；福田：《目的行为论与犯罪理论》（1961年）；井田：《犯罪论的现在与目的行为论》（1995年）等。但是，可以说通过目的行为论而展开的犯罪论的影响至今仍然存在。对此，在日本，战后被平场第34页以下、木村（龟）第167页以下、福田第59页以下、阿部第64页以下等支持，但现在一般没有获得赞同。现在的代表性主张者，有井田第244页以下；同：《构造》，第27页以下。此外，作为目的行为论的法思想考察，参见内藤，前列：《刑法理论的历史性展开》，第2页以下。

[3] 参见威尔泽尔，前列：《目的行为论序说》（日语版的序文），第2页。

[4] 参见福田第63页。

定了"对于在构成要件上不重要之结果的目的性"[1]等,终究不得不作出某些必要的修正。

关于犯罪论的体系构成,在构成要件该当性(违法性)的阶段上就区分了故意犯与过失犯,最终形成了刚性的行为无价值论型犯罪论。例如,作为故意的体系性地位,故意被理解为违法要素。进而,目的行为论对于犯罪论上的诸多重要问题,即违法本质论、过失犯的构造、正犯与共犯的区别等问题都产生重要的归结,对于犯罪论整体产生重大影响。

关于行为的特定,由于根据目的性的有无进行判断,因此与因果行为论相反,虽然存在过分限定的问题,但其特定的基准是明确的。在"阳台摔落致死事件"中,就可以选出"刺杀行为"与"揪抓行为"。但是,仅仅根据目的性这一行为人的意思来特定行为,就将行为的社会性意义抽象化了,这是不妥当的。作为刑法评价对象的行为,不应该被理解为是对人类行为之存在构造的解明,而应该被理解为社会性行为。

三、人格行为论

人格行为论是将行为理解为"作为人格主体之现实化的身体动静"的观点。[2]该观点的基础在于将责任理解为行为背后的人格形成这一"人格责任论"上(边页第335页)。根据该观点就能够说明不作为犯以及过失犯中的行为性,虽然有这一优点,但是由于应当将责任的基础求诸行为(行为责任),因此无法支持求诸其背后的行为人人格的人格责任论其本身。此外,与目的行为论一样,也存在忽视行为的社会性意义这一问题。

关于犯罪论的体系构成,由于在行为论中包含了责任种类,因此故意犯与过失犯在构成要件该当性(违法性)的阶段上就被区分。例如,作为故意的体系性地位,故意就被放在违法要素与责任要素这两个阶段上。

关于行为的认定,人格这一概念并不明确,与因果行为论一样,具有导致无限定的可能性。在"阳台摔落致死事件"中,"走向 X 的行为""扑倒行为""刺杀行为""揪抓行为"等均被认定为行为。或者也存在这样的余地,

---

[1] 参见木村(龟)第167页。
[2] 人格行为论的主张者有,团藤第104页以下、大塚(仁)第103页以下。此外,将行为定义为人格的表明的是,Roxin, Strafrecht, A. T., Bd, 1, 4. Aufl., 2006, S. 256f.

即作为一个人格的表现，将整体视为一个行为。

四、社会行为论

社会行为论是指将具有社会性意义的有意的人类的身体动静理解为刑法上之行为的立场，在德国占据通说的地位。[1]但是，社会行为论也不是铁板一块，其内部存在以下诸多观点，即"对于社会重要的人的态度""对于客观上可能预见的结果的客观上的支配可能的态度"，以及排除意思性要素的观点或者认为只要具有意思支配可能性就足够的观点等。

由于根据行为意思的因果统制应该被认为是行为性的一个要素（进而，社会性意义这一要素），因此，排除意思性要素的观点是不妥当的。此外，由于应该肯定过失犯以及不作为犯中的行为性，因此应该认为并不是"意思"的存在与否，而只要具有意思的"支配可能性"即足够。因此，本书将行为理解为"根据意思、具有支配可能的、具有某种社会性意义的运动或静止"。[2]

关于犯罪论的体系构成，故意犯与过失犯从构成要件该当性（违法性）阶段开始就被区分，例如，作为故意的体系性地位，将故意作为违法要素或者作为责任要素都是可能的。

关于行为的特定，由于是在进入刑法性判断之前的社会性评价阶段去理解行为，因此，在"阳台摔落致死事件"中，将选择"刺杀行为"与"揪抓行为"。

五、本书的立场

如前所述（边页第10页），行为人是通过其行为去违反行为规范的，由于违反行为规范的行为是被作为第一次性的社会规范层面上的问题，因此必须将社会行为论作为其基础。将行为做自然主义理解的因果行为论自不待言

---

[1] 社会行为论由 Eberhard Schmit 提倡。在日本，获得佐伯（千）第144页以下；米田，前列：《行为论与刑法理论》，第1页以下；西原（上）第87页以下；大谷第89页以下；曾根第48页以下；伊东第53页以下；内藤（上）第164页以下；浅田第100页以下；野村第118页以下；铃木第38页以下等的支持。佐久间第36页中认为，应当在"具有社会性意义"这一点上，探求统合人格行为论与因果行为论之原理。

[2] 参见西原（上）第87页以下、大谷第92页、曾根第50页、野村第118页以下。此外，山中第153页以下主张"人的、社会的归属可能性说"。

犯了忽视法的规范性这一根本性错误，此外，由于将因果性惹起置于基础地位，结果无法说明不作为的行为性，还有，由于不得不采用因果关系论中的条件说（边页第124页），因此无法提供判断某种结果是不是在法律上不期望的结果的标准。另外，关于目的行为论，其存在论基础并不是将人们视为社会性存在，而是理解为作为个体的存在，因此与因果行为论一样，孕育着忽视法的规范性等问题。

我们人类是社会内的存在，社会是相互作用的系统，如果将行为理解为其交流手段的话，就无法排除其行为的社会性意义的判断。法是保障社会中每个人的共同生活的手段，关于这一点并不存在争议。自己的自由不与他人的自由相接触是无法想象的。因此，行为状态并不是个人的东西，而经常是"社会性东西"。这种"社会性东西"是以人为媒介的相互作用关系，也就是说，是关于社会中人与人之间的相互尊重要求的东西。[1]根据社会行为论，行为主体并不是作为个体（Individuum）而存在，而是一种社会性存在（Sozialwesen），也即被理解为"社会性人类"（Sozialperson），社会性人类是与违法领域相关联的人类，与此相对，与责任领域相关联的是个体性人类（Individualperson）。[2]

从社会行为论出发，可能会产生以下情形，即根据因果行为论不被认定为行为的，从社会性视角出发却被认定为行为，反之，根据因果行为论被认定为行为的，从社会性视角出发却不被认定为行为。前者是不作为的行为性问题，根据因果行为论，既然对行为作自然性物理性的理解，认为不作为不是行为就是一贯的。作为与不作为的区别，根据社会行为论能够得到较好的说明，因此可以将这两者统合到"行为"这一上位概念。问题在于后者，即在自然性、物理性上被视为行为，但在社会性上却不被认定为行为的情形。例如，为了复仇杀人，确立将出生的婴儿培养为杀手这一计划进而生育的行为，根据因果行为论以及目的行为论，就难以否定行为性。因此，只能否定实行行为性，或者虽然否定相当性，但作为预备行为却不得不被承认。与此相对，根据社会行为论，从社会性的视角来看，就具有通过否定社会性意义

---

[1] 参见卢曼，前列：《法社会学》，第33页以下；同（马场、上村、江口译）：《社会之法1》（2003年）第131页以下。
[2] 参见高桥：《规范论》，第13页。

进而否定行为性的可能性。该社会性意义的判断，例如根据被允许的危险法理、社会相当性等理论进行判断也是可能的，但被允许的危险以及社会相当性应该被消解于客观归责论中的"制造法所不允许的危险"，即消解于实行行为性的判断中（边页第 129 页）。

某种态度的社会性意义是作为哈特的第一次性规则的责务规则，也就是说，不得不依存于在当前社会中所存在的规则。该规则之存在的探求才是重要的课题。在社会这一语境中，某种态度的社会性意义的判断先行于法的判断是可能的，在前述的母亲生产事例中，那就只是母亲的生产行为，而不是作为刑法判断对象的行为。

与此相对，在实行行为性的判断中成为问题的"制造法所不允许的危险"，应该被理解为如后所述的（边页第 133 页）对法益抽象性的危险行为。"不被允许的危险"还是"被允许的危险"的判断与行为性的判断同样都依存于哈特的责务规则，但由于这里的责务规则接受了根据第二次性规则的制裁规范的修正，因此，有必要附加对于法益的抽象性危险这一要素。

第三节　从社会行为论看行为概念

一、行为意思的体系性地位

根据社会行为论，行为的社会性意义成为了核心要素，但要把握行为的社会性意义的内容，有必要考虑为了社会性发动行为的行为意思。行为意思是与故意不同的、作为发动行为的动态意思，该意思内容不得超出行为本身（例如朝某个方向开枪、盗取某物等）的范围。[1]

这种行为意思是行为的要素，与此同时，由于其具有作为行为人关系性的行为意思的地位，因此也是显示作为控制行为之行为规范违反的要素（违法要素）。此外，由于其也具有行为人关系性的本来地位，据此其也成为显示作为意思形成过程之结果的责任要素。如后所述（边页第 171 页），前者是"构成要件故意"，后者是"责任故意"。

---

[1] 参见中野第 22 页，此外，将行为意思理解为行为的具体属性，认为不需要实行行为概念的是，高山："相当因果关系"，载山口编著：《Close up 刑法总论》（2003 年），第 14 页以下。

二、作为与不作为

关于作为与不作为的区别,以一定的身体动作为基准,可以作如下判断,即与其相一致的态度就是作为,与其不相一致的态度就是不作为。[1]因此,一定的身体运动既可能是作为,也可能是不作为。通过作为所犯的犯罪就是作为犯,通过不作为所犯的犯罪就是不作为犯,这是违法行为的现实样态,而不是在法律上被规定的抽象的犯行样态。因此,作为犯还是不作为犯,必须说是在与行为规范的关系上才能认识的东西。在行为规范中,存在"禁止做什么"这种禁止规范与"做什么"这种命令规范。违反禁止规范的是作为犯,违反命令规范的是不作为犯,这是一个基本模型,但有必要对其进行补充。将通过作为而违反禁止规范的情形称为"(真正)作为犯",将通过不作为而违反禁止规范的情形称为"不真正不作为犯"。与此相对,将通过不作为违反命令规范的情形称为"真正不作为犯"。此外,作为违反命令规范的样态,还存在实施身体动作的情形。例如,母亲不给婴儿提供牛奶或者割裂奶瓶的行为即为此。但是,这不应该被视为作为。因为只有与"保护"这一身体运动相一致的行为才是作为,与其不相一致的行为,即使是身体运动,也都是不作为。因此,"通过作为的不作为犯"(还有"通过不作为的作为犯")这一概念不仅是不必要的,而且将导致作为与不作为这对概念的混乱。例如,拆除安装在患者身上的生命维持装置,将往溺水者方向漂的浮木转到别的方向等行为,以如果不实施这些行为就不会产生死亡结果为前提,这些行为切断了这种导向救命(正面)的因果流程,因此在社会意义上将其作为禁止规范是妥当的。也就是说,如果从社会性意义的角度来捕捉作为杀人罪之禁止规范的"禁止杀人",那么,这就成为"禁止拆除"生命维持装置、禁止使浮木漂向别的方向这种禁止规范。由于违反这种禁止规范的行为样态是通过与"拆除""漂流"这种身体动作相一致的作为而实施的,因此可以直

---

[1] 关于作为与不作为的区别,参见西原:"作为与不作为的概念",载《平场还历》(上),第83页以下;神山:"关于作为与不作为的界限的一个考察",同上,第99页以下;中森:"作为与不作为的区别",同上,第136页以下;荻野:"关于作为犯与不作为犯的区别",载《独协法学家》第7号(2012年),第77页以下等。

接将其评价为（真正）作为犯。[1]

三、故意行为与过失行为

关于故意犯与过失犯，如前所述，具有不同的行为规范，因此，故意行为与过失行为在行为的阶段上就具有不同的构造。这不仅是从目的行为论出发的归结，也是从社会行为论出发的归结。[2]如后所述（边页第172页），构成要件故意（过失）是从作为违法要素的故意（过失）派生出来的，责任故意（过失）是从作为责任要素的故意派生出来的。

四、行为性的判断顺序（行为的选择方法）

要从多样的事实中选出作为刑法对象的行为，应遵从以下顺序。即，①是否是"特定的人"的态度，②该态度是否被该人的意思所支配，或者具有支配可能性（行为能力），③该态度是否具有社会性意义。在"阳台摔落致死事件"中，可以选择"刺杀行为"与"揪抓行为"。

但是，要从多样的事实中选择作为刑法评价对象的行为是很困难的工作，不能机械地进行。前述的行为论不要论者主张，由于最终不得不做对法益的危险行为这一实行行为性的判断，因此直接地进行实行行为判断就足够了。但是，行为性的判断与实行行为性的判断必须被区分开来。例如，在所谓的"氯仿杀人事件"这种复数行为成为问题的情形（边页第184页、第392页）中，可以做以下总结，即先在行为论的层面上确定两个行为，其次运用"一体的实行行为"理论进行分析。[3]

---

[1] 但是，在社会规范层面上，是禁止规范还是命令规范，就成为看清犯罪构成要件之后的判断。因此，是具有相对性的。例如，偶然发现道路上有重伤者并试图救助，但在将其放入汽车内之后又反悔了，心想着死了也没关系，并将其"丢弃"。在该情形中，从保护责任者遗弃（不保护）罪（《刑法》第218条）来看的话，就是"应当保护"这一命令规范的问题，由于不符合"保护"这一身体运动，因此就是不作为。与此相对，从杀人罪（《刑法》第199条）来看的话，就是"不得丢弃"这一禁止规范的问题，由于与"丢弃"这一身体运动相符合，因此就成为作为。因此，是杀人的问题还是保护责任者遗弃（不保护）的问题，有必要从事实层面进行确认。其基准就由故意、对生命的危险程度、义务违反的程度等决定。

[2] 在德国的刑法教科书中，就像故意作为犯、过失作为犯、不作为犯等，一般进行区别性的叙述。在日本，主张故意犯与过失犯的二分类体系的是藤木，第69页以下。

[3] 最高裁判所就作出了这样的判示［最决平成16年（2004年）3月22日刑集第58卷第3号第187页］。关于这一点，参见高桥：《规范论》，第59页以下。

总之，只能从多样的事实中按照时间先后顺序逐一选择出"具有通过意思支配的可能，并具有某种社会性意义的运动或静止"的行为，进而分辨其社会性的重要程度，因此，有必要培养"洞察事实的眼力"。

第四节　行为概念的内容

一、意思支配可能性——行为能力与责任能力

行为是指具有意思支配可能性的态度（边页第79页）。因此，例如反射运动等就不能说是行为。作为反射运动，可以列举出被他人踢中从而导致推倒第三人这种物理性的反射运动；健康的睡眠中的行动与梦话这种生理性的反射运动；梦游症与完全酩酊等病理性的反射运动等情形。但是，在最后的情形中，产生了如何认定责任能力的存在与否的问题，比起在行为的阶段上就拒之门外，应该说委诸责任能力判断的处理方法在具体问题的处理上会更稳妥。因此，在行为性的层面上，只存在意思决定能力问题，如果存在意思决定能力就能肯定行为性。

作为行为性成为问题的判例，有梦中杀人事件［大阪地判昭和37年（1962年）7月24日下刑集第7卷第7、8号第696页］。案件事实如下：被告人甲由于交通事故导致骨折，在治疗期间陷入失眠状态，与此同时表现出了之前所罹患的兴奋剂中毒后遗症的被害妄想症，因过度的心情紧张而陷入了难以正视事态的状态。事发当晚，被告人虽在自己家中与其妻就寝，但因伴随着焦虑而心情紧张，导致无法熟睡，处于浅睡眠状态，黎明之际梦见三个穿黑衣服的彪形大汉突然闯入室内，从后方掐住其脖子，意图杀害被告人，被告人从梦中惊醒，一阵极度的恐怖感袭来，为了先发制人，被告人怀着攻击的意图，用两手强力掐住壮汉的脖子，而被掐住的其实是睡在其旁边的妻子，其妻子因颈部受压而窒息死亡。对于这一案件，大阪地方裁判所否定了行为性从而认定犯罪不成立。但第二审［大阪高判昭和39年（1964年）9月29日下刑集第7卷第7号第1359页］肯定了行为性、否定了责任能力。由于对于甲可以肯定作为行为能力之前的意思决定能力，因此应该肯定行为性。[1]

---

［1］关于本案，参见上田：《百选Ⅰ》（第2版）（1984年），第32页。

二、意思支配可能性与身体动作的同时存在

由于行为是在一定的时间幅度内施行的，因此在什么时点之后的身体动作可能由意思支配这一点就成为问题。也就是说，前述的"同时存在原则"应求诸何处成为问题。例如，母亲在给婴儿授乳时睡着了，结果在睡眠中将婴儿压死。在这一情形中，由于压死这一身体运动本身是生理性的反射动作，不能说是可能通过意思支配的身体运动。但是，从时间性的视角来看，压死婴儿这一行为并不是完全不具有支配可能性的身体运动。因为一旦在授乳时睡着就有导致婴儿被压死的危险，这一点在入睡前的时点上是可能预见的，而如果具有预见可能性，那么回避这一结果的意思决定也具有可能性。也就是说，在入睡前的阶段上是可能通过意思支配的身体动作，因此可以将其视为行为。[1]因此，即使对于忘却犯（过失不作为犯）而言，也容易肯定其行为性。

三、外部性

就像"思想是免税的"这一法谚所说的，人的意思与思想等内部的态度并不是作为刑法之评价对象的行为，行为必须是在社会生活中具有某种独立意义的外部性态度。[2]

但是，如前所述，必须注意的是行为意思在行为性的判断中具有重要的意义。要认识人的行为的社会性意义，就有必要确定行为人意思的存在及其内容。当存在人的外部性态度时，要确定该态度的含义，就必须深入人的内心。

外部性态度虽然是从"运动与静止"这一物理性视角来判断的，但如前所述，作为刑法评价对象的行为，并不能通过"运动与静止"这对概念去把握。也就是说，静止并不是"什么也不做"，而是"没有做什么"，其内容只有在判断了该静止的社会性意义之后才能特定。因此，"作为与不作为"这一对概念是必要的分析工具。

---

[1] 参见西原（上）第96页。
[2] 参见西原（上）第97页以下。

第三章　构成要件

第一节　构成要件的概念

构成要件（Tatbestand）是将各个犯罪类型化并规定构成该类型的诸要素的统称。例如，"杀人"（《刑法》第199条）"窃取他人的财物"（《刑法》第235条）等即为此。但是，构成要件是与规定于刑法各个条文中的刑罚法规不同的，它是通过解释这些刑罚法规而得到某种框架，是抽象性地、一般性地类型化之后的观念形象。例如，通过将盗窃罪中的"窃取"解释为"违反占有者意思的占有转移"，"占有转移行为"就形塑了盗窃罪的构成要件行为，将人的始期解释为"一部露出"，将人的终期解释为"心脏死亡或脑死亡"，据此来解释杀人罪中的"人"，只有该范围中的人才成为杀人罪的"行为客体"，从而形塑构成要件结果的对象。

由于构成要件是挑选出存在于各个犯罪中的特征性要素进而展示犯罪之类型的东西，因此该当于构成要件的行为就具有被推定为大概成立犯罪这一实际性的功能。在犯罪的类型化所必要的限度内，构成要件要素的种类并无限定，违法要素、责任要素、可罚性要素、外形性要素、心理性要素等都被包括其中。因此，构成要件是违法类型、责任类型、可罚类型。[1]

将某个行为该当于构成要件称为构成要件该当性（Tatbestandsmaessigkeit），将该当于构成要件的犯罪事实称为构成要件该当事实。例如，杀人罪中的"杀人"就是构成要件，当甲射杀X这一现实的行为与"杀人"这一构成要件相符合时，就能够肯定杀人罪的构成要件该当性，甲射杀X这一事实就是构成要件该当事实。

从多样的事实中选择出"行为"，其次再对该行为进行"构成要件该当

---

[1] 参见中野第62页以下。但是，如下所述，关于构成要件是怎样的类型，存在复杂的争论。

性"的判断。如果该行为该当于某个构成要件,行为就是该当于构成要件的行为,也被称为"实行行为"。

第二节 构成要件的理论

如前所述,构成要件是某种类型,但问题在于到底是什么类型这一点上。此时,作为类型的构成要件与刑法中作为实质性评价类型的"违法与责任"之间的关系就成为问题。也即,构成要件与违法性的关系以及构成要件与责任的关系即为此。

概观构成要件的历史性展开,[1]可以发现,首先,构成要件是被理解为与违法性以及责任这种实质性评价相独立的客观性、记述性的东西;[2]此后,在构成要件中纳入了诸多主观性、规范性要素。[3]也即向着构成要件应该与违法性密切关联的方向发展。因此,构成要件论的发展历史也可以被评价为其崩溃的历史。[4]

现在在日本,如下的观点被主张着。

一、行为类型说

这是将构成要件理解为不仅与责任,而且与违法性截然分离,将其作为形式性的、价值中立性的纯粹行为类型的观点。该观点否定构成要件在理论意义上的违法和责任推定功能,仅仅承认其事实上的推定。据此认为在违法

---

[1] 关于构成要件的沿革,参见西原(上)第147页以下。进而,参见"(特集)构成要件论的再生",载《现刑》第6卷第10号(2004年),第4页以下;"(特集)刑法学习的第一门槛[构成要件]",载《法教》第166号(1994年),第7页以下;佐伯(仁)第31页以下;町野:《犯罪论的展开Ⅰ》(1989年),第43页以下。

[2] 构成要件论的创立并倡导者贝林将构成要件理解为犯罪类型的轮廓,但此后通过将其理解为犯罪类型的指导形象,构成要件称为无内容的抽象性概念。关于贝林的构成要件论,参见小野:《犯罪构成要件的理论》(1953年),第195页以下(尤其是第203页以下)。

[3] M. E. 迈耶在概念上严格区分构成要件与违法性,但认为前者是后者的认识根据,即两者处于烟与火的关系。此后,梅兹格进一步推进迈耶的构成要件论,认为构成要件是违法性的实在根据,是违法类型。在德国,其他的主张还有如下:将构成要件作为禁止的素材的韦尔泽尔的观点、将构成要件作为违法以及责任类型的格拉斯的观点、通过违法阻却事由其本身的存在而否定构成要件该当性从而将其作为消极性要素而属于构成要件的消极的构成要件要素理论等。

[4] 参见西原:《犯罪实行行为论》(1998年),第28页以下。

性的阶段上仅仅做违法阻却事由存在与否的判断是不充分的，必须进行积极性的违法判断。[1]

根据行为类型说，构成要件被做形式性的、价值中立性的理解，其结果是导致构成要件该当性的射程范围过于广泛，这样违反罪刑法定原则的可能性反而很高。与此同时，当出现规范性的构成要件要素（记述性的要素实际上也是规范的要素）时，实质性、价值性的判断是不可避免的，因此该观点不能被支持。

二、违法类型说

这是将构成要件理解为对违法行为的类型化的观点，但根据构成要件与违法性之间关系的理解，出现不同的观点。

（一）违法推定说

该说认为，具有构成要件该当性的行为原则上是违法的，但如果具有违法阻却事由，例外地不违法。根据将故意、过失作为责任要素的（纯粹的）结果无价值论，故意、过失就不属于构成要件，[2]但根据将故意、过失作为违法要素的行为无价值论，故意、过失就属于构成要件。[3]也就是说，前者的立场否定构成要件故意、过失，但后者的立场则肯定构成要件故意与过失。

（二）消极的构成要件要素理论

该说主张将违法阻却事由（的不存在）包含于构成要件之中，并将其置于消极的构成要件要素的地位。[4]据此，当存在违法阻却事由，就否定构成要件该当性。由于构成要件与违法性被一体化，结果，犯罪论体系形成了两阶段构造（构成要件该当性与责任）。关于假想防卫等正当化事由的错误，将其认定为阻却构成要件故意的事实错误，在这一点上有其特点。

（三）违法性消解说

该说认为，构成要件该当性内容性地展示了作为规范违反性的违法性，

---

[1] 参见内田（文）第91页以下；曾根第58页以下；山火："构成要件的意义与机能"，载《刑法基本讲座》第2卷（1994年），第16页以下。

[2] 参见平野Ⅰ第99页、山口第30页以下、前田第116页、内藤（上）第192页以下、中山第214页、松宫第54页、林（干）第96页以下、堀内第51页。

[3] 参见福田第69页、西原（上）第158页（但是，西原说是后述的违法性消解说）。

[4] 参见中第93页；井田第91页；同：《构造》，第132页以下。

因此在违法性这一概念要素的内部进行论述即可。[1]据此,犯罪论体系就成了"行为、违法、责任",在之前所争论的"行为论对构成要件论"上选择了行为论的立场。

在以上的违法类型说当中,首先,构成要件该当性的判断与违法性(阻却)的判断,这两者虽然在均是行为规范的问题这一点上具有共通性,但前者是禁止(命令)规范层面上的问题,后者是容许规范层面上的问题,这两者必须被区分开,因此,消极的构成要件要素理论与违法性消解说是不妥当的。因为禁止(命令)规范是以法益的侵害或危险化为问题的规范,与此相对,容许规范是调整法益(利益)与法益(利益)之间冲突的规范。

其次,关于违法推定说,否定构成要件故意的(纯粹的)结果无价值论将构成要件的个别化功能空洞化,即使立足于行为无价值论,肯定构成要件故意,将故意专门理解为违法要素,也可以说忽视了对意思形成的直接性非难,即故意也与责任相关联的这一点。

三、违法、责任类型说

这一观点认为构成要件不仅仅是违法类型,还是责任类型。因此,对构成要件就可肯定其违法推定功能与责任推定功能。该观点尤其根据故意(及其他主观性要素)的位置,进一步出现分歧的观点。

(一)故意=责任要素说

该说彻底贯彻"违法是客观的,责任是主观的",将故意专门作为责任要素,与此同时,形成了作为主观构成要件要素的构成要件故意。[2]

(二)故意=违法、责任要素说

该说认为,由于故意对于行为的违法性产生影响,因此是违法要素,与此同时,也具有作为直接性的非难可能性之要素的责任要素。[3]

关于以上的违法、责任类型说,将故意专门作为责任要素放弃了故意所具

---

[1] 参见西原(上)第154页以下、野村第84页以下、立石第55页以下。
[2] 参见前田第156页以下、西田第72页以下(但是,区别了违法构成要件与责任构成要件。同旨,松原第51页)、佐久间第109页、佐伯(仁)第39页以下。
[3] 参见团第118页、佐伯(千)第184页、大塚(仁)第122页、藤木第74页、香川第91页、板仓第86页、大谷第97页、町野第117页。

有的"赋予行为之意义的功能",以及对于结果发生之盖然性的影响力,与此同时,将与违法性无关的故意作为主观的构成要件要素,并在构成要件该当性的阶段上与由来于违法要素的客观的构成要件要素相并列,不得不说这一点埋没了"违法是客观的,责任是主观的"这一命题本身在体系上对违法与责任的区分。

因此,将故意(及其他主观性要素)理解为既是违法要素,也是责任要素的观点是妥当的。也就是说,故意(及其他主观性要素)在违法阶段上具有变更或强化行为的意义这一功能,在责任阶段上,则具有作为(直接性的)非难可能性之根据的功能。此时,作为违法要素的故意在构成要件阶段形成了构成要件故意,从而维持了构成要件的个别化功能。

这样,构成要件是违法类型,同时也是责任类型,进而,由于该当于构成要件的行为是该当了立法者作为可罚的行为而创设的构成要件,因此,构成要件也可以说是"可罚类型"。[1]据此,展开从制裁规范派生出来的可罚的违法性与可罚的责任就成为可能,此外,客观处罚条件与一身的处罚阻却事由等也可以放在可罚性阻却事由的位置上。

第三节 构成要件的功能

作为构成要件应该发挥的功能,可以考虑以下四点。[2]

一、罪刑法定主义功能

即为受处罚的行为与不受处罚的行为提供明确界限的功能。该功能虽然是从条文本身派生出来的,但通过解释条文而获得的构成要件也必须发挥该功能,如果构成要件不明确,就违反罪刑法定主义。该功能也可以称为构成要件的自由保障功能。

二、犯罪个别化功能

即显示各个犯罪与其他犯罪相区别的功能。该功能也被认为是罪刑法定

---

[1] 中野第61页以下。此外,将构成要件作为构成要件事实的"应该成为罪的事实"(《刑事诉讼法》第335条),从而置于犯罪的认定论之位置上的是,铃木第17页以下、第260页以下。

[2] 町野,前列:《犯罪论的展开Ⅰ》,第43页以下;堀内:"构成要件的概念",载《刑法的争点》(2007年),第14页。

主义功能的派生功能。例如，杀人的构成要件当然应该与盗窃及放火的构成要件相区别，除此之外，也应该与伤害致死以及过失致死的构成要件相区别。为此，只能根据是否具有杀意这一主观性要素进行判断，因此不得不肯定主观的构成要件要素。

三、违法推定功能

即该当于构成要件的行为被推定为违法的功能。由于构成要件是违法类型，因此该当于构成要件的行为就可以推定其违法性的存在。也就是说，该当于构成要件的行为原则上是违法的，当例外地存在违法阻却事由时，其违法性就被阻却。但是，本书认为，如前所述，构成要件不仅具有违法推定功能，同时还具有推定责任以及可罚性的功能。

四、故意规制功能

即为了说明故意的存在，显示作为认识对象所必要的客观性事实的功能。也就是说，当不存在该当于构成要件的某种事实的认识时，就不能肯定故意。此外，当肯定主观的构成要件要素时，有必要注意该功能是专门的客观性构成要件的功能。

由于构成要件是对"无法律则无犯罪和刑罚"的具体现实化，因此，在以上的功能当中最为重要的功能就是罪刑法定主义功能，支撑该功能的就是犯罪个别化功能与违法推定功能。而故意规制功能是在构成要件要素中选定应该作为故意对象的要素这种对于故意内容的规制。因此，其他三个功能都可以被放在副次性功能的位置上。

第四节 构成要件的构造

关于作为构成要件要素之内核的"实行行为""结果""因果关系"，将在其他章节中论述，以下论述其他构成要件要素。

一、行为主体

行为主体仅限于"人"。这是因为刑罚只可能科赋于人身上。但是，法律上的"人"不仅仅是自然人，也包括法人（边页第97页以下）。现在，日本刑法典各则的规定虽然仅以自然人为对象，但在刑法典以外的行政取缔法规中，通过两罚规定的形式来处罚法人（边页第99页）。

在构成要件中，存在将行为主体限定于一定范围的人群的情形，这种情形被称为身份犯（边页第490页以下）。身份犯进而可以分为因存在该身份而构成犯罪的真正身份犯（构成性身份犯）与通过该身份的存在而加重或减轻刑罚的不真正身份犯（加减性身份犯）。关于前者，例如受贿罪中的"公务员"（《刑法》第197条以下）、泄露秘密罪中的"医师"（《刑法》第134条）、侵占罪中的"占有者"（《刑法》第252条）等。关于后者，例如业务上侵占罪中的"业务者"（《刑法》第253条）、保护责任者遗弃罪中的"保护责任者"（第218条）等。

二、行为客体

行为客体是指规定于刑法各个条文中的行为的对象物（人或物）。例如，杀人罪中的行为客体是"人"，盗窃罪中的行为客体则是"他人的财物"。与此相对，保护客体（法益）是"通过法而被保护的利益"。例如，杀人罪中的法益是"人的生命"，盗窃罪中的法益是"所有权及其他本权"或者"占有"。行为客体是规定于构成要件中的外部行为的对象，在这个意义上，也是构成要件要素。与此相对，法益是只有从构成要件引出的刑法规范的关系上才能被认识的法的保护对象。

行为客体与被害人也不同。例如，在杀人罪中，行为的客体不问是甲还是乙，只要是"人"即可，但被害人则通过是"甲"或者"乙"而得以具体化。[1]被害人这一概念虽然未必是明确的，但可以与"因犯罪而遭受损害的人"这一告诉权者做同义理解（《刑事诉讼法》第230条）。但是，在以《犯罪被害人等基本法》为开端的一系列的保护被害人的立法中，作为"被害人等"的解释，遗族等虽然也包含于被害人的种类中，但遗族等应该被放在被害人的社区团体这一位置上，因此应该与实际的被害人相区别。

三、行为状况

在构成要件上，要求行为在一定的状况下实施，例如，消火妨害罪（《刑

---

[1] 关于行为客体概念、法益概念、被害人概念，参见高桥：《探求》，第50页以下。

法》第114条）只有在"火灾之际"隐匿或损坏灭火用品，从而妨害灭火的这种情形中才成立。此外，中立命令违反罪中的"在外国处于交战之际"（《刑法》第94条）也是如此。进而，事后强盗罪（《刑法》第238条）中作为"未明文的构成要件要素"的"盗窃的机会"等也是行为状况。

四、行为条件

与行为状况相同，即作为行为的外部性事情，在时间上是在行为之前所存在的事情，可能成为行为的条件。例如，事前受贿罪（《刑法》第197条第2项）中"成为公务员的情形"即为此。一般被称为客观的处罚条件。[1]此外，本书认为，客观处罚条件虽然属于作为可罚要素的构成要件，但并不是故意的对象（边页第170页）。

五、主观的构成要件要素

该当于构成要件的行为是违反行为规范的行为，该行为的意义通过主观的构成要件要素得以明确。由于主观的构成要件要素是从主观的违法要素中派生出来的，因此，关于主观的违法要素的讨论也是关于主观的构成要件要素的讨论。主观的构成要件要素主要有以下要素。

第一，故意与过失。故意与过失具有作为行为关系性之行为意思的地位与作为行为人关系性的本来地位这种双重的地位。也就是说，故意一方面是作为行为控制的行为规范违反的要素，因此是违法要素；另一方面作为属于行为人责任的意思形成过程的结果，也是责任要素。过失一方面也作为遵从行为意思的控制方法的不充分，即作为结果回避义务违反的违法要素，另一方面也作为非难可能性的标签，也是责任要素。如前所述（边页第91页），通过将故意与过失包含于违法要素中，作为违法类型的构成要件就被个别化了（边页第171页）。

第二，目的犯中的目的。目的犯一般可以分为"以结果为目的的犯罪"与"以之后的行为为目的的犯罪"。关于前者，例如虚伪告诉罪（《刑法》第172条）中的"以让人受刑事或惩戒的处分为目的"；关于后者，例如伪造货

---

[1] 关于客观处罚条件，参见松原（芳）：《犯罪概念与可罚性》（1997年）；浅田："客观的处罚条件"，载《刑法的争点》（2007年），第30页。

币罪（《刑法》第148条）中的"行使的目的"。从法益侵害性的观点来看，也存在认为由于后者通过目的的存在而提高行为的法益侵害性，因此是主观的违法要素的观点，[1]但主观性目的并不能直接地为法益侵害性提供基础。前者与后者在目的的对象都是没有必要实现的结果这一点上是共通的，但另一方面与应该认识有必要实现的结果的故意是不同的。也就是说，这里的目的的存在并不是对应于构成要件结果的认识，而是具有统制行为的意义，由于两者都对行为赋予特征性的含义，因此可以被理解为主观的违法要素。[2]

第三，倾向犯中的内心倾向。倾向犯是指某种内心倾向决定违法性成立与否的犯罪，例如，公然猥亵罪（《刑法》第174条）、强制猥亵罪（《刑法》第176条）中的行为人的猥亵倾向即为此。判例对于为了报复而拍摄女性全裸写真的案件，以不是为了满足性欲为理由，否定成立强制猥亵罪。[3]关于本案，即使在将内心倾向作为违法要素的立场上，也存在以下两种分歧的观点，即，以存在性自由这一保护法益的侵害为理由而提起疑问的观点[4]与认为既然不存在猥亵倾向，该行为就不带有猥亵性的观点。[5]但应该说无法否定性自由的侵害这一结果无价值。但是，由于不存在猥亵倾向，因此该强制行为就不具有猥亵性特征，从而也不存在支配强制猥亵罪之实行行为的意思方向，既然如此，就不存在行为规范违反。因此，判例的观点是妥当的，即使成立强要罪等犯罪，也不成立强制猥亵罪。

第四，表现犯中的内心状态。表现犯是指行为只有作为行为人内心状态的表现才是具有意义的犯罪。例如，伪证罪（《刑法》第169条）与不申告罪（《爆炸物取缔罚则》第8条）等即为此。关于伪证罪中的虚伪陈述，主观说认为其意味着违反行为人记忆的心理过程，如果不比较作为外部行为的客观性陈述内容与作为内心状态的行为人的记忆内容就无法确定，在这个意义上

---

[1] 参见平野Ⅰ第122页以下。此外，完全否定主观的违法要素的存在的是，中山第239页以下、内藤（上）第217页以下。虽然否定主观的违法要素的存在，但承认主观的构成要件要素的是，内田（文）（上）第163页以下、曾根第65页以下。

[2] 进而，盗窃罪中的"不法领得的意思"在作为可罚的责任要素的同时，也是主观的违法要素（参见《各论》，第219页）。

[3] 最判昭和45年（1970年）1月29日刑集第24卷第1号，第1页［伊藤（亮）：《百选Ⅱ》，第30页］。参见高桥：《规范论》，第47页以下。

[4] 参见西原（上）第170页。

[5] 参见团藤第133页注23。

是主观的违法要素。与此相对，客观说将虚伪的陈述理解为陈述的内容违反客观事实，结果认为这不是主观的违法要素。由于证人询问是指证人将所经验的事实遵从记忆进行陈述，从而发现真实的程序，因此主观说的理解基本上是妥当的。但是，另一方面，如果将作出了符合客观事实之证言的证人以其违反记忆作证从而认定其成立伪证罪，就等于处罚违反宣誓这一行为本身，我认为是不妥当的。因此，应该结合违反记忆与不是客观真实这两者来理解虚伪的陈述（折中说）。[1]通过前者的行为无价值与后者的结果无价值这两者的存在而肯定伪证罪的构成要件该当性（违法性），当缺少任何一方面时，就否定构成要件该当性。此外，在不申告罪中，当行为人没有认识到犯罪的存在就不发生告知义务，因此，这种主观性认知也是主观的构成要件（违法）要素。

第五节　法人的刑事责任

一、法人的犯罪能力

关于法人的犯罪能力，存在肯定说与否定说的对立。否定说[2]的根据有①作为犯罪概念之核心的行为是作为意思发现的心理性、物理性的存在，法人并不存在这种意义上的行为能力；②由于法人不存在责任能力，因此无法追究责任，所以其犯罪能力应被否定；③接受刑罚的仅限于能够感受刑罚所具有的感召力的人，法人不具有受刑能力；④现行法上的刑罚体系并不预定对法人科处刑罚。

但是，如果认为行为的概念不仅应该从物理性的观点，还应该从社会性的观点来理解的话，分担了法人业务、作为自然人的业务主体与从业员的行动与其说是作为该自然人的行为，不如说也无法否定存在应该将其视为法人活动的情形。当然，从现行日本刑法典所规定的罪名来看，也存在像住居侵入罪与强奸罪这种法人所不能犯的罪，此外，作为刑种的死刑与自由刑等也明显是针对自然人而言的。但是，尤其是在行政刑法的领域中，很多情形都可以在观念上视为法人本身的行为，此外，承认对法人本身科赋刑罚的合理性也是可能的。在行政取缔法规中随处可见的两罚规定也只有当以法人能够

---

[1] 参见高桥：《规范论》，第221页以下。
[2] 作为否定说，参见小野第96页、泷川第20页、植松第118页、团藤第126页等。

遂行犯罪这一观点为前提时才能妥当地解释与运用。对于法人不存在责任能力这一消极说的根据，可以做如下思考，即法人虽然不存在与自然人同样的意思决定能力，但在法人内部的组织中，其意思是被决定的。也即，对法人而言，肯定其作为法人的意思决定是可能的，此外，对于这一点，从社会方面对其施加非难也是可能的。

做以上考虑的话，对法人也可以肯定犯罪能力，[1]但以什么作为法人的意思决定这一点仍然成为问题。

二、法人处罚的根据

作为法人处罚根据[2]的基础，学界提出了两个抑制模型。这就是认为如果抑制了个人的违法业务活动也可以防止法人犯罪的个人抑制模型与认为既然个人是遵循法人的方针而行动，就应该重视对于作为法人之意思决定之非难的组织抑制模型。

在个人抑制模型中，例如，存在同等看待理论（作为法人的上层与准上层者，能够与法人同等看待的自然人的行为被视为法人的行为，从而处罚法人的理论）与代位责任论（当法人的构成人员成为行政犯时，将其责任转嫁于法人的理论）。现在的多数说是以这些理论为基础，将法人的行为区分为机关的行为及除此之外的行为，对于机关的行为，法人承担行为责任，对于除此之外的从业人员的行为，法人则承担监督责任。

组织抑制模型将处罚法人的目的求诸非难作为法人却实施违法行为，从而抑制将来的违法行动这一点上，即直接追究企业本身的责任。企业组织体责任论[3]也可以说是立足于这种组织抑制模型。与此相对，个人抑制模型认为，法人是根据作为自然人的构成人员的意思而决定作为法人的意思，因此，即使是刑罚的抑制效果，只要不对实施法人的意思决定的自然人起作用，就

---

[1] 肯定说是通说。判例基本上立足于否定说［大判昭和10年（1935年）11月25日刑集第14卷第1217页、大判昭和15年（1940年）9月21日新闻第4629号第3页］，但如本书所述，根据在两罚规定中法人本身的刑事责任成为问题的判例［例如，最判昭和40年（1965年）3月26日刑集第19卷第2号第83页（关于本案，参见田中（利）：《百选Ⅰ》，第18页）等］，可以认为法人本身的犯罪能力的存在是其前提。

[2] 关于法人处罚的根据，参见川崎：《企业的刑事责任》（2005年）；樋口：《法人处罚与刑法理论》（2009年）；伊东：《组织体刑事责任论》（2012年）等。

[3] 参见板仓：《企业犯罪的理论与现实》（1975年），第20页以下。

无法发挥规制的目的。

三、两罚规定的意义及处罚根据

(一) 法人处罚规定的种类

现行法上处罚法人的情形均以在各个法律中设置法人处罚规定的形式进行。在刑法典中虽然不存在法人处罚规定，但可以把《刑法》第 8 条的但书规定理解为承认法人处罚的存在。

法人处罚的形式中存在代罚规定（转嫁罚规定）[1]、两罚规定、三罚规定[2]。其中两罚规定是指对于从业者的违法行为，在处罚该当行为人本人的同时，也处罚作为其业务主的法人或自然人。在很多行政取缔法规中，行为规范的规定都独立地规定了《第×章 罚则》，其中，作为两罚规定，一般规定为"法人的代表人或者法人或者人的代理人、使用人及其他从业者，当实施了关于违反该法人或人的业务的行为时，除了处罚行为人，对于该法人或人，也科以各个条文所规定的罚金刑。"大部分法人处罚规定都是两罚规定。[3]

(二) 两罚规定中事业主处罚的根据

关于两罚规定中处罚事业主（自然人或者法人）的根据，在学说上，以下的观点被主张着。①认为由于行政取缔的目的，从而将从业者的责任无过错地转嫁到事业主身上的无过错责任说；[4]②认为这是拟制了事业主之过失的过失拟制说；[5]③将从业者的选任、监督上的过失作为根据的纯过失说；[6]④推定在从业者的选任与监督上之过失的过失推定说（通说）等。

---

[1] 代罚规定是对于作为自然人的从业者的违反行为，仅仅处罚作为业务主的法人的规定。在现行法上并不存在。

[2] 三罚规定是指，对于从业者的违反行为，除了处罚行为人本人以外，也处罚作为该事业主的法人，以及该法人的代表人或者中间管理人的规定。例如，《垄断禁止法》第 95 条之 2，即为适例。

[3] 关于两罚规定，参见吧木（胖）：《事业主主体处罚规定之研究》（1955 年）；田中（利）："法人处罚与两罚规定"，载《现代刑法讲座 1 卷》（1977 年），第 271 页以下；中野："关于事务主处罚规定的备忘录"，载《刑事法与裁判的诸问题》（1987 年），第 16 页以下等。

[4] 参见牧野（上）第 96 页、宫本第 35 页。作为采用无过失责任说的判例，有大判昭和 17 年（1942 年）9 月 16 日刑集第 21 卷、第 417 页。

[5] 参见植松第 123 页。

[6] 参见三井："法人处罚中法人的行为与过失"，载《刑杂》第 23 卷第 1、2 卷（1979 年），第 151 页。

判例从大审院以来都采用无过错责任说，但在最高裁昭和32年（1957年）大法庭判决中，变更了之前的判例，转而采用过失推定说。〔1〕根据过失推定说，由于过失的不存在是由被告人证明的，因此承认了举证责任倒置。

（三）两罚规定的规范性构造——行为人处罚的根据规定

如果根据禁止规定的对象人来对两罚规定的规定形式进行分类的话，可以分为不限定禁止规定之对象人的类型（对象人非限定型）与禁止规定的对象人被限定的类型（对象人限定型）。对于前者而言，实施了违反行为的行为人是根据各个条文的罚则规定而受处罚的，因此，从业者也首先成为处罚的对象。据此，两罚规定中的"除了处罚该行为人"这一表述并无特别的含义，仅仅具有作为注意规定的确认性意义。与此相对，对于后者而言，由于各个条文中的罚则规定仅限于禁止规定的对象人，例如，当禁止规定仅仅指向事业主时，就不能根据各个条文的罚则来处罚从业员，因此，只有以两罚规定的"除了处罚该行为人"这一表述为根据才能处罚从业员。在这种情形中，两罚规定中的"除了处罚该行为人"这一表述就具有构成性意义。

在后者的对象人限定型中，通过两罚规定的"除了处罚该行为人"这一文言，犯罪主体扩张到了从业员。在这个意义上，两罚规定具有修正构成要件中行为主体这一部分的功能。这种观点被称为构成要件修正说，被通说与判例所采用。〔2〕

---

〔1〕 最大判昭和32年（1957年）11月27日刑集第11卷第12号第3113页。本判决中，自然人事业主通过两罚规定而受处罚的根据成为问题。作为法人的事业主成为问题的是，最判昭和40年（1965年）3月26日刑集第19卷第2号第83页（关于本案，参见田中（利）：《百选Ⅰ》，第8页），被昭和32年（1957年）最高裁大法庭判决所引用。进而，参见东京高判昭和48年（1973年）2月19日判夕第302号第310页（否定免责）、高松高判昭和46年（1971年）11月9日判时第660号第102页（肯定免责）。此外，最判平成23年（2011年）1月26日刑集第65卷第1号第1页将被赋予实质上相当于担当经理的董事之权限者，认定为该当于法人税法（平成19年改正前）第164条第1款所规定的"其他从业者"，从而肯定了事务关联性。根据过失推定说，当存在职员的违反行为，就对事业主科以选任和监督上的注意义务，采用是否允许推定过失这一实质性基准。关于本案，参见武藤：《刑事法学家》第31号，第97页。

〔2〕 最决平成7年（1995年）7月19日刑集49卷第7号第613页［佐久间，平成7年（1995年）度重判130页］、最决昭和43年4月30日刑集第22卷第4号第363页。与此相对也存在本来的义务者说这样的观点，即，禁止规定的对象是所有国民，从业员也是依照各个法条的罚则规定进行处罚的，但将从业员包含于限定行为主体的文言中（例如，事业者、特别征税义务人等），就成为不被允许的类推解释了。

(四) 刑法总则对两罚规定的适用

最判平成9年（1997年）7月9日刑集第51卷第6号第453页[1]对于非从业者加功于与从业者共谋之后的违反行为（偷逃所得税）这一案件，适用了《刑法》总则规定的第65条第1款。在《所得税法》第244条第1款这种两罚规定中，能否适用作为刑法总则之共犯规定的第65条第1款成为问题。

根据《刑法》第8条的但书规定，当法令存在特别的规定时就排除了刑法总则规定的适用。但是，由于在所得税法中并不存在这种特别规定，因此，并不具有从文理上排除适用刑法总则规定的理由。因此，可以说共犯规定的适用是可能的。如前所述，在对象人限定型中，通过两罚规定的"除了处罚该行为人"这一文言，犯罪主体扩张到了从业员，在这个意义上，两罚规定具有修正构成要件中行为主体这一部分的功能。根据这种构成要件修正说，行为主体通过"除了处罚该行为人"这一文言而扩张，其构造与关于身份犯的第65条第1款相类似。因此，作为两罚规定的《所得税法》第244条第1款是刑法中共犯规定的特别规定（《刑法》第8条但书），因此，可以得出排除第65条第1款之适用的结论。

(五) 两罚规定中代理人的意义

一直以来，关于两罚规定中的"代理人"，均被理解为"从业者"的示例，因此最决平成9年（1997年）10月7日刑集第51卷第9号第716页[2]中，家庭主妇甲对于所继承土地的买卖所获得的收入，让税理士作成并提出长期转让税的确定申告书，从而逃脱甲的部分所得税。对于这一案件，最高裁判所认为，与被告人（本人＝甲）处于对向关系的人也包含于"代理人"中，而且在事业主的责任上所采用的过失推定的观点对于非事业主而言也是妥当的。但是，不服从本人的实质性统制权能者，不仅难以视为代理人，而且对于本来就没有统制监督权能的非事业主能否适用两罚规定，不无疑问。即使能够适用，也与本来具有统制权能的事业主的情形不同，其注意义务的内容应该更为具体，注意的程度也更高，与此同时，并不是过失的推定，而应该追究其本来的过失责任。

---

[1] 关于本案，参见高桥，平成9年（1997年）度重判，第158页以下；三好，最判解（平成9年度），第101页以下。

[2] 关于本案，参见伊东，平成9年（1997年）度重判，第147页以下；木口，最判解（平成9年度），第189页以下。

第四章 实行行为

第一节 含 义

在完成了从多样的事实中选择出作为刑法评价对象的"行为"这一工作之后,接着要进行该行为是否该当于构成要件的判断。

例如,妻子企图让丈夫喝下混有毒液的威士忌从而将其杀害,终于迎来了决定实施的这一天,实施了洗脸、刷牙、吃早饭等一系列行为,但在这些动作中,必须选择出重要的态度即"行为"。例如,从作为第三方的男性那里采购了氰酸,制作了混入毒液的威士忌并将其隐藏在柜子里,在晚饭时拿给丈夫等动作可以分解出来作为刑法之对象的行为。在这些行为中,必须选择该当于(杀人罪的)构成要件的行为。这样,该当于构成要件的行为就被称为实行行为。也就是说,行为通过该当于构成要件,就成为了实行行为,但是,这种说明只是循环论证,必须追问实行行为的实质性内容。该实质性内容基本上是刑法禁止怎样的行为这一问题,即是关于违法性本质的问题,既然将法益保护作为违法性的核心,就应该将实行行为确定为"对法益的危险行为"。[1]

---

[1] 关于实行行为概念,参见平野:《诸问题》,第 127 页以下;西原:《犯罪实行行为论》(1998年),第 1 页以下;曾根:《刑法中的实行、危险、错误》(1991 年),第 9 页以下;山口:《危险犯的研究》(1982 年),第 51 页以下。进而,参见中森:"关于实行行为的概念",载《铃木古稀》,第 199 页以下;高山:"'实行行为'概念的问题性",载《法学论丛》第 162 卷第 1-6 号(2008 年),第 204 页;仲道,前列:《行为概念的再定位》,第 11 页以下;岛田:"关于实行行为这一概念",载《刑杂》第 45 卷第 2 号(2006 年),第 60 页以下;奥村:"关于实行行为概念",载《大谷喜寿》,第 139 页以下;小林(宪法):"实行行为",载《法教》第 415 号(2015 年),第 39 页以下;桥爪:"关于实行行为的意义",载《法教》第 424 号(2015 年),第 98 页以下等。

第二节　实行行为与危险概念

问题在于如何把握实行行为所具有的危险性的程度这一点上。

关于这一点，通说的观点理解为对于法益（或者结果发生）的具体危险行为。[1]据此，在前述的事例中，在晚饭时拿给丈夫混入毒液的威士忌这一行为就成为实行行为。因此，这之前的行为就是杀人罪的预备行为，如果在这一阶段终了的话，就只能肯定杀人预备罪（《刑法》第201条）的成立。

这种通说性观点可以被支持吗？例如，在前述的事例中，当妻子认为因其丈夫喜欢喝酒，所以即使将威士忌藏在柜子里，丈夫也会找出来喝掉，因此将毒酒藏在柜子里，这种情形应如何处理呢？这就是"利用被害人的间接正犯"（边页第413页以下）。通说的观点认为在隐藏在柜子这一阶段上就可以肯定杀人的实行着手。但是，在这一阶段可以肯定对于法益的具体危险吗？或者，对学校怀有恨意者计划无差别杀人，将预计在十年之后爆炸的炸弹埋在校园里，但在两天之后就被发现了，如果对这一案件肯定杀人未遂罪的成立，埋藏炸弹的行为是否可以说是对法益的具体危险行为仍存在很大的疑问。另一方面，如果在接近十年之后的阶段上肯定杀人未遂罪，那么，只能理解为埋藏行为是在到达了该阶段时通过溯及既往才带有实行行为性。

通说通过将实行行为理解为对于法益的具体危险行为，只能或者对于还不存在具体危险的行为也肯定实行行为性，或者并非对该行为，而是对事后的事态肯定具体危险，这样就无法导出一以贯之的结论。通说陷入这样的困境，其原因在于认为实行行为与"对法益的具体危险行为"有必要同时存在。但是，这两者不仅没有必要同时存在，而且应该在规范论上将这两者区别开来。

---

[1] 参见西原（上）第324页以下、第349页以下；福田第229页（构成要件的结果惹起的现实危险性）；大谷第125页（具有结果发生的类型的、现实的危险之行为）；藤木第257页（结果发生的现实威胁被承认的行为）；大塚（仁）第171页；野村第331页；川端第473页以下；井田：《构造》，第251页以下；佐久间第320页。

第三节　作为行为规范违反的"实行行为"与作为制裁规范发动条件的"具体危险"

实行行为必须被放在作为违反行为规范的行为这一位置上。首先，实行行为是违反"行为规范"的行为。行为规范是面向一般人的当为规范（"禁止做＊"或者"应该做＊"），但由于其内容是行为人的行为，因此是从一般人的立场出发，对于包含行为人之主观的行为，判断其危险性。其次，实行行为性必须从违反行为规范的"行为"当中选取，不能在与行为分离的阶段上寻求实行行为。从这两点出发，就可以导出实行行为中的危险内容只要具有对于法益的抽象性危险即为足的结论。此外，由于作为实行行为之开始的实行着手也有必要做同样的判断，因此，实行行为与实行的着手必须同时存在。

与此相对应，通过发生未遂犯意义上的危险，就能够肯定未遂犯的成立，该危险的发生应该被理解为是作为制裁规范的发动条件。作为制裁规范之发动条件的危险必须是对行为客体（以及法益）的具体性危险。这是因为，从制裁规范的侧面派生出了可罚的违法性，在发生了具体性危险的阶段上才处罚应该被作为原则。因此，在炸弹事例中，虽可以对埋藏行为肯定实行行为性，但还不成立未遂犯，在接近十年后的阶段上发生了具体危险，在该阶段上可以肯定杀人未遂罪的成立。[1]

为了进一步明确本书的观点，以下我想概述实行行为的概念史。

第四节　实行行为概念的展开过程

在古典学派（旧派）与近代学派（新派）的争论中，实行行为概念的位置也被作为问题。从前者派生的客观主义与从后者派生的主观主义的对立也是是否重视实行行为概念的问题。该争论结果以前者的胜利而终结，于是，实行行为概念成为犯罪论上的核心要素。[2]

---

[1] 高桥：《规范论》，第34页以下。此外，这种实行行为的理解与后述的因果关系中客观归属的判断的"制造处不被法所允许的危险"是同义的（第132页）。

[2] 参见团藤第37页以下、第353页以下。

在日本刑法典上，"实行"这一用语在第43条关于未遂犯的规定、第60条关于共同正犯的规定以及第61条关于教唆犯的规定中也被使用。是否必须将这些"实行"概念做统一性理解成为问题，一直以来，认为一般应该做统一性理解的观点占据支配性地位。[1]这是因为，一直以来，共谋共同正犯在学说上被否定就是把第60条的实行与第43条的实行做同义理解的结果。[2]

根据"实行"概念的统一性理解，对某个行为肯定实行行为性的同时也可以说具备了实行的着手（因此，预备阶段终了），同时，由于在这一阶段已经肯定了未遂犯，因此也就意味着肯定不成立不能犯。如下图所示：

实行行为　＝　实行的着手　＝　未遂犯成立（否定不能犯）
　　　①　　　　　　　　②

因此，这样就不可想象在实行的着手之前就肯定实行行为性（否定①等号）或者虽具有实行着手但不成立未遂犯（或者成立不能犯）（否定②等号）。以该等号为前提，展开了实行行为是什么这一问题。[3]具体而言，主观的进路与客观的进路即为此。主观的进路是通过诸如"犯意的飞跃性表动"等，把重点放在行为人的意思上来理解实行行为性以及实行的着手时期。根据该观点，不仅经常具有提前实行的着手时期的可能性，将重点放在意思上，可以说导致构成要件该当性的判断变得极其不稳定。

通说的观点虽然采用对实行行为做客观性理解的客观进路，但其中还存在对实行行为做形式性理解还是做实质性理解的争论。

形式性进路将实行行为理解为该当于构成要件的行为，并将实行的着手时期求诸这种行为的开始。[4]但是，该观点只能作为各个犯罪之构成要件的解释这一意义上来考虑实行行为，并不能明确作为一般理论意义上的实行行为概念的内容。此外，仅仅将实行行为理解为构成要件该当行为只不过是循环论证而已。

实质的进路将实行行为理解为具有实现某种构成要件之危险性的行为，是试图通过危险概念来判断实行行为性的理论。该方向在当前虽然是通说，

---

[1] 参见小野第99页。
[2] 参见团藤第395页以下。
[3] 参见团藤第139页以下；野村第331页以下、第341页以下。
[4] 参见团藤第354页。

但其结果是一方面危险概念成为犯罪论中的核心要素,另一方面,实行行为概念逐渐丧失了其重要性。[1]

第五节　实行行为概念的崩溃过程

像实质的进路这种通过危险概念来理解实行行为性的方向就通过深化危险概念,从而对危险犯中的危险、未遂犯中的危险等进行分析。另一方面,与违法论中结果无价值论的优势这一状况相对应,出现了"作为结果的危险"这一概念,从而与作为行为属性的危险相区别。此外,如果将未遂犯的处罚根据做结果无价值论性地理解,那么,实行行为的危险与被区别开来的"未遂阶段的危险"之间的关系就成了问题。

从这一过程出发,就不得不提出对于前述等号公式的疑问。例如,在隔离犯等情形中,就产生了重新检视该等号公式的必要性,与此同时,由于判例将隔离犯的实行着手时期求诸到达时(边页第394页),因此,也具有探求该结论的理论性根据的意义。

【设例】甲企图杀害X,于是向X邮寄毒馒头,但邮递员在途中丢失了该包裹,流浪狗吃掉了该毒馒头中毒身亡,因此在毒馒头到达X家中之前已经案发,在该情形中,甲是成立杀人预备罪还是杀人未遂罪。

一种观点是分离实行行为与实行着手的观点。[2]具体而言,这是否定实行行为=实行着手这一等号①,维持实行着手=未遂犯成立这一等号②的观点。据此,在行为人的自然行为之后、具体的危险已经发生的阶段(到达时)肯定实行着手(因此成立未遂犯)。据此,当初的自然行为就转化为实行行为。这一观点具有以下意义,即,将实行着手这一概念单纯地理解为划定时间的概念,在发生具体的危险之前均作为预备阶段。如下图所示:

　　实行行为　≠　实行的着手　=　未遂犯成立(否定不能犯)
　　　　　　　①　　　　　　　②

---

[1] 在山口,初版(2001年),第44页以下中,曾主张实行行为概念不要论。
[2] 参见平野:《诸问题》,第130页;浅田第371页以下。

另一种观点是分离实行行为与未遂犯成立的观点，这也是本书的立场。具体而言，这是维持实行行为＝实行着手这一等号①，但否定实行着手＝未遂犯成立这一等号②的观点。据此，在肯定实行着手的同时也肯定了实行行为性，但这是先根据对法益的抽象危险进行判断的，之后，当发生对法益的具体危险性时就肯定未遂犯的成立。这是因为，如前所述的，实行行为＝实行着手是行为规范的问题，而未遂犯的成立问题则是制裁规范的问题。[1] 如下图所示：

实行行为　＝　实行着手　≠　未遂犯成立（否定不能犯）
　　　　　①　　　　　　②

本书认为，在预备罪中，存在"实行行为＝实行着手"这一等号公式还未被承认的事前预备罪与"实行行为＝实行着手"这一等号公式虽然被承认但还未达到未遂阶段的实行预备罪这两种类型，预备行为的危险与实行行为＝实行着手的危险这两者在均是对法益的抽象危险行为这一点上是共通的，但后者的危险在"可能达到未遂（具体的危险发生）的危险"这一点上与前者不同，另外，在通常犯罪的情形中，在肯定"实行行为＝实行着手"的同时，一般也肯定未遂犯的成立，但应当注意的是这只不过是两者偶然地同时存在的结果。[2]

进而，本书所采用的将"实行行为＝实行着手"与未遂犯成立分断考察的观点在各个犯罪构成要件的解释中也具有实益。例如，诈骗罪中的欺诈行为与未遂犯成立的问题、背任罪中的任务违背行为与未遂犯成立的问题即为此（参见《各论》，第308页注18；本书边页第406页）。此外，即使承认"实行行为＝实行着手"同时存在，根据具体案情，当然存在以实行行为性为问题的情形与以实行的着手为问题的情形。例如，阳台摔落致死事件（边页第75页）中就是以前者为问题，而"氯仿杀人事件"（边页第392页）则是以后者为问题，但实质上具有同一的判断构造，只是在各个案件中重点所放的位置不同而已。

---

〔1〕此外，西原（下）第367页对于隔离犯以及间接正犯等情形，将行为人的行为理解为"作为与不作为的复合形态"，将着手时期求诸到达时的行为之中。该观点虽然维持了本书中的等号公式，但存在以下问题，即，不作为部分不仅是作为部分的反面，而且在丧失作为可能性的情形中，由于不被科赋作为义务，结果就不能对不作为部分肯定实行行为性。
〔2〕在结论上同样主旨的是，铃木第188页以下、曾根第217页以下、山中第764页以下（事后的溯及评价说）。

第五章 构成要件结果

第一节 犯罪的性质（罪质）

例如，在杀人罪中，从杀人的实行行为到发生人的死亡这一结果，才成立既遂。将这种犯罪称为结果犯。[1]与此相对，例如，在伪证罪（《刑法》第169条）中，仅根据虚假证言就成立犯罪，因此被称为举动犯（"单纯"行为犯）。另一方面，结果的实质性内容是法益侵害及其危险（危殆化），因此可将前者称为侵害犯，将后者称为危险犯（危殆化犯）。结果犯与举动犯是对应于"结果"的区分，与此相对，侵害犯与危险犯是对应于"法益侵害"的区分。[2]

危险犯可以分为抽象危险犯与具体危险犯。[3]抽象危险犯是指存在于行为本身的法益侵害的危险被拟制为常态性存在，其危险的发生并没有被规定为构成要件要素，而是被类型化的犯罪。例如，现住建造物等放火罪（《刑法》第108条）、名誉毁损罪（《刑法》第230条）等即为此。具体危险犯是指，法益侵害之具体危险的发生被作为构成要件要素的犯罪。例如，建造物等以外放火罪（《刑法》第110条）等即为此。

---

[1] 这样，如果不确定实行行为（构成要件该当行为），就无法特定构成要件结果。人的死亡其本身，具有作为杀人罪（《刑法》第199条）、伤害致死罪（《刑法》第205条）、遗弃致死罪（《刑法》第219条）、过失致死罪（《刑法》第210条）等构成要件结果的可能性。

[2] 此外，虽然也存在将仅仅形式性违反而成立的犯罪作为形式犯，从而与实质犯进行对比的情形，但由于形式犯也具有对于不特定法益的危险性，因此而受处罚，所以，这种区别是不必要的。

[3] 关于危险犯，参见山口：《危险犯的研究》（1982年）；冈本："抽象的危险犯的问题性"，载《法学》第38卷第2号（1974年），第1页以下；香川：《危险犯》（2007年）；野村：《未遂犯的研究》（1984年），第239页以下；星：《放火罪的研究》（2004年），第55页以下；振津：《抽象危险犯的研究》（2007年）；盐见："危险的概念"，载《刑法的争点》（2007年），第24页；小坂："抽象的危险犯中的危险概念及其判断形式"，载《早稻田法学会志》第58卷第1号（2007年），第191页以下；谢：《抽象危险犯论的新展开》（2012年）等。

第二节　刑法中的结果概念

以结果的发生作为构成要件要素的犯罪是结果犯，仅以行为本身作为构成要件要素的犯罪是举动犯。结果犯的例子除了杀人罪以外，还有伤害罪与器物损坏罪等，而举动犯的例子除了伪证罪之外，还有暴行罪以及住居侵入罪等。可是，由于结果的概念是多义的，例如，如果将结果解释为从行为产生的"某种外部性影响"的话，可以说在举动犯中也存在结果。

一般而言，结果是指以下三个层面上的含义：第一，对行为客体产生的有形的事实性作用；第二，对社会中的外界产生影响这一意义上的外界变更；第三，意味着法益侵害或者对于法益的危险。其中具有重要意义的是第一种与第三种含义中结果的区别。第一种意义的结果是与行为客体相关联的，与此相对，第三种意义上的结果是与保护客体即法益相关联的。于是，行为客体与法益的内容含义的相互关联就成了问题。

"行为客体"与"法益"必须被区分开来理解。前者是在构成要件中被规定的外部行为的对象，在这个意义上，是构成要件要素。而后者是从构成要件引出的，只有在与刑法规范的关系上才能被认识的法的保护对象。[1]例如，在杀人罪中，行为客体是（作为物理性存在的）人，法益是人的生命；在盗窃罪中，行为客体是他人的财物，法益是本权或者占有；在住居侵入罪中，行为客体是人的住居等，而法益则是住居的平稳或者居住权。

行为客体与法益被区分开来，与此相应，"结果"与"法益侵害"也必须被区分。具体而言，结果是指行为作为对于行为客体所产生的作用的效果，归根到底是在与行为客体的关系上才能够认识到的存在性事实，与此相对，法益是指当施行某种行为或者当产生了某种结果时，对于之前的法益状态所产生的变化，是与法益同样的只有在施加了刑法性评价之后才能确认的事态。

当区分结果与法益侵害时，对应于前者的"结果"的区分是举动犯与结果犯的区分，而对应于后者的"法益侵害"的区分则是危险犯与侵害犯的区

---

[1] 参见 Jecheck/Weigend, Lehrbuch des Strafrechts, A.T., 5. Aufl., S. 259f., 263; Stratenwerth/Kuhlen, Strafrecht, A.T., .Ⅰ.5. Aufl., 2004, S. 88f. 参见阿部（纯）："行为的客体"，载《法蝉》第 321 号（1981 年），第 132 页以下；木村（龟）：《刑法的基本问题》（1949 年），第 85 页以下。

分。因此，可以同时存在以下四种形态，即举动的危险犯（伪证罪）、举动的侵害犯（住居侵入罪）、结果的危险犯（放火罪）、结果的侵害犯（杀人罪）。

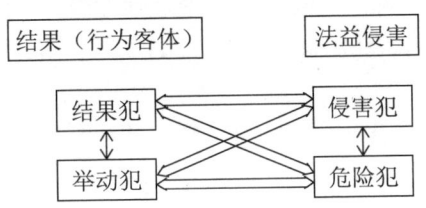

当区分结果与法益侵害时，也同时区分了"未遂犯中的危险"与"危险犯中的危险"。具体而言，这两种危险各自具有不同的内容，根据不同的判断来确定才能明确。未遂是指行为对于行为客体所施加的作用还没达到法所要求的程度，在未遂犯还是不能犯的判断上，危险性是结果发生对于行为客体的可能性，而不是对于法益的可能性。例如，即使现住建造物等放火罪达到既遂也只是发生了抽象危险，如果将未遂犯理解为具体危险犯，那么就会得出现住建造物等放火罪的未遂就成为抽象危险犯的具体危险犯这一奇妙结论。只是，只不过未遂犯与危险犯中的危险判断事实上在很多情形中是重合的而已。

第三节　犯罪论中结果的地位

根据如何把握违法性的本质，结果在违法性判断中具有怎样的含义也被做不同的理解。图示性地来看，根据将违法性的本质专门求诸违反命令规范（意思决定规范）的行为无价值一元论，未遂与既遂在违法性的质与量这两点上均无差异，于是，结果被放在客观处罚条件的位置上，只有行为规范违反才构成违法性的内容。与此相对，根据将违法性的本质专门求诸违反评价规范的结果无价值论，结果被放在违法性的核心位置上，法益侵害或危险构成了违法性的内容。[1]根据将违法性的本质求诸违反评价规范与命令规范这两者的违法二元论，行为规范违反与法益侵害或危险构成了违法性的内容。

如前所述，本书将刑法规范理解为由行为规范与制裁规范构成，从这一

---

〔1〕从客观的评价规范论的立场出发论述结果之地位的是，松原（芳）："犯罪结果与刑法规范"，载《三原古稀》，第319页以下。

理解出发，在后者的制裁规范中包含了结果。如果发生了作为实害的结果，就成立既遂犯，如果发生了作为具体危险的结果，则成立未遂犯。未遂犯与既遂犯在行为规范违反这一层面上虽然不存在差异，但在制裁规范的发动条件上是不同的，在可罚的违法性的有无以及程度上也是不同的。

第四节　犯罪的结果与犯罪的终了

一、即成犯、状态犯、继续犯

结果与法益侵害虽然在理论上是不同的，但事实上却经常重合，一般而言，可以理解为在结果中包含了法益侵害及其危险。但是，即使产生了法益侵害，犯罪是否据此终了，并不能一概而论。这要根据犯罪的性质来决定。也就是说，从法益侵害与犯罪终了这一观点出发，犯罪可以分为即成犯、状态犯、继续犯。[1]

即成犯是指，通过法益侵害或危险的发生，犯罪就立即完成，并且终了。例如，杀人罪、放火罪即为是。状态犯是指，在发生了法益侵害的同时犯罪也终了，但即使犯罪终了，法益侵害的状态仍然继续。例如，盗窃罪、伤害罪、器物损坏罪即为是。继续犯是指，在法益侵害处于持续状态期间，犯罪也处于持续状态。例如，监禁罪即为是。

盗窃罪被认为是状态犯的典型例子。但是，如果将盗窃罪的保护法益理解为本权，由于所有人无法支配财物的状态仍然继续进行，因此可以说是状态犯，但如果将保护法益理解为占有，由于占有通过侵害而消灭，因此也可以说成了即成犯。

二、区别的实益

其中，状态犯与继续犯的区分是重要的。例如这影响到了中途参与者的

---

[1] 参见佐伯（仁）："关于犯罪的终了时期"，载《研修》第556号（1994年），第15页以下；林（美）："状态犯与继续犯"，载《神奈川法学》第24卷第2、3号（1988年），第279页以下；松原（芳）："继续犯中的作为与不作为"，载《神山古稀》，第287页以下；同："继续犯与状态犯"，载《刑法的争点》（2007年），第28页；渡边（卓）："犯罪的终了时期与公诉提起的时间界限"，载《姬路法学》第49号（2009年），第280页以下。

罪责。具体而言，在作为状态犯的盗窃罪终了之后的参与者，并不成立盗窃罪的共犯，只存在盗品等参与罪的成立问题；与此相对，对于作为继续犯的监禁罪而言，在监禁中参与进来的行为人就成立监禁罪的共犯。

进而，在以下的情形中具有区分的意义。第一，在公诉时效（《刑事诉讼法》第253条）上，对于状态犯而言，从犯罪终了的时点开始时效就立即进行，但对于继续犯而言，在犯罪处于继续的期间，时效的进行并未开始。第二，对于状态犯而言，犯罪终了之后就不能对其实施正当防卫，与此相对，对于继续犯而言则可以实施正当防卫。例如，被监禁一周之后，通过殴打加害者而逃走的情形即为此。第三，对于状态犯而言，当存在刑的变更时不能适用新法，但对于继续犯而言则可以适用。

关于状态犯与继续犯的区分，也存在认为应该以实行行为在其时点上是否处于正在进行这一基准来决定的观点。[1]例如，在监禁罪中，由于监禁的实行行为处于继续进行的状态，因此被认为是继续犯。据此，状态犯还是继续犯的问题就不是法益侵害以及构成要件结果的问题了。但是，在监禁罪中，也可以将被害人在监禁期间的状态持续性地理解为构成要件结果，因此才成为继续犯。此外，在伤害逐渐恶化这种情形中，这种结果只不过是伤害罪的影响，并不是伤害罪的构成要件结果。因为在被害人的生理性功能遭受损害的阶段上，伤害罪就成立并终了了，只不过之后残存了法益侵害状态。[2]

但是，不应先验性地将某种犯罪类型确定为状态犯或继续犯，是否存在构成要件该当事实这一点才是重要的。[3]此外，解释论的归结也应个别性地解决，例如，关于是否可以实施正当防卫，应作为急迫性的时间界限这一问题来解决，而关于共犯成立的有无，则应作为共犯的处罚根据这一问题来解决。

---

[1] 参见西田第86页；林（美），前列：《状态犯与继续犯》，第279页以下；町野第148页。
[2] 参见山口第50页；松原（芳），前列《神山古稀》，第289页。
[3] 大阪高判平成16年（2004年）4月22日判夕第1169号，第316页中，被告人在互联网上书写损毁他人名誉的言辞，并让不特定的多数人阅览。对于该案件，大阪高等裁判所认为，既遂之后犯罪也没有终了，还处于继续状态，在通过警察而请求删除的时点上就履行了消除抽象危险的义务，据此犯罪终了。关于本案，参见山口，平成17年（2005年）度重判，第158页以下。此外，东京高判平成19年（2007年）3月28日高刑速报（平成19年），第184页中，认为《道路交通法》上的呼气检查拒绝罪是类似于纯粹继续犯的准继续犯。

第六章　因果关系

第一节　含　义

刑法上的"因果关系"是指在行为与结果之间被认为必要的"原因——结果"的关系。[1]结果是指诸如"人的死亡"这种法益侵害这一意义上的构成要件结果。例如，在放火罪等危险犯的情形中，进而在未遂犯的情形中，法益的危险都成为构成要件结果（作为结果的危险）。虽然在行为中存在预备行为与共犯行为，进而也存在不作为的情形，[2]但在这里成为问题的是实行行为，当其与结果的因果关系被肯定时，犯罪就成为既遂犯，当因果关系被否定时，就停留于未遂犯。

因果关系首先是在与行为论的关系上成为问题的。根据因果行为论，由于以因果性不法为问题，只关注被惹起的结果，因此行为概念无法包括因果概念。这一点，目的行为论也是一样的。因为目的行为论只是将故意、过失这种主观性要素从责任论向违法论升级，客观性要素与因果行为论是同样的立场。与此相对，根据社会行为论，由于考虑了意思支配可能的结果，行为

---

[1] 关于因果关系论，参见中山：《因果关系》（1967年）；冈野：《刑法中的因果关系理论》（1977年）；井上（裕）：《因果关系与刑事过失》（1979年）；山中：《刑法中的因果关系裕归属》（1984年）；町野：《犯罪论的展开Ⅰ》（1989年）；林（阳）：《刑法中的因果关系理论》（2000年）；梅崎：《刑法中的因果论与侵害原理》（2001年）；小林（宪）：《因果关系与客观归属》（2003年）；吉冈：《因果关系与刑事责任》（2006年）；辰井：《因果关系论》（2006年）；杉本："相当因果关系裕结果回避可能性（一）-（六完）"，载《法研论集（早大）》第9797号第91页以下、第101号第103页以下、第103号第101页以下、第104号第175页以下、第105号第179页以下、第106号第141页以下（2001年-2003年）；盐见第3页以下；桥爪："作为危险的现实化的因果关系（1）（2）"，载《法教》第403号第84页以下、第404号第86页以下（2014年）等。

[2] 关于共犯的因果性（边页第483页以下），参见高桥："共犯的因果性"，载《刑法的争点》（2007年），第96页。关于不作为的因果关系，参见第153页以下。

概念可以包含因果概念，是否可以将所发生的结果归属于行为人的行为这一判断也成为可能。后述的"条件关系"就属于行为概念的问题。[1]

其次，在构成要件该当性阶段，是否可以将结果客观性地归属于实行行为这一刑法规范性的判断（制裁规范）成为问题。在根据条件关系被设定的框架内，必须根据刑法规范进行归属判断。这就是客观归属的判断。

这样，因果关系的判断就分为"①条件关系、②客观归属"这两个阶段进行，前者是行为论的问题，后者则是构成要件该当性的问题。[2]

第二节 条件关系

一、含义

条件关系一般是指如果不存在某种先行事实，就不存在某种后行事实这种理论性关系，在刑法学上是指"如果没有该行为，就不发生该结果"这种关系（conditio sine qua Formel）。这就是所谓的假定的消去法，也被称为假定的条件公式（conditio 公式）。[3]

条件关系有无的判断中，应该被追问的"行为"以及"结果"指的是什么，成为问题。

首先，行为是成为因果起点的行为，没有必要是对法益具有具体危险的行为。例如，在隔离犯（甲为了杀害 A 邮寄了毒馒头，包裹到达了 A 处，A 食用毒馒头后死亡）中，应被除去的行为是甲的邮寄行为，这与在该邮寄行为时是否承认实行着手以及是否将未遂时期认定为到达 A 处之时这一问题并无关系。但是，在本事例中，既然将实行行为与结果之间的因果关系作为问题，就应该对甲的邮寄行为肯定实行行为性，在这一点上，也可以将实行行

---

[1] 结论上同旨的是，曾根第 51 页以下。
[2] 也可以将前者称为"事实的因果关系"，将后者称为"法的因果关系"。参见佐伯（仁）第 45 页以下；同："因果关系论"，载《理论刑法学的最前线》（2001 年），第 1 页以下。但是，正确来说，是将因果关系作为自然性的归类，与此相对，将客观归属作为刑法规范的归类，因此，作为两者的上位概念，不能使用因果关系这一名称，但在日本，一般以因果关系这一名称包括这两者，因此本书承袭该用法。
[3] 关于条件关系论，除了前列注 1 的文献之外，参见成濑："关于条件关系"，载《大野古稀》，第 117 页以下；北野："条件关系的意义"，载《小田中古稀》，第 119 页以下；川口："因果关系（1）——关于条件关系"，载《刑法的争点》（2007 年），第 20 页。

为理解为对于法益的抽象危险行为。

应该被除去的行为只要是导向结果发生的其中一个条件即为足。这是因为，由于conditio公式是立足于认为所有的条件都是等价的等价说，因此所有的条件均无差异，如果除去其中一个条件，将得出结果就不能发生这一结论。此外，既然被确定为其中一个条件，即使介入了其他条件，条件关系也并不当然地消失。

其次，结果是指个别性的、具体性的结果，即使杀害数个小时之后就会面临死亡命运的重病患者也成立杀人既遂。例如，当将像"人的死亡"这样的结果抽象化时，所有的杀人行为对于死亡就不具有条件关系（因为即使不被杀，人也一定会死亡），结果就会否定条件关系。因此，结果必须被具体化到像"何时何分何秒的死亡"这样的程度（具体的结果观）。但是，如果对结果做具体性变更，就不应该肯定所有条件关系的存在。例如，将路过发现的躺在车道上濒死的被害人移动到人行道上（不问故意或过失），不能认为在车道上死亡与在人行道上死亡在具体结果上是不同的，据此肯定条件关系。结果的具体化只要是从法益侵害的观点出发是有意义的变更就足够了。

此外，结果的具体化是在条件关系判断上的要求，在进行刑法规范性的判断（相当因果关系或客观归属）之际，将结果抽象化也没关系。尤其是，根据相当因果关系说，必须进行"死亡是否具有通常性"这一事前（预测）判断，因此将结果抽象化是必然的归结。

但是，必须注意，作为这种"没有A就没有B"的假定消去法的条件公式，是以因果法则为前提的，因为脱离条件来考虑所产生的结果时，只有对于人们事前就知道该条件就是原因的情形才能确定。此外，根据这种条件公式，如后所述（边页第120页），会产生"应该如何进行"去除之后"的判断这一困难的问题。

因此，作为条件公式，基于合法则的关系，将该行为是否实际地现实化于具体的结果这一点，根据一般性的、专门性的经验进行判断的"合法则的条件公式"（Formel von der gesetzmaessigen Bedingung）是妥当的。合法则的条件公式是指这样的判断公式，即：某个行为在时间上后续的在外界中的变化，基于已知的自然法则是否必然与该行为相结合，并且作为构成要件结果显示出来。[1]

---

[1] Jecheck/Weigend, a. a. O., S. 283. 合法则的条件理论的倡导者是恩吉施。Engisch, Die Kausalitaet als Merkmal der strafrechtlichen Tatbestaende, 1931, S. 21.

根据合法则的条件理论，第一阶段是确认一般性的法则（一般的因果性）；第二阶段是将其适用于具体的事例中（具体的因果性）。[1]此外，可以理解为，在该法则性中不仅包括自然法则，也包括经验法则。后述的"疫学的因果关系"就是根据经验法则被肯定的。

二、围绕条件关系的诸问题

（一）条件关系的断绝

将条件关系其本身不存在的情形称为"条件关系的断绝"。[2]例如，甲怀着杀意让X喝下了两个小时之后才发挥药效的毒药，但在一小时之后（即在毒药发作之前），无关系的乙用刀刺杀X，导致X死亡，在该情形中，甲的行为与X的死亡之间就不存在条件关系（乙的行为与X的死亡之间具有条件关系）。

顺便提一下，必须注意的是，"因果关系的中断"指的是这样的学说，即，虽然存在条件关系，但当介入了自然现象或第三人的故意行为时，因果关系就中断（因果关系的中断论）。[3]以上述的例子来说，如果是在毒药发作的两个小时后，在送往医院的途中被乙刺杀，那么就可以得出因果关系被中断的结论。这一学说试图消解条件说的不当性，但该学说不仅已经包含了后述的相当性判断，而且中断事由仅仅限定于自然现象与第三人的故意行为的介入，其意义并不明确。

（二）假定的因果经过

例如，经常作为教学案例的情形，即在对死刑囚犯执行死刑之际，被害人的父亲出现在现场，把正要按下实行执行按钮的主管官员撞到一边，自己按下了该按钮，在预定执行的时刻杀害了该死刑囚犯。在这一情形中，即使该父亲没有按下按钮，主管官员也会按下按钮，死刑囚犯都会在同一时刻死

---

[1] 支持合法则的条件理论的是，冈本："抽象的危险犯的问题性"，载《法学》第38卷第2号（1974年），第29页以下；林（阳），前列：《因果关系理论》，第72页以下、第242页以下、山中，第269页以下；西田第98页以下；小林（宪），前列：《因果关系》，第191页以下（但是，该书，第202页将合法则的条件理论与相当因果关系说同等看待）；成濑，前列：《关于条件关系》，第126页以下；北野，前列：《条件关系的意义》，第126页以下。

[2] 将该情形称为"因果关系的断绝"是由于误解了好像存在条件关系而产生的。在德国，将该情形称为凌驾的因果关系。

[3] 关于因果关系的中断论，参见中山："因果关系"，载《刑法讲座》第2卷（1963年），第70页以下。

亡，因此，"没有 A 就没有 B"这一条件关系是否被否定就成为问题。

对于该情形，"禁止附加说"主张：否定条件关系是不妥当的，不能附加主管官员也会按下按钮这一事实。[1]禁止附加是从条件关系是自然性的、物理性的东西这一点出发的归结。但是，根据假定的消去法，不得不判断去除相应条件之后事态会如何发展，因此不能无视假定的因果经过。与此相对，从合法则的条件理论出发，在假定的因果经过的情形中，父亲按下按钮与死刑囚犯的死亡之间的关联符合自然法则，因此应该肯定条件关系。

120　　也存在肯定假定的消去法这一公式本身具有独立意义的观点。[2]具体而言，当即使没有该行为，结果也依然会发生时，该结果就是不可能回避的，即使将这种行为作为处罚对象，从抑制将来的法益侵害这一刑罚目的的观点出发也无法将处罚正当化（理论的结合说或者规范的条件关系说）。该观点认为当不存在结果回避可能性时就应该否定处罚，但这产生了应该如何判断结果回避可能性这一难题。[3]对于条件关系与结果回避可能性而言，前者是事实问题，后者是规范的归属问题，因此不能将两者摆在同等的位置上。确实，结果回避可能性是因果关系的问题，但这也仅仅属于（事后的）结果回避可能性的问题。[4]（事后的）结果回避可能性是因果关系中的客观归属问题，

---

[1] 作为禁止附加说，参见平野Ⅰ第135页、大谷第220页以下、前田第128页注2。此外，北野，前列：《条件关系的意义》，第129页将该"禁止附加"理解为条件关系公式的适用中的功能性的、目的论的制约。

[2] 参见町野第153页以下；同："因果关系论"，载《现代刑法讲座》第1卷（1977年），第324页以下；同：前列：《犯罪论》，第96页以下；山口（第2版），第54页以下；林（干），第114页以下；小林（宪），前列：《因果关系》，第32页以下（但是，将结果回避可能性作为结果的要件进行考虑）。

[3] 在理论的结合说当中，对于置换的"应为的行为"之范围存在争论。町野第159页以下认为在法律上期待可能的行为，即使是违法的也没关系。林（干）第117页。

[4] 最判平成15年（2003年）1月24日判时第1806号，第157页（杉本：《百选Ⅰ》，第16页）中，驾驶汽车的被告人懈怠了慢行义务，在驶入黄色信号灯交叉口之际，与暴走于交叉道路的车辆相撞，从而导致同乘者死亡。对于该案件，最高裁判所认为，即使减速驶入交叉点以内，也不能说就能够回避相撞，从而否定业务上过失致伤罪的成立。可以说这是虽然肯定事前的结果回避可能性，但否定事后的结果回避可能性的判例（边页第225页）。进而，大判昭和4年（1929年）4月11日新闻第3006号第15页（京踏切事件＝成濑：《百选Ⅰ》（第5版），第16页）中，作为机关手的被告人因不注视前方而没有注意到铁轨上有一个一岁九个月的幼儿，从而将其碾死。对于该案件，大审院认为，即使被告人注视了前方，在认识到被害人存在的时点上吹鸣警笛，采取紧急制动措施，也不能说就能够回避被害人的死亡，因此，被告人对于注视前方的懈怠不能说是结果的原因。可以将本判决理解为同样都是否定事后的结果回避可能性的判例。

因此可以认为是共通于故意犯、过失犯、不作为犯。[1]与此相对，对于（事前的）结果回避可能性而言，故意作为犯，就是指成为不作为义务之前提的作为可能；故意不作为犯，就是指成为作为义务之前提的作为可能性；过失犯，就是指成为履行义务之前提的履行可能性。

总之，条件关系归根到底应该被放在作为事实的因果关系概念的位置上，刑法上的归责原理应该求诸作为专门的法的因果关系概念的客观归属。

（三）择一的竞合

例如，甲与乙各自独立地使 X 喝下致死量的毒药，导致 X 死亡。在这种情形中，复数的独立行为竞合导致结果发生，当这些行为的任何一个都单独地可以导致同样结果的发生时，可以将这种情形称为"择一的竞合（择一的因果关系）"。[2]在该情形中，甲、乙各自的行为与结果之间都不存在"如果没有 A 就没有 B"的关系，因此对于任何一个行为均应否定条件关系（成立杀人未遂），但这与"对甲与乙各自使被害人喝下致死量为二分之一的毒药（将该情形称为重叠的因果关系）"的情形肯定条件关系相比较，会不会产生不均衡的问题，值得追问。

从理论的结合说（结果回避可能性说）出发，也存在原封不动地肯定以上结论的观点，[3]但也存在认为应该修正假定的消去法、通过消除甲与乙双方的行为来肯定条件关系的观点（如果不存在"甲+乙的行为"则 X 就不会死亡）。[4]但是，不能将不存在共犯（共同正犯）关系的甲与乙的行为合起来取消。

即使根据合法则的条件理论，由于在择一竞合的情形中无法证明是甲的

---

[1] 关于这一点，改变了第 2 版之前的观点。认为在故意作为犯中以及条件关系中都有必要论述结果回避可能性的是，佐伯（仁）第 53 页以下。

[2] 作为择一竞合的事例，存在以下情形：以两倍的致死量而提前了被害人的死期的情形（通过结果的具体把握而肯定条件关系）、只有一方的毒药发挥药效而死亡的情形（对于先发挥药效的一方肯定条件关系）、不能证明谁的毒药起作用的情形（通过适用"存疑有利被告人"的原则而否定条件关系）。

[3] 参见町野，前列：《犯罪论》第 129 页；山口（第 2 版），第 54 页以下。结论上同旨的是，中野，第 112 页注 4。进而，对于无法证明哪一方的毒药发挥药效的情形（但是，将该情形理解为择一竞合的事例是不妥当的），结论上同旨的是，内藤（上）第 255 页、曾根第 59 页、野村第 137 页以下、西田第 89 页以下等。

[4] 参见平野Ⅰ第 138 页、大谷第 212 页、川端第 142 页、前田第 128 页注 1。此外，佐久间第 97 页将处于假定的条件的他人的行为排除在外从而判断条件关系。

毒药还是乙的毒药（虽然这不是择一竞合的事例），也可以得出无法肯定条件关系的结论。但是，合法则的条件的理论是通过"若有 A 则有 B"的关系，将条件关系从必要条件向充分条件转换，[1]由于对于一个结果无法肯定两个原因（多重因果关系），因此应该肯定条件关系的存在。

（四）条件关系的疫学证明

在公害等犯罪中，企业的排出物质与居民的被害之间的关系即使在医学上无法查明详细的机理，但运用统计的手法，通过大量观察的方法证明排出物质与健康被害之间存在高度的盖然性，就是疫学性证明，据此而被证明的条件关系就是疫学的因果关系（条件关系）。疫学的因果关系被肯定的条件是：①应该被认定为原因的因素在发病的一定期间之前就产生作用；②该因素的作用越高，该发病的罹患率也越高；③从该因素的分布消长的观点出发，被疫学性地观察到的流行的特性能够被无矛盾地说明；④该因素的作用机理有可能在生物学上得到无矛盾地说明（疫学四原则）。[2]该原则被适用于"千叶大伤寒事件"[最决昭和57年（1982年）5月25日判时第1046号第15页]、"炸鱼肉饼中毒事件"[仙台高判昭和52年（1977年）2月10日判时第846号第43页]等。

在千叶大伤寒事件中，医师连续13次朝食品添加了赤痢菌与伤寒菌并让病人吃下，在诊断治疗之际通过注射或口服，60多名病人罹患了赤痢与伤寒。对于这一案件，一审从"存疑有利被告人"的原则宣告无罪，但二审根据疫学性证明肯定了伤害罪的成立。最高裁判所肯定了二审的结论，作为"附书"，做了以下判示：原判决并不是认为只要具有疫学性证明即具有裁判上的证明，"当通过刑事裁判上种种客观性事实或者证据或者情况证据能够印证疫学性证明或者因果关系，并且参见经验法则应该被认定为合理的情况下，就认为具备刑事裁判上的证明从而成立法的因果关系。在认定本案各个事实的因果关系的成立之际也贯彻了以上立场，除了运用疫学性证明，还运用了病理学的证明，从而可以认为对于事实的认定达到了超过合理怀疑的确实程度，因此应该说原判决的事实认定方法并不存在错误。"

---

[1] 参见山中第270页以下。
[2] 参见吉田（克）："疫学的因果关系与法的因果关系"，载《法学家》第440号（1969年），第107页。

这种疫学的因果关系并不是自然科学性的因果法则，而是基于经验知识的经验法则，[1]因此可以包含合法则的条件内容。

第三节　相当因果关系

一、含义

认为仅仅根据条件关系就完全可以进行刑法上的因果关系判断的观点可以称为"条件说"。条件说也可以称为"等价说"，该观点认为所有对于结果产生作用的因素都具有同等价值。[2]从该观点出发，正犯与共犯的区别就不得不求诸行为人的主观（主观说），不仅如此，生了杀人犯的母亲也被肯定对于杀害结果的因果关系。此外，根据条件说，即使在经过了异常过程的场合，因果关系也被肯定，因此不得不对其施加某种限制。[3]

作为这种限制，原因说得以主张，即在先行事实中区分原因与条件，仅仅对于可以称得上原因的事实肯定因果关系。[4]但是，该观点随着相当因果关系说的抬头而销声匿迹。

与这些观点相对，日本的学说上，支配性的观点是"相当因果关系说"。[5]相当因果关系说也被称为相当说、适当条件说、定型的因果关系说，一般观察说。该观点认为，通过一般性地观察某种事态，当一般人在经验上认为存在某种先行事实就会发生某种后行事实是通常的，就肯定刑法上的因果关系。也就是说，在肯定了条件关系之后，再判断从该行为产生该结果是否相当。

---

[1] 参见山中第 272 页以下。
[2] 作为条件说的立场，参见齐藤（金）第 102 页、下村第 81 页以下、冈野第 60 页以下。
[3] 在条件说之中，有观点认为通过实行行为的存在与否或者故意的存在与否（因果关系的错误）来进行限制（参见冈野第 62 页以下）。前者已经先行于刑法上的评价（相当性判断、归属判断），后者对于故意的内容要求详细的因果关系认识，因此，这两种限制都不妥当。
[4] 作为区别原因与条件的基准，有优势条件说（宾丁）、最有利条件说（毕尔克·迈耶）、最终条件说（奥托曼）、动的条件说（克拉）、世代关系说（M. E. 迈耶）等。
[5] 在德国，相当因果关系说几乎不被支持，而消解于后述的客观归属论之中。相当因果关系是试图通过相当性这一规范性基准决定因果性这一自然科学的分类之学说，该学说在不区分结果的"惹起"与结果的"归属"这一点上存在问题。进而，相当因果关系在通过事前判断而确定因果关系这一点上也存在问题。与此相对，根据条件说（原因说）与客观归属论，因果关系判断就成为事后判断。

二、相当性的含义

（一）相当性的程度

"是否相当"这一判断本身是模糊的，当结果的发生时"异常的""稀有的""非常偶然的"时候就否定因果关系，当具有50%以上的盖然性则肯定相当性的存在。[1]关于相当性的判断本身并不存在争议，问题在于后述的在相当性判断的判断资料（判断基底）中应纳入哪些要素这一点上。

（二）相当性判断的构造

根据相当因果关系说，为了能够说行为与结果之间具有相当因果关系，就必须肯定行为本身以及从行为到结果的因果的相当性。行为的相当性是通过事前判断行为对于结果的危险性而被确认的（广义的相当性）。虽然广义的相当性与实行行为判断存在很多重合的地方，[2]但在概念上存在以下区别，即前者是作为相当因果关系的一个要素，是在结果犯中既遂犯固有的要件，与此相对，后者是共通于未遂犯与既遂犯的要件。[3]因果经过的相当性是依据以下这种危险实现的判断，即是否可以说行为的危险性通过具体的因果经过从而在结果中实现（狭义的相当性）。

例如，试图通过雷电杀害叔父，劝其去森林，结果其叔父真的被雷电击中身亡。对于这种情形，以下两种解决方法是可能的。第一种解决方案是，劝说叔父去森林的行为对于叔父死亡并不具有危险性，因此欠缺行为的（广义的）相当性（由于这种情形也不具有实行行为的危险性，因此也不成立杀人未遂罪）。[4]另一种解决方案是，虽然在打雷时存在对于叔父生命的危险，但该危险与劝说叔父去森林这一行为之间的因果关系是异常的，因此不能肯

---

[1] 参见内田（文）第151页。进而，也存在如下主张：经验上通常的（团藤第174页）、经验法则能够存在的程度（大谷第213页）、处分极其偶然的情形（平野Ⅰ第142页、中山第181页注1）、除了在行为的射程之外（藤木第101页）等。这样，关于相当性其本身的判断，相当因果关系的标准说极其模糊，只是将焦点集中在相当性的判断基底而已。其结果，判断基底的问题就与相当性判断问题紧密关联。但是，如后所述，不存在这种连动性的案件接踵而至。与此相对，客观归属论是将焦点集中于相当性判断其本身的观点。

[2] 作为将广义的相当性与实行行为等同看待的观点，参见大谷第217页以下、齐藤信治第76页。

[3] 参见曾根：《重要问题》，第59页以下。

[4] 参见町野，前列：《犯罪论》，第211页（此后改变了观点，同：第229页以下）；大谷："实行行为与因果关系"，载《中山古稀》第3卷，第91页以下。

定相当因果关系，也不成立杀人未遂罪。[1]改变一下案例，以杀害叔父的意图在森林中殴打其叔父致其重伤，就那样将其放置在原地而离去，结果叔父被雷电击中身亡。在这一案例中，根据前一种解决方案，虽然具有行为的危险性以及实行行为的危险性，但由于欠缺狭义的相当性，因此成立杀人未遂罪；根据后一种解决方案，由于殴打行为与叔父的生命危险（重伤）之间具有相当因果关系，因此成立杀人未遂罪，但由于到达死亡的因果经过是异常的，因此不能肯定杀人既遂罪的成立。

后者的解决方案是在相当性的判断上认为仅仅考虑狭义的相当性就足够的观点，但在仅仅考虑行为当时所存在的事情即为足够的事例中，就不得不进行行为本身的相当性判断。

但是，这种相当性判断的构造可以被后述的客观归属论所容纳。具体而言，广义的相当性是制造法所不允许的危险的问题，可以被放在事前判断的实行行为性的问题这一位置上；狭义的相当性是危险实现的问题，可以被放在作为事后判断的因果关系问题这一位置上。[2]

（三）判断基底与介入因素

根据相当因果关系说，在进行相当性判断之际，将什么范围的事情作为这一判断基底（资料）成为重要问题。这是因为，根据在判断基底（资料）中所纳入事实的不同，相当性判断也不得不存在差异。

例如，在甲殴打 X 并致其死亡的案件中，(A) 甲以为 X 是青年，(B) 实际上，X 是高血压的老人，(C) 一般人都能够认识到 X 是老人。在能够认定以上事实的情况下，将怎样的事实纳入判断基底，是否相当的判断也不一致。

---

[1] 参见山口：《探究》，第 27 页。此外，也有观点主张：将相当因果关系说的根据求诸一般预防的必要性，将"通常人利用这一点而导致结果发生这种因果经过"作为相当因果关系的内容（町野，第 165 页）。该观点是通过事前抑制性的一般预防论为因果关系提供基础，可以说忽视了结果的归属这一因果关系的事后判断性。

[2] 因果关系的判断与不能犯的判断（边页第 398 页）任何一方都是事后判断，在这一点上是共通的，但前者以危险或者实害这一结果的发生为前提，是该结果是否可以归属于行为的问题，在作为归属对象的行为是被允许的危险的情形中，就欠缺作为抽象的危险行为的实行行为性。与此相对，后者是实害自不必说，危险结果也没有发生这一点为前提，在存在其发生的危险性的情形中，是否能够肯定未遂犯的成立之判断。因此，在以打雷事件为代表的前者的事例中，由于发生了死亡结果，并使其产生了危险，因此成为因果关系的问题，但由于行为是"被允许的危险"，因此杀人既遂以及杀人未遂均不成立。

主观说（主观的相当因果关系说）是将行为当时行为人所认识到的事情（或者能够认识到的事情）纳入判断基底的立场。[1]根据该观点，上述的（A）事实就被纳入判断基底中，于是就成了"殴打青年致其死亡是否相当"这一判断，而这应当被否定。主观说作为客观归属问题的因果关系之基准是不妥当的。

客观说（客观的相当因果关系说）是立足于裁判当时，将在行为当时的所有事情以及虽在行为之后但在经验上具有预见可能性的事情纳入判断基底的立场。[2]据此，上述的（B）事实就被纳入判断基底中，于是就成了"殴打高血压的老人致其死亡是否相当"，而这应当是被肯定的。

该客观说在判断实行行为的危险性之际，虽然将所有应当在行为时进行客观性判断的事情纳入判断基底中，但在判断其是否在结果中实现之际，却只将在经验上具有预见可能性的事情纳入判断基底中。但是，行为时的事情与行为后的事情之间的区分并不容易。例如，甲殴打X，X虽然负伤，但在被救护车送往医院的途中，由于在甲实施殴打之时桥梁已经断落，于是救护车落入河中，X溺毙。在这一情形中，桥梁的断落是行为时的事情还是行为后的事情就未必是明确的。[3]进而，如果将行为时的所有事情都包含于判断基底，之后的因果经过就成为必然，于是客观说就几乎与条件说一样。为了回避这一点，也有观点认为仅限于"谨慎的一般人"或者"科学的一般人"所能够认识到的事情。[4]该观点试图将诸如即使是医生也无法诊断出来的心脏病从判断基底中排除出去，但如果行为人偶然知道被害人患有该心脏病，并利用这一点将其杀害，我认为否定相当因果关系就是不妥当的。[5]

折中说（折中的相当因果关系说）是将行为当时一般人所能够认识到的事情以及虽然一般人不能认识到，但行为人特别认识到的事情纳入判断基底

---

[1] 参见宫本第63页；辰井，前列：《因果关系论》，第117页以下。

[2] 参见平野I第142页、中野第110页、中山第180页、内藤（上）第279页、曾根第74页、浅田第135页以下、林（干）第135页、松宫第77页、堀内第73页、松原第73页等。

[3] 参见山中第277页。

[4] 参见平野：《诸问题》。此外，西田第106页以下主张不需要判断基底的相当因果关系说（经验的相当性说），但这已经不是相当因果关系说，而无非是客观归属论的立场。

[5] 参见町野第166页、山中第278页。

的立场。[1]据此，上述的（C）事实就被纳入判断基底中［由于行为人的认识与客观事实不相一致，因此不能将（A）事实纳入其中。在这一意义上，这是通过行为人的认识而将客观事实纳入判断基底的观点］，于是成了"殴打老人致其死亡是否相当"的判断，而这（根据事实认定）既可能被肯定也可能被否定。

虽然考虑行为人的主观是为了将客观事实纳入判断基底，但根据个人的不同既可能存在因果关系也可能不存在因果关系，与主观说同样，将其作为客观归属问题之因果关系的基准是不妥当的。例如，知道被害人X患有重度心脏病这一事实的甲教唆不知道该事实的乙对被害人施加暴行，乙果然付诸实施，结果导致X死亡。在这一情形中，否定乙与死亡结果之间的相当性（伤害罪的正犯）而肯定甲与死亡结果之间的相当性（伤害致死罪的教唆犯）是不妥当的。[2]

第四节　从相当因果关系说到客观归属论

一、相当因果关系说的问题点（相当因果关系说的危机）

关于日本在因果关系论上的争论，首先产生的是条件说对相当因果关系说的争论，之后则成为在相当因果关系说内部的折中说与客观说的争论，现在则逐渐转移到相当因果关系说与客观归属论的争论。另一方面，在判例的立场上，有论者评价为基本上采用条件说或原因说，甚至有论者评价为采用客观归属论，但并不采用相当因果关系说这一点是很明确的。判例实务不能采用相当因果关系说尤其是因为关于行为之后的事情的判断构造不明确这一点。

关于行为之后的事情即介入事情，折中说和客观说在从行为时出发预测

---

[1] 参见木村（龟）第183页、植松第157页、团藤第177页、中第78页、福田第105页、大塚（仁）第228页以下、香川第147页、藤木第100页、内田第150页、西原（上）第113页、大谷第207页、立石第77页、川端第164页、野村第130页、井田第127页、佐久间第100页等。
[2] 不论甲是间接正犯还是教唆犯，尽管对作为直接正犯的乙的行为否定（相当）因果关系，认为与被害人之间存在（相当）因果关系，是很奇异的归结。相当因果关系不能以"将偶然的因素排除在归属范围之外"的判断（大谷第208页以下）或者"规范的归属判断"（西田第106页）为根据。

事后这一判断上是一致的，在相当因果关系中对于介入事情之预见可能性的有无成为问题，而介入事情的异常性则左右判断的结论。如果介入事情是异常的，其结果就是不能将其纳入判断基底中，但此后的判断构造未必是明确的。也就是说，在不被纳入判断基底的情形中，就仅仅根据行为时的危险性来判断因果关系。不被纳入判断基底这一点是认定该事实不存在从而进行相当性判断，这对于判例实务来说是无法采用的。例如，甲试图杀害X，于是将X从高层建筑的屋顶上推下，在X坠落之际，同样试图杀害X的乙在对面大楼射杀了X，X在坠落的途中当场死亡。在这一案例中，在甲将X推下这一时点上，并无法预见之后第三人会将X射杀等情形，因此应当被排除于判断基底之外。但是，即使将其剔除，如果从高层建筑落下就会死亡是相当的，[1]做这样的判断就是仅仅根据行为时的危险性来判断因果关系。而不得不说这是过于粗糙的判断。在该情形中，根据后述的（边页第133页）的"危险的现实化"判断，就被判断为介入了别的危险并实现，于是，"危险的现实化"就被否定。

最近，对相当因果关系说的判断构造提出疑问的判例也层出不穷。尤其是在"大阪南港事件"[最决平成2年（1990年）11月20日刑集第44卷第8号第837页][2]与"夜间潜水训练事件"[最决平成4年（1992年）12月17日刑集第46卷第9号第683页][3]等案件中，以介入事情之异常性的有无为问题对相当因果关系说提出了疑问。

大阪南港事件的事实概要如下：被告人甲用洗脸盆与皮带数次殴打X的头部，施加暴行的结果是使X发生脑出血并陷入意识消失的状态，之后用汽车将X搬运到建筑材料放置厂。以俯卧的状态横躺在地上的X虽然还活着，但进而被乙用四棱木材数次殴打头部，次日天未明，X死亡。被害人的死因是脑出血，这是由甲当初的暴行导致的，在建筑材料放置厂所遭受的乙的暴行使已经发生的脑出血进一步扩大，从而使死亡时间提前若干。

---

[1] 平野：《诸问题》，第42页，对这种情形肯定了相当因果关系。
[2] 关于本案，参见山中：《百选I》，第22页。本决定的调查官解说[大谷（直），最判解（平成2年度），第241页]做了如下阐述：在此之前的作为通说的相当因果关系说当中，预见（预测）可能性被认为是相当性判断的实质基准，但从具体的影响力（贡献度）这一视角出发的检讨并不充分，很难说这种影响力与预见可能性之间的关系得以充分说明。
[3] 关于该案，参见葛原：《百选I》，第26页。

最高裁判所做了以下判示，即在通过甲的行为而形成了成为死因之伤害的情形中，即使之后通过第三人所施加的暴行而使死亡时间提前若干，也应肯定甲的暴行与被害人的死亡之间存在因果关系（伤害致死罪）。

如果根据相当因果关系说的判断框架，不得不说由第三人所实施的故意暴行的介入是异常的事态，那么，是在与被提前的死亡的关系上否定因果关系，还是由于第一暴行已经施加了致命伤从而肯定相当因果关系，并不明确。

这样，相当因果关系在将具体的介入事情从判断基底中排除之后，将因果经过以及结果发生的样态"抽象化"到什么程度，如何判断经验的通常性，在这些点上是极其不明确的。

其次，夜间潜水训练事件的事实概要如下：某个夜间，作为背着水中呼吸器进行潜水的潜水指导者被告人甲在指挥3名指导辅助人的同时，对被害人等5名听课的人讲解夜间潜水的课程，发现了在途中捕鱼的听课学生之后，以为该学生会自己到达目的地，从而没有对指导辅助人做特别的指示，照样继续前行，结果听课学生们被鱼所吸引、没有注意到甲的移动，从而掉队，于是顺着洋流流动，追随指导辅助人在水中移动，结果，耗尽空气的被害人X在惊恐的状态中无法采用妥当的措施，从而溺死。

关于在甲的过失行为与死亡结果之间介入了第三人以及被害人的不适当行为这一点上，最高裁判所认为，当初的行为也具有导致结果发生的危险性，此外，以介入的过失行为是由被告人的行为诱发为理由肯定了因果关系（业务上过失致死罪）。在该情形中，介入因素是否具有预见可能性这一相当因果关系说的判断框架并没有被采用。

二、客观归属论

（一）客观归属论的理论基础

客观归属论是指，"行为人所惹起的结果，只有当行为人制造除了法所不容许的危险、该危险在构成要件结果中实现，并且该危险在构成要件的射程范围之内时，该结果才能作为行为人的作品从而被客观性地归属。"[1]在客观归属论的基础中存在这样的认识，即在伴随着严厉制裁的刑法中，并不仅仅是原因与结果的关系，社会侵害性的结果对于行为人而言是否可以作为他的

---

[1] 参见 Roxin, Strafrecht, A.T., 4. Aufl., 2006, S. 371ff. 进而，参见山中第291页以下。

结果而被归属这一视点也是重要的。也就是说，在紧接着结果的惹起这一因果性判断之后，进行结果的归属这一规范性的、价值性的判断。

进而，在客观归属论的基础中，存在以下社会学的认识，即"现代社会是危险（风险）社会，社会构成人员的全体成员成为被害人或加害人的可能性飞跃性地增大"。[1]在刑法解释论中，成为加害人的可能性是个问题，仅仅根据具有因果性关联这一点就将所有结果作为加害人的负担（自作自受），在风险社会中并不能说是妥当的处理。[2]也就是说，在风险社会中，有必要让具有自我答责性的主体承担危险（风险），具有自我答责性的主体既可以是被害人也可以是加害人，甚至是国家，例如，当被害人具有自我答责性时，也可能存在不让加害人承担危险的事态。[3]

通过承袭这种社会学认识，就可以得出客观归属论的核心结论，即只有当行为人制造出危险，并且该危险在结果中现实化时，结果才应该归属于行为人（的行为）。[4]

（二）客观归属论的构造

根据客观归属论，应当进行以下判断：①制造出不被允许的危险；②危险的实现；③构成要件的射程范围。也就是说，只有当行为人的行为对行为客体制造出了不能由被允许的危险所涵盖的危险，并且该危险在具体的结果中也实现了，行为人所惹起的结果才能够客观性地归属于行为人的行为。[5]

1. 制造不被允许的危险

第一，与结果具有因果性关联的行为不应该被视为起点，而必须"制造出不被允许的危险"。

首先，某个行为必须"制造了危险"。这里所说的"危险"，本书认为其

---

[1] 关于风险社会，参见 Beck, Risikogesellschaft, a. a. O. ［译为《风险社会》］。此外，关于危险社会与风险社会的差异，参见山口（节）：《现代社会的走向与风险》（2002年）。

[2] 另一方面，应当注意，在风险社会中，仅仅将成为被害人的可能性作为焦点，会带来处罚的早期化、处罚的严罚化、处罚的扩大化。

[3] 参见安达："因果主义的界限与客观归属论的意义"，载《刑杂》第48卷第2号（2009年），第221页以下；同："客观归属论"，载《理论刑法学的探究①》（2008年），第82页以下。

[4] 参见 Prittwitz, Strafrecht und Risiko, 1993. 此外，在客观归属论的基础中，具有社会行为论，危险创出是否是"被允许的危险"之判断，与对于行为的社会意义的判断是重合的。参见 Vossgaetter, Die sozialen Handlungslehren und ihre Beziehung zur Lehr von der objektiven Zurechnung, 2004. 进而，作为客观归属论的综合性研究，参见山中：《刑法中的客观归属理论》（1997年）。

[5] 参见 Roxin, a. a. O., S. 372.

含义是前述的"对法益的抽象危险"(本书第105页),这与作为行为时的事前判断之实行行为性的判断是一致的。

其次,该危险的创造必须是"不被允许"的。也就是说,即使制造出了对法益的抽象危险,当该危险在社会生活上是"被允许的危险"时,就应该将其从刑法的评价对象中排除出去。[1]在这个意义上,"被允许的危险"就被置于作为限定"危险的制造"之原理这一位置上。例如,在前述的雷击事件中,劝说叔父去森林并没有制造不被允许的危险,因此就可以得出连杀人未遂也不成立的结论。

2. 危险的实现

第二,这种"不被允许的危险的制造"必须在结果中实现,这成为因果关系判断的核心。在该"结果"中,包含了"作为结果的危险(具体的危险)"与"实害",如果仅实现前者,就只成立未遂犯,如果实现了后者,则成立既遂犯。

如后所述,可以说判例采用了该"危险的实现"这一判断框架。在该判断框架中,行为的危险性与内在因素(行为时)、介入因素(行为后)对于结果发生的贡献度之间的关联成为问题。[2]关于这一点,虽然必须在后述的类型中被具体化,但作为一般论述而言主要有以下几点。

①当介入因素并未超过行为的危险性时,就可以评价为通过行为实现了危险。②即使介入因素超过了行为的危险,并产生了新的导致结果发生的危险,当这是由行为诱发的、并且处于行为的控制之下时,也可以评价为是由行为实现了危险。③当介入因素超过了行为的危险性,并产生了新的导致结果发生的危险,而且是与行为相独立的因素时,就可以说不能被评价为通过行为而实现了危险。在③的情形中,介入因素必须能够被评价为使当初行为的危险性发生质的转化(危险的质的转化)。

3. 构成要件的射程范围

第三,即使存在"危险的创设"与"危险的实现",如果构成要件的射

---

[1] 客观归属论是以社会行为论为基础就在这一点上体现出来。
[2] 作为介入因素之场合的归属基准,可以列举出以下三种观点:(1)实行行为所具有的危险性(结果发生力)的大小;(2)介入因素的异常性(以及与实行行为的关联)大小;(3)介入因素对于结果的贡献大小(前田第134页)。但在判断中,不能将"诱发""支配""利用"等要素纳入判断基准中(但是,前田第140页以下将这些要素包含在第二种基准之中)。

程范围并不包含这种危险以及结果的防止时,也不应该被归属。在这个意义上,"构成要件的射程范围"可以被放在作为例外的限定原理的位置上。例如,被强奸之后的被害人由于绝望而在次日自杀,或者被害人在被施加暴行负伤后,苦于后遗症而自杀等情形中,即使存在前述的"危险的质的转化",也可以认为不能肯定危险的实现。但是,即使是被害人的自发行为,即能够肯定被害人的自我答责性,也可以认为超出了强奸罪或伤害致死罪的构成要件的射程范围。

但是,在构成要件的射程范围内还是射程范围外的基准并不明确。有必要将确定构成要件的射程范围是什么这一规范的保护范围与成为该判断基础的事实分析做类型化处理。[1]

将以上的客观归属理论的构造适用于前述的(边页第130页以下)大阪南港事件与夜间潜水训练事件。那么,对于大阪南港事件而言,第一个暴行的危险极大,与此相对,第二暴行只不过是使死亡时期提前若干,因此,可以说是第一暴行的危险在结果中实现。而在夜间潜水训练事件中,虽然被害人等人存在过错即自我答责性,但这是由被告人的行为诱发的,因此可以说结果是危险的实现。据此,这两个案件都存在危险的创造与实现,并且所发生的结果均在构成要件的射程范围之内,因此可以肯定客观性归属。

但是,从客观归属论的规范性判断这一性质出发,附带着以下问题,即,这只不过是显示了结论而已。为了回避这一问题,成为判断基础的事实分析与案件的类型化就不得不成为必要。在这个意义上,关于因果关系的判例展开是值得关注的。

第五节 判例中的因果关系

一、判例确立的因果关系的判断基准

从结论上来看,可以说判例的立场采用了危险的实现(危险的现实化)这一客观归属理论的框架。判例没有采用相当因果关系说这一点可以从以下

---

[1] 构成要件的射程范围问题,对于过失犯的情形尤其重要。在过失犯的情形中,即使肯定危险的创造与危险的实现,例如,在共同地实现故意的自我危险化的情形中,将结果归属于过失行为人是否妥当,值得追问。可以说客观归属论的射程范围到哪里这一点是今后的课题。

方面表现出来,即并未通过行为时的事前判断来确定判断基底;把贡献度(影响力)置于因果关系判断的核心。[1]此外,由于将贡献度作为核心问题,因此也没有采用条件说(以及原因说)。[2]

以下两个最高裁判所的决定就明文采用了危险的实现(危险的现实化)这一客观归属理论的框架。

最决平成22年(2010年)10月26日刑集第64卷第7号第1019页(日航异常接近事件)中,案件的事实概要如下:在作为航空管制官的两名被告人当中,实施实地训练之管制业务的被告人A通过警报认知到了航行中的客机907与958在上空逐渐异常接近,为了避免两架飞机发生接触、碰撞等,本来意图命令客机958下降,却说错了航班号,对上升中的客机907作出了命令其下降的管制指示。而作为实地训练的监督人即被告人B也没有注意到A说错了航班号,于是并未订正弄错航班号的管制指示。设置在两架飞机上的飞机碰撞防止装置启动,对客机907发出了上升的回避指令(以下称为"上升RA"),对客机958发出了下降的回避指令(以下称为"下降RA")。但客机907却没有遵循上升RA而是遵从被告人A的下降指令继续下降,另一方面,客机958遵循了下降RA。于是,两架飞机在几乎保持在同样高度的状态下共同下降,据此而紧急接近。为了避免碰撞,客机907采取急速下降的操作,由此导致客机907上的57名乘客负轻重程度不同的伤害。对于该案件,最高裁判所做了如下判示:"虽然能够承认介入了客机907的机长C没有遵循上升RA而是继续实施下降操作这一因素……但从关于管制指示与RA相反时的规定内容……与继续实施下降操作的理由来看,该机长没有遵从上升RA并不能说是异常的操作,毋宁说该机长之所以继续实施下降操作,是因为受到了本案被告人A所作出的下降指示的巨大影响,因此,该机长没有遵从上升RA而继续下降客机907这一点并不能成为否定下降指令与本案异常接近之间的因果关系的事由。这样的话,本案的异常接近,可以说是由下降指示

---

[1] 多数观点认为后述(边页第142页)的"美兵逃逸事件"是采用相当因果关系的判例,但并不当然地将介入因素的异常性从判断基底中排除,应当评价为以该因素为前提而进行相当性的判断。但是,在下级审的裁判例中,有判例明示地采用了相当因果关系说。关于判例的理解,参见佐伯(仁)第73页以下。

[2] 原因说是对于以条件说为基础的等价说进行批判的观点,并没有超出关于正犯与共犯的区别标准的思辨性议论之范围,这与具体地讨论因果关系判断中具体的贡献程度的判例立场是不同的。

口误而产生的危险的现实化,该指示与本案的异常接近之间具有因果关系。"据此对两名被告人肯定了业务上过失伤害罪的成立。[1]

最决平成 24 年（2012 年）2 月 8 日刑集第 66 卷第 4 号第 200 页（三菱自工轮胎脱轮事件），案件的事实概要如下：三菱自工制卡车的左前轮轮胎由于前轮车毂辘（连接大型车辆的车轴与前轮的轮胎毂的零件）破损而脱落，撞到人行道上的母子三人，致其死伤。在约两年半之前发生的类似事故的处理中，作为在三菱自工从事品质保证业务的品质保证部门的部长以及组长两名被告人，尽管能够预见三菱自工制造的同种车毂辘存在强度不足的危险，并可能发生如本案事故之类的死伤事故，却没有对装置该种车毂辘的车辆采取回收等必要的回避措施，由此导致本案事故的发生。两被告人以业务上过失致死伤罪被起诉。对于该案件，最高裁判所作出了以下判示："综合以上这些事情，可以认定车毂辘存在设计或者制作过程中强度不足的缺陷，本案事故并不仅仅由于本案肇事车辆的使用者的过错而导致，可以认定为是由于车毂辘强度不足而发生的。这样的话，本案事故就可以说对装置了该车毂辘的车辆没有采取召回等任何必要之改善措施的两名被告人，基于违反上述义务而导致危险现实化，因此可以认定两者之间存在因果关系。"[2]

如果要列举判例所采用的"危险的实现（危险的现实化）"的下位基准，则如下：①行为导致结果发生的危险大小（对结果的影响力）；②考虑了行为与其他介入因素之间的关系的实质性危险度的修正；③行为危险的实现是否由于其他因素的影响力而被阻断；④综合全体因素的事后判断。[3]

二、因果关系事例的类型

（一）行为时的特殊事情（被害人的因素）

对于在行为时被害人存在特殊体质或疾病，由此导致结果发生的案件，判例经常肯定因果关系的存在。具体而言，考虑了被害人的年龄、体质、疾

---

[1] 关于本案，参见古川，平成 22 年（2010 年）度重判，第 196 页。
[2] 关于本案，参见成濑:《刑事法学家》第 33 号，第 122 页；北川，平成 24 年（2012 年）度重判，第 148 页。进而，奈良地判平成 24 年（2012 年）6 月 22 日判夕第 1406 号，第 363 页中，对于因无适应性的癌症手术而导致患者死亡的案件，作出了开始手术的行为是危险性的现实化之判示。关于本案，参见高桥:《刑事法学家》第 46 号，第 115 页。
[3] 参见米山:"因果关系的认定"，载《基本问题》，第 128 页。

病的内容与症状的程度、行为的方法、样态、攻击的部位及程度等，如果介入了被害人的因素，则具体考虑这些因素是否与行为一起对结果的发生作出了贡献，行为人是否认识到了被害人的因素，而一般人的认识可能性则不作为考虑的问题。[1]

在塞布团致心脏疾患事件［最判昭和46年（1971年）6月17日刑集第25卷第4号第567页］[2]中，被告人用布团捂住患有心脏病的63岁的妇女的脸部并压迫其口鼻部，在施加了上述暴行之后，被害人急性心脏病病发死亡。对于该案件，最高裁判所认为，作为致死原因的暴行，并不一定要求其必须是唯一的原因或直接的原因，即使由于被害人的身体偶然具有高度病变，与此相结合而产生死亡结果，也不妨碍由以上暴行而致死之罪的成立。进而，在最决昭和49年（1974年）7月5日刑集第28卷第5号第194页，即结核性病巢事件中，对81岁的被害人施加踩踏其大腿的暴行，致使其负上血胸等伤害，在治疗过程中，由于医生所开的药方的作用而导致结核性的病巢变化进而引起炎症，并因此导致心机能不全死亡的结果。对于该案件，最高裁判所认为，即使由于使用了用于治疗的药剂的副作用而导致结核性病巢的恶化，也应当肯定暴行与死亡结果之间的因果关系。此外，在札幌地判平成12年（2000年）1月27日判夕第1058号第283页，即溃疡病变事件中，在让被害人负头盖侧头骨骨折、急性硬膜下血肿等伤害后，由于伴随被害人之前所患有的杜氏溃疡这种血管流动异常的病变而导致大出血死亡。裁判所认为，即使被害人存在特异体质，或者不能说是最妥善的治疗，仍然可以肯定伤害行为与死亡结果之间的因果关系。[3]

---

[1] 参见堀内：《裁判例评论》第1卷，第183页。
[2] 参见川崎：《百选Ⅰ》，第18页。此外，必须注意，通过本判决，折中的相当因果关系说被明示地否定。进而，参见最判昭和25年（1950年）3月31日刑集第4卷第3号，第469页（打了患有脑梅毒症的被害人的左眼，致使被害人脑组织损坏并死亡）；最决昭和36年（1961年）11月21日刑集第15卷第10号，第1731页（踢了患有心脏病的被害人，致使其摔倒并因心肌梗死死亡）。
[3] 在被害人的因素成为问题的案件中，有观点认为，否定其因果关系，就间接地将回避这种因素的危险之义务科加到被害人身上，违反了基本的公平性。因此，结果应当归属于行为人的行为。参见佐伯（仁），第75页以下（进而，同：《理论刑法学的最前线》，第25页）。这是承认法律上的因果关系是客观归属问题的观点，可以说是妥当的观点。对该观点的批判，参见井田：《理论刑法学的最前线》，第54页；辰井：《百选Ⅰ》（第5版），第21页。

(二) 行为后被害人行为的介入

作为介入了被害人行为的情形,可以分为被害人为了避免遭受进一步侵害而实施的逃走行为的事例与被害人的其他行为的事例。

1. 被害人逃走事例

在逃走事例中,也可以分为以下两种情形:单纯地在逃走途中摔倒而产生结果的情形与由于选择了危险的逃走手段而导致结果发生的情形。

作为属于前者的判例,例如,被告人在暴行之后,摆出了拿着铁锹追赶的架势,被害人因此逃出,途中被铁棒绊倒而擦伤,裁判所对该案件肯定了因果关系〔最判昭和25年(1950年)11月9日刑集第4卷第11号第2239页〕。被强奸的被害人为了逃避进一步被强奸而使用谎言逃离现场,在荒无人烟的小道上逃跑之际摔倒负伤,对于该案件,最高裁判所肯定了强奸与伤害的因果关系〔最决昭和46年(1971年)9月22日刑集第25卷第6号第769页〕。无法忍受暴行的被害人试图逃跑而掉入池中,结果头部撞到露出的石头而死亡,对于该案件,最高裁判所肯定了因果关系〔最判昭和59年(1984年)7月6日刑集第38卷第8号第2793页〕。

作为属于后者的判例,例如,为了避免进一步的暴行而跳入海中溺毙,裁判所对该案件肯定了因果关系〔大判大正8年(1920年)7月31日刑录第25辑第899页〕。6名被告人深夜在公园及公寓居室中对被害人施加了激烈的暴行,被害人趁机逃走,但在约10分钟后,为了避免被追踪,进入了离公寓约800米远的高速公路中,结果被急速驶来的汽车撞死。最高裁判所对该案件肯定了因果关系〔最决平成15年(2003年)7月16日刑集第57卷第7号第950页,即"闯入高速道路事件"〕。

在前一种情形中,由于被害人摔倒这一因素的行为性被否定,因此比较容易评价为在行为人所制造出的危险的延长线上。与此相对,在后一种情形中,由于也可以认为这是通过事后介入的被害人的行为而直接实现结果,因此,如果要评价为在行为人所制造出的危险的延长线上,就不得不重点关注行为的危险与介入行为之间的关联问题。

在闯入高速道路事件中,第一审〔长野地松本支判平成14年(2002年)4月10日刑集第57卷第7号第973页〕对于公诉机关的伤害致死罪的起诉,认为:即使考虑到现场的地理条件与被害人处于逃走而被追寻这一状态下的心理状态,也可以说被害人选择的余地很多,这样的话,就不能找出本案的被害人只能闯入成为本案事故现场的高速道路或者这种可能性很高的事由。据此认为本案的闯入行为是在"通常的预想范围之外",从而否定暴行行为与死亡结果之间的因果关系,仅肯定伤害罪的成立。与此相对,原判决[东京高判平成14年(2002年)11月14日高刑集第55卷第4号第4页]认为:"作为被害人躲避被告人追踪的最安全方法,选择立即闯入高速道路的行为具有相当性。既然追踪者达到6人,对于被害人而言当然会想到被告人将会使用2台汽车彻底搜索,这一点对于被告人而言也是必然会想到的,参照这一点,从被害人当时所处的状况来看,这是不得已而为之的选择,从通常人的眼光来看也不能被评价为异常。因此,对被告人来说也是可能预见的事情。"据此认定伤害致死罪的成立。而最高裁判所做了以下判示:"被害人试图逃走而闯入高速道路,必须说这是极其危险的行为,但被害人遭受被告人长时间激烈且高强度暴行,对被告人怀着极度的畏惧感,在拼命企图逃跑的过程中,一时选择了这种行动。该行动作为逃离被告人暴行的方法,不能说显著不自然或不相当。这样的话,就可以将被害人闯入高速道路评价为起因于被告人的暴行,因此,肯定了被告人的暴行与被害人死亡之间因果关系的原判决,可以被认定为是正当的。"[1]

在本案中,由于被害人危险的逃跑方法可以评价为是在遭受被告人暴行的心理性、物理性的影响下所做出的选择,因此能够肯定存在危险的实现。[2]但在伤害致死罪这种结果加重犯的情形中,基本犯所固有的危险必须在加重结果中实现,可以说仍然残留构成要件的射程范围这一问题。[3]

2. 被害人的其他行为

作为被害人的其他介入事例,例如"有神水涂布事件"[大判大正12年(1923年)7月14日刑集第2卷第658页]、"离开医院事件"[东京高判昭和31年(1956年)2月9日高刑裁特第3卷第5号第143页]、"柔道整复师事

---

[1] 关于本案,参见樋口:《百选Ⅰ》,第28页。
[2] 对承认因果关系提出疑问的是,内田(博):《判例评论》第560号(判时1900号),第230页;曾根,平成15年(2003年)度重判,第158页。此外,林(阳):"结果加重犯与因果关系",载《现刑》第5卷第4号(2003年),第52页。
[3] 此外,东京高判平成16年(2004年)12月1日判时1920号第154页中,在汽车内受到危险方法的追踪以及对车辆的攻击的被害人,下车之后往车后方向拼命地逃跑,在此过程中,从高低不平的栏杆上摔下来导致死亡。对于该案件,东京高等裁判所认为,即使选择危险的逃跑行为,被害人也处于极度狼狈不堪的状态,因此这是显著不自然的行为,从而肯定因果关系。

件"[最决昭和63年（1988年）5月11日刑集第42卷第5号第807页]、前述的"夜间潜水训练事件""拔管事件"[最决平成16年（2004年）1月17日刑集第58卷第2号第169页]。

柔道整复师事件的案件事实如下：作为柔道整复师的被告人明明没有医师的资格，却对感冒症状的患者指示了错误的治疗方法，在病症恶化之后还反复做出同样指示，忠实遵从该指示的患者终于因病情恶化心率不全死亡。对于该案件，最高裁判所认为，被告人的行为本身就具有导致被害人的病情恶化并可能引起死亡结果的危险性，因此，即使无法否定被害人在没有接受医师的诊断治疗而仅仅依靠被告人这一点上存在过错，被告人的行为与被害人的死亡之间也存在因果关系。虽然一审与二审在对于被告人错误指示的危险性的事实认定上存在重大差异，但在二审所认定的事实关系下，可以评价为被告人的错误指示的危险性被实现了。〔1〕

拔管事件的案件事实如下：被害人因被告人的行为而受伤并接受紧急手术，病情得以暂时稳定，但被害人没有遵循医生的指示，把输液管从身体里拔出，结果导致病情急剧恶化，在事件发生5天之后死亡。对于这一案件，最高裁判所认为：被害人由于被告人的行为所受的伤害其本身就是一种能够导致死亡结果发生的身体损伤，因此，即使在被害人死亡结果发生之前，介入了如上所述的由于被害人不遵医嘱而无法发挥治疗效果这一因素，被告人所实施的暴行所导致的伤害与被害人的死亡结果之间也具有因果关系。在本案的情形中，由于病情已经暂时稳定，因此阻断当初行为的诱发性，并不容易肯定危险的实现（可以肯定危险的质的转换）。此外，由于也可以肯定被害人的自我答责性，可以认为这是在构成要件的射程范围之外的结果，因此本书认为这是难以肯定因果关系的案例。〔2〕

3. 行为后第三人之行为的介入

第三人的行为存在故意行为与过失行为两种情形。

（1）第三人的故意行为。作为该类型的判例，有"脑震荡溺死事件"[大判昭和5年（1930年）10月25日刑集第9卷第11号第761页]、"美国

---

〔1〕 关于柔道整复师案件，参见内田（文），昭和63年（1988年）度重判，第141页。
〔2〕 关于拔管事件，参见林（阳），平成16年（2004年）度重判，第151页。东京高判平成27年（2015年）5月29日研修第808号第91页认为，被告人的车急速发动的行为与伤害结果之间，即使介入了作为被害人的警察官打开副驾驶室的门这一行为，也肯定其因果关系。

士兵逃逸事件"［最决昭和 42 年（1967 年）10 月 24 日刑集第 21 卷第 8 号第 1116 页］、前述的"大阪南港事件"（边页第 127 页）、"撤除呼吸器事件"［大阪地判平成 5 年（1993 年）7 月 9 日判时第 1473 号第 156 页］等。

  脑震荡溺死事件的案件事实如下：被告人用木棒击打被害人的头部致使其负上头盖骨骨折的伤害，并将其驱赶到河里。被害人终于渡河上岸，在离河约一里远处，被告人的手下又再次将被害人扔到河里，因被告人的暴行而引起重度脑震荡的被害人在水中无法将头露出水面而溺毙。对于该案件，大审院认为，即使由被告人的暴行而产生的脑震荡并不是死亡结果的直接原因，既然与由事后第三人的暴行而导致死亡结果发生之间存在助成关系，就成立伤害致死罪。然而，本案与拔管事件一样，既然存在暂时得以救助的状态，对于之后的介入行为则应当肯定危险的质的转换，因此在肯定因果关系上还是存在疑问的。[1]

  美国士兵逃逸事件的案件事实如下：在日本的美国士兵的被告人在驾驶汽车的过程中，因过失而与自行车相撞，被害人被撞飞后落在被告人所驾驶的汽车的车顶上，被告人虽然认识到发生了事故，但却没有注意到被害人落在自己车的车顶上，于是继续驾驶该汽车。而在副驾驶室的友人发现了被害人，并抓住了被害人的身体将其拽到路上，结果被害人因头部被撞伤而导致脑膜出血死亡。对于该案件，第一审以及第二审均肯定了业务上过失致死罪的成立，与此相对，最高裁判所认为："同乘者从行进中的机动车车顶将被害人拉下致使其坠落到柏油路上的行为，在经验上一般是无法预料的。尤其是本案中作为被害人死因的头部创伤到底是由最初在与被告人所驾驶机动车相撞击之际形成的，还是由同乘者将被害人从车顶上拉下坠落到柏油路上导致的，难以确定。因此，在这种场合中，从被告人的上述过失行为而导致被害人死亡结果的发生，终究不能说是从我们的经验法则上当然能够预料的。"如前所述，本决定并未采用相当因果关系说，因为以副驾驶室的友人的拉拽行为为前提的相当性判断其本身，使用了在经验上不能预想的这一表述方式。本案中，无法对第一个行为认定其具有导致死亡结果发生的危险，由于介入因素的贡献度很大，因此应当否定因果关系。假如由第一个行为造成了成为死因的伤害，那么，即使介入因素异常且无法预测，也应当肯定因果关系的

---

[1] 关于脑震荡溺死事件，否定因果关系的是，西田第 104 页。

存在。[1]

撤除呼吸器事件的案件事实如下：基于被告人的暴行而遭受脑伤，被害人陷入了脑死亡状态，在被告人家属的承诺与监督下，医生撤除了被害人的人工呼吸器，从而导致被害人心脏死亡。对于这一案件，大阪地方裁判所做了以下判示："即使通过撤除人工呼吸器而多多少少提前了被害人心脏死亡的时间，也可以肯定被告人的击打眉心行为与被害人的心脏死亡之间的因果关系。本判决值得关注的是与前述的大阪南港事件判决作出了同样的判断。[2]

(2) 第三人的过失行为。作为这种类型的判例，有"对向车碾死事件"［最决昭和 47 年（1972 年）4 月 21 日判时第 666 号第 93 页］、"踢飞聚乙烯溶液瓶事件"［大阪高判平成 9 年（1997 年）10 月 16 日判时第 1634 号第 152 页］、"后备厢监禁致死事件"［最决平成 18 年（2006 年）3 月 27 日刑集第 60 卷第 3 号第 382 页］等。

对向车碾死事件的案件事实如下：被告人因过失使自己驾驶的汽车与行人相撞，将行人撞飞到对向车线上，致使行人负伤，但被告人就此逃走，被害人被此后不久行驶而来的对向车碾压致死。对于这一案件，最高裁判所认为："因自己的过失行为而将撞倒在路上的被害人就那样放在原地，很容易就可以预测到被害人在被告人逃走之后被通行于现场附近的汽车碾压的可能性，因此，被告人的前述过失行为与被害人的死亡之间具有因果关系。"虽然第一个行为的危险性与第二个行为的危险性之间的关联成为问题，但由于将被害人撞倒在地本身的危险性很大，因此可以肯定因果关系的存在。[3]

踢飞聚乙烯溶液瓶事件的案件事实如下：被告人试图烧毁警察值班岗亭，于是从聚乙烯溶液瓶中倒出汽油，在警察采取灭火行动之际，消防人员踢飞了聚乙烯溶液瓶，之后导致火焰再次高窜，并烧毁了警察值班岗亭的床板等物品。对于该案件，大阪高等裁判所认为："被告人自己制造出了足以导致警察值班岗亭烧毁这一结果发生的状态，在本案中，消防人员的上述行为是在灭火活动过程中实施的，本来就不具有使火灾进一步扩大的主观意图，即使该消防人员存在过失，通过本案笨拙的灭火行动也无法迅速灭火，根据不同

---

[1] 关于美兵逃逸事件，参见林（阳）：《百选Ⅰ》，第 20 页。
[2] 关于撤除呼吸器事件，参见齐藤（诚）：《判例评论》第 429 号（判时第 1503 号），第 244 页以下。此外，本判决采用了心脏死亡说，这一点也值得关注。
[3] 除了对向车碾死事件，关于二重碾压事件，参见清水（勇）：《研修》第 399 号，第 23 页。

情形，火灾暂时扩大也是在通常可以预测的范围之内的。因此，可以肯定被告人的行为与本案床板被烧毁这一结果之间的因果关系。"即被告人的放火行为的危险性极大，而介入行为又不是在灭火行动中不可预见的事情，据此可以肯定因果关系。[1]

在后备厢监禁致死事件中，3名被告人基于共谋，将被害人塞进普通乘用的汽车的后备厢中，关上后备厢车盖后，在被害人无法逃脱的情况下向前行驶，之后为了与同伴会合，将车停在宽为7.5米的视线良好的单行道上，从后方行驶而来的普通乘用汽车的驾驶员因不注意前方而追尾，结果导致被害人死亡。对于这一案件，最高裁判所认为：即使被害人的死亡原因在于直接引起追尾事故的第三人的显著过失行为，也应当肯定将被害人监禁于在道路上停着的普通乘用汽车后部的后备厢内的监禁行为与被害人死亡之间的因果关系。通过夜间在路上停车这一升高追尾危险的状况与将被害人监禁于后备厢这一在追尾之际危险极高的状况这两个"危险状况的设定"而肯定危险的创出，此外，追尾事故的发生也是可以预想的状况，因此可以肯定危险的实现。即使介入者存在重大过失，也可以肯定因果关系的存在。[2]

4. 行为后介入了行为人的行为

在该类型中也可以将介入行为分为故意行为与过失行为，但是，由于这是行为人实施了复数行为的类型，因此，就与实行行为的特定问题、"韦伯的概括故意""构成要件的提前实现"等问题相关联。

（1）行为人的故意行为。作为该类型的判例，有"熊击事件"［最决昭和53年（1978年）3月22日刑集第32卷第2号第381页］、"前后进碾过事件"［东京高判平成14年（2002年）8月20日判时第1834页第158页］等。[3]

熊击事件的案情如下：被告人将狩猎同伴误认为熊而用猎枪朝其射击并

---

[1] 关于踢飞聚乙烯溶液瓶事件，参见山本（光）：《判例评论》第482号（判时第1664号），第222页。
[2] 关于后备厢监禁致死事件，参见木村（光）：《百选Ⅰ》，第24页；岛田（聪），平成18年（2006年）度重判，第157页。本案中，是否存在物理性贡献的因素成为问题。因此，例如，在被害人被监禁于后部车座的情形中，就不能承认危险的实现。关于这一点，参见岛田（聪）："围绕相当因果关系·客观归属的判例与学说"，载《法教》第387号（2012年），第10页。
[3] 此外，大判大正12年（1923年）3月23日刑集第2卷254页中，怀着杀意将被害人推入河中，但卡在悬崖中陷入不省人事的状态，被告人为了让别人以为是被害人自己坠崖，而被告人则是前去救助，于是用手去支撑被害人的身体，但由于自己也即将一起掉下去，于是撒手，结果被害人坠入河中溺死。对于该案件，大审院肯定了推人行为与死亡之间的因果关系。

命中，导致被害人负上在十分钟之内必定死亡之程度的伤害，之后被告人从被害人的痛苦状态判断其已经处于濒死状态，于是决定送被害人一程，让其尽快结束痛苦，于是瞄准被害人的胸部，至近距离朝被害人射击，致其当场死亡。对于这一案件，最高裁判所在结论上肯定了业务上过失伤害罪与杀人罪的数罪并罚。具体而言，考虑到第二个行为的异常性，结果就否定了第一个行为与死亡结果之间的因果关系。但如果认为第一个行为已经导致被害人陷入了濒死状态，第二个行为只是稍微提前了死亡时期，那么，不就与大阪南港事件一样可以肯定第一个行为与死亡结果之间的因果关系了吗。但是，对于同一个被害人肯定业务上过失致死罪与杀人既遂罪的成立，是对死亡结果的双重评价，因此，仅仅考虑死亡结果与杀人罪的关系，从罪数处理的观点出发，就会得出仅仅对第一个行为肯定业务上过失致伤罪的结论。[1]

前后进碾过事件的案件事实如下：被告人在驾驶汽车的过程中因发生了交通事故而停车，被害人被夹在车底，但还活着，被告人虽然认识到了这一点，但还猛然发动汽车前进，结果汽车从被害人身上碾过，致其死亡。关于这一案件，辩护人主张：由于第一个行为已经致使被害人负上了直面死神的重大致命伤害，因此，作为对于被害人死亡这一结果的罪责，只要肯定业务上过失致死罪的成立就足以完全评价这一事态，至于之后的行为，则在杀人未遂罪的限度内承担罪责。但东京高等裁判所认为：如果是提前被害人的死亡时期的行为，就可以肯定该行为与被害人死亡之间的因果关系。[2]这与熊击事件一样，都是在过失行为之后介入了故意行为的事例，因此也产生了同样的问题。[3]

---

[1] 关于熊击事件，参见仲道：《百选Ⅰ》，第30页。
[2] 此外，东京高判昭和63年（1988年）5月31日判时第1277号第166页中，被告人在开始驾驶汽车之际，将因酩酊而醉卧于马路上的A卷入车底，致使其负重伤，发现了之后，明明认识到A仍然生存着却继续往前开车将A甩开，导致A死亡（成为死因的伤害是在哪个行为的时点上并不明确）。对于该案件，东京高等裁判所对第一行为肯定了业务上过失伤害，对第二行为肯定了伤害罪的成立，两罪是并合罪的关系（一审认定一个业务上过失致死罪的成立）。
[3] 此外，就像前述的阳台摔落致死事件（边页第75页）与氯仿杀人事件［最决平成16年（2004年）3月22日刑集第58卷第3号第187页］（边页第392页）等，在由行为人的复数行为而实现犯罪的情形中，不能先验地将第二行为作为因果关系的介入因素，必须彻底解决实行行为的特定问题。在存在复数的实行行为的情形中，应当追问两者的关系性，可以采用以下思考顺序：当第二个行为被评价为介入因素时，再探讨（或者不检讨）因果关系的介入因素问题或者因果关系的错误问题（或者不检讨）。

(2) 行为人的过失行为。作为该类型的事例，有吸入沙子事件［大判大正12年（1924年）4月30日刑集第2卷第378页］、再发动碾过事件［大阪地判平成3年（1991年）5月21日判夕第773号第265页］等。

吸入沙子事件的案件事实如下：被告人勒住被害人的脖子后，以为被害人已经死亡，于是将其遗弃在海岸的沙滩上，结果被害人吸入沙子窒息死亡。对于该案件，大审院肯定了第一个行为与死亡结果之间的因果关系，不是认定杀人未遂罪与（重）过失致死罪的数罪并罚，而是肯定了杀人既遂罪的成立。[1]本案涉及所谓的"韦伯的概括故意"问题，这不是仅仅通过因果关系的存在与否就能够解决的问题，我想将其放在故意论的部分中详细探讨（边页第188页以下）。

再发动碾过事件的案情如下：被告人在驾驶汽车的过程中因过失而撞倒被害人，并将其卷入车底下，被告人虽然停车并认识到了这一点，但为了逃走而再次发动，在此之际碾过被害人，结果致其死亡。对于这一案件，大阪地方裁判所认为：被告人因不注视前方而过失地使自己驾驶的汽车撞向被害人的行为，与停车并下车确认了被害人在车底下之后再次发动汽车并从被害人身上碾过的行为，应该视为在"自然观察"的基础上的两个不同行为。因此，如果要对于之前的因不注视前方而过失地使自己驾驶的汽车撞向被害人的行为追究其因再次发动汽车之后的碾压而很可能产生的脑挫伤所引起的死亡结果的责任，就必须肯定这两者之间存在因果关系。在此基础上，大阪地方裁判所进一步指出：如果没有当初的冲撞行为，就没有再次发动之后的碾压，也就不会发生死亡结果，因此，当初的冲撞行为与死亡结果之间明显存在条件关系。但是，在当初的冲撞行为之后再次发动从被害人身上碾过的行为，在经验法则上，如果认为这不是通常能够预测的，那么，就应当否定当初的冲撞行为与由再次发动之后的碾压而产生的可能性很高的死亡结果之间在法律上的因果关系。如果认为在当初的冲撞行为之后，产生了杀人或伤害的故意而再次发动并碾压的话，那么，应当说从当初的冲撞行为出发，在经验法则上并不是通常能够预测的，因此应当否定当初的冲撞行为与由碾压而产生的死亡结果之间的因果关系。但是，在从现场试图逃走而再次发动汽车

---

[1] 关于吸入沙子事件，参见伊东：《百选I》，第32页。此外，由于本案的第二个行为是以遗弃尸体的故意实施的，因此，正确而言，可以说这是最终结果成立过失犯，但介入了故意行为的事例。

之际，因不注意而再次碾压这一点绝对不是任何人都无法预见的偶发、稀少事例，参见事故发生后驾驶员的心理状态，在经验法则上，也是通常能够预测的。因此，能够肯定当初的冲撞行为与由碾压而产生的结果之间的因果关系。直接死因是脑挫伤，即使该伤害并不是由当初的冲撞行为造成的，而更可能是由再次发动之后的碾压而产生的，也不能免除由被告人当初的冲撞行为而产生的业务上过失致死的罪责。[1]

5. 行为之后介入了行为人、第三人、被害人的行为

作为介入因素，也存在混合了行为人的行为、第三人的行为、被害人的行为这种类型，例如，高速道路停车事件［最决平成16年（2004年）10月19日刑集第58卷第7号第645页］就是适例。[2]

案件事实如下：被告人在早上将近6点左右，让一位相识的女性坐在副驾驶室，开着轿车行驶在高速道路上（单侧3车道路），被告人对驾驶大型卡车同方向行驶的A的驾驶态度很生气，想让A车停下来并且让其道歉。因此，被告人边超车边尽量靠边，驶入A车的前方放慢了速度，要求A停车。对此，A首先是进行路线变更等方式尽量避免和被告人争吵，但是因为被告人强烈要求停车，就想听听对方的话，于是随着被告人车的减速而减速，早上

---

[1] 关于再发动碾过事件，参见山中：《法セミ》第449号，第142页。此外，本案虽然是将第一行为与第二行为作为一体的过失行为从而以业务上过失致死罪起诉，但本判决却将第一行为作为过失的实行行为，而将第二行为作为因果关系的介入因素。在该情形中，由于死因是基于第二行为的可能性很高，因此，第一行为必须存在诱发、支配、利用第二行为的某种控制，在本案中可以承认这种诱发性。此外，神户地判平成26年（2014年）8月22日 LEX/DB25504730，被告人对与其同居的被害女性拳打脚踢长达两个小时，致使其负有硬膜下出血等伤害，被害人因误咽呕吐物而死亡。对于该案件，神户地方裁判所认为，在暴行之后，被告人等人对被害人做了心脏按摩，这有可能导致被害人呕吐或误咽，但在因被告人的暴行而导致被害人意识低下的状况下，被告人等人所实施的按摩，不能说是不自然或不相当的。据此认为这是由被告人的暴行诱发的，从而肯定被告人的行为与被害人的死亡之间的因果关系。福冈高判平成27年（2015年）8月28日 LEX/DB25541173 中，在被告人的暴行行为之后，为了护理被害人，而试图将被害人抱起并放在布团上之际，失去了平衡而从床上摔下来，自己失去了平衡而正好倒在被害人身上，其结果造成被害人肋骨骨折及肺挫伤，最终死亡。对于该案件，福冈高等裁判所认为，被告人运送被害人的行为是施加暴行的结果，但其目的、性质与暴行完全不同，失误将被害人摔落并压在被害人身上，即使是紧接着暴行行为之后产生的，也很难说是通常可能存在的事情。据此认为，"被害人的死亡结果并不能说是被告人的暴行危险的现实化"，从而否定暴行与死亡之间的因果关系。

[2] 关于高速道路停车事件，参见伊东：《刑事法学家》第1号，第160页；山中，平成16年（2014年）度重判，第153页；上田（哲），最判解（平成16年度），第454页。

6点左右，被告人把自己的车停在第三通行道（超车道）上，A也在被告人车的后方停下了自己的车。当时是在黎明前，现场附近是没有照明设备的黑暗场所，有着相应的交通量。被告人步行到A车，在驾驶室门附近大声怒骂。在A稍微打开驾驶室的门之时，被告人就把门打开登上踏板，边把手伸向引擎钥匙，边进入门的内侧用拳头殴打A的面部，A害怕被告人会夺取引擎钥匙，就将其从自己车的钥匙孔拔出，放进裤子的口袋里。此后，被告人想把A拖到路上，就踢A的腰部等，因为持续的殴打，A也做了用头撞被告人的脸部，殴打其鼻子的上边等反击。早上6点7分左右，在第三通行道上行驶的B车和C车为了躲避A车，在向第二通行道作路线变更之际，C车从后面撞上了B车，C车在第三通行道上的A车前方约17米的地方，B车在C车的前方约5米的地方分别停了下来。因同乘人从C车下了车，被告人就停止了暴行。A回到了自己车上用手机拨通110通报了被被告人殴打等事情。被告人在早上6点17分或18分，载着同乘的女性离开了现场。A想发动自己的车，但因找不到引擎钥匙，误认为是在遭受暴行之际被被告人扔了，就再次通报110并搜寻了附近，结果才发现钥匙放在了自己裤子的口袋里。就发动了自己车的引擎。但是因为前方停着C车和B车，为了请求C车和B车让路就再次下车，开始走向C车是在早上6点25分左右，这时D驾驶的轿车与停止中的A车后部碰撞，D及同乘人3人死亡，同乘人一人负了治愈需3个月的重伤。

最高裁判所作出了以下判示："本案中的被告人为了对A抱怨使其道歉，在黎明前黑暗的高速道路的第三通行道上使自己的车及A车停止的过失行为，应该说其本身中就有由于后面车的追尾等而发生人身事故的重大危险。那么，本案事故是在被告人的上述过失行为之后，A忘了自己将引擎钥匙放入裤子口袋而搜寻周围等地方，从被告人的车离开本案现场之后的七八分钟这一期间使自己的车持续地停止在危险的本案现场等，虽然至少是介入了他人的行动等而发生的，但可以说这些是由于被告人的上述过失行为及与此密切关联的一连串的暴行等而被诱发的。这样的话，应该说被告人的过失行为和诸被害人的死伤之间存在因果关系。"据此而承认了被告人的过失行为与被害人的死伤之间的因果关系，肯定了业务上过失致死伤罪的成立。

本案中，虽然在高速道路的超车道上停车这一过失行为和死伤结果的因果关系成了问题，但在介入事情具有多样性这一点上具有其特色。即被告人的暴行、A 的反击、C 车对 B 车的追尾、被告人的离去、A 的忘记引擎钥匙从而在现场持续停车的不恰当的行为等。在这些因素之中，把他人的行动等介入事情的发生认为是"由被告人的过失行为及与此密切关联的一连串的暴行等而被诱发的"，据此肯定了因果关系，这里适用了"诱发"这一用语，可以发现，这一判例与前述的夜间潜水事件（边页第 131 页）作了同样的判断。

问题是高速道路上的停止行为之后被告人所实行的"暴行"的定位。因为过失行为和死伤结果的因果关系被作为问题，所以暴行行为是被置于介入因素的地位上的。在介入因素是行为人的介入行为的场合，将其置于行为人所实施的第一行为与第二行为这一位置也是可能的。本案中，第一行为是停止行为，第二行为是暴行，当然就可以将第一行为置于作为实行行为、将第二行为置于作为介入因素的地位。

但是，是将第一行为作为实行行为、将第二行为作为介入因素，还是将第一行为和第二行为都作为实行行为，应该说是基于不同视点的判断。也就是说，实行行为判断是在考虑法益侵害盖然性之基础上的危险创制的判断；这是事前判断；与之相对，介入事情判断是可否将所产生的结果归属于这个实行行为这一危险的实现判断，这是事后判断。因此，将在事前判断中不能置于实行行为位置的行为，事后地放置于实行行为的位置上，必须说这混同了危险创出判断与危险实现判断，也即混同了行为规范性与制裁规范性。

在本决定中可以看出这样的混同。即将实行行为判断固定于第一行为，在判断介入因素之际，认为是由第一行为和第二行为诱发的，据此承认了一体的实行行为性。这样判断是因为不得不认定为 A 的"忘记引擎钥匙"等的不恰当的行为并不是从第一行为本身，而是从第二行为产生的。但是，这样认定的话，与第一行为和结果的因果关系相比，第二行为的贡献程度就很大了，也可能不被承认。

本案中，"使车停止"这一过失行为通过"其本身有由于后面车的追尾而发生人身事故的重大的危险性"这一事前判断使实行行为性得以判断。但是，在因果关系判断上，将介入因素（被告人的介入行为）作为实行行为而以（立足于事前判断）增加危险创制为根据这一点是不妥当的。本案中能够被肯定的危险创出是由过失行为而产生的危险。该危险也可认为是通过被告人的暴行这一被凌驾的危险而没达到危险实现。反之，作为暴行的结果发生，也可以考虑伤害致死罪的成立，但由于不能说是暴行所具备的危险性的实现，因此在结论上就只停留于伤害或者暴行了。像本案的情形，有必要明确地区分危险创出的判断与危险实现的判断。[1]

---

[1] 进而，横滨地判平成21年（2009年）6月25日判夕第1308号第312页，被告人意图抢劫便利店，用所携带的美工刀胁迫店长X，之后与X扭打在一起，X抢下被告人的刀子，朝站在旁边的店员Y扔过去，结果刺中了Y的大腿部，导致Y负伤。紧接着，被告人往店外逃跑，跨上自行车往前飞奔，X在后面穷追不舍，Y直接踢被告人所骑的自行车的后轮，X抓住被告人所骑自行车的垫板，结果摔倒在路上，X负伤。对于该案件，横滨地方裁判所认为，由于对于Y的伤害是被告人的原因行为（试图夺回刀子的行为）导致，因此，经过X朝Y扔刀子的行为，导致Y伤害的过程中，原因行为的危险得以现实化。但对于X的伤害而言，并不存在应该归属于被告人的原因行为的伤害，逃走行为本身并不能视为原因行为，必须存在另外的积极的行为。以此为理由，否定致伤结果的归属。可以说，本判决就是采用从客观归属论出发的进路。

第七章 不作为犯

第一节 作为犯、不作为犯的概念

如前所述（边页第81页以下），行为在其社会意义上可以分为作为与不作为，以作为方式实施的犯罪被称为"作为犯"，以不作为的方式实施的犯罪被称为"不作为犯"。[1]

作为犯还是不作为犯并不是规定上的犯罪样态的区分，而是在违法行为样态上的区分。也就是说，行为规范是由"禁止××"这一禁止规范与"做××"这一命令规范构成的，作为犯与不作为犯就是通过违反这些行为规范的样态来区分的。例如，杀人罪的"禁止杀人"这一禁止规范[2]，是通过用刀子捅胸部等作为的方式来实施的；但例如，也可以通过母亲不给其婴儿哺乳这种不作为方式来实现。也就是说，将通过作为方式违反禁止规范的情形称为"真正作为犯"，[3]将通过不作为方式违反禁止规范的情形称为"不真正不作为犯"。

与此相对，例如，保护责任者不保护罪（《刑法》第218条后半段）的

---

[1] 关于不作为犯，参见堀内：《不作为犯论》（1978年）；日高：《不真正不作为犯的理论》（第2版）（1983年），转引自"（特集）围绕不作为犯论的诸问题"，载《现刑》第4卷第9号（2002年），第4页以下；平山（干）：《不作为犯与正犯原理》（2005年）；稻垣：《关于缺陷产品的刑事过失责任与不作为犯论》（2014年）；盐见第29页以下；桥爪："关于不作为犯的成立要件"，载《法教》第421号（2015年），第85页以下。

[2] 此外，也有观点认为杀人罪不仅是禁止规范，也包含命令规范（参见西田第108页以下、井田第141页）。但是这是不妥当的。禁止规范比命令规范对于私人领域的介入程度更弱，因此，个人的自由程度比较高。"禁止玩麻将"与"好好学习"显然存在差异。对于前者而言，没有必要特别地去学习，去看电影也可以。但是，对该自由度的差异提出疑问的是，萩野："刑法中'禁止'与'命令'的自由制约之程度差"，载《法研论集（早大）》第127号（2008年），第121页以下；同："刑法学中的自由主义与不作为处罚"，载《法研论集（早大）》第132号（2009年），第287页以下。

[3] 但是，"真正作为犯"这一用语就是作为犯，因此没有必要画蛇添足加上"真正"。

"请保护"这一命令规范纯粹是通过不作为的方式被违反的。也就是说,将通过不作为违反命令规范的情形称为"真正不作为犯"。[1]那么,是否应该将通过作为方式违反命令规范的情形作为"不真正作为犯(通过作为的不作为犯)"而类型化呢。例如,第三人将放置于病人身边的食物吃掉,在这种情形中,虽然存在身体运动,但如果以"保护"这一身体运动为基准的话,该身体运动就是不作为。因此,这只不过是在不作为之中实施的身体运动,可以被包括于不作为之中,没有必要使用"不真正不作为犯"这一概念(边页第82页)。

总之,例如,《刑法》第199条的杀人罪并不是规定了作为犯,而是规定了"禁止杀人"这一禁止规范,而通过不作为的方式也可以违反该规范。因此,可以认为《刑法》第199条也预定了不作为犯的构成要件,将其作为不真正不作为犯的成立要件这一问题来探讨就足够了。[2]

第二节　不作为的因果关系

之前,也有观点认为不作为是无,因此不能"无中生有",据此而否定不作为的原因力。[3]但是,现在一般认为不作为并不是什么都没做,而是没有做"什么",也就是说,"没有实施某种被期待的作为"。但是,如何判断这种"被期待的某种作为",成为问题。如前所述,根据社会行为论,应当从社会性的视角进行判断(在该情形中,不作为的原因力也被肯定)。

这样,即是肯定了不作为的原因力,那么紧接着的问题就是如何进行因果关系(条件关系)的判断。根据将作为的条件关系通过"没有作为就不发生结

---

[1] 作为真正不作为犯,在刑法典上仅限于规定了多众不解散罪(《刑法》第107条)、不退去罪(《刑法》第130条后段)、不保护罪(《刑法》第218条后段),但在行政取缔法规上存在大量的规定。例如,上报义务违反(《医师法》第21条、第33条之2)、救护义务违反(《道路交通法》第72条第1款、第117条)、许可证等的不携带(《道路交通法》第95条第1款、第121条第1款第10号)、不告知(《爆炸物取缔罚则》第7条、第8条)、不申告(《轻犯罪法》第1条第18号)等。
[2] 真正不作为犯是实现在条文中所规定的不作为犯的犯罪,不真正不作为犯是实现没有在条文中规定为不作为犯的犯罪,作出这种定义的观点随处可见。据此,不真正不作为犯就被称为"不作为的作为犯",但这样的话,不真正不作为犯就是没有被条文所规定的犯罪,因此违反罪刑法定主义,这样的批判是可能的。作为与不作为犯的区别存在于行为规范上的违法行为样态,因此并不是规定形式上的犯罪样态[参见西原(上)第296页]。
[3] 因此,当时的学者对于先行于不作为的作为(先行行为原因说),或者在不作为期间所实施的运动(并行作用原因说),肯定了其对于结果的原因力。

果"这一假定的消去法公式进行判断的通说，不作为的条件关系就通过"如果存在作为，结果就不会发生"这一"假定的附加条件"公式进行判断（在这一意义上，"附加禁止说"在不作为犯的情形中无法贯彻）。与此相对，从适用合法则的条件公式这一本书立场（边页第 119 页）出发，则是通过"不存在作为这一点是否通过因果经过的中间阶段与结果法则性地连接"这一标准进行判断的。

最决平成元年（1989 年）12 月 15 日刑集第 43 卷第 13 号第 879 页中描述的案情如下：甲在旅馆的一个房间内数次对 13 岁的少女 X 注射兴奋剂，虽然 X 表示头痛，不久之后陷入了错乱状态，但甲并没有请求急救措施，而是将 X 一个人留在旅馆之后独自离去，X 在次日早晨因兴奋剂导致急性心率不全而死亡。对于这一案件，最高裁判所认为："根据原判决的认定，被害女性因被被告人注射兴奋剂而陷入错乱状态是在凌晨 12 点半左右的时点上，如果当时被告人立即求诸急救医疗措施，该被害女性尚且年轻（当时 13 岁），生命力旺盛，又没有特殊疾病，综合这些情况，该女性十有八九可能被救活。这样的话，就可以认为救活该女性具有超过了合理怀疑之程度的确实性，因此，被告人没有采取相应的救助措施，随意地将该女性留在旅馆房间内的行为，与该女性从凌晨 2 点 15 分左右开始到凌晨 4 点左右这一段时间内在该房间内因兴奋剂中毒引发的急性心率不全而导致的死亡结果之间，具有刑法上的因果关系。"也即，肯定了甲的不作为（不保护）与死亡结果之间的因果关系（保护责任者不保护致死罪）。[1]对于本案而言，根据假定的条件公式，或者根据合法则的条件公式，都会得出与最高裁判所同样的结论。[2]本书认

---

[1] 关于本案，参见岩间：《百选 I》，第 10 页。此外，"十有八九"这一表述所表明的是救命的可能性非常高，几乎可以救命这一主旨，因此，所叙述的并不是百分之八十或九十这种概率。参见原田（国），最判解［平成元年（1989 年）度］，第 385 页。

[2] 进而，盛冈地判昭和 44 年（1969 年）4 月 16 日判时第 582 号第 110 页中，被告人为了遗弃因在过失的交通事故中受重伤的被害人而将其放在自己的车上，在行驶过程中，被害人死亡。对于该案件，盛冈地方裁判所认为并不具备被害人的救护可能性及其认识，从而否定不作为的杀人罪的成立。此外，札幌地判平成 15 年（2003 年）11 月 27 日判夕第 1159 号第 292 页中，被告人的妻子即被害人 A 被其亲生母亲撞上台阶而负外伤，流了大量的血，陷入必须被保护的状态。尽管如此，被告人却将其放置不理。对于该案件，札幌地方裁判所认为，即使被告人采取了应该采取的救命措施，也不能否定 A 死亡的可能性，在承认被告人没有对 A 承担保护责任与 A 死亡之间的因果关系上还存在合理的怀疑。据此否定了保护责任者遗弃致死罪的成立，仅仅肯定保护责任者遗弃罪的成立。

为，首先，根据合法则的条件公式肯定条件关系的存在；其次，在客观归属的判断中，由于可以肯定事后的结果回避可能性，因此能够肯定作为义务违反与结果发生之间的因果关系。此外，在事后的结果回避可能性被否定的情形中，可以通过事后性地转化为"不基于义务违反的危险"的现实化，来否定因果关系的存在（边页第225页）。

此外，必须区分救命可能性与延命可能性。前者是死亡结果本身的回避可能性，后者则是在某个时间点上延迟死亡这一意义上的死亡结果回避可能性，只有当无法肯定前者时，才判断后者的有无。[1]最判昭和63年（1988年）1月19日刑集第42卷第1号第1页中有以下案件：[2]接受孕妇的请求，对已经怀孕26周的胎儿实施堕胎手术的妇产科医生虽然认识到了因堕胎而出生的早产儿如果接受妥当的医疗就具有生存可能性，而且采取这类措施是迅速、容易的。但却将该早产儿放置在自己的医院内，约54分钟后死亡，该医生被认定为成立业务上堕胎罪与保护责任者遗弃致死罪（参见《各论》第26页）。在该案件中，即使不能肯定十有八九的救命可能性，如果能够肯定十有八九的延命可能性，可以说就能够作出肯定因果关系的判断。进而，札幌地判平成21年（2009年）11月30日LEX/DB25441701中，与A女及A的长女B（4岁）同居的被告人对B实施了一连串的暴行致其负重伤，虽然知道B有死亡的危险，却没有让B接受治疗而是将其放置在家里，结果导致其死亡。对于该案例而言，被告人与B共同生活在一起，完全控制了母亲A及其女儿B的生活，通过自己的暴行这一先行行为，对于B的生命产生了具体而且重大的危险，B的治疗与否完全取决于被告人与A的立场，但即使肯定存在让B接受治疗的作为义务，B的救命可能性以及作为在某个时点上延迟死亡这一意义上的死亡结果回避可能性之延命可能性，都不能得到肯定。因此，欠缺杀人罪的实行行为性，应否定杀人未遂罪的成立，而肯定伤害致死罪（预备诉因）的成立。如果认为不存在作为可能性，就会得出该结论，但如果认为

---

[1] 参见原田（国），前列第386页。此外，东京高判平成23年（2011年）4月18日《东高刑时报》第62卷第1~12号第37页中，被害人与被告人一起服用从被告人处让渡而来MDMA，在因急性MDMA中毒而陷入错乱状态之后死亡。对于该案件，东京高等裁判所肯定了被告人的保护责任与救命可能性，从而肯定保护责任者"遗弃"罪的成立。参与本案，关于稻垣：《刑事法学家》第35号，第136页。

[2] 关于本案，参见奥村：《百选Ⅱ》，第20页。

不具有事后的结果回避可能性，则可以肯定杀人未遂的成立。

第三节 不作为犯的成立要件

一、不真正不作为犯的作为义务

（一）作为义务的发生根据

仅仅认定不作为与结果之间存在因果关系，还无法将行为主体特定化。在母亲不给婴儿授乳使其饿死的情形中，对于知道该情况却不给婴儿提供牛奶的邻居以及偶然拜访的亲戚等，也可以肯定其不作为的存在，并肯定该不作为与结果之间的因果关系，即便如此，其也不成为行为主体。在这个意义上，不作为犯的行为主体必须是具有某种地位的人。[1] 将该一定的地位称为保障人地位，具有某种作为义务的人就该当于此。

这样，如果要成立不作为犯，就必须具有某个不作为违反作为义务。但是，在以不作为的方式违反命令规范这一真正不作为犯的情形中，作为义务的内容被刑法条文明文规定，但在以不作为的方式违反禁止规范的不真正不作为犯的情形中，作为义务的发生根据及其范围就必须委托于判例与学说。

作为义务的发生根据问题是不作为犯中行为规范的发生根据问题，因此无非是探求行为规范的问题。[2] 行为规范在从法令等形式性根据产生的同时，也从人与人的关系性这一实质性的根据产生，同样，在作为义务中，也存在从形式根据产生与从实质根据产生的区分。一元性地把握作为义务之发生根据的观点虽然有力，但如果考虑到行为规范是多元地存在于我们生活的社会中的话，作为义务的发生根据也应当被多元性地理解。

1. 形式的法义务说（形式的三分说）

在此之前，通说的观点采用以下方法来选择作为义务的发生根据，即分

---

[1] 也有观点将这种地位作为一种身份，从而将不作为犯解释为身份犯（参见福田第94页注1；内田（文）第97页、第131页等）。据此，对于对不作为犯的参与人，就必须适用《刑法》第65条第1款。但是，如后所述，像判例一样广泛解释身份概念是存在疑问的。这是因为，第65条第1款与第2款是包含矛盾的规定，应当尽量做限制性解释，与此同时，保证人地位是不作为的构成要件该当性要件，并没有构成特别的身份（参见平野Ⅱ第396页）。因此不能适用《刑法》第65条，根据共犯的一般理论进行解决是妥当的。

[2] 前述的哈特的"责务的规则"就是妥当的领域（边页第8页）。

为根据法令的情形、根据契约等法令行为与事务管理的情形、根据先行行为与条理这种一般规范产生的情形,在其内部进行类型化。可以说这是形式的多元化渠道。

作为基于法令之情形,可以举出基于日本《民法》第 820 条的亲权者的监护义务,根据该法条,例如,母亲就负有应当授乳的义务,或者负有应当救助溺水子女的义务。

作为基于契约之情形的例子,可以举出被委托负责保育孩子的保姆,与接受伤病者的看护,继续看护伤病员的人等。

作为基于一般规范之情形,可以举出以下例子:基于先行行为的防止义务(基于自己的故意或过失行为而引发结果发生危险的人负有应当阻止该结果发生的义务)、信义诚实上的告知义务(交易的对方由于不知道某种事项而陷入错误并且具有遭受损害之危险时,负有应当将该事项告知对方的义务)、[1]管理者的防止义务(例如,自己管理的建筑物或动物等危害到他人法益时,管理者负有应当防止该结果发生的义务)、习惯上的保护义务(例如,同居者或雇佣人员患有身体无法动弹的疾病)。

但是,即使具有这些形式性的根据,也不当然地就直接成为刑法上的作为义务的根据。例如,救护义务违反罪这一违反《道路交通法》的犯罪其本身是真正不作为犯,与此相当,如果要肯定不作为的杀人罪与保护责任者遗弃致死罪这一不真正不作为犯的成立,不得不说仅仅根据这些形式性的作为义务发生根据是不充分的。在这里,有必要进一步探讨作为义务发生的实质性根据。[2]

2. 实质的法义务说

作为义务发生的实质性根据是不得不溯及刑法的目的来考虑的问题。如果认为刑法的目的在于维持社会伦理秩序的话,作为义务的发生根据就成为社会伦理,义务的范围就会过于广泛而难以明确地特定。与此相对,如果认为刑法的目的在于法益保护,那么法益与行为人的关系就应当被作为核心问

---

[1] 最决平成 15 年(2003 年)3 月 12 日刑集第 57 卷第 3 号第 322 页中,对于领取错误汇款的案件,肯定了受取人在信义法则上的告知义务。关于本案,参见松泽:《百选Ⅱ》,第 104 页。

[2] 此外,重新评价这种形式的法义务说,将作为义务的发生根据仅仅限定于存在法令上的义务之情形的是,高山:"不真正不作为犯",载山口编著:《Close up 刑法总论》(2003 年),第 67 页以下。

题。从该关系出发，主要问题在于是否存在以下两种义务。即一个是行为人是否存在应当保护法益的义务（法益保护义务），另一个是行为人是否存在管理法益侵害的危险源的义务（危险源管理义务）。

但是，有观点认为这两种义务的范围并不明确，从而主张进一步限定法理。

（1）重视不作为者之主观的观点。这是一种通过附加作为义务这一客观要件，重视不作为犯中行为人之主观的观点。[1]也就是说，例如，甲顺道到其所有的不作为居住使用的木造房屋内点明灯火做礼拜，但由于蜡烛站立不稳，处于点火状态的蜡烛具有掉入存放大量神符的下方之危险，但甲此时想起了对该房屋上了火灾保险，试图骗取保险金，于是，虽然认识到了蜡烛可能会燃烧神符并将整栋房屋烧毁，却在没有吹灭蜡烛的情况下离开房屋，结果房屋被完全烧毁。对于该案件，大审院认为需要具备"利用既发危险的意思"这一要件［大判昭和13年（1938年）3月11日刑集第17卷第237页］。

但是，在客观要件没有被明确填充的情况下，该主观要件尚且没有对其进行补充、扩张的功能，即不能成为限定法理，不仅如此，对于不作为犯而言为什么需要具备这样的主观要件，并未得以合理说明。于是，此后的判例并不要求具备利用意思这一特别的主观要件，而是将过失的先行行为以及作为加班职员的地位认定为作为义务的发生根据［最判昭和33年（1958年）9月9日刑集第12卷第13号第2882页[2]］。

（2）先行行为说。该观点认为，作为是存在原因力的，而不作为并不存在原因力，从该存在构造的差异出发，为了让不作为与作为等价，有必要设定在不作为之前导向法益侵害的因果流程。[3]因此，可以得出设定因果流程的先行行为（故意或过失）产生了作为义务这一结论。

但是，根据该观点，在单纯的逃逸之际产生了杀意时，就会得出直接认定为成立杀人罪的不当结论，与此同时，将先行行为与先行行为之后的故意相关联，就承认了不具有原因力的不作为与故意同时存在这一无意义的结论。

---

[1] 参见藤木第135页。
[2] 关于本案，参见吉田（敏）：《百选Ⅰ》，第12页。
[3] 参见日高，前列：《不真正不作为犯的理论》，第152页以下；同："作为犯还是不作为犯"，载《专修法学家》第4号（2009年），第149页以下。

进而，由于不给刚出生的婴儿提供母乳的母亲不存在先行行为，因此就无法肯定不作为犯的成立，而这样的结论是不妥当的。[1]

（3）事实上的接受说（具体的依存性说）。该观点认为，当不作为人事实上接受了法益保护，不作为人存在与法益的紧密性时，就肯定作为义务的存在。[2]这里的事实上的接受是通过以下基准设定的：①致力于法益的维持或存续的结果条件行为的开始或存在；②这种行为的反复、继续性；③确保对法益维持的排他性。

该观点将法益的依存性做事实性的限定，但即使不存在事实上的接受，也可能存在从亲子关系产生依存性的情形，此外，在排他性设定的时间点上不存在救助意思的情形与暂时性地存在保护关系的情形也会被排除。

（4）排他的支配领域说。该观点将担保作为与不作为的等价值性的要素求诸具体、现实性地支配了导向结果的因果经过这一点上，不作为人以自己的意思设定了"事实上的排他性支配"，此外，当没有根据自己的意思时，由于事实上产生了支配结果的地位，因此，通过考虑应当作为这一规范性要素，来寻求作为义务的发生根据。[3]

该观点在继承了事实上接受说的基础上，将保证人地位扩张到从规范性视角出发而肯定特别关系的情形。但是，与（3）说同样，排他性支配强调的是，例如，在除了其父母之外围观的群众也不愿意救助溺水的儿童这种情形中，由于不存在"排他性支配"，任何人都不成立不作为犯，这不能说是妥当的。此外，如果对于共犯的情形也要求排他性支配，就难以肯定不作为共犯的成立。[4]

（5）本书的立场。我认为，从具体处理的妥当性出发，实质的法义务说

---

[1] 佐伯（仁）第89页以下，将先行行为置于制造危险的位置上，虽然在此基础上附加了排他性支配，但将重点置于先行行为上的观点与先行行为说存在同样的问题。
[2] 参见堀内第60页；同，前列：《不作为犯论》，第249页以下；浅田第159页。
[3] 参见西田第125页以下。
[4] 从这一点出发，将排他性支配的要件置于作为单独正犯性的问题之位置上的是，岛田（聪）："不作为犯"，载《法教》第263号（2002年），第115页。此外，认为不需要排他性支配之要件的是，镇目："刑事制造物责任中的不作为犯论的意义与展开"，载《本乡法政纪要》第8号（1999年），第350页以下（将保证人地位理解为能够最有效率地采取结果回避措施的主体）；盐见："不作为犯论"，载《刑法的争点》（第3版）（2000年），第19页；高山，前列：《不真正不作为犯》，第56页以下。

也难以被一元性地贯彻,归根结底,不得不与形式的法义务说同样的作多元性的理解。作为义务各自的发生根据并不是相互排斥的,只不过是哪个根据更具有稳定性而已。因此,不能根据作为义务的"发生根据"进行分类,而应当根据"保证人的义务"与"功能"进行分类。也就是说,第一,确定保证人义务的功能,在其框架范围内整理多种多样的法义务的方法即为此。如前所述,作为义务是不作为犯中的行为规范,而行为规范的功能在于法益保护,因此,作为义务的发生根据也必须与法益相关联起来理解。因此,可以将法益分为应当直接性地保护的情形与应当间接性地保护的情形,据此将作为义务二分为应当保护处于危险状态的法益(法益保护义务)与应当管理将法益置于危险状态的危险源的义务(危险源管理义务)(功能的二分说)。[1]这两种义务,归根结底是根据是否能够社会性地期待行为人直接或间接地保护该法益这一标准来决定的。[2]而社会性期待是由行为人的社会角色来决定的,该判断资料是由法令等形式性要素以及排他性、支配性等实质性要素组成。事实性要素以及规范性要素归根结底是作为义务这一规范的构成要件要素的认定事实。[3]

(6) 判例的概观。作为肯定不作为杀人罪的判例,可以列举如下:在大审院时代有这样的案例,即不对领养的刚出生 6 个月的婴儿提供其生存所必要的食物致使其饿死〔大判大正 4 年(1915 年)2 月 10 日刑录第 21 辑第 90 页〕,大审院肯定了规范的保护关系。此外,在肯定不作为杀人罪的下级审判例中,有如下类似案件,即妻子离家出走,丈夫将妻子托管在他人家的孩子接回自己家中,丈夫将自己关在房间内绝食,也不给孩子提供食物,致使孩子饿死〔名古屋地冈崎支判昭和 43 年(1968 年)5 月 30 日下刑集第 10 卷第

---

〔1〕 作为功能的二分说,参见山中第 244 页。此外,山口第 90 页以下从"结果原因的支配"这一视角出发,分为危险源的支配与法益脆弱性的支配,但我认为后者对应于法益保护义务,而前者对应于危险源管理义务。

〔2〕 参见江家:《江家义男教授刑事法论文集》(1959 年),第 35 页;神山:"保证人义务的理论根据",载《森下古稀》(上),第 189 页以下。

〔3〕 有必要对这两种义务之中的具体类型进行整理与排序。根据山中第 244 页以下的观点,在法益保护义务中,进一步分为基于规范的保护关系、任意性或制度性的保护关系、功能的保护关系的作为义务。而在危险源管理义务中,则进一步分为对危险物或设备的管理义务、对第三人的危险行为的监督义务、基于先行的危险创出行为的作为义务、基于继续的保护功能的管理义务。该类型化基本上是妥当的,可以说成为了判例分析的视点。

5号第580页］；母亲将婴儿生产在便槽内，就那样将其放置在便槽内，致其死亡［福冈地久留米支判昭和46年（1971年）3月8日判夕第264号第403页］等。[1]

作为基于规范的保护关系与先行的危险创出行为的判例，可以列举如下：对于置于自己支配下的作为住宿佣工的从业员施加暴行致使其生命陷入垂危状态，尽管如此，却未求助于医生，最终致其死亡［东京地八王子支判昭和57年（1982年）12月22日判夕第494号第142页］；在驾驶汽车的过程中因过失致使被害人身负重伤，之后试图将被害人送往医院而让被害人坐在副驾驶室上，但在途中却停止将被害人送往医院，在开车寻找遗弃场所的过程中，被害人死亡［东京地判昭和40年（1965年）9月30日下刑集第7卷第9号第1828页］等。

作为基于先行的危险创出行为的判例，有以下案例，即计划从无法行走的熟人身上夺取金钱，于是在严寒期的一个深夜里将被害人带到山中放置后离开［前桥地高崎支判昭和46年（1971年）9月17日判时第646号第105页＝杀人未遂］等。

最高裁判所最初肯定不作为杀人罪是最决平成17年（2005年）7月4日刑集第59卷第6号第403页的案件，即莎克蒂治疗杀人事件。[2]

事实概要如下：①被告人声称自己拥有施展"沙克蒂推掌"的特别治疗能力，即通过用手掌拍打患者的患处就能将能量输送给患者而提高其治愈能力（以下称为"沙克蒂治疗"），从而聚集了很多信奉者。②A是被告人的信奉者，因脑内出血病倒而住进了兵库县内的医院，由于意识障碍而处于需要吸痰和以打点滴的方式注入水分的状况，虽然没有生命危险，但需数周的治疗，而且估计治愈后也会留下后遗症。A的儿子B也是被告人的信奉者，因希望父亲能够不留后遗症地康复而委托被告人对A进行沙克蒂治疗。③被告人虽然没有对脑内出血等的严重患者实施过沙克蒂治疗，但因接受了B的委

---

[1] 此外，东京高判平成19年（2007年）1月29日高刑速报（平19），第107页中，没有给3岁的幼儿提供充足的饮食导致其因极度的低营养而饿死。对于该案件，东京高等裁判所认为，对于仅仅与被害人及其亲生母亲同居，并不具有法律上的身份关系的被告人，从伦理或者社会观念出发可以肯定其作为义务，从而肯定不真正不作为犯的杀人罪之成立。关于本案，参见中川（深）：《警学》第61卷第9号，第184页。
[2] 关于莎克蒂治疗杀人事件，参见镇目：《百选I》，第14页；高桥：《规范论》，第110页以下。

托，为了在其所在的千叶县的某宾馆内实施该治疗，在明知主治医生有暂时不让 A 出院的警告和 B 等家属希望得到主治医生的许可后再将 A 送到被告人处之意图的情况下，仍然指示 B 等人："点滴治疗很危险，今天和明天是关键时刻，要在明天之内把 A 带来"等。被告人使仍处于以点滴等为必要的医疗措施之状态的 A 从所住医院运送出来，对其生命产生了具体的危险。④被告人受到 B 等人委托对被运送到上述宾馆的 A 实施沙克蒂治疗，被告人看了 A 的病情，虽认识到如果对 A 置之不理就有死亡的危险，但为了避免前述③的指示的错误露馅，就只能对 A 实施沙克蒂治疗了。因此，被告人怀着未必的杀意，将摘除了吸痰和水分的点滴等对 A 的生命维持必要的医疗设施的 A 就那样放置了大约一天的时间，致使 A 因痰引起的呼吸道堵塞而窒息死亡。

第一审判决［千叶地判平成 14 年（2002 年）2 月 5 日判夕第 1105 号第 284 页］作出以下判示：将病床上的 A 的嵌入体内的点滴装置及氧气罩取下，带出医院这一行为其本身与由于脑内出血的并发症和水分不足，引起脑血栓和心肌梗死相关联，虽是对 A 的生命孕育着重大危险的行为，但在转移手段是适当的场合，不能说有致使 A 死亡的具体危险性，只是到此带出阶段为止的行为，不能承认其存在作为杀人的实行行为应该满足的对 A 的死亡存在具体的、现实的危险性。那么，转移手段是不适当的，而且将其运入没有任何医疗设备的宾馆，如果不采取对其生存必要的措施的话，产生 A 的死亡这一结果的现实的具体的危险性就当然存在，所以如果一并考虑伴随带出医院外的行为的危险性的话，就可判断为这一体的行为产生了对 A 的生命的现实的、具体的危险性。进而认为，带出行为是作为，不保护行为是不作为，所以一体的实行行为是这些作为及不作为的复合体［杀人罪成立（惩役 15 年）］。

控诉审判决［东京高判平成 15 年（2003 年）6 月 26 日刑集第 59 卷第 6 号第 450 页］认为，虽然指示 B 等人使得 A 从医院带出的行为在客观上相当于杀人罪的实行行为，但是在此时点上，在对被告人认定未必的故意中留有合理怀疑的余地。在此基础上，控诉审判决认定为：在 A 被运入宾馆而认识到其病情的时点上，被告人虽然认识到了就这样放置的话，A 有死亡的危险，但使 A 接受急救医疗就暴露了自己作出的使其运出医院的错误判断，作为沙克蒂推掌的权威就会显著丧失，因此，就认为即使 A 死亡也是不得已之事了，所以肯定了杀人罪的成立。即认为"被告人指示 B 等人将 A 带出医院，运入本案的宾馆里，通过此先行行为，可以理解为对于被运入本案的宾馆里的 A 应负有立即使其接受对其生存必要的医疗措施的作为义务，尽管如此，却怀着未必的杀意，懈怠了上述的作为义务，进而导致了致 A 死亡这样的结果，所以被告人所实施的如上述的认识到了 A 的状况以后的行为，作为所谓的不真正的不作为犯，可以考虑以杀人罪问罪。"在和 B 的关系上认为在保护责任者遗弃致死的限度内成立共同正犯，于是撤销了第一审判决，对被告人处 7 年的惩役。

最高裁判所维持了原判，关于不作为杀人罪，依据职权做了如下判断。即"依据以上的事实关系的话，被告人由于应该归责于自己的事由而产生了对患者生命的具体危险，而且在患者被运入宾馆的情形中，可以承认是基于受到信奉被告人的患者亲属的对严重的患者进行治疗的全面委托的立场。在此之际，被告人认识到了患者的严重状况，而且并没有认为自己能够对其进行救治的根据，所以应该负有立即使其接受对维持患者生命必要的医疗措施的义务。尽管如此，对于怀着未必的杀意，未使其接受上述的医疗措施而就那样地放置着致使患者死亡的被告人来说成立不作为的杀人罪，在和无杀意的患者的亲属的关系上理解为在保护责任者遗弃致死罪的限度内成立共同正犯是相当的"。

在本案中，带出医院这一自己的先行行为是危险源，在产生基于先行的危险创出行为的作为义务（危险源管理义务）的同时，也产生了基于将治疗委托于共犯人这一功能的保护关系的作为义务（法益保护义务），从而对于在宾馆内的不保护行为肯定杀人罪的成立。[1]

关于不作为的放火罪，如前所述，大审院的判例要求行为人具备与故意相独立的其他主观意思。大判大正 7 年（1918 年）12 月 18 日刑录第 24 辑第 1558 页的案情如下：与养父吵架的被告人用折叠刀刺杀其养父，被告人虽然认识到了在吵架过程中其养父所扔的燃烧木屑飞到了囤积于庭院中的干草上并燃烧起来的情况，却为了隐蔽杀人罪迹而不采取灭火措施，结果烧毁了被

---

[1] 此外，关于从医院带出的行为，一审将长子的行为认定为（保护责任者）遗弃行为，从而肯定保护责任者遗弃致死罪的成立（确定）。二审之后，虽然以杀意的不存在为由，将被告人对该遗弃行为的参与行为置于先行行为的位置上，但是关于对该长子的参与行为而言，可以对被告人肯定（单纯）遗弃罪的共谋共同正犯的成立（《刑法》第 65 条第 2 款），遗弃罪与旅馆中的不作为的杀人罪就成为包括一罪了。

告人所有的住宅等。关于该案件,大审院认为当"怀着利用既发火力的意思"懈怠灭火时,则肯定不作为犯的成立(危险源管理义务以及法益保护义务)[进而,大判昭和13年(1938年)3月11日刑集第17卷第237页要求具有"利用危险的意思"]。但此后,在最判昭和33年(1958年)9月9日刑集第12卷第13号第2882页中,社员甲在营业所内自己的桌子下放置了包马口铁的火炉,并开始工作,在炭火烧得正旺的火炉旁边放着装文书的纸箱,尽管甲能够预见到如果继续将该火炉放在该位置就有蔓延到纸箱的危险,却原封不动地将该火炉放在桌子下,离开已经没有其他人的办公室,到其他房间内打盹,数小时后,甲发现了由于炭火加热而导致纸箱起火的情况,但由于害怕自己的失策被发觉,竟然容忍该营业所建筑物可能会烧毁的后果而逃离该营业所,最终导致该营业所被烧毁。对于该案件,最高裁判所作了以下判示:怀着容忍烧毁该建筑物的意思,这是通过不采取本来作为被告人义务的必要且容易的灭火措施这一不作为的放火行为。从这一判示来看,并不要求利用意思这一特别的主观要件,而是将过失的先行行为以及作为加班职员的地位(危险源管理义务)认定为作为义务的发生根据。[1]

(二) 作为义务的体系性地位

作为义务在犯罪论体系上到底占据怎样的地位。之前的观点将作为义务理解为违法要素,并采取这种有疑问的判断顺序,即:首先进行违法性判断,之后再判断构成要件该当性。[2]但在最近,为了维持构成要件的违法推定功能,所谓的保证人说成了通说,该学说树立了在类型性地把握具有作为义务的人的基础上而被认定的保证人地位的观念,并将该保证义务放置于不明文规定的构成要件要素的位置上。[3]根据保证人说,行为人的保证人地位,即其所负有的在法律上保证不使结果发生的义务被作为构成要件要素,只有保证人的不作为该当于构成要件。据此,不真正不作为犯就成为构成要件该当

---

[1] 关于本案,参见吉田(敏):《百选Ⅰ》,第12页。进而,广岛高冈山支判昭和48年(1973年)9月6日判时第743号第112页中,被告人在侵入他人住宅从抽屉窃取现金之际,由于硬币掉落床上,于是将碎纸揉成一团并将其点燃以便看清硬币并收集起来,而纸屑的燃灰将桌上的碎纸引燃并处于燃烧状态,被告人就此放弃并逃走。对于该案件,裁判所认定被告人"容忍了既发火力的延烧结果发生",从而肯定不作为放火罪的成立。

[2] 参见团藤第147页以下。

[3] 关于保证人说的展开,参见中森喜彦:"保证人说——其推移与意义",载《现刑》第4卷第9号(2002年),第4页以下;平山,前列:《不作为犯》,第17页以下。

性这一阶段上的问题。

但是，也有观点主张将保证人地位放在构成要件该当性的阶段上，而将保证义务放在违法性的阶段上。[1]据此，也可以将该观点理解为这是为了在认识错误的情形中，导出前者就是事实错误，而后者就是违法性错误的结论。但即使将两者都放在构成要件要素的位置上，区分为作为义务提供基础的事实这一事实层面上的错误与作为义务其本身这一规范层面上的错误，也是可能的。

（三）作为可能性

前述的不作为的因果关系问题是（事后的）结果回避可能性的问题，与此相对，作为可能性是判断违反作为义务的前提条件。[2]也就是说，作为可能性一般是在作为义务确定之后，在判断具体的作为义务之际被考虑的。例如，自己的儿子溺水于湖中，其父亲偶然经过该湖边，心里想着这是荒无人烟的地方，即使儿子死了也没关系，于是离开湖边，如果该父亲不会游泳的话，就会否定其违反作为义务。

作为可能性是在一定的作为被期待的时点上的判断，因此是事前判断；与此相对，（事后的）结果回避可能性是作为事后判断的（义务违反与结果之间的）因果关系（客观归属）问题（边页第155页、第223页）。

二、不真正不作为犯中的实行行为性判断

不作为是否与作为同等价值是判断不作为犯成立的关键点，将作为义务的有无作为要件，归根结底也是为了判断该等价性。但是，应该将等价性这一要件放在哪个位置上成为问题。关于这一点，虽有观点主张将等价性理解为作为与作为义务相独立的要件，[3]但这样理解也是可以的，即如果肯定了保证人地位或义务，并肯定了不作为犯的实行行为性，据此等价性就得以判

---

[1] 参见福田第94页注2、内藤（上）第230页、川端第237页、曾根第203页。
[2] 与此相对，大谷第138页以下将具体行为人的作为可能性作为责任的问题，以一般人或社会通常观念为基准判断作为构成要件要素的作为义务，对不能游泳的情形也肯定作为义务。但是，不考虑该行为人的能力，不仅无法设定具体的作为义务，对没有行为能力的人肯定行为规范违反也是不妥当的。进而参见杉本：《不作为犯的结果回避可能性》；仲道："不作为犯中的'可能性'"，载《理论刑法学入门》，第35页以下、第51页以下。
[3] 例如，参见大谷第140页。

断了。因此，不能将其作为与作为义务违反相并列的要件。[1]

在判例上，例如，饮食店的店主甲与其妻子乙雇佣了 X 女，并让 X 与其共同居住在自己家中，甲对 X 在招待客人时打盹表示很生气，于是用铁棒强力打击 X 的头部和脸部。此后，甲将 X 带回自己家中，甲与乙对 X 小便失禁、不吃饭大为恼火，于是又用木刀数次殴打 X 致其负伤，X 几乎没有进食，数日后陷入垂危状态，甲与乙虽然认识到了如果不及时接受医生的治疗，X 可能会死亡，但由于害怕其伤害事实被发现，于是将 X 继续放置在家中，数日后 X 死亡。对于该案件，东京地方裁判所对该不作为作出了以下判断，即该不作为可以评价为不作为杀人的实行行为［东京地判八王子支判昭和 57 年（1982 年）12 月 22 日判夕第 494 号第 142 页］。[2]

归根结底，应当采取以下顺序对不真正不作为犯的构成要件该当性进行判断，即：①不作为的特定；②被期待的作为的特定；③是否存在保证人地位或作为义务；④在该案件中是否存在作为可能性；⑤义务违反与怎样的法益相关联，其危险达到什么程度；[3]⑥主观要素，例如是否具有故意；⑦是否发生法益侵害或危险；⑧是否具有因果关系（事后的结果回避可能性）。如果具有①②③④⑤，则可以肯定作为客观层面的实行行为性；如果具有⑥，则可以肯定附加了主观层面的实行行为性；在⑦的危险发生的阶段上则肯定未遂犯的成立可能性，[4]而在发生实害的阶段上则肯定成立既遂犯的可能性；通过⑧进行客观归属判断。

---

[1] 此外，关于等价值性，参见萩野："关于不真正不作为犯中的构成要件等价值性（1）（2）（3）"，载《名古屋学院大学论集社会科学篇》第 50 卷第 3 号第 77 页以下、第 4 号第 141 页以下、第 51 卷第 4 号第 215 页以下（2014 年、2015 年）。

[2] 进而，广岛高判平成 17 年（2005 年）4 月 19 日高刑速报（平 17）第 312 页中，对于与被告人姘居的男子对被告人的儿子所实施的虐待儿童的行为，认为至少可以对被告人及其姘夫肯定杀人的间接故意，从而驳回了否定杀意而仅仅在伤害致死的限度内肯定被告人与姘夫成立共同正犯的原判决。

[3] 例如，当对生命存在高度危险时，杀人罪的成立与否成为问题；当对生命只存在较低危险时，遗弃罪的成立与否成为问题（《各论》第 39 页）。

[4] 关于未遂犯的成立时期，在已经存在危险的情形中（例如父母发现了处于溺水中的孩子），在成立不作为的同时，也成立未遂犯，但在如果不实施某种作为，法益就会面临危险的情形中（母亲不给婴儿提供母乳），具体危险发生时才成立未遂犯。

三、逃逸与不作为犯

逃逸存在"单纯逃逸"与"伴随移转的逃逸"这两种形态。[1]例如，甲在驾驶汽车的过程中误撞了行人 X，仓皇逃走，这一情形就是前者的"单纯逃逸"（成立不作为的单纯遗弃罪或保护责任者遗弃罪）；又例如，甲在驾驶汽车的过程中误撞了行人 X，致使其负重伤，甲为了救助 X 而让 X 乘坐于自己车中，在开往医院的途中害怕被发现自己是犯人，于是想着将 X 遗弃于适当的场所而逃走，在此之际，甲虽然想到了如果不对 X 实施救助措施 X 可能就会死亡，却下定了 X 死亡也是没办法的事情这一决心，在寻找遗弃场所而继续驾驶的过程中，X 在车中由于出血过多死亡［东京地判昭和 40 年（1965 年）9 月 30 日下刑集第 7 卷第 9 号第 1828 页］。这种情形就是后者的"伴随移转的逃逸"。

作为共通于两者的作为义务发生根据，有《道路交通法》第 72 条所规定的负伤者救护义务违反以及过失的先行行为，后者在上述东京地裁判所的案件中，进而存在具体的接受行为。在这些情形中，是成立保护责任者遗弃（致死）罪还是成立杀人罪，成了问题（边页第 167 页）。判例对于怀着杀意而遗弃的情形肯定了杀人罪的成立（《各论》第 39 页）。东京地裁昭和 40 年（1965 年）判决中，X 当时的状态是如果被直接送往医院救治的话就可能防止死亡结果发生，据此对甲肯定了应当将 X 送往医院救治、维持其生命的义务，进而以存在杀人的间接故意为根据，对甲的行为肯定了杀人罪的成立。进而，佐贺地判平成 19 年（2007 年）2 月 28 日 LEX/DB28135252 中，被告人所驾驶的普通货车与被害人的自行车相撞，在交通事故发生后，被告人在将被害人搬到自己车上的途中，放弃了救助被害人的意思，虽然如果将垂危的被害人遗弃于山中的话被害人可能会死亡，但被告人却决意不得不这样做，于是将车开进山中并将被害人遗弃，被害人最终由于搜索行动而被救出。对于这一案件，佐贺地方裁判所认为被告人的行为是充分具备引起被害人死亡结果的定型性危险的行为，在客观上该当于杀人的实行行为，据此肯定了杀人未遂的成立。[2]在本案中，"带去"与"放置后离开"这两个行为当然地

---

[1] 关于逃逸的刑事责任，参见冈野光雄：《交通事犯与刑事责任》（2007 年），第 217 页。
[2] 关于本案，参见日高，前列：《作为犯还是不作为犯》，第 149 页以下。

被评价为"一体的行为"。

与此相对,最判昭和34年(1959年)7月24日刑集第13卷第8号第1163页中,汽车驾驶员在因过失而致使行人身负重伤无法行走时就处于保护责任者的地位(《刑法》第218条的一起也包含行放置后离开),却没有采取任何救助措施,让被害人乘坐于自己车中逃离现场,之后将被害人放置于降雪的昏暗道路中,此时成立不作为(放置=身体运动)的保护责任者遗弃罪。[1]我认为这些区别是依据生存可能性的程度。也就是说,在将具有高度生存可能性的被害人放置的情形中肯定不作为性,成为不作为犯的问题。

此外,例如,甲在驾驶汽车的过程中误撞了行人X,却以为撞到了石头而继续前行,次日在新闻中得知X的死亡而惊愕万分。在该情形中,甲的行为除了成立违反道路交通法的犯罪,以过失能够被肯定为限,仅仅成立驾驶机动车过失致死罪。

---

[1] 关于本案,参见名和:《百选Ⅱ》(第4版),第20页。

第八章 故 意

第一节 含 义

在作为客观构成要件要素的实行行为被确定之后，有必要确定该实行行为的主观要素。具体而言，实行行为是对法益的抽象危险行为（边页第102页），当该行为被故意所支配时，就成为故意的实行行为，当被过失所支配时，就成为过失的实行行为。在这一点上，故意与过失是主观的构成要件要素。[1]

日本《刑法》第38条第1款规定"不具有犯罪意思的行为，不处罚。但是，当在法律上存在特别规定时，不受此限"。明确了以处罚故意犯为原则，以处罚过失犯为例外。"犯罪的意思"虽是故意，但却不存在关于故意是什么的定义规定，这一点专门委托于解释论。[2]

作为主观构成要件要素的故意，也被称为"构成要件故意"。但是，犯罪论的实质性评价是违法与责任，构成要件故意与"违法及责任"之间的关系必须被作为一个问题来看待。也就是说，故意是违法要素还是责任要素，或者既是违法要素也是责任要素这一问题必须被探讨，这也是故意的体系地位问题。

---

[1] 这样，故意犯与过失犯虽然在实行行为这一点上是共通的，但在行为规范这一点上是不同的。例如，杀人罪的行为规范是"禁止杀人"，而过失致死罪的行为规范是"对结果的回避尽必要的注意，实行或不实行该行为"（边页第214页）。故意犯的刑罚比过失犯更重并不是因为故意犯比过失犯的危险性更大，而是因为故意犯违反了结果关系性的（例如，人的死亡）行为规范，行为规范违反性（规范的违法）的程度更大。不管怎么样，如果具备客观的构成要件要素与主观的构成要件要素，就可以肯定该当于构成要件的行为（以及结果）。

[2] 关于故意犯，参见中：《晚近错误理论的问题点》（1958年）；齐野：《故意概念的再构成》（1995年）；长井（长）：《故意概念与错误论》（1998年）；高山：《故意与违法性意识》（1999年）等。

故意（进而过失）具有以下双重地位，即作为与行为相关的行为意思的地位与作为与行为人相关的本来地位。也就是说，一方面，故意是作为控制行为以及为行为提供含义的行为规范违反的要素，因此是违法要素；另一方面，故意也是作为属于行为人责任的意思形成过程之结果的责任要素。顺便说一下，过失也一样，一方面作为控制行为意思的方法，即作为结果回避义务违反的违法要素；但并不限于此，另一方面作为非难可能性之标志的责任要素。将故意与过失包含于违法要素，使得作为违法类型的构成要件得以个别化。[1]仅仅将故意与过失理解为责任要素，认为其是属于与违法要素无关的构成要件，从而肯定构成要件故意的观点，[2]可以说忽略了故意行为、过失行为这一行为的侧面与故意、过失作为行为意思的侧面。

与此相对，存在将故意专门作为违法要素的观点；专门作为责任要素的观点；原则上作为责任要素，在一定的情形中作为违法要素的观点等。

将故意专门作为违法要素的观点[3]由于将故意的对象限定于构成要件该当事实，结果导致在假想防卫的情形中肯定故意犯的成立，从而导出严格责任说的结论。如后所述（边页第173页），既然严格责任说自身存在问题，应当说这是不妥当的。

将故意专门作为责任要素的观点，[4]在不承认构成要件故意的情形中，就无法维持构成要件的个别化功能；在承认构成要件故意的情形中，就将构成要件理解为责任类型。除了如前所述的批判（边页第88页），还会导致将其放在脱离了违法的责任这一位置上，虽然从"违法是客观的，责任是主观的"这一格言出发仅仅对责任进行主观判断，但在构成要件该当性阶段已经混入了主观要素，应当说缺乏理论上的一贯性，因此是不妥当的。

---

[1] 由于构成要件原则上是违法类型，因此没有必要将作为违法要素的故意独立作为违法故意，而应当被统合到构成要件故意中（与此相对，大塚（仁）第363页、大谷第131页将违法故意独立出来）。但是，正确而言，应当称为构成要件的违法故意。

[2] 作为这种观点，参见前田第35页以下、曾根第65页以下。

[3] 参见西原（上）第176页、野村第171页。从消极的构成要件要素的理论之立场出发，参见井田第154页。

[4] 参见佐伯（千）第246页以下、中山第349页、内藤（上）第222页、山口第30页以下、堀内第90页以下、林（干）第96页。

将故意原则上理解为责任要素,在一定的情形中理解为违法要素的观点,[1]通过将危险性判断与故意相关联,例如,在未遂犯(着手未遂)的情形中,虽然将故意作为主观的违法要素,但这样的话,与犯罪达到既遂的情形一样,而且也存在具有很大危险性的过失犯这种情形,即危险性判断与故意的有无未必具有关联性,因此该观点是不妥当的。[2]

第二节 构成要件故意

如上所述,从违法要素派生出来的是构成要件故意,从责任要素派生出来的是责任故意。构成要件故意是对该当于构成要件的事实的认识;责任故意是为违法性提供基础的事实的认识。[3]前者是诸如对于"杀人"的认识问题,后者则是诸如对于不存在正当防卫状况等的认识。因此,在因假想防卫而杀人的情形中,虽存在构成要件故意,但由于误认存在正当防卫状况(因为不存在对于违法性提基础事实的认识),因此责任故意就被阻却了,如果存在过失,则在责任阶段成立过失犯。[4]

与此相对,存在以下几种不同的观点。

第一,有观点仅仅将构成要件故意作为故意的内容,将违法性基础事实

---

[1] 参见平野Ⅰ第126页。此外,认为故意虽然是责任要素,但行为意思是主观的违法要素的是高山:"相当因果关系",载山口编著:《Close up 刑法总论》(2003年),第15页以下。
[2] 作为如本书所承认的构成要件故意与责任故意的观点,参见团藤第290页;大塚(仁)第457页;佐伯(仁):"故意、错误论",载《理论刑法学的最前线》,第98页以下;佐久间第109页以下等,但其根据与内容存在差异。此外,作为明言责任故意的裁判例,参见本页注3的东京高裁平成20年(2008年)判决、高松高判平成26年(2014年)1月28日高刑速报(平26),第213页等。
[3] 此外,虽然可以对无责任能力者承认构成要件故意,但不能肯定其责任故意。具体而言,可以说责任能力是能够保持责任故意的能力。关于这一点,参见东京高判平成20年(2008年)3月10日判夕第1269号第324页。关于这一点,参见高桥:"责任无能力者的故意",载《研修》第736号(2009年),第3页以下。但是责任无能力者(限定责任能力者)事实上也存在不具有构成要件故意的情形[东京高判平成22年(2010年)5月12日判夕第1379号,第251页,否定了心神耗弱者的诈骗故意]。进而,参见仲道:"从医疗观察法来看刑法理论",载《理论刑法学入门》,第113页以下。
[4] 在该情形中,没有必要再一次从过失犯的构成要件该当性出发进行判断(这就是所谓的飞镖现象),如果对故意的实行行为追究过失责任,即为足够。此外,认为有必要将包含注意义务违反行为在内的过失行为在构成要件阶段重新检讨,由于是关于不同事实的判断,因此不是"飞镖现象"的是,松泽:"所谓的'飞镖现象'与犯罪论体系",载《川端古稀》(上),第283页以下。

的认识与故意相分离（严格责任说）。[1]例如，如果存在"杀人"的认识，就该当于故意犯的构成要件，假想防卫被放在违法性错误的位置上，根据违法性意识之可能性的有无，判断该故意犯的责任是否被阻却。但是，根据该观点，误认了作为正当防卫之前提事实的情形与误信了正当防卫的要件其本身的情形都同样地被放在违法性错误的位置上，在这一点上不得不说混同了事实与评价，是过度的规范主义。正当防卫等容许规范在构成禁止规范的同时，也构成了行为规范。由于假想防卫并没有认识到其中的事实层面，因此无法肯定其故意。

第二，有观点认为在构成要件中包含违法性基础事实（消极的构成要件要素理论）。[2]具体而言，在构成要件中也包含了不存在正当化事由，于是在正当防卫的情形中，就会得出不具有构成要件该当性的结论；而在假想防卫的情形中，则阻却构成要件故意，如果存在过失，则转移到构成要件过失上。但是，该观点在将构成要件与违法性合为一体这一点上，在犯罪论体系上混同了禁止规范与容许规范，必须说是不妥当的。禁止规范与容许规范虽然都共同构成了行为规范，但在犯罪论体系上，禁止规范与容许规范分别属于构成要件与违法性的阶层。（边页第258页）。

第三节　对于"该当于构成要件的事实"之认识

一、该当于构成要件的事实

故意的认识对象是该当于客观构成要件要素的事实。在该事实中，有行为、行为主体、行为客体、结果、因果关系、行为状况等，所有的这些都有必要被认识。

故意虽然是对于该当于"构成要件"之事实的认识，但由于该当于构成要件的事实意味着构成作为行为规范（以及与此相关的制裁规范）之内容的事实，因此，即使在法律条文中被明确记载，对于不属于这种构成要件该当事实的要素也没有认识的必要性。例如，处罚条件、追诉条件、处罚阻却事

---

[1]　参见大谷第291页以下、第339页；福田第210页以下；西原（上）第469页以下。
[2]　参见中第57页以下、第90页以下；井田第91页以下、第157页、第350页。

由等的存在并不是故意的对象。[1]但是，刑的加重或减轻事由属于构成要件要素，因此有必要被认识。[2]

由于故意意味着对该当于构成要件的"事实"本身的认识，因此，诸如该事实该当于构成要件、被刑法的条文所记述、被法律所禁止等，都没有被认识的必要。当不存在对于这些因素的认识时，都是违法性错误，并不是阻却构成要件（以及责任）故意的事实错误，与故意的成立与否并无关系。也就是说，违法性错误是关于行为规范其本身的错误，而事实错误则是关于作为行为规范之对象的事实层面上的错误。但是，如前所述，必须注意违法性基础事实是责任故意的对象。

问题是对事实的认识需要达到怎样的程度，关于这一点，尤其是关于规范的构成要件要素的认识成为问题。例如，对于传播淫秽物品罪（《刑法》第175条）中的"淫秽"的认识，需要认识到怎样的事实才能肯定故意，成为问题。

事实认识可以分为以下几个阶段。第一，对于物体的认识，例如认识到了记载于文书的文章的存在；第二，认识到了该文书所具有的语言学或文学上的含义［最大判昭和32年（1957年）3月13日刑集第11卷第3号第997页中的"柴达夫人事件"认为只要存在对于有问题的记载的认识，就可以肯定故意。[3]此外，东京地判平成16年（2004年）1月13日判夕第1150号第291页认为，如果存在对于该图书所描写的内容以及将其颁布的认识，就可以肯定故意］。例如，对于英文的淫秽书籍而言，行为人就必须具备阅读英文的能力。第三，对于该文书所具有的社会含义的认识。例如，该小说一般被认为是"低

---

[1] 例如，第197条第2款的事前受贿罪中的"成为公务员"就是处罚条件，因此并不是故意的对象。与此相对，认为处罚条件也是违法要素，对于该当于处罚条件的事实至少需要具备过失的是，内藤（上）第215页、平野Ⅰ第163页、山口第204页。进而，认为必须具备相当因果关系与故意的是，曾根威彦："处罚条件"，载《刑法基本讲座》第2卷，第327页；松原（芳）：《犯罪概念与可罚性》（1997年），第228页以下。但是，由于处罚条件并不是构成要件结果，因此并不需要具备与实行行为之间的因果关系。此外，构成行为规范的行为主体、行为客体、结果、行为状况是不同的，处罚条件中也存在像追诉条件等这种与行为规范无关的纯粹制裁规范的要素，因此，我认为这不是故意或过失的对象。此外，提示将处罚条件还原为构成要件（可罚的违法类型）之方向的是，佐伯（千）：《刑法中的违法性理论》（1974年），第149页以下。

[2] 例如，同意杀人罪（《刑法》第202条）虽然是杀人罪的违法减轻类型，但必须认识到已经得到被害人的同意。

[3] 关于本案，参见松原（久）：《百选Ⅰ》，第96页。

俗"或"色情"书籍这一社会含义的认识是必要的，将这一点称为"含义的认识"；第四，对于该文书该当于《刑法》第 175 条所规定的"淫秽"的认识。

其中，为了肯定构成要件故意，到上述的"含义的认识"之前的三个阶段的认识是必要的。这是因为，只有具备这三个阶段的认识，才能够直面"不实施这样行为"这一行为规范的问题。第四点是对"淫秽性"本身的认识，这是违法性意识的问题。如后所述，违法性意识并不是故意的要件，违法性意识可能性被作为责任要件（边页第 373 页）。

因此，是否具备其含义的认识，成为是否成立故意的界限。含义的认识是指，例如，在传播淫秽物品罪（《刑法》第 175 条）中，就是与作为法评价的"淫秽"平行存在的作为社会性评价的"低俗"这一点的认识（平常人之间的平行性评价）。[1]当不存在对于含义的认识时，就是事实错误，当虽具有含义的认识但不具有违法性意识时，则成为违法性错误。

最决平成 2 年（1990 年）2 月 9 日判时第 1341 号第 157 页中，美国国籍的被告人在中国台湾地区被 A 威胁而答应将货物运往日本，A 告诉被告人是化妆品，却隐藏了 3 公斤兴奋剂，试图让被告人带入日本，在东京都内的旅馆中被告人持有 2 公斤兴奋剂，但被告人没有认识到自己所持有的是兴奋剂。对于这一案件，最高裁判所认为，被告人在将本案物品走私带入日本之际，存在其所携带的是可能包括兴奋剂在内的对身体有害的违法药物的认识，因此，可以归结为：被告人对于其所携带的物品具有其可能是兴奋剂或者其他对身体有害的违法药物的认识。据此肯定了走私兴奋剂罪及持有兴奋剂罪的故意。[2]

---

[1] 这样，含义的认识就是对于与法评价相平行（对应）的社会性评价（含义）的认识，但要确定"平行"评价是什么，就有必要确定在一个地方中一般人是如何理解的。可以说，"平常人之间的平行性评价"包含以下两层含义，即法官的法评价与一般人的社会性评价的平行以及与一般人内部（平常人之间）中的平行。狸・貉事件与鼹鼠・貘马事件在结论上的差异是从后者的平行评价的不同产生的。此外，参见盐见第 74 页以下。

[2] 关于本案，参见冈上：《百选Ⅰ》，第 82 页。东京高判平成 22 年（2010 年）12 月 9 日东高刑时报第 61 卷第 1-12 第 321 页中，对于将在箱底内侧藏有兴奋剂的中型行李箱带到日本的案件，否定了对于兴奋剂的认识。在本案中，兴奋剂认识的有无的认定方法被作为讨论的对象。关于兴奋剂的认识，参见大阪刑事实务研究会：《兴奋剂走私罪中的故意》判夕第 1350 号（2011 年），第 48 页以下。此外，东京地判平成 14 年（2002 年）12 月 16 日判时第 1841 号第 158 页中，机动车贩卖修理公司的总经理甲向作为指定机动车整备事业场的总经理的机动车检查员行贿。对于该案件，东京地方裁判所认为，既然甲认识到了民间车检场的职员与陆运局的检查会产生同样的法效果，即使不知道机动车检查员被"视为公务员"，也不能否定行贿的故意。

本案是可以肯定存在"可能是兴奋剂，也可能是其他药物"这种择一故意或者概况故意的案件，但是，在不存在"可能是兴奋剂"这一认识的情况下，需要认识到怎样的事实才能肯定故意，成了问题。在这里，有必要确定"兴奋剂"的平行评价，而单纯认识到这是"白色粉末"并不足够，必须是对于"兴奋剂"这一物质的属性的认识，如果具有本案中的"含有兴奋剂的对身体有害的违法药物"这一点的认识，可以说存在含义的认识。当"兴奋剂被排除在外时，就不能肯定故意。

关于狸·貉事件［大判大正14年（1925年）6月9日刑集第4卷第378页］〔1〕，作为法评价的"狸"与作为社会评价的"貉"之间并不是平行的，因此是事实错误。而关于鼹鼠·貘马（音译）"大判大正13年（1924年）4月25日刑集第3卷第364页"〔2〕事件，作为法评价的"鼹鼠"与作为社会评价的"貘马"是平行的，因此是违法性错误。因此，这两个判例的结论是妥当的（边页第377页）。

二、认识与实现意思

如上所述，当具有含义的认识时，就能够肯定构成要件故意，但在以下这一点上存在争论，即：只要具备这种"犯罪事实的认识"就足够，还是进而需要具备"实现犯罪实施的意欲"。具体而言，该争论在故意的成立问题上，

---

〔1〕 狸·貉事件的简要案情如下：被告人在狩猎期间中将山林里的狸赶入岩洞中，用石块堵住入口使其不能逃走，三天之后（已经处于禁猎期间），将石块移开，令猎狗咬杀这只被困住的狸。但被告人以为自己所捕获的是"十字纹的貉"。对于该案件，被告人以狩猎法违反之罪被起诉，大审院将堵住洞口的行为理解为捕获，而当时并不是狩猎禁止期间，因此宣告无罪。进而作出以下判示：从学问上的见地出发，狸与貉并不是同一种动物，而只有具备动物学上的相关知识才能知道这一点。狸与貉的名称自古以来就并存，在日本的习俗中不区分这两者也丝毫不奇怪。在狩猎法中，单纯地提到狸这一名称，在日本自古以来的习俗上当然也包含貉，从这一观念出发，对于以为狸是其他动物而加以捕获者施加刑罚制裁，不能说是得当的。应阻却其犯意。在本案中，可以说是考虑了自古以来的习俗这一特殊的因素。关于本案，参见内田（博）：《百选Ⅰ》，第92页。

〔2〕 鼹鼠·貘马事件是指，被告人捕获了禁止狩猎的鼹鼠，但自以为所捕获的是俗称为"貘马"的动物。对于该案件，大审院认为，尽管鼹鼠与貘马是同一之物，单纯地不知道两者为同一动物，而只不过是相信捕获貘马也不构成犯罪的情形中，就是将在法律上禁止捕获的鼹鼠（即明知是貘马而）捕获，这并没有欠缺任何对于构成犯罪所必要的事实之认识。只是因不知该行为的违法性之故而辩解毕竟不知该条第3款即不知道法律的主张不能成立。原判决中所认定的被告人不知道貘马与鼹鼠为同一种动物，归根结底只能归结为不知道法律，并不排除犯罪的意思。

具体表现为认为只需要具备对于犯罪事实的认识就足够的表象说（认识说）与认为需要具备希望实现犯罪事实的意欲的意思说（希望说）之间的对立。该争论是关系到"间接故意"与"有认识的过失"之间的区别标准的问题。

间接故意是指，在对于犯罪事实的认识不确定，即不确定的故意之中，结果的发生这一点是不确定的；有认识的过失是指，虽然暂时预见到了结果的发生，但之后由于不注意而打消了该预见。[1]

如果彻底贯彻表象说，[2]对于有认识的过失而言，由于存在结果发生的预见（可能性的认识），因此，有认识的过失就会被纳入到故意的范畴之中。但是，有认识的过失并不肯定结果发生这一点，例如，对其适用"禁止杀人"这一行为规范是不妥当的，在这一点上，有认识的过失与无认识的过失具有共通性。因此，有认识的过失并不是故意，将其作为过失处理是妥当的。表象说存在疑问。[3]

追随表象说之流的是盖然性说，[4]该学说认为，当行为人预见到结果发生的可能性很高时，就是故意；相反，可能性很低时就是过失。确实，当认识到结果发生的可能性很高时应当肯定故意，但在结果发生的可能性低却意图实现结果的情形中，也应当肯定故意。[5]此外，由于对于不能犯的情形也能够肯定故意，因此当行为人存在使结果发生的意图时就可以肯定故意。

---

[1] 关于间接故意，参见高山・前列：《故意与违法性认识》；玄："关于故意的一个考察——围绕间接故意与有认识过失的区别——（1）-（6完）"，载《立命馆法学》第299号第181页以下、第302号96页以下、第306号第95页以下、第308号第32页以下、第309号第60页以下、第313号第54页以下（2005年~2007年）。广岛高判昭和36年（1961年）8月25日高刑集第14卷第5号第333页中，饮酒酩酊之后，驾驶着因前照灯发生故障而陷入不可能注视前方之状态的货车，在漆黑的夜晚接二连三地碾压从盂兰盆节跳舞回来的行人，导致数名行人死伤。对于该案件，广岛高等裁判所认为，从虽然认识到了冲撞的危险却不介意继续驾驶开始就具有暴行的间接故意，从而肯定伤害、伤害致死罪的成立。关于本案，参见内田（文）：《百选I》（初版），第116页。

[2] 采取表象说的是，宫本第140页、中野第46页以下。

[3] 高山，前列：《故意与违法性意识》，第148页中，从表象说（认识说）的立场出发，故意就是行为人心中像图像或绘画的东西，不管有没有该图像，当犯罪事实从脑中一闪而过，但却不知道具体结果会怎样就出手实施行为时，就存在犯罪事实的图像与不成为犯罪事实的图像这两张图像，此时存在间接故意。但是，不得不说，描绘什么程度的图像就可以说是犯罪事实的图像这一法评价应当从什么进路着手，成为问题。不能将该法评价专门作为事实认定的问题，有必要嵌入规范命题。

[4] 采取盖然性说的是，牧野（下）第556页、庄子第349页、前田160页、浅田304页以下、林（干）第244页。

[5] 参见佐伯（仁）第241页以下。

如果将意思说（希望说）[1]贯彻到底，就会将间接故意排除在外，而将其包含于有认识的过失之中。但是，在虽不希望或意图结果发生，但对该结果的发生持肯定态度的情形中，例如，对其适用"禁止杀人"这一行为规范是妥当的，因此必须说这种情形属于故意的范畴。

追随意思说之流的容忍说[2]认为，当容忍了犯罪事实的实现时就是故意，没有容忍就是过失。间接故意与有认识的过失在认识层面上无法区分，于是根据容忍的有无进行区分。在容忍中，存在"好、没关系"这种积极的容忍与"没办法、不介意、不关心"这种消极的容忍。根据该观点，在存在盖然性认识的情形中，如果存在消极的容忍，则可以肯定间接故意；即使在仅仅具有认识可能性的情形中，只要存在积极的容忍，也可以肯定间接故意。

容忍说是根据故意的认识要素与意志要素的相互关系来决定故意成立与否的观点，可以说这一思考方法是妥当的，但容忍这一要素与违法性意识的内容极为类似，与此同时，可以说只有根据将故意专门理解为责任要素的观点才能采取容忍说。

动机说[3]也是试图综合故意的认识要素与意志要素的学说，该学说根据结果发生的认识对于动机形成过程所赋予的影响来区分间接故意与有认识的过失。具体而言，当认识到结果可能发生时，行为人却仅仅停留于这种认识层面而没有形成不这样做的动机，依然实施相应行为，此时就可以对行为人施加故意责任的非难。该观点与容忍说一样，也可以说是从将故意专门理解为责任要素这一观点出发的主张，但由于这里的问题是构成要件故意的问题，因此应当说这是不妥当的。

因此，有必要将故意的认识要素与意志要素之间的相互关系放在构成要件故意（违法故意）的层面上来考虑，在这个意义上，当存在操纵导向结果发生之行为的实现意思时则肯定故意的实现意思这一学说是妥当的。[4]实现

---

[1] 采用意思说的是，大场（下）第698页以下。
[2] 采用容忍说的是，小野第153页、佐伯（千）第255页、团藤第295页、植松第248页、福田第113页、大塚（仁）第183页、西原（上）第183页、内田（文）第120页、佐久间第115页以下、佐伯（仁）第248页以下。
[3] 采用动机说的是，平野Ⅰ第188页、内藤（下）Ⅰ第1090页、大谷第158页、町野第197页、曾根第166页、西田第219页。
[4] 采用实现意思说的是，中第113页、野村第171页、川端第196页、山中第332页以下、井田第165页以下。

179 意思是指，预见到导向结果发生的因果经过，控制以下行为的意思，即为了实现意图的结果并回避没有意图其发生的附随结果所实施的适当手段的行为。[1]作为实现意思的下位基准，可以考虑以下几个方面：①认识事实的实现可能性的程度；②是否存在实现计划的意思及其程度；③是否存在将结果纳入计算范围的意思及其程度；④是否存在回避结果的意思及其程度；⑤是否存在结果回避措施及其程度。[2]

三、判例的立场

判例的基本立场未必是明确的。虽然一般被理解为采取了容忍说，但这并不当然地以特定的规范性框架为前提，应当说理解为采用了认识要素与意志要素的相关关系这一框架更为妥当。具体而言，可以理解为：当实行行为（及其结果）的危险性很高时，仅仅根据认识到这一点就可以肯定故意；而在实行行为（及其结果）的危险性很低时，应当将犯行动机等各种各样的要素的综合判断纳入故意的内容之中，以"认识·容忍"这一形式表现出来。

最判昭和23年（1948年）3月16日刑集第2卷第3号第227页中，[3]被告人从X那里买衣服，但在此之际，被告人想到了最近各地都发生了衣服被偷的事件，于是怀疑X所卖的衣服是偷来的。对于该案件，最高裁判所认为："故意收买赃物罪只有在虽然知道是赃物却予以收买才成立，要成立该罪的故

---

[1] 存在以下批判：实现意思是作为行为要素的"行为意思"，这两者并没有任何不同。关于这一点，参见佐伯（仁）第247页；高山，前列：《故意与违法性意识》，第151页。但是，行为意思是共通于故意与过失的"发动行动的动态意思"，其意思内容也没有超越行为其本身（例如，朝某个方向开枪，盗窃某物）的范围，因此与实现意思是不同的。此外，福冈高判昭和45年（1970年）5月16日判时第621号106页中，对于在医院放火的案件，肯定了对于住院患者死亡的容忍之存在，但将"没有确实采取应该防止结果发生的特别措施而放火"这一点作为肯定故意的根据。

[2] 这些要件是故意存在与否的规范性框架，在将其适用于具体事实之际，自不待言存在故意的认定这一事实认定问题。例如，关于杀意的认定，一般应当组合以下的状况证据而综合认定：①被告人的供述；②使用的凶器种类及其用法；③施加创伤的部位及其认识、创伤的程度、个数或者捅刺的次数；④犯行的动机、犯行的经纬、犯行前后被告人的言行举动；⑤被害人的位置、状况、态度；⑥被告人是否具有易兴奋及易怒性格。关于这一点，参见铃木（享）："围绕刑事法中的主观性要素与状况证据问题"，载《综合法学》第61号（1963年），第27页；大阪刑事实务研究会：《杀意（上）（下）》判夕第1362号第49页以下、第1364号第42页以下（2012年）。

[3] 关于本案，参见玄：《百选I》，第84页。此外，关于判例的分析，参见半田："故意的认定"，载《基本问题》第35页以下。

意，并不一定需要明确地知道所买受的物品是赃物，只要具有认为可能是赃物却居然买受的意思（所谓的间接故意）即为足够。因此，即使买受人并未从出让人处明确地知道该事实，从受让物品的性质、数量、出让人的属性、态度等诸般情况出发，如果能够认定怀着'或者可能是赃物'的怀疑态度加以买受的事实，就不妨碍故意收买赃物罪的成立。"据此可以说认定存在间接故意是妥当的。

在本判决中，认识面在可能性层面上即为足够，以此为前提，只要具有"竟然买受"的意思，就肯定间接故意的存在，"竟然"意味着容忍。[1]与此相对，也有观点从认识说出发认为，不可能出现虽然认识到了结果发生却"没有竟然"实施相应行为的情况，"竟然"并不是附加于在有认识的情况下实施相应行为的要件，因此本判决并没有必要论证"竟然"这一主观要素的存在。[2]

很多下级审判例作出了容忍说方向的判决。[3]虽然以"认识或容忍"这一形式来表述，但却认为"虽存在认识但并不是容忍"，据此否定故意的判例也不在少数。[4]

这样，判例关于故意概念的基本立场并不明朗，不得不说这是应当根据具体的事实寻求规范性框架的问题领域。[5]在此之际，尤其成为问题的领域

---

[1] 参见团藤第296页注11。例如，在所谓的保镖事件［最决平成15年（2003年）5月1日刑集第57卷第5号第507页］中，作出了以下判示：即使被告人没有直接指示保镖们携带手枪进行警护，也确定地认识到了保镖们自发地为了保护被告人而携带本案中的手枪，并将其作为当然的事情而加以容忍。

[2] 参见平野Ⅰ第186页。

[3] 例如，莎克蒂治疗杀人事件的二审判决［参见东京高判平成15年（2003年）6月26日刑集第59卷第6号第450页］。作为具体认定容忍内容的判例，有东京高判昭和60年（1985年）5月28日判时第1174号第160页（从桥上将人扔入河中溺死案件）。进而，横滨地判平成10年（1998年）4月16日判夕第985号300页中，作为父亲的被告人朝其女儿背后扔出菜刀，刺中其女儿后头部而导致死亡。对于该案件，横滨地方裁判所认为，扔菜刀的行为一般并不具有导致死亡的高度危险性，对于日渐可爱的女儿抱有杀意方面，其动机也十分薄弱，"杀了你"的言语也只是单纯的语气过重而很难说是杀意的表露。在此基础上，考虑到其他犯行后的行动等，很难承认杀人的故意。关于本案，参见原田（保孝）:《刑事事实认定重要判决50选（下）》，第379页以下。

[4] 东京高判昭和62年（1987年）9月22日判夕第661号第252页、福冈高判平成19年（2007年）2月26日LEX/DB28135159。但是，前者是不作为共犯的问题之案件、后者是共谋的成立与否的问题之判例。在这种情形中，我认为应尤其重视容忍的判断这一点。

[5] 关于"故意的规范化"，参见玄，前列:"关于故意的一个考察（6完）"，载《立命馆法学》第313号，第77页；大庭:"认识层面中故意的规范化"，载《法研论集（早大）》第141号（2012年），第1页以下；杉本:"故意应该在多大程度上被客观化"，载《理论刑法学入门》，第161页以下。

是：①所认识的结果发生的可能性很低的情形；②激情犯的情形；[1]③汽车的危险驾驶的情形；④药物犯罪的情形；[2]⑤不作为犯的情形。[3]对于这些问题，有必要分析认识要素与意志要素之间的相互关系。[4]

四、结果的认识与实行行为的认识（构成要件的提前实现）

从行为规范——制裁规范这一框架来看，既遂、未遂、预备等犯罪的实现形态并不在诸如"禁止杀人"这一行为规范上存在差异，与正犯·共犯一样，是在制裁规范上存在差异（边页第410页）。根据《刑法》第43条，对未遂犯而言，尽管结果并没有发生，但刑罚仍然扩张到未遂犯。在这里，作为故意的内容，虽然只要具有构成要件结果的认识、实行行为（根据本书，为抽象危险）的认识，达到具体危险的认识即为足够，但如果要充足分则的

---

[1] 高松高判昭和31年（1956年）10月16日高刑裁特第3卷第20号第984页中，对于激情犯的杀人案件，作出了以下判示：杀人罪的犯意即杀意未必需要明确地表现于犯人的意识表面。当杀意处于意识的深处，犯行是处于梦中状态而以人体的重要部分为对象施加重大伤害的情形中，存在即使在犯人意识的表面并没有显露出杀意，也必须肯定杀人罪的杀意的情形。在愤怒之余而以梦游状态拿着日本刀朝人的头部砍过去，并用切生鱼片的菜刀瞄准其胸部捅刺，据此而对这些部位造成大损伤而死亡。该犯人在终止犯行的瞬间也恢复平静，即使没想到自己会干出这样的事情，不具有杀人的意思与真实反省，但既然该犯人没有精神上的缺陷，这只不过是意识表面的问题而已，不得不承认其意识深层处的杀意并肯定杀人罪的成立。

[2] 例如，最决平成25年（2013年）10月21日刑集第67卷第7号，第755页中，对于以营利为目的而输入兴奋剂事件，就肯定了被告人对于在中型旅行箱里藏有包含兴奋剂的违法药物的认识。东京高判平成24年（2012年）8月28日东高刑时报第63卷第1—12号，第170页中，肯定了对于隐藏在石像中的兴奋剂的认识。此外，大阪高判平成27年（2015年）7月30日研修第813号，第69页中，对于买入并持有被称为"脱法"的规制药物的案件，肯定了对于规制药物的故意。

[3] 参见半田，前列：《故意的认定》，第63页以下。东京高判昭和60年（1985年）12月10日判夕第617号第172页中，否定了遗弃（不保护）的故意，而肯定了重过失致罪的成立（《各论》第38页）。此外，静冈地判平成19年（2007年）8月6日判夕第1265号第344页中，以装入木制刀鞘的小刀（但是被告人误认为刀已经出鞘），强力捅刺被害人的腹部，进而，拔出小刀捅刺其面部，但并未达到其目的。对于该案件，静冈地方裁判所认定了未必的杀意，认为以未出鞘的小刀捅刺的行为并不是不能犯。关于本案，参见内山，《刑事法学家》第17号，第70页。

[4] 最判昭和23年（1948年）12月7日刑集第2卷第13号，第1702页中，将含有甲醇的酒当作饮料而贩卖的人虽然怀疑里面可能含有甲基，但却未做确实的检查而就此贩卖。对于该案件，最高裁判所肯定了违反《有毒饮食物等取缔令》第1条的故意。最判昭和24年（1949年）2月22日刑集第3卷第2号第206页中，作出了以下判示：虽然没有明确认识到是甲醇，但仅仅认为将其供于引用可能会对身体有害，并不具有违反该条规定的未必故意。此外，东京地判平成3年（1991年）12月19日判夕第795号第269页中，对于以吸入为目的而持有含有甲苯的稀释剂的案件，认为不具有对稀释剂中含有甲苯的确定认识或未必认识的证明，从而宣告无罪。

既遂构成要件，除了存在结果发生这一客观要素，应该认为还需要附加以下条件，即，认识到该结果是作为自己行为的作用而发生的。也就是说，有必要认识到（作为既遂的）危险的实现。在既遂犯中，毋宁说只有具备这样的认识才能肯定其作为既遂犯的可罚性，也才能发动针对既遂犯的制裁规范。可以将这样的故意称为既遂故意。[1]

因此，在故意中必须具备以下两个要素，即构成要件结果的认识这一要素与实行行为性质的认识这一要素。对于后者而言，存在以下三个阶段，即：①对于达到抽象危险的认识；②对于达到具体危险的认识；③对于实现（作为既遂的）危险的认识。可以将这三个阶段的主观认识分别称为：①预备故意；②未遂故意；③既遂故意。尽管可以说①与②在抽象的危险与具体的危险这一点上存在差异，但两种认识均是对于危险性（Gefaehrlichkeit）的认识，此外，③是对于危险化（Gefaehrdung）的认识。因此，在"构成要件的提前实现"中预备阶段的事例，例如，行为人决意枪杀被害人，但却在被害人面前摆弄枪支时导致走火打中被害人致其死亡。在该情形中，尽管只具有①的认识，客观上却发生了③的事实，因此是以预备的故意发生了既遂结果，根据《刑法》第38条第2款（预备构成要件与既遂构成要件之间的认识错误），只成立杀人预备罪（与重过失致死罪的并合罪）。

与此相对，"构成要件的提前实现"中未遂阶段的事例，就是所谓的氯仿杀人事件［最决平成16年（2004年）3月22日刑集第58卷第3号第187页］。[2]

---

[1] 参见町野第208页、林（干）第247页。此外，山口第233页以下区别了既遂构成要件中的实行行为与未遂构成要件中的实行行为，将前者的实行行为理解为结果惹起行为，将与其相对应的故意称为既遂故意（但是，在能够肯定一体的行为的限度内，肯定既遂）。本书认为，在两个构成要件中，实行行为性是相同的，但作为超越客观层面的主观的超过要素的故意内容是不同的。

[2] 关于本案，参见古川：《百选Ⅰ》，第130页（以及在此所列举的文献）。此外，第一行为并不是投放氯仿而是投放安眠药的情形也是同样的判断进程。参见平木，最判解（平成16年度），第171页。另外，在本案中，即使投放氯仿之后，无法完成翻落海中的行为，也肯定杀人的着手。这是因为，关于实行的着手，行为人计划中的一体行为成为问题。进而，在死因是由于第一行为还是第二行为并不明确的情形中，第一行为与第二行为这一现实遂行的行为的一体性成为问题。进而，横滨地判昭和58年（1983年）7月20日判时第1108号第138页中，被告人企图烧身自杀，在密闭的木造家屋内撒上大量的汽油之后，想抽最后一根烟，在点火之际，喷洒的汽油因挥发遇火而被点燃，导致该房屋被完全烧毁。对于该案件，横滨地方裁判所认为，通过泼洒汽油而引起了烧毁房屋的急迫危险，因此肯定放火罪的实行着手，在这种状况下，如果用打火机点火的话就会引发火灾，这一点并不是一般人难以理解或预见的事情，被告人在用打火机点火时也没有推翻烧毁的意思，因此不能否定通过点火而导致结果发生这一因果关系。据此而肯定放火既遂罪。本书认为，构成放火未遂罪与重失火罪的想象竞合。

本案的案情如下：计划让被害人吸入氯仿后昏迷（第一行为），之后让被害人乘坐在汽车内翻入水中溺死（第二行为），结果被害人死亡，由第一行为导致死亡的可能性很高。最高裁判所在区分"氯仿吸入行为"和"翻落海中行为"这两个行为的基础上，以各自的关联为问题进行实行行为性的判断。具体而言，第一行为（吸入氯仿的行为）对确实而且容易地实行第二行为（翻落海中行为）是必要的和不可或缺的；第一行为成功时，可以承认在遂行此后的杀害计划上不存在成为障碍这样的特别事情。第一行为和第二行为之间是具有时空上的接近性。最高裁判所以这三点为判断基准，认为由于第一行为是密接于第二行为的行为，可以明确肯定在第一行为开始的时点上已经达到了杀人的客观危险性，并以此为根据，认为肯定在第一行为的时点上已经存在杀人罪的实行着手是相当的，即使在第二行为之前的时点上，被害人已经由于第一行为而死亡，也并不欠缺杀人的故意，[1]因此被告人成立杀人既遂罪。

但本书认为，由于在仅具有①与②的认识的情况下发生了③的事实，所以这是以未遂的故意发生既遂结果的案例。根据《刑法》第38条第2款（未遂构成要件与既遂构成要件之间的认识错误），可以肯定杀人未遂犯的成立，与重过失致死罪形成想象竞合。此外，当第二行为成立杀人未遂罪时（有成立不能犯的余地），第一行为的杀人未遂罪就被吸收了。

"构成要件的提前实现"的问题归根到底是关于故意的认识层面的问题，因此可以考量将其作为行为人对于实行行为的实质层面的认识问题。要肯定故意既遂犯的成立，有必要认识到其"此时此景"设定了在构成要件上重要的危险。也就是说，作为既遂故意，必须认识到致命一击这一点。与此相对，也有观点认为应当将"构成要件的提前实现"作为客观归属的问题，从而肯定故意既遂犯。[2]但是，"构成要件的提前实现"这种情形是在对结果进行客观归属之前，对于实行行为性质的认识，或者实行行为性其本身的问题。主张专门地根据客观归属解决该问题的观点轻视了作为因果起点的行为（实行行为），因此是不妥当的。

对"构成要件的提前实现"事例肯定既遂犯的观点[3]是以行为人"最

---

[1] 关于这一点，根据一体的行为论，可以评价为故意的扩张。
[2] 参见山中："所谓的过早的构成要件实现与结果的归属"，载《板仓古稀》，第125页。
[3] 参见大谷第174页以下、井田第186页、西田第228页以下、福田第120页注5、堀内第115页、山中第376页、前田第81页、冈野第224页、佐久间第68页。

终"还是志向于所发生的结果为理由的观点，于是，就将行为规范的内容变为"禁止'最终'惹起犯罪结果"这一在犯罪论上无意义的禁止规范，不得不说这是完全无视犯罪构成要素之间同时存在的情况之观点。此外，对既遂犯说也可能进行如下批判，即：将"故意结果犯"的构造转化为"故意危险犯（抽象危险犯或具体危险犯）+结果发生"这一构造。本书认为，即使可以在客观层面上承认这种构造，在主观层面上也无法肯定仅仅具有故意危险犯的认识就成立故意既遂犯。

185

第四节 故意的种类

一、确定的故意与不确定的故意

确定的故意是指对于犯罪事实的认识是明确的情形；不确定的故意是指对于犯罪事实的认识并不确定的情形。这种不确定的故意进而可以分为以下四个种类。

(一) 择一的故意

这是指结果的实现虽然是确定的，但客体是择一的情形。[1]例如，怀着命中并排站立的 A、B 二人中的一人之意图开枪射击的情形即为此。在该情形中，当命中 A（或者 B）并致其死亡时，对 B（或者 A）则成立杀人未遂；当两人均没有被命中时，对两人均成立杀人未遂。在择一的故意中，犯罪事实的认识是面向两个构成要件的。

(二) 概括的故意

这是指结果的实现虽然是确定的，但客体是概括的情形。[2]例如，恐怖分子在人群嘈杂的地方安装了定时炸弹，炸弹爆炸导致许多人受伤或死亡的情形即为此。在该情形中，对于所有的侵害结果以及危险化结果均可肯定故意犯的成立。进而例如，甲怀着杀意，用铁棒殴打 X，但没有确定 X 是否死

---

[1] 东京高判昭和 35 年（1970 年）12 月 24 日下刑集第 2 卷第 11、12 号第 1365 页中，被告人并不是仅仅瞄准其母亲 A 或其妻子 B 而甩动吊钩，而是认识到会打中两人的其中一个而甩动吊钩的，应当说该暴行是基于择一的犯意而实施的。

[2] 大判大正 6 年（1917 年）11 月 9 日刑录第 23 辑第 1261 页中，将投入升汞而装在铁瓶里的开水置于被告人 A 及其家人必然饮用的状态下，即使家人的人数及其名字不明且不特定也不妨碍其认定。

亡，之后用绳子勒 X 的脖子，X 被绞死。或者，乙误信已经绞杀了 Y，为了消除犯罪痕迹，将 Y 投入河中，结果 Y 被淹死。这些都可以称为概括故意的事例。但是，这两个事例也是事前故意的问题，而后一个事例还是因果关系错误的问题（被称为"韦伯的概括故意"（边页第 188 页）就是该事例）。

（三）未必的故意（间接故意）

这是指结果的发生这一点本身是不确定的情形。例如，虽然可能会伤到人，但心里想着这也没关系或者这也是没办法的事情，于是在人群密集的小路上飞速驾驶汽车的情形即为此。这一点之前已经详细说明了。[1]

（四）附条件的故意

这是指犯罪的实行或结果的实现只有在附加一定的条件之后才发生的情形。[2]例如，长期施行家暴的儿子不听家人劝阻，于是父亲决定如果儿子再次实施家暴就将其杀害的情形即为此。但是，该情形应当根据故意必须存在于行为或实行行为时这一同时存在原则来解决，因此，在附条件的故意这一概念下并没有产生特别的问题。[3]

二、事前故意与事后故意

故意只要与行为或实行行为同时存在即为足够。例如，如果在实行行为（实行的着手＝抽象危险行为的开始）时存在故意，就具有故意未遂犯的成立可能性（因发生具体的危险而确定未遂犯的成立）。即使在结果发生时不存在故意，只要在实行行为时存在故意，就肯定故意既遂犯的成立。

---

[1] 在陪审团裁判中，未必的故意这一用语具有消失的危机。参见司法研修所编：《难解的法律概念与陪审团裁判》（2009 年），第 9 页以下。此外，在判例实务上，确定的故意与未必的故意之间的区别，作为量刑上的差异，被认为是很重要的。

[2] 作为共同正犯的案件，最判昭和 56 年（1981 年）12 月 21 日刑集第 35 卷第 9 号第 911 页中，在被谋议的计划内容中，即使将被害人的杀害与某种事态的发生相关联，试图遂行该杀害计划的被告人的意思其本身也是确定的，被告人容忍了被害人的杀害结果，因此在被告人故意的成立上并不欠缺任何因素。进而，最判昭和 59 年（1984 年）3 月 6 日刑集第 38 卷第 5 号第 1961 页中，作出了以下判示：原判决认定，处于指挥人地位的被告人在犯行现场中将事态的进展委托给 X 等人的时点之前，尽管在谋议的内容中 X 等人的杀害与被害人的抵抗这一事态相关联，但仍然可以确定被告人让 X 等人实行行为的意思，因此可以理解为是对被告人肯定杀人的未必故意。对于将犯罪的实行与被害人的态度这种与某种事态的发生相关联的倾向，也肯定为故意。

[3] 进而，关于教唆的故意与附条件故意，最决平成 18 年（2006 年）11 月 21 日刑集第 60 卷第 9 号第 770 页［参见小林（宪），平成 19 年（2007 年）度重判 171 页］中认为，对于具体的犯罪计划的提案者请求实行（证据伪造）就相当于教唆。

与这种故意的存在时期问题相关联，存在"事前的故意"与"事后的故意"这一问题。

（六）事前故意

事前故意是指，误信特定的故意犯已经完成，但实际上犯罪事实还没有发生，当进而实施其他行为时才发生最初所认识到的事实，也可以将这种情形称为当初的故意。

韦伯所创立并倡导的概括故意[1]这一观点认为，在行为人本来是想着以第一行为实现结果，之后实施了第二行为，却由该第二行为才促使结果实现的事例中（构成要件的延迟实现），如果行为人具备能够概括第一行为与第二行为的一般性故意，则可以肯定既遂犯的成立。[2]

以条件关系解决该问题的是大审院判例［大判大正 12 年（1923 年）4 月 30 日刑集第 2 卷第 378 页］。[3]具体而言，丈夫与前妻所生的儿子即被害人身患疾病，作为后妻的被告人迫于生计试图杀害被害人，于是趁被害人睡觉时用麻绳勒被害人脖子，之后被害人纹丝不动，被告人以为被害人已经死亡，为了防止犯罪行为被发现而将被害人搬到海岸的沙滩上，放置后回到家中，被害人由于吸入沙子窒息死亡。关于这一案件，大审院认为，如果没有最初具有杀人目的的行为，也不会发生海滩上的放置行为，因此第一行为与死亡之间具有原因与结果的关系，以抛弃尸体为目的的第二行为并没有阻断该因果关系。

进而，根据相当因果关系来解决该问题也是可能的。[4]具体而言，将第二行为理解为介入因素，判断行为人以抛弃尸体为目的（但实际上对于致死存在过失）所实施的行为是否在相当因果关系的范围内，如果可以肯定，则成立杀人既遂；如果被否定，则成立杀人未遂（根据情况，可能成立与重过失致死的并合罪）。顺便说一下，从客观归属论出发，第二行为是否在第一行为的客观归属可能性的范围内成为问题。

---

[1] 根据德国的实务家韦伯（Heinrich Benedikt von Weber）的论文。参见 v. Weber, Ueber die verschiedenen Arten des Dolus, in: Neues Archiv des Criminalrechts 7, 1825, S. 576ff.

[2] 关于韦伯的概括故意，参见中：《刑法上的诸问题》（1991 年），第 159 页以下；山中："具体事实的错误与因果关系的错误"，载《中古稀》，第 179 页以下；葛原："关于所谓的韦伯的概括故意"，载《刑杂》第 33 卷第 4 号（1994 年），第 643 页以下。

[3] 关于本案，参见伊东：《百选 I》，第 32 页。

[4] 参见大塚（仁）第 194 页、福田第 119 页注 5、川端第 261 页。

但是，是否能当然地将第二行为（被告人的行为）作为第一行为的因果经过的介入因素成为疑问。此外，将第一行为与第二行为当然地作为一体的（杀人的）实行行为也是有疑问的，因为在杀害后抛弃尸体这一通常事例中，不能认为是一体的实行行为。

如果完全独立地考虑第一行为与第二行为的话，当实施第二行为时，由于行为人并不具有杀人的故意，因此就会得出杀人未遂与重过失致死的并合罪这一结论。但是，将两个行为做完全没有关联的独立评价的观点，存在以下问题：忽视了自己所连续实施的行为；以因过失行为的介入而否定相当因果关系为前提；在过失犯的情形中，仅仅将直近过失行为作为问责对象，一旦否定这一对象，即使回溯性地判断过失，也会得出均成立过失未遂的结论。

第一行为与第二行为具有相互的关联性，问题在于应当怎样关联这一点上，我认为这并不是实行行为的问题，而是属于故意的问题领域。也就是说，该问题应该从以下视角来解决，即：由第二行为（过失行为）所发生的结果是否能够包含在第一行为（故意行为）的既遂故意之内。[1]可以将这种解决方式称为"原因上有故意的行为"。应当注意的是，这里所谓的"原因上有故意的行为"中的"故意"是构成要件故意，而且意味着既遂故意，并不是作为对第二行为进行责任非难的故意（责任故意）。[2]因此，正确的表述，可以称为"原因上有构成要件（既遂）故意的行为"。而第二行为是否能够包含于第一行为的既遂故意之中，依据于在第一行为时是否预定了第二行为。这是因为，当预定了第二行为时，就可以将其评价为纳入到实现意思之中。[3]

(七) 事后故意

事后故意是指，在实施了无故意的特定行为之后产生故意，此后将事态

---

[1] 在像氯仿事件（边页第184页）这种"过早的构成要件的实现"的情形中，由于欠缺既遂故意其本身，因此不能将其做包括性处理。

[2] 本来，原因上有故意的行为之法理，是与原因上的自由行为的法理相类似的，如果没有第一行为就没有成为死亡原因的第二行为，对于不实施第二行为的期待与不实施第一行为的期待相同，第一行为是怀着杀意实施的，对于不实施该行为的期待比较大，与此同时也具有对于不实施第二行为的期待，对于违反该期待的第二行为的责任非难就可以评价为杀人行为。参见中野第124页注3。但是，这样就对于过失行为肯定故意责任了，是不妥当的（在该限度内改变以前的观点。参见高桥：《规范论》，第41页以下）。

[3] 同旨，参见内藤（下）I 第963页、井田第185页。

放置于自然推移之中。例如，甲因失误造成交通事故，X 在该事故中死亡，但实际上甲计划次日射杀 X，对于 X 的死亡暗自欣喜。在该情形中，既然在惹起 X 死亡的时点上不存在故意，就不成立杀人既遂罪。

但是，例如，外科医生在实施手术，之后产生了故意，于是此后没有采取任何措施而原封不动地将患者放置在手术台上。在该案例中，是否成立不作为犯成为问题。

190

第九章　事实错误

第一节　含　义

　　错误是指，行为人主观上所认识的内容与客观实际存在的事实不一致的情形。其中，事实错误是指，行为人所认识到的犯罪事实与实际发生的客观犯罪事实不一致的情形；违法性错误是指，虽然没有欠缺事实的认识，但自己的行为违法却误信为不违法的情形。[1] 本章中主要论述事实错误，而后者的违法性错误则放在责任阻却事由的部分论述。在事实错误论中，在什么范围内认定事实错误从而阻却故意，成为问题，可以将其称为"被翻转的故意论"。[2]

　　事实错误[3]是指，行为人主观上所认识的"事实"与实际发生的客观"事实"不一致，广义上包括以下三个种类。

　　第一，虽不存在犯罪事实却误认为存在的情形，可以将其称为积极的错误，但这是不能犯或是未遂犯的问题（边页第398页以下）。

---

[1] 关于事实错误与违法性错误的区别，参见边页第375页以下。
[2] 必须注意，错误论是以实行行为、结果、因果关系等客观构成要件要素的存在为前提的，是对于这些客观要素与主观认识存在不一致之情形的规范性处理。例如，误认为处于他人占有之物而夺取遗失物（占有脱离物）的情形中，就是以盗窃的故意实现了占有脱离物侵占罪的案件，因此也可能将其作为错误论的问题（第38条第2款的准用）处理，但也存在可以肯定盗窃的实行行为性的情形（不能犯中的具体危险说等），在该情形中，在结论上就肯定盗窃未遂罪。
[3] 关于事实的错误，参见佐久间：《刑法中的事实错误》（1987年）；齐藤信宰：《刑法中的错误论研究》（1989年）；日高：《刑法中错误论的新展开》（1991年）；长井（长）：《故意概念与错误论》（1998年）；川端：《错误论的诸象》（1994年）；同：《事实错误的理论》（2007年）；专田："具体事实错误中的方法错误（1）（2完）"，载《早稻田法学》第76卷第1号第143页以下，第2号第349页以下（2000年）。

第二，本来存在犯罪事实却误认为不存在的情形，可以将其称为消极的错误，但这是前述的故意中事实认识本身的问题，如果存在处罚过失犯的规定，则成为是否成立过失犯的问题（边页第 211 页）。

第三，将某种犯罪事实误认为其他犯罪事实的情形，这就是狭义的事实错误问题。此外，在事实错误中存在阻却构成要件故意的构成要件错误与阻却责任故意的事实错误（违法阻却事由的错误），但本章仅讨论前者。

第二节　构成要件错误

一、含义

构成要件错误是指，行为人主观上所认识的构成要件该当事实与实际发生的客观构成要件该当事实不一致。在构成要件错误中，是否阻却构成要件故意成为问题。

二、分类

对构成要件错误可以进行如下分类。

（一）根据构成要件范围的分类

根据错误是发生在同一构成要件之内还是跨越不同的构成要件，被分为以下两类。

1. 具体的事实错误

这是指在同一构成要件之内存在事实误认的情形。例如，本想杀害 A（杀人罪），结果却杀害了 B（杀人罪）；本想损毁 A 的物品（器物损坏罪），结果却毁坏了 B 的物品（器物损坏罪）。

2. 抽象的事实错误

这是指在属于不同的构成要件的事实之间发生误认的情形。例如，本想杀害 A 的狗（器物损坏罪），结果却将 A 杀害（杀人罪）；本想杀害 A（杀人罪），结果却将 A 的狗杀害（器物损坏罪）。

（二）根据构成要件要素的分类

根据错误在构成要件的哪个要素上发生过，可以将事实错误分为以下三种。[1]

1. 客体错误

这是指以下情形，例如，虽然心里想着杀害 A，但实际上却不是 A 而是 B，即侵害行为虽然指向认识的客体，但在该客体上发生了错误。

2. 方法错误

这是指以下情形，例如，试图射杀 A 而开枪，子弹却意外地命中 B 并致其死亡，即结果发生在与瞄准的客体不同的客体上，也被称为"打击错误"。

3. 因果关系错误

这是指认识事实与发生事实虽然一致，但犯罪事实却是按照行为人没有预见到的因果关系路径发生的情形。由于因果关系错误是以因果关系的存在为前提的，因此在因果关系已经被否定的情形中就不存在因果关系错误问题。在原因与结果（法益侵害或危险）之间的因果关系被肯定，并且这与行为人的认识之间产生偏差的情况下，故意是否被阻却才被视为问题。

例如，甲怀着杀意砍 A，但只造成了轻度伤害，可是由于 A 患有血友病而流血不止死亡。在这一情形中，根据折中的相当因果关系说，就会否定与结果之间的因果关系，从而得出杀人未遂的结论，也即没有将其作为"因果关系错误"的问题来处理。但是，由于与危险结果之间的因果关系能够被肯定，将其作为"因果关系错误"的问题处理也是可能的。根据客观的相当因果关系说，在上述案例中，因果关系虽被肯定（杀人既遂），但在甲没有认识到 A 患有血友病的情形中，得出以下结论也是可能的，即，只在杀人未遂的限度内被追究故意责任。

本书从客观归属论的立场出发，关于上述问题虽然在结论上与客观的相当因果关系说一致，但如前所述（边页第 183 页），在故意中，对构成要件结果的认识这一要素与对实行行为性质的认识这一要素都是必要的。尤其是对自己的行为即将怎样展开这一实行行为性质的认识成为问题，当客观的"危

---

[1] 这三个种类的错误之间的差异在哪里，未必是明确的。在客体错误也是客体的个别性这一点上及在方法的错误也是因果关系的脱离这一点上，可以说任何一种错误都是一种错误因果关系错误。这样的话，从错误是重要的还是不重要的这一基准出发，这些错误之间就不存在本质性差异。进而，客体错误与方法错误的区别是困难的问题。两者的区别在于侵害行为本身的方向性是否实现为不同的客体这一点上，但就像在间接正犯、隔离犯、共犯的情形中，当侵害客体并不存在于当前的现实中时，侵害行为本身的方向性就无法特定，其结果，就无法决定是方法错误还是客体错误。

险的现实化"与自己所认识到的"危险的现实化"之间被认为存在本质性差异时,(既遂)故意就会被阻却(由于留有未遂故意,因此成立杀人未遂罪与(重)过失致死罪)。[1]

第三节 具体的事实错误

一、学说

关于具体的事实错误(同一构成要件之内的错误)中的方法错误,存在具体符合说与法定符合说的对立,在法定符合说内部进而存在数故意犯说与一故意犯说的对立。

(一)具体符合说

该学说认为,只要行为人所认识到的事实与现实所发生的事实之间没有具体的一致,就会阻却故意。[2]如果将该学说贯彻到底,甚至会得出在客体错误的情形中也阻却故意的结论。[3]但现在一般认为,在客体错误的情形中,由于侵害行为就是指向行为人所认识到的事实,因此行为人所认识到的事实与发生的事实具体的一致,故意并没有被阻却。因此,例如,在误认为 A 而将 B 杀害的情形中,就会肯定杀人既遂罪的成立。[4]与此相对,在方法错误

---

[1] 此外,也有观点将"韦伯的概括故意(过迟的构成要件的实现)""过早的构成要件的实现"作为"因果关系错误"的问题(参见边页第 185 页、第 188 页)。

[2] 具体符合说在德国是判例以及学说上的通说,在日本,早年的大审院判例承认了具体符合说[藤本:《刑法要论总则》(1913 年),第 210 页以下;大场(下),第 743 页;冈田:《刑法原论总论》(1920 年),第 187 页以下],但是,如后所述,判例采用了法定符合说,因此,具体符合说即使在学说上也处于消退状态,但最近被比较有力的主张。参见平场第 101 页以下、平野Ⅰ第 174 页以下、中第 114 页以下、中山第 362 页、内藤(下)Ⅰ第 938 页以下、町野第 241 页、内田(文)第 162 页、曾根第 206 页、山口第 221 页、西田第 207 页以下、堀内第 107 页、浅田第 310 页、山中第 339 页以下、松宫第 196 页以下、松原第 217 页。

[3] 李斯特对于客体错误的情形也承认故意的阻却(v. List, 1919, S. 170ff)。将具体符合说贯彻到底的话,就会得出这种结论。在该情形中,将其解释为李斯特是肯定了故意未遂犯的成立的是,小坂:"李斯特的责任论——围绕错误论中李斯特的动机说的意义——(3完)",载《法研究集(早大)》第 117 号(2006 年),第 252 页注 184。

[4] 平野Ⅰ第 175 页中,将这种被修正的具体符合说称为具体的法定符合说,将从来的法定符合说称为抽象的法定符合说。据此,具体符合说也是法定符合说,称为法定符合说内部的一种学说,我认为其本身是妥当的,但这样的话就不必使用具体符合说这一名称,使用故意中的具体化说与等价说的争论这一德国语境下讨论的用语,是妥当的。

的情形中,由于认识事实与发生事实之间并没有具体的一致,因此故意就被阻却。例如,试图杀害A,但发射的子弹却意外地打中B并致其死亡,在这一情形中,对A肯定杀人未遂罪,而对B则肯定(重)过失致死罪。

(二)法定符合说

该学说认为,只要行为人所认识到的事实与现实所发生的事实之间法定地(在构成要件上)一致,不论是客体错误还是方法错误,基本上不阻却故意。例如,误认为A而将B杀害的情形也好,试图杀害A,但发射的子弹意外打中B致其死亡的情形也罢,由于认识事实与发生事实都属于杀人罪的构成要件,因此不阻却故意,成立杀人既遂罪。

在法定符合说的内部还存在数故意犯说[1]与一故意犯说[2]的对立。这两种学说在以下并发事例的处理上存在差异。例如,甲试图杀害A而开枪,但子弹在命中A的同时也意外命中旁边的B,A与B均死亡。具体而言,根据数故意犯说,就会肯定两个杀人既遂罪(两者想象竞合),与此相对,根据一故意犯说,由于只肯定一个故意,因此就会对A肯定杀人既遂罪,而对B则肯定(重)过失致死罪的成立。[3]

进而,"被修正的具体符合说"也被主张着,该学说认为故意的有无是在实行行为的时点上被判断的,至于是否能够肯定故意的既遂犯,则是能否将故意归属于结果这一主观归属的问题。[4]

二、检讨

首先,作为具体符合说的根据,可以列举出以下几点:故意是指对于某客体而意图实现自己的意思;[5]规范应当具体被理解为"禁止杀该人";[6]

---

[1] 作为数故意犯说,参见团藤第304页注36、中野第122页以下、大谷第170页以下、前田第190页、林(干)第253页以下、冈野第214页。

[2] 作为一故意犯说,参见大塚(仁)第192页、福田第120页注8、香川第261页、西原(上)第228页以下、野村第213页注1、佐久间第130页以下。

[3] 还有,在具体事实错误的情形中,抽象符合说也与法定符合说得出同样的结论。如后所述,对于不同构成要件间的错误(抽象事实错误)的情形,抽象符合说也对实现事实肯定故意,这是将故意过度抽象化的观点。

[4] 参见井田:《构造》,第92页以下。

[5] 参见平野Ⅰ第175页。

[6] 佐伯(仁)第259页认为,在以一个行为而杀害A与B的情形中,成立对A的杀人罪与对B的杀人罪,作为构成要件评价,如果做分别处理的话,在故意这一点上也应当做分别处理。但是,

实行行为具有方向性,故意的实行行为指向具体的客体;[1]应当重视故意的事实性基础,作为评价性侧面的构成要件故意应当被作为杀该人这一事实性侧面的行为意思所约束。[2]

确实,如前所述,故意是对某客体实现自己的意思,也就是实现意思,但这是在行为人主观层面上的性格在客观层面上的不同客体中实现的情形,其中存在主观与客观的不一致,即错误。如何处理该问题是另一个问题。

具体符合说并没有在作为同一构成要件内的方法错误中展开错误论,而是原封不动地适用故意论(没有将故意抽象化),在客体错误的情形中,不得不将(杀A的)动机抽象化(该人)。例如,在社会或国家法益的情形中(例如,试图朝A家放火而射出了点燃火的箭,但却射中邻居的B家),如果以法益的个性为问题而没有阻却放火的故意,承认故意的抽象化就没有一贯性。本来,例如在杀人罪的情形中,就具有"不要杀人"的内容,并没有限定到具体的"这一个人"。[3]此外,在客体错误中并未阻却故意也说明并没有将动机具体化,而应当维持在法定层面上。在这个意义上,具体符合说是与具体的法定符合说这一名称相应的。

进而,对具体符合说也可以指出其对于方法错误与客体错误的区分并不明确这一个问题。具体符合说虽强调实行行为的方向性,但例如,在隔离犯与

(接上页)将A的死亡与B的死亡做个别处理,是因为将两个行为客体从法益的性质出发置于两个法益侵害的位置上,因此这与故意的成立与否无关。在一开始就是杀害两人的意图之情形中,就没有必要适用错误论,此时对A与B各自成立杀人罪。但在以仅仅杀害A的意图而杀害了B的情形中,才适用错误论,从而对B也成立杀人罪。在这一点上,当然应当对错误论进行规范性修正。在刑法中,并不是将A的死亡与B的死亡这一形式作为问题,而是通过侵害A这一行为客体,人一般就会死亡,与通过侵害B这一行为客体,人一般就会死亡,作为问题的。

[1] 参见町野:《百选Ⅰ》(第2版),第111页。
[2] 参见曾根:《重要问题》,第191页以下。但是,错误论是规范的修正问题,在实施错误的情形中,承认规范性地修正行为意思而形成构成要件故意,自不待言是轻视了行为意思。具体而言,"问题在于,到底是理解为:在事实错误的情形中,由于没有具体的故意(分子),因此本来从具体故意抽出来的作为概念的抽象故意(分母)也不能存在于此(具体符合说的立场),还是理解为:抽象的故意概念是构成要件评价,也就是以作为规范性价值判断的故意的存在与否为问题,因而从价值性观点出发可以肯定其存在(法定符合说的立场)"(参见长岛:《刑法中的实存与法解释》(1986年),第267页)。
[3] "禁止杀害'这个'人"的这一规范是仅仅对于眼前所存在的客体实施的实行行为所能够存在的规范,在间接正犯(隔离犯)、预备行为、共犯行为等情形中,"这个"人只不过是单独地指A或者B这一动机层面而已。不得不说具体符合说是仅仅以作为直接正犯的实行行为为问题的观点。

间接正犯的情形中，着手时期在哪里；根据在怎样的硬性程度上理解其方向性，是方法错误还是客体错误的判断就会发生改变；当行为人意图实现的客体没有实现时，难以确定是哪一种错误。[1]

与此相对，数故意犯说（不承认故意个数的学说）将行为规范理解为"禁止杀人"，认为在具体事实错误的情形中，既然认识到了接受同一构成要件评价的事实，对于已经发生的事实的规范问题就能归属行为人。由于故意犯是根据行为人对于该规范违反的认识与该规范违反事实的发生而成立的，因此，数故意犯说是妥当的。

对于数故意犯说，虽然也存在"仅仅具有一个故意却成立数个故意犯，因此违反责任主义"的批判，但承认以一罪的意思成立数罪的故意犯的想象竞合被视为科刑上一罪正是其题中之义，并不违反责任主义。因为责任主义也可以作为指导罪数论以及量刑论的原理。[2]

因此，并没有必要为了维持责任主义而采用一故意犯说（承认故意个数的学说）。一故意犯说将杀害 A 的意思经过作为上位概念的"人"而转化为杀害 B 的意思，从而将错误论置于故意论的例外情形这一位置上，其结果是在没有根据错误论处理的情形中，就会适用故意论。也就是说，当本来的故意被实现时，对于过剩结果成立过失犯，当对于没有意图的客体没有发生作为既遂的结果时，对所意图的客体成立故意未遂，而对于没有意图的客体则成立过失未遂（不可罚）。可以将一故意犯说理解为将方法错误从未遂到既遂

---

[1] ①甲教唆乙杀害 X，乙因客体错误而杀害了 Y 的情形；②甲以杀害 X 为目的而赠与 X 一瓶下了毒的威士忌，但 X 并没有喝，X 的妻子将该毒酒送给 Y，Y 喝下了毒酒，毒发身亡的情形；③甲试图杀害 X，在 X 的自家用车里安装了炸弹，但 X 的妻子 Y 第二天早上意外地驾驶该车去购物，炸弹爆炸，Y 死亡的情形。在这些情形中，从具体符合说出发将面临极其困难的判断。此外，东京高判昭和 38 年（1963 年）6 月 27 日东高刑时报第 14 卷第 6 号第 105 页中，X 女背着自己的儿子 Y，被告人驾驶的车辆撞到了母子俩，母子俩被卷到车底下，被告人认识到了这一点却容忍 X 的死亡而逃跑，结果导致 X 与 Y 死亡。对于该案件，东京高等裁判所认为，即使被告人没有认识到 Y 的存在，既然存在因果关系，就应当肯定杀人罪的成立。在该情形中，是客体错误还是方法错误，就成为困难的判断。
[2] 关于责任的量这一点，将并发结果理解为"对于故意犯的过失责任"的一种形态的是，中野："方法错误与所谓的故意的个数"，载《团藤古稀》第 2 卷，第 201 页。由于仅仅具有杀害一个人的故意，因此不允许在作为杀害一个人的刑罚以上进行量定刑罚。作为与此同样的立场，有东京高判平成 14 年（2002 年）12 月 25 日判夕第 1168 号第 306 页。关于本案，参见小岛（透）："判例选择"载《法教》第 306 号，第 31 页。也就是说，是否承认故意责任是"故意责任的质"的问题，当然也成为量刑中的"故意责任的量"的问题。

的构成要件评价的修正问题。一故意犯说为了贯彻责任主义，做出了过度的技术性处理。例如，在没有意图的复数客体同时死亡等情形中，就会发生适用困难的问题。[1]

三、判例的立场

判例基本上采用数故意犯说。[2] 标志性案例是最判昭和 53 年（1978 年）7 月 28 日刑集第 32 卷第 5 号第 1068 页，案情如下：被告人决定强取巡逻中的巡警 A 的手枪，发现周围没有人影之后，用建筑用的打钉枪改造后的手动装药枪从 A 的背后约一米处瞄准了 A 的右肩部附近发射了柳钉，但只使 A 的右侧胸部负了贯穿伤，而且无法强取 A 的手枪，而贯穿了 A 的身体的柳钉却飞到了离 A 约 30 米处，并不偏不倚地打中了在前方道路对面人行道上行走的 B 的背部，致使其腹部负了贯穿枪伤。对于这一案件，最高裁判所作出了以下判示："如果要认定存在犯罪故意，那么就有必要认识到构成犯罪的事实，但是，应该认为，并不一定要求犯人所认识到的可能构成犯罪的事实与现实发生的事实具体地一致，两者只要在法定的范围内一致就足够了……因此，既然是怀着杀害的意思而实施杀害行为，即使死亡结果发生在犯人所没有认识到的人身上，也应该说对于该结果具有杀人的故意。""被告人怀着杀人的意思实施了发射手动装药枪这一杀害行为，虽然结果导致了被告人所意图杀害的巡警 A 右侧胸部负了贯穿伤，但并未死亡，因此对该巡警成立杀人未遂罪。与此同时，还对被告人所未预期的行人 B 产生了腹部贯穿枪伤的结果，而且，可以认为该杀害行为与 B 的伤害结果之间存在因果关系，因此，对 B 也成立杀人未遂罪……而且，由于被告人的以上杀人未遂之所以是作为对该巡警进行强盗的手段而实施的，因此，被告人对 A 的所作所为当然成立强盗罪的结合犯，对于 B 的所作所为也成立强盗杀人未遂罪。因此，原判决在对被告人分别适用《刑法》第 240 条后段与第 243 条这一点上并不存在错误。"[3]

---

[1] 例如，试图杀害 A 而开枪，但子弹并未打中 A，反而打中 B、C、D，并导致 B、C、D 死亡的情形，应当对这三人中的哪一位成立故意犯，就是不明确的。

[2] 参见大判大正 6 年（1917 年）12 月 14 日刑录第 23 辑第 1362 页、大判大正 11 年（1922 年）2 月 4 日刑集第 1 卷第 32 页（客体错误）、大判昭和 8 年（1933 年）8 月 30 日刑集第 12 卷第 1445 页。

[3] 关于本案，参见专田：《百选 I》，第 86 页。

本判决通过认定故意与所发生的预定之外的事实在法定的范围内一致（属于同一个犯罪）以及因果关系的存在，[1]肯定了故意犯的成立。即使在客观上实现了杀害 B 这一"杀人结果"，但行为人仅仅存在对于杀害 A 这一"杀人行为"的认识，由于在"杀人"这一构成要件上客观与主观相符合，因此应当肯定故意犯的成立。由于"对 A 的犯罪事实"与"对 B 的犯罪事实"的具体区别被抽象化，故意在杀人的"认识"这一层面上被抽象化，因此，当发生了既遂与未遂的结果时，当然在"杀人"的限度内成立复数的故意犯。[2]

第四节　抽象的事实错误

一、含义

关于抽象的事实错误，《刑法》第 38 条第 2 款做了如下规定。即，"实施了该当于重罪的行为，但在行为时却不知道其行为该当于重罪的事实者，不能根据该重罪处断。"本条款规定了什么，没有规定什么，成为问题。具体而言，本条款仅仅规定了以犯 A 轻罪的意思却实现了 B 重罪的结果的情形，但却没有规定是否不能承认 B 重罪，或者是否虽然成立 B 罪但却不能科以 B 罪之刑；进而，当以犯 B 重罪的意思却实现了 A 轻罪的情形应如何处理，等等，必须专门予以解释。

抽象的事实错误不仅在单独犯中存在，也大量存在于共犯错误的情形中。例如，甲教唆乙实施盗窃，乙却实施了强盗；或者，甲、乙、丙共谋对 X 施加暴行，但甲却突然怀着杀意将 X 杀害。在这些情形中，共犯或者共同正犯

---

[1] 朝 A 开枪却导致 B 死亡的事例中，当 A 的死伤结果完全没有发生时，判例是否对 A 承认杀人未遂罪的成立未必是明确的。在以与结果的因果关系为前提的情形中，如果该结果中也包含"作为结果的危险"时，杀人未遂罪就被肯定。此外，判例是否理解为要求对 B 的死亡具有预见可能性，未必是明确的。在"危险的现实化"被肯定的情形中，就不需要预见可能性。

[2] 进而，东京高判昭和 30 年（1955 年）4 月 19 日高刑集第 8 卷第 4 号第 505 页中，被告人以杀害 A 为目的而将混入农药巴拉松乳剂的日本酒送给 A，A 没有喝这瓶酒，原封不动地放在家里，数个月后，A 的妻子 B 不知情地将这瓶酒送给 X，X 饮用之后中毒身亡。对该案件，东京高等裁判所肯定了对于 X 的杀人罪的成立。此外，作为方法错误与假想防卫交错的判例，有大阪高判平成 14 年（2002 年）9 月 4 日判夕第 1114 号第 293 页（边页第 291 页）。

的成立与否这一问题就与错误论交织在一起（边页第433页）。[1]

二、抽象的符合还是法定的符合

由于构成要件故意的认识对象是该当于一定的构成要件的事实，因此，当发生了不同构成要件该当事实时，原则上对于该结果不能肯定故意。是在构成要件范围内还是范围外对于故意的成立具有重要的意义，这就是构成要件的故意规制功能。如果在不同的构成要件之间肯定故意，就会使以各个要件而将犯罪个别化这一点通过主观层面抽象化、一般化，可以说这埋没了罪刑法定主义与责任主义。在这个意义上，不能采用如下的抽象符合说。

抽象符合说主张，即使行为人所认识到的事实与现实发生的事实在罪质上不同，也未必就阻却故意。因此例如，以损坏器物的故意最终致人死亡的情形也会被认为成立故意既遂犯。

在抽象符合说中也存在几种观点。具体而言，①将故意以及行为一般性地抽象化并联结在一起，对认识事实与发生事实的其中轻的犯罪一方认定故意的既遂；[2]②彻底将故意抽象化，基本上对发生事实肯定故意既遂，在第38条第2款的限制范围内择一性地以重罪一方处断；[3]③虽然基本上从法定符合说出发，有即使不存在对认识事实的未遂处罚规定也肯定其未遂[4]的观

---

[1] 正犯与共犯之间的错误也成为问题。例如，医生甲试图杀害患者X而将装入毒药的注射器交给不知情的护士乙，但乙在接手之际察觉到了甲的意图，但自己也对X怀着杀意而将毒药注射到X的体内。在该情形中，就是以间接正犯的意思实现了教唆犯的结果的情形。由于间接正犯是该当于各个条文（《刑法》第199条）的基本构成要件，而教唆犯是该当于通过修正第199条与第61条而得出的构成要件，因此是抽象事实的错误。在该事例中，当护士在中途知情时，就与间接正犯的实行着手时期问题相关联。关于这些问题，留待后述（边页第499页）。

[2] 参见牧野第231页以下；植松第282页以下。此外，日高，前列：《刑法中错误论的新展开》，第36页以下；日高第320页以下也遵从植松说，主张"合一的评价说"，具体而言，在以轻的甲罪故意而实现重的乙罪事实的情形中，甲罪本来是未遂但设定为既遂，乙罪本来是过失，但设定为作为"该当于重罪"之情形的故意犯，将两者做合一评价而将重的乙罪的故意犯的成立作为罪名，从而根据第38条第2款以较轻的甲罪的法定刑处罚。反之，在以重的甲罪的故意而实现轻的乙罪事实的情形中，对于甲罪考虑为未遂，对于乙罪，本来是过失，但设定为故意犯，做合一性评价而遵从较重的刑罚。在这里，作为第38条第2款的反面解释，可以理解为是"根据较重的罪进行处断"。

[3] 参见宫本：《学萃》，第335页以下。

[4] 参见草野第93页。

点。[1]

三、法定符合说（构成要件符合说）

即使法定符合说基本上是妥当的，但如果完全不承认不同构成要件之间的符合，就会忽视构成要件具有作为立法技术上的产物之一面。这是因为，同种构成要件也可能规定在不同的条文中。此外，在构成要件之间也可能存在同种罪质，在怎样的限度内承认这些重合部分这一疑问尚且存在。例如，教唆实施盗窃，但正犯者却实行了强盗，如果认为在盗窃与强盗之间不存在符合，那么结果只能认定为不可罚的盗窃教唆未遂与不可罚的过失强盗，最终导出不成立犯罪的结论，这是不妥当的。

但是，在 A 构成要件与 B 构成要件之间应当承认什么程度的符合，关于这一点，存在如下学说的分歧。

（一）刚性的构成要件符合说

这是重视构成要件的故意规制功能的观点。[2]根据该学说，由于故意的构成要件关联性被严格地理解，因此承认符合的范围就变得很狭窄。例如，盗窃与强盗、伤害与杀人、侵占与业务侵占等这种基本类型与加重类型以及法条竞合，即一个行为呈现出触犯数个罪名的外观，但实际上限定于只适用其中一个法条而排除其他法条的情形。但是，不判断构成要件的包摄性，不得不说是基于"条文＝构成要件"这一错误观点的产物。

（二）柔性的构成要件符合说

作为构成要件之重合的基准，该观点考虑了法益的共通性与行为的共通性。[3]例如，对于占有脱离物侵占与盗窃，公文书的无形伪造与有形伪造、恐吓与强盗等，就可肯定其符合，这种观点基本上是妥当的。由于条文与构成要件是不同的，有必要注意到在构成要件中具有内涵的包摄性与外延的包

---

[1] 中野第 121 页以下认为，第 38 条第 2 款是创设构成要件的修正形态的规定，在刑法上也肯定对于抽象事实错误的情形作为故意犯处罚。但是，即使构成要件创设机能被肯定，也必须限定在法定符合的范围内。进而参见植松第 280 页、野村第 211 页［以器物损坏的意思而产生杀人结果的情形中，肯定器物损坏罪的成立（具体的、违法性补充说）］。

[2] 参见浅田第 323 页、松宫第 191 页、大越第 125 页、立石第 218 页、佐久间第 135 页。

[3] 这是通说的观点。参见团藤第 298 页以下、平野 I 第 178 页以下、藤木第 156 页以下、大塚（仁）第 197 页以下、福田第 122 页以下、内田（文）第 159 页以下、大谷第 177 页、内藤（下）I 第 981 页以下、曾根第 186 页、西田第 236 页、山口第 239 页以下。

摄性。具体而言，前者是一个构成要件内涵性地包摄其他构成要件的情形，杀人与同意杀人、杀人与伤害、盗窃与占有脱离物侵占即该当于此。后者是在同一个构成要件中被择一性地规定的情形。例如，同意杀人与自杀帮助，一项欺诈与二项欺诈等。此外，只不过是在立法技术上分别规定于不同条文，实际上可解释为在同一个构成要件中的情形。例如，有形伪造与无形伪造，持有麻药与持有兴奋剂等情形就该当于此。

即使将法益的共通性与行为的共通性关联起来考虑构成要件之间的符合，其判断也并不容易。这依存于如何理解各个构成要件的保护法益与侵害行为。例如，有观点主张由于伤害罪与尸体损坏罪在人体的损坏这一点上是共通的，因此肯定这两者之间的符合。[1]但是，由于对于这两罪不能肯定法益的共通性，因此应该否定其符合。而关于盗窃罪与占有脱离物侵占罪，进而盗窃罪与器物损坏罪，如果将盗窃罪的保护法益理解为所有权，就可肯定符合；但如果将盗窃罪的保护法益理解为占有，则不能肯定符合。也可以认为诈骗罪与恐吓罪由于不具有行为的共通性，因此不能肯定其符合；但是若认为由于这两罪具有法益的共通性，则也可以肯定其符合。

如果考虑到各个构成要件都是为了作为行为规范的法益保护而设定的，基本上应当首先考虑法益的共通性，在这一点上，在法益符合说这一意义上的柔性的构成要件符合说是妥当的。[2]也就是说，在法益侵害或侵害危险这一点上两构成要件重合时就可肯定其符合。因此，虚假公文书做成罪与公文书伪造罪、[3]杀人罪与尸体损坏罪[4]由于不具有法益的共通性，不应肯定其相互之间的符合。

四、判例的立场

判例基本上立足于柔性的构成要件符合说，例外地对存在"构成要件的实质性重合"的情形肯定故意的成立。

---

[1] 参见平野Ⅰ第179页。
[2] 参见林（干）第265页。此外，认为判例的立场是法益符合说的是，木村（龟）第229页。
[3] 但是，最判昭和23年（1948年）10月23日刑集第2卷第11号第1386页，肯定了两罪的成立。
[4] 此外，札幌高判昭和32年（1957年）3月23日高刑集第10卷第2号第197页中，对于误认为尸体而将活体投弃于水中的案件否定了尸体遗弃罪的成立。广岛高判昭和36年（1961年）7月10日高刑集第14卷第5号第310页（边页第404页），对于误认为活体而加以攻击的案件否定了尸体损坏罪的成立。

最决昭和 54 年（1979 年）3 月 27 日刑集第 33 卷第 2 号第 140 页中，对于本来打算输入兴奋剂，结果却输入麻药的案件，作出了兴奋剂走私罪与麻药走私罪的构成要件在实质上完全重合的判示。

具体而言，"麻药与兴奋剂都是由于其滥用而有必要防止其在保健卫生上的危害，这两者分别是《麻药取缔法》与《兴奋剂取缔法》进行取缔的对象，虽然对于这两者的取缔在实定法上分别被规定在上述两部取缔法中，但两部法律在取缔目的上是同一的，而且取缔的方式也极为相近，都把输入、输出、制造、让渡、受让、持有等相同样态的行为作为犯罪。在此基础上，作为取缔对象的麻药与兴奋剂都是由于其滥用而形成对其精神性或身体性依存（所谓的慢性中毒）的状态，是具有对个人以及社会带来重大危害的药物，在外观上也具有诸多类似之处。综合以上情况来看，应该说麻药与兴奋剂之间在实质上具有可以视为服从于同一部法律规制的类似性。在本案中，被告人以营利为目的，将作为麻药的海洛因——这种盐类粉末——误认为兴奋剂而输入，因此，这是以犯《兴奋剂取缔法》第 41 条第 2 款、第 1 款第 1 项、第 13 条的兴奋剂走私罪的意思实现了《麻药取缔法》第 64 条第 2 款、第 1 款、第 12 条第 1 款的该当于麻药走私罪的事实。但两罪只存在其目的物是兴奋剂还是麻药的差异，其余的犯罪构成要件要素都是同一的，法定刑也是同一的，从前述的麻药与兴奋剂的类似性来看，在这种情形中，将两罪的构成要件视为在实质上完全重合是妥当的。因此，应该认为将麻药误认为兴奋剂的错误并不阻却关于所产生的结果的麻药输入之罪的故意。这样来看，应该说被告人的所作所为成立《麻药取缔法》第 64 条第 2 款、第 1 款、第 12 条第 1 款的麻药走私罪，其刑罚也当然应当依照这些条款处断。"

根据判例，在前述的具有"基本类型与加重类型"之关系的情形，[1]以及具有"一方的构成要件内含他方的构成要件"之关系的情形中，[2]在轻的

---

[1] 例如，杀人罪与同意杀人罪［东京高判昭和 33 年（1958 年）1 月 23 日高刑裁特第 5 卷第 1 号第 21 页、名古屋地判平成 7 年（1995 年）6 月 6 日判时第 1541 号第 144 页、大阪高判平成 10 年（1998 年）7 月 16 日判时第 1647 号第 156 页］等。

[2] 例如，杀害罪与伤害致死罪［最决昭和 54 年（1979 年）4 月 13 日刑集第 33 卷第 3 号第 179 页］、强盗罪与盗窃罪［最判昭和 25 年（1950 年）7 月 11 日刑集第 4 卷第 7 号第 1261 页］、强盗与恐吓罪［最判昭和 25 年（1950 年）4 月 11 日裁判集刑第 17 号第 87 页］、盗窃罪与占有脱离物侵占罪［东京高判昭和 35 年（1960 年）7 月 15 日下刑集第 2 卷第 7、8 号第 989 页］等。

一方的构成要件限度内"实质性的重合"被肯定。进而,在判例中,也有综合性地判断客体及其他构成要件要素的同一性、法益的同一性、罪质的同一性、法定刑的同一性等观点的判例。[1]该情形虽具有后述的罪质符合说的倾向,但由于判例是以"构成要件"的实质性重合为核心,因此并没有采用罪质符合说。

五、其他学说

(一) 罪质符合说

这是认为即使不存在构成要件的符合,只要罪质在同一范围内就肯定故意的观点,符合的范围是以考虑犯罪的被害法益与犯行方法、样态等的罪质为基准。[2]例如,在以遗弃尸体(《刑法》第190条)为目的而犯保护责任者遗弃罪(《刑法》第218条)的情形中,在遗弃尸体与遗弃保护责任者之间,作为日常生活的实态,只要具备遗弃处于是死是活并不明确之状态者的意思就足够,从这一理由出发,就当然肯定了符合。[3]但是,罪质这一概念并不是明确的。不仅如此,考虑了罪质这一点就会使构成要件的包摄性判断这一操作流程,其结果,与抽象符合说并没有很大的差距这一批判是妥当的。

此外,也有观点认为,如果将特定的处罚规定面向于行为状况而具体化的行为规范与将行为人所理解的事情为前提并将其一般化的行为规范相一致,就肯定故意(规范的符合说)。[4]但是,行为规范的功能在于法益保护,因此,

---

(接上页)进而,名古屋地判平成20年(2008年)12月18日研修第761、83页中,被告人使用不正当得手的给油卡在自助式的加油站加油,被告人以为没有人,但实际上有从业人员在确认。这一案件是以盗窃的故意实现了欺诈,在盗窃罪的限度内肯定重合(在选择刑中规定了罚金刑),从而肯定盗窃罪的成立。

[1] 例如,虚伪公文书作成罪与公文书伪造罪[最判昭和23年(1948年)10月23日刑集第2卷第11号第1386页]、兴奋剂走私罪与麻药走私罪[最决昭和54年(1979年)3月27日刑集第33卷第2号第140页]、兴奋剂持有罪与麻药持有罪[最决昭和61年(1986年)6月9日刑集第40卷第4号第269页]等。

[2] 参见西原(上)第224页以下。

[3] 札幌高判昭和61年(1986年)3月24日高刑集第39卷第1号第8页驳回了肯定尸体遗弃罪与保护责任者遗弃罪的重合,从而肯定尸体遗弃罪的成立的一审判决,而通过尸体这一事实认定肯定了尸体遗弃罪的成立。由于回避了符合理论,因此不能肯定两罪的重合。参见町野第233页、佐伯(仁)第288页注36。

[4] 参见井田:《构造》,第108页以下。

不得不说脱离了法益保护来考虑行为规范是有疑问的。[1]

(二) 不法、责任符合说

该观点认为，即使不存在对于构成要件该当事实的认识，只要存在对于组成构成要件的内容之不法或责任事实的认识即为足够，[2]从而试图在各个构成要件的不法或责任内容中能够被承认的符合的范围内肯定故意犯。该观点认为，承认构成要件的重合是构成要件的扩张，因此违反罪刑法定主义，并不需要对于构成要件该当"事实"的认识，只要具有对该事实的"意义的认识"，即对于该构成要件所规定的不法或责任内容的认识即为足够。但是，根据该观点，故意与构成要件的关联性就会被否定，其结果就会得出与罪质符合说同样的结论。[3]

六、《刑法》第 38 条第 2 款的解释与功能

关于抽象的事实错误的处理，可以分为各个构成要件的法定刑不同的情形与法定刑相同的情形进行探讨。

(一) 法定刑不同的情形

对于认识到轻的犯罪，却实现了重的犯罪的情形，是肯定客观上所实现的重的犯罪的成立，而刑罚按照所认识到的轻的犯罪来处理，还是犯罪的成立以及刑罚均按照所认识到的轻的犯罪来处理，成为问题。以前的裁判实务是立足于前者的立场，而现在的判例和通说均采用后者的立场。例如，在客观上实现了重的持有兴奋剂的结果，但在主观上却只认识到轻的持有麻药的案件中，两罪的构成要件在轻的麻药持有罪的限度内实质性地重合了。基于这一理由，就肯定了轻的麻药持有罪的故意，并肯定该罪的成立［最决昭和 61 年（1986 年）6 月 9 日刑集第 40 卷第 4 号第 269 页］。具体而言，"在本案中，被告人将作为兴奋剂的含有氨基丙苯的盐酸盐粉末误认为是作为麻药的可卡因而持有。因此，在本案中，被告人是以犯《麻药取缔法》第 66 条第 1 款、第 28 条第 1 款

---

[1] 同旨，参见佐伯（仁）第 288 页。
[2] 参见町野第 229 页以下。
[3] 但是，根据该学说，在教唆ого盗窃，而正犯却实施了器物损坏的情形中，对于盗窃罪不可或缺的领得意思是意味着行为人的利得性心情的责任要素，由于器物损害罪具有通过损坏而让被害人困惑这一固有的责任内容，因此，责任的符合就不被肯定，器物损害罪也就不被肯定了（参见町野第 230 页）。据此，比起罪质符合说，其符合就更具限定性。

的麻药持有罪的意思,却实现了该当于《兴奋剂取缔法》第41条之2第1款第1项、第14条第1款的兴奋剂持有罪的事实。两罪在其目的物是麻药还是兴奋剂上存在差异,后者被确定的法定刑比前者更重,仅此而已,除此之外的构成要件要素都是相同的。从麻药与兴奋剂的类似性来看,认为在这种情形中两罪的构成要件在轻的前者之罪的限度内实质性重合,是妥当的。由于被告人欠缺其所持有的药物是兴奋剂这一该当于重罪之事实的认识,因此缺乏兴奋剂持有罪的故意,从而不能肯定该罪的成立。但是,应该认为两罪在构成要件实质性重合的限度内可以肯定轻的麻药持有罪的故意,从而肯定该罪的成立。"[1]

其次,在认识到重的犯罪,但却实现了轻的犯罪的情形中,并不适用《刑法》第38条第2款,虽然该条款的"准用"是可能的,但必须注意到将重的犯罪的实行行为、因果关系等作为问题,具有成立重的犯罪未遂的余地。例如,误信对方同意而实施了杀害行为,实际上该同意是种玩笑,在这种主观上是同意杀人,而客观上是杀人的情形中,根据《刑法》第38条第2款能够肯定同意杀人罪的成立。与此相对,如果行为人实施了杀害行为,但实际上对方却希望被行为人杀害,在这种主观上是杀人,客观上是同意杀人的情形中,作为主观与客观的错误,通过"准用"《刑法》第38条第2款而肯定同意杀人罪的成立也是可能的。[2]但是,不得不说这无视了杀人的实行行为的存在。也有观点认为,由于可以肯定杀人的实行行为的存在与死亡结果之间的因果关系,因此可以肯定杀人既遂罪的成立。[3]但结果其本身并不是杀人的结果,而是同意杀人罪的结果,是减少了违法性的结果,因此并不是杀人既遂,而应当肯定杀人未遂罪的成立(《刑法》第43条的准用)。即,行为规范违反是杀人,但作为制裁规范的发动却成为杀人未遂。[4]

---

[1] 关于本案,参见长井(长):《百选Ⅰ》,第88页。
[2] 参见大塚(仁):《各论》,第22页以下。
[3] 参见内田(文)第165页注6。
[4] 此外,札幌地判平成24年(2012年)12月14日判例时报第1390号第368页,在"假装自杀"游戏中,接受了杀害嘱托的行为人误信是伤害的嘱托,从而以伤害的故意施加了暴行,结果导致被害人死亡。对于该案件,札幌地方裁判所作出了以下判示:以重的伤害(致死)罪的故意客观上实现了该当于轻的《刑法》第202条后半段之罪的事实,应该适用的罚条只是第202条后半段。关于本案,参见若尾:《刑事法学家》第39号,第101页;田中(优):《判例通选》2013年第1期,第31页。笔者认为,由于是以重的伤害(致死)的故意而实现轻的嘱托杀人,因此可以归结为伤害致死罪的未遂(《刑法》第43条的准用)。

(二) 法定刑同一的情形

在所认识到的犯罪与被实现的犯罪的法定刑同一的情形中，不能"适用"《刑法》第 38 条第 2 款。判例对于这种情形肯定了客观上被实现的犯罪的成立。例如，如前所述，客观上实现了输入麻药，但主观上却是输入兴奋剂的认识，两罪的法定刑是相同的案件，由于两罪的法定刑完全相同，两罪的构成要件实质性地完全重合，以此为由而肯定故意的麻药走私罪的成立（最决昭和 54 年 3 月 27 日刑集第 33 卷第 2 号第 140 页）。

这种认识错误归根结底可以理解为是对于一个构成要件要素的"客体错误"，例如，对遗弃罪中的"老年、幼年……"的认识错误是同样的。与此相对，也有观点认为判例的处理将故意过度抽象化了，根据行为人的认识内容，应该肯定兴奋剂走私罪的成立。[1] 此外，也有观点主张根据《刑法》第 10 条第 3 款（根据犯罪情况确定其轻重）而准用第 38 条第 2 款，[2] 但由于该犯罪情况时具体的犯罪行为的情状，并不是指称一般的犯罪类型的轻重，因此是不妥当的。

(三) 《刑法》第 38 条第 2 款的功能

在以实行轻的犯罪的意思，却实现了重的犯罪的情形中，根据《刑法》第 38 条第 2 款而肯定轻的犯罪的成立，但关于这一点，产生了以下疑问，即：轻的犯罪明明没有被实现，却肯定该犯罪的成立，这不是违反罪刑法定主义吗？例如，在以恐吓的犯意而产生强盗结果的情形中，根据《刑法》第 38 条第 2 款，虽"成立"恐吓罪，但其宗旨成为问题。这种情形中，从客观上被实现的重罪（强盗）的构成要件出发，形成了在主观上被认识到的轻罪（恐吓）的构成要件，从而最终认为实现了恐吓罪的构成要件。在这个意义上，可以说 [3]

---

[1] 参见曾根第 187 页
[2] 参见内藤（下）Ⅰ第 987 页、第 995 页以下。
[3] 参见中野第 121 页以下、町野第 236 页、山口第 239 页（设定了"共通构成要件"）。进而，如果规范性地分析"构成要件的重合"，则通过比较根据行为时的事前判断而假设其存在的 A 构成要件与根据结果时的事后判断而假设其存在的构成要件 B，结果就可以肯定 A 构成要件中的故意与 B 构成要件中的故意。可以将前者称为"行为规范中的故意"，将后者称为"制裁规范中的故意"。进而，由于在能够肯定两者符合的情形中可以肯定一定的故意，因此，可以认为该问题是"事前判断与事后判断的对应原则（Korrespondenzprinzipp）"的一种适用情形（参见边页第 67 页）。关于这一点，参见高桥，前列：《犯罪论中的"构成要件重合"的规范性、机能性分析》。关于对应原则，参见高桥：《规范论》，第 92 页以下。

《刑法》第 38 条第 2 款具有修正构成要件的功能。[1]

---

[1] 此外,抽象的事实错误经常在共同正犯(共犯)的错误的情形中产生,但在该情形中,有必要注意到在认识错误的问题之前还有共同正犯(共犯)的成立问题。在前列最决昭和 54 年(1979 年)4 月 13 日刑集第 33 卷第 3 号第 179 页中(边页第 205 页),杀人罪与伤害致死罪的共同正犯的成立与否成为问题,最终被认为"在伤害致死罪的限度内重合"。莎克蒂治疗杀人事件〔前列最决平成 17 年(2005 年)7 月 4 日刑集第 59 卷第 6 号第 403 页(边页第 162 页)〕中,杀人罪与保护责任者遗弃致死罪的共同正犯的成立与否成为问题,最后被认定为"在保护责任者遗弃致死罪的限度内重合",但这同时也是部分犯罪共同说还是(实行)行为共同说的问题。在该情形中,可以理解为:承袭《刑法》第 38 条第 2 款的宗旨,共同正犯的成立与否成为问题,在部分犯罪共同说的背后存在第 38 条第 2 款。在这个意义上,可以说两个判例均采用部分犯罪共同说。但是,本书认为,由于只肯定故意部分的共同,因此,对于前者的判例在"伤害的限度内"肯定重合,对于后者的判例则在"保护责任者遗弃的限度内"肯定重合(参见边页第 433 页)。

第十章 过 失

第一节 含 义

过失犯是风险社会中的典型犯罪之一。风险与危险不同,风险也被用来指称从做了什么(或者不做什么)而产生的反对危险。例如,地震来袭是"危险",但如果明知可能发生地震,却建起抗震的房屋并居住,这就是承担"风险"了。[1]从做什么或者不做什么而产生的危险是风险。这里的做什么或者不做什么,在法规范中,作为禁止做什么或应当做什么这一禁止或命令而被"行为规范化"。在故意犯中,该禁止规范或命令规范在构成要件上对于包含行为人在内的一般人而言是比较明确的,但在过失犯中,在构成要件上只规定了"因过失",法官在具体案件中必须补充的构成要件的范围很大。这也是过失犯被认为是"开放的构成要件"的原因之所在。[2]

由于过失犯是"开放的构成要件",过失的有无是通过法官的事后评价而被确定的。虽说规范体系当然地具有这种回顾性评价系统的功能,但如果认为只要具有这种功能就足够的话,就会忽略了规范所具有的事前为行为提供指向这一意义上的的第一次性功能。这样的话,结果将导致在风险社会中规范的作用几乎没有任何意义。风险社会中的规范必须具有作为展望性的预期系统的功能,在这个意义上,行为规范占据重要的地位。

《刑法》第38条第1款的文本规定以处罚故意犯为原则,但在该条文的但书中也规定了"当在法律上存在特别规定的情形时,不受此限",即例外性

---

[1] 参见山口节郎:《现代社会的动摇与风险》(2002年),第150页以下、第182页以下。
[2] 开放的构成要件问题与过失犯中的明确性问题直接关联。关于这一点,参见佐久间修:"过失犯中的刑罚法规的明确性——关于构成要件过失与行政取缔法规的关系",载《大野古稀》,第194页以下。

地规定了过失犯也可以处罚。作为特别规定，例如"因过失"（《刑法》第209条、第210条）、"懈怠必要的注意"（《刑法》第211条）、"因失火"（《刑法》第116条）等，即为适例。[1]

第二节 过失犯的行为规范

如前所述，过失犯以结果的预见可能性为要件不仅是责任主义的要求，而且也是必须判断在行为的时点上行为是否危险这一行为规范的事前判断性的归结。结果的预见可能性是关于行为与结果之间关系的前提条件，通过其存在，可以对行为人赋予回避危险行为的义务。但是，作为过失犯的行为规范性之前提的预见可能性是否必须是对于"具体结果"的预见可能性成为一个问题。这是因为，必须说明的是过失犯中的行为规范的核心在于回避危险"行为"这一点上。就如威尔泽尔所说的，"人的死亡等结果并不能通过'过失'引起，只有通过'过失行为'才能引起"。[2]

行为规范作为事前的禁止规范或命令规范，是以行为时的"危险化禁止"为其内容的，并以包含行为人在内的一般人为其对象，因此，行为的主观性要素也当然的被包括，危险化结果与实害等结果的发生被置于作为发动制裁规范之要件的位置上。与此相对，也有观点将规范作客观性理解，并将为结果犯提供基础的规范理解为"禁止引起侵害"。[3]根据该观点，规范违反被事后性地判断，故意或过失与规范违反相分离，被包含于义务违反性之中。其结果，故意犯与过失犯就被理解为违反同一个行为规范了。也就是说，故

---

[1] 问题是在过失处罚没有明文规定的情形中，能够从该条文的宗旨或目的出发来处罚过失犯。大审院时代的判例分为肯定与否定的态度，但最高裁判所明确了肯定的立场［最决昭和28年（1953年）3月5日刑集第7卷第3号第506页；最判昭和37年（1962年）5月4日刑集第16卷第5号510页；最决昭和57年（1982年）4月2日刑集第36卷第4号第503页］。确实，行政取缔法规的重点在于行政取缔目的的实现，是否实施了外部行为才是核心问题，至于到底是故意还是过失常常并没有那么重要。但是，如果认为应当处罚过失犯，立法者就应当制定体现该宗旨的明文规定，既然没有，不得不说处罚过失犯违反了罪刑法定主义。关于该问题，参见福田平：《行政刑法》（新版）（1978年），第153页；藤木英雄：《行政刑法》（1976年），第87页以下。
[2] 参见 Welzel, Das neun Bild des Strafrechtssystems, 4. Aufl., 1961, S. 32；汉斯·威尔泽尔（福田平、大塚仁译）：《目的行为论序说——刑法体系的新图像》（1962年），第45页。
[3] 参见 Kindhaeuser, Gefaehrdung als Straftat, 1989, S. 13ff.；Vogel, Norm und Pflicht bei den unechten Unterlassungsdelikten, 1993, S. 27ff.

意犯与过失犯都成为诸如"禁止引起他人死亡"这样的规范内容。

但是,这种"禁止引起他人死亡"的规范虽然对于故意犯是妥当的,但对于过失犯并不妥当。这是因为,故意犯意图构成要件结果的实现,因此"禁止引起他人死亡"这一规范具有行为规范性;与此相对,过失犯并不意图构成要件结果的实现,因此该规范并不具有任何行为规范性。构成要件结果其本身在过失犯中并没有形成为行为提供方向的行为规范。[1]另一方面,即使作为像"尊重他人的生命"这种命令规范而构成,同样地,其射程范围也是不明确的。例如,汽车驾驶员就必须设想所有与车相关的危险,从而控制自己的行为,而这就等于禁止驾驶汽车其本身。

因此,为了将构成要件结果与过失的行为规范相连结,就必须添加将两者关联起来的要素。关于这一点,旧过失论(边页第215页)将结果的预见可能性这一范畴置于作为责任要素的位置上,但据此还不能获得行为规范性。可以说,只有根据设定结果回避措施这一基准行为,并将其置于作为违法要素的位置上的新过失论才能显示过失犯的行为规范性。威尔泽尔将过失犯的行为规范性求诸"社会生活上必要的注意"这一指导形象,进而主张:"在行为人所处的具体情况下,对于行为人而言,首先是发现什么才是社会生活上必要的注意,其次通过比较这个被命令的形态与行为人所实施的现实行为,来确定这个现实的行为是否遵守了相应的注意。"[2]

如果将指向回避结果的注意作为行为规范的内容,就会形成"谨慎地实施行为"这一命令规范。但是,这一规范不仅是不明确的,而且行为规范变成以注意义务的保持为目的,这是不妥当的。必须说行为规范归根到底是为了法益的保护而存在的。但是,将谨慎的行为在各种各样的生活关系中具体化,并与法益相关联地构成也是可能的。事实上,道路交通法上的行为规范等也可以成为刑法上的行为规范的指导形象。但是,违反道路交通法当然并不等于违反刑法上的行为规范。此外,在其他诸多的生活领域中,还存在诸多不具有道路交通法这种指导形象,从而难以将行为规范具体化的情形。

因此,我认为将"社会生活上必要的注意"与"法益保护"相连结的实

---

[1] 参见 Weigend, Zum Verhaltensunrecht der fahrlaessigen Straftat, in: Festschrift fuer Goessel, 2002, S. 131.

[2] 参见 Welzel, a. a., S. 32 (前列《目的行为论序说》,第46页)。

质性要素是不可或缺的。而该连结点就是存在对法益的"危险状况"与如果不注意的话该危险状况就可能达到法益侵害的程度。如果这种危险状况的存在对于行为人或者（包括行为人在内的）一般人而言是可能认识到的，以此为契机，行为人就面临着以下抉择，即：为了回避法益侵害而不实施该行为，或者在尽了必要的注意的同时实施该行为。过失犯的行为规范必须具备这种内容。也就是说，过失犯的行为规范的内容是"以可能认识的危险状况的存在为契机，当行为人认识到或者可能认识到该行为能够导致法益侵害时，为了回避该侵害，尽了必要的注意而实施或者不实施该行为。"[1]

第三节 过失犯的构造——旧过失论、新过失论、新新过失论

围绕过失犯的构造论的争论，在之前强烈地反映在行为论（因果行为论对目的行为论）或者违法本质论（行为无价值对结果无价值）这一侧面上。具体而言，因果行为论与结果无价值论可以归结为旧过失论，而目的行为论与行为无价值论则可以归结为新过失论。从另一侧面而言，社会构造的发展对于过失犯的构造论就有巨大影响。具体而言，从昭和30年代（1955~1965年）开始，在以道路交通为首的产业化、工业化、分工化这一迅速发展的社会构造变革中，以限制过失犯成立范围的法理（例如被允许的危险、信赖原则等）为基础的新过失论得以主张。但此后，通过从昭和40年代（1965~1975年）开始的公害事件与药害事件，情况发生逆转，以扩大过失犯的成立范围之法理（例如危惧感说）为基础的新新过失论得以主张。而现在，如前所述，则追求在风险社会中过失犯的适正范围。

一、旧过失论

旧过失论（传统的过失论）将过失的判断基准求诸于"（主观的）预见可能性"，即，行为人应该预见到犯罪事实，而且尽管能够预见，却因欠缺意识的紧张而没有预见，这一点值得刑法上的非难。也就是说，将过失的内容

---

[1] 参见 Weigend, a. a. O., S. 136. 此外，这里所说的"实施该行为"这一规范并不是命令规范，而是意味着"实施也可以"这一"被允许的危险"。也就是说，意味着被置于禁止规范或命令规范层面上的"被允许的危险"这一位置上的"遂行该行为也可以"。

求诸懈怠了预见结果发生这一使精神保持紧张状态的预见义务违反,通过因果关系的确定,构成要件该当性与违法性都被充足了(因果行为论)。这种成为旧过失论之基础的犯罪论体系将故意与过失理解为责任形式,于是构成要件该当性与违法性对于故意犯与过失犯而言是共通的(结果无价值论)。[1]

但是,如前所述,由于结果本身并不具有行为规范性,从该观点出发,什么行为成立过失犯这一点并不明确,如果发生结果,便容易得出行为人能够预见而且应当预见的结论,最终陷入结果责任的泥潭中。进而,从旧过失论出发有观点主张在责任阶段上的预见义务违反之前,通过"过失行为"进行客观性限定[2]据此来修正旧过失论。具体而言,在认识到了危险状况的情形,则容易进行预见可能性的判断;而在没有认识到危险状况的情形中,危险状况的认识可能性就成为问题,以该认识可能性为前提的预见可能性的判断也就成为极其困难的判断。

二、新过失论

批判旧过失论,进而主张过失犯与故意犯在行为规范的内容以及实行行为这些点上是不同的,就是新过失论。[3]根据该学说,过失犯的实行行为被理解为:由于没有遵守社会生活上必要的注意,没有为了回避结果而采取妥当措施的行为,也就是懈怠了客观注意的有过错的行为。旧过失论是以在责任论中的预见可能性为内容的主观性过失问题,而新过失论则是以在违法论中的结果回避义务违反为内容的客观性过失问题。

根据新过失论,违反客观注意义务的行为是过失行为,如果是遵守客观注意义务的行为,即使侵害了法益,也会得出不该当于过失犯的构成要件之结论。作为新过失论的基础,有如前所述的过失犯的行为规范论,以及由此引申出的被允许的危险法理、信赖原则等。

对于新过失论,从旧过失论出发存在以下批判:构成客观注意义务之内

---

[1] 参见平野Ⅰ第191页以下、内藤(下)Ⅰ第1105页以下、中山第376页、町野第255页以下、堀内第121页、松宫第210页、曾根第170页、山口第228页、松原第257页。

[2] 参见桥爪隆:"过失犯(下)",载《法教》第276号(2003年),第39页以下;平野Ⅰ第193页;西田第261页;前田第296页;林(干)第281页;大塚裕史:"过失犯中的实行行为的构造",载《下村古稀》,第164页以下。

[3] 参见西原(上)第196页以下、藤木第234页、福田第125页、大谷第182页以下、川端第206页以下、佐久间第142页。

容的基准行为成为各种各样的行政取缔法规。其结果，就将过失犯理解为"违反行政取缔法规的结果加重犯"，仅仅根据违反基准行为就肯定过失犯的成立是违反责任主义的。但是，由于本书承认责任过失这一范畴（边页第366页），因此该批评是不妥当的。

三、新新过失论（危惧感说）

该学说在将注意义务的内容理解为结果回避义务这一点上与新过失论具有共通点，但在将预见可能性的内容理解为只要具有漠然的危惧感或不安感即为足够，而不需要对于结果的具体预见可能性这一点上又与新过失论存在差异。具体而言，根据该学说，过失犯的预见可能性被理解为：并没有必要预见到达到结果发生的具体因果经过，只要一般人认为至少可能发生该种结果，并具体地抱有危惧感的程度即为足够。[1]该观点虽然通过"森永毒牛奶事件再审判决"而被明示性地采用，[2]但如后所述，在此后的裁判例中明确地排斥危惧感说。[3]

但是，如前所述，由于构成要件结果本身并不能为过失犯的行为规范提供基础，因此认为，即使不具备对于结果的具体预见可能性也可以肯定违反过失犯的行为规范这一危惧感说的基本观点具有充分的理由（抽象的预见可能性说这一名称更为贴切）。[4]

四、修正旧过失论

该观点并不是仅仅将过失单纯地理解为责任要素，而是将对于结果发生

---

[1] 参见藤木第240页；板仓第256页；船山泰范：《刑法的作用与过失犯论》（2007年），第121页以下。此外，参见井田第201页。

[2] 德岛地判昭和48年（1973年）11月28日判时第721号第7页作了以下判示：预见可能性并没有必要达到预见具体因果关系的可能性的程度，只要具有虽然会发生什么事并不确定，但并不是绝对没有某种危险，因而不能加以无视之程度的危惧感就足够。

[3] 例如，札幌高判昭和51年（1976年）3月18日高刑集第29卷第1号第78页（北大电气手术刀事件＝古川：《百选Ⅰ》，第102页）、福冈高判昭和57年（1982年）9月6日高判刑集第35卷第2号第85页（熊本水俣病事件）等，即为适例。

[4] 关于具体的预见可能性说与危惧感说的对立，参见三井诚"预见可能性"，载藤木英雄编著：《过失犯——新旧过失论争》（1984年），第129页以下；小林宪太郎：《刑法的归责》（2007年），第43页以下；古川伸彦：《刑事过失论序说》（2007年），第165页以下。进而，参见山本（纮）："预见可能性中的'可能性'判断"，载《刑杂》第55卷第2号（2016年），第65页以下。

具有"实质性的不被允许的危险"的行为作为构成要件该当性阶段上的问题，认为结果的预见可能性就是过失行为所具有的危险性。[1]该观点首先将过失行为的危险性理解为对于结果的"客观的"预见可能性，其次将行为人个人所认识到的事情也纳入危险性的判断中，此后再判断作为责任要素的本人的主观预见可能性这一要素的有无。[2]

但是，结果发生的实质性危险与过失犯的实行行为性的判断是同样的，在这一意义上，该观点与将结果回避义务违反作为核心内容的新过失论只有一丘之隔，只不过实行行为性的判断基准不同而已。[3][4]

第四节　注意义务违反

过失意味着不注意，而不注意指的是违反注意义务，也即违反应当为了回避犯罪事实的实现而小心谨慎的义务。根据不注意这一概念要素，过失与无过失得以区别。具体而言，无过失是指不存在不注意的情形，因此即使存在法益侵害，这也是因不可抗力造成的事故或偶然的事故，并不能对其作出违反规范的评价。

关于注意义务的内容，从旧过失论出发得出是结果预见义务的结论，而从新过失论出发则得出是结果回避义务的结论。本书认为是应当回避犯罪事实之实现的义务，即结果回避义务。由于作为结果回避义务的前提，对结果的预见可能性是必要的，因此，构成要件过失的基本构造是：结果的预见可能性与结果回避义务（其违反），不应当将预见可能性置于预见义务的位置上。

---

[1]　参见平野Ⅰ第193页以下。
[2]　参见平野龙一："关于过失的两三个问题"，载《井上还历》，第300页。作为修正旧过失论的立场，有前田第272页以下（对危险性作纯粹的外部性、客观性判断）；大塚（裕），前列：《下村古稀》，第160页以下（对于过失犯的实行行为性要求具有高度的危险性）；林（干）第281页以下（通过行为的社会有用性与危险的事前性考量而判断"不被允许的危险"的惹起）等。
[3]　西原（上）第197页注3。
[4]　此外，最近关于过失犯的研究，正在从这种过失构造论的演绎性讨论逐渐转移到以具体的、实质的问题解决为方向的归纳性讨论。尤其是，从实体法的见地出发探讨注意义务的内容确定基准，参见樋口："注意义务内容的确定基准——基于比例原则的义务内容的确定"，载《山口还历》，第195页以下。

但是，如后所述，承袭该构造，过失的实行行为性及其认识、认识可能性就成为问题。

一、预见可能性的对象

为了认定结果回避义务，作为其理论性前提，预见可能性的认定是必要的。这是因为，正是由于存在对于结果发生的预见可能性，才能赋予其应当回避结果发生的义务。

如前所述，关于预见可能性的对象是什么，存在具体的预见可能性说与危惧感说（新新过失论）的对立。作为判例与学说之通说的前者认为，对于特定的构成要件结果的发生以及"到达结果发生的因果关系的基本部分"的预见可能性是必要的，[1]下级审也遵从该观点。[2]具体的预见可能性说可以归结为是将过失犯与故意犯平行考虑的观点，但如前所述，既然无法维持该平行性，就无法支持该观点。

与此相对，危惧感说是将预见可能性的内容理解为抽象的危惧感或不安感的观点。如果不与法益相关联，而只关注内心世界的问题，危惧感说是不

---

[1] 最判平成12年（2000年）12月20日刑集第54卷第9号第1095页（近铁生驹隧道火灾事件）（关于本案，参见山口：《百选Ⅰ》，第108页）（本书边页第234页）。进而，最决平成21年（2009年）12月7日刑集第63卷第1号第2641页（明石人工沙滩塌陷事件），在海岸的人工沙滩上的4岁被害人因沙层的空洞上部崩塌而掉入空洞中，导致被害人被活埋。对于该案件，最高裁判所认为，被告人能够预见到包括本案埋没事故现场在内的沿着东侧突堤的沙滩具有塌陷的可能性，从而肯定本案事故发生的可能性。关于预见可能性，一审（否定）与二审（肯定）在结论上的差异对于因果关系的基本部分的理解方式产生重大影响。关于本案，参见盐谷，平成22年（2010年）度重判，第198页；北川：《判例评论》第638号（判时第2139号），第182页；山本（纮）：《刑事法学家》第23号，第77页。如果抽象性地把握"因果关系的基本部分"，则与危惧感说（抽象的预见可能性说）并无不同。进而，作为本案的第二次上告审的最决平成26年（2014年）7月22日刑集第68卷第6号第775页认为，担当着管理事务的国土交通省职员负有应该在人工沙滩采取安全措施的业务上的注意义务。关于本案，参见甲斐，平成26年（2014年）度重判，第157页；古川：《刑事法学家》第43号，第133页。
[2] 大阪高判昭和51年（1966年）5月25日判时第827号第123页中，对于因水膜现象而导致交通事故的案件认为，预见可能性的对象必须站在行为人的立场上，能够采取结果发生的回避手段之程度的具体内容，从而否定预见可能性。此外，东京高判平成2年（1990年）4月24日判时第1350号，第156页中，下水道管道布设工事完成之后，回填的土壤下沉，导致土压异常增大，据此而导致埋设于地下的瓦斯管道龟裂折断，从而发生瓦斯泄漏，导致出现大量的死伤者。对于该事故，东京高等裁判所认为不具有结果发生的预见可能性，从而对工事关系人等否定了过失［进而，参见大阪高判平成3年（1991年）3月22日判时第1458号第18页］。

妥当的，但也可以将该学说与法益相关联进行构建。问题是该法益关联性的内容，在这里，在多大程度上将预见可能性的对象抽象化是被允许的成为问题。

有观点认为将预见可能性的对象理解为"在成为结果发生之原因的事实中，如果预见到这一点，通常人就会采取结果回避措施的事实"。[1]这一观点认为由于在对于结果发生的预见可能性这一点上过于抽象，因此要求更加具体的事实，在这一点上，该观点是值得关注的。这是因为，该观点直截了当地指出了具体的预见可能性说在事实上的抽象性，从这一点上可以看出具体的预见可能性说与危惧感说之间的差异并没有那么明显。但是，说为什么如果预见到该"结果发生原因的事实"，就必须采取结果回避措施的话，这是因为该事实的存在就直接显示了危险状况。虽然该危险状况可以从抽象的危险层面到具体的危险层面，但过失犯的实行行为性与故意犯同样都只要是抽象的危险行为即为足够，具体的危险结果与侵害结果是属于制裁规范的范畴。故意犯与过失犯的行为规范的内容虽然不同，但在危险性层面上的实行行为性是同一的。

与此相对应，预见可能性的对象也可以区分为对抽象危险、具体的危险结果、侵害结果的预见可能性。但是，在故意犯的情形中，对构成要件结果（具体的危险或侵害）的认识与具有实行行为性的抽象危险的认识是必要的；而在过失犯的情形中，由于构成要件结果其本身并没有形成为行为提供方向的行为规范，因此可以认为，并没有必要对构成要件结果形成具体的预见可能性，只要具有一般人的危惧感即为足够（抽象的预见可能性说）。[2]与此相对，关于作为抽象性危险的实行行为性，行为人或者（包括行为人在内的）一般人的认识可能性是必要的。从过失犯的行为规范是"以可能认识的危险状况的存在为契机"出发，可以为这一点提供根据。

例如，关于火灾事故的最高裁判所的判例中，存在以下裁判理由："在设

---

[1] 西原（上）第198页。将该观点作为中间项理论展开的是，前田第221页。
[2] 关于这一点，东京高判平成27年（2015年）10月30日判夕第1421号第146页中，从事山路引导业务的被告人规划并主办有偿的山岳旅游项目，率领5名女性登山客在雨中开始登山，在登山道上因天气恶化，登山客顶着强风、雨夹雪、暴雪，陷入无法跟进或步行的状态，其中四名登山客因低体温症而死亡。对于该案件，东京高等裁判所认为，作为过失判断前提的预见内容，以具有成为遇难事故之危险性的天气恶化的可能性为足，在此之上的现实发生的显著天气恶化的可能性并不是预见的对象，据此对被告人肯定了过失。

置了宿泊设施、不分昼夜地向不特定的多数人提供宿泊等便利的旅馆或宾馆中，经常孕育着发生火灾的危险"（川治王子饭店火灾事件）[1]；"在关店后的'千日百货'内发生火灾的场合……在这种情况下，具有容易扩大火灾范围的危险"（千日百货火灾事件）[2]，据此而肯定预见可能性。该观点是将火灾的发生置于因果经过的位置，认为只要具有该程度的预见可能性即为足够。如果认为只要一般人对于构成要件结果（具体的危险或侵害）具有危惧感即为足够的话，这些判例基本上能够被支持。

此外，关于具有实行行为性的抽象性危险，例如，在新日本饭店火灾事件（因经营饭店的董事长与两名主管人员的过失而在都市中心的近代性高层酒店中引发不明火灾、导致 32 名住宿旅客死亡、24 名住宿旅客受不同程度的伤害。对于这一案件，裁判所认为，董事长 A 对于本案在旅馆内引发火灾的情形，应该说负有为了回避住宿旅客的死伤结果而事前确立防火管理体制的义务，A 也不存在难以采取这些措施的原因。因此，可以认定如果 A 没有懈怠以上义务而采取这些相应措施，就可以回避由本案火灾所导致的住宿旅客的死伤结果。据此肯定业务上过失致死罪的成立）[3]中，被告人认识到既没有设置自动喷水设备也没有设置代替防火区划，此外也认识到了防火管理者应该实施的消防计划，并基于该消防计划而实施消防训练、检查、维持、管理用于防火或消防的设备，以及其他防火防灾对策也不完善。因此应该肯定危险状况及其认识的存在，当然能够肯定过失犯的实行行为性。也就是说，在该情形中，存在行为人关于具有实行行为性的抽象危险的认识，而且，由于对于死伤结果以及发生火灾，从一般人来看，能够产生危惧感，因此被告人就当然地负有应当谨慎地采取结果回避措施的义务。

还有，在擅自同乘装货台面事件（被告人使自己开的车处于暴走状态，据此而使自己车的左侧后部的装货台面与设置于道路左侧的红绿灯柱激烈碰撞，导致

---

[1] 最决平成 2 年（1990 年）11 月 16 日刑集第 44 卷第 8 号第 744 页。关于本案，参见松宫：《法教》第 126 号，第 62 页。
[2] 最决平成 2 年（1990 年）11 月 29 日刑集第 44 卷第 8 号第 871 页。关于本案，参见甲斐，平成 2 年（1990 年）度重判，第 149 页。
[3] 最决平成 5 年（1993 年）11 月 25 日刑集第 47 卷第 9 号第 242 页。关于本案，参见上岛：《百选 I》，第 118 页。

了擅自乘坐在后部装货台面上的 A 和 B 死亡的事例）[1]中，最高裁判所作了这样的判示：对于被告人而言，应该说当然认识到了如果实施以上的鲁莽驾驶汽车之行为的话可能会发生致使他人的死伤之类的事故这一点，所以即使被告人没有认识到在自己车的后部装货台面上有前述两名同乘人的事实，也应该理解为不妨碍以上两人的业务上过失致死罪的成立。但是，从行为规范的标准上而言，有鲁莽驾驶这一违反《道路交通法》的行为，也有义务违反和抽象的危险性（道路交通参与人一般的死伤）的存在，既然行为人对于这一点存在认识，过失犯的实行行为性就得以肯定，对于属于制裁规范范畴的构成要件性结果（装货台面同乘人的死亡）存在从一般人出发的危惧感，所以判例的观点是可以支持的。

进而，最决平成 28 年（2016 年）5 月 25 日 LEX/DB25447979（涉谷温泉设施爆炸事件）中，从市街地的温泉设施泄露出来的甲烷瓦斯发生爆炸，导致 3 名温泉设施的从业人员死亡、2 人受伤，温泉设施附近路上的 1 名行人受伤。对于该案件，最高裁判所对于作为实施该设施的设计、施工的建设公司之设计担当者的被告人，肯定其负有应当确实地说明与瓦斯排气配管内的结露水的排水口之操作相关的信息之业务上的注意义务，从而肯定了业务上过失致死罪的成立。但另外附上了如下的大谷法官的补充意见。即：在达到结果发生的因果流程中，在复数的事态的发生是多重因素的连锁反应的案件中，如果仅仅把握过失行为与结果发生，即便是对于是否存在具体的预见可能性存在问题的稀有因果流程情形，当将中间发生的事态做某种程度的抽象把握时，如果能够预见各自的链条的话，就可以说对于整体具有预见可能性。在此之前的裁判实务中，存在立足于这种观点而论述过失有无的事例。但是，当理解本案的注意义务时，我认为并不能说本案的预见可能性的判断手法，即，把握连锁事态的发生，进而探讨"因果关系的基本部分"是与什么手法相符合的类型。"基本部分的预见可能性"这一点，也可以消解于以下这一点，即在什么程度上认识到了作为甲烷瓦斯处理的安全对策的。关于过失犯，

---

[1] 最决平成元年（1989 年）3 月 14 日刑集第 43 卷第 3 号第 262 页。关于本案，参见内田（浩）：《百选Ⅰ》，第 106 页。关于本决定，也有观点认为可以归结为对故意犯采用了（抽象）法定符合说（山口 253 页）。但是，故意犯与过失犯在行为规范的层面上是不同的，应该从过失犯独自的观点出发进行解决［大塚（裕）："'结果'的预见可能性"，载《冈山大学法学会杂志》第 49 卷第 3、4 号（2000 年），第 187 页以下；信太："过失犯中的结果预见可能性与故意错误论"，载《西原古稀》第 2 卷，第 91 页］。

根据结果的预见可能性、回避可能性这一大框架而判断其成立与否是此前确立的观点，本来本案也应当在此理论框架中进行探讨，但在寻求具体的争论点之际，关于具体的怎样的基准成为有用的判断要素这一问题，应当根据这种案件所特有的多样的案件类型，妥当地抽出争论点。

如前所述（边页第221页），本书认为，对于构成要件结果只要具有抽象的预见可能性即为足够，但作为行为危险性之实行行为性的判断，由于行为人或者（包括行为人的）一般人对此的认识可能性是必要的，因此我认为将作为义务履行行为的"设计"之意义作为争论焦点的本补充意见的观点是妥当的。

二、结果回避可能性

关于结果回避可能性在犯罪论上的位置，虽然可以列举出各种各样的观点，但在结果回避可能性中存在两个类型的分析是重要的。即，事前的结果回避可能性和事后的结果回避可能性。[1]前者是行为时对于行为人来说是否有采取必要的回避措施的可能性这一义务的履行可能性；[2]后者是在采取结

---

[1] 参见山中第392页、第399页；成濑：《百选I》（第5版），第16页；前田：《刑法的基础（总论）》（1993年），第299页；大塚（裕），前列：《下村古稀》，第166页以下。

[2] 最判平成4年（1992年）7月10日判夕第795号第96页中，由于被告人没有注视前方，在夜间没有路灯的自行车道上行驶，与在该车道上逆行的A车正面相撞，导致A死亡。对于该案件，最高裁判所认为，要肯定结果回避可能性，"在被告人应该采取回避措施的时点上，必须有可能预测到该车的行进路线，即A车是会原封不动地直行，还是会左右变更车道"。从而否定了过失。可以将这里的"回避可能性"理解为注意义务的履行可能性即事前的结果回避可能性。此外，大分地判平成18年（2006年）11月29日判夕第1280号第340页中，被害人在冲撞事故中摔倒躺在被告人行进的车道上，被告人从被害人身上碾压而过，导致被害人失血过多死亡。对于该案件，大分地方裁判所否定了碾压的结果回避可能性。东京高判平成20年（2008年）7月16日判夕第1316号第271页中，对于与上述同样的案件，以残存障碍物为"人"的认识可能性为前提，但对于采取事故回避措施的可能性认为还存在合理怀疑，从而否定过失的存在。进而，千叶地判平成25年（2013年）10月8日判夕第1419号第386页中，被告人在对面信号灯显示为红色的情况下仍然将车开到交叉口，从而与根据左右道路显示的绿色信号灯而直行的被害人驾驶的车辆相撞，导致被害人等6人负伤。对于该案件，千叶地方裁判所认为，无法否定在事故当时，因睡眠时无呼吸症状群而无预兆地急剧陷入睡眠状态，从而也同时陷入了无法履行前方注视义务的状态中，据此而宣告无罪。在这里，注意义务的现实履行可能性的有无被作为核心问题。质言之，事前的结果回避可能性是危险的减少可能性，在预测到危险的基础上，为回避该危险而采取措施的可能性。关于这一点，大阪高判昭和63年（1988年）2月4日判夕第691号第241页中，为了改装船舶而同时进行熔断、熔接与涂装工事，由此引发爆炸事故，分别预定两个工事的预定者（船主）的过失成为问题。对于该案件，大阪高等裁判所区别了事前的结果回避可能性与事后的结果回避可能性进行判断。参见林（阳）：《百选I》（第3版），第32页。

果回避措施之义务的履行对法益保护是否有效这一意义上的结果回避可能性。比如，在医生甲依照行为当时的医疗水平应该对患者注射 A 药液，却因错误而注射了 B 药液，由于药的副作用而导致患者死亡的情形中，即使注射 A 药液也会由于同样的副作用而确定地死亡的事例上，大概成立这样的结论：事前的结果回避可能性是被肯定的，但事后的结果回避可能性是被否定的。过失犯中的结果回避义务既然是以行为时采取结果回避措施是否可能这一判断为核心的，只有事前的结果回避可能性才成为过失犯固有的问题，事后的结果回避可能性被置于作为以义务违反和结果的关系为问题的因果关系问题之地位。因此，关于上面的案例，因为事前应该注射 A 药液，而且这是可能的，所以能肯定（事前的）结果回避可能性，也能肯定结果回避义务违反。另一方面，事后即使注射了 A 药液也会确定地死亡这一点成为因果关系的问题。根据我的观点，虽然至少符合法则的条件关系是被肯定的，但违反事前的结果回避义务的危险并不能说是一定在结果中实现，不能将结果归属于该义务违反（在这种情形中，通过事后转化为没有给基于义务违反的"被允许的危险"的现实化，因果关系得以否定）。事前的结果回避可能性是过失犯中的"行为或实行"的问题，即"行为规范"的问题；而被解消于因果关系的事后的结果回避可能性是在过失犯中的"归属"问题，即"制裁规范"的问题。

最高裁平成 15 年（2003 年）判决[1]中的结果回避可能性，从其判断的方式，可以说事后的结果回避可能性成了问题。也就是说，被告人的行为是"懈怠了《道路交通法》第 42 条第 1 号所规定的慢行义务，还有，从业务上过失致死伤罪的观点出发也可视为危险的行驶"，从这一判示出发，遵守慢行义务，不危险行驶是可能的，在这一点上，是违反刑法上的注意义务，也就是说，可以肯定违反结果回避义务。本判决可以说虽然肯定了事前的结果回避可能性，但否定了事后的结果回避可能性。

---

[1] 最判平成 15 年（2003 年）1 月 24 日判时第 1806 号第 157 页中，被告人驾驶作为出租车的普通乘用汽车，在直行驶入交叉口之际，与从左方道路行驶而来的 A 所驾驶的普通乘用汽车相撞，致使与其同乘的 B 死亡，C 受伤。对于该案件，最高裁判所驳回了肯定业务上过失致死罪的成立的原判决，认为如果被告人所驾驶的车辆在经过本案的交叉口之前减速确认交叉道路的安全状况，可能避免与 A 车碰撞的事实存在合理怀疑的余地，据此否定过失犯的成立。关于本案，参见小林：《百选 I》，第 16 页。进而，福冈高那霸支判昭和 61 年（1986 年）2 月 6 日判时第 1184 号第 158 页否定了违反通过后视镜而确认后方安全的义务与结果之间的（相当）因果关系（佐久间：《百选 I》，第 18 页）。

与此相对，类似的事案中，适用信赖原则而否定过失犯的成立的是昭和48年（1973年）的最高裁判所判决。[1]在本判决中，预见可能性、事前的结果回避可能性以及事后的结果回避可能性均存在，因此，为了否定过失犯的成立，只能适用信赖原则。信赖原则具有虽然肯定事前的结果回避可能性，但否定结果回避义务的功能（边页第225页）。由于信赖原则是关于一般人的行动预期的行为规范，因此在行为时的事前判断中发挥功能。

归根结底，过失犯的构成要件该当性判断，是以由于没有采取某种措施而发生结果这一事实为前提，按照以下顺序进行判断：①从结果回溯，从而事实性地确定是谁的过错；②设定结果回避措施（基准行为）；③特定某个行为；④在肯定该结果的预见可能性（本书认为只要具备一般人的危惧感即为足够）之后；⑤如果具有事前的结果回避可能性，原则上就肯定结果回避义务；⑥但是，例外的，如果可以肯定信赖原则等"被允许的危险"的存在，就否定违反结果回避义务，进而否定过失的实行行为性（这种情形可以归结为不存在过失犯中的行为规范违反）；与此相对，⑦事后的结果回避可能性是因果关系的问题，如果被否定，就不能发动过失犯中的制裁规范。[2]

---

[1] 最判昭和48年（1973年）5月22日刑集第27卷第5号第1077页中，被告人在凌晨4点20分左右，驾驶着大型货用汽车以时速约50千米的速度在国道（宽7.85米或7.90米）上行驶，在到达有黄色闪烁信号、不方便左右眺望的十字路口正前方（交叉路口的南边约10米）之际，才发现在右斜前方15米的地点有A驾驶的以时速60千米行驶的普通乘用车行驶在通往十字路口的交叉道路（无步行道和车道区别的宽6.6米的县道）上，因来不及紧急刹车，在十字路口中央附近，使自车前部与普通乘用车的左侧部激烈碰撞，由于此碰撞，使该车同乘者一人死亡、A及其他三人受伤。对于该案件，最高裁判所认为："对于本案的被告人，和自车对面的信号机显示着黄色灯的闪烁，而和交叉道路上的车相对面的信号机显示着红色灯的闪烁，作为想进入十字路口的汽车司机，在没有特别的事情的本案中，即使有从交叉道路接近于十字路口的车辆，只要信赖对方司机会遵从以上信号而暂时停止及信赖伴随于此的为事故回避采取适当的行动而驾驶即为足，在此基础上，对于本案中的A，也不负有预想可能竟然有违反法规而没有暂时停止的想以高速闯过十字路口的车辆这一应该进行周到的安全确认的业务上的注意义务，即使当时被告人懈怠了《道路交通法》第42条所规定的减速义务，但理解为不影响此事故也是妥当的。"从而否定过失犯的成立。在本案中，就像"可以说懈怠徐行义务与结果发生之间具有条件性的因果关系"这一裁判理由中所指出的，由于事后的结果回避可能性被肯定，进而，事前的结果回避可能性以及违反徐行义务均被肯定，因此可以理解为肯定了过失的存在。

[2] 判例基本上采用"（结果发生的）预见可能性→结果预见义务→结果回避可能性→结果回避义务"这一判断顺序［最决昭和42年（1967年）5月25日刑集第21卷第4号第584页＝弥彦神社事件：在神社举行从除夕跨越元旦的"二年诣"这一活动的过程中发生踩踏事件，导致124人被踩死的案件。关于本案，参见板仓：《宗教百选》（第2版），第142页。］

三、注意义务的根据

注意义务的内容有时是被法令规定的。例如，在驾驶汽车之际的安全驾驶义务（《道路交通法》第70条）及其他交通取缔规则，其本身虽然是行政取缔性质的作为或不作为义务，但在与具体交通事故的关系上，也可以被认为是被类型化的注意义务。但是，将所有导致实现犯罪事实的具有过错的行为均在法律上类型化是不可能的，因此，归根结底注意义务只能根据一般性的规范或习惯等社会规范来决定其成立与否及其范围。[1]

虽然负有这种注意义务的人是过失犯的行为主体（过失犯的正犯），但既然将过失犯的核心理解为结果回避义务，过失犯的核心也就在于不作为上，因此，是否具有保证人地位（义务）这一行为主体的问题，就当然表现为过失犯的正犯性问题。[2]

这个保证人地位（义务）是从规定在道交法里的危险防止义务、消防法上的消防义务，及从其他的各种各样的行政取缔规则，进而从一般的危惧感派生的承担结果回避义务中产生的。确实，从消防法上的义务是不能直接产

---

[1] 例如，最决平成5年（1993年）10月12日刑集第47卷第8号第48页中，被告人因急于确认后方情况而放任同乘的妻子开车门，其妻子冷不防地打开车门，车门前段撞上了A所驾驶的电动自行车，A摔倒并负伤。对于该案件，最高裁判所认为，因等待信号灯而停车，在此过程中，当同乘者试图打开后部左侧车门而下车时，汽车驾驶者就具有在从后视镜确认左后方安全的基础上妥当地指示开门的注意义务，仅仅指示同乘者确认左后方的安全就指示其打开车门，并不能说是尽到了注意义务［参见本间：《百选I》（第6版），第110页］。进而，最决平成13年（2001年）2月7日刑集第55卷第1号，第1页中，在分水路隧道建设工事进行中，因强降雨而导致河水泛滥，冲破了遮水壁，导致隧道内的作业人员溺死。对于该案件，最高裁判所认为，担当工事管理的县职员负有应当立即采取让职业人员退避之措施的注意义务［板仓，平成13年（2001年）度重判，第151页］。在医疗领域中，医学的准则成为注意义务的根据。例如，福岛地判平成20年（2008年）8月20日刑事辩护第57号第111页（大野医院事件），在切开子宫而开始剥离胎盘之后，发现是胎盘与子宫紧紧粘在一起，于是用钳子继续剥离胎盘，由此导致患者因大量出血而死亡。对于该案件，福岛地方裁判所以本案当时的医学准则为根据否定了医生的过失。关于本案，参见甲斐：《法教》第395号，第4页。

[2] 但是，不作为犯是本应实施一定的身体动作却没有实施的犯罪（身体的不作为）、过失犯是本应尽到一定的注意却没有尽到的犯罪（精神的不作为）。过失犯也可分为过失作为犯与过失不作为犯，前者例如汽车驾驶者因漫不经心地驾驶而致人死伤。后者例如扳道工忘记扳道，导致列车倾覆而致人死伤。但是，在过失作为犯的情形中，例如漫不经心驾驶中的作为是驾驶其身，但与前方注视义务的懈怠（不作为）相结合，也可以肯定不作为犯的实行行为性。关于以上的论点，参见西原（上）第300页以下。

生保证人的义务的，所以区别消防法上的义务和保证人的义务是妥当的，但是，也不能否定消防法上的义务等有作为事前行为规范的机能。

此外，作为实行行为性的判断，根据本书不要求具体的危险性，只要有抽象的危险即为足的立场，通过关于消防法上的义务及其违反及行为的抽象的危险性的认识或者认识可能性，保证人地位或保证人的义务及其违反得以肯定。还有，从一般人的见地出发只要有结果发生的危惧感的话，过失就得以肯定，在结果发生的场合就发动制裁规范。

关于前列的千日百货商店大厦火灾事件（具体案情为：打烊后在正在施工的百货商店大厦的三层发生火灾，大量的烟流入了七层营业中的酒吧里，产生了大量的死伤者。在这场火灾事故中，百货商店的管理科长作为防火管理者，懈怠了将三层的防火区划的百叶窗等在可能的范围内封锁，让保安人员亲临现场，在发生火灾之际应该遵循立即将火灾发生之事联系酒吧的体制的注意义务，故存在过失。酒吧的经理作为防火管理者，在楼下发生火灾的场合，懈怠了应该在平时尽量适当地实施对客人等避难指导训练的注意义务，故存在过失。经营酒吧的公司的代表监事作为管理权所有人，懈怠了应该具体地监督防火管理者是否适当地实施防火管理业务的注意义务，故存在过失。因此各自的业务上过失致死罪的成立就得以承认），虽然有观点认为，被监督人的过失不作为实质上是在火灾发生以前的，其本身并非具体的危险行为，因此不能将监督人的不作为作为过失正犯的根据。[1]但是，尽管是在火灾发生以前，通过对于消防法上的义务及其违反及行为的抽象的危险性的认识或者认识可能性，保证人的地位（义务）及其违反就被肯定了，因此，就能肯定过失犯的实行行为性了。在这个意义上，过失犯可以说是"违反结果回避义务的结果加重犯"。[2]

四、过失的种类

（一）无认识的过失与有认识的过失

虽然可以区分为行为人预见到结果发生的情形与未预见的情形，但该差

---

[1] 参见神山敏雄："旅馆·百货商店火灾致死伤事故的实行行为性"，载中山研一＝米田泰邦编著：《火灾和刑事责任——以管理者的过失处罚为中心》（1993年），第59页以下。

[2] 参见藤木英雄："关于过失犯的构造"，载《司法研修所论集》第1号（1971年），第59页以下、第83页。

异对于过失认定的构造并没有带来任何区别,只是作为预见可能性之对象的事实不同而已。例如,驾驶汽车在道路上疾驰,此时,在路边玩耍的孩子们中的一人跑到路上,汽车将其撞死。在该事例中,如果驾驶员没有认识到孩子们的存在,或者即使认识到也完全没有料想到孩子会跑出来(无认识的过失),预见可能性的对象就是"孩子跑出来";而如果驾驶员预见到了孩子可能会跑出来(有认识的过失),对于该驾驶员而言,孩子是否会以很快的速度跑到路面上,或者刹车不足一米的距离等事实的预见可能性就成为问题(关于有认识的过失与间接故意的区别,参见本书边页第167页以下)。

(二) 业务上过失

业务上过失是指,违反在从事一定的业务之际被科以的注意义务。"业务"并不一定意味着职业或者营业,只要具有在社会上反复继续的性质、并具有致人死伤之危险的事务即为业务,并不局限于正业。[1]

在刑法典中,业务上失火罪(《刑法》第117条之2的前段)、业务上过失往来危险罪(《刑法》第129条第2款)、业务上过失致死伤罪(《刑法》第211条第1款前段),作为业务上过失,比起通常的过失犯,其刑罚被一般性地加重。

对业务上过失施加重刑,是对业务者排他性地赋予通常人无法行使的权利之反面,业务上的注意可以视为是与这种权利相对应的义务。该义务是在实施具有致人死伤之危险的各个业务行为之时的"特别义务",仅凭这一点,就应该认为该义务的违反比通常的义务违反的违法性程度更高。[2]

---

[1] 最判昭和33年(1958年)4月18日刑集第12卷第6号第1090页认为,业务是指:"本来的,人基于其社会生活上的地位而反复、继续实施的行为,因此,之前的行为具有对他人的生命身体等施加危害之虞。"最判昭和54年(1979年)11月19日刑集第33卷第7号第728页中,对于组装式的桑拿浴澡堂发生火灾并导致死亡事故的案件,认为桑拿浴澡堂的开发、制作的担当者的业务该当于业务上失火罪的业务[野村,昭和54年(1979年)度重判,第198页]。进而,最决昭和60年(1985年)10月21日刑集第39卷第6号第362页认为,业务上失火罪中的业务是指,作为业务而处于应当顾虑火气安全的社会生活上的地位,业务上过失致死伤罪中的业务中也包含以防止人的生命、身体的危险为义务内容的业务(参见门田:《百选Ⅰ》,第122页)。

[2] 关于业务上过失的加重根据,存在以下诸多观点:对于业务者特别科以高度的注意义务[最判昭和26年(1951年)6月7日刑集第5卷第7号第1236页、团藤第345页、大谷第194页];由于客观上的被害法益比较重大或多数,因此违法性比较大[藤木:《过失犯的理论》(1969年),第132页];业务者比通常人具有更广泛之范围的认识或预见结果的能力[大塚(仁)第217页、福田第136页];有责性的程度比较重[佐伯(千)第263页]等。

（三）重过失

重过失是指，与通常的过失相比，能够容易地预见到结果的发生，并且能够轻易地回避结果的发生，却懈怠该注意义务而导致结果发生的情形。在刑法典中，规定了重失火罪（《刑法》第117条之2后段）、重过失致死伤罪（《刑法》第211条后段）。[1]

此外，由于前述的业务范围极为广泛，因此业务上过失与重过失的差异并没有那么巨大，还有，除了重过失之外，进而还肯定业务上过失的立法例几乎不存在，因此，作为立法论，业务上过失应当被重过失所吸收。[2]在平成19年（2007年）被创设的机动车驾驶过失致死伤罪（《刑法》第211条第2款）是只对机动车驾驶科以特别重的刑罚之立法，这是有疑问的。

第五节　信赖原则

信赖原则是指，"行为人在实施某种行为之际，当信赖被害人或者第三人会采取适当的行动是相当的情形中，即使因被害人或者第三人的不适当行动而发生结果，也不对此承担责任"，从而否定过失犯的成立之原则。[3]信赖原则是从新过失论的立场而被主张的，是限定过失犯成立的法理。尤其适用于交通事故中的业务上过失致死伤罪（现在则是机动车驾驶过失致死伤罪），但在其他通过分工所实施的领域中也适用。

该原则原来是从德国的交通事故判例中产生的，之后伴随着交通状况的

---

[1] 关于重过失的内容，存在以下两种观点的对立，第一种观点认为，只要稍微注意一些就能够尽到注意义务，却加以懈怠（团藤第346页、大塚（仁）第218页）；第二种观点认为，实施某种具有引起重大危害之危险的行动［须须木："重过失"，载《日冲还历》（2），第423页］。此外，松山地判平成22年（2010年）5月12日LEX/DB25442249中，从滑雪板的跳台前方空翻后跳下，结果与跳台下的儿童相撞，造成儿童负伤。对于该案件，松山地方裁判所否定了重过失，宣告无罪。此外，大阪地判平成23年（2011年）11月28日判夕第1373号第250页中，被告人在骑着自行车横穿马路之际，没有充分确认安全情况就骑到对向车线上，为了避免与该自行车相撞的汽车左打方向盘并刹车，进而另一辆汽车为了避免与该汽车相撞而撞上了人行道，导致两名行人死亡。对于该案件，大阪地方裁判所对被告人肯定了重过失致死罪的成立。

[2] 松宫第227页主张应当删除业务上过失的规定。

[3] 参见西原：《交通事故与信赖原则》（1969年）；同：《交通事故与过失的认定》（1975年），第45页以下。进而参见樋口："刑事过失与信赖原则的系谱性考察及其现代性意义"，载《东大法律评论》第14号（2009年），第17页以下。

恶化也引入到日本的实务中。但是，首先适用信赖原则的是最判昭和41年（1966年）6月14日刑集第20卷第5号第449页，案情如下：深夜，一醉汉从到站的电车上下车时掉入铁轨中，被夹在电车与站台之间死亡。对于这一案件，最高裁判所作出了以下判示："原裁判理由中，具有职责的乘务员在从事其业务之际，当认识到了旅客中有醉酒者时，就当然地负有密切关注其行为举止、防止其与车辆接触或掉入铁轨之危险的义务。但是，另一方面，利用铁路的一般公众也认识到了铁路交通的社会效用与危险性，从这一点来看，社会公众当然应该自己谨慎地防止该危险，即使是饮酒者也不例外。因此，除非乘务员在醉酒的乘客下车时，参见该乘客的醉酒程度与步行姿势、举止及其他从外部容易观察到的表现，能够肯定其具有引起与电车接触或掉入铁轨的危险这种特殊的状况，否则，认为该乘务员能够信赖乘客会为了维持安全而采取必要的行动，在此基础上疏导乘客，是妥当的。"据此否定乘务员成立过失犯。

在道路交通领域中，最判昭和41年（1966年）12月20日刑集第20卷第10号第1212页首先适用了信赖原则。具体而言，"本案中，在交通秩序没有整顿的交叉口中，在右转途中车道中央附近引擎突然熄火的汽车再次发动并以5千米（步行者的速度）的低速发车前进，在此之际，作为汽车驾驶员，只要没有特殊的情况，信赖从右侧方驶来的其他车辆会遵守交通法规并为了避免与自己车辆相撞而采取妥当的行动，在此信赖的基础上驾驶车辆即为足够。但本案中的A车，竟然违反交通法规，因此，被告人并不负有预想到可能会有试图超车的车辆并确认右侧方的安全，并未然地防止事故发生的业务上的注意义务，这样的理解是妥当的。原判决所强调的由于被告人突然停车，造成从右侧方驶来的车辆难以从道路的左侧部分通行的状况，或者本案现场是交通流量大的场所等因素，即使能够认定这些因素的存在，仅凭这些因素也不能理解为满足了前述的特别情况"。自此以来，最高裁判所就有意识地采用信赖原则，并在当前日本的判例中完全确立。

信赖原则在过失犯中应当置于什么位置上成为问题。在旧过失论中，是作为否定预见可能性的原理；[1]而在新过失论中，则是被作为否定结果回避义务的原理。[2]从新过失论的立场出发，也有观点认为信赖原则是从事实的、

---

[1] 参见平野Ⅰ第198页。
[2] 参见藤木第249页、井田第212页。

自然的预见可能性中选出刑法上的预见可能性的原理。[1]由于本书将可能性的程度理解为只需要具备危惧感即为足够，因此并没有将信赖原则作为否定预见可能性的原理，而是将其作为免除风险负担的原理，即将其作为否定结果回避义务的原理（参见本书边页第219页）。[2]

为了适用信赖原则，作为其前提条件，必须存在通过对于他人的信赖而成立的行为状况。其次，在存在现实信赖的同时，该信赖必须是相当的（信赖的相当性）。于是，在什么情形中不能信赖被害人或第三人的妥当行动便成为问题。

当违反基本的注意义务时不能适用信赖原则。例如，最决昭和57年（1982年）12月16日裁判集第229号第653页中，与前方车辆保持车间距约12米的距离，一车以时速50千米的速度前行，在交叉口内由于先行车辆紧急刹车，导致后方车辆追尾。在该案件中，预测到前方车辆可能会紧急刹车并据此随时采取避免追尾的态度是驾驶者的基本注意义务，因此，"即使是在交叉口内，也不允许以信赖先行车辆不会紧急刹车的心态来驾驶车辆"。

但是，在行为人违反交通法规的情形中也具有适用信赖原则的可能性。例如，最判昭和42年（1967年）10月13日刑集第21卷第8号第1097页中，行为人驾驶电动自行车试图在交叉口右拐之际，A驾驶的从后方驶来的时速约60千米或70千米的电动自行车与行为人所驾驶的电动自行车相撞，导致A死亡。在这一案件中，最高裁判所认为，从中央线往左一点点试图右拐，作为开始试图右拐的电动自行车的驾驶人，只要怀着以下心态来驾驶即为足够，即：信赖从后方驶来的其他车辆的驾驶人会遵守交通法规并减速等待自己车辆右拐，以安全的速度与方法行进。据此否定过失犯的成立[3][进而，参见最判昭和47年（1972年）11月16日刑集第26卷第9号第538页]。[4]

---

[1] 参见西原（上）第205页。

[2] 信赖的相当性判断是根据危险的衡量、利益衡量的判断，因此，不能将信赖原则还原为（主观的）预见可能性。

[3] 关于本案，参见深町：《百选Ⅰ》，第110页。

[4] 最决平成16年（2004年）7月13日刑集第58卷第5号第360页中，机动车的驾驶者在设置了时差式信号机的交叉点右转之际，即使没有时差式信号机的指示，也不允许以自己对面的信号机的显示为根据，判断对向车辆的对面信号，并基于此而信赖对向车辆的驾驶人会遵守该信号指示而驾驶。从而肯定过失犯的成立（参见冈部：《早稻田法学》第81卷第2号，第201页）。进而，大阪高判平成27年（2015年）5月19日 LEX/DB25540516，驾驶普通乘用汽车的被告人，

此外，也存在对于步行者的行动的信赖被允许的情形（关于硬闯红灯，参见大阪高判昭和42年（1967年）10月7日高刑集第20卷第5号第628页）。与此相对，在容易预测到被害人或第三人会采取不适当行动的情形中，就不允许对于采取适当行动的信赖。例如，当对方的驾驶已经出现不安稳的情况，或者对方存在醉酒、高龄、年幼等情况，以及存在其他不允许信赖的客观情况时，即是适例。

此外，存在在交通事故犯罪以外而肯定本原则之适用的判例，例如，关于团队医疗的北大电气手术刀事件［札幌高判昭和51年（1976年）3月18日高刑集第29卷第1号第78页＝执刀医生对于熟练的护士的信赖］；关于火灾对策的白石中央医院事件［札幌高判昭和56年（1981年）1月22日刑月第13卷第1=2号第12页＝医院院长对于护士、夜间巡视人员的信赖］等分工体制的情形。在这些案件中，对于他人的监督被包含于行为人的注意义务内容之中的分工关系中，监督者对于被监督者的信赖被认为是不允许的。[1]

第六节　过失的标准

由于行为规范是以一般人为其对象，因此确定是否违反过失犯之行为规范的判断基准必须是一般人，但问题是这里的"一般人"指的是谁。[2]

首先，这并不是以全体国民为分母的平均人，而是属于行为人的生活领域的一般人。如果行为人是汽车驾驶员，则一般人指的是"一般的汽车驾驶员"；

（接上页）在根据绿色信号灯指示而右拐进入交叉点之际，没有注意到无视或者忽略人行道上的对面信号机所显示的红色信号而骑着自行车横穿马路的被害人，该自行车撞上汽车的左前部，被害人连人带车摔倒在路上并受伤。对于该案件，大阪高等裁判所认为，不能说被告人甚至应当预见到被害人会无视对面信号机所显示的红色信号而横穿本案中的人行道，也即被告人并没有注意违反车辆的有无从而右拐的注意义务，据此对被告人宣告无罪。关于本案，参见冈部：《判例通选》2015年第1期，第25页。

〔1〕最高裁判所首次在交通关系以外的领域也适用信赖原则的是，日本AEROSIL工厂氯气瓦斯泄漏事件［最判昭和63年（1988年）10月27日刑集第42卷第8号1109页］（边页第242页）。

〔2〕关于过失的标准问题，参见松宫：《刑事过失论的研究》（补正版）（2004年），第121页以下；同：《过失犯论的现代性课题》（2004年），第151页以下。

如果行为人是医生，则一般人指的是"一般的医生"。[1]这是因为，行为规范是在行为人所属的生活领域这一共同体关系中具体地发挥其作用的。

其次，由于是以属于行为人的生活领域的一般人为前提，因此行为人的认识以及行为人的能力是怎样的，有必要被包含于判断资料中。[2]再以这些判断资料为前提，检讨属于行为人的生活领域的一般人是否存在危惧感，如果存在危惧感，接着探讨属于行为人的生活领域的一般人应该采取怎样的结果回避措施。

关于这一点，在"药害艾滋帝京大医院事件"判决［东京地判平成13年（2001年）3月28日判夕第1076号第96页］中，作为血友病患者的被害人在大学医院接受非加热浓缩血液凝固因子制剂接种的时候，该制剂被艾滋病毒（HIV）污染了，不久就由于艾滋病发作死亡。关于这一案件，东京地方裁判所认为，对于处于该医院的科长之立场的医生的被告人而言，由于艾滋而导致患者的死亡这一预见可能性程度是很低的，以此预见可能性的程度为前提，对于通常的血友病的专业医生而言，如果被置于本案当时的被告人的立场上，大概不会考虑继续非加热制剂的接种，但既然不是权衡利益而选择危险很大的医疗行为，被告人的行为就不能评价为违反结果回避义务。据此否定业务上过失致死罪的成立。[3]

在本判决中，东京地方裁判所在预见可能性的判断上，是基于行为人（血友病的最高权威者）的立场，而关于违反结果回避义务的判断，则是在"本案当时被告人的立场"中嵌入了"通常的血友病专业医生"进行判断。本案中过失标准的观点未必是明确的，我认为关于一般人的内容和行为人的

---

［1］ 例如，前列最高裁平成12年（2000年）决定（近铁生驹隧道火灾事件）（边页第219页）中，"具有施工资格而从事该工事的被告人"这一表述就可以说是以"具有施工资格的从事该施工工事的一般焊接工人"这种一般人为基准。关于本案，参见山口：《百选Ⅰ》，第108页。

［2］ 例如，对于引起了交通事故的驾驶者而言，如果是现场附近的居民，就能够预见到一般的驾驶人不能预见到的小孩子会从路边突然跳出来这一事态，应设定这样的一般人。参见西原（上）第208页。此外，也有学说根据注意义务的侧面而区分标准，但这是与本书同样的观点。参见平野Ⅰ第206页（生理性的因素是主观性基准，规范的心理性因素是客观性基准）；中野第51页以下（作为意思作用的"注意"其本身是客观性基准，而关于"注意能力或预见能力"则是主观性基准）。

［3］ 本判决斟酌了代替手段，认为这是"浓缩血液制剂的代替治疗"，并将其与包括非加热制剂的治疗效果在内的综合性治疗的有用性进行比较（利益衡量）。关于本案，参见北川：《百选Ⅰ》，第112页；松宫：《医事法判例百选》（第2版），第30页。

位置问题还不能说得以理清了。

如前所述，因为应该以属于行为人的生活领域的一般人为基准，而不是以作为行为人的被告人这样的血友病最高权威者为基准，因此就像本案中关于结果回避义务判断，以"通常的血友病专业医生"为基准是妥当的。与此相对，有观点认为：应当以"作为厚生省艾滋研究班长而接受国内外最新的最详细的情报，作为最高权威者，可决定血友病的基本治疗方针的作为基于指导性立场的专业医生的平均人"为基准，以血友病专业医生为基准，归根到底是将血友病专业医生的平均人概念置换为不是专门从事血友病治疗的一般医生的平均人；注意义务的门槛就降低了"。[1]但是，作为行为规范之对象的一般人，一方面，如前所述，并不是以全体国民为分母的平均人；另一方面，也不是最高权威者这种超级人类。行为规范的对象既非如浮萍般孤立的一般人，也非特殊群体内的一般人，而是行为人所属的共同体关系的一般人。

但这一点，如前所述，并不排除行为人已认识到的事实。行为人已认识的或能够认识的事实必须被包含于过失的判断资料中。这是因为，行为规范是基于关于抽象危险性的行为人或者（包含行为人的）一般人的认识可能性发生作用的。当然，在这种情形中，即使行为人认识到自己的行为达到了具体危险的程度或者达到法益侵害的认识或者具有认识可能性，也没关系。这样考虑的话，在药害艾滋帝京大医院事件中，因为被告人充分认识或者可以认识由非加热制剂感染艾滋以及艾滋并发的危险性，因此必须以这一点为前提。以这样的被告人的认识（认识可能性）为基础，我认为必须从"如果是进行通常的规范性行为选择的血友病专业医生的话，会实施怎样的行为"这一视点出发进行评价。[2]这样的话，如果通常的血友病专业医生具有结果发生的危惧感，原则上就应该采取中止非加热制剂这一结果回避措施，而不采取措施的被告人就会被肯定存在违反结果回避义务。[3]此外，能力高的人因

---

[1] 参见板仓宏："关于药害艾滋第一审判决"，载《现代刑事法》第3卷第7号（2001年），第53页以下。

[2] 参见船山，前列：《刑法的作用与过失犯论》，第211页。

[3] 此外，药害艾滋厚生省事件［最决平成20年（2008年）3月3日刑集第62卷第4号第567页］，对于作为厚生省药务局生物制剂的科长肯定了业务上过失致死罪的成立，虽然是在被限定的状况之下，但对于"行政官"的不作为肯定了刑事责任。关于本案，参见斋藤（彰）：《百选Ⅰ》，第114页；同：平成20年度重判，第172页；冈部：《判例通选》（2008年），第27页；甲斐：《医事法判例百选》（第2版），第32页。

失败而导致结果发生的情形中，就对实施这种行动肯定过失。

第七节　过失犯的实行行为

过失犯的实行行为是违反结果回避义务的"对法益具有抽象危险的行为"，在实行行为性这一点上与故意犯一样（行为规范性则不同→边页第212页）。关于过失犯的实行行为，存在阶段性过失与作为、不作为的问题。

一、阶段性过失

阶段性过失是指同一个人的过失累积存在于两个以上的阶段中，从而导致结果发生的情形。例如，货车的驾驶员将货物杂乱地堆积在装货台面上，而且以狂暴的方式驾驶该货车，结果堆积的货物掉落下来砸伤行人（堆积货物事件）；在饮酒驾驶之际，因醉酒而导致注意力涣散、怠于注视前方，结果引起事故（醉酒事例），即为适例。

在这些情形中，应该将哪个时点上的行为视为过失犯的实行行为成为问题。关于这一点，存在"直近过失一个说"[1]与"过失并存说"[2]的对立，前者只将与结果直接连结的最后行为理解为过失犯的实行行为；后者则将与结果具有因果关系的所有行为理解为过失犯的实行行为。在前述的事例中，根据直近过失一个说，"狂乱的驾驶"（堆积货物事例）、"不注视前方的驾驶"（醉酒事例）就被认为是实行行为；根据过失并存说，"杂乱堆放货物的方式"与"狂乱的驾驶"（堆积货物事例），"饮酒驾驶的开始"与"不注视前方的驾驶"（醉酒事例）就被认为是实行行为。[3]

直近过失一个说在只将与事故关联的行为作为诉因，从而充实公判审理这一点上具有实务性意义，自从札幌高判昭和40年（1965年）3月20日高刑集第18卷第2号第117页最初采用该学说以来，就展开了活跃的讨论。具

---

[1] 参见中野：《刑事法与裁判的诸问题》（1987年），第48页以下；大谷第196页；川端第230页；前田第213页；大塚（裕）："阶段性过失中的实行行为性的检讨"，载《神山古稀》（上），第37页以下。

[2] 参见福田第133页注13、西原（上）第201页、大塚（仁）第169页注41、曾根第178页。

[3] 参见总研第167页以下。此外，参见仲道：《行为概念的再定位》（2013年），第161页以下；同："过失行为的把握方式"，载《理论刑法学入门》，第19页以下。

体而言，被告人将货车的驾驶交给驾驶技术不熟练者，自己在副驾驶座位上睡觉，由于怠于指导监督适当的驾驶操作而发生撞车事故。对于这一案件，札幌高等裁判所作出了以下判示："既然只有对于在实定法上现实地发生结果的情形才可能肯定过失犯的成立，那么，谴责在与所发生的结果之间没有关系的时点上的被告人不谨慎的行动就没有任何意义。因此，要判断被告人是否存在过失责任，首先，将现实产生的法益侵害结果作为起点，回溯因果链条，在被告人的作为或者不作为被看作是能够改变因果流程的最初分歧点中，检讨被告人对于结果的预见及其回避的可能性，在否定这一点之后才接着回溯紧接着的之前的阶段，进而做同样的检讨，以此反复。必须说这是必要的，而且只要进行该操作就足够了。"据此仅仅将临近于事故发生的懈怠对于驾驶操作的指导监督这一点理解为过失行为。[1]

但是，在一系列的注意义务违反并不可分割地结合在一起导致结果发生的情形中，仅仅限定于一个直近过失是没有意义的。本书认为过失犯的实行行为是对法益的抽象危险行为，因此在对各个过失行为分别肯定其过失犯的实行行为性的基础上再将其作为一系列的行为而一体化也是可能的。此外，在只不过是作为实行行为性之前提因素的情形中，否定其实行行为性就足够了。因此，过失并存说是妥当的。如前所述，在堆积货物事例中，"杂乱堆放货物的方式"与"狂乱的驾驶"就被认为是过失犯的实行行为；而在醉酒事例中，"不注视前方的驾驶"被认为是过失实行行为（饮酒驾驶的开始是实行行为性的前提因素）。[2]

二、过失犯中的作为与不作为

过失犯的实行行为是作为还是不作为，成为一大疑问。例如，在误开来福枪而将他人杀害的情形中，以下的图示性对立基本上是可能的。具体而言，

---

[1] 作为直近过失一个说的裁判例，有东京高判昭和46年（1971年）10月25日判夕第276号第371页、东京高判昭和47年（1972年）1月17日判夕第277号第375页。此外，千叶地判平成7年（1995年）7月26日判时第1566号第149页检讨了前方注视义务违反，在否定这一点的基础上，探讨速度调节与减速义务违反，在这一点上，可以说是采用了直近过失一个说的判例。
[2] 作为过失并存说的裁判例，有东京高判昭和44年（1969年）8月4日判夕第242号第313页、东京高判昭和47年（1972年）7月25日判夕第288号第396页、东京高判昭和50年（1975年）9月30日东高刑时报第26卷第9号第166页、大阪高判昭和60年（1985年）4月10日判夕第564号第269页等。

根据旧过失论，由于与故意犯的实行行为作同样的理解，其结果就将过失的实行行为求诸于不注意地发射来福枪的杀害行为上；根据新过失论，由于过失的实行行为被理解为结果回避义务违反，其结果过失犯的实行行为就被求诸于本应该注意不打中人却不注意这一不作为上。

但是，本书既站在新新过失论的立场上，同时也认为过失犯的实行行为共通于故意犯与过失犯，其结果，在上述例子中，就会得出以下结论：一方面将实行行为求诸发射行为即作为上；另一方面将注意义务违反求诸结果回避行为的懈怠即不作为上。但是，在违反注意义务之时，如果存在抽象危险，此时实行行为性就被肯定。当在比较了结果回避行为与实行行为之后，发现两者不一致时，该行为就接受"注意义务违反"的评价。注意义务违反只要与行为同时存在就足够，没有必要与实行行为同时存在。因此，过失犯的实行行为既可能是作为，也可能是不作为。

第八节 监督过失

在工业灾害、食品药品事故、医疗事故、大规模火灾事故等事例中，除了直接行为人的过失责任之外，管理者与监督者的过失责任成为问题。这就是"监督过失（广义）"的问题，其中可以分为间接防止型的狭义监督过失与直接介入型的管理过失，前者将对于直接行为人不恰当的指挥监督作为过失的内容；后者将管理者对于物理设备或人事体制的管理不善与结果发生之间的关系作为过失的内容。[1]

监督过失的问题是过失犯论的一个适用，尤其在以下几方面上成为问题。

第一，实行行为的内容，即监督过失是作为犯还是不作为犯成为问题（边页第239页）。判例将自动喷水设备等物理设备与避难疏导训练的实施等人事体制的整顿义务，即违反安全体制确立义务的行为作为过失行为（新日本酒店火灾事件→边页第221页）。虽然这并不一定是明示了不作为，但通说采用了怠于确立安全体制这一不作为犯的观点。

---

[1] 关于监督过失，参见中山、米田编著，前列："火灾与刑事责任"，转引自"（特集）监督过失——以火灾事故判例为中心"，载《刑杂》第34卷第1号（1995年），第59页以下；"（特集）过失犯论"，载《现刑》第2卷第7号（2000年），第4页以下；山中第406页以下等。

第二，实行行为人的特定化成为问题。判例是从实质上掌握与行使防火管理权限这一见地出发来决定防火管理上的义务主体。最判平成3年（1991年）11月14日刑集第45卷第8号第221页（大洋百货火灾事件）[1]中，在甲社所经营的百货商店起火之际，由于作为该社的董事及人事部长的被告人A、作为该社营业部第三科长同时也是店铺三楼的火源责任者的被告人B、作为该社的防火管理者的被告人C的过失，导致大量的在馆者死伤。对于该案件，原判决认定被告人A负有应该催促董事会决议制作消防计划的注意义务，以及认定C负有应该提交建议书制作消防计划并基于此而实施训练的注意义务，都应当说是错误的。此外，对于被认定为在火灾当时应当尽最大的努力而防止火势蔓延的被告人B，立足于事后判断，不能说其具有过失。据此，最高裁判所驳回了原判决，认定三位被告人无罪。[2]

第三，因果关系的问题，即违反安全体制确立义务这一不作为的因果关系，具体而言是义务违反与结果之间的因果关系问题。安全体制确立义务是指，

---

[1] 关于大洋百货火灾事件，参见町野：《法教》第139号第124页；木村（静），平成3年（1991年）度重判第146页。进而，最决平成2年（1990年）11月29日刑集第44卷第8号第871页（千日百货火灾事故）中，对于百货大楼的管理科长、该大楼内的租房公司的总经理以及该公司经营的店铺的支配人，肯定了作为管理权人或者防火管理人的过失责任。关于本案，参见甲斐，平成2年（1990年）度重判第149页。进而，北瓦斯事件［札幌地判昭和61年（1986年）2月13日判时第1186号第24页］中，对于伴随着瓦斯的热量变更而因瓦斯器具的调整错误从而产生的一氧化碳中毒导致的死伤事故，除了肯定现场作业人员的过失，还对作为瓦斯公司的热量变更事业的最高责任人以及瓦斯器具调整作业的责任人，在调整作业计划的制定等方面肯定了其过失的存在［丸山（雅）：《百选Ⅰ》（第6版），第118页］。

[2] 进而，东京地判平成22年（2010年）5月11日判夕第1328号第241页中，因强制排气瓦斯沸水器的不正改造而引发不完全燃烧，一名居住者因一氧化碳中毒而死亡。对于该案件，东京地方裁判所认为，在没有对制造或贩卖该沸水器的公司的总经理社长以及品质管理部长请求采取检查或回收等措施上存在过失，从而肯定业务上过失致死罪的成立。关于本案，参见神例：《刑事法学家》第28号，第102页。横滨地判平成27年（2015年）3月31日LEX/DB25447214中，当儿童在幼儿园的泳池内活动之际，担任教师因在整理泳具而没有注意到溺水的被害儿童，因没有及时救助而导致该儿童溺水身亡。对于该案件，横滨地方裁判所否定了该幼儿园的园长懈怠了充分指示担任教师注视儿童的行动以及泳具的具体整理方法这一点上的过失，以及懈怠了采取由复数的人监视儿童行动的体制这一点上的过失，从而认定园长无罪［关于本案，参见山本（纮）：《刑事法学家》第46号，第127页］。东京地判平成27年（2015年）9月29日判夕第1423号第334页中，地上23层的住宅建筑的电梯，其砸轮毂部件因磨损而导致本应停止的电梯在电梯门敞开的状态下上升，结果导致被夹住的被害人死亡。对于该案件，东京地方裁判所对于电梯保修检查公司的总经理、维护部门的统括者以及维护部长等三人判处附带执行犹豫的禁锢刑，但对于在该公司之前的保修检查公司的保修检查业务的责任人宣告无罪。

监督管理者在由于直接行为人的过失以及其他因素而产生结果发生的危险这一时点以前的阶段上,所负有的应该防止该过失行为的义务,或者即使发生了该事态,也负有在事前整顿从而能够最大限度阻止该结果发生的体制之义务。[1]

第四,预见可能性的问题。关于这一点,判例通过附加上了"<u>一旦引起火灾</u>"这一条件,而认定死伤结果是具有预见可能性的。

使其中的第三点和第四点成为问题的是前述的川治王子饭店的火灾事件。案情如下:由于用乙炔瓦斯切断机将铁栅栏切断的民工的不注意而导致在浴场附近起火并引发火灾,从而产生多名旅客和从业人员死伤的结果。关于这一案件,最高裁判所的判示如下:被告人具有统括掌握经营管理业务的最高权限,处于应该对该旅馆的建筑物实施防火防灾之管理业务的立场,应该认识到在旅馆或酒店中经常孕育着发生火灾的危险,也应该认识到该旅馆的防火防灾对策中具有在人事上以及物理设备上不完善的地方。因此,就很容易预见到一旦发生火灾,由于发现不及时、初期灭火的失败等因素就容易发展成真正的火灾并进而产生旅客死伤的危险。据此,被告人负有亲自或者命令干部从业员制定必要的消防计划,并基于该计划实施避难疏导训练的义务。在自己的责任中,应该说其负有设置烟雾探测器联动式甲种防火户、对各层设置防火区划的义务。[2]

第五,是否可能适用信赖原则的问题。在日本 AEROSIL 工厂氯气瓦斯泄漏事件判决中,作出了以下判示:只要彻底进行安全教育或指示的话,通常

---

[1] 前桥地判平成 25 年(2013 年)1 月 18 日判夕第 1412 号第 356 页中,对于特定非营利活动法人所运营的入居型护理设施的火灾事故,对于理事长肯定了懈怠防火管理上的注意义务的过失,与此同时,认为对于 9 名被害人的死亡以及特定的 3 人和剩下的 6 人中至少 2 人的死亡,与该过失具有因果关系(结果回避可能性),从而认定有罪。关于本案,参见内海:《刑事法学家》第 37 号,第 82 页。以被害人无法特定为由而对因果关系进行不特定的认定是可能的。关于这一点,参见井田:"围绕注意义务的诸问题",载《刑杂》第 34 卷第 1 号,第 101 页。

[2] 神户地判平成 24 年(2012 年)1 月 11 日 LEX/DB25480439(福知山线列车脱轨倾覆事件),作为日本铁道(JR)西日本代表董事铁道本部长的被告人,对于自己麾下的职员,个别地指定将管内曲线半径由 600 米缩小到 304 米,并且没有指示在该曲线上装置 ATS,因这一过失,导致车辆脱轨事故的发生,从而产生很多的死伤者。对于该案件,神户地方裁判所认为当时的被告人并没有认识到对该曲线的脱轨倾覆的危险性,也不具有应当指示装置 ATS 从而足以科加结果回避义务之程度的预见可能性,因此认为没有违反注意义务,据此而宣告被告人无罪。关于本案,参见齐藤(彰),平成 24 年(2012 年)度重判,第 150 页。此外,对该事件中 JR 西日本历代的三任社长追问过失责任的大阪高判平成 27 年(2015 年)3 月 27 日 LEX/DB25506197,维持了否定事故发生的具体预见可能性的一审判决。关于本案,参见冈部:《刑事法学家》第 47 号,第 77 页以下。

是可以信赖熟练的技术员会加以遵守的。从而肯定适用信赖原则的余地。具体而言，最判昭和63年（1988年）10月27号刑集第42卷第8号第1109页（日本AEROSIL工厂氯气瓦斯泄漏事件）[1]中，关于在工厂中从事倒入液体氯气原料这一操作的不熟练技术员由于过失而引起了泄露氯气瓦斯的事故，对于配置于该技术员所在的班的制造科科长与该班的负责人也肯定了业务上过失伤害罪的成立，作出了以下判示：被告人D以及被告人C，让作为不熟练的技术员的被告人A从事倒入配置于该技术班的液体氯气的操作之际，当然能够预见到由于该人欠缺知识经验，如果让其单独操作不稳定的手柄，就有发生事故的危险。因此，应该对该人进行彻底的安全教育，让其充分认识到如果不在熟练技术员的直接指导下就不能操作手柄，至少在将该人配置于技术班之际应该让该人注意到该主旨。此外，两名被告人对于与作为不熟练的技术员的被告人A一起从事倒入液体氯气的操作的熟练技术员，也应当告知其应当让被告人A在其直接的监督指导下从事操作，对被告人进行绝对不能单独操作手柄的安全教育，至少在将该人配置于技术班之际应该让熟练技术员注意到该主旨。然而，两名被告人却懈怠这些义务而盲目地将被告人A配置于技术班并让被告人实施倒入液体氯气的操作这一危险行为，从而招致本案事故的发生。因此，不应否定两名被告人存在过失。而在本案中，如果不熟练的技术员意识到了单独地操作手柄的危险并进行过充分的安全教育，或者至少在将被告人A编排于技术班之际适当地指示这一点，被告人A或被告人B如果料想到该危险，可以认为就不会引起本案事故。……但是，这些判决（一审、二审）认为两名被告人只做出了安全教育或指示并不足够，还具有巡回监视倒入液体氯气之作业现场的义务，在这一点上科以其过大的义务，不能说是妥当的。也就是说，只要彻底进行安全教育或指示的话，通常是可以信赖熟练的技术员会加以遵守的，即便当存在不能信赖的特殊因素时，将不熟练的技术员配置于技术班本身就不是被允许的。[2]

---

[1] 关于日本AEROSIL工厂氯气瓦斯泄漏事件，参见伊东：《法学家》第926号，第42页；山中，昭和63年（1988年）度重判，第234页。

[2] 进而，最决平成17年（2005年）11月15日刑集第59卷第9号第1558页中，所属于大学附属医院的耳鼻咽喉科、处于患者的主治医生之立场的医生错误地制定了服用抗癌剂的计划，从而因过量服用抗癌剂而导致患者死亡。对于该医疗事故，最高裁判所对该科的科长肯定了业务上过失致死罪的成立。关于本案，参见甲斐：《百选I》，第116页；北川，平成17年（2005年）度重判，第163页；日山：《医事法判例百选》（第2版），第154页。

第九节 过失的竞合

过失的竞合是指,对于一个构成要件结果的发生存在复数行为人的过失的情形。[1]作为其形态,存在以下两种类型:行为人与被害人的对向型的过失竞合类型(对向型过失竞合)与复数的行为人并行型的过失竞合的类型(并行型过失竞合)。后者进而可以分为对等的行为人的过失同时性或并列性竞合的类型(并列型过失竞合)与在直接过失行为人过失的背后进而存在其他过失行为人的过失,从而并列性地竞合的类型(直列型过失竞合)。[2]

进而,从过失行为与结果发生的关系,可以分为并存性竞合、重叠性竞合、累积性竞合。并存性竞合是指,每个人的过失行为各自独立地含有发生结果的危险,即使没有另一方的过失行为,结果也会发生的情形;重叠性竞合是指,虽然仅仅一方的过失能够导致结果发生,但如果没有另一方的过失就能够防止结果发生的情形;累积性竞合是指,虽然每个人的过失行为单独并不含有结果发生的危险,但与他人的过失行为相结合而产生了结果发生的危险的情形。

这样,过失竞合中,当复数人的过失行为复杂地竞合时,各个行为人的预见可能性、肯定因果关系的存在等就成为困难的问题。在这些情形中,通过肯定过失共同正犯而将所有参与人都按《刑法》第60条处理是困难的。由于本书否定过失共同正犯(以及过失的教唆、过失的帮助),认为对于过失犯适用单一的正犯是妥当的,因此应该慎重地认定各自的过失(边页第456页)。尤其是在从过失竞合这一现象形态向过失竞合"论"转化,作为同时正犯难以肯定过失成立的情形中,通过竞合论而肯定过失成立是创设了《刑法》第207条(同时伤害的特别规则)的过失类型,因此不被允许。毋宁说,我认为,过失竞合论是作为适应于协同作业中的角色分担之信赖原则的适用情

---

[1] 参见山中第395页注14。
[2] 参见西原:"监督过失的界限设定与信赖原则(上)",载《法曹时报》第30卷第2号(1978年),第4页以下。

形，必须是限定过失犯成立的法理。[1]

过失竞合在处于被系统化的协同关系之作业的情形中成为问题。例如，关于铁道事故，最决昭和35年（1960年）4月15日刑集第14卷第5号第591页（樱木町站电车火灾事件）中，具体案情如下：在国铁樱木町站车站里，在取换支撑吊架线的绝缘子这一作业中，由于电力工A的笨拙的施工而导致吊架线被熔断而垂下，上架线与横架线之间产生了约30厘米的高低差（第一事故）。A只对电力工长B、副长C说了"到信号所联络"就奔赴信号所，没有对扳道工D充分传达在上架线既不能让上行车也不能让下行车通过这一主旨，于是D误信即使让接下来的下行车从下线通过横线也没关系，从而没有采取停止措施。此外，C也认为A去了信号所，应该没问题，因此也没有采取任何措施。于是，在第一事故发生了5分钟至6分钟后，E所驾驶的下行电车进入事故现场，因此，先头车的作为集电装置的集电舟与上架线的吊挂板相撞造成车体短路而起火（第二事故），从而造成106名乘客死亡，84名乘客受伤。对于这一事故，最高裁判所认定第二事故是由A、B、C、D、E之过失的竞合造成的，对各个行为人肯定了业务上过失致死伤罪的成立，进而对A宣告禁锢6个月（执行犹豫3年），对B宣告禁锢10个月，对C宣告禁锢6个月，对D宣告禁锢10个月，对E宣告6个月的刑罚（此外，樱木町站的运输系预备助手F在一审判决中被确定无罪）。[2]

进而，关于医疗事故，最决平成19年（2007年）3月26日刑集第61卷第2号第131页（弄错患者事件）中，在病栋护士与手术室护士之间的手术

---

[1] 关于"过失的竞合"，尤其参见古川："关于所谓的过失竞合案件中过失认定的方法"，载《理论刑法学的探究⑤》，第1页以下："（特集）过失的竞合"，载《刑杂》第52卷第2号（2013年），第137页以下；高山："复数行为导致的事故的正犯性"，载《三井古稀》，第179页以下；冈部："过失竞合事件中主体的特定与过失行为的认定"，载《刑杂》第55卷第2号（2016年），第1页以下；仲道："过失竞合中的主体问题"，载《理论刑法学入门》，第205页以下。

[2] 关于本案，参见中野：《警察研究》第47卷第8号，第60页以下。除此之外，参见日航异常接近事件（边页第135页）、三菱自工轮胎脱轮事件（边页第136页）。进而，最决平成22年5月31日刑集第64卷第4号第447页（明石花火大会步道桥事件），实施花火大会的公园与最近的车站连结的步道桥上聚集了大量的参观花火大会者，由此导致步道桥倒塌而产生死伤者。对于该案件，最高裁判所认为，关于踩踏警备，处于在现场指挥警察官之立场的警察署地域官以及处于在现场统括警备员之立场的警备公司社长，能够预见事故的发生并且可能通过机动队的流入规制等而回避事故，从而肯定业务上过失致死罪的成立。关于本案，参见甲斐，平成22年（2010年）度重判，第194页；冈部：《刑事法学家》第25号，第88页。

室交换大厅中交接两名入院的患者以及诊断记录等之际，弄错了患者，此后参与的护士以及医生也都没有注意到弄错了患者，这些过失竞合在一起，于是对预定实施肺部手术的患者实施了心脏手术，而对预定实施心脏手术的患者实施了肺部手术。对于该案件，最高裁判所对于在手术之际担当麻醉的医生，在以下两点上肯定了过失的存在，即：在注入麻醉之际没有采取充分的手段来确认患者的同一性，以及在注入麻醉之后虽然对于患者的同一性产生了疑问，却没有采取确实的确认措施。[1]

第十节　结果加重犯

结果加重犯是指，例如像伤害致死罪（《刑法》第205条）这种由基本犯（暴行或者伤害）与由此产生的加重结果（致死）构成的犯罪。强盗致死伤罪（《刑法》第240条）、强奸致死伤罪（《刑法》第181条）也该当于此。在结果加重犯的情形中，毋庸赘言在基本犯与加重结果之间有必要存在因果关系。问题在于该因果关系的内容与是否仅仅存在因果关系即足够这一点上。[2]

判例关于伤害致死罪的案件认为其成立仅仅停留于伤害与死亡之间存在因果关系即可，没有必要预见到致死的结果［最判昭和26年（1951年）9月20日刑集第5卷第10号第1937页］，自此以来，对于加重结果的过失被认为是不需要的。[3] 如果将判例的因果关系立场理解为条件说，那么，只要基本

---

[1] 关于本案，参见平山，平成19年（2007年）度重判，第167页；甲斐：《刑事法学家》第12号，第53页。此外，最判昭和28年（1953年）12月22日刑集第7卷第13号，第2608页中，作为药剂师的被告人A，由于没有在剧药的容器上贴上标注"剧"这一文字的标示纸，从而导致被告人B误以为是葡萄糖注射液而将其交付给C，结果，被告人D没有确认标示纸而错误地将该药品注射到患者体内，导致患者死亡。对于该案件，最高裁判所对于注射的护士肯定了过失。此外，横滨地判平成25年（2013年）9月17日LEX/DB2445945中，在全身麻醉的手术中，为麻醉器提供氧气的导管松动，但主刀医生并没有发现，由此导致患者负上脑功能损伤的伤害。对于该案件，横滨地方裁判所否定了不在手术室的麻醉担当医生的过失责任。关于本案，参见田坂：《刑事法学家》第40号，第113页。

[2] 关于结果加重犯，参见香川：《结果加重犯的本质》（1978年）；丸山（雅）：《结果加重犯论》（1990年）；内田（浩）：《结果加重犯的构造》（2005年）；榎本：《结果加重犯的再检讨》（2011年）；"（特集）结果加重犯的现代性课题"，载《现刑》第5卷第4号（2003年），第27页以下。

[3] 最判昭和32年（1957年）2月26日刑集第11卷第2号第906页中，夫妻在吵架过程中，丈夫将妻子放倒在地并骑在妻子身上，两手掐住妻子的脖子，在施加该暴行之后，结果因妻子的特异体质导致妻子休克死亡。对于该案件，最高裁判所认为，即使不具有预见致死结果的可能性，

犯与加重结果之间存在条件关系即为足够，因此其成立范围是极其广泛的。但如前所述（本书边页第132页以下），由于可以将现在判例的立场理解为采用了"危险的现实化"这一客观归属论的立场，因此，在这一意义上，并不能当然地说结果加重犯的成立范围被不当地扩大。

与此相对，通说从彻底贯彻责任主义的见地出发，要求对于加重结果存在过失。但该情形中的过失内容却未必是明确的。从彻底的责任主义出发，在以行为人基准判断预见可能性的情形中，预见可能性的对象是什么成为困难的问题。此外，是否对于遂行了基本犯的行为人科以注意不使加重结果发生的义务、是否存在义务违反的认定不得不说是困难的。此外，根据通说，结果加重犯是故意犯与过失犯的复合形态，但无法说明伤害致死罪的法定刑为什么比伤害罪与过失致死罪的法定刑相加总和更重。进而，如果以一般人基准来判断预见可能性的话，就会与认为仅仅根据行为人本身的预见可能性无法判断，还需要存在相当因果关系的观点一致了。

一部分学说认为只要在基本犯与加重结果之间存在相当因果关系即为足够。具体而言，在因果关系的判断中能够以对于一般人不可能预见的结果不承担责任为界限，因此没有必要进一步要求存在过失。在基本犯中已经内含了发生加重结果的危险性，由于该危险向结果实现而加重了结果加重犯的刑罚，[1]这样考虑的话，即使不要求过失，在基本犯与加重结果之间存在相当因果关系的情形中，或者根据本书的观点，在危险的现实化这一客观归属关系能够被肯定，并且存在对于该危险性的认识的情形中，责任主义的要求就间接地被满足了。

（接上页）也成立伤害致死罪。参见本间：《百选Ⅰ》，第102页。

[1] 内含于基本犯的"危险"必须在加重结果中"直接"实现，这就是"直接性法理"。参见丸山，前列：《结果加重犯论》；内田（浩），前列：《结果加重犯》；町野第179页；井田第227页。反对该观点的是林（干）第144页。

第十一章 违法阻却事由

第一节 含 义

在某个行为被判断为该当于构成要件的情形中，由于构成要件是违法类型，该行为就原则上被推定为违法（边页第92页）。但是，由于一定事由的存在，该违法性可能被阻却。这就是违法阻却事由（正当化事由）。[1]在违法阻却事由中，在刑法典上，作为紧急行为的违法阻却事由，有正当防卫（《刑法》第36条）、紧急避难（《刑法》第37条）；作为一般的违法阻却事由，有法令行为、正当业务行为（《刑法》第35条）。在特别法（尤其是法令行为）上，存在各种各样的违法阻却事由。但是，由于违法阻却是对于违反禁止或命令规范的行为（法益侵害或危险）判断容许规范的作用，因此，这基本上是调整法益（利益）与法益（利益）之间的冲突的判断。因此，也可以存在超法规的违法阻却事由，而为以上的法定或超法规的违法阻却事由提供根据的指导原理是必要的，这就是违法性的本质论。

围绕违法性的本质，存在以下三个对立轴。

第一，"形式的违法论"与"实质的违法论"的对立。形式的违法论将违法性形式性地理解为违反法规范[2]，但据此并不能成为对行为的违法判断的基准，如前所述，并不能作为各种各样的违法阻却事由的指导原理。因此，

---

[1] 这样，违法性判断就以阻却构成要件该当性这一形式而被判断，并不是在紧接着构成要件该当性之后再积极地判断违法性（第65页）。但是，根据不把构成要件作为违法类型，而单纯理解为行为类型的观点〔内田（文）第84页以下、曾根第58页以下〕，则在违法性阶段上进行积极的违法评价，使得并不作为违法类型的构成要件之实态过于空洞化，埋没了构成要件的罪刑法定主义功能。

[2] 与"违法性（Rechtwidrigkeit）"相对，也存在"不法（Unrecht）这一用语，但违法性是指违反法律的评价，而不法是指违法行为其本身"。

现在在将违法性的实质求诸于实质的违法论这一点上看起来是一致的。

第二，"主观的违法论"与"客观的违法论"的对立。主观的违法论认为，法规范的对象仅仅面向能够理解法规范的人，因此无责任能力者与不存在故意或过失的行为都在规范之外，这些行为并不能说是违法。[1]而客观的违法论承认没有对象指向之规范的存在，规范也面向无责任者，因此，其行为也是违法的。[2]根据前者，违法与责任就合在一起了；根据后者，违法与责任相分离。由于现在违法与责任的区分已经成为铁则，因此现在几乎没有主张主观违法论的论者。现在的争论点在于，在客观违法论的内部是彻底贯彻客观的违法论（刚性的客观违法论）还是例外或全面肯定主观违法要素（柔性的客观违法论）。该争论是从如何理解刑法规范的构造产生的，据此出现几种不同观点是可能的。

而以上的对立点与作为第三个对立轴的"行为无价值论"与"结果无价值论"的对立紧密相关。

第二节 行为无价值论与结果无价值论

作为围绕违法性的本质的争论，在行为无价值论对结果无价值论中激烈展开。[3]该争论在与对"刑法的任务"的理解的关联上，导出了各自在解释论上的归结。具体而言，根据行为无价值论，刑法的任务就是维持社会伦理秩序；而根据结果无价值论，刑法的任务就在于保护法益。而这就设定了违法本质论的基础。但是，从将刑法的任务求诸法益保护的立场上展开行为无价值论不仅是可能的（边页第11页），而且，本来行为无价值（Handlungsunwert）的内容与结果无价值论（Erfolgsunwert）的内容就是处于不分明的状态。

---

[1] 参见宫本第69页以下；竹田：《法规范及其违反》（1961年），第302页以下。

[2] 客观违法论是德国及日本的通说。关于主观违法论与客观违法论的对立，参见竹田，前列：《法规范及其违反》，第242页以下；佐伯（千）：《刑法中的违法性理论》（1974年），第55页以下。

[3] 行为无价值与结果无价值的对立成为违法论的主题是在目的行为论出台以后，通过展开作为其理论归结的人的不法（personales Unrecht），以与法益侵害为基础的因果性的（物的）违法（结果无价值）相对，强调社会的（不）相当性（行为无价值）。关于行为无价值与结果无价值的对立，参见内藤：《刑法理论的历史展开》（2007年），第169页以下；杉本：《行为无价值论与结果无价值论的对立持续到哪里》；仲道："争论的终结方式"，载《理论刑法学入门》，第313页以下、第331页以下。

因此，不应该将两者的对立作为一种模型并图示化、机械地把握。

一般认为，结果无价值的内容是法益侵害（侵害结果）及其危险（危险化结果＝作为结果的危险）；而行为无价值的内容是主观的行为无价值（故意、过失、目的）与客观的行为无价值（行为样态、种类、故意行为、过失行为）。以这些内容为前提，"结果无价值论""违法二元论""行为无价值一元论"分别被主张着。

如前所述（边页第11页），刑法的任务在于保护人类的共同生活，具体而言，在于保护个人的生命、身体、自由、名誉、财产等法益。刑法是通过事前提示作为（诸如"禁止杀人"）这一行为请求的规范来保护这些法益的，行为人通过其行为违反行为规范这一点上被认为是违法性的核心要素。在这个意义上，作为行为规范的内容，已经包含了行为无价值的要素与（已经被预设的）结果无价值的要素。

在客观与主观这一古典的图示上，前者对应于评价规范（被允许或不被允许这一评价），后者对应于决定规范，将这一规范论统合起来的是梅兹格。[1]而在此后展开的是围绕评价规范与决定规范在违法与责任上的区分。具体而言，如果彻底贯彻决定规范才能构成违法内容的命令说，那么就只专注于行为人态度的违法性，即可归结于所谓的行为无价值一元论。与此相对，如果是让评价规范与决定规范在违法阶段并存的话，就可归结为不仅考虑了结果无价值，而且也考虑了行为无价值的违法二元论。[2]

与此相对，可以将日本的结果无价值论（法益侵害说）评价为拒绝了如上的规范论进路，坚守了李斯特、贝林时代的客观与主观的区别。另一方面，根据行为无价值论，客观性要素与主观性要素并不是完全分断存在的，两者向着规范关系性的方向统合。如果不做这样的统合，而将所有的客观性要素与违法相对应、将所有的主观性要素与责任相对应，那么，在外界所产生的外部性现象，即所有的法益侵害或危险都将违法了。甚至对于老鼠咬仓库这一现象也不得不承认违法。但是，毋庸赘言，不能将所有不遂人愿的事项均作为违法，并将其评价为构成要件结果。如果不这样的话，就会得出寿终正

---

[1] 关于梅兹格的观点，参见佐伯（千），前列：《违法性的理论》，第82页以下。
[2] 在德国，梅兹格的观点被排斥，以人的违法论为基础展开刑法解释学。与此相对，在日本，学说上在平野Ⅰ，第49页以后，从结果无价值论的立场出发再次评价梅兹格的观点成为优势。

寝也会被评价为杀人罪的构成要件结果这一荒谬的结论。不能不考虑作为规范违反的行为而进行违法判断。正是因为存在行为规范违反，对于结果的无价值判断才成为可能，而不是相反。[1]

　　必须同时考虑行为无价值与结果无价值这两方面的理由如下。一方面，立法者面向全体国民设定了当为命题。在这个意义上，法是作为命令而发挥作用的。由于命令是针对人的意思发动的，因此"行为意思"发挥了重要的作用。[2]行为意思并不是漂浮在空中的空洞之物，而是指向某种对象的东西。主观只能作为客观事物的对应而存在。而该对象就是法益。从法益"侵害"这一表述本身出发，已经可以解读为迈向法益的方向性。因此，为法益提供方向性这一意义上的行为意思是必要的，在这一点上必须肯定行为无价值的必要性，全面否定主观违法要素是不妥当的。另一方面，法益侵害或危险这一结果无价值要素也必须被包含于违法性的内容中，这是因为法规范在作为命令这一意义上是命令规范，但在作为行为的法判断的基准这一意义上是评价规范。

　　如前所述（边页第242页），结果无价值要素是被包含于与行为规范相对置的制裁规范之中的。具体而言，与行为规范相对置的是制裁规范。刑法虽然是作为行为规范事前地保护法益，但在法益被侵害之后，就有必要恢复被侵害的行为规范。刑罚是以恢复这种被侵害的规范为目的的。但是，应该被恢复的规范并不是抽象的规范，而是具体的规范，即包含了一般人与被害人的规范，在这一意义上的"法和平的恢复"是通过刑罚实现的。作为这种制裁规范的发动条件，在侵害犯中要求法益侵害的发生，而在未遂犯的情形中则要求具体的危险。这样，就可以推导出以下结论：行为规范与制裁规范能够被规范性地统合，违法性是由行为无价值与结果无价值综合构成的（违法二元论）。

---

[1] 此外，行为规范在已经发生具体结果（危险、侵害）的时点上已经无法发动，这些已经被包含于制裁规范之中。参见高桥：《规范论》，第66页注11。
[2] 关于行为意思，参见平场："行为意思与故意"，载《佐伯还历》（上），第238页以下；中野第22页以下、第43页以下。

第三节　可罚的违法性理论

一、总说

可罚的违法性理论是指，以是否具有值得科处刑罚程度的实质违法性这一标准来决定。[1]根据该理论，即使行为从形式上来看该当于构成要件，也只有在有必要科加刑罚这一强力的制裁，并具有与此相适应的质与量的情形中才能被认定为违法。

如前所述，刑罚规范由行为规范与制裁规范构成，在违法阶段中，从前者派生出了规范的违法性，从后者派生出了可罚的违法性。可罚的违法性与可罚的责任（边页第337页）都为制裁规范的发动提供基础。因此，例如，在极其轻微的盗窃的情形中，虽然能够肯定规范的违法性（违反了"禁止窃取他人之财物"这一规范），其可罚的违法性可能被否定。

当可罚的违法性不被肯定时，是本来就不具有构成要件该当性[2]，还是对于该当于构成要件的行为阻却其可罚的违法[3]，成为问题。当可罚的违法性与"是否违反了禁止或命令规范而发生了法益侵害或危险"（构成要件该当性阶段中的行为规范与制裁规范）相关时，就是前者；当可罚的违法性与"容许规范是否能够发挥作用（违法阻却阶段上的行为规范与制裁规范）"相关时，就是后者。因此，可罚的违法性既可作为构成要件该当性阶段的问题，也可以作为违法阻却阶段上的问题。[4]

二、违法性的量与质

作为可罚的违法性理论的适用领域，可区分为违法性的量的问题与违法性的质的问题。前者是"狭义的可罚的违法性"，可以清楚地分为被害法益轻

---

[1]　可罚的违法性理论是从谦抑主义的立场出发被宫本博士主张，此后由佐伯博士、藤木博士展开的。参见宫本第105页；佐伯（千）第176页；藤木：《可罚的违法性理论》（1967年）；同：《可罚的违法性》（1975年）。将可罚的违法性还原为实质的违法性论的是，西原（上）第139页；前田：《可罚的违法性论之研究》（1982年）。
[2]　参见藤木第117页。
[3]　参见大塚（仁）第370页、大谷第239页以下。另外参见佐伯（千）第180页注3。
[4]　参见山口第191页、井田第247页以下。

微的情形（绝对轻微型）与在与保全法益的比较上法益侵害程度轻微的情形（相对轻微型）。后者是违法的相对性问题，可分为在法领域中违法性在质上的不同与犯罪的违法相对性。对于前一种情况，例如，通奸在民法上是违法的，但在刑法上却不是违法的；对于后一种情况，例如无医师执照的手术是违反医师法的，但并不当然地直接该当于刑法上的伤害罪。

（一）违法性的量

在绝对轻微型的情形中，构成要件该当性可能被否定。例如，大判明治43年（1910年）10月11日刑录第16辑第1620页（一厘事件）中，作为烟草种植人的被告人将价值相当于1厘的烟草自己消费掉而没有交纳给国家。对于这一案件，大审院认为："些许的违法行为只要不是在犯人被认为具有危险性的特殊情况下所决定实施的，在共同生活的观念上，不能被认为侵害通过附加了刑罚制裁的法律所要求保护的法益，既然如此，就没有必要动用刑罚对之施加刑罚制裁，必须说立法的宗旨也存在于这一点上。被告人的所作所为除了怠于交纳零细的烟草之外，并不存在其他将其视为危险人物的特殊状况，这一点在原判决上是明白无误的，因此被告人的行为并不构成犯罪。"进而，最判昭和32年（1957年）3月28日刑集第11卷第3号第1275页中，对于经营旅馆业的被告人为了旅客而将烟草买来放置的案件，否定了烟草专卖法违反罪的成立。

但此后，在最决昭和61年（1986年）6月24日刑集第40卷第4号第292页（魔法电话机事件）中，被告人将一种使免费打电话成为可能的、被称为魔法电话机的机器安装于电话线路中，但只尝试拨通了一个电话就将该机器拆除了。对于这一案件，最高裁判所认为："被告人将一台被称为魔法电话机的电气机器装入电话线路中，关于该行为，即使存在被告人仅仅尝试拨通一次电话就将该机器拆除等因素，据此也不能作为否定行为之违法性的事由，肯定成立有线电气通信妨害罪、诡计业务妨害罪的原判决的判断，可以说是相当的。"（但是，在该决定中，存在认为被告人的行为欠缺处罚相当性，从而否定构成要件该当性的反对意见）。[1]

---

[1] 关于本案，参见振津：《百选Ⅰ》，第36页。进而，东京高判平成10年（1998年）4月8日判时第1640号第166页中，对于夫妻之间的暴力事件认为，从暴行的样态、程度本身来看的话不能说欠缺可罚的违法性。神户地判平成18年（2006年）3月14日LEX/DB28115177中，对于从寺院的功德箱中窃取2日元现金的案件认为，对于作为基本支付手段，应当说具有其经济性价值的金钱而言，不管其数量多少，在社会观念上都值得保护，据此而肯定盗窃罪的成立。

在相对轻微型的情形中，由于脱离了一定的违法阻却事由的要件，因此不能肯定违法阻却，但由于该要件的脱离程度在量上是极其轻微的，因此存在阻却可罚的违法性之可能性。

关于劳动事件，最判昭和31年（1956年）12月11日刑集第10卷第12号第1605页（三友炭坑事件）中，炭坑工会的同盟罢工中的部分成员脱离了罢工团队而从事公司的石炭运输业务，在开始驾驶与堆满石炭相连结的油罐车之际，作为组合妇女部长的被告人认为以上部分组合成员的就业是出于经营者立场的不纯正动机的妨害罢工的背叛行为，据此就不能达成罢工目的，于是召集多名妇女组合成员站在油罐车的前方道路上，以静坐或横卧的形式阻止油罐车行进，怒吼"如果要从这里通过就从我身上碾过去"，妨害就业组合成员等的油罐车的驾驶。关于这一案件，最高裁判所认为，这还不能说《刑法》第234条所说的使用威力妨害他人业务的行为，从而维持无罪原判。进而，最判昭和45年（1970年）6月23日刑集第24卷第6号第311页（札幌市电事件）、最决昭和48年（1973年）3月20日判时第701号第25页（大阪学艺大事件）等均维持了无罪判决。

但此后，在最大判昭和48年（1973年）4月25日刑集第27卷第3号第418页（久留米站事件）中，作为国铁工会的成员的三名被告人在为了增加年末劳动报酬等要求的争议之际，参加了纠察队，侵入本案的事务所，与数名国铁工会成员共谋，数十次朝铁道公安职员泼水。关于这一案件，大审院认为，被告人甲无视当局方的警告，使值班人员放弃了在作为重要设施的信号事务所的值班，违反站长的禁令强行侵入该信号所。关于该行为，在判断作为劳动者的组织性集团行动而在实施争议行为之际所实施的该当于犯罪构成要件的行为是否具有刑法上的违法阻却事由时，必须将该行为是在争议行为之际所实施的这一事实纳入其中，同时考虑该行为的具体状况即其他诸多因素，从整体法秩序的见地出发综合判定该行为是否被允许。这里的"从整体法秩序的见地出发综合判定该行为是否被允许"的判断方式，就是所谓的"久留米站事件方式"。据此，原审的无罪判决就陆陆续续地被撤销了[1][最判昭和50年（1975年）8月27日刑集第29卷第7号第432页日本铁工所事件；最判昭和50年（1975年）11月25日刑集第29卷第10号第928页光文

---

[1] 关于本案，参见奥村：《百选Ⅰ》，第34页。

社事件]。[1]

这样,关于绝对轻微型与相对轻微型这两者,判例均朝着肯定可罚性的方向发展。

(二)违法性的质(违法的相对性)

违法性的质的问题,是违法在各个法领域中是相对的这一"违法的相对性"问题。从法秩序的统一性的观点出发,(刚性的)违法一元论认为,违法在整体法秩序中是一元性的,在其他法领域中被认为是违法的行为在刑法上就不能得以正当化[2],但是,可罚的违法性是从刑法中的制裁规范派生出来的,可以说忽视了该制裁规范。与此相对,"违法多元论"[3]被有力主张着,该观点认为在各个法领域中,其各自的目的是不同的,其法效果也是多样的,因此,违法性在各个法领域中是相对的。但是,应该关注的是以下问题,即以刑法的独自性为根据,例如,将在民法上合法的行为理解为在刑法上违法的行为是不妥当的,而以在民法上是违法的为前提,在刑法上还有违法或合法的可能性。在作为控制社会生活的第一次性规则的行为规范这一层面上,民法及其他法领域与刑法基本上是没有差异的,当认为两者可以存在差异时,必须给予相当的理由。只是,在刑法中,由于科加了作为第二次规则的制裁规范的刑罚,因此在这一点上就能够肯定(可罚的)违法的相对化。因此,"柔性的违法一元论"[4]是妥当的,即:既承认违法性在整体法秩序中是一元性的,也承认存在在其他法领域中被视为违法的行为在刑法上却不具违法性的情形。

关于该问题,最高裁判所首先在最判昭和38年(1963年)3月15日刑集第17卷第2号第23页(国劳桧山丸事件)中,对于在实施(旧)《公劳法》第17条所禁止的争议行为之际,作为国铁职员的被告人侵入青函联络船内的事件,认为:《公劳法》第17条的争议行为的禁止并不违反《宪法》第28条,既然争议权本身被否定,就没有论证关于该争议行为的正当性界限的

---

[1] 进而,大阪高判平成元年(1989年)5月24日(刑集第46卷第4号第347页)(擅自贴传单的行为,其手段与方法并不相当,法益侵害的程度也并不轻微,因此成立《屋外广告物条例》违反以及轻犯罪法违反)、东京高判平成12年(2000年)2月16日高刑集第53卷第1号,第1页(持著许可证但带有年龄识别装置的自动贩卖机收纳有害图书等行为,该当于县青少年健全育成条例违反的"收纳")等。

[2] 参见木村(龟):"可罚的违法性论与判例",载《法セミ》第150号(1968年),第34页以下。

[3] 参见平野II第218页以下、前田第29页、山口第190页。

[4] 参见佐伯(千)第176页、第196页,松宫第106页以下,曾根第92页以下。

余地。因此所采用的是违法一元论的立场。但此后，到了昭和 40 年（1965年），可罚的违法性理论得以展开，例如，最大判昭和 41 年（1966 年）10 月 26 日刑集第 20 卷第 8 号第 901 页（东京中邮事件）认为，即使是在《公劳法》上违法的争议行为，在《刑法》上也未必是违法的，在这一意义上，可以肯定违法的相对性，从而将作为刑事制裁对象的违法性的质作为问题。[1]但此后，最高裁判所改变了态度，以最大判昭和 48 年（1973 年）4 月 25 日刑集第 27 卷第 4 号第 547 页（全农林警职法事件）为契机，对可罚的违法性理论采取了消极的态度。[2]而最大判昭和 52 年（1977 年）5 月 4 日刑集第 31 卷第 3 号第 182 页（名古屋中邮事件）中，名古屋中央邮局中的全递劳组在进行职场斗争之际，作为全递劳组执行委员的甲等人，侵入该邮局食堂，告诉食堂中的集配科职员放弃职业，并致使其无法派送包裹。对于这一案件，最高裁判所变更了东京中邮事件的判决，关于违反《公劳法》的争议行为，否定了《工会法》第 1 条第 2 款的适用。

第四节　正当化事由（违法阻却事由）

一、正当化的构造

如前所述，违法性的本质是违反行为规范，而行为规范是由禁止、命令规范以及容许规范构成的。因此，当容许规范发挥作用时，就不存在行为规范违反了。

关于这种规范分析与犯罪论体系的关系，可以做如下的配置，即禁止或命令规范被放在构成要件上，而容许规范被放在正当化事由（违法阻却事由）上。因此，例如，在正当防卫被肯定的情形中，由于容许规范发挥了作用，因此就不存在行为规范违反，该行为就是被允许的，从犯罪论体系来看，虽然该当于构成要件，但由于存在正当化事由，因此违法性就被阻却了。

---

[1] 最高裁判所在全司法仙台事件判决［最大判昭和 44 年（1969 年）4 月 2 日刑集第 23 卷第 5 号第 685 页］中，认为虽然根据国公法而禁止争议行为是合宪的，但关于煽动等行为并不具有可罚的违法性，从而采用"双重纠缠论"。在都教组事件判决［最大判昭和 44 年（1969 年）4 月 2 日刑集第 23 卷第 5 号第 305 页］中，关于地公法中的煽动等行为的处罚，也采用"双重纠缠论"。

[2] 进而，在岩手县教组事件判决［最大判昭和 51 年（1980 年）5 月 21 日刑集第 30 卷第 5 号第 1178 页］中，对于地公法明示性地变更了判例，否定了"双重纠缠论"的适用。

与此相对，也存在这样的观点：将行为规范仅仅限定于禁止或命令规范，并将其配置于构成要件上，而容许规范是配置于作为容许命题的正当化事由上，据此将两者严格区分开来。[1]但是，根据该观点的话，就会产生一方面禁止某个行为，另一方面允许该行为的分裂状态。与此同时，由于将故意的对象限定于以行为规范（禁止或命令规范）为内容的构成要件该当事实，其结果（例如，在假想防卫等关于正当化事由的错误上）就不得不得出故意不被阻却的严格责任说的结论，因此是不妥当的。

与该观点相反，也存在将容许规范囊括于构成要件之中的观点（消极的构成要件要素理论）。[2]但是，必须说构成要件该当性的判断与正当化（违法阻却）的判断是属于两个完全不同领域的问题，前者属于刑法固有的世界，而后者则属于法律整体的世界。

进而，也存在以下观点，即：将容许规范包摄于行为规范中，但并不收容于构成要件之中，这一点与本书的出发点相同，但该观点却将构成要件该当性判断包含于违法性判断之中。[3]但可以说，该观点也与消极的构成要件要素理论一样，忽视了构成要件该当性判断与正当化判断的异质性。[4]

结果，虽然维持了行为规范是诸如"无正当理由禁止杀人"这样的禁止、命令规范与容许规范的复合构造，但在犯罪论体系中应该将前者配置于构成要件，而将后者配置于正当化事由（违法阻却事由）。

二、正当化的一般原理

将该当于构成要件的行为或结果正当化（阻却违法）的原理成为容许规范发挥作用的根据，作为其结果，成为了为不存在行为规范违反提供基础的

---

[1] 这是威尔泽尔所主张的观点。严格责任说的论者立足于该立场，可以说是一贯的。但是，由于容许命题也是控制人的行动之规范，因此将其与规范相分离是不妥当的，应当包含于容许"规范"之中。但是，提示了禁止或命令与容许是基于不同原理的规范这一点是妥当的。

[2] 德国《刑法》第16条仅仅对于属于"法定构成要件"的事实错误才承认其阻却故意的效果，因此如果要将正当化事由的错误作为事实错误，就必须将正当化事由包含进构成要件之中，据此消极的构成要件要素理论也得以有力主张。参见中：《假想防卫论》（1971年），第19页以下；井田第157页。

[3] 参见西原（上）第161页以下。

[4] 构成要件是所谓的纵的类型，与此相对，正当化事由是共通于各构成要件的横的类型，在这个意义上具有一般的性质，两者具有不同的性质。

原理。这种容许规范的存在理由并不必然与禁止或命令规范的存在理由相同，也可能依据不同的原理。例如，从行为无价值论出发的优越利益说与从结果无价值论出发的社会相当性说这一图式即为此。虽然我认为如果考虑到容许规范本身有独自的存在根据的话，这是可能的图式，但一般而言不能采用这样的图式，违法的基础根据与违法的阻却根据应该联系起来考虑。

正当化的一般原理是追求共通于正当化事由的原理（一般性），自不待言各种正当化事由自有其固有的正当化根据（个别性）。进一步寻求后者的个别性根据的意义在于，明确超法规的违法阻却事由的可能性，同时明确是否存在内含容许规范的行为规范。也就是说，确定"这样做是否妥当"这一市民的自由领域。

（一）法益衡量说

从关于违法本质的法益侵害说出发可导出法益衡量说。例如，认为从《刑法》第35条到第37条的规定都是维持优越性利益的情形，被害人同意阻却违法的情形是欠缺保护法益的情形的观点即为此。[1]这样，法益衡量说就为法益的维持与保护法益的欠缺这二元性的正当化原理提供根据。由于刑法的功能在于保护法益，因此，在违法阻却的情形中也必然地以法益衡量为基本原理。[2]

但是，在法益冲突的情形中，仅仅比较衡量被抽象性把握的法益，难以成为违法阻却的一般原理。进而，如果在法益的价值序列明确的时代则另当别论，但在价值多元化的时代要对法益的价值进行排序是困难的，与此同时，也有形成恣意的权威主义的危险性。在价值多元化的时代不能以价值的排序为目标，而应当以价值的共存为目标。

（二）优越的利益说

在这里，将比较衡量的对象从法益扩大到利益的观点就是优越的利益说。具体而言，综合考虑关于冲突法益的要保护性的所有客观性因素：①以一般的价值顺位中的法益价值的衡量为基本；②对于保全法益的危险程度；③保全法益与侵害法益的量的范围；④为保全法益而采取侵害法益手段的必要性程度；⑤作为手段的行为的方法与样态所具有的侵害法益的危险性程度等，

---

[1] 参见佐伯（千）第197页、泷川第82页、中山第262页、松原第109页。此外，参见平场第69页以下。

[2] 参见平野Ⅱ第213页（正当防卫也根据法益阙如原理进行说明）。

在保全法益大于侵害法益这一点上寻求违法阻却原理,与此同时,在被害人承诺的情形中,通过被害人自己放弃作为具有处分可能性的法益的事实性基础的生活利益,就丧失了保护侵害法益的必要性,在这个意义上,优越的利益原理是妥当的。[1]

优越的利益说作为将法益的衡量这一抽象性判断更加具体化的学说,指出了妥当的方向,但由于利益的内容是所有关于冲突法益的要保护性的客观事情,归根结底就与围绕法益侵害的诸般事情一样,没有设定利益衡量的界限。

因此,也有观点认为应当设定不存在为了保护法益而比构成要件该当行为的侵害性更低的代替手段这一"补充性要件"。[2]但是,补充性的要件并不是从法益衡量或利益衡量引导出来的,而是通过对行为进行一定的评价而判断的。

(三) 目的说

以上的观点都是从结果无价值论的观点(法益侵害说)出发的主张,与此相对,从行为无价值论的观点(规范违反说)出发的主张,有目的说与社会相当性说。

目的说主张,将行为是被国家所承认的为了达成共同生活目的的适当手段这一点作为违法阻却原理,将"作为为了达成正当目的的相当手段"之行为作为合法行为。[3]该定义不是在关于行为的违法性,而是在关于行为的合法性这一点上有其特色,但通过积极地定义合法性并将除此之外的行为视为违法行为的方法是不妥当的。[4]此外,被国家承认的共同生活这一点未免过于强调国家主义或权威主义了。

(四) 社会相当性说

社会相当性说认为违法是指在社会上不相当的法益侵害,在社会上相当

---

[1] 参见内藤(中)第313页以下。同旨,参见曾根第98页、前田第226页以下、山中第464页以下、西田第134页以下。此外,山口第110页虽然维持了法益性的欠缺与法益衡量这种二元论的构成,但对于后者采用了优越的利益说。进而,西原(上)第163页以下从行为无价值论出发也采用同样的观点。

[2] 参见山口第110页。

[3] 参见木村(龟):《新构造》(上),第234页以下;阿部第138页;吉田(宣):《违法性的本质与行为无价值》(1992年),第331页以下、第345页以下。此外,川端第308页中以优越的利益说为基本,附加了目的说的要素。

[4] 参见盐见:"违法性·违法阻却的一般原理(下)",载《法教》第266号(2002年),第104页以下。

的行为即使侵害了法益，其违法也被阻却。[1]问题在于社会相当性是什么。这一般被认为是"在社会生活观念上被认为妥当的基准"或者"共同生活的伦理基准"[2]，但由于行为规范是为保护法益而存在的，因此内含于行为规范的容许规范中不能包含社会伦理性要素。进而，我认为社会相当性可以还原到客观归属论中"制造法所不允许的危险"的判断中（边页第130页）。[3]

（五）本书的立场

正当化原理是内含于行为规范的容许规范之存在根据的问题。虽然各个正当化事由固有其原理，但在这里共通的一般原理是什么成为问题。这一问题归根结底关系到"法是什么"这一根本性问题，但从志向于"自由共同体"这一立场出发，法一方面是保障每个人都能够自由地追求自己利益，与此同时，法另一方面是在当各个人的利益产生对立或冲突时，对其进行调整的手段。[4]在复数的利益产生对立或冲突时，如果利益的比较是可能的，那么，在判断对立或冲突的利益的优劣之后，维持优越的利益时，对于该行为的容许规范就发挥作用。

但是，在很多情形中，利益的比较是不可能的，或者利益的比较本来就不被允许，这样的话，在这些情形中，复数的利益就只能共存于共同体内部。但是，当该行为可能导致共同体的崩溃时，对该行为就只能采取不宽容的态度，而如果该行为还不至于导致共同体的崩溃，则对该行为就不得不采取宽容的态度。在这个意义上，在利益的对立或冲突状况中，共同体关系性的判断就是不可或缺的。当价值与价值相互对立时，有必要判断该对立的纷争状况对于共同体而言是否应该忍受，是否能够忍受。也就是说，正当化的一般原理可以求诸于"共同体关系性的行为容许性"。这里所说的"共同体"包含从个人与个人这种仅有两个人的最小共同体，到家族、近邻、学校、团体、企业等中间共同体，再到地方共同体、抽象的"社会"共同体、"国家"共

---

[1] 参见福田，第150页。
[2] 参见藤木、板仓：《刑法引导1》（2011年），第138页以下。
[3] 威尔泽尔一开始将社会相当性置于正当化事由的位置上，但此后改变了学说，将其置于构成要件该当性的位置上。参见威尔泽尔，前列：《目的行为论序说》，第30页以下。
[4] 关于正当化的一般原理，罗克辛提示了多元的社会秩序原理，即将利益与对立利益在社会上做适正调整的原理。参见 Roxin, Kriminalpolitik und Strafrechtssystem, 2. Aufl., 1978, S. 15., Strafrecht, A. T., Bd. Ⅰ. 4. Aufl, 2006, S. 615ff.

同体、"国际社会"共同体。不可否认其含义过于广泛，不甚明确，但重要的是在与怎样的共同体的关系上来议论行为的自由（容许性）这一点。由于是国家刑罚权的行使，因此经常从国家的视角来判断行为是否自由，但这样的话无法正确地把握行为的含义，应该将各共同体做阶段性的、金字塔式的上升，从而逐步判断行为的自由（容许性）。

这种"共同体关系性的行为容许性"成为了上位概念，作为下位基准，优越的利益、利益的欠缺、行为的有用性、必要性、目的等要与各个正当化事由固有的根据相互关联起来考虑。

三、正当化事由的种类

正当化事由（违法阻却事由）可以分为常态的正当化事由（一般的正当行为）与紧急的正当化事由（紧急行为）。前者是在社会生活上作为正当的事由（合法的事情）而被允许的情形；后者则是由于紧急而为了拥护自己或第三人的法益，侵害他人法益的情形。

进而，可以将正当化事由分为在法律上规定的法定的正当化事由与在法律上没有明文规定的超法规的正当化事由。作为法定的、常态的正当化事由，有法令行为（《刑法》第35条前段）与正当业务行为（《刑法》第35条后段）；作为法定的紧急的正当化事由，有正当防卫（《刑法》第36条）与紧急避险（《刑法》第37条）。作为超法规的常态的正当化事由，有被害人承诺等，作为超法规的紧急正当化事由，有自救行为。

第五节　正当行为

一、总说

《刑法》第35条规定了"基于法令或正当业务的行为，不罚"，明确了前半段规定的法令行为与后半段规定的正当业务行为是正当化事由（违法阻却事由）。[1]问题是《刑法》第35条的规定的射程范围。也就是说，是仅仅包

---

[1] 关于法令行为与正当业务行为，参见町野："作为违法阻却事由的业务行为"，载《团藤古稀》第1卷，第201页；大越："法令正当行为"，载《团藤古稀》第1卷，第228页以下；高桥：《规范论》，第194页以下。

含这两个行为,还是也包含除了这两个行为之外被正当化的行为,即到底包含哪些行为,不甚明确。从违法性的本质来看,被正当化的行为并不限定于从第 35 条到第 37 条所规定的行为,因此当然会产生这个问题,超法规的正当化事由的存在即为例证。但是,如果对这些超法规的正当化事由也准用或类推适用第 35 条,就不是"超法规"了。本书意图将第 35 条的适用限定于法令行为与正当业务行为,将其他的正当行为置于超法规的正当化事由的位置上。

二、法令行为

法令行为是指,通过法律、命令及其他成文法规而被认定为具有权利或义务的行为。法令行为被正当化的根据在于:由于法令是以通过一定的要件而保护优越的法益为目的,因此原则上应肯定其行为容许性。但是,行为的合法性必须结合具体的事情做个别的判断。

法令行为主要有以下行为:

(一) 职务行为

职务行为被认为是根据法令而属于公务员某种职务权限的行为。例如,死刑、自由刑的执行(《刑法》第 11 条到第 13 条)、嫌疑人、被告人的拘捕、拘留、逮捕(《刑事诉讼法》第 58、60、199 条)等,即使该当于杀人罪、逮捕监禁罪等构成要件,其违法性也被阻却。

职务行为中存在以下两种情形,即公务员直接基于法令而实施的情形与基于具有权限的上级官员之命令而实施的情形[自卫队在治安出动时的武器适用(《自卫队法》第 89 条第 2 款)等]。[1]

即使上级官员的命令具有拘束力,上命下从也仅仅在法律所承认的范围

---

[1] 福冈高判平成 7 年(1995 年)3 月 23 日判夕第 896 号第 246 页中,作为警察官的被告人在实行逮捕杀人未遂、伤害等现行犯人的职务行为之际,拔出所携带的手枪并开枪,导致被害人负伤并死亡。对于该案件(特别公务员暴行凌虐致死罪),认为其满足《警察官职务执行法》第 7 条的要件而合法使用武器,从而阻却违法性。此外,宇都宫地判平成 23 年(2011 年)2 月 10 日 LEX/DB25470408 中,作为警察官的被告人,在将被害人作为妨碍公务执行的现行犯进行逮捕之际,被害人试图将珠宝往下砸,因此警察官朝被害人开了一枪,打中其左腹部并导致其死亡。对于该案件,宇都宫地方裁判所认为本案中的开枪行为虽然该当于特别公务员暴行凌虐致死罪的构成要件,但因同时也满足《警察官职务执行法》第 7 条的武器使用要件,并且该当于正当防卫的危害容许要件,因此是一种正当行为,二审[东京高判平成 23 年(2011 年)12 月 27 日东高刑时报第 62 卷第 1~12 号第 161 页]也维持了一审判决。

内被允许，不应该甚至允许违反刑罚法规，因此其违法性不能被阻却，[1]但由于期待可能性的欠缺或减少，具有承认阻却或减少责任的余地。

（二）权利、义务行为

这被认为是基于法令而属于某人的权利或义务的行为。例如，私人的现行犯逮捕（《刑事诉讼法》第213条）[2]、亲权人对未成年子女的惩戒行为（《民法》第822条）、教师对学生或儿童的惩戒行为（《学校教育法》第11条）[3]等。

（三）基于政策性理由的行为

这是指由于某种政策性理由（财政上或者经济政策上的理由）而其违法性被阻却的行为。例如，根据《赛马法》而贩卖胜马投票券即为适例，即使该当于赌博罪（第185条以下）的构成要件，其违法性也被阻却。

（四）被注意性规定的行为

这是指虽然实质上是合法的，但法律将其明确为注意性的正当化事由，并将其要件等法定化的行为。例如，关于堕胎罪，根据《母体保护法》的人工妊娠中绝（第14条）等就该当于此。此外，关于逮捕、监禁罪，基于《精神保健福祉法》的精神障碍者的入院措施（第29条以下）；关于尸体损坏罪，基于《尸体解剖保存法》的实体解剖（第2条）与基于《器官移植法》的摘出用于移植的器官之行为（第6条）等。还有，劳动争议行为也该当于该类型，但在下文中独立讨论。

---

[1] 名古屋高金泽支判昭和27年（1952年）6月13日高刑集第5卷第9号1432页（医院的药剂师违反上司的指挥以及遵从医院的一贯做法之义务，没有在装入剧药的容器上贴上药事法所规定的标示）、东京高判昭和27年（1952年）7月1日高刑判特第34号93页（消防人员根据上司的命令无证驾驶消防车）、东京高判昭和33年（1958年）12月26日高刑裁特第5卷追录第556页（刑务官对受刑人施加超越惩戒权之范围的暴行，上司予以默许）。

[2] 对于私人为了逮捕现行犯而行使实力而适用第35条的判例，参见最判昭和50年（1975年）4月3日刑集第29卷第4号第132页、东京高判昭和51年（1976年）11月8日判时第836号第124页、福冈高那霸支判昭和56年（1981年）2月26日判时第1008号第204页、东京高判平成10年（1998年）3月11日判时第1660号第155页、冈山地津山支判平成24年（2012年）2月1日判夕第1383号第379页（被告人抓住在被告人的眼前玩生存游戏的男子中学生的胸襟，这一暴行被认为是现行犯逮捕所实施的正当行为）。此外，关于为了逮捕现行犯所行使的实力的相当性，参见高桥：《规范论》，第196页以下。

[3] 东京高判昭和56年（1981年）4月1日判时第1007号第133页中，中学教师用手掌以及轻握的拳头数次殴打学生的头部，对于该行为，东京高等裁判所根据《学校教育法》等法律肯定其该当于正当惩戒权的行使，因此认定其阻却违法。

三、劳动争议行为

劳动争议行为是指，工会的团体交涉及其他行为，即为了达成提高劳动者的地位、组织工会、缔结劳动协议等目的而实施的行为（参见《工会法》第 1 条）。《宪法》第 28 条规定："保障劳动者的团结权利以及团体交涉及其他团体行动的权利。"《工会法》第 1 条第 2 款中，继受了该精神，进一步规定："刑法第 35 条的规定是对于工会所实施的团体交涉及其他行为为了达成前款所列的目的，而对于正当行为的适用。"

作为劳动争议的手段，有同盟罢工（罢工）（集体性地停止劳务的方法）、怠业（怠工）（让劳务的效率低下的方法）、生产管理（工会占有使用者的企业设施，亲自经营企业的方法）、占据职场（工会占据了职场，静坐于此的方法）、工人纠察队（罢工中的组合，为了防止破坏罢工，而向公众宣传，以提高自己组合成员的士气、对使用者施加心理性压迫等为目的，站立在工厂事业厂的入口等实施望风、说教等行为的方法）。只要这些方法是在正当的范围内，劳动争议行为整体，或者构成该整体的各个行为，即使该当于威力业务妨害罪、胁迫罪、强要罪等的构成要件，也作为正当行为而被阻却违法性。[1]

怎样的争议行为才能被认为是正当的，"关于具体的各个争议，应该兼顾争议的目的以及作为争议手段的各个行为这两个方面，在与现行整体法秩序的关联中进行决定"。[最大判昭和 25 年（1950 年）11 月 25 日刑集第 4 卷第 11 号第 2257 页]

作为整体的劳动争议与构成该整体的各个争议行为是被区分开来的，而如果要将各个争议行为正当化，作为整体的劳动争议必须是正当的。就像《工会法》第 1 条第 1 款的规定，只要以"提高劳动者的地位"为主要目的，就可以认为具有正当性。也就是说，仅限于在劳动条件的改善与企业这一中间共同体内部可能解决的事项。因此，为了政治性目的的争议行为原则上不能被认为是正当的。但是，如果政治目的只不过是附随于劳动者的地位提升这一主目的时，仍然可以认为是正当的争议行为。

---

[1] 关于劳动争议的刑事责任，参见庄子：《劳动刑法（总论）》（新版）（1975 年）；中山：《争议行为"煽动"罪的检讨》（1989 年）。

即使作为整体的劳动争议是正当的，作为其手段的各个争议行为也可能是违法的。《工会法》第1条第2款的但书也规定了"无论在任何情形中，暴力的行使都不能被解释为工会的正当行为"[1]。但是，为了维持正当的劳动争议而被认为是不可或缺的轻微暴行等，可以理解为正当的争议行为。超过该界限的行为，只要不该当于正当防卫或紧急避险，就成为违法的争议行为，但是，即使各个争议行为中存在违法部分，作为整体的劳动争议也未必是违法的。

对于公务员，争议行为虽然是被禁止的（《国家公务员法》第98条、《地方公务员法》第37条第1款），但并不存在对此的罚则。只是，仅仅对争议行为的共谋、教唆、煽动等行为存在罚则的适用（《国家公务员法》第110条第1款第17号、《地方公务员法》第61条第4号）。这是将参与不受处罚的实行行为进行独立处罚的独立共犯类型。

对于公共企业团体的职员，争议行为是被禁止的，此外，争议行为的共谋、教唆、煽动等行为也是被禁止的（《公共企业体等劳动关系法》第17条第1款），但与公务员的情形不同，并不存在对于违反行为的罚则。

四、正当业务行为

"基于正当业务的行为"（《刑法》第35条）是指，作为在一般社会生活上被认为是正当业务的事务之行为。业务行为要作为正当业务行为而被正当化，该业务必须是在一般社会生活上被认为是正当的，而且构成业务的各个行为也必须被认为是正当的。构成正当业务的各个行为，例如，医师的治疗行为与拳击等体育运动行为被认为是正当业务行为，伤害罪、暴行罪的违法性虽被阻却，但当懈怠在该业务的实施上应该遵守的义务时，违法性就不被阻却了。[2]

---

[1] 对于设置工人纠察线的行为，最高裁判所认为只要是在平和的劝说这一限度内就是正当的争议行为，但如果超越该限度，尤其是暴力的行使，就不能认为是争议行为。例如，参见前列光文社事件［最判昭和50年（1975）11月25日→边页第255页］。

[2] 名古屋高判平成22年（2010年）4月5日高刑速报（平22），第117页中，在相扑俱乐部中，在与前辈及师兄弟"练习相互碰撞"之际被许多人殴打，结果死亡。对于该案件，名古屋高等裁判所认为这并不该当于正当业务行为，从而肯定伤害致死罪的成立。此外，福冈高判平成22年（2010年）9月16日判夕第1348号第246页中，护士将住院患者的指甲剥离，导致其伤害。对于该案件，福冈高等裁判所驳回了肯定伤害罪之成立的一审，从而认定其相当于正当业务行为。

业务是指，只要是具有在社会生活上反复、继续实施之性质的事务就足够了，并没有必要是追求经济性对价的"职务"。因此，不仅是职业的，即使是业务拳击，只要遵守了一定的规则，作为正当业务行为，其违法性就被阻却，即使最终使对手负伤也不成立伤害罪。

关于正当业务行为，有观点主张，从行为的业务适合性出发而阻却违法性这一点上存在问题，只要从实质的违法性出发判断业务的"正当范围"就足够，并不需要是"业务行为"。[1]但是，关于在社会生活上反复、继续实施的工作，由于规则等行动准则已被确立，如果对此加以遵循的话，就能够进行类型性地判断，因此，我认为业务行为的观念在刑法上仍然是有必要的。[2]

在被认为是正当业务行为的事例中，例如有医生的治疗行为、刑事辩护人的辩护活动、报道机关的取材活动、宗教活动等。关于治疗行为，由于在与患者的同意（自我决定权）的关系上成为问题，因此放在后面论述（边页第 323 页），这里先论述其他事例。

（一）刑事辩护人的辩护活动

最决昭和 51 年（1976 年）3 月 23 日刑集第 30 卷第 2 号第 229 页（丸正事件）中，作为被告人的两名律师在共谋的基础上，在被告人所担任律师的对于 A、B 的强盗杀人被告事件上诉审的审理中以及有罪判决确定之后，在会见记者时透露了事件的犯人是被害人的哥哥及嫂子 C 等人，与此同时，公布了其执笔的该内容的单行本，从而损毁了 C 等人的名誉，对此，被追究名誉毁损罪的责任。对于该案件，最高裁判所作出了以下判示，驳回了诸位被告人的上告。即："即使实施了该当于名誉毁损罪之构成要件的行为，当其行为被认为是自己作为辩护人而为了维护刑事被告人的利益而实施的正当辩护活动时，自不待言应当适用《刑法》第 35 条而不受处罚。但是，为了适用《刑法》第 35 条，仅仅满足其行为是为了辩护活动而实施的这一点并不足够，必须综合考虑行为的具体状况及其他诸多因素，从整体法秩序来看这是被允许的。而且，在进行以上判断之际，应当考虑以下诸多要点，即，这是否是依照法令上的根据而实施的职务活动；与辩护目的的达成之间具有怎样的关联

---

[1] 参见町野，前列《团藤古稀》第 1 卷，第 225 页。
[2] 参见内藤（中）第 471 页、大谷第 257 页。

性；当接受辩护的刑事被告人本身实施这些行为时，在刑法上是否应当承认违法阻却等。"[1]

（二）报道活动的取材活动

最决昭和53年（1978年）5月31日刑集第32卷第3号第457页（外务省机密泄露案件）中，新闻记者甲恳求外务省女性事务官让其阅览关于冲绳的秘密文书，从而继续维持与该女的关系。最后让该女事务官带出秘密文书，甲阅览并拷贝了该文书。关于该案件，最高裁判所在以下判示的基础上肯定了甲成立《国家公务员法》第111条的教唆泄露秘密罪。具体而言，"报道机关的关于国政的取材行为，在探知国家秘密这一点上是与公务员的保密义务相对抗的，经常伴随诱导、教唆的性质，因此，即使报道机关以取材为目的教唆公务员泄露秘密，仅仅据此就直接推定该行为的违法性是不妥的。如果报道机关执拗地坚持劝说或请求公务员真的是出于报道目的，参照整体法秩序的精神，只要其手段或方法在社会观念上被认为是正当的，就应当说是在实质上欠缺违法性的正当业务行为。但是，即使是报道机关在取材之际，也不具有不当地侵害他人的权利和自由的特权，这一点毋庸赘言。"取材的手段、方法是受贿、胁迫、强要等触犯一般的刑罚法令的行为自不必说，即使其手段、方法并没有触犯一般的刑罚法令，当其显著践踏作为取材对象者的个人的人格尊严，参见整体法秩序的精神，在社会观念上是不受承认的样态时，必须说其已经脱离了正当取材活动的范围而带有违法性。"[2]

（三）宗教活动

神户简判昭和50年（1975年）2月20日判时第768号第3页中，对于

---

[1] 关于本案，参见小田中：《百选Ⅰ》（第2版），第62页。
[2] 关于本案，参见丸山（雅）：《百选Ⅰ》，第38页。此外，最决平成24年（2012年）2月13日刑集第66卷第4号第405页中，作为精神科医生的被告人被家庭裁判所命令鉴定一名少年，在此作业过程中，让记者阅览、誊写该少年的供述调解书，对于该案件，最高裁判所肯定了秘密泄露罪的成立。关于本案，参见松宫，平成24年（2012年）度重判，第159页；佐久间：《医事法判例百选》（第2版），第56页（《各论》第155页以下）。此外，最决平成26年（2014年）2月25日LEX/DB25503390中，被告人（A教会的僧侣）为了祛除已经显露出异常言语行动的被害人身上的不正常之原因从而让其恢复到之前的状态，在与共犯者共谋的基础上，将被害人的身体固定在带有木基础梁的塑料椅子上，共犯者爬上该木基础梁，用两手从被害人的背后将其头部夹住固定，在约5分钟的时间内，从被害人的上部朝被害人的脸部等处泼水，结果导致被害人因窒息或者心脏骤停而死亡。对于该案件，原判决认为被害人的死因是由溺水导致的窒息死亡或者是由泼水的压力引发的急性心脏疾病而导致心脏骤停死亡，据此而肯定被告人的行为与死亡结果的因果关系，从而维持以下结论：被告人的行为并不相当于正当业务行为，成立伤害致死罪。

教会牧师以封锁学校为目的犯了建造物侵入罪等,而藏匿高中生的行为肯定了犯人藏匿罪的违法阻却,作出了以下判示。即,"在具体的牧会活动中,其目的是否在相当的范围内,应当由这是否是对仰赖于自己的灵魂的关爱来决定的,其手段、方法的相当性,应当在遵循以上宪法之要求的基础上,综合性地判断该行为的性质上是否遵守了被认为是必要的学问上及习惯上的诸条件,而且没有超出相当的范围,为此,应当通过比较,检讨法益的均衡、行为的紧急性以及补充性等诸多事情来具体地、综合性地判定。"[1]

第六节 正当防卫

一、含义

正当防卫是指,对于急迫不正的侵害,为了防卫自己或他人的权利,不得已而实施防卫行为(《刑法》第36条第1款)。

就像"紧急状态无法律"这样的法谚所说的,正当防卫与紧急避险等紧急行为当然被认为是阻却犯罪成立的事由。但是,对于正当防卫与紧急避险应当进行怎样的法规制,与该国家的法文化的样态紧密关联。例如,从个人主义的立场出发,由于正当防卫是正对不正的关系,因此,对抗不正被认为是私人的权利(甚至也被认为是义务)。因此,正当防卫在广泛的范围上被承认;而由于紧急避险是正对正的关系,不应当将自己所遭受的侵害转嫁到他人身上,因此,最多就被作为责任阻却事由而例外地阻却犯罪的成立。与此相对,从共同体主义的立场出发,私人的自我防卫反而会招致社会的混乱,私人的权益应当委托于国家权力的保护,因此,正当防卫就被限制性地承认。而由于紧急避险被认为是应当相互忍受侵害,因此被比较广泛地承认。日本的法规制,可以说基本上是站在后者的立场上。[2]

但在理论上,由于正当防卫是"正对不正"的关系,因此当然比作为

---

[1] 关于本案,参见大谷,昭和50年(1975年)度重判,第123页。
[2] 关于正当防卫,参见曾根:《刑法中的正当化理论》(1980年);山中:《正当防卫的界限》(1985年);齐藤(诚):《正当防卫权的根据与展开》(1991年);中:《关于正当防卫》(1997年);川端:《正当防卫权的再生》;桥爪:《正当防卫论的基础》(2007年);明照:《正当防卫权的构造》(2013年)等。进而参见大阪刑事实务研究会:《关于正当防卫(上)(下)》判夕第1365号,第46页以下、第1366号第45页以下(2012年)。

"正对正"之关系的紧急避险的要件要更加缓和。在正当防卫中，并不需要具备在紧急避险中被认为是必要的"补充性"与"法益的均衡"等要件。问题在于作为"正对不正"这一关系的正当防卫其固有的违法阻却根据是什么。这必须考虑与前述的违法阻却的一般原理来探讨这一问题。

二、违法阻却的根据

正当防卫是对于不正的反击行为，因此一般被认为是合法行为而不是责任阻却事由[1]，一般被认为是违法阻却事由。但是，关于正当防卫的违法阻却"根据"，存在以下几种观点：

首先，如前所述，一般认为在正当防卫中并不需要具备严密意义上的法益均衡与不存在采取其他方法的可能性这一意义上的补充性要件，因此，法益均衡说难以为其提供根据。如果要根据法益衡量为正当防卫提供根据，那么不正的攻击者在与被攻击者的关系上，欠缺法益的价值，这一说理是可能的（法益性的欠缺说）。[2]但是，即使是急迫不正的侵害者，其法益性也并不当然地降低为零，只不过是减弱了而已。[3]此外，为什么实施不正侵害者就丧失了通过法秩序保护其法益的必要性这一点并未得以实质地说明。

这种通过法益衡量而为正当防卫提供根据的困难性，即使根据优越的利益说也未得以消解。也有观点主张将后述的"正的确证"包含于利益之中，从而贯彻优越的利益说，[4]但是，"正的确证"并不是消融于功利主义性的利益衡量之中的媒介，而应被理解为从国家权力出发作为独立的个人与法秩序的关系中正义的本旨。

进而，也有观点主张以下这一点为根据，即：在正当防卫的情形中，被侵害者并不存在如果能够回避该侵害就必须回避这一意义上的回避或退避

---

[1] 但是，大越：《刑法解释的展开》（1992年），第32页认为，判例始终一贯地将正当防卫作为责任阻却事由，但判例并不是以非难可能性这一视点来把握正当防卫的，这种观点忽视了即使行为人具有责任，正当防卫也阻却其违法这一侧面，是不妥当的。

[2] 参见平野Ⅱ第228页。

[3] 井田第272页认为，由于可对攻击者肯定归责性，因此攻击者这一方的法益的要保护性就被减弱或被否定了。虽然归责性的宗旨未必是明确的，但如果其宗旨是对于无责任能力者的攻击，原则上否定正当防卫的话，则是不妥当的，如果其宗旨是事先破坏法秩序的话，则只不过是"正对不正"这一关系的另一种说法而已。

[4] 参见内藤（中）第330页、曾根第100页。

义务。[1]但是，如果根据这种回避或退避义务来理解正当防卫，那么正当防卫就只能根据从自我保存本能派生出来的自我保护原则来理解了。这是因为，如果正当防卫只是个人与个人之间的关系问题，那么只要退避侵害，被侵害者就得以保护。确实，无法否定在正当防卫中具有基于自我保存本能的个人主义的一面，但是应当理解为正当防卫是赋予个人抵抗超越于个人法秩序之侵害的权利。[2]在正当防卫中，即使为了守护较小的利益而牺牲更大的利益也在所不惜，此外，承认为了他人的正当防卫也是因为这是为了守卫超越于个人保护的法秩序所必要的。

这样，在正当防卫中就存在保护法秩序的一面，这就是"法并没有必要对不法让步"这一法谚的宗旨。如前所述，可以将这一点称为"正的确证"[3]或"法秩序的保护"。

综上所述，将正当防卫的违法阻却根据理解为基于从自我保存本能派生出来的"自我保护原则"与从法秩序保护派生出来的"正的确证"这两个原则是妥当的。[4]前者的自我保护原则具有通过被侵害者的防卫行为而使侵害者停止实施违法行为，从而保护被侵害者的功能；而后者的正的确证（法秩序保护原则）则具有通过防卫行为而使侵害者停止实施违法行为，从而保护法秩序的功能。可以将这两个原则作为"共同体关系的行为容许性"这一违法阻却的一般原理的下位基准。

三、要件

正当防卫的要件可以分为"急迫不正的侵害"这一正当防卫"状况"的要件与对此实施的正当防卫"行为"的要件（防卫意识、反击行为、防卫行为的相当性）。所谓的"急迫不正的侵害"是成立正当防卫的入口，如果不存在这一点，防卫行为就不能作为正当防卫而被正当化。

---

[1] 参见佐藤（文）："关于正当防卫中的退避可能性"，载《西原古稀》第 1 卷，第 2237 页以下；桥爪，前列：《正当防卫论的基础》，第 75 页；佐伯（仁）："正当防卫与退避义务"，载《小林、佐藤古稀》，第 103 页；山口第 118 页以下。进而参见杉本："正当防卫中的负担要求可能性"，载《理论刑法学入门》，第 67 页以下。
[2] "法的自我保全"这一表现（参见团藤第 232 页）也可以理解为是同样的宗旨。
[3] 这是对 Rechtsbewaehrung 的译法，也翻译为"法的确证"，也被称为 Rechtsbehauptung（法秩序的存在之主张）。
[4] 参见齐藤（诚），前列：《正当防卫权》，第 54 页以下。

(一) 急迫性

急迫性意味着被侵害者的法益被侵害的危险迫在眉睫，也包含侵害处于现在正在进行的状态，但并不意味着被害的"现在性"。[1]

关于急迫性，存在急迫性的始期与终期的问题（正当防卫的时间界限）和急迫性与主观因素之关系的问题。

1. 急迫性的始期

急迫不正的侵害只要具有逼近于实行着手的危险性即为足够，但与预备罪的成立与否无关。由于侵害的现存性或者迫切性是必要的，因此为了防备将来的侵害而事先实施的反击行为（先发制人的攻击）欠缺急迫性，不能说是正当防卫。但是，为了防卫而事先准备设备是被允许的。例如，在墙头上设置防小偷的碎玻璃片或铁器，这实际上是在侵害逼近的时点上发生防卫效果的装置，与事先实施反击行为的情形是不同的。[2]

2. 急迫性的终期

对于过去的侵害不能肯定其急迫性，因此不允许对其实施正当防卫行为。[3]在该情形中，虽然在理论上具有作为自救行为（边页第327页）而阻却违法的余地，但在判例上几乎不承认自救行为的成立。急迫性并不当然地因犯罪的既遂而终了，因为既遂只是犯罪的形式性终了，应当以犯罪的实质性终了为问题，在该阶段之前，可以说急迫性仍然可能存在。[4]

问题是急迫性的终了时期是什么时候的判断，即急迫性是已经终了，还是只是暂时中断，还有继续的可能呢。

最判平成9年（1997年）6月16日刑集第51卷第5号第435页中，在文化住宅二层的公共厕所内解小便的被告人突然被A从背后用铁棍击打了一下

---

[1] 参见最判昭和24年（1949年）8月18日刑集第3卷第9号第1465页。
[2] 此外，高知地判昭和51年（1976年）3月31日判时第813号第106页中，长时间被纸浆工厂的废水所烦恼的居民将该工厂的排水管用水泥浆封锁住。对于该业务妨害的案件，高知地方裁判所认为其具有寻求公共机关保护的充足时间，从而否定急迫性。
[3] 大判昭和7年（1932年）6月16日刑集第11卷第866页中，被告人被对方用火筷子殴打腿部，在该侵害暂时停止之后，被告人用炭火铲子强力击打对方的头部，致使对方死亡。对于该案件，大审院否定了侵害的急迫性。
[4] 例如，在盗窃罪这种状态犯的情形中，即使盗窃达到既遂，在确保财物的占有之前，犯罪并没有实质性终了，可以理解为急迫性还处于继续状态中。此外，关于像监禁罪这种继续犯，在犯罪处于继续期间，可以肯定其急迫性，在像杀人罪这种即成犯的情形中，如果达到既遂就不存在正当防卫的余地了。

头部，被告人抢下铁棍并用该铁棍打了一下 A 的头部，此后两人陷入对峙局面，A 再度从被告人手上夺回铁棍，挥舞着铁棍试图殴打被告人，被告人在出逃之际，A 用力过猛从而将上半身探出该建筑物二层的栏杆之外，被告人趁势举起 A 的一只脚致其摔落在地并负伤。关于该案件，最高裁判所对被告人的一系列暴行肯定了防卫过当，从而肯定伤害罪的成立。具体而言，"A 对被告人实施了顽强的攻击，因用力过猛而将上半身探出栏杆外侧，而且在这种姿势下，其手里仍然紧握着铁棍，参见这些情况，可以说该人对于被告人的加害欲望很强烈，并且这种加害欲望在被告人举起 A 的一只脚致使其摔倒在地这一时点上还继续存在。此外，A 虽然由于保持以上的姿势而导致难以立刻将上半身抽回栏杆内侧，但如果没有被告人的以上行为，不久之后 A 就可能调整姿势继续追赶被告人，对被告人再次实施攻击。这样的话，必须说 A 对于被告人所实施的急迫不正的侵害在被告人实施以上行为的当时仍然继续存在。"[1]

在本判决中，一审和二审都着眼于对手的不自由姿势从而认定急迫性已经终了，与此相对，本判决从对方加害意思的存续以及可能重新调整姿势再次发动攻击这两点出发，肯定了急迫性的继续性。这样，急迫性的继续性判断就以再次攻击的可能性这一客观性要素与加害意思的存在这一主观性要素为中心来进行。[2]

3. 急迫性与主观因素

紧接着成为问题的是，急迫性的判断是客观进行还是也受到行为人主观因素的影响这一点。在学说上，多数学说从急迫性是正当防卫状况这一前提

---

[1] 关于本案，参见小田，平成 9 年（1998 年）度重判，第 150 页。
[2] 进而，大阪高判平成 16 年（2005 年）7 月 23 日高刑速报（平 16）第 154 页中，深夜，被告人在自己的住宅中被施加暴行与胁迫，但此后用长把斜刃的小尖刀刺向背过头去吸烟的被害人，导致其死亡。对于该案件，大阪高等裁判所认为，被害人的暴行与被告人的刺杀行为之间在时间上紧密相连，被害人也并没有做出放弃暴行意思的行动，被告人与被害人在体格上相差甚大，从犯罪行为当时两人的位置关系来看，可以肯定客观上侵害的继续性，从而认为急迫性并没有终了。此外，大阪高判平成 11 年（1999 年）3 月 31 日判时第 1681 号第 159 页认为，由于侵害人具有旺盛的攻击意思，从而肯定了急迫性。与此相对，宇都宫地判平成 26 年（2014 年）3 月 5 日 LEX/DB25503281 中，被告人在旅馆的停车场中，遭到与其交谈的 A 的暴行，由此而将 A 杀害。对于该案件，宇都宫地方裁判所认为，在犯行当时，从 A 停止对被告人施加暴行已经经过了一段时间，而且，即使已经进入了旅馆客房的 A 具有再次对被告人施加暴行的危险，在此之前也至少具有数分钟的时间，因此不能说被告人的生命与身体面临急迫的危险，或者不能说实施对 A 的反击行为是处于被正当化的状态之中。

要件出发，认为应当对其进行客观性判断。[1]但是，正当防卫状况并不是与防卫行为相分离的要件，而是与防卫意识（边页第281页）一起，对行为赋予其作为"防卫"行为之性质的要件，因此有必要与行为人意思相关联。[2]此外，根据行为人的意思以及基于此的态度，从作为正当防卫之违法阻却根据的"正的确证"这一观点出发也可能得出反击行为其本身就是不被允许的结论（防卫状况与防卫行为的相互关联）。

关于这一点，判例当初对于预期侵害的情形作出了不属于"急迫不正的侵害"这一判断［最判昭和24年（1949年）11月17日刑集第3卷第11号第1801页；最判昭和30年（1955年）10月25日刑集第9卷第11号第2295页］。此后，认为即使当然或者基本上能够预期到侵害，也并不丧失急迫性［最判昭和46年（1971年）11月16日刑集第25卷第8号第996页］。但是，判例一边认为，即使确实地预期侵害即将发生，也并不当然地直接丧失侵害的急迫性，一边认为当以利用该机会积极地对对方施加加害行为的意思而施加侵害时，就不满足侵害的急迫性要件［最决昭和52年（1977年）7月21日刑集第31卷第4号第747页］。

昭和52年（1977年）最高裁判所的决定中，作为过激集团C派的学生之被告人，在召开集会之际，遭到了K派学生的攻击，虽暂时以实力击退，但预见到K派的学生会重整旗鼓再度袭击，于是筑起了一道街垒并准备了铁管，K派果然再度出击，C派迎头而上朝其扔铁管并暴打了数名K派成员。对该案件，最高裁判所作出了以下判示："《刑法》第36条所规定的正当防卫中，以侵害的急迫性作为要件，其宗旨并不是科以应当回避被预期的侵害之义务，因此，即使当然或基本确定预期到了侵害，也并不据此直接丧失侵害的急迫性，这样理解是妥当的，与此理解不同的原判决之判断在该理解的限度内只能说是违法的。但是，从该条文以侵害的急迫性为要件这一趣旨出发来考虑的话，当并不单纯地停留于没有回避被预期的侵害这一点，而是以利用该机会积极地对对方施加加害行为的意思施加侵害时，已经不能满足侵害的急迫性要件，这样理解是妥当的。这样，根据原判决，被告人甲虽然预见到了对方的攻击，但并不是单纯地以防卫的意思，而是以积极的攻击、争斗、加害的意

---

［1］参见福田第155页注1、大塚（仁）第382页、内藤（中）第334页。此外，参见曾根第101页。
［2］参见香城：《刑法与行政刑法》（2005年），第34页。进而，参见平野Ⅱ第235页、西田第167页。

思蓄势待发，因此，以此为前提，应该说并没有满足侵害的急迫性要件。"[1]

这样看来，判例就将急迫性理解为三阶段的构造。具体而言，第一，客观的急迫不正侵害的存在；第二，对侵害之预期的有无；第三，侵害之预期的存在+积极的加害意思的有无。急迫性被否定的是，在第三阶段，即在对侵害具有充分[2]预期的基础上，存在积极的加害意思的情形。[3]

此外，积极的加害意思与防卫意思具有阶段性关系。具体而言，积极的加害意思是急迫性的消极条件，因此在实施反击行为之前即反击行为的预备或准备阶段中，以意思内容为问题，与此相对，防卫意思是在现实实施反击行为的时点上是否存在攻击意思及其程度的问题。[4]

（二）不正的侵害

不正在一般的意义上是指违法，[5]即使没有构成要件该当性也可能被认定为不正。[6]例如，对于以为是自己的家而侵入他人住宅者（过失侵入住

---

[1] 关于本案，参见今井：《百选Ⅰ》，第48页。此外，东京高判平成21年（2009年）10月8日东高刑时报第60卷第1-12号第142页中，预期被害人具有实施暴行的高度可能性，于是心想着如果被害人实施暴行就用准备的水果刀进行反击，怀着该意思造访被害人所住的公寓，在所预料的范围与程度内遭到了被害人的暴行，于是用水果刀刺向被害人的左前胸部。对于该案件，东京高等裁判所否定了正当防卫以及过当防卫的成立。

[2] 在对于侵害具有"某种程度"的预期的基础上存在积极加害意思的情形中，并不能否定急迫性，而应当否定防卫的意思。参见松浦，最判解昭和59年（1984年）度，第45页。进而，参见最判昭和59年（1984年）1月30日刑集第38卷第1号第185页。大阪高判平成14年（2002年）7月9日判时1797号第159页中，对于工作单位的上司将自己从汽车驾驶室的位置上拽下来而感到非常生气，从而抓住其胸襟将其压倒在地上，这一暴行导致上司负伤。对于该案件，大阪高等裁判所认为，即使上司所实施的暴行是单方面可以预期的侵害，也不能肯定积极的加害意思，因此也不能否定侵害的急迫性，从而肯定正当防卫的成立。与此相对，东京高判平成25年（2013年）2月19日东高刑时报第64卷第1-2号第55页中，被告人呼应了被害人的挑战态度，充分预期到将与被害人陷入互相殴打的状态中，而且试图利用该机会进行反击，从而肯定积极加害意思的存在，据此而否定正当防卫的成立。

[3] 根据积极的加害意思这一行为人的主观性因素而否定急迫性，据此，急迫性的认定就根据各个行为人的状况而相对化了。例如，在共同正犯与过当防卫成为问题的"菲律宾俱乐部事件"[最决平成4年（1992年）6月5日刑集第46卷第4号第245页]（本书第473页）中，根据积极加害意思的有无，急迫性的判断就对应根据各个共同者的不同情况而相对化。

[4] 参见安广，最判解昭和60年（1985年）度，第150页。

[5] 参见大判昭和8年（1833年）9月27日刑集第12卷，第1654页。

[6] 福冈高判昭和55年（1980年）7月24日判时第999号第129页中，肯定了欠缺构成要件该当性的"对于夫权的急迫不正的侵害"，横滨地判平成28年（2016年）1月29日LLI/DB07150064中，对于为了防止自伤行为而施加的暴行，肯定了正当防卫的成立。

宅），也可以说是不正的侵害。因此，对该行为人实施正当防卫也是可能的。但不能对合法行为实施正当防卫。例如，基于令状的逮捕行为是合法的，因此即使该行为针对的是无辜者，也不能实施正当防卫；此外，无过失的行为也是合法的，因此也不能对其实施正当防卫。另一方面，只要该侵害是违法的即为足够，并没有必要达到有责的程度。因此，对于没有责任能力的精神病人与未成年人的侵害行为也可以实施正当防卫。

侵害是指使法益产生实害或危险的行为，不论故意行为或过失行为，也不问是作为还是不作为。例如，对于静坐在他人家中，经要求退出而拒不退出，或者母亲试图使婴儿饿死而不给婴儿授乳这样的不作为而实施的侵害实施正当防卫也是可能的。但是，对于不履行债务等不作为，即使是不正的，由于其并不是通过实力而将反击行为正当化的积极侵害，因此不能说是不正的"侵害"。

最决昭和57年（1982年）5月26日刑集第36卷第5号第609页中，作为工会分会长的被告人，其团体交涉的诉求遭到局长的拒绝，为进入局长办公室而损坏玻璃与木门。针对这一案件，最高裁判所认为，当只不过是存在拒绝团体交涉之申请这种单纯的不作为时，不能说是存在"急迫不正的侵害"，因此不具有承认正当防卫的余地。

与以上的"不正"与"侵害"相关联的是对物防卫，即对于动物的攻击是否允许实施正当防卫成为问题。例如，"X所饲养的犬凶猛无比，因此X经常用坚固的铁链将其锁住。某天发生了大地震，猛犬挣脱了铁链，狂奔到行人甲面前，甲顺手抄起旁边的木棒将猛犬打死。"在该事例中，甲的行为虽然该当于器物损坏罪的构成要件，但能否肯定正当防卫的成立则成为问题。即X所饲养的猛犬所实施的侵害能否说是"不正的侵害"成为问题。此外，当扑杀没有所有人的野犬时，本来就不该当于器物损坏罪的构成要件。当基于主人的故意或过失，例如主人将猛犬放出或忘了套锁时，就存在背后的养主的故意行为或过失行为，此时扑杀猛犬的行为就可以被认为是对养主成立正当防卫。因此作为对物防卫而成为问题的必须是具有所有人的动物，而且该所有人不存在故意或者过失。

如果将所有侵害法益或将法益置于危险状态的行为均认定为违法，将侵害状态也认定为侵害的话，动物的侵害也该当于"不正"的侵害，因此可对其实施正当防卫。[1]与此相对，如果认为法规范仅仅面向人的行为，动物的侵害不能说是违法，或者认为由物或者动物以及不具有行为性的人的举动而导致的侵害不能说是侵害行为。根据该观点，对物防卫就不成为正当防卫，至于是否能够作为危难而成立紧急避险则是另外的问题。[2]

本书将正当防卫的违法阻却根据理解为"正的确证"，从这一立场出发，动物确实也可能造成法益侵害，但不是法主体的动物并不能使法秩序产生动摇。此外由于无法告知动物法秩序的存在，因此，不能不得出以下结论：在对物防卫中，并不存在作为能够肯定正当防卫之基础的"正的确证"。[3]

(三) 自己或他人的权利

"权利"是指广泛被法所保护的利益（法益）。并不仅仅是自己的法益，"他人"的法益也是防卫的对象，可以将该情形称为紧急救助。[4]"他人"不仅包括自然人，也包括其他团体，这里的"他人"并没有必要与实施防卫行为者是相识的人，从旁边经过的路人也可以。

在"他人的权利"之中是否包括社会法益与国家法益这种公共利益成为问题。例如，在为了阻止公然猥亵行为而对行为人施加暴行的情形中，能否肯定为了守卫社会法益的正当防卫，或者，由于遭到他国入侵，为了保卫日本国而自发组织自卫队，此时能够肯定为了保护国家法益的正当防卫就成为问

---

[1] 参见佐伯（千）第200页、平野Ⅱ第232页、中山第273页、内藤（中）第339页、曽根第113页、浅田第223页、前田第263页。

[2] 参见团藤第237页注15、福田第156页注6、藤木第163页、西原（上）第238页注5、野村第220页。此外，大塚（仁）第360页注10、第384页中，区别了作为正当防卫之成立要件的"不正"与作为处罚要件的"违法"，认为前者只要在评价规范违反的层面上即为足够，从而肯定正当防卫。但是，承认对于非违法行为的正当防卫，无法与另一方面所采用的"法的实证概念"[大塚（仁）第380页]相整合。

[3] 与此相对，以下观点也被主张着：①虽然对于从养主处逃走的养狗的侵害可能实施正当防卫，但对于由《鸟兽保护法》所保护的动物，仅仅只能通过具有严格要件的紧急避险进行对抗，这是不均衡的，从而认为应当准于正当防卫的观点（大谷第277页）；②将其作为比一般的紧急避险的要件更为缓和的防御型紧急避险而被正当化的观点[吉田（宣），前列：《违法性的本质与行为无价值》，第123页以下；小田："紧急避险与个人的自律"，载《刑杂》第34卷第3号（1995年），第343页以下]；③《民法》第720条第2款对于为了逃避从他人之物产生的危难而损伤该物的行为，否定了损害赔偿责任，因此，该正当化效果也应当适用于刑法（井田第279页以下、松宫第138页以下）等。

[4] 即使在他人不希望实施防卫行为的情形以及不存在防卫意思的情形，从正的确证（法秩序保护原则）出发，也能够肯定正当防卫的成立。

题。[1]

由于在法秩序保护原则中的"法秩序"是指个人的集合体，因此当个人法益关系到公共法益时，正当防卫当然应当被肯定（例如对放火行为的防卫），但是，就像刚才所列举的例子，当公共法益无法还原为个人法益时，又应当如何处理呢？

由于防卫国家法益是国家的任务，将该任务移交给私人，反而可能导致法秩序的混乱。但是，完全否定这一点就会导致完全否定政治性抵抗权，这也是不妥当的。因此，为了国家的正当防卫一般不应当被肯定，但在无法期待国家或公共团体的有效防卫活动这种紧迫状态下应被例外地允许。关于这一点，以下的最高裁判决，也作了如下判示。

最判昭和24年（1949年）8月18日刑集第3卷第9号第1465页（边页第265页）中，为了中止"2月1日总罢工"而伤害产别会议议长。对于这一案件，最高裁判所虽然肯定了为了国家法益的正当防卫，但却认为在本案中不允许为了公共利益而正当防卫。具体而言，"对于关涉公益或国家法益的防卫能否作为正当防卫而得以承认，关于这一点，虽然也不是不存在否定的学说观点，但从将公共福祉作为最高指导原理的新宪法理念出发也好，从认为包括公共福祉在内的所有法益都应被作为防卫对象的刑法理念出发也罢，应当承认存在允许对侵害国家、国民、公共的法益实施正当防卫的情形。但是，本来保全防卫国家或公共法益是属于国家或共同团体等公共机关的职责，将此轻易地、自由地委托于私人或私人团体的行动反而有导致事态恶化之虞。因此，关涉到公益的正当防卫只有在不能期待国家公共机关有效的防卫活动这种极其紧迫的状态下才例外地允许被实施，这样的理解是妥当的。"[2]

（四）防卫的意思

1. 防卫意思的要否

作为防卫行为的要件，防卫意思是必要的。如前所述（边页第95页以下），

---

[1] 关于为了国家法益而实施正当防卫（国家正当防卫、国家紧急救助），参见原田：《刑法中的超个人法益的保护》（1991年）。
[2] 关于本案，参见泷川（春）：《百选》（初版），第28页。

只有反击行为具备主观的违法（阻却）要素才被赋予作为防卫行为的意义，[1]关于反击行为的相当性判断与过当防卫中刑的减免根据等也与防卫意思的有无相关联，此外，在《刑法》第36条第1款中，从"为了"防卫权利这一文言出发，也应认为防卫的意思是必要的（防卫意思必要说）[2]。与此相对，也有观点主张只要是在客观上是相当于反击行为的行为就成立正当防卫（防卫意思不要说[3]）。自从大审院时代以来，判例就一直立足于防卫意思必要说。[4]

2. 防卫意思的内容

关于防卫意思的内容，以下的三个判例显示出了其概要。

最判昭和46年（1971年）11月16日刑集第25卷第8号第996页中，下榻于小客栈的被告人与室友A发生争吵，赌气出走离开了客栈之后又回到客栈想向室友道歉，意外地遭到了A扑面而来的拳头打击，情急之下想到了隐藏于门梁上的匕首，于是取下匕首猛刺正在殴打自己的A的左胸部并致使A死亡。对于这一案件，最高裁判所认为："《刑法》第36条的防卫行为，虽然必须怀着防卫意思而实施，但对于对方的加害行为因激动或暴怒而施加的反击，不应认为直接丧失了防卫意思。关于这一点，在本案中，如前所述，被告人是在回到旅馆之后遭到A单方的以拳头殴打其脸部，负上需要10天治疗的伤害，并且被逼入本案案发现场的房间西侧而遭到殴打的情况下，才用匕首捅A的左胸部……从这些记录来看，如果是这样的话，只要不存在被告人之前就一直对A怀有憎恶之心，因此趁自己遭受攻击而实施积极的加害行为等特别的因素，认为被告人的反击行为是怀着防卫意思而实施的就是妥当的。"[5]

---

[1] 最决平成20年（2008年）6月25日刑集第62卷第6号第1859页中，虽然将第一暴行与第二暴行做分断处理，但可以说是将第二暴行完全不存在"防卫意思"这一点作为其中一个根据（边页第299页）。

[2] 参见佐伯（千）第201页、团藤第237页、福田第158页、大塚（仁）第390页、藤木第165页、中野第188页以下、西原（上）第239页、大谷第281页、野村第224页、川端第366页、伊东第189页、曾根第104页（将偶然防卫分为了为自己偶然防卫与为了第三人的偶然防卫，认为前者需防卫意思，后者不需防卫意思）。

[3] 参见小野第123页、植松第167页、平野Ⅱ第243页、中山第281页、内藤（中）第343页、内田（文）第195页、前田第269页、山口第131页、浅田第227页、西田第171页、松原第150页。此外，参见松宫第147页以下。

[4] 参见大判昭和11年（1936年）12月7日刑集第15卷第1561页，最判昭和33年（1958年）2月24日刑集第12卷第2号第297页。

[5] 关于本案，参见庄子，昭和47年（1972年）度重判，第111页。

最判昭和 50 年（1975 年）11 月 28 日刑集第 29 卷第 10 号第 983 页中，被告人与友人 A 一起开车兜风时，因认错人而搭讪 B 等人，据此而卷入麻烦的漩涡之中，被告人断定如果被 B 等一干人抓住，就会遭到对 A 刚才所施加的同样暴行的对待，于是虽然认识到了 B 可能会死亡，但还是使用散弹枪向 B 射击，致使 B 负上需要治疗 4 个月的伤害。对于这一案件，最高裁判所认为："只要被认定为面对急迫不正的侵害而为了防卫自己或他人的权利所实施的行为，即使该行为同时对侵害者怀着攻击性意思而实施，判断其该当于为了正当防卫而实施的行为，也是妥当的。具体而言，借防卫之名而对侵害者施加积极性攻击的行为由于欠缺防卫意思，因此不能被认定为为了正当防卫的行为，但在防卫意思与攻击意思并存之情形中的行为并不欠缺防卫意思，因此可以将其评价为为了正当防卫的行为。"〔1〕

最判昭和 60 年（1985 年）9 月 12 日刑集第 39 卷第 6 号第 275 页中，被告人在自己所经营的小吃店里遭到长期以来强烈怀疑被告人与自己的妻子有不正当男女关系的 A 激烈的暴行（第一暴行），进而 A 将烟灰缸扔过来（第二暴行），据此而掏出万能菜刀，对 A 怒吼"有种到外面单练啊！"在试图走出店门之际，却被 A 抱住肩膀（第三暴行），两人扭打在一起，在此之际，被告人用其所携带的万能菜刀捅向 A，致使 A 死亡。对于这一案件，最高裁判所认为："被告人在本案中所实施的行为是在遭到来自 A 的三连暴行之后，为了防止接下来将继续实施的暴行而实施的，这一点已经很明确，原判决所认定的被告人对 A 怀着憎恶、愤怒、攻击的意思，仅凭这一点并不直接妨碍将本案的行为被视为为了防卫的行为，这一点如前所述，……参见 A 完全是单方造成了第一以及第三暴行的状况，被告人在手持万能菜刀之后也是直接背对 A 而走向出口这一本案实行行为之前的行动，在用菜刀捅了 A 右胸部一刀后并没有进一步实施攻击而是直接跑出店外这一被告人的在本案中的行为以及之后的行动，被告人所说的'有种到外面单练啊'这一句话，最多只能推定其具有与防卫意思并存的攻击意思，应该说，不能仅凭这句话就认定为本案的行为是专门怀着攻击意思而实施的。"〔2〕

根据判例，①兴奋、暴怒等主观心情并不是与防卫意思不相容的因素；

---

〔1〕 关于本案，参见佐久间：《百选 I》，第 50 页。
〔2〕 关于本案，参见安广，最判解昭和 60 年（1985 年）度，第 132 页以下。

②即使具有攻击意思,当能够认定其与防卫意思并存时,防卫意思就不会被否定;[1]③但是,当反击行为是专门怀着攻击意思而实施时也存在否定防卫意思的情形。可以认为,该判例的立场并没有将防卫意思单纯理解为"侵害事实的认识",而是在此基础上进一步要求"对应侵害的意思"或者"试图回避侵害的单纯的心理状态"这种意思要素。[2]

作为防卫意思的内容,仅仅认识到防卫所必要的状况并不足够,应当将其理解为"排除侵害的意思"这一意义上的防卫目的。这是因为,通过防卫目的之存在,就对该行为赋予了作为反击行为的意义。但是,在仅仅具有攻击意思的情形中,防卫意思就会被否定,其结果就只能限定于显著欠缺防卫行为之相当性的情形与意图的过剩防卫的情形。[3]

当通过复数行为实施反击时,防卫意思的存在与否会对以下判断产生影响,即作为一个整体而成立过当防卫(防卫意思的存在),还是仅仅将第二个行为作为违法行为(防卫意思的不存在)(边页第291页)。此外,在过失犯的情形中,也可以肯定防卫意思(排除侵害意思)。例如,甲误信自己正被熊袭击而开枪,但实际上是X,并且处于X即将杀害甲的万钧时刻。[4]

3. 偶然防卫

不具有防卫意思而实行行为,却因客观上存在急迫不正的侵害,从而在结果上形成正当防卫之外观的"偶然防卫"应当如何处理成为问题。

例如,甲并不知道X试图杀害甲(或者Y)而已经架好了枪,怀着杀意

---

[1] 东京高判平成14年(2002年)6月4日判时第1825号第153页中,驳回了对于伤害事件认定欠缺防卫意思的原判决,将其作为攻击意思与防卫意思并存的情形而肯定正当防卫的成立。此外,大阪高判平成7年(1995年)3月31日判夕第887号第259页中,对于在聚众斗殴中的紧急救助行为,肯定了攻击意思与防卫意思并存,但认为超过了相当性,从而肯定过当防卫的成立。关于本案,参见山本,平成7年(1995年)度重判,第132页。
[2] 中川:"正当防卫的认定",载《基本问题》,第148页。
[3] 大阪高判平成11年(1999年)10月7日判夕第1064号第234页中,对于杀害无法断绝滥用信那水的长子案件认为,作为意图实现过当结果而实施的反击行为而言,并不能说是根据防卫意思实施的,从而肯定杀人罪的成立。
[4] 大阪地判平成24年(2012年)3月16日判夕第1404号第352页中,被害人试图损坏行驶中的汽车,抓住驾驶室的门把手附近与该汽车并行,行为人为逃避被害人的攻击而加速前进,在此之际,因过失而从被害人身上碾过致其死亡。对于该机动车驾驶过失致死罪的案件,肯定了正当防卫的成立。关于本案,参见照沼:《判例通选》2012年第1期,第31页;佐藤(阳):《刑事法学家》第44号,第74页。

向 X 开枪将其击毙，即为适例。[1]

在该问题上，大致可以总结出以下基本的对立，即根据防卫意思必要说，正当防卫就不会被承认，从而成立犯罪（既遂犯说）；[2] 根据防卫意思不要说，正当防卫就会被承认（犯罪不成立说）[3]。

与此相对，未遂说也被有力主张着。例如，有观点主张：根据结果无价值论，防卫意思是不必要的，其被消解于作为责任要素的正当防卫的"故意"之中，因此虽然成立正当防卫，但从一般人的视角出发，当存在不根据正当防卫的构成要件实现可能性（发生违法结果的具体危险）时，就肯定未遂犯成立的可能性。[4] 对于该观点，也存在"虽然侵害是好的，但不允许尝试侵害"这种诡辩式的批判，[5] 但是使未遂成立的危险是其他可能存在的导致违法结果发生的危险，侵害的含义是不同的，这一反对理由是可以成立的。[6]

从行为无价值论的立场出发，认为由于不具有防卫意思而肯定既遂犯成立的观点，仅仅将行为无价值作为既遂犯的根据，是不妥当的（这就是行为无价值一元论的立场）。因此，也有观点认为在偶然防卫的情形中具有结果价值，仅仅存在行为无价值，因此肯定未遂犯的成立。[7] 但是，在未遂犯中也同时存在行为无价值与（对法益的具体危险这一意义上的）结果无价值，不能仅仅将行为无价值作为其基础。

在偶然防卫的情形中，虽然不能根据防卫意思的不存在而肯定其作为反击行为的性质，但是，由于在结果上成立正当防卫情形，因此虽然违反了行为规范，也发生了构成要件结果，但不能将其视为"违法的"结果，制裁规范仅仅在未遂的限度内发动。因此，准用该犯罪的未遂规定是可能的。

---

[1] 关于偶然防卫，参见松原（芳）："偶然防卫"，载《现刑》第 5 卷第 12 号（2003 年），第 47 页以下。

[2] 参见大塚（仁）第 291 页注 22、大谷第 283 页、川端第 370 页、中野第 192 页、西原（上）第 240 页以下、福田第 159 页注 4。

[3] 参见浅田第 229 页以下、内藤（中）第 343 页以下、中山第 280 页以下、林（干）第 197 页、前田第 384 页以下。

[4] 参见平野Ⅱ第 243 页、内田（文）（中）第 82 页、佐伯（仁）第 139 页以下、西田第 171 页。

[5] 参见松宫第 151 页。

[6] 参见佐伯（仁）第 139 页。

[7] 参见中第 135 页以下、野村第 225 页以下。

也就是说，由于发生了构成要件结果，因此并不是纯粹的未遂犯，但由于产生了防卫结果，因此结果无价值被减少，从而准用未遂犯（《刑法》第43条）。[1]

(五) 防卫行为的必要性与相当性

关于"不得已而为之的行为"之含义，通说认为防卫行为的必要性与相当性是必要的，但是，只要是对于防卫而言并非不必要的行为，即只要是为了防止侵害所必要的行为就能充足必要性要件。据此，该要件几乎没有限定功能，因此只能专门地通过相当性要件进行限定。进而，相当性的判断对象并不是防卫行为的结果，而应对其行为样态进行判断。[2]

最高裁判所认为，"不得已而为之的行为"是指，"对于急迫不正侵害的反击行为，是作为防卫自己或他人权利之手段的必要的、最小限度的行为，即意味着反击行为具有作为针对侵害之防卫手段的相当性。反击行为并未超越以上限度，因此具有作为针对侵害之防卫手段的相当性，既然如此，即使由该反击行为所产生的结果偶尔大于被试图侵害的法益，该反击行为也并非直接不成立正当防卫行为"［最判昭和44年（1969年）12月4日刑集第23卷第12号第1573页］。

该最高裁昭和44年（1969年）的判决中，事实概要如下：被告人在与A争论的过程中，A突然抓住被告人左手的中指与无名指并向上反转，被告人疼痛难耐试图甩开，用右手猛推A的胸部，A仰面倒下，后脑勺刚好撞到停在附近的汽车车身上，从而负上了约需要治疗45天的头部挫伤。对于这一案件，最高裁判所认为："本案中被告人针对以上A的侵害而为了防卫自己身体所采取的行动，仅仅是由于疼痛难忍而试图甩开进而徒手猛推了一下A的胸部，通过被告人的该动作，紧握被告人手指的A仰面倒下，倒霉地撞到汽车车身，才蒙受该伤害。从这一点来看，被告人的以上行为是否该当于正当防卫行为，取决于被告人的上述行为作为针对A的侵害的防卫手段是否超越了

---

[1] 仅仅在结论上是相同主旨的，参见曾根第104页。在该情形中，认为仅仅构成要件"结果"才是合法的，还残存着所发生的违法"危险"，即具体的危险，这当然不能被正当化。因此，在构成要件该当性阶段已经是杀人未遂的情形中，就不做这样的处理。

[2] 东京高判平成20年（2008年）5月29日判夕第1273号第109页中，在都立高校的毕业典礼上齐唱国歌之时，向入座的保护人大声呼吁，对于该威力业务妨害罪，东京高等裁判所认为，这种大声呼吁，对于侵害教职员以及保护人的思想及良心自由的校长行为而言，欠缺作为防卫行为的妥当性。关于"防卫行为的妥当性"，参见堀笼、中山：《大评论》（2），第371页以下。

前述的限度。本应该将这一点刨根问底，但原判决却被束缚于偶然产生的以上伤害结果，轻易地以被告人所实施的本案行为以及所产生的伤害结果的重大性，认定其行为超越了防卫的程度从而成立过当防卫，应该说存在法令的解释适用上的错误，存在审理不尽之违法。"[1]

关于如上的判例立场，也有观点将其理解为适用了"武器对等原则"，[2]但由于该原则是违法（阻却）判断中的基准，不具有应该被形式性适用的性质，而是一种应该根据各个事例进行实质性判断的原则。判例对于针对徒手攻击而以菜刀相威胁的行为，也认为其并未超出相当性的范围。具体而言，最判平成元年（1989年）11月13日刑集第43卷第10号第823页中，被告人因汽车的停车方法而与A发生口角，A叫嚷着"你小子想挨揍吗"，并挥舞着拳脚朝被告人靠近，被告人心想着可能真的会遭受在年龄与体格上都优于自己的A殴打，因此感到害怕，于是朝着停在空地上的被告人车辆方向后退，而A则继续逼近到其跟前，为此被告人转而改变继续后退的策略而试图从车旁边逃走，但在此之际被告人却突然想起在其车里的中央置物箱里放着平时用于削果皮等的菜刀，于是想用这把菜刀来威胁A防止其靠近，以免受该人的危害，于是被告人围着车身转了一周来到了驾驶室附近，手伸进开着的车窗里取出了长约17.7厘米的菜刀，右手紧握着菜刀并将刀柄顶在腰部，与离其约3米远的A形成对峙局面。被告人朝A怒吼："想动手的话尽管过来试试啊！"A却不为所动，进一步刺激被告人："想刺我的话尽管放马过来！"并继续朝被告人走了两三步，被告人对A大声喊道："想被砍吗？"于是被告人就因这一语言和动作而以违反《关于处罚暴力行为等法律》第1条之罪（示凶器胁迫罪）被起诉。对于该案件，最高裁判所认为"由于被告人为了躲避来自A的危害的防御性行动贯穿始终，因此不能说该行为超越了作为防卫手段的相当性范围"。据此撤销了将该行为认定为过当防卫的原判决

---

[1] 关于本案，参见林（干）：《百选Ⅰ》（第3版），第54页。此外，千叶地判昭和62年（1987年）9月17日判时第1256号第3页中，作为女性的被告人，因被醉酒的男性胡搅蛮缠，于是顶了该男性一下，该男性从站台摔落到铁轨上，在第三人试图将其救上来之际，列车到站将其碾死。对于该案件，千叶地方裁判所肯定了正当防卫的成立。

[2] 参见大越，前列：《刑法解释的展开》，第46页以下。此外，东京高判昭和63年（1988年）6月9日判时第1283号第54页中，被客人诱道实施异常的猥亵行为的姑娘为了逃出该旅馆而用刀子捅刺了该客人。对于该案件，东京高等裁判所肯定了过当防卫的成立。

（一审认定犯罪成立），宣告被告人无罪。[1]

根据判例，可以将相当性的内容理解为以下三点：①这是为了防止遭受侵害者的攻击所必要的行为（必要性）；②被选择的防卫手段的内容与来自侵害者的攻击的缓急与强弱相对应（对应性）；③试图防卫的法益与被侵害的法益之间并未显著丧失均衡（缓和的均衡性）。[2]

关于防卫行为的必要性与相当性的关系、相当性的基准，在学说上存在争论。

首先，有观点认为并不需要通过相当性要件去限定，仅需要必要性要件。[3]但是，在法益与攻击手段显著不均衡的情形中，就不可能去限定正当防卫了，这在结论上是不妥当的。

其次，有观点将必要性要件理解为对有无防卫效果的判断。[4]但是，在行为时是否存在正当防卫，即该行为的违法性有无并未被确定，其结果，例

---

[1] 关于本案，参见桥田：《百选Ⅰ》，第52页。本判决对于显示凶器胁迫的行为人肯定了正当防卫的成立，另一方面，对于与此同一时间在车外携带菜刀的行为，认为其构成正当防卫行为的一部分，一并阻却其违法性。与此相对，最决平成17年（2005年）11月8日刑集第59卷第9号第1449页中，被处于反目状态的对方故意驾驶汽车与自己的车相撞，导致车身倾覆，怀着与对方打架抗争等目的而将放在自己车中仪表盘里的刀取出来作为护身用而放在裤子的口袋里，对于这一携带行为，最高裁判所将其作为不法刀刃的携带之一部分，从而否定违法阻却（控诉审否定了"急迫性"）。

[2] 松井："正当防卫3"，载《刑事事实认定重要判决50选》（上），第103页以下。香城："正当防卫中的相当性"，载《刑事事实认定（上）》，第320页，提示了承认相当性的三种类型与承认过当防卫的两种类型。最决平成21年（2009年）7月16日刑集第63卷第6号第711页中，围绕被告人的住居兼事务所的使用方法等，与被告人之间处于民事上纠纷的不动产公司的从业人员在本案中的建筑物设定标志着禁止入内的看板时，作为当时74岁的女性被告人为了阻止这一行为，突然用手顶了当时48岁的男性从业人员的胸部，致使其摔倒。对于这一暴行案件，最高裁判所肯定了防卫行为的相当性。关于本案，参见桥爪：《刑事法学家》第21号，第83页。此外，大阪高判平成21年（2009年）10月22日判夕第1327号第279页中，因对方固执地、不当地要求其下跪谢罪并单方地被施加暴行胁迫，被告人用拳头打了对方的脸部一拳，致使对方负伤。对于该行为，大阪高等裁判所肯定了防卫行为的相当性。关于本案，参见冈本（昌）：《刑事法学家》第29号，第102页。东京高判平成25年（2013年）3月7日判夕第1415号第180页中，为了反击对方的暴行而将坐在床上的对方死死压在床上，导致对方死亡。对于该案件，东京高等裁判所认为相当于过当防卫（此外，该判决认为，即使将该行为作为现行犯逮捕行为，也超出了在逮捕之际行使有形力的界限，因此并不能阻却违法）。

[3] 参见山口：《探究》，第66页。

[4] 参见山本（辉）："从利益原理出发的根据与正当防卫的界限"，载《刑杂》第35卷第2号（1996年），第53页。

如，由于 A 试图对 B 开枪，C 为了救助 B 而开枪，在这一阶段中，还没有产生防卫效果，C 的开枪行为本身是违法的，因此对其实施正当防卫是可能的，于是对于正当防卫行为就能够以正当防卫的形式加以阻止，这是不妥当的。

根据通说，如果只有相当性要件能够发挥限定功能，那么就不需要必要性要件了，但在必要性要件中也具有限定功能，这就是从作为正当防卫之第一违法阻却根据的"自我保护原则"中产生的。在前述的昭和 44 年（1969 年）最高裁判决中的"作为防卫手段的必要最小限度的行为"就可以说是必要性要件的内容。该要件是《刑法》第 36 条第 1 款中的"为了防卫"之行为的客观性要件（防卫的意思是主观性要件）。与此相对，相当性要件是能否称得上是"不得已而为之的行为"之问题，在法益显著不均衡的情形中，已经欠缺必要性要件，通过相当性要件及其他限定，是从作为正当防卫的第二违法阻却根据的"正的确证（法秩序保护原则）"产生的。

相当性之判断对象是行为还是结果这一问题，取决于对于正当防卫之违法阻却根据的理解。根据优越的利益说，通过防卫行为而产生的法益侵害是否能被正当化成为根据。因此，侵害者所产生的"结果"成为判断对象，判断基准是侵害者法益的要保护性与被侵害者法益的要保护性之间的利益衡量。与此相对，根据"正的确证"（法秩序保护原则），由于防卫者是站在法的代理人之立场上实施行为的，因此行为价值得以强调，防卫行为的样态成为判断对象。由于防卫行为本身的必要性与相当性应当被判断，因此相当性判断基本上应根据行为时的事前判断进行。但是，在此之际，由于防卫行为之危险性的有无成为核心性判断，因此应被判断的是也考虑了结果的"行为"本身的相当性。[1]此外，是为了威吓还是为了杀害这种行为人的主观要素以及

---

[1] 东京地八王子支判昭和 62 年（1987 年）9 月 18 日判时第 1256 号第 120 页中，对于与自己互殴的被害人，照着胸口给一脚，将其从桥上踹下去，致使对方摔死。对于该案件，东京地方裁判所八王子支部裁判所认为，防卫行为之相当性的判断并不仅仅是狭义的反击行为，而应对于包括结果在内的整体认为过当防卫的成立。此外，札幌高判平成 19 年（2007 年）3 月 27 日高刑速报（平 19）第 515 页中，对于将被害人从汽车上摔下去致使对方死亡的案件，驳回了不承认正当防卫的原判决，转而肯定过当防卫的成立。

是攻击性防卫还是防御性防卫等因素也应被考虑。[1]

四、防卫行为与第三人

在伴随着防卫行为而侵害第三人法益的情形中，应如何处理成为问题。具体而言，存在以下几种类型。

第一种类型是侵害者利用了第三人之物的情形。例如，X 试图挑唆 Y 所饲养的猛犬去咬伤甲，由于甲的反击而导致 Y 的猛犬死亡的情形。在与 X 的关系上（暴行罪），虽然成立正当防卫，但在与 Y 的猛犬的关系上（器物损坏罪）应如何处理成为问题。

从对物防卫肯定说出发，既然 Y 所饲养的猛犬是作为 X 的不正侵害手段而被利用的，比起通常的对物防卫，甚至在与第三人 Y 的关系上都具有肯定正当防卫的余地。[2]但是，由于在本类型的情形中存在利用物的违法行为，因此将其消解于对物防卫的问题中是不妥当的。[3]另一方面，由于 Y 既不存在故意也不存在过失，并且具有正当的利益，是处于"正对正"的关系，因此也可以将其理解为紧急避险。但是，由于 Y 的所有物构成了 X 之侵害手段的一部分，因此仅仅以对其进行必要性补充的紧急避险进行对抗，有失均衡。由于甲的行为可以理解为对 X 的侵害本身的反击，因此对 Y 也可以肯定正当

---

[1] 此外，大阪高判平成 16 年（2004 年）10 月 5 日判夕第 1174 号第 315 页认为，对于急迫不正的侵害，为了防卫自己的身体而实施的不得已而为之的行为，在这一点上还存有疑问，据此而认定被告人无罪。关于本案，参见上岛：《刑事法学家》第 7 号，第 44 页。东京高判平成 27 年（2015 年）7 月 15 日 LEX/DB25540066 中，被害人勒住被告人的脖子，并数次殴打被告人的脸部，作为防卫行为，被告人打了被害人的脸部一拳，进而用脚踩住被害人的头部，结果导致被害人外伤性脑膜膜下出血等伤害，并最终死亡。对于该案件，东京高等裁判所认为，"从事后来看，通过被告人殴打脸部的行为，被害人已经丧失了攻击能力。但是，是否该当于正当防卫，应该根据在实施该行为的时点上的状况进行判断。将该时点稍微往前看的话，被害人顽强地对被告人实施攻击，从这一点来看的话，即使通过被告人殴打脸部的行为使被害人前屈倒下，也能够预想被害人会马上站直身体继续攻击。从这一状况出发，被告人的踩踏行为，是在预想被害人将进一步实施攻击的状况下，为了保护自己身体的安全，与在被害人完全倒下之前所实施的殴打脸部行为并没有分割开来，而是作为一体的行为而实施的。"据此认为并未超过防卫的程度，从而肯定正当防卫的成立（一审认定为过当防卫）。关于本案，参见冈本（昌）：《判例通选》2015 年第 1 期，第 26 页。关于防卫行为的分割与统合之问题，参见边页第 298 页以下。

[2] 参见平野 II 第 233 页。

[3] 参见内藤（中）第 383 页以下。

防卫的成立。[1]

第二种类型是防卫人利用了第三人之物的情形。例如，X以棍棒殴打甲，于是甲拿起立在其旁边的Y的竹刀进行反击，结果损毁了该竹刀。

Y的竹刀是针对侵害的防卫工具，是防卫行为的构成要素，因此对于Y的法益侵害是来自于甲这一侧的原因，这与第一种类型的情形不同。在该情形中，由于纯粹是"正对正"之关系的问题，因此仅仅存在紧急避险的成立可能性。[2]

第三种类型是防卫行为的结果产生于第三人身上的情形。例如，X握着日本刀刺过来，甲为了防卫，不得已向X开枪，子弹却不偏不倚地打中了X旁边的Y，并导致Y死亡。在该情形中，作为构成要件该当性的判断，出现了方法错误的问题，根据法定符合说（数故意犯说），对X成立杀人未遂罪，对Y成立杀人既遂罪；而根据具体（法定）符合说，则对X成立杀人未遂罪，对Y成立（重）过失致死罪。在此基础上再分别进行违法阻却判断。

首先，正当防卫说[3]以正当防卫权是一种对任何人都可以实施的绝对性权利为根据。但是，正当防卫权是侵害人与防卫人之间的相对性权利，而且对Y的反击也不能说显示了正的确证，此外，也不能认为具有防卫效果。因此难以肯定正当防卫的成立。

其次，也有观点主张紧急避险说，[4]但是，侵害第三人Y对于保全法益的保护并没有任何积极作用，在甲与Y之间并不包含法益冲突的契机，更不存在应当忍受还是转嫁危难的二者择一的关系，因此也难以肯定紧急避险的成立。

进而，也有观点主张假想防卫说。[5]大阪高判平成14年（2002年）9月4日判夕第1114号第293页中，有以下案例：被告人与其胞兄Y遭到X等人的木刀攻击，被告人已经逃入自己汽车的驾驶室里，但Y还在遭受来自X的木刀攻击，为了救助招架X与木刀之攻击的Y，被告人向着X急倒车试图将其轰走，以时速20公里的速度朝X的方向后退行进，其结果，X的右手撞向

---

[1] 参见大塚（仁）第389页注18；香川：《刑法解释学的诸问题》（1981年），第126页以下；川端，前列：《正当防卫权的再生》，第214页。
[2] 参见香川，前列：《诸问题》，第138页；川端，前列：《正当防卫权的再生》，第228页。
[3] 参见中野第193页注13；川端第365页以下。
[4] 参见大谷第279页、大塚（仁）第388页、福田第159页注3、浅田第226页、山口第129页、山中第510页以下。
[5] 参见团藤第242页注29、前田第264页。

了该车左后部，与此同时，Y也撞到了该车后部，因出血性休克而死亡。对于这一案件，大阪高等裁判所作出了以下判示：如果将本案中的被告人急剧倒车的行为认定为正当防卫，并以此为前提的话，那么对于其防卫行为的结果，即导致车辆撞倒并碾压完全无意致其伤害的Y，应当如何考虑成为问题。将对于完全没有实施不正侵害的Y的侵害在客观上认定为正当防卫是不妥当的。此外，偶然地、意外地撞倒并碾压Y的行为在客观上是欠缺紧急行为性的行为，而且也不是针对避险，因此认为成立紧急避险也是不妥当的。但是，既然被告人是在主观上认识到了正当防卫而实施相应的行为，对于撞倒并碾压Y的行为，就应当说并不存在能够针对故意进行非难的主观事情，因此，作为所谓的假想防卫的一种，能够追问过失责任的情形另当别论，应当说不能肯定故意责任。〔1〕根据作为假想防卫处理的观点，第三种类型的情形就被置于违法阻却事由（正当化事由）的位置上，(根据判例与通说）故意就被阻却，仅存在过失犯的成立可能性问题（与此相对，根据严格责任说，仅存在故意犯的成立可能性问题）。但是，将防卫行为的方向性错误置于对正当防卫状况或防卫行为之相当性的误认这一位置上，是没有道理的。既然如此，对于第三种情形就不能肯定正当防卫、紧急避险、假想防卫中的任何一种观点，而不得不将甲的行为认定为违法行为（违法行为说）。〔2〕

五、自招侵害（自己招致的正当防卫状况）

自招侵害是指，防卫行为人自己招致不正的侵害而制造出正当防卫状况。例如，借正当防卫之名而施加侵害于对方的情形，或者因故意或过失而挑拨对方的情形（挑拨防卫）即为适例。在这种情形中，是认定正当防卫成立还是不成立，如果认定其不成立，是基于怎样的根据，欠缺怎样的要件，成为问题。

在借正当防卫之名而试图侵害对方，或者意图挑拨对方的情形中，由于可以肯定行为人预期到了侵害并利用该机会而积极实施加害行为的意思（积极的加害意思），因此，应当说欠缺急迫性的要件。与此相对，并不是有意挑拨，而是因故意或过失而造成挑拨对方侵害之结果的情形，尤其成为问题。

---

〔1〕 关于本案，参见铃木（左）：《百选Ⅰ》，第58页。此外，本判决也否定了过失犯的成立，对Y则认定不成立犯罪。
〔2〕 参见内藤（中）第388页、曾根第110页（但肯定了责任阻却的可能性）。

在学说上虽存在诸多分歧，但基本上可以分为以下两种进路，即从正当防卫的本质论或根据论出发的进路与从正当防卫之要件出发的进路。作为前者的立场，存在以下学说：根据是否认定正当防卫权之滥用而进行判断的"权利滥用说"[1]，根据成为原因的自招行为是否违法进行判断的"原因上的违法行为"说[2]，根据防卫行为是否欠缺社会相当性而进行判断的"社会相当性说"[3]等。作为后者的立场，存在以下学说：根据是否可以在整体上称为防卫行为进行判断的"防卫行为否定说"[4]，根据是否肯定防卫行为之相当性而进行判断的"相当性否定说"[5]，根据是否肯定防卫意思进行判断的"防卫意思否定说"[6]等。

如前所述，正当防卫的本质性根据在于正的确证（法秩序的保护），从这一点出发，对正当防卫赋予了"权利性"。因此，应当根据是否可以说是正当防卫"权"的行使进行判断。在这个意义上，权利滥用说是妥当的，但权利是否被"滥用"，应当在考虑各个要件，即急迫性、防卫意思、防卫行为的相当性等的基础上，从是否可以在整体上将其认定为反击行为这一视角出发进行判断（从本质论出发的进路，必须被从要件论出发的进路补充）。以下最高裁平成20年（2008年）的决定，也可以在这一意义上理解。

最决平成20年（2008年）5月20日刑集第62卷第6号第1786页（套索式踢击事件）中，A骑着自行车往设置于人行道上的垃圾收集所扔垃圾，在此过程中与在回家途中徒步经过此地的被告人发生争吵，被告人突然用拳头打了A的左脸一拳，之后迅速逃走，A边大喊"站住"，边骑自行车追赶被告人，追上被告人后，A骑在自行车上并用水平伸出的右手臂从后面强力击打被告人的后背上部或脖子附近的部位。被告人因受到A的攻击而向前摔倒，

---

[1] 参见大塚（仁）第385页、川端第362页以下。
[2] 平野Ⅱ第235页；山口："自招的正当防卫状况"，载《法协百周年纪念论文集》第2卷（1983年），第751页。原因上的违法行为理论是将原因自由行为之法理应用于违法论层面上的观点，但在违法行为的背后能够肯定违法行为的仅仅是间接正犯的形态。在这种挑拨行为的情形中，肯定意图性挑拨，从积极加害意思的存在而否定急迫性要件即为足够。此外，该观点是将自招行为与防卫行为分割开来从而进行违法评价的观点，这是不妥当的。
[3] 参见福田第157页注8。
[4] 参见前田第258页以下。
[5] 参见佐伯（千）第203页、内田（文）第197页注10。
[6] 参见团藤第238页、藤木第176页。

起身后，随即抽出用于防身而随身携带的特殊警棍，数次殴打 A 的脸部以及用于防御的左手，结果致使 A 负伤。对于该案件，最高裁判所作出了以下判示：由于被告人在遭受 A 的攻击之前，已经事先对 A 施加暴行，因此可以说 A 的攻击是由被告人的暴行而触发的，在这之后所接近的一体的事态，即被告人是因不正的行为而自己招致侵害，而 A 的攻击也并未大幅度超出被告人的前记暴行的程度，因此，在本案的事实关系下，应该说，被告人在本案中的伤害行为即被告人所实施的反击行为并不能说是在正当状况下的行为。[1]

---

[1] 关于本案，参见高山：《百选I》，第 54 页；山口：《法曹时报》第 61 卷第 2 号，第 1 页以下；桥爪，平成 20 年（2008 年）度重判，第 174 页。进而，关于自招侵害，福冈高判昭和 60 年（1985 年）7 月 8 日判夕第 566 号第 317 页认为欠缺"急迫性"的要件，东京地判昭和 63 年（1988 年）4 月 5 日判夕第 668 号第 223 页认为欠缺"不正"的要件。此外，东京高判平成 8 年（1996 年）2 月 7 日判时 1568 号第 148 页中，在对方继续实施违法的暴行行为的过程中，为了躲避该侵害，被害人稍微超越了防卫的程度而徒手反击。对于该案件，东京高等裁判所认为如果中止当初的暴行，反击就立即停止，当处于这一关系时，就欠缺急迫性。此外，大阪高判平成 12 年（2000 年）6 月 22 日判夕第 1067 号第 276 页中，在被告人实施挑拨行为之后，被害人从其背后挥拳而来，被告人撞了其臀部致使其摔倒并死亡。对于该行为，大阪高等裁判所认定了过当防卫的成立。进而，长崎地判平成 19 年（2007 年）11 月 30 日判夕第 1276 号第 341 页中，被告人（30 岁女性）对其邻居（60 岁男性），以用头去顶对方的胸部的方式，致使对方负伤。对于该案件，长崎地方裁判所认为虽然被告人的非礼行为是其原因，但由于被害人将被告人抱住双肩并往下施加力量，被告人呈现出下跪的姿势。据此而肯定该当于急迫不正的侵害。神户地判平成 26 年（2014 年）12 月 16 日 LEX/DB25447069 中，被告人在神户市内的弹球盘店前面的道路附近，在 A 所驾驶的车辆进入该弹球盘店之际，几乎与自己的车辆剐蹭，对此被告人大为恼火，于是用自己的车辆将对方逼停，走到 A 车的驾驶室一侧，大声朝对方发火抱怨，A 也下车与对方展开口水战，但被告人心里想着莫非对方是黑社会成员，于是返回自己车里准备发动，但 A 追赶过来，抓住被告人的胸襟用力摇晃，被告人试图从该地方逃走，因此一会儿前进、一会儿后退车辆，据此将 A 以及赶来现场的 B（A 的朋友）撞倒在地，致使两人负伤。对于该案件，神户地方裁判所认为，不得不说 A 的攻击是由被告人自己所实施的行为而导致的，被告人并不处于能够对 A 实施正当防卫的立场，据此而否定正当防卫的成立。关于本案，参见门田：《法セミ》第 726 号第 129 页。东京高判平成 27 年（2015 年）6 月 5 日 LEX/DB25540577 中，被告人用刀子从背后捅死了上门讨债而与其陷入争吵的黑社会成员。对于该案件，东京高等裁判所认为，被告人挑拨了被害人等，因被告人之前对被害人施加了暴力，由此招来被害人等前来被告人处的事态，被害人虽然认识到来到被告人住处后施加暴行的可能性很高，尽管被告人可以通过对于招来这种事态进行发言以表达对于被害人等人的歉意，或者将这种事态告知警察寻求救助，却没有采取这种相应的措施。怀着如果被害人等人施加暴行的话就实施反击的意图，将属于与被害人等人不同的暴力团的 A（被告人的弟弟）也叫到被告人住处，与此同时，采取了将杀伤力很高的入鞘宝刀放在当反击时容易拔出的位置上之对应措施，之后由于受到来自被害人等人的攻击，作为对其反击行为才有本案的刺杀行为。被害人等人对 A 以及被告人所实施的暴行并未超出被告人所预期的暴行内容及其程度，因此欠缺急迫性。据此驳回了原判决（肯定过当防卫）。关于本案，参见桥田，平成 27 年（2015 年）度重判，第 147 页。

关于本案，一审认定为一体的吵架争斗从而否定正当防卫。二审认为被告人已经充分地预期被害人在遭受其挑拨之后会实施报复行动，因此被害人的攻击是由被告人当初的暴行所招致的，从而否定急迫性。与此相对，关于本案，最高裁判所以下三个要件，即①被害人的暴行是由被告人的暴行所触发的一体的事态（自招行为与侵害行为的一体性）；②被告人因不正的行为而自己招致侵害（不正的自招性）；③被害人的攻击并未在很大程度上超过被告人的暴行程度（柔性的均衡性），导出了"不能说是在正当防卫状况下的行为"这一结论。这是以客观的因素来判断急迫性有无的判例，可以说是对前述的根据"积极的加害意思"进行判断的类型，附加了新的类型。[1]

六、打架与正当防卫

打架是指争斗者双方反复实施的攻击及防御的一系列连续的争斗行为，从整体的状况来判断争斗的话，很难将其视为防卫行为。[2]事实上，大审院时代的判例就根据"打架两成败"的观点否定了正当防卫的成立。[3]但此后，最高裁判所承认在打架斗殴中也具有正当防卫的成立余地。具体而言，在最判昭和32年（1957年）1月22日刑集第11卷第1号第31页中，被告人在调解A与B的因缘纠葛之际，A踢倒了被告人，被告人受此暴行后被激怒，拿起放置于现场的剪刀捅刺A的背部，之后A手持菜刀追赶被告人，被告人把心一横，想着干脆将其杀掉，于是夺过A所拿着的菜刀，朝A的胸部等部位捅了数刀，结果导致A死亡。对于这一案件，最高裁判所作出了以下判示：这样的原审判决的判断，在关于打架斗殴与正当防卫的关系上，要么最终只看到承认打架斗殴的一面而没有从整体上观察争斗，要么以在打架斗殴中经常不存在容纳正当防卫观念的余地为前提，但不管采用哪种观点，归根结底

---

[1] 参见木崎："关于正当防卫状况这一判断基准——以最高裁平成20年5月20日判决为契机（1）（2）完"，载《法研论集（早大）》第140号（2011年），第53页以下、第141号（2012年），第53页以下；同："关于自招防卫的处理"，载《法研论集（早大）》第143号（2012年），第101页以下。进而，参见盐见第44页以下。

[2] 最大判昭和23年（1948年）7月7日刑集第2卷第8号第793页认为，相互实施暴行的所谓的斗殴，是争斗者双方反复实施攻击以及防御的一系列连续争斗行为，因此，在争斗的某个瞬间中，即使争斗者的一方始终专门处于防御状态，表明上呈现可以实施正当防卫的外观，从争斗的整体来看，也存在不能肯定《刑法》第36条的正当防卫之观念的情形。

[3] 参见大判昭和7年（1933年）1月25日刑集第11卷第1页。

都免不了违反了前述判例的主旨这一指责。因此，只要基于之前所一直坚持的判断，对于本案而言，至少对于防卫过当的有无或者量刑是有影响的，因此，以上的判断明显影响了判决，在这一点上，原判决不免被撤销。

在打架中，一律否定正当防卫的成立是不妥当的。当从整体上观察争斗，局面发生根本性变化时，就具有正当防卫的成立可能性。例如，在双方徒手互殴之际，其中一方突然掏出匕首刺过来的情形中，或者在打架过程中一方中止了攻击而转为守势的情形中，对其实施的对抗行为，也有可能满足作为反击行为的正当防卫的要件。[1]

七、防卫过当

（一）防卫过当的含义

防卫过当是指，针对急迫不正的侵害，以防卫的意思实施了反击行为，但该反击行为超过了防卫的程度。即虽然满足了正当防卫的其他所有要件，但欠缺防卫行为的相当性的情形就是防卫过当。[2]

对于防卫过当行为，虽然不否定犯罪的成立，但根据其情状可以减轻或免除其刑罚（《刑法》第36条第2款）。关于这种刑罚的任意性减免根据，存在着以下几种观点的对立：认为这是基于恐怖、惊愕、兴奋、狼狈等心情的行为，因此减少对其非难的责任减少说；[3]认为这具有维持正当利益的防卫效果的违法减少说；[4]认为从外在构造而言是违法减少，但将减免刑罚的前

---

[1] 东京高判平成19年（2007年）9月6日高刑速报（平成19年）第304页中，在两名女性实施互相揪头发等打架之际，看到这一情景的一名男性从背后对其中一名女性施加暴行，未被施加暴行的女性为了救助该女性而强力按住该男性的肩膀，致使该男性摔倒在地并负伤。对于该案件，东京高等裁判所肯定了急迫不正的侵害（认为脱离了防卫行为的相当性，从而肯定过当防卫）。

[2] 但是，例如，在像射杀偷西瓜贼的行为这种显著脱离相当性的情形中，不能说是在"正的确证"之框架内的防卫行为，因此应该理解为正当防卫其本身被否定，连过当防卫也不成立。大判昭和3年（1928年）6月19日新闻第2891号第14页中，因X强迫经营豆腐店的被告人贩卖豆腐，为此两人发生争吵，虽然之后被告人逃离了现场，但由于X追踪被告人，将装入豆腐的水桶踢翻，激愤的被告人随手抄起旁边的木柄数次殴打被害人，结果X死亡。对于该案件，大审院虽然肯定了过当防卫的成立，但我认为也具有否定防卫状况或者防卫行为的余地。

[3] 参见平野Ⅱ第245页、福田第161页、西田第177页、浅田第237页、山中第535页、佐伯（仁）第164页。

[4] 参见町野："假想防卫与过当防卫"，载《警察研究》第50卷第9号（1979年），第52页以下；前田第280页。

提性根据求诸于责任减少的违法·责任减少说。[1]

关于过当防卫的法性质，从条文的表述来看，其法效果是"任意性"减免，因此具有减少责任的一面，但另一方面，由于具有"超越防卫的程度"这一要件，因此也可以说具有减少违法的一面。从正当防卫权的根据来看，根据以下不同观点将得出不同结论，具体而言：从正的确证（法秩序保护）说出发，防卫过当行为并不服务于正的确证（法秩序保护）之利益，正当防卫的原则并没有被发动，正当防卫与过当防卫是本质上不同的行为，因此，过当防卫的刑罚减免根据就与正当防卫权的根据不同，由此只能得出责任减少说的结论。与此相对，根据优越的利益说，即使对于过当防卫而言，其守卫被侵害者的正当利益这一部分也是被肯定的，因此能够肯定正当防卫与过当防卫的连续性，据此过当防卫的刑罚减免根据就与正当防卫权的根据相关联，从而得出违法减少说的结论。

本书以条文的表述为基础，一方面，在防卫过当的情形中也具有维持正当利益的一面，另一方面，在防卫过当的情形中也能够肯定非难的减少，综合考虑这两点，本书坚持防卫过当的违法与责任都减少的观点（违法·责任减少说）。在该情形中，违法减少形成了防卫过当的外部框架，而责任减少则成为刑罚任意减免的前提性根据。

（二）防卫过当的类型

1. 质的过当与量的过当

关于防卫过当中的过当性，存在"质的过当"与"量的过当"，前者是指超越必要性、相当性的程度而施加强烈的反击行为的情形；后者是指攻击者已经停止了侵害，防卫者却继续施加反击行为的情形。

质的过当是前述的防卫行为的相当性问题，可以通过相当性有无的判断来解决。

与此相对，关于量的过当，本来就一直存在可否适用第36条第2款的问题。这是因为，在量的过当的情形中并不存在急迫不正的侵害。因此，根据违法减少说，并不存在保护被侵害者的正当利益这一违法减少的前提，因此，

---

[1] 参见团藤第241页、大塚（仁）第395页、藤木第171页、内藤（中）第351页、中山第284页、大谷第291页、曾根第106页、川端第374页、林（干）第201页、山口第142页、伊东第195页以下、井田第294页、松原第165页。

过当防卫的成立就被否定了。另一方面，根据责任减少说，防卫过当的成立就会被肯定。根据违法·责任减少说，虽然违法减少并不被承认，但责任减少是被承认的，因此可以肯定防卫过当的成立可能性，据此，防卫过当规定的准用也成为可能。

对于量的过当而言，虽然一开始所实施的是在防卫程度范围内的反击，但在持续反击的过程中，尽管对方的侵害已经终了或者侵害的程度已经显著减弱，却继续施加反击。因此，其具有前半部分是正当防卫行为，后半部分是违法行为的这种两阶段构造。因此，在该情形中，是将两个行为分割开来评价，还是作为一体的行为进行评价，成为问题。[1]

判例一般将其作为一体的行为而从整体上进行评价，从而对该行为肯定防卫过当的成立。例如，最判昭和34年2月5日刑集第13卷第1号第1页中，甲手持折叠剪刀向被告人冲过来，被告人挥舞着菜刀对着甲迎头痛击，甲人仰马翻地倒在地上，被告人对着甲的头部又猛劈一刀，结果甲当场死亡。对于该案件，最高裁判所作出了以下判示："此外，原审所承认的由第一审所认定的被告人本案中的一系列行为，其本身作为整体而言，参见当时的情况来看，不能说符合第36条第1款所说的'不得已而为之的行为'，反而符合该条第2款所规定的'超过防卫程度的行为'，因此将该行为认定为有罪的原审判断是正当的。"也就是说，该判决在将两个行为合起来作为一体行为把握的基础上，对于整个行为整体肯定了防卫过当的成立。[2]

---

[1] 参见永井："量的过当防卫"，载龙岗编：《现代裁判法大系30卷刑法·刑事诉讼法》（1999年）第134页以下。进而，参见高桥："犯罪论中的分析性评价与整体性评价"，载《刑事法学家》第19号（2009年），第39页以下；仲道，前列：《行为概念的再定位》，第213页以下；小野（晃）："关于防卫行为的个数——围绕'接续于正当防卫的过当防卫行为'的考察"，载《阪大法学》第6卷第6号（2011年），第83页以下；高桥（直）："复数的反击行为与过当防卫的成立与否"，载《骏河台法学》第26卷第2号（2013年），第45页以下；龙谷："量的过当及其周边问题"，载《法研论集（早大）》第145号（2013年），第187页以下；仲道："刑法的体系性与过当防卫"，载《理论刑法学入门》第81页以下（边页第69页）。

[2] 关于本案，参见小野：《法学研究（爱知学院大学）》第3卷第2号第1页以下。东京地判平成6年（1994年）7月15日判夕第891号第264页中，由于被告人抓住被害人的胸襟，并用双手强力推其胸部，致使被害人摔倒，其后头部强力地摔在水泥路面上，在施加该暴行之后，由于被害人做出了将右手插入所穿着的裤子的口袋里摸东西的动作，被告人误认为被害人试图从口袋里掏出刀子，于是用圆木棒多次殴打被害人，结果导致被害人死亡。对于该案件，辩护人主张第一个暴行成立正当防卫，第二个暴行成立假想过当防卫，从而作为整体而言成立一个假想过当防卫。与此相对，东京地方裁判所认为，虽然第一暴行满足正当防卫的要件，但在用木棒实

但是，与此相对，最决平成20年（2008年）6月25日刑集第62卷第6号第1859页（投掷烟灰缸事件）中，被甲殴打的被告人也殴打甲的脸部，于是甲将铝制烟灰缸砸向被告人，被告人继续殴打甲的脸部，结果甲摔倒在地一动不动（第一暴行），被告人继续施加用脚踹其腹部等暴行（第二暴行），致使甲负伤并最终死亡（死因是第一暴行）（一审认定为伤害致死罪的防卫过当，二审认定为伤害罪）。对于该案件，最高裁判所作出了以下判示："因第一暴行而摔倒的甲，已经丧失了对被告人进一步施加侵害行为的可能性，而被告人在认识到这一点的基础上，专门基于攻击的意思施加了第二暴行，因此第二暴行明显不满足正当防卫的要件。而两个暴行虽然在时间、空间上是连续的，但在甲所实施的侵害的继续性以及被告人防卫意思的有无这一点上，显然性质是不同的。被告人在实施了第一暴行的基础上，对于已经陷入不能抵抗之状态的甲，以相当激烈的样态实施了第二暴行，从这一点来看，应当说在这两个行为之间产生了断绝效果。即，在对急迫不正的侵害继续实施反击的过程中，已经无法肯定该反击是量的过当行为。这样的话，将两个暴行进行整体性考察，从而认定一个防卫过当的成立并不妥当。对于符合正当防卫的第一暴行而言，不能追问其罪责，而对于第二暴行而言，正当防卫自不待言，甚至连讨论防卫过当的余地都没有，关于据此而导致甲负伤这一点，应当说被告人必须承担伤害罪的责任。"在这里，将两个行为分割开来，将前半部分认定为正当防卫，将后半部分认定为违法行为，从而只对后者肯定伤害罪的成立。[1]

然而，在次年的最决平成21年（2009年）2月24日刑集第63卷第2号第1页（拘留所暴行事件）中，被告人以违反《兴奋剂取缔法》之罪被起诉并被拘留于拘留所内，在该拘留所内的居室中，将折叠桌扔向同室的男性（以下称"被害人"），被害人顺势将该折叠桌朝被告人挤压过来，作为反击，被告人继而顶住桌子并朝被害人的方向推（第一暴行），同时用拳头数次殴打其脸部，被压在桌子下的被害人已经处于反击与反抗困难的状态，而被告人仍然继续用拳头殴打其脸部（第二暴行），结果导致该人负伤。对于该案件，

（接上页）施第二暴行之前的时间里已经丧失了侵害的急迫性，从第一暴行与第二暴行的连续性出发，包括性地成立一个伤害致死罪，从而不能肯定《刑法》第36条第2款的适用。关于本案，参见丸山（隆）：《都立大学法学会杂志》第37卷第1号，第337页。

[1] 关于本案，参见成濑：《百选Ⅰ》，第56页；山口：《刑事法学家》第15号，第53页以下。

最高裁判所作出了以下判示:"在前述的事实关系下,被告人对被害人所施加的暴行,是对于急迫不正侵害的一体一体行为,可以认为是基于同一个防卫意思的一个行为,因此,通过整体性考察而将其作为一个防卫过当并肯定伤害罪的成立是妥当的,论点中所指出的问题点,应该说作为有力的情节来考虑就足够了。"[1]

最高裁平成20年(2008年)的决定中将两个行为分割开来是在考虑了侵害继续性的不存在与防卫意思的不存在这两点之后的结果,与此相对,最高裁平成21年(2009年)的决定中,由于侵害的继续性还存在,而且是基于同一个防卫意思的行为,因此可以将两个行为作为一体行为来考虑(在这个意义上,可以说是存在急迫性的量的过当)。在这里,我认为不仅仅是侵害的继续性这一点,意思的一贯性(防卫意思的存在与否)这一点在行为的分断还是统合的判断中也成为重要的基准。[2]

2. 故意的过当防卫与过失的过当防卫

在过当防卫中,与过当性的基础事实相关联,可以分为"故意的过当防卫"与"过失的过当防卫"。故意的过当防卫是指行为人认识到了过当性的基

---

[1] 关于本案,参见山口:《刑事法学家》第18号,第76页以下。
[2] 在判例实务中,是否存在"重大局面的变化"是很重要的。此外,东京地判平成15年(2003年)7月4日LEX/DB25410516中,由于被告人遭受来自被害人的拳打脚踢之暴行,以及用筷子戳的威胁等,为了保护自己的身体而用在现场的菜刀捅了被害人将其杀害。对于该案件,东京地方裁判所认为,在实施的两次刺杀行为中,在第二个刺杀行为的时点上,参见被害人所面临的急迫不正侵害的程度与被告人所实施的暴行的样态以及程度,被告人的行为作为整体而言已经脱离了社会观念上作为防卫行为而被允许的必要且相当的范围,据此判定成立过当防卫。横滨地判平成25年(2013年)10月30日LEX/DB25502567中,对于被告人的反击行为,辩护人主张第一暴行成立正当防卫,而第二暴行成立暴行罪,与此相对,横滨地方裁判所认为第一暴行是质的过当,第二暴行是量的过当,据此认为将其视为连续的一个整体行为是相当的,从而判定成立伤害致死罪的过当防卫。长崎地判平成26年(2014年)2月12日LEX/DB25503177中认为,对于被告人的反击行为,第一行为是伤害的过当防卫,第二行为是杀人未遂的过当防卫,第三行为是杀人未遂的过当防卫,应当个别地认定正当防卫(过当防卫)的成立与否,据此作出以下判示:第一行为或者第三行为都是在紧急状态下基于防卫意思而实施的行为,但由于欠缺相当性,因此不成立正当防卫,作为整体仅成立过当防卫。在此基础上,将伤害罪与杀人未遂罪作为混合的包括一罪。进而,对于与"扔烟灰缸事件"相类似的案件(但这是存在被害人的侵害可能性的案件),鹿儿岛地判平成26年(2014年)5月16日LEX/DB25446477中,对于形成死因的第一暴行肯定了正当防卫,而将第二暴行认定为违法行为,但由于伤害行为是否由第二暴行产生并不明确,因此仅仅肯定暴行罪的成立(关于本案,参见仲道:《判例通选》2014年第1期,第27页)。

础事实（过当事实）的情形。例如，认识到了徒手的暴行以匕首进行反击的情形即为适例。[1]过失的过当防卫是指行为人因不注意而没有认识到过当事实的情形。例如，对于棍棒的攻击，本来想以棍棒实施反击，结果却用斧头的情形即为适例。过失的过当防卫也是后述的假想防卫的一种情形，[2]也可以成为一种假想过当防卫。

八、假想防卫、假想过当防卫

对于正当防卫状况的误认，可以分为以下三种类型。第一种类型是误认了急迫不正侵害的情形，也是典型的假想防卫。[3]第二种类型是误认了防卫行为之相当性的情形，这是假想防卫的一种，与此同时，也可以将其理解为过失的过当防卫。[4]第三种类型是急迫不正侵害的误认与防卫行为之相当性的误认并存的情形，这是典型的假想过当防卫。

（一）假想防卫

通说与判例都将典型的假想防卫理解为事实错误，但存在阻却构成要件故意还是责任故意这一体系性问题。与此相对，也存在将假想防卫理解为违法性错误的严格责任说，[5]进而也存在当从一般人的立场出发认为错误是不

---

[1] 最判昭和24年（1949年）4月5日刑集第3卷第4号第421页认为，应当感觉到与斧头相对应的重量，从而肯定对于过当性的认识。关于本案，参见桥田：《百选Ⅰ》（第6版），第56页。

[2] 但是，根据严格责任说，假想防卫其本身就成为故意犯，因此其结果就不能承认过失的过当防卫了。参见大谷第290页。

[3] 广岛高判昭和35年（1960年）6月9日高刑集第13卷第5号第399页中，有13次暴行、伤害之前科的被害人跑到被告人家中怒号，被告人出来诘问其缘由，被害人边说着"你还知道羞耻吗"，边将右手插到外套的口袋里，被告人误以为被害人是试图以凶器袭击，于是用木刀殴打被害人的手臂与头部等部位，致使其负伤。对于该案件，广岛高等裁判所肯定了假想防卫的成立。

[4] 盛冈地一关支判昭和36年（1961年）3月15日下刑集第3卷第3、4号第252页中，对于急迫不正的侵害，本来心想着为了防卫而实施相当的行为，却错误地实施超越该程度的行为。对于该案件，裁判所将其作为假想防卫的一种，从而阻却故意责任，将其作为过失责任的问题（犯罪不成立）。进而，大阪地判平成23年（2011年）7月22日判夕第1359号第251页中，被告人在被其胞弟施加了用拳头殴打其腹部等暴行之后，从其胞弟的背后，用手腕缠绕其胞弟的脖子，致使其胞弟窒息死亡。对于该案件，大阪地方裁判所认为虽然欠缺防卫的相当性，但被告人并不具有掐住被害人脖子的认识，而仅仅具有试图封锁对方行动的认识，由于欠缺对于为防卫行为是过当的这一点提供基础之事实的认识，因此该当于假想防卫，不能对其追问伤害致死罪的故意责任，从而认定被告人无罪。关于本案，参见穴泽：《刑事法学家》第33号，第95页。

[5] 参见福田第214页、西原（上）第246页、（下）第469页以下、大谷第292页、伊东第197页以下。

可能回避时，将假想防卫作为一种正当防卫，从而阻却其违法的学说。[1]

根据严格责任说，由于严格区分构成要件（事实）与违法性（评价），仅仅在构成要件该当事实的认识上面对规范的问题，将故意限定于构成要件故意，因此假想防卫被理解为违法性的错误。但是，将误解正当防卫的要件其本身的情形（当然是违法性错误）与像假想防卫这种"违法阻却事由的前提事实错误"的情形做同样处理，不得不说是恶的规范主义。

在事实错误说内部也存在几个理论变种，根据消极的构成要件要素理论，构成要件与违法性合二为一，因此在假想防卫的情形中，构成要件故意就被阻却了。[2]

本书也将故意置于责任要素的位置上，因此，在假想防卫的情形中，就将其理解为阻却了作为责任要素的故意。[3]在该情形中，并不当然地必须回溯性地判断构成要件过失的有无，而是在责任阶段承认从故意向过失横向滑行。据此，就肯定了具有构成要件故意的过失犯，但是，构成要件故意只不过是在犯罪论体系的入口中的判断而已，最终对于该行为只能作为过失对其进行责任非难，从而在结果上成立过失犯，并未有任何问题。[4]

如前所述（边页第 292 页），判例将假想防卫作为阻却故意的事实错误，如果肯定过失，则可以说就肯定过失犯的成立。虽然至今为止并没有最高裁判所的判例，但在大审院判例的旁论中支持了事实错误说［大判昭和 8 年（1933 年）6 月 29 日刑集第 12 卷第 1001 页］。战后的下级审判例也采用事实错误说［东京高判昭和 59 年（1984 年）11 月 22 日高刑集第 37 卷第 3 号第 414 页中，"……由于假想防卫是事实错误的一种情形……"］

（二）假想过当防卫

假想过当防卫是指明明不存在急迫不正的侵害却误认为存在，并对此实施"反击"行为，而即使假定在现实中存在所误认的侵害，该防卫也超过了

---

[1] 参见藤木第 172 页、川端第 403 页以下、野村第 308 页注 1，参见木崎："以假想为理由的正当化与正当防卫状况的设定（1）（2 完）"，载《法研集（早大）》第 153 号，第 119 页以下、第 77 页以下（2015 年）。

[2] 参见中第 137 页、井田第 350 页。

[3] 参见团藤第 242 页、大塚（仁）第 465 页、曾根第 199 页以下、前田第 315 页。

[4] 在该情形中，以假想这一点是过失为前提，责任过失（行为人的预见可能性）的有无成为问题（本书边页第 366 页）。进而，参见松泽："所谓的'飞镖现象'与犯罪论体系"，载《川端古稀》（上），第 283 页以下。

必要性、相当性的限度。

以下是关于假想过当防卫的判例：最决昭和41年（1966年）7月7日刑集第20卷第6号第554页中，"被害人B还未出手实施任何侵害行为，被告人的长子A就用随身携带的铁链对其实施殴打，而且并不想就此罢休，于是与手持菜刀的B形成对峙局面，在此之际，听到A的叫喊声而从路边冲出来的被告人，在没有弄清事实原委的情况下，误信A遭到B的单方攻击，于是为了排除该侵害用猎枪朝B射击，散弹的一部分命中B的右颈部前面锁骨上部的部位，此外，参见其他原判决所认定的事实，原判决认为被告人在本案中的行为是假想防卫并且超过了防卫的程度，从而根据《刑法》第36条第2款处断的判决是妥当的。"

进而，最决昭和62年（1987年）3月26日刑集第41卷第2号第182页（误会骑士道事件）中，具有空手道三段之技能的甲在夜间回家的路上，误信X正对Y女施加暴行，为了救助Y女，伸出两手靠近X，而X也摆出拳击格斗的姿势，甲误信自己即将被殴打，于是以迅雷不及掩耳之势朝X的脸部使了一招空手道中的回旋踢，结果导致X死亡。对于该案件，一审认为甲成立假想防卫，并且不存在过失，从而认定为不成立犯罪，但却肯定了假想过当防卫的成立，认为其在过当性上存在认识，因此肯定伤害致死罪的成立。具体而言，"本案中回旋踢的行为是被告人在误信X即将实施急迫不正的侵害所做出的反击行为，作为防卫手段，明显超出了相当性的范围，被告人所实施的行为成立伤害致死罪，符合所谓的假想过当防卫，因此，根据《刑法》第36条第2款的规定而减轻刑罚的原判决，是妥当的"。[1]

关于假想过当防卫的处理，在是否阻却假想的过当防卫的故意这一点上，以及在是否肯定作为过当防卫而减免刑罚的余地这一点上，存在疑问。

首先，关于故意的存在与否这一问题。如果根据严格责任说，由于假想

---

[1] 关于本案，参见酒井：《百选I》，第60页。东京地判平成20年（2008年）10月27日判夕第1299号第313页中，横躺在被子上的被告人与其同睡一张床的室友吵架，对方用两手用力地拍打被子并起身朝被告人的方向回头，被告人怀着未必的杀意用菜刀刺其背部。对于该行为，东京地方裁判所肯定了假想防卫过当的成立。进而，名古屋地判平成21年（2009年）9月15日LLI/DB06450928中，在旅馆中，将催眠剂混入果汁中让被告人喝下，从而试图从被告人身上夺取现金。对于该昏醉强盗案件，名古屋地方裁判所认为，被告人在事实上处于被监禁的状态下，误认为对方将高压电流枪作为凶器而试图对其实施奸淫这一点并不是无中生有的事情，但超越了防卫行为的限度，据此而肯定假想过当防卫的成立。

防卫已经是故意犯，因此假想过当防卫也成立故意犯（故意犯说）。[1]但是，将正当化事由的事实性前提理解为评价层面的错误的严格责任说其本身是存在问题的。与此相对，也有观点认为假想防卫是过失犯，其中第一次误认支配了整体的行为，与第二次误认紧密关联，因此假想过当防卫也是过失犯（过失犯说）。[2]但是，在对于过当事实具有认识的情形中也肯定过失犯性，是存在疑问的。

通说的观点区分了没有认识到过当性的情形与认识到了过当性的情形，认为前者的情形阻却了故意（过失犯），而后者的情形则没有阻却故意（故意犯），即采用二分说。在对过当性存在认识的情形中，由于认识到了为违法性提供基础的事实，因此应该认为成立故意犯。

其次，关于可否适用《刑法》第 36 条第 2 款这一问题可以归结为过当防卫中刑罚的减免根据问题。根据责任减少说，由于非难的减少是减免刑罚的根据，因此即使不存在急迫不正的侵害，也可以适用《刑法》第 36 条第 2 款。但是，这会产生以下不均衡的结果，即：在假想防卫的情形中，不存在过失犯的刑罚减免余地。根据违法减少说，当不存在急迫不正的侵害时，违法并不减少，因此不适用《刑法》第 36 条第 2 款。根据违法、责任减少说，虽然违法并未减少，但由于责任减少了，因此虽然不能直接适用《刑法》第 36 条第 2 款，但其准用是可能的。据此，例如，在误认"急迫不正侵害"的情形中，在急迫不正的层面上具有过失，在防卫行为上具有过失的话，就不能免除刑罚，而减轻刑罚则在假想防卫所成立的过失犯的刑罚限度内，这样的操作具有可能性。

九、盗犯等防止法中正当防卫的特例

关于正当防卫，在《关于盗犯等的防止及处分的法律》（盗犯等防止法）中存在特别规定。

首先，根据该法第 1 条第 1 款的规定：①当为防止盗窃犯或者追回盗赃时；②当为了防止携带凶器或者逾越损坏了门户墙壁等或者打开锁眼而侵入

---

[1] 参见福田第 214 页、西原（上）第 245 页、大谷第 293 页。
[2] 参见石原："对杀人未遂罪肯定假想防卫过当的事例"，载《法学论丛》第 81 卷第 104 页（1967 年），第 97 页。

他人居住或他人看守的宅邸、建筑物或者船舶之时；③为了排斥无故侵入他人居住或他人看守的宅邸、建筑物或者船舶或者经要求退出以上场所而拒不退出者，在以上三种情形中，为了排除现在进行的针对自己或者他人的生命、身体或者贞操面临的危险而杀伤犯人的，成立第36条第1款所规定的防卫行为。

关于该规定的解释，最判平成6年（1994年）6月30日刑集第48卷第4号第21页中作出了以下判示："关于该条款所规定的正当防卫的成立，该行为并不仅仅满足形式上所规定的要件，而必须具有作为排除现在危险之手段的相当性。此外，这里所谓的相当性与《刑法》第36条第1款的规定不同，仅将防卫目的限定于排除生命、身体、贞操面临的危险。此外，为了排除现在的危险而导致的杀伤也被限定于该法第1条第1款各项所规定的情形中，与此同时，这并不以'不得已而为之的行为'作为要件，从这一点来看，认为这意味着比《刑法》第36条第1款所规定的作为针对侵害之防卫手段的相当性更加缓和是妥当的。"

其次，该法第1条第2款规定，在前述的①②③这三种情形中，即使并不存在正在进行的针对自己或他人的生命、身体或贞操的危险，当行为人因恐怖、惊愕、兴奋、狼狈等心情因素而在现场杀伤犯人时，也不对其实施处罚。这可以认为是以不具有期待可能性为理由而将责任阻却法定化的规定。

该规定仅仅适用于基于恐怖等心情的假想防卫的情形，并不适用于对现在的危险存在假想的情形。具体而言，最决昭和42年（1967年）5月26日刑集第21卷第4号第710页中作出了以下判示："《关于盗犯等的防止及处分的法律》第1条第2款是适用于以下情形的规定，即，在该条第1款各项所规定的情形中，即虽然并不存在正在发生的对于自己或他人的生命、身体或贞操的危险，却因恐怖、惊愕、兴奋或者狼狈等心情因素而误认为存在，为了排除该假想的危险而在现场将犯人杀伤的情形，因此，认为该规定并不适用于行为人并不存在这种误信的情形是妥当的。"

第七节　紧急避险

一、含义

紧急避险是指，为了回避正在进行的对于自己或他人的生命、身体、自由、财产等的危险，不得已而实施的行为，除此之外没有其他回避危险的方法，并且由该行为所产生的损害不能超过由该行为所回避的侵害（《刑法》第37条第1款）。[1]紧急避险是紧急行为的一种，这一点上紧急避险与正当防卫具有共通之处，但紧急避险是一种"正对正"的关系，这一点与正当防卫所表现出的"正对不正"的关系具有本质性区别。

由于紧急避险与法哲学上的根本问题相关联，因此被称为"法律的小宇宙"。例如，希腊哲学家卡涅阿德斯向弟子们所提出的问题就非常有名（卡涅阿德斯之板）。具体而言就是以下事例："船在海上遇难后只剩下甲、乙两人漂浮在海上，海面上飘着一块木板，该木板只能承受一个人的重量，甲让乙溺死，从而自己获得救助。"将该事例置换成刑法问题的话，甲的行为虽然该当于杀人罪的构成要件，但其违法是否被阻却则成为问题。[2]

二、本质（法性质）

紧急避险与正当防卫不同，二者是一种正对正的关系，因此关于其法性质存在几种观点的分歧。通说认为是一元的违法阻却事由，[3]但与此相对，也有观点认为是一元的责任阻却事由。[4]与此相对，也有观点主张应当做二元的理解，即基本上应当理解为违法阻却事由，但当法益等价时则为责任阻

---

[1] 关于紧急避险，参见森下：《紧急避险的研究》（1960年）；同：《紧急避险的比较法考察》（1962年）；米田："紧急避险中的相当性研究"（载《司法研究报告书》第19辑第2号）（1967年）；井上（宜）：《紧急行为论》（2007年）；铃木（优）："刑法第37条的统合性解释"，载《法研论集（早大）》第107号（2003年），第195页以下；同："紧急避险及其对抗行为（1）（2完）"，同上第111号第155页以下，第112号第95页以下（2004年）；远藤："紧急避险论的再检讨（一）-（五）"，载《法协》第131卷第1号第105页以下，第2号第174页以下，第6号第1页以下，第7号第1页以下，第12号第71页以下（2014年）；永井（绍）："关于紧急避险的制约根据（1）（2）"，载《法研论集（早大）》第149号第253页以下，第152号第253页以下（2014年）。

[2] 作为实际发生的事件，有"木樨草号事件"（1884年）。英国的一艘轮船"木樨草号"在海中遇难，船员甲、乙、丙、X漂流于一艘救生艇上，因食物短缺，甲、乙、丙杀害了最弱的少年X并以其尸体为食物，最终生还。对于这一案件，虽然法院对甲与乙宣告了死刑（丙是证人），但之后被特赦而减为六个月的禁锢刑［参见中村："两个吃人肉的杀人裁判（上）"，载《判时》第1210号（1986年），第3页以下］。

[3] 参见团藤第245页以下、平野Ⅱ第228页以下、大塚（仁）第401页、福田第165页、藤木第178页、大谷第296页、前田第284页、堀内第166页、山口第148页。

[4] 参见泷川第154页以下、植松第208页以下。

却事由；[1]或者基本上理解为违法阻却事由，但在生命对生命或身体对身体的情形中则为责任阻却事由。[2]进而，以下观点也被主张着：基本上采用违法阻却一元说，但对于生命与身体的重要部位的侵害则不承认紧急避险，而将其作为超法规的责任阻却的观点；[3]基本上采用责任阻却一元说，但当保全法益显著优越于侵害法益时，则理解为违法阻却事由的观点；[4]认为是可罚的违法性阻却事由的观点；[5]当不承担损害赔偿责任时则为违法阻却事由，当承担时则为可罚的违法性阻却事由的观点[6]等。

该争论并不仅仅是犯罪论上的理论对立，在是否成立参与紧急避险的共犯（设例1）与可否对紧急避险实施正当防卫（设例2）这一问题上具有实益。

设例1：船在海上遇难，甲、乙两人漂浮于海中，为了不被溺毙而拼命地游向岸边，两人都处于精疲力竭的状态，在此之际发现了一块漂浮的木板。此时，站在岸边的甲的母亲对甲大喊"将乙溺死"，于是甲将乙的头按入海水中溺死，自己抓住这一块木板获救（"卡涅阿德斯之板"的修正事例A）。

设例2：船在海上遇难，甲、乙两人漂浮于海中，为了不被溺毙而拼命地游向岸边，两人都处于精疲力竭的状态，在此之际发现了一块漂浮的木板。此时，乙为了使自己获救而试图将甲的头部按入海水中，站在岸边的甲的母亲为了救助甲而将乙射杀（"卡涅阿德斯之板"的修正事例B）。

关于设例1，根据违法阻却事由说，甲的行为就成立紧急避险从而阻却违法，因此，甲的母亲就成为对合法行为的参与，根据作为关于共犯从属性之通说的限制从属性说（正犯违法时共犯也违法），就不成立杀人的教唆犯了。与此相对，根据责任阻却事由说，就是对违法行为的参与，因此根据限制从属性说，就成立杀人的教唆犯（根据二元说也会得出同样的结论）。

---

[1] 参见佐伯（千）第205页以下、中山第269页、内藤（中）第405页以下、山中第555页。

[2] 参见木村（龟）第265页以下；阿部（纯）："紧急避险"，载《刑法讲座》第2卷（1963年），第158页。

[3] 参见山口第148页。

[4] 参见森下，前列：《紧急避险的研究》228页以下；井田第302页。

[5] 参见生田：《行为原理与刑事违法论》（2002年），第283页以下；林（干）第207页。

[6] 参见曾根第112页以下；佐伯（仁）第182页；松原（芳）："紧急避险论"，载《法教》第269号（2003年），第96页。此外，参见松宫第154页以下。

关于设例 2，根据违法阻却事由说，由于乙的行为是合法的，因此不能对其实施正当防卫，甲的母亲仅仅可能成立紧急避险。与此相对，根据责任阻却事由说，由于乙的行为是违法的，甲的母亲就能够以正当防卫之名进行对抗（根据二元说也会得出同样的结论）。

首先，从《刑法》第 37 条的文本出发，可以推导出紧急避险是阻却违法的结论。第 37 条预设了不处罚为了回避"他人"之危险的行为，因此，如果是阻却责任事由的话，从期待可能性的观点出发，只能限定于"自己"的危险。此外，由于以"损害的均衡"为要件，因此可以说紧急避险是在违法层面上的问题，而不是在责任层面上的问题。进而，只要产生的损害并不超过试图回避的侵害程度，具体而言，即使不存在优越性的利益，只要不产生最负面的收益，就阻却违法，因此二元说的立场也违反第 37 条的法条规定。

其次，作为实际上的问题，在前述的设例 2 中，认为可以对紧急避险实施正当防卫的结论是不妥当的。由于在正当防卫的情形中要求严密的法益均衡，因此紧急避险者归根结底受到了比试图回避的损害更大的侵害。应该认为，对于紧急避险而言，只能以紧急避险来对抗。[1]

进而，作为理论上的根据，刑罚与损害赔偿等法制度本身就具有为了保护较大的法益而侵害较小法益的性质，即使私人实施了这种行为，法律在一定要件下也不应当禁止，而应容许。问题在于对立的法益处于同等价值的情形，此时，由于无法偏袒任何一方利益，因此应该将其理解为一种放任行为。[2] 既然放任行为并不是法律所禁止的行为，归根结底还是一种被法律所容许的行为，因此可以将紧急避险理解为违法阻却事由。[3]

三、要件

将紧急避险的要件分开说明的话，如下所示：

---

[1] 因此，既然可罚的违法性阻却事由说也将紧急避险认为是"不正的侵害"，就会导致对于紧急避险肯定正当防卫，在这一点上是不妥当的。进而，本书认为，紧急避险行为并不是可罚性这一制裁规范（发动）的问题，与正当防卫同样都是构成行为规范之内容的容许规范（发动）问题。

[2] 放任行为是委托于共同体内的自律性解决的观点，这是以共同体关系性的行为容许性为根据的（边页第 262 页）。放任行为被置于"在法律上的空白空间"这一位置上，在容许规范中，可以肯定该空间的存在。与此相对，在禁止或命令规范中，就不能肯定该空间的存在。在这一点上也可以肯定构成要件该当性与违法性阻却的构造性差异。

[3] 在违法阻却事由中，存在对方具有容忍义务的权利行为（强的容许）与不具有容忍义务的放任行为（弱的容许），紧急避险就属于后者的范畴。

(一) 现在的危险

作为成立紧急避险的前提，必须存在"现在的危险"（紧急避险状况）。"现在"基本上可以理解为与正当防卫中的"急迫性"具有同样的含义。[1] "危险"是指对法益的侵害或危险，不问是否来源于人的行为。例如，自然现象、疫病、来自动物的灾害等也可以成为紧急避险的危险源。[2] 与正当防卫不同，刑法条文并未规定"侵害"，而是规定"危险"，其原因就在于此。即使是人的正当行为也可能对其实施紧急避险，为了回避正当防卫行为或紧急避险行为而侵害对方或第三人的法益时，虽然不能肯定正当防卫，但可以肯定紧急避险。但是，在被害人同意与法令行为等正当行为的情形中（例如，死刑的执行与合法逮捕等情形），就不允许对其实施紧急避险。这是因为对象者的法益的要保护性已经被否定了，如前所述（边页第310页），这些是伴随着忍受义务的违法阻却事由。

(二) 保全法益

紧急避险必须是针对"自己或他人的生命、身体、自由或财产"所实施的避险行为。被列举的法益体现出了与正当防卫相比应该保护的利益范围更加狭窄这一主旨，而不应当理解为作严格的限制列举。例如，对于名誉与贞操也应当允许紧急避险。《改正刑法草案》（简称《草案》）在这一点上并不承认正当防卫与紧急避险的差异，都规定为"自己或他人的法益"（《草案》第14条、第15条）。此外，虽然在对于国家法益、社会法益能否实施紧急避险上存在疑问，但这应当与正当防卫的情形做同样的理解（边页第279页）。

(三) 避险行为

紧急避险是为了回避现在危险的行为，即，必须是避险行为。不仅包括为了回避对于自己利益面临的危险而侵害无关的第三人之正当利益这种转嫁

---

[1] 但是，急迫的侵害与现在的危险，前者是指现实的纠葛状态，后者是指危险状态，也存在虽还不存在前者但存在后者的情形。例如，来到林中小屋寄宿的两个人计划在第二天杀害主人，但被主人听见，于是主人在咖啡中下了安眠药并将两人绑起来。在该情形中，虽不存在急迫的侵害，但可以肯定现在的危险。

[2] 大判昭和8年（1933年）11月30日刑集第12卷第2160页中，因暴雨而产生稻苗被淹没的危险，为了排水不得已而将下游的栅栏损坏。对于该案件，大审院认定了紧急避险的成立。如后所述，最判昭和35年（1960年）2月4日刑集第14卷第1号第61页中，因吊桥腐烂而对于行人的生命、身体产生危险。对于该案件，最高裁判所否定了危险的急迫性。关于本案，参见小名木:《百选Ⅰ》，第62页。

型的紧急避险（攻击型的紧急避险状况），而且也包括侵害制造该危险者的正当利益这种反击型的紧急避险（防御型的紧急避险状况）。

关于紧急避险，与正当防卫一样，必须具备作为主观正当化要素的避险意思。因此，关于偶然避险，例如，甲以损坏器物的意思朝 X 的寝室窗户扔石头从而打碎了玻璃窗，但偶然地使因瓦斯中毒而处于窒息死亡之危险状态的 X 的朋友 Y 免于一死，在该情形中，如前所述（边页第 277 页），本书认为，成立器物损坏的未遂，因此最终并不成立器物损坏罪。

避险意思仅存在于避险行为人身上是否足够，成为问题。具体而言，当面临现在正在发生的危险的法益主体同意对其实施侵害时，是否可以实施为了他人利益的紧急避险，成为问题。有观点认为，紧急避险并无关乎法益主体的意思，在有些情形中即使违反法益主体的意思而实施避险行为，也可以成立紧急避险。[1]但是，如前所述（边页第 311 页），由于法益主体的法益的要保护性被否定，因此就不能认为是"现在的危险"了。[2]这一点与以正的确证（法秩序的保护）为根据的正当防卫是不同的。

此外，即使避险行为是过失行为也可以肯定避险意思。这是因为基于避险意思的避险行为本身有可能是违反注意义务的行为。例如，大阪高判昭和 45 年（1970 年）5 月 1 日高刑集第 23 卷第 2 号第 367 页中，在道路上以时速 55 公里的速度行进的被告人，发现了在前方三四米处，有一辆普通乘用车突破了道路的中央线以时速约 70 公里的速度相向驶来，时间过了大约 1 秒，被告人感到有与该车相撞的危险，立即左转方向盘往左边让出约 1 米，并紧急踩刹车和离合器加以减速，即为了回避现在的危险而实施了不得已而为之的行为，据此导致与后续的车辆相撞，该车司机第三中指骨裂骨折，大约需要治疗三周。即使对该车司机造成这样的伤害，也并未超过与对面车辆发生正面冲撞所可能发生的损害，因此应当认为成立紧急避险。

（四）补充性原则

"不得已而为之"的行为与正当防卫不同，意味着不存在其他应该采取的方法，这一点被称为补充性原则。这是从紧急避险是侵害他人的正当利益这种"正对正"的关系出发推导出的原则，如果可以用其他方法回避，法益就

---

[1] 参见大塚（仁）第 404 页、内藤（中）第 429 页、大谷第 300 页、西原（上）第 252 页。
[2] 参见江家：《讲义》，第 182 页；山口第 150 页。

得以保全，因此就应该采用其他方法。补充性的判断基准是行为规范层面上的问题，因此应该从以行为时的一般人的视角为基准出发进行判断。

最判昭和 28 年（1953 年）12 月 25 日刑集第 7 卷第 13 号第 2671 页中，作为国铁乘务员的被告人，为了回避列车通过隧道之际可能因热气或有毒瓦斯引起的窒息或火灾等危险，而实施了减少三成牵引车辆的争议行为，据此，以违反昭和 23 年（1948 年）政令第 201 号而被起诉。关于该案件，最高裁判所作出了以下判示：被告人为避免列车通过隧道之际可能发生的前述危险，只要继续实施必要的减车行为即为足够，进而全面放弃的行为至少可以说超出了为了回避前述危险而实施的作为"不得已而为之"的行为的程度。

最判昭和 35 年（1960 年）2 月 4 日刑集第 41 卷第 1 号第 61 页中，日渐腐烂的吊桥已经成为车马通行的巨大安全隐患，于是被告人想伪造成吊桥因雪灾而崩塌从而骗取灾害补偿金来重新建造吊桥，借机用炸药炸毁了吊桥。关于该案件，最高裁判所作出了以下判示：即使吊桥陷入了如此迫切的危险状态，为了防止该危险，也具有采用强化通行限制及其他适当的手段或方法的余地，因此，被告人的爆破行为并不能说是"不得已而为之"的行为，没有承认紧急避险的余地，因此也不能成立避险过当。[1]

（五）法益均衡原则

要成立紧急避险，从避险行为所产生的损害必须不能超过试图回避的损害程度，这就是均衡性原则（损害的均衡）。

关于均衡性的判断，生命、身体、自由、财产这些被列举的法益种目大概可以成为判断基准，但抽象性地比较法益是无意义的。必须明确冲突的法益在具体状况中的要保护性。此时的基准，就应当具体衡量对于保全法益的危险程度、陷入危险的保全法益的量与范围、法益侵害的必要性程度、对侵害法益的加害的量与范围、法益保持者对法益所具有的利益关系、避险行为在法益侵害性上的性质等所有关于冲突"法益"在具体状况中的要保护性的

---

〔1〕 关于本案，参见小名木：《百选Ⅰ》，第 62 页。以及，东京高判昭和 46 年（1971 年）5 月 24 日判夕第 267 号第 382 页中，夜间住在雇主家里的民工因胃痉挛而陷入痛苦不堪的状态，迫于其他民工的强烈要求，被告人在没有驾照的情况下，开车将该民工送到 10 公里外的医院。对于该案件，东京高等裁判所认为还存在呼叫出租车或者请求救护车等方法，据此否定紧急避险的成立。

因素。[1]

通过这种包括性的利益衡量，当保全法益大于或等于侵害法益时，就满足法益均衡原则。[2]作为利益衡量比较容易的情形，例如，前述的大判昭和8年11月30日中，与木板的价格相比，放置于水田的稻苗被淹没所遭受的损害程度被认为显而易见是重大的。大判昭和12年（1937年）11月6日大审院判决全集第4辑第1151页中，为了救助当时价格相当于600日元的英国产的赛特猎狗而杀害当时价值相当于约150日元的土佐产的杂种警犬，对于该案件肯定了紧急避险的成立。[3]与此相对，作为难以衡量利益的情形，例如，像前述的广岛高松江支判平成13年（2001年）10月17日中的为逃避强制妊娠中绝而不法入国的情形，或者为了逃避杀害的危险而酒后驾驶（东京高判昭和57年（1982年）11月29日判时第1071号第149页肯定了避险过当），[4]或者为了带孩子到医院看病而超速行驶的案件［堺简判昭和61年（1986年）8月27日判夕第618号第181页肯定了避险过当］等。在难以衡量利益的情形中，如前所述（边页第262页），不得不委诸于共同体内自律性解决，因此作为一种放任行为，也应当肯定紧急避险的成立。

（六）相当性原则

要成立紧急避险，进而要求避险行为必须具有相当性，即为了回避危险所采取的必须是妥当的手段。[5]根据该要件，即使满足补充性与法益均衡的要件，如果不存在相当性，也应当认为存在否定紧急避险成立的情形。例如，拯救重伤患者之生命的唯一手段就是输血，为此而从行人身上强制采血的情形。或者例如，资本家的千金A穿着高档外套在路上行走，突然天降暴雨，眼看着高档大衣马上被淋湿，穿着廉价大衣拿着雨伞的X恰好从A身边走过，

---

[1] 参见内藤（中）第420页以下、曾根第115页以下。
[2] 也有观点区别了防御型的紧急避险与攻击型的紧急避险，认为前者在缓和衡量的程度上就足够，而后者以保全法益的显著优越为必要［参见吉田（宣）：《违法性的本质与行为无价值》（1992年）第102页以下；小田："紧急避险与个人的自律"，载《刑杂》第34卷第3号（1995年），第1页以下］。
[3] 但是，在比较财产价值的情形中，不仅仅是价格，主观性价值（例如，对于宠物狗的感情）也应当被考虑。
[4] 关于本案，参见小田：《百选I》，第64页。
[5] 参见佐伯（千）第207页以下、松宫第157页以下、佐伯（仁）第191页以下。与此相对，作为认为不需要相当性要件之观点，参见山口第153页以下、井田第305页注19。

A从X手里夺走了雨伞。在这些情形中,即使法益均衡被肯定,从被侵害的法益所有人的"人格尊严性"的视角出发,也应当否定相当性。这是因为,作为放任行为的紧急避险是将利益冲突放在共同体的自律框架内进行解决,因此,在基本的人权被侵害的情形中,只能通过他律性解决。

四、避险过当与假想避险

避险过当是指避险行为超过了其应有的程度。避险过当与防卫过当同样都是违法行为,但由于其违法性与责任均减少,因此,刑罚的减轻或免除被认为是可能的(《刑法》第37条第1款但书规定)。由于在条文上明确规定了超越"其"程度的行为,因此也有观点认为应限定于符合损害均衡原则的情形。但既然认为防卫过当的刑罚减免根据在于违法性及责任的减少,应当理解为也包含了符合损害补充性原则与相当性原则的情形。但是,当避险行为显著脱离了补充性与相当性时,也具有解释为不成立避险过当的余地。前述最高裁昭和35年(1960年)的判决中,对于使用炸药炸毁吊桥的行为就被认为不存在避险过当的成立余地。进而,大阪高判平成10年(1998年)6月24日高刑集第51卷第2号第116页中,在暴力团组事务所内处于监禁状态的被告人为了脱离监禁在事务所一层室内放火,导致该室的一部分被烧毁,对于这一案件,原判决肯定避险过当的成立,但大阪高等裁判所认为存在损害更小的逃跑手段,因此否定了补充性,从而不承认避险过当的成立。[1]可以归结为:对于该案件,原判决将脱离了补充性的情形也包括到避险过当之中,

---

[1] 通说对该情形肯定了避险过当的成立。如果将避险过当的刑罚任意性减免根据求诸责任减少的话,就会得出肯定说的结论。作为本书立场的违法、责任减少说:既然是不必要的法益侵害行为,就不能肯定违法减少,但可以肯定责任减少,因此,根据具体情况,就可能得出肯定或者否定的结论。作为否定紧急避险成立的判例,有前列的东京高裁昭和46年(1971年)判决,作为肯定的判例,有前列(边页第314页)东京高裁昭和57年(1982年)判决、前列(边页第314页)堺简裁昭和61年(1986年)判决等。进而,东京地判平成21年(2009年)1月13日判夕第1307号第309页中,车辆突然从自车前方的左方车线开出,为了避免与其相撞,超过必要的限度而将自车开向左方车线,结果撞倒自行车并使骑车人负伤。对于该案件,东京地方裁判所肯定了避险过当的成立,适用了《刑法》第37条第1款而肯定了刑罚的免除。札幌高判平成26年(2014年)12月2日LEX/DB25505480中,后续车辆紧紧挨着被告人所驾驶的车辆并试图超车,在该情形中,札幌高等裁判所认为,并不能说被告人除了超速行为就不存在其他避免后续车辆接近的现实方法,从而否定紧急避险的成立(也否定紧急避险过当)。关于本案,参见远藤:《判例通选》2015年第1期,第27页。此外,参见永井(绍):"关于避险过当的减免根据与要件(1)(2完)",载《法研集》第153号第241页以下、第154号第205页以下(2015年)。

与此相对，本判决只将有失法益均衡的情形认定为避险过当。

与此相对，假想避险是指明明不存在现实的危险却误以为存在从而实施避险行为的情形。[1]进而，将超越其程度的情形称为假想避险过当。[2]这两种情形在法律上的处理，与假想防卫以及假想防卫过当的情形一样（边页第302页）。

五、强要紧急避险

在因被强要而实施犯罪行为的情形中，是否能够肯定紧急避险的成立成为问题。例如，乙将甲的儿子X绑架作为人质，并威胁甲如果不去抢劫银行的话就将X杀害，于是甲实施了抢劫银行的行为，这一情形即为适例。

当强要人成立间接正犯时，有观点认为，由于在强要人与避险行为人之间可以肯定不法的一体性，因此既阻断了正的确证，也无法肯定因紧急避险的违法阻却。[3]或者，也有观点认为，仅仅在被强要的内容产生重大的法益侵害时，也就是说当存在显著的法益优越时，才能肯定违法阻却。[4]

如果将这些观点的基础理解为已经满足了紧急避险的所有要件，因此成立紧急避险的话，那么根据违法阻却说，该行为就是合法的，因此银行就不能对该行为实施正当防卫，这一结论显然是不妥当的。但是，如果肯定了紧急避险的所有要件，也就不得不肯定紧急避险的成立了。这是因为没有理由区别由自然现象产生的危险与由于人的强制而产生的危险。[5]此外，在前述事例中，银行虽然不能以正当防卫对抗甲，但可以以紧急避险进行对抗。进

---

[1] 东京地判平成8年（1996年）1月17日判时第1563号第152页认为，即使相信了荒唐无稽的预言，也不能说患者所产生的将来会发生地震的主观预测是假想的危险。

[2] 大阪简判昭和60年（1985年）12月11日判时第1204号第161页，被告人坐在大厦一层的国铁站内的中央广场通往二层的台阶上，误以为自己即将遭受两个喝着酒、嘴里说着"工作上多多关照"的带有流氓习气的男子的攻击，心想着要躲避该攻击就需要护身用的器具，因此当天就走到地下一层的理发室内，发现了碎发剪刀而想将其作为护身用具，于是超过了为了回避以上危险所不得已的程度而窃取该店内的碎发剪刀。对于该案件，裁判所排斥了辩护人所主张的成立假想避险从而阻却故意的主张，肯定了假想避险过当的成立。关于本案，参见井上（宜）：《百选I》，第68页。

[3] 参见桥田："强制行为的法性质（1）（2完）"，载《法学论丛》第131卷第1号，第97页以下；同第4号第94页以下（1992年）。

[4] 参见井田第307页。

[5] 参见大谷第299页、山口第151页。

而，也可以以正当防卫对抗乙，因此并不会存在问题。

判例对于因强要的行为肯定了通过紧急避险而阻却违法的可能性［最判昭和24年（1949年）10月13日刑集第3卷第10号第1655页］。东京地判平成8年（1996年）6月26日判夕第921号第93页（奥姆真理教私刑杀人事件）中，被告人被新兴宗教干部包围，被威胁如果不杀害某个信徒，自己就会被杀害。关于这一案件，最高裁判所认为，即使拒绝杀害信徒也不具有马上遭杀害的危险性，因此虽然否定对生命的现实危险，但能够肯定处于监禁状态对于身体自由的现实危险，在此基础上也能够肯定补充性以及避险行为的相当性，只是有失法益的均衡，因此肯定避险过当的成立。[1]

六、自招危险

对于自招的危险能否肯定紧急避险的成立，成为问题。判例认为，"行为人为了回避因自己的故意或过失而自我招致的危险而实施的行为，不成立紧急避险"［东京高判昭和45年（1970年）11月26日判夕第263号第355页］。例如，大判大正13年（1924年）12月12日刑集第3卷第867页中，被告人开着汽车在路上行驶，前方既有行人走在路上，也有货车以及汽车迎面行驶而来。在从货车旁边经过时，尽管可能从货车的背后窜出行人，但被告人依然速度不减地与货车擦肩而过，此时突然从货车背后窜出了行人X，被告人为了躲避X而急刹车，结果撞到了Y并致使Y当场死亡。关于该案件，在社会观念上不认为这是不得已而为之的行为，因此不认为这是紧急避险行为，从而否定紧急避险的成立，对于被告人的行为肯定了业务上过失致死罪的成立。[2]

关于紧急避险的法性质，如果采用责任阻却说，避险行为就成为违法行

---

[1] 东京高判平成24年（2012年）12月18日判夕第1408号第284页中，被告人在驾驶作为出租车的普通乘用汽车直行穿过交叉路口之际，导致从左方道路行驶而来的A所驾驶的普通乘用汽车与自车相撞，由此导致同乘于被告人车上的B死亡、C负伤。对于该案件，东京高等裁判所驳回了肯定业务上过失致死罪之成立的原判决，进而认为，如果被告人所驾驶的车辆在本案的道路交叉口跟前减速并确认交叉道路之安全的话，对于可能避免与A车相撞这一事实还存在合理怀疑的余地，据此而否定过失犯的成立。关于本案，参见杉本：《百选I》，第16页。进而，福冈高那霸支判昭和61年（1986年）2月6日判时1184号第158页中，否定了违反通过后视镜而确认后方安全的注意义务与结果之间的相当因果关系［参见佐久间：《百选I》（第6版），第18页］。

[2] 关于本案，参见山本（辉）：《百选I》，第66页。

为，因此，即使自招行为是违法行为，在违法的层面上也不产生问题，而只在责任的层面上根据非难可能性的有无对整体行为进行判断。[1]与此相对，如果根据把紧急避险理解为违法阻却的观点，避险行为就成为合法行为，因此与其背后的自招行为的违法行为之间的关系就不得不成为问题。

作为该问题的解决方法，有观点主张"原因上的违法行为"之法理。[2]具体而言，避险行为本身虽然是合法的，但由于原因行为是违法的，因此对于法益侵害的惹起可以追究故意或过失的责任。但是，当避险行为时的实行行为性被肯定，并将其视为合法的情形中，背后的行为之所以被视为违法，只能是"利用合法行为的违法行为"这一间接正犯形态。因此，在自招行为时必须具备利用意思这一故意。因此，该法理只有在极其例外的情形中才能被适用。[3]此外，也有观点将自招行为与紧急行为做整体性把握，根据紧急行为是否具有社会相当性来确定是否成立紧急避险。[4]但应当说该基准是极其不明确的。

自招危险应当与正当防卫中的自招侵害做平衡性考虑，即应该从权利滥用的视角出发进行考虑。[5]但是，在正当防卫的情形中，虽然可以用是否滥用正当防卫权这一权利进行处理，但紧急避险并不能说是一种权利，因此，根据是否滥用一旦成立紧急避险就阻却违法这一法理进行处理的方法是妥当的。[6]

七、业务上特别义务者

紧急避险的规定对于在业务上具有特别义务的人并不适用（《刑法》第37条第2款）。"在业务上具有特别义务的人"是指，警察、医生、消防人员等这种从业务的性质而言，在发生一定的危险时具有必须挺身而出的法定义务者。这些人不能以紧急避险为由而对第三人施加危害的原因也在于此。当

---

[1] 参见植松第213页。
[2] 参见平野Ⅱ第235页，山口第160页。
[3] 认为故意的自招危险并不包含于"危险"的是，泷川第161页、木村（龟）第272页。
[4] 参见佐伯（千）第208页、大谷第301页、川端第387页。
[5] 参见吉田（宣），前列：《违法性的本质与行为无价值》，第172页以下。
[6] 法理的滥用是将自招行为与避险行为的关联，尤其是将自招行为是否被现实化为避险行为这一点通过自招行为的客观面与主观面进行判断。因此，在意图的、故意的自招的情形中，肯定法理的滥用是比较容易的。但是，在过失自招的情形中，也存在难以肯定的情形。但是，过失犯的情形可以通过对背后的行为肯定过失的实行行为性来处理。

前，作为《警职法》第 7 条的反对解释，当满足紧急避险的情形时，也允许警察使用武器对他人施加危害。尤其是在为了他人利益的紧急避险中，正是因为其作为特别义务人的身份反而才应当肯定实施紧急避险的情形很多。在这种情形中并不具有例外规定的《刑法》第 37 条第 2 款，不得不说是在立法论上存在问题的规定。

第八节　超法规的正当化事由

一、总说

既然立足于实质的违法论，正当化事由就并不限定于刑法的明文规定，因此不得不肯定超法规的违法阻却事由。这一般被认为是做对被告人有利的类推解释，但如前所述，罪刑法定主义的射程范围并不仅仅波及被告人的行为自由，也包括了被害人、共同体的规范信赖。因此，应该认为是仅仅在扩张解释的范围内才允许存在超法规的违法阻却事由。[1]

超法规的违法阻却事由，①广义上而言就是不被《刑法》第 35 条到第 37 条的规定正当化的一切正当化事由，因此，除了紧急行为，一般的正当行为也被包含于此。②从狭义上而言则仅意味着紧急的超法规的正当化事由，作为一般的正当行为之社会相当行为与被害人同意就被排除了。③从最狭义的角度而言，仅仅指从狭义的超法规的正当化事由被排除的自救行为（事后救济）之后的具有事前救济性质的事由。[2]

二、被害人同意

（一）含义

被害人同意（被害人承诺）[3]是指，法益主体（法益的承担主体）同意

---

[1] 最决昭和 39 年（1964 年）12 月 3 日刑集第 18 卷第 10 号第 698 页（舞鹤事件）中，为了探究 X 详细记录了第三次中国引扬归国者大会内容之理由而将该人监禁。对于该案件，最高裁判所认为，即使 X 的行为是对于集会思想表现等自由的侵害，也超越了社会观念上被允许的程度。据此认定不阻却违法性。

[2] 参见曾根第 123 页。

[3] 关于被害人同意，参见曾根：《刑法中的正当化理论》（1980 年），第 105 页以下；须之内：《刑法中被害人的同意》（2004 年）；盐谷：《被害人承诺与自我答责性》（2004 年）；佐藤（阳）：《被害人的承诺——通过各论考察的再构成》（2011 年）等。

法益侵害，结果导致该法益欠缺刑法上的要保护性或者说欠缺法益性的情形。[1]通过被害人同意，虽然也存在肯定阻却行为犯罪性的情形，但关于该根据，图示性分解的话，存在以下两种进路：一种是行为无价值论的进路，即把通过的同意的行为的社会相当性作为根据的观点。另一种是结果无价值的进路，即通过对于因同意而产生的事态适用"利益不存在原则"而为该进路提供根据的观点。但是，这种带有模式论性质的从进路出发而推导出的演绎式的结论，具有忽视违法性的判断是对行为进行实质性的综合性判断这一危险。从本书所认为的以行为规范与制裁规范为基础的违法二元论的立场出发，"利益不存在原则"也当然能够被包含进去（边页第252页）。

（二）被害人同意在犯罪论上的地位

被害人同意所产生的法效果并不都是一样的，根据不同的情形将产生不同的效果。第一，违反被害人的意思本身就是构成要件要素的情形。在该情形中，如果具备同意则不具备构成要件该当性。例如，住居侵入罪（《刑法》第130条）、对13岁以上妇女的强奸罪（《刑法》第177条前段）、盗窃罪（《刑法》第235条）等即为适例。第二，在构成要件上不承认同意之效力的情形，即，即使具备同意也成立犯罪的情形。例如，对于未满13岁的未成年人的猥亵行为（《刑法》第176条后段）、对未满13岁的幼女的奸淫行为（《刑法》第177条后段）即为适例。[2]第三，同意成为违法减轻事由的情形。例如，同意杀人罪（《刑法》第202条后段）、同意堕胎罪（《刑法》第213条）等即为此。第四，能否将所得到的被害人同意作为违法阻却事由成为问题的情形，也即为下文所要处理的问题，一般与伤害罪相关联被讨论。此外，《德国刑法》第228条规定了"得到被害人的同意而实施伤害身体者，

---

[1] "被害人"概念在刑法学上，甚至在被害人学上都未被明确化。在这里，我想将被害人放置于作为个人的"法益主体（法益的承担主体）"这一位置上。关于这一点，参见佐伯（仁）第200页以下，高桥："从修复性司法的观点看待犯罪被害人的对应措施"，载《早稻田法学》第85卷第1号（2009年），第307页以下。

[2] 东京高判平成15年（2003年）1月29日判时第1835号第157页中，作为在留置场看守的被告人，在留置场内对于处于拘留中的A女子实施了七次奸淫。对于这一特别公务员凌虐案件，东京高等裁判所认为，《刑法》第195条第2款的"凌虐或者加虐的行为"应当参见公务的适正与保护国民对此的信任这一本罪的宗旨来理解。至于现实上对方是否承诺，是否蒙受精神性或肉体性痛苦，则在所不问。此外，名古屋高金泽支判平成17年（2005年）6月9日（刑集第60卷第2号第232页）中认为，儿童色情物品制造罪并不需要令其强制地采取姿态，应理解为预定了同意被害儿童采取姿态等情形，而不能理解为通过被害儿童的同意而阻却了违法性。

即使具有被害人的同意，如果该行为违反善良风俗，也是违法行为"，但在日本刑法中却不存在这样的规定。[1]

(三) 被害人同意的违法阻却根据

如前所述，从行为无价值论的进路出发，被害人同意的行为的违法阻却根据被求诸于将其理解为在社会上是相当行为的社会相当性说与将其理解为是为了正当目的所实施的相当手段的目的说。与此相对，从结果无价值论的进路出发，则将从法益衡量说出发的保护法益不存在原则或者从优越利益说出发的利益不存在原则作为同意的违法阻却根据。但是，即使是在行为无价值论的进路中，也以法益或利益的存在为前提，因此，不得不考虑由于同意而导致保护法益不存在这一点。只是，不能将这一点作为绝对的因素。如果将结果无价值论贯彻到底的话，就赋予了同意绝对的法律效果，如后所述，这忽视了自我决定权的界限，因此是不妥当的。

对伤害行为同意的有效性，例如，在流氓的断指、伴随 SM 游戏的性行为、以骗取保险金为目的的伤害等情形中，就成为问题。

判例认为当同意违反公序良俗等不具有社会相当性时，同意就归于无效。例如，最决昭和 55 年（1980 年）11 月 13 日刑集第 34 卷第 6 号第 396 页中，甲与乙共谋伪造交通事故从而骗取保险金，甲在得到乙的同意后，开车与乙所驾驶的汽车追尾，从而导致乙负伤。对于这一案件，最高裁判所作出了以下判示：在被害人承诺身体伤害的情形中是否成立伤害罪并不仅仅取决于承诺的存在这一事实，还必须综合参见得到承诺的动机、目的、伤害身体的手段、方法、损伤部位、程度等诸多因素进行考虑。就如本案，主观上具有通过伪装因过失而发生汽车碰撞事故从而骗取保险金的目的，在得到被害人承诺的基础上故意地与被害人驾驶的汽车相撞并导致被害人负伤的情形中，该承诺被利用于骗取保险金这一违法目的，因此是违法的，据此而认为这并不能阻却该伤害行为的违法性，是妥当的。[2]此外，仙台地石卷支判昭和 62 年（1987 年）2 月 18 日判时第 1249 号第 145 页中，A 请求被告人将其手指切

---

[1] 此外，也有观点主张区别合意（Einverstaendnis）与同意（Einwilligung），将前者理解为阻却构成要件的同意，将后者理解为阻却违法性的同意。该区别的实益是，在采用严格责任说的情形中，合意的错误就是事实错误，而同意的错误就是违法性错误，但对于不采用严格责任说的判例与通说而言，这并不是那么有实际意义的区别。

[2] 关于本案，参见松宫：《百选 I》，第 46 页。

断，于是被告人用钓丝绑紧 A 的左手小指进行止血，之后将 A 的小手指按在浴室的洗脸台上，用锤子当菜刀猛砸了两三下小手指，从而将小手指的末端切断。对于该案件，裁判所作出了以下判示：即使存在 A 的如上承诺，被告人所实施的断指行为也违反公序良俗，而且其断指方法也没有遵循医学上的知识从而采取妥当的消毒措施，完全是野蛮的、残忍的方法，不能将这种样态的行为作为社会相当行为从而认为其丧失违法性。[1]

在学说上，也有观点支持以上的判例立场，[2]但将认定被害人同意无效的根据求诸于社会相当性与公序良俗，从志向于法益保护的行为规范的观点来看是不妥当的。不得不说判例的立场是容许了根据法定的道德主义而强行介入法律。此外，根据该观点，在被害人为了骗取保险金而委托他人将自己杀害这种当然成立同意杀人罪的事例中，就存在容易肯定杀人罪的成立这一问题。

与此相对，也有观点主张所有的同意伤害都不可罚。[3]作为其理由，可以列举出关于同意伤害并不存在像《刑法》第 202 条的同意杀人罪这样的规定，以及由于自伤行为是不可罚的，因此对自伤行为的参与也是不可罚的。但是，由于同意杀人的未遂也是受处罚的，因此认为所有的同意伤害都不受处罚是不妥当的。[4]进而，该观点虽然最大限度地尊重了自我决定权，但自我决定权其本身具有内在性的制约，在一定条件下存在通过家长主义（法益的监护性保护）而介入法律的情形，[5]例如，在对生命危险产生重大损害的

---

[1] 还有，关于在性交中取得对方的同意而勒对方脖子导致对方死亡的案件，参见大阪高判昭和 29 年（1954 年）7 月 14 日高刑裁特第 1 卷第 4 号第 133 页（过失致死罪成立），大阪高判昭和 40 年（1965 年）6 月 7 日刑集第 7 卷第 6 号 1166 页（伤害致死罪成立）。对于空手道的练习中致死对方死亡的案件，参见大阪地判昭和 62 年（1987 年）4 月 21 日判时第 1238 号第 160 页（伤害致死罪成立），祈祷师为了寻求佛祖的保佑而祈祷并在此过程中殴打对方致其死亡，对于该案件，札幌地判昭和 36 年（1961 年）3 月 7 日下刑集第 3 卷第 3、4 号第 237 页（伤害致死罪成立）中，祈祷师为了驱散附体的恶魔而对方殴打致死，对于该案件，参见熊本地八代支判昭和 55 年（1980 年）5 月 23 日判时第 995 号第 134 页（伤害致死罪成立）。对于没有医师许可证者实施丰胸手术，结果导致对方休克死亡的案件，参见东京高判平成 9 年（1997 年）8 月 4 日高刑集第 50 卷第 2 号第 130 页（伤害致死罪成立）。
[2] 参见团藤第 222 页、大塚（仁）第 421 页注 7、福田第 182 页注 3、西原（上）第 272 页、佐久间第 197 页。
[3] 参见佐伯（千）第 219 页；浅田第 206 页；须之内，前列：《被害人的同意》，第 9 页。
[4] 参见西田第 188 页、齐藤信治第 163 页。
[5] 参见井田第 322 页。

323 情形中，就应当认为同意是无效的。[1]

归根结底，应当结合侵害原理与家长主义的视角来考虑同意的有效性，这样的话，应当认为对于诸如产生生命危险这种重大的伤害的同意就是无效的。在将侵害生命的同意认定为无效（犯罪成立）的第 202 条的延长线上，对于生命侵害的危险性极高的重大伤害行为的同意也当然归于无效。

（四）同意的要件

1. 同意的时期

同意必须存在于行为时。这是因为，刑法是以"行为"的违法性为问题的。事后的同意并不能阻却犯罪的成立。例如，盗窃既遂后，即使被害人对此作出同意也不影响犯罪的成立。事前同意时，必须延续到行为当时，例如，即使事前在同意书上签名，在行为时该同意也必须存在（但是，也存在根据同意书的存在而肯定推定同意的情形）。但是，在隔离犯与间接正犯的情形中，即使在行为时并不存在同意，只要在法益的具体危险发生时存在同意即为足够。例如，妻子甲为了杀害其丈夫 X，心想着 X 回家后可能会自己从柜子里取酒来喝，于是将放入毒药的威士忌放在柜子里，X 没有发现妻子的意图，俨然抱着必死的决心将毒酒一饮而尽。在该情形中，客观上成立同意杀人罪。[2]但由于同意的有无并不是行为人这一侧的因素，而是被害人这一侧的因素，因此应当对同意进行以下修正，即只要在法益的具体危险发生时存在即为足。

2. 同意的外部性表示

同意是仅作为被害人的内心意思而存在即为足够，并没有必要表示于外部（意思方向说），[3]还是也必须表现于外部（意思表示说），[4]这一点上成

---

[1] 参见平野Ⅱ第 254 页、内藤（中）第 602 页、中山第 313 页、大谷第 254 页、西田第 189 页、山中第 613 页、松宫第 126 页、堀内第 182 页。此外，在将同意伤害作为可罚的情形中，并不比《刑法》第 202 条的同意杀人更重，因此《刑法》第 204 条的伤害罪的"15 年以下惩役"应理解为是同意伤害中的"7 年以下惩役"。

[2] 在该情形中，将其作为以杀人的故意而成立同意杀人罪，并根据抽象的事实错误来处理（《刑法》第 38 条第 2 款）也是可能的（同意杀人罪的成立），虽然杀人罪的实行着手被肯定，但结果是同意杀人罪这一违法减少被承认了，因此而肯定杀人未遂罪的成立（《刑法》第 43 条的准用）。

[3] 参见平野Ⅱ第 250 以下、内藤（中）第 594 页、林（干）第 161 页、山口第 168 页、中山第 307 页、大谷第 256 页、曾根第 126 页、浅田第 208 页、西田第 192 页、堀内第 185 页。

[4] 参见木村（龟）第 285 页、西原（上）第 276 页、福田第 181 页、大塚（仁）第 420 页、松宫第 125 页、伊东第 225 页以下、山中第 213 页。

为问题。但是，考虑到意思表示说也包含默示的表示，因此也可以认为与意思方向说并没有多大的差异，但这两种观点在对于自我决定权的把握上存在差异。根据意思方向说，自我决定权仅需要存在于内心即为足够。但是，自我决定权并不仅仅停留于纯粹的个人内心层面，还必须在社会性的、法的层面上实体化。此外，由于应当把同意理解为同意"行为"，因此必须具备外部性态度，进而为了在事实上明确其与事后同意之间的区别，意思方向说是妥当的。

3. 同意认识的要否

大致可以得出以下结论：根据意思方向说，行为人这一侧并不需要具备对于同意的认识，根据意思表示说，则需要具备对于同意的认识。当立足于各自的观点时，例如，尽管在杀人时存在被害人的同意，但行为人却在不知情的情况下将被害人杀害，这种情形应当如何处理。也就是说，以杀人的故意实施杀人行为，结果却实现了同意杀人的情形。根据认识不要说，既然存在同意，就不成立杀人既遂，虽然具有成立杀人未遂的可能性，但肯定这一点就会导致尽管法益不存在，却将行为本身作为杀人行为。从结果无价值论的立场出发，无法采用该观点。因此，从结果无价值论的立场出发，由于最终的结果是同意杀人，归根结底承认同意杀人罪的成立，才具有理论的一贯性。

与此相对，根据认识必要说，就不存在主观的正当化要素了。从行为无价值论的立场出发，就得出肯定杀人既遂罪的结论了。或者，作为抽象的事实错误，通过准用《刑法》第38条第2款，也有可能肯定同意杀人罪的成立。但是，关于前者，在不考虑结果是同意杀人这一点上存在问题；关于后者，在通过错误论这一规范性处理从而忽视了认识是否必要这一点上存在问题。本书认为，虽然实行行为是杀人行为，但结果是同意杀人，该结果是违法性被减少的结果，并不能说是杀人罪的本来结果。因此，不成立杀人既遂罪，而成立杀人未遂罪（准用《刑法》第43条）。

4. 同意能力

同意要有效，就必须是具有合理的判断能力者所作出的同意，幼儿与精神障碍者的同意无效。大判昭和9年（1934年）8月27日刑集第13卷第1086页中，行为人想先刺杀仅5岁11个月大的幼儿之后，自己也自杀，结果未能实现。对于该案件，裁判所作出了以下判示：被害人并不具备理解自杀意味着什么的能力，因此不能承认其具有嘱托他人杀害自己或承诺杀害的适格性。此外，最决昭和27年（1952年）2月21日刑集第6卷第2号第275页中，关于向精神病人传授上吊方法从而致使其自杀的案件，裁判所作出了以下判示：第一审判决认定本案的被害人并不具有通常的意思能力，是不能理解自杀是什么的人，据此而认定杀人罪的成立是正当的。[也有不存在同意的案件：大判昭和8年（1933年）4月19日刑集第12卷第471页中认为，使用诈术使被害人陷入错误，但被害人并未产生自杀的意思，行为人亲自勒被害人颈部致其死亡时，构成杀人罪。]

进而，关于同意的存在与否，仅具有法益侵害结果的认识即为足够，还是必须达到容忍的程度，这一点成为问题。如前所述（本书第278页），由于同意是同意"行为"，因此基本上可以与行为人做同样的理解。[1]

5. 同意的任意性

由于同意必须是基于自由的意思决定而作出的，因此施加暴行或胁迫从而使被害人的自由意思决定丧失之后而得到的同意，即受强制的同意，是无效的。问题在于受到怎样程度的强制时就丧失任意性这一点上。

广岛高判昭和29年（1954年）6月30日刑集第7卷第6号第944页中，丈夫甲自己胡乱猜忌其妻子X出轨，于是夜以继日地对X施加脱离常轨的虐待与暴行，要么强迫X承认自己通奸的事实，要么让X写遗书，甲在预见X会自杀的情况下仍然继续对X施加肉体上与精神上的折磨，结果X产生自杀的决意，到山林之中上吊自杀。对于这一案件，广岛高等裁判所作出了以下判示："自杀是指基于自己自由的意思决定而引起自己死亡的行为，而自杀的教唆就是让自杀者产生自杀决意的一切行为，不问其方法如何。因此，当犯人通过威胁而导致他人自杀时，当自杀的决意是根据自杀者的自由意思产生时，就构成教唆自杀罪，而如果更进一步，当对自杀意思施加足以阻却其意思决定自由之程度的威胁从而促使其自杀时，就不能再以自杀参与罪论处，而应以杀人罪论处。在本案中，通过如前所述的被告人的暴行、胁迫从而使

---

[1] 佐伯（仁）第214页认为，仅仅认识到死亡的结果并不足够，也没有必要达到积极意欲的程度，只需要具备并不试图避免结果发生这一意义上的消极容忍、忍受的最低限度。大阪高判平成10年（1998年）7月16日判时1647号第156页中，对有SM游戏嗜好的被害人的杀人案件，大阪高等裁判所认为，当被害人认识到了行为与死亡结果连结时，即使没有希望发生死亡结果，也不妨碍将其理解为基于真意的杀人嘱托，从而肯定嘱托杀人罪的成立。

X产生自杀的决意,以及尽管被告人预见到了通过自己的行为,其妻子可能会自杀,竟然还继续施加暴行与胁迫。尽管可以认定这些事实,但难以确证被告人的以上暴行与胁迫达到了使X在作出前述决意时丧失了意思自由的程度,因此归根结底,被告人在本案所实施的行为应当被理解为该当于自杀教唆。"与此相对,福冈高宫崎支判平成元年(1989年)3月24日高刑集第42卷第2号第103页中,被告人取得了独居的66岁妇女相当于盲目的信任,使用欺骗性手段短时间内从被害人身上借出了合计750万日元,被告人为了免除债务的偿还而企图让被害人自杀,于是欺骗被害人犯了《出资法》违反之罪从而正在被警察追踪,并以逃避警察的追捕为借口带着被害人逃亡半个多月,在此期间,切断了被害人与朋友及亲人的接触,不断地打击被害人的心理防线、怂恿其自杀,最终被害人对当时的状况产生认识错误,以为除了自杀别无选择,于是自己喝下农药死亡。对于该案件,裁判所作出了以下判示:"基于被告人所编造出的被害人作为《出资法》违反的犯人而正在被紧急追捕的虚伪事实,导致被害人陷入了自己正在被警察追捕的认识错误,进而,被告人带着被害人东躲西藏,长时间过着颠沛流离的生活,在此期间,被告人持续不断地怂恿被害人自杀,加重了被害人对于当时情况的认识错误,从而误信自己已经无处可逃,要逃离现状,唯一的方法就是自杀,从而产生死亡的决意。该妇女如果能够对于自己的客观状况保持正确认识的话,可能就不会肯定这些产生自杀决意的因素,因此应该说该自杀决意并没有遵循其真意,是具有重大瑕疵的意思,归根结底这不能说是基于该妇女的自由意思而作出的决定。因此,被告人所实施的导致被害人产生以上误信从而导致其自杀的行为,归根结底不能说仅仅是单纯的自杀教唆行为,因此,其行为该当于利用被害人行为的杀人行为。"[1]

在这种下级审的状况中,最决平成16年(2004年)1月20日刑集第58卷第1号第1页(边页第429页),被告人以伪造汽车翻车事故让被害人自杀从而取得保险金为目的,对于已经陷入极度恐慌而百般服从的被害人交替实

---

[1] 关于本案,参见安达:《百选Ⅱ》,第6页。进而,横滨地判平成11年(1999年)10月6日判时第1691号第158页中,照顾作为被害人的长卧不起的母亲的被告人对前途感到无比悲观,于是对母亲大喊"去死吧",在得到母亲承诺的基础上将其杀害。对于该案件,横滨地方裁判所认为,在肯定不具有被害人基于真意且自愿的承诺这一点上还存在十足的合理怀疑之余地,从而仅仅止于承诺杀人罪的限度。

施暴行、胁迫，强硬要求其从悬崖上连人带车坠落海中自杀，被害人遵从该命令，陷入了以为除了连人带车坠入海中之外再无其他选择的精神状态中，于是从悬崖上连人带车坠入海中。关于该案件，最高裁判所作出了以下判示："被告人以通过伪装事故造成被害人自杀的假象从而取得数额巨大的保险金为目的，在全盘考察了让其自杀的方法，并准备了用于作案的车辆等工具的基础上，对已经陷入极度恐惧状态并对被告人唯命是从的被害人，在实施犯罪行为的前一天，在渔港现场对被害人交替实施暴行与胁迫，强烈要求被害人直接连人带车坠入海中自杀，最后答应了苦苦哀求暂缓自杀的被害人，确定了第二天实施。在本案犯罪行为发生的当时，可以说被害人已经陷入了除了遵照被告人的命令连人带车坠入海中之外无法选择其他行为的精神状态。被告人对于已经陷入这种精神状态的被害人，于本案发生当日，命令被害人从渔港的悬崖边上连人带车坠入海中，由于对于被害人而言，这是具有高度的导致自己死亡的现实危险性的行为，因此，被告人所实施的命令被害人连人带车翻入海中的行为，可以说相当于杀人罪的实行行为。"据此肯定了杀人既遂罪的成立。[1]

6. 基于错误的同意

紧接着的问题是，虽然不能说被害人是基于强制而作出同意，但确实基于错误而作出同意的情形中，同意是有效还是无效。[2]例如，在伪装相约自杀的情形中，这与强迫一起自杀不同，被害人是在认识到死亡的基础上作出同意的，因此是一种在动机上存在错误的情形。

最判昭和33年（1958年）11月21日刑集第12卷第15号第3519页中，被告人在其女朋友提出分手并一起自杀之后，作出了同意，中途内心已经失去了自杀的决心，却让一心求死的女朋友误以为其会赴死，被告人向被害人提供了氰化苏打水并让其服下，导致被害人死亡。对于这一案件，最高裁判所作出了以下判示："被害人因受到被告人的欺骗而预期被告人将追随其死亡，据此而产生死亡的决意，该决意显然是不符合其真意的具有重大瑕疵的

---

[1] 关于本案，参见园田：《百选Ⅰ》，第148页。
[2] 最大判昭和24年（1949年）7月22日刑集第3卷第8号1363页中，被告人隐藏了强盗的意图而向被害人打招呼"晚上好啊！"于是住户回答"请进"，被告人应声进入该住宅。对于该案件，裁判所认为，即使从外观上来看好像具有住户的承诺，但该承诺是欠缺真意的。据此肯定侵入住宅罪的成立。

意思。这样的话,被告人本来不具有赴死的意思却欺骗被害人,让被害人误以为其即将赴死,从而决意自杀,应该说被告人的所作所为该当于通常的杀人罪。"也就是说,判例在同意的任意性之外还要求真意性。

也有观点(重大错误说)支持这种判例的立场,[1]最近的多数说认为,由于在死亡本身的认识上没有错误,而只是存在动机的错误,因此同意是有效的,成立自杀参与罪(同意杀人罪)。[2]

既然同意是处分被当该构成要件所保护的法益,那么,仅仅与该法益相关联的错误,其同意才是无效的,在对于其他因素的错误上并不影响同意的有效性(法益关系错误说)。[3]根据该观点,在像法益主体并不陷入对于法益的错误这种伪装相约自杀的情形中,只能得出不成立杀人罪的结论。确实,例如,如果行为人给钱,被害人就同意让行为人殴打,可是行为人殴打了被害人之后却不给钱。在这种情形中,由于不存在对身体行使有形力这一点的错误,因此应该认为不成立暴行罪。在这种情形中,以并不是基于真意的同意为由肯定暴行罪成立的观点,实质上是把该构成要件所保护的法益转换成其他法益,这是不妥当的。

问题是,当对于法益存在认识时,是否可以说放弃法益就基本有效。例如,欺骗母亲说其儿子眼睛受伤了,如果不立即移植眼角膜的话就会导致失明,于是取下了母亲的眼角膜并移植到第三人身上。在该情形中,虽然不存在法益关系错误,但确实是在准强制状况下的不自由的同意,因此同意是无效的。应该肯定伤害罪的成立。[4]

在对于放弃法益这一点上不存在认识的情形中,其放弃就是无效的,在这一点上,法益关系错误的有无可以说首先成为判断的出发点。在此之际,关于法益的有无、程度、性质等的错误也相当于法益关系错误。因此,例如,

---

[1] 参见大塚(仁)第420页、大谷第255页、井田第324页。
[2] 参见平野Ⅱ第256页、内藤(中)第591页以下、中山第312页、川端第328页、山中第218页以下、山口第169页以下。
[3] 参见山中:"被害人同意中意思的欠缺",载《关大法学论集》第33卷第3、4、5号(1983年),第271页以下;佐伯(仁):"关于被害人的错误",载《神户法学年报》第1号(1985年)第51页以下;小林(宪):《刑法的归责》(2007年),第227页以下。进而,参见盐见第59页以下;杉本:"追问'真意说'的真意",载《理论刑法学入门》,第129页以下;菊池:"对法益关系错误概念扩张的批判性检讨",载《法研论集》第156号(2015年),第107页以下。
[4] 参见佐伯(仁)第219页以下。

医生对癌症患者谎称其命不久矣，而且即将伴随剧烈疼痛，导致患者崩溃自杀，在该情形中，同意就是无效的。[1]但是，即使在不存在法益关系错误的情形中，就像假装紧急状态而得到的同意，我认为在准强制状态下所作出的同意应当是无效的。[2]

（五）推定的同意

推定的同意是指，如果被害人（同意权人）在当时的情况下认识到了事态，那么就推定其会作出同意的情形。[3]推定的同意应该与现实的同意区分开来认定，当同意的推定可以被肯定时，即使被害人事后作出了不同意的意思表示，或者被害人是因错误认识事态而作出同意，实际上是不同意的，被推定的同意依然有效。

作为推定同意的类型，存在为了被害人利益的情形（例如，居住者不在家中，但其家中的水管破裂，为了堵住该水管而擅自进入该住宅的行为）、为了行为人自身或第三人利益的情形（为了住宿而擅自进入朋友家中）。[4]

关于推定同意的违法阻却根据，与现实存在同意的违法阻却根据的情形一样，存在不同观点的对立。作为代表性的观点，有以下几种：在现实的同意（意思）的延长线上寻求根据，当推定的同意被判断为与被害人的个人意思方向相一致时，根据"利益或法益不存在原理"而认为其违法性被阻却的观点[5]；认为被害人的同意是被推定的，而实现这一点的行为是因具有社会相当性而被认可的社会相当性说[6]；以"既然是客观的、合理的推定，即使是错误判断也是被允许的"为根据的被允许的危险说[7]；认为作为准于紧急避险的处理而被认可的紧急避险说[8]，等等。

---

[1] 参见西田第193页。
[2] 参见齐藤（诚）第104页以下；林（干）第171页以下；上岛："被害人的同意（下）"，载《法教》第272号（2003年），第78页以下。
[3] 关于推定的同意，参见齐藤（诚）第117页以下；须之内，前列：《被害人的同意》，第85页以下；小林（宪），前列：《刑法的归责》，第249页以下。
[4] 西田第195页以下，将前者称为事务管理型，将后者称为权利侵害型。
[5] 参见佐伯（千）第220页以下、平野Ⅱ第255页以下、内藤（中）第619页以下、曾根第126页以下、堀内第187页、山口第182页。
[6] 参见团藤第222页、福田第184页、大塚（仁）第422页。
[7] 参见町野：《患者的自我决定权与法》（1986年）第200页以下；须之内：《关于推定的同意》平场还历（上），第226页。
[8] 参见前田第246页。此外，参见山中第618页（处于同意与紧急避险两者中间的独自的法制度）。

在推定同意的情形中，即使事后被害人不同意，在同意被推定的情形中，其违法性自然被阻却，因此，同意的推定应基于行为时进行事前判断。此外，由于不依存于被害人自身同意的有无，因此，就不得不进行这种盖然性判断，即：在行为当时只要是合理的一般人就基本上会同意。这样的话，就不得不将"判断失误"的风险通过"应该让行为人还是被害人负担"这一视角进行判断。[1]

（六）危险的接受

虽然被害人对于构成要件结果并不存在同意，但在对于实施危险行为这一点存在同意的情形中，当该危险行为导致结果发生时，应当怎样处理。也就是，被害人所作出的"危险的接受"对于加害人的行为的违法性判断会产生怎样的影响这一问题。

千叶地判平成7年（1995年）12月13日判时第1565号第144页（越野赛车同乘者死亡事件）中，被告人越野赛车的经验很浅，并且驾驶技术不娴熟，却请求具有7年的越野赛车经验的被害人同乘于该车上，开启了越野赛车的行程，在下坡的急转弯中，由于高速行驶而转不过弯，导致赛车失控，与道路边上的护栏剧烈碰撞，从而导致被害人死亡。对于该案件，千叶地方裁判所作出了以下判示："成为本案事故之原因的被告人的驾驶方法以及据此而导致被害人的死亡结果，应该说都是同乘的被害人所接受的危险的现实化，此外可以说这并未欠缺社会相当性，因此被告人在本案中驾驶行为的违法性就被阻却了。"从而否定了业务上过失致死罪的成立（现在则是机动车驾驶过失致死罪）。[2]

关于如何处理危险的接受这一问题，本判决判断其违法性被阻却。这一方面考虑了作为行为人这一侧的"社会相当性"，另一方面考虑了被害人这一

---

[1] 山口第182页，认为这种风险应当由行为人这一方负担。此外，关于该"判断错误"的风险分配，参见佐伯（仁）第229页以下。

[2] 关于本案，参见盐谷：《百选I》，第120页。进而，大阪高判昭和54年（1979年）3月23日判时第934号第135页（坂东三津五郎河豚中毒事件）中，厨师调理了河豚的肝脏提供给客人食用而导致该客人中毒死亡。对于该案件，大阪高等裁判所对调理师肯定了河豚中毒的预见可能性，与此同时，即使被害人认识到了是河豚肝脏的有害性之后竟然食用，被害人归根到底还是食客，可以信赖料理店从而食用，因此被害人自身并不存在责任。据此而对被告人肯定业务上过失致死罪的成立［上告审即最决昭和55年（1980年）4月18日刑集第34卷第3号第149页］。

侧的"危险接受"，可以理解为这发动了作为相互作用规范的容许规范。[1]但是，危险接受并不是积极地为阻却违法提供根据的事由，此外，将危险接受理解为被害人同意之延长线上的观点[2]也忽视了危险的接受对于结果并不具有同意这一点。毋宁说，应该从本判决所指出的"所接受的危险的现实化"这一表述寻求问题的解决出口。也就是说，我认为危险的接受是构成要件该当性问题。

首先，虽然也有学者将其理解为过失犯的成立与否本身的问题，但要否定过失的实行行为性是很困难的。因此，否定制造危险这一点也是困难的。[3]其次，在危险的现实化这一框架之中，以接受了危险的被害人的过错这一介入因素为由，来否定危险的现实化，或者说在构成要件的射程范围之外这一归结也是可以考虑的。[4]这是从被害人的自我答责性的有无出发来处理"危险的接受"之观点，虽然自我答责性的有无的判断基准依然是不明确的，但是将"风险的分配"这种实质判断问题根据具体的事实进行判断这一视角基本上是妥当的。

(七) 治疗行为

治疗行为是指，以外科手术等患者的治疗为目的，依照在医学上被一般性承认的方法对人的身体施加的医疗性措施。[5]治疗行为虽然该当于伤害罪的构成要件，但只要满足一定的要件，其违法性就被阻却（治疗行为伤害罪说）。[6]与此相对，也有观点认为，由于治疗行为是依照医学上被一般承认的方法实施的，对于健康的恢复、维持、增进是必要的，因此并不该当于伤害罪

---

[1] 参见大谷第 256 页；奥村："被害人的'危险接受'与过失犯的成立与否"，载《清和法学研究》第 6 卷第 1 号（1999 年），第 105 页以下。

[2] 参见西田第 190 页（称为准同意论）、林（干）第 174 页。在越野赛车事件中，当被害人对于死亡存在同意时，就成为过失同意杀人，于是犯罪不成立。

[3] 否定制造危险的是，岛田（聪）："被害人的危险接受"，载山口编著：《Close up 刑法总论》（2003 年），第 123 页以下。但是，将过失的实行行为求诸于哪里，成为问题。

[4] 参见盐谷，前列：《被害人承诺与自我答责性》，第 240 页以下；山中第 434 页以下。

[5] 关于治疗行为，参见町野：《患者的自我决定权与法》（1986 年）；小林（公）：《治疗行为的正当化原理》（2007 年）。此外，《医师法》第 17 条是指，在实施该行为之际，如果不根据医师的医学性判断以及身怀该技术的话，就具有反复实施对人体产生危害或者产生危害危险之行为（医疗行为）的意思。

[6] 这是通说的立场。

的实行行为（治疗行为非伤害罪说）。[1]但是，由于治疗行为的违法阻却根据在于被害人的现实性同意或者推定性同意，[2]因此即使是治疗行为也侵害了人的生理性机能，既然如此，就应当认为治疗行为虽然该当于伤害罪的构成要件，但其违法性被阻却。治疗行为非伤害罪说将治疗行为的正当化根据求诸医师的"业务权"，应当说是不妥当的。

作为治疗行为的违法阻却根据的同意，必须是在充分说明之基础上的同意，也可以称为"充分了解情况的同意"。因此，治疗行为的违法性要被阻却，必须具备以下要件：第一，在治疗行为当时，必须具备充分了解情况的同意；第二，治疗行为必须以治疗为目的实施。不是以治疗为目的的行为，即使偶然具有治疗效果，其违法性也不能被阻却；第三，治疗行为必须依照在医学上被一般性承认的手段或方法来实施，当实验性地实施在医学上不被承认的方法时，就不是治疗行为的问题，根据情况，可能是被害人同意的问题。[3]

（八）安乐死、尊严死

安乐死、尊严死以及对脑死亡患者中止维持生命的治疗之行为，其违法性可否被阻却成为问题。[4]

1. 安乐死

安乐死是指，在伤病者承受着剧烈的肉体性疼痛、死期将近的情形中，基于伤病者的嘱托，为了缓和或消除其痛苦，对伤病者采取安乐地迎接死亡的措施（安乐死成为刑法上的问题是进入到20世纪之后的事情，但请不要忘记纳粹德国曾经以安乐死的名目实施了"无价值生命的毁灭"这一事实）。

作为安乐死的类型，有以下几种：①不伴随生命的缩短而作为死亡痛苦

---

[1] 参见大谷第259页；米田：《医疗行为与刑法》（1985年），第185页。据此，作为没有病人同意的治疗行为的"专断的治疗行为"，只要满足医学的水准，就不该当于伤害罪的构成要件了。
[2] 参见团藤第222页、大塚（仁）第423页。进而，将病人意思的尊重与优越利益的保护作为根据的是，内藤（中）第530页；町野，前列：《患者的自我决定权与法》，第163页。
[3] 参见甲斐：《被试验者保护与刑法》（2005年）。无资格者所实施的治疗行为，其只要满足了以上要件，违法性就被阻却。但是，也存在作为无许可医业之罪（《医师法》第17条、第31条第1款第1项）而受处罚的情形。此外，东京高判昭和45年（1970年）11月11日判时第639号第107页（男扮女装事件）中，被请求实施变性手术的医生实施了去势手术，对于该案件，东京高等裁判所认为这并不该当于正当的医疗行为，从而认定其违反了（旧）《优生保护法》第28条。
[4] 关于安乐死，参见甲斐：《安乐死与刑法》（2003年），关于尊严死，参见甲斐：《尊严死与刑法》（2004年）。

的消除或缓和之措施的"纯粹安乐死";②通过让患者继续服用吗啡等止痛药,作为消除或缓和死亡痛苦的副作用从而缩短患者生命的"间接安乐死";③为了安乐迎接死亡而中止续命措施的"消极安乐死";④为安乐迎接死亡而杀害患者的"积极安乐死"。纯粹安乐死是一种治疗行为,因此在刑法上并不成为问题。间接安乐死、消极安乐死以及积极安乐死,都提前了死亡时间,因此该当于杀人罪、嘱托杀人罪以及自杀参与罪的构成要件,但其违法性是否被阻却,或者虽然违法,但其责任是否被阻却成为问题。

安乐死违法论是一种从生命的绝对性价值出发认为安乐死也是违法的,最多是一种责任阻却事由的立场。[1]与此相对,作为安乐死合法论,存在以下两种立场:第一种是将对于残存的短暂生命的侵害这一不利益与苦痛的去除这一利益进行比较衡量为根据的立场;[2]第二种是将当具备一定的条件时就能肯定社会相当性为根据的立场。[3]

关于安乐死的要件,以下两个判例比较重要。

第一个是名古屋高判昭和37年(1962年)12月22日高刑集第15卷第9号第674页。案件事实如下:被告人的父亲因脑溢血而病倒,此后全身瘫痪,陷入剧烈的痛苦之中,终日叫喊着"我想早点死去""快杀了我"。被告人看到父亲如此的惨状,于心不忍,此外也被医生告知回天乏术,于是心想着应父亲的请求免除其病痛才是对父亲最后的孝敬,于是决意答应父亲的请求将父亲杀害,在牛奶瓶中混入少量的自家用的有机磷杀虫剂让其父亲服下,其父亲因有机磷中毒身亡。对于该案件,名古屋高等裁判所提出了以下六个要件,具体而言:①病人患有从现代医学知识与技术来看的不治之症,并且其生命危在旦夕;②病人承受着剧烈的痛苦,其程度达到任何人亲临现场都为之悲恸的程度;③其目的是一心一意为了缓和病人的死亡痛苦;④当病人的意识尚且明确并且能够表明其意思时,具有本人的真挚嘱托或承诺;⑤原则上必须由医生亲手实施,当不可能由医生实施时,必须存在足以肯定无法由医生实施的特别事由;⑥其方法在伦理上也被认为是妥当的,因此能够被容忍。

---

[1] 参见佐伯(千)第291页、内藤(中)第539页以下、曾根第127页、中第152页、松宫第130页。

[2] 参见平野Ⅱ第252页。此外,参见堀内第191页。

[3] 参见团藤第226页、福田第179页、大塚(仁)第425页、藤木第194页以下、西原(上)第270页以下、大谷第262页以下。

另一个是，横滨地判平成7年（1995年）3月28日判时第1530号第28页（东海大事件）。[1]案件事实如下：作为医学部内科助手的被告人，应患者（58岁男性）家人的恳求，向处于癌症末期而陷入意识不明状态的患者注射了盐化钾，导致患者因心律不齐死亡。对于该事件，横滨地方裁判所提出了以下四个要件：①患者存在难以忍受的肉体性苦痛；②死亡已经不可避免，并且死期将近；③为了消除或缓和肉体性苦痛，除了让其死亡，别无其他代替手段；④存在患者承诺缩短其生命的明示性意思表示。

名古屋高等裁判所提出的第②个要件（其程度达到任何人亲临现场都为之悲恸），相当于承认了慈悲杀，这是不妥当的。与此相对，重视自我决定权的横滨地裁判决所提出的要件基本上是妥当的。因为自我决定权对于不具有真意性的安乐死能够发挥作为防波堤的效果。但是，也被称为积极的自我决定权的死亡权利（接受安乐死的权利）是应该被否定的。

2. 尊严死

尊严死在狭义上是指，对于无任何恢复希望的末期患者中止维持生命治疗，让其具有人本应有的尊严迎接死亡的到来。在广义上包括对于陷入不可逆转的意识丧失状态患者，即对所谓的植物人停止特别的治疗措施。

在对于末期患者之治疗行为的界线这一点上，尊严死与安乐死立足于共同的基础，但在并不伴随缓和或消除患者难以忍受的苦痛这一点上，即患者的利益并不明确，以及在广义的情形中，要知悉患者的意思是极其困难的这一点上，[2]与安乐死存在差异。

前述的东海大事件判决中，作为旁论，提示了中止续命医疗的要件。具体而言：①患者罹患无法治愈的疾病，无任何恢复的希望，死亡已经不可避免，并处于末期状态；②存在请求中止治疗行为的患者的意思表示，并且该意思表示存在于实施中止治疗行为的时点上；③成为治疗行为的中止对象之措施，有服用药物、化学疗法、人工透析、人工呼吸器、营养或水分补给等。

此外，横滨地判平成17年（2005年）3月25日判时第1909号第130页（川崎协同病院事件）中，案件事实如下：作为医师的被告人，对于因支气管

---

[1] 关于本案，参见辰井：《百选Ⅰ》，第42页。
[2] 但是，在该情形中，虽然可能根据事前的意思表示可以确认本人的意思，但必须注意这与同时存在于行为时的意思是不同的。

哮喘的重复发作而导致低氧性脑损伤进而陷入持续昏迷状态的当时年龄58岁的患者，竟然拔掉了为了确保呼吸道畅通而插入的气管内置输气管，此后对其静脉注射了肌肉弛缓剂，导致患者窒息死亡。关于本案件，裁判所认为，这归根结底不能被认为是该当于不可能恢复并且死期将近的情形，也不存在能够窥探患者本人存在中止治疗的意思之事由。此外，本案中的拔管行为作为治疗义务的界限来讨论的话，由于这是在治疗还没有结束的时点上实施的，因此作为过早的中止治疗，难免受到非难。甚至也不存在减弱其违法性的事由。据此而排斥了辩护人所提出的缺乏实质的违法性或可罚的违法性的主张。作为控诉审的东京高判平成19年（2007年）2月28日判夕第1237号第153页中，作为在尊严死中将中止治疗合法化的根据，列举出了患者的自我决定权与医师的治疗义务的界限，对于前者而言，并无法判断患者本人是否存在对被告人请求中止治疗的意思，以及请求中止治疗的家人的意思是否可以与患者的意思直接等同；对于后者而言，根据复数的鉴定意见，否定了在一周之内死亡并不确定这一点，从而肯定了杀人罪的成立。而作为上告审的最决平成21年（2009年）12月7日刑集第63卷第11号1899页中，裁判所作出了以下判示：本案中的拔管行为并不是为判断患者的存活时间等而被认为必要的脑电波等的检查而实施的，从病发开始也经过两周的时间，对于恢复可能性与活命时间并不能作出准确判断。此外，虽然这是基于放弃治疗的患者家人的请求而实施的行为，但这种请求并不是在被告知准确的病情信息之基础上而作出的，综合以上因素，这并不是在法律上被容许的治疗。[1]

  以上的关于安乐死、尊严死的问题，从自我决定权的行使这一点出发，在患者的意思明确的情形中，很多观点肯定了违法阻却，但在病人弥留之际是否还存在自我决定是存有疑问的，不仅如此，与患者周边的人之间的关系也成为问题。这并不是违法层面的问题，应当将其理解为作为责任阻却或减少，或者从违法减少以及责任减少处罚而得出的可罚性阻却的结论。

三、自救行为

  自救行为是指，存在对于权利的侵害，如果依照法律上正规的程序而等

---

[1] 关于本案，参见神马：《百选Ⅰ》，第44页；小田，平成22年（2010年）度重判，第200页；武藤：《刑事法学家》第23号，第8页。

待救济的话就会丧失最佳时机，从而导致该权利的恢复在事实上成为不可能或具有显著困难时，通过私人的实力而寻求其救济，在民事法上也被称为自力救济。[1]

在自救行为中，具有作为正当权利的救济或实现从而作为保护正当利益之行为的积极一面，以及对于过去的权利侵害，作为私人的实力行使，具有损害法的安定性之利益的巨大危险性这一消极一面。当行为人的利益优越于包含对方利益的法的安定性之利益时，自救行为就能够被正当化。

作为自救行为的要件，①客体与正当防卫一样，都是权利。②必须存在对于权利的侵害。自救行为与正当防卫不同，是一种事后性救济，因此这里所说的侵害是指侵害状态。进而，③紧急性，④被害恢复行为的必要性、相当性，以及⑤自救的意思，是必要的。

判例虽然肯定了自救行为的概念本身，但对其适用却持消极性态度。最高裁判所虽然作出了"自救行为与正当防卫、正当业务行为都是阻却犯罪的违法性的事由"这样的判示［最决昭和46年（1971年）7月30日刑集第25卷第5号第756页］，但在具体的案件中，并不肯定自救行为具有违法阻却功能。例如，二战之后实施的隐退藏物资的揭发既不是紧急避险也不是自救行为［最大判昭和24年（1949年）5月18日刑集第3卷第6号第772页］；即使对于不法占据自己所租赁的房屋进行营业者，也不允许为了排除对租赁权的侵害而使用妨害营业的威力手段［最决昭和27年（1952年）3月4日刑集第6卷第3号第345页］；被告人为了扩建自己的店面，在未得到被害人A同意的情况下，擅自砍掉A所有的房屋的大门前檐，该大门并未经过建筑许可，是不法建筑，而且被告人耽误自己店面的扩建所遭受的损害显然大于A因房檐被切掉所受的损害，尽管如此，被告人的行为也不能作为自救行为而阻却其违法性［最判昭和30年（1955年）11月11日刑集第9卷第12号第2438页］[2]等即为例证。

与此相对，作为下级审的裁判例，岐阜地判昭和44年（1969年）11月

---

[1] 关于自救行为，参见曾根："自救行为与违法阻却的一般原理"，载《早稻田法学会志》（1974年）第41页以下；大下："关于自救行为（1）-（3完）"，载《法学杂志（大阪市大）》第52卷第1号第18页以下、第2号第256页以下、第3号第493页以下（2005年）；南："关于自救行为的一个考察"，载《庆应的法律学（刑事法）》（2008年），第255页以下。

[2] 关于本案，参见须之内：《百选Ⅰ》，第40页。

26 日刑月第 1 卷第 11 号第 1075 页中，对于承包建筑工程的被告人将超越境界线并延伸到其地皮内的房檐切掉（建造物损坏罪）的案件，作出了将其作为自救行为从而阻却其违法性的判示；福冈高判昭和 45 年（1970 年）2 月 14 日高刑集第 23 卷第 1 号第 156 页中，建筑物的承租人被作为该建筑物的出租人也是所有人侵夺了对于该建筑物的占有，在侵夺者的占有尚未稳固建立之际，承租人以之前的占有为根据在被侵夺后的第四天夺回了该建筑物，对此，福冈高等裁判所肯定了其作为自救行为而阻却违法性。

四、义务冲突

义务冲突是指，被要求同时履行不能两立的复数法律上的义务，如果履行其中一项义务就只能懈怠履行其他的义务之情形。[1]

作为其类型，有复数的义务处于一般义务与特别义务之关系的冲突这种特别关系的义务冲突类型，以及冲突的复数义务处于排他性的关系而冲突的情形，即择一关系的义务冲突类型。作为前者的例子，例如，医生具有不泄露其在业务上所获知的他人秘密的一般义务（《刑法》第 134 条），但当医生在诊断感染病患者的情形中就负有应该将该病情告知保健所长的特别义务（《感染症预防法》第 12 条），据此就解除了先前的一般性义务的履行。作为后者的例子，例如，在具有应该救助同时落水的两个儿子之义务的状况中，只救助其中一个儿子，而让另一个儿子溺毙的情形中，对于父亲而言，应该救助两个儿子的两个义务就因处于排他性关系而发生冲突。

关于义务冲突的法性质，虽有观点将其理解为紧急避险的特殊情形，[2] 但在紧急避险的情形中，也允许忍受危险而不实施避险行为，但在义务冲突的情形中，必须履行法令上的义务，此外，紧急避险是以作为的方式实施的，与此相对，在义务冲突中，被搁置的义务是通过不作为的方式而懈怠的，在这两点上，义务冲突与紧急避险存在区别。[3] 其结果只能以以下的要件为前

---

[1] 关于义务的冲突，参见阿部（纯）："刑法中的'义务冲突'（1）~（3完）"，载《法学（东北大学）》第 22 卷第 2 号第 50 页、第 4 号第 54 页、第 24 号第 1 号第 45 页（1958~1960 年）；胜亦："关于作为违法阻却事由的义务冲突及其类型的考察（1）~（4完）"，载《法研论集（早大）》第 74 号第 85 页以下、第 75 号第 59 页以下、第 77 号第 27 页以下、第 78 号第 69 页以下（1995 年、1996 年）。

[2] 参见木村（龟）第 276 页以下、前田 284 页。

[3] 参见福田第 171 页注 2、大塚（仁）第 431 页注 1、内藤（中）第 642 页。

提，对其违法性进行实质性判断。

作为要件，可以列举出以下几点：①虽然并不一定必须是在法令上明文规定的义务，但必须存在两个以上的合法的法义务；②对同一个人要求同时履行复数存在的义务；③履行其中一个义务，除了以懈怠另一个义务为代价，别无其他方法；④在冲突的复数义务中，履行了较高价值的义务或处于同等价值的义务；⑤存在义务冲突状况的认识，以及履行较高价值的义务或处于同等价值的义务之意思。

第十二章 责任论概说

第一节 含 义

某个行为该当于构成要件并且不存在违法阻却事由,据此还不足以认定犯罪成立,进而必须确定是否存在责任阻却事由。"无责任则无刑罚"(责任主义)是近代刑法的一大原则,其主要目标在于回避结果责任。这是因为,一旦承认结果责任而对行为人科处刑罚,不仅无法达成一般预防的刑罚目的,也直接承认了罪恶的报应主义。但是,根据如何考虑这里的刑罚目的,对于"责任"的理解也各不相同。[1]

责任主义是限定犯罪成立的原理,可以将其称为消极的责任主义。与此相对,认为有责任就必须科处与之相适应的刑罚的原理,被称为积极的责任主义。[2]为了限定国家刑罚权,应当坚持消极的责任主义。此外,消极的责任主义不仅在关于犯罪的成立与否这一归责层面上被贯彻,在量刑层面上也必须被贯彻。[3]也就是说,刑罚不能超过责任的量(尤其是关于责任的虚构性,参见边页第333页)。

如后所述,关于责任的本质存在几种不同的观点,但在责任是主观责任

---

[1] 关于责任论,参见平野龙一:《刑法的基础》(1966年);大谷实:《刑事责任的基础》(1977年);大谷实:《刑事责任论的展望》(1983年)。进而参见龙川裕英:《责任的意味与制度》(2003年);成田和信:《责任与自由》(2004年);小坂井敏晶:《责任这一虚构》(2008年);常松淳:《责任与社会》(2009年)。

[2] 参见平野Ⅰ第52页以下。

[3] 参见城下裕二:"消极的责任主义的归趋",载《理论刑法学的探究②》,第29页以下。与此相对,否定消极责任主义的,冈上雅美:"关于量刑体系中量刑事实的选别",载《刑杂》第45卷第2号(2006年),第31页以下。重新构筑消极责任主义的,小池信太郎:"量刑中消极责任主义的再构成",载《庆应法学》第1号(2004年),第213页(但是,这些论者也并不支持积极的责任主义)。

以及个人责任这两点上取得了共识。具体而言，主观责任是指，仅仅在客观上发生法益侵害或危险并不能受处罚，所发生的结果还必须能够对行为人进行主观性归属（非难）；个人责任是指，并不能承认团体性责任或连带性责任，[1]行为人只对于自己所实施的行为而受非难。

责任是什么这一问题，是学派之争的核心性课题，与刑罚目的论具有紧密的关系。关于责任本质论，虽然存在复杂的争论，但应当如何将"无责任则无刑罚"的原则（责任主义）具体化才是重要的课题。[2]

第二节　责任是什么

一、责任的本质

古典学派（后期旧派）与近代学派（新派）之争的核心在于对刑罚目的论以及从此引导出的对于责任的理解。后期旧派将刑罚理解为报应刑，将作为其基础的人类本性置于理性人的位置上，从而肯定自由意思的存在（非决定论）。具体而言，该立场认为人可以自由地选择犯罪或者不犯罪，可以进行合理性计算，这样的话，对于选择了犯罪的行为人而言，就能施加"岂有此理"的非难（道义性非难）。这就是"道义责任论"。但是，毋庸赘言，刑法并不是道义性价值的具现化，不能将国家性道义作为责任的本质。现在，没有彻底贯彻这种道义责任论，而是在一定程度上肯定环境与素质制约的"相对非决定论"成为主流。

当说责任是"非难"可能性时，该非难并不是国家性的"道义"非难，而是在法律层面上的非难，国家只能在这种法律层面上施加非难（将其称为"法的责任论"）。但是，如后所述，由于在"责任"这一概念或制度其本身

---

[1] 之前的时代，就像连坐制，即使是与犯罪行为没有关系的人，也会以处于与犯人的特定关系为理由而令其承担刑事上的连带责任。其中，以血缘关系为理由而处罚犯人的近亲属的制度被称为连坐。现在，在公职选举法等制度中也存在连坐制（《公职选举法》第251条之2、第251条之3）。

[2] 这样，刑法中的责任应该从国家将刑罚科加到加害人身上这一图式来考察，是加害人应当对国家承担的责任。与此相对，以加害人应当对被害人或者社区承担"修复责任"为问题的是修复性司法。但是，这种修复责任与刑法中的责任之间具有怎样的关系，我仍然想将其作为今后的课题。关于修复责任，参见 John Braithwaite（细井等译）：《修复性司法的世界》（2008年），第49页以下；高桥：《对话》，第46页以下。

就带着困难的问题，因此在法的责任这一框架下解决并不会产生多大的问题。在这一点上，我认为不得不依据以人类"虽然是被决定的，但也能够自主决定"这一主体性人类观为基础的相对非决定论。[1]

与此相对，新派将刑罚理解为教育或改善刑，将成为基础的人类观置于被环境与素质决定的宿命人类观的位置上，从而否定自由意思。据此，责任就不为"岂有此理"的这种非难提供契机，而是以行为人的危险性为根据而必须服从于社会性措施的社会危险性作为其内容。该立场被称为"社会责任论"。但是，以意思决定论为基础的社会责任论不仅忽视了刑罚是一种规范性非难，而且导出了将社会的保全作为重点的刑法理论，这从人权保障的观点来看是存在问题的。

但现在，依据这种刚性决定论的观点并不存在，因此柔性决定论的观点得以有力主张，具体而言，将人类的精神构造分为生理层面与规范心理层面，当由后者所决定时，人类就是自主决定的，因此是自由的（社会的规范责任论）。[2]但是，如果认为在给定的条件下只能存在一个意思决定，那么，即使通过规范的心理层面而被决定，也不能说是自由的，这与刚性决定论之间的差异极其微妙。[3]

围绕意思自由的争论，即自由意思肯定论（非决定论）与自由意思否定论（决定论）之间的争论，通过相对的非决定论与柔性的决定论等，显示出了比之前更为激烈的对立局面。完全没有任何外部原因的非决定论，与任何事物都是被决定的决定论，都将刑罚的存在根据推向虚无的境地。然而，自由意思与决定论是否可以两立这一前提问题甚至都依然没有解决。例如，如果认为自我决定并不是自我的表面，而是从人格的内部派生出来的个性表现的话，就直接等同于决定论了。[4]

我认为，既然刑法是国家施加于加害人身上的非难，就不得不将忍受这

---

[1] 参见团藤：《连接于这条线上》（新装版）（2006年），第121页以下。
[2] 参见平野，前列：《刑法的基础》，第19页以下。进而，也有立场认为，人的行为是被因果性决定的，但当人的意思被意识、价值所决定时，该意思就是自由的。参见威尔泽尔［福田、大塚（仁）译］：《目的行为论序说》（1962年），第63页以下。
[3] 参见西原（下）第443页。
[4] 根据黑田：《行为与规范》（1992年），第87页，自由的行为是指，该行为人在该状况中所实施的没有考虑反对行为之可能性余地的行为，唯一的被其人格所决定的行为。关于自由意思的问题，参见Strawson、Frankfurt等著（门胁、野矢编、监修译）：《自由与行为的哲学》（2010年）。

种负担的责任作为前提。在该情形中,本来责任就并不当然地内在于行为人,只有对于实施违法行为者,国家才施加责任。因此,当国家探究对违法行为的责任之所在,彻底查明可以追问责任的行为人时,该人的行为就被社会性地宣布为自由的行为,在这个意义上,责任并不是作为实体的责任,甚至可以说是社会性虚构。[1]但是,如果不存在这种社会性虚构,社会就不能够存立,其结果,责任及其刑罚,如果不假设以意思自由为前提,就不得不理解为不可能存立的制度。

这样,即使责任是一种社会性虚构,也必须尽可能地追求责任的实体(即使是虚幻的),因此,产生了以下两点要求。具体而言,第一,责任判断应该尽量基于实证性资料来进行;第二,应当探求犯罪的原因是以何种形式存在(当我们不得而知时),在刑罚执行等阶段中应该从处遇的层面上消除。

在以上的意义上,可以把责任理解为一种非难可能性,即在其框架范围内,进行改善、教育的制度。

二、责任的基础

以上诸多关于责任本质论的观点的共通之处在于,肯定了责任的对象是行为,这一点被称为"行为责任"。与此相对,"人格责任论"也被主张着,该观点认为应该将"人格形成责任"这一在行为责任背后的责任作为二次性的问题。[2]但是,不仅确定怎样的要素对于人格形成具有贡献作用这一点是极其困难的,而且将责任的对象扩大到人格,具有导致刑法过度伦理化的危险。进而,在论及人格形成责任时,也通常往责任加重的方向进行认定。应当将责任限定于个别行为责任,人格形成责任也应当在此框架内被考虑。此外,也有观点主张性格责任论,即从社会的规范责任论出发,认为责任是对行为当时的行为人的人格进行非难。[3]当行为在规范性心理的层面上与人格相应时,施加重的刑罚就是妥当的。这种观点虽然可以为对规范意识淡薄的

---

[1] 参见小坂井,前列:《责任这一虚构》。因此,关于刑罚这一制裁规范,对于行为规范违反的非难这一象征性的、表现性的功能应当被重视。关于象征、表现性的刑罚论,参见高桥:《探求》,第40页以下。进而,参见增田(丰):"刑事责任——从自由意志论与刑罚论的视点出发的进路",载菊田等编:《社会中的刑事司法与犯罪人》(2007年),第342页以下。
[2] 参见团藤第260页、大塚(仁)第442页。进而,参见大谷:《人格责任论的研究》(1972年)。
[3] 参见平野,前列:《刑法的基础》,第40页;西田第208页;山中第633页。

常习犯施加重罚提供基础，但归根结底不得不肯定人格因素的介入，我认为这蕴含着与人格责任论同样的问题性。[1]

根据人格责任论，确实可以很好地为加重常习犯人的刑罚（例如，《刑法》第186条第1款的常习赌博罪）提供根据。具体而言，在常习犯的情形中，违法性意识已经淡薄，但可以对导致这种意识淡薄的人格形成过程施加非难。从行为责任论出发，并不能将常习性作为行为人的属性，而应理解为行为的属性，当同样样态的赌博行为被反复实施时，也可以考虑将其合并为一个常习赌博行为，据此也可以将对这种行为所承担的加重责任理解为刑罚的加重根据。

三、责任的内容

根据传统的犯罪论，违法是由客观要素构成的，责任是由主观要素构成的，因此，责任的实体被专门作为行为人的心理性关系来把握。具体而言，责任的内容除了行为人的责任能力之外，还必须存在故意或过失的心理状态。将其称为"心理责任论"。

但是此后，期待可能性理论（边页第379页）得以展开。具体而言，即使行为人存在这些心理性事实，考虑到行为之际的具体因素，当无法期待行为人回避该违法行为而实施其他合法行为时，就不能对其施加非难。这种期待可能性的要素被置于客观责任要素的位置上，于是在责任的内容中，也包含了对规范违反的存在与否及其程度的判断。这就是所谓的"规范责任论"，当今占据通说性观点的位置。[2]

根据规范的责任论，责任是因违反不实施违法行为的期待而受非难，但该期待是以以下两个侧面为前提的。即，行为人应当遵从行为规范作出意思

---

[1] 对于人格责任论，泷川，前列：《责任的含义与制度》，第105页以下作出了如下批判：必须无限溯及行为背后的人格形成，容易陷入无限地向反方向行进的境地。但是，在并不是作为犯罪成立要件的责任，而是作为量刑判断之基础的责任判断中，不得不考虑一定范围内的人格形成过程（作为一个要素）。但是，在该情形中，不仅仅是过去的人格，也应当同时判断现在的人格以及将来的人格形成可能性。

[2] 与此相对，严格区分他行为可能性与期待可能性，作为责任的必要条件而否定前者，以后者为基础而将自由理解为理由能力的是，泷川（裕）："他行为可能性并不是责任的必要条件"，载《法学杂志（大阪市大）》第55卷第1号（2008年），第31页以下。

决定（义务的侧面），以及作出该意思决定是可能的（可能的侧面）。[1]违反的违法性是以行为规范违反作为其问题，与此相对，规范的责任是以义务规范违反作为其问题的。如前所述（边页第63页），前者是当为（Sollen）的问题，后者是可能（Koennen）的问题。[2]

最近，"可罚的责任论"也被主张着。具体而言，以该规范责任论为出发点，进而通过考虑刑罚目的尤其是预防性视角，来判断是否是值得科处刑罚的责任。[3]对于在责任之中加入预防性视角这一点，将导致责任主义的空洞化这一批判是可能的，[4]但在规范性责任中，比起其他行为可能性判断而言，预防判断可能是更为经验性的判断。此外，通过规范性责任划定刑罚上限，而预防性判断只在减轻责任的方向上考虑。据此，妥当的责任判断是可能的。[5]

本书认为，通过制裁规范这一范畴，在违法性阶段上将可罚的违法性作为基础；与此相平行，在责任的阶段上，也可能而且应该将可罚的责任作为基础。

---

[1] 参见中野第35页。
[2] 参见西原（上）第130页以下。
[3] 关于可罚的责任论，参见佐伯（千）第232页；浅田第271页；山中第726页；松原（芳）："可罚的责任论的现状与展望"，载《九州国际大学法学会杂志》第55卷第1号（2005年），第57页以下。
[4] 参见吉冈：《追求刑事制度的基本理念》（1984年），第201页以下；曾根："刑法中的责任与预防"，载奥岛、田中编：《法学的根底之所在》（1997年），第375页。
[5] 罗克辛在责任的范围内，提示了考虑一般预防与特殊预防的"答责性"这一种类，值得关注。参见克劳斯·罗克辛（宫泽监译）：《刑法中的责任与预防》（1984年），第71页以下。

第十三章　责任阻却事由Ⅰ——责任能力的欠缺（以及减少）

第一节　总　说

责任能力是指有责地实施行为的能力，具体是指辨别是非（辨别、辨识能力）并遵从该辨别进行行动的能力（行动、制御能力）。[1]但是，这种定义是从将刑事责任的本质理解为规范性非难的当前通说引导出来的，根据近代学派的社会危险性立场，在具有能够遂行犯罪的能力这一点上，并无法区别有能力者与无能力者，而是在通过科加刑罚而能够达成刑罚目的的能力这一点上被区别开来的（受刑能力）。[2]

如果认为责任能力是有责行为能力，那么责任能力就是指对于该违法行为的个别能力这一意义上的责任要素，[3]因此就能够肯定"部分的责任能

---

[1] 关于责任能力，参见墨谷：《责任能力基准的研究》（1980年）；浅田：《刑事责任能力的研究》（上卷1983年、下卷1999年）；林（美）：《情动行为与责任能力》（1991年）；安田：《刑事责任能力的本质及其判断》（2006年）；同："关于责任能力论的到达点与仍然应当解决的课题"，载《理论刑法学的探究⑥》，第1页以下；中谷编：《责任能力的现在》（2009年）；大阪刑事实务研究会：《责任能力1（1）—2（3）》判夕第1371号第85页、第1372号第76页、第1375号第87页、第1376号第70页、第1377号第40页、第1378号第50页、第1379号第70页、第1379号第85页（2012年）；竹川："刑事责任能力论中的辨识、控制能力要件的再构成（1）"，载《早稻田法学会志》第66卷第2号（2016年），第321页以下。

[2] 但是，当接受死刑或自由刑之宣告者处于心神丧失状态时就必须停止刑罚的执行（《刑事诉讼法》第479条、第480条），这里的心神丧失与刑法上的心神丧失其内容未必是一致的。此外，行为能力是指在能够实施刑法意义上的行为的能力，对于欠缺责任能力者也可以肯定行为能力。犯罪能力是指能够成为构成要件主体的能力，法人是否具有犯罪能力成为问题（边页第97页）。诉讼能力是指能够有效实施诉讼行为的能力。当被告人陷入心神丧失状态时，就必须停止公判程序（《刑事诉讼法》第314条）。

[3] 参见团藤第276页、福田第192页、大塚（仁）第451页、西原（下）第452页、野村第282页。

力",即:即使否定对于某犯罪的责任能力,也能够肯定关于其他犯罪的责任能力。[1]与此相对,也有观点认为责任能力是具有故意或过失的能力,因此是责任的前提,而人格具有统一性,据此而否定部分的责任能力(责任前提说)。[2]但是,例如,患有好诉妄想的偏执狂患者,即使对于虚伪告诉罪等不具有责任能力,也可以肯定对于其他犯罪的责任能力。在该情形中,如果考虑人格的统一性,也可能否定对于其他犯罪的责任能力,这是以与该精神障碍无任何关系的违法行为为契机,赋予治疗内在于其整体人格之中的精神障碍机会的观点,并不妥当。我认为,责任能力应该是与该行为进行关联考虑的有责行为能力,作为一般的能力而考虑的是与将责任能力理解为刑罚适应能力这一点相关联的。

第二节 无责任能力与限定责任能力

一、心神丧失或心神耗弱的含义

日本刑法规定"心神丧失者的行为,不罚"(《刑法》第39条第1款),"心神耗弱者的行为,减轻其刑"(同条第2款)。心神丧失者是无责任能力者,心神耗弱者是限定责任能力者。

---

[1] 关于部分的责任能力,参见中空:"部分责任能力的一个考察",载《关东学园大法学纪要》第1号(1991年)第193页以下。大阪地判平成11年(1999年)1月12日判夕第1025号第295页中,在因兴奋剂精神病而产生幻想妄想的状态下而使用兴奋剂,对于该案件,大阪市地方裁判所认为,在肯定完全责任能力之际,对于在相同的精神状态下实施的复数行为,应当根据幻觉幻想与犯行的关联性如何对责任能力进行判断。东京地判平成20年(2008年)5月27日判时第2023号第158页中,被告人杀害了其妹妹并用菜刀分尸。对于该杀人以及尸体损坏罪的案件,东京地方裁判所对于杀人罪肯定了完全责任能力从而认定有罪,但对于尸体损坏罪,认为其因解离性同一性障碍而陷入心神丧失状态,从而宣告无罪。进而,横滨地判平成24年(2012年)3月21日判夕第1398号第367页中,在发生导致被害人负伤的交通事故的当时,被告人因低血糖(无自觉低血糖)而陷入"分辨模糊状态",因此而认为在违反救护义务上并没有故意,在违反报告义务上具有故意,但不具有责任能力,从而认定被告人无罪。横滨地判平成26年(2014年)7月3日LEX/DB25446568中,对于伤害、强盗事件与在约13个小时之后对其他被害人实施的伤害事件认为,在伤害、强盗事件的时点上,应当视为其因在躁郁症的狂躁状态加上复杂酩酊而在精神症状上陷入了心神耗弱的状态,但在此后的伤害事件的时点上,精神症状剧烈恶化,动机了解的不可能性非常强烈。据此而认定其处于心神丧失的状态,从而宣告部分无罪。可以说这些判例都是以责任要素说为前提。

[2] 参见平野Ⅱ第281页、藤木第203页以下、大谷第316页、川端第420页、浅田第282页。

根据判例的定义，心神丧失是因精神障碍而丧失辨别行为的是非之能力（是非辨别能力），或者陷入不具有根据该辨识而行动的能力（行动制御能力）的状态。心神耗弱是指由于精神障碍而陷入辨识能力与行动制御能力显著减退的状态［大判昭和6年（1931年）12月3日刑集第10卷第682页］。[1]

这种定义将精神障碍这一生物学要素与是非辨识能力或行动制御能力这一心理学要素相结合，是根据所谓的"混合方法"所得出的结论，通说也采用该观点。

与此相对，在世界的立法例中，存在仅仅根据生物学要素来判断责任能力的生物学方法，与仅仅根据心理学要素来判断责任能力的心理学方法。例如，自从1843年以来，马克诺顿规则就在英美世界中成为支配性的心理学方法。具体而言，"如果要根据精神障碍的理由而成立抗辩，那么在行为当时，就必须明确证明该人因精神疾病而不知道自己的行为性质，或者即使知道也处于不知道其行为的反伦理性这种欠缺理性的状态之中"。另一方面，达拉姆规则是通过1954年的达拉姆判决（美国的哥伦比亚特区）确立的生物学方法。具体而言，"当被告人自己所实施的违法行为是精神疾病或缺陷的产物时，就不承担刑事上的责任"。[2]

在混合的方法中，具有将心理学要素通过生物学要素进行限定的优点，可以说基本上是妥当的方法，但仍然残留着如何考虑这两种判断之间的关联性的问题。

二、精神障碍与责任能力

在精神障碍中，可以分为狭义的精神病（基于精神的继续性病变的情形）、意识障碍（基于精神的暂时性异常的情形）及其他障碍（基于精神的发育迟延的情形）。

精神病可以分为外因性（脑出现器质性变化的情形——传染性、外伤性、中毒性［酒精中毒、兴奋剂中毒等］、身体性［认知性、癫痫等］）与内因性（统合失调症、狂躁症）。

---

[1] 行为的是非与行为的违法性是同一含义［最决昭和29年（1954年）7月30日刑集第8卷第7号第1231页］。

[2] 关于该规则，参见墨谷，前列：《责任能力基准的研究》，第32页以下、第100页以下。

| 第十三章　责任阻却事由Ⅰ——责任能力的欠缺（以及减少）|

其中，由于统合失调症是人格的核心部分患病，因此也有观点认为应当将其认定为心神丧失。[1]但是，在人格破坏上也存在程度的区别，因此应当分别判断各个行为的辨识能力、控制能力的有无以及程度来决定是心神丧失还是心神耗弱。[2]最决昭和59年（1984年）7月3日刑集第38卷第8号第2783页[3]也作出了以下判示："即使因为被告人在实施犯罪行为当时罹患了精神分裂症，但并不能据此直接认为被告人陷入了心神丧失的状态，其责任能力的有无及其程度应当综合被告人在犯行当时的病状、犯行前的生活状态、犯行的动机、样态等进行判断"（决定要旨）。

在意识障碍中尤其成为问题的是因酒精而陷入酩酊状态。在酩酊中，存在单纯酩酊与异常酩酊，异常酩酊进而可以分为复杂酩酊与病理酩酊。其中，病理酩酊是因饮酒而产生幻觉或妄想，存在产生无差别的狂躁状态的病理性要素，因此在精神医学学者中，很有力的观点认为，这种情况应当理解为原则上欠缺责任能力。但是，应当遵从前述的最高裁昭和59年（1984年）决定进行综合性判断。虽然判例倾向于将其认定为心神耗弱［东京高判昭和38年（1963年）11月25日下刑集第5卷第11、12号第1077页；札幌高判昭和36年（1961年）6月10日下刑集第3卷第5、6号第414页等］，但也存在认定为心神丧失的判例［东京高判昭和51年（1976年）12月23日高刑集第29卷第4号第676页等］。

由于兴奋剂中毒并未达到人格障碍的程度，很多情形是仅具有对现实认识存在错误的程度。在判例实务中，在认定行为人为完全责任能力或心神耗弱时，具有很强倾向性的观点认为，要考虑症状的程度和对于人格的支配程度。[4]

---

[1]　参见平野Ⅱ第290页。
[2]　仙台高判昭和63年（1988年）2月16日高刑集第41卷第1号第48页中，对于综合失调症患者肯定了业务上过失致死罪中的责任能力。与此相对，福冈高判平成23年（2011年）10月18日LEX/DB25443957中，对于杀人事件，虽然在认为行为人的犯行是在综合失调症的影响下实施的这一理解与原判决（心神耗弱）是共通的，但在动机了解的可能性等的认定上却是不同的，通过认定心神丧失而宣告了无罪。
[3]　此外，在本案被驳回前的上告审［最判昭和53年（1978年）3月24日刑集第32卷第2号第408页］中，认为在被告人的责任能力上存在事实误认的怀疑。关于本案，参见林（美）：《百选Ⅰ》，第70页；浅田，昭和53年（1978年）度重判，第162页。
[4]　东京高判昭和59年（1984年）11月27日判时第1158号第249页认为，在犯行当时，虽然因常用兴奋剂而陷入慢性中毒的状态，但其人格尚未被妄想与幻觉完全支配，从而排斥了认定心神丧失的两个鉴定以及辩护人的主张，认定为心神耗弱。

精神病质是单纯的性格异常，并不是精神病，因此原则上应肯定其责任能力。[1]

三、心神丧失、心神耗弱的判断方法

将生物学要素作为事实性判断，将心理学要素作为法律判断，从而将这两者分开，或者将这两者都作为事实性判断的构成都是可能的。[2]但判例认为，由于责任能力的判断是法律判断，因此，即使存在认定为心神丧失的鉴定，由于存在动机的了解可能性与犯行的计划性，因此也可以肯定责任能力［最决昭和58年（1983年）9月13日裁判集刑第232号第95页］。据此，在判断责任能力之际，并不一定依据专家的鉴定，也可以根据其他证据来判断该要素的存在与否［最判昭和23年7月6日刑集第2卷第8号第785页］。此外，即使是在做了鉴定的情形中，裁判所也可以不采用该结果，而从独自的立场出发根据其他证据推导出不同的结论。

前述最高裁昭和59年（1984年）决定中，作为自卫官的甲（具有精神分裂症的住院史与就医史）请求与其朋友X的妹妹结婚遭拒，便认为是因X全家人的反对，因此对X全家人都怀恨在心，此后作为工人而参加劳动，但在一年多之后奔赴X家中，持铁棒殴打X一家人，致使5人死亡，2人受重伤。关于该案件，最高裁判所作出了以下判示："被害人的精神状态是否该当于《刑法》第39条所说的心神丧失或心神耗弱是法律判断，因此应专门交给裁判所进行判断。据此，原判决所认定的——虽然在精神鉴定书（包含对鉴定人的证人询问调查书）的结论部分存在被告人在犯行当时具有心神丧失的情况这一记载，但并不采用该结论，综合以上鉴定书的整体记载内容及其他精神鉴定结果，以及由记录所承认的被告人在犯行当时的病状、犯行前的生活状态、犯行的动机、样态等因素，认定被告人在实施本案犯罪行为的当时由于精神分裂症的影响而陷入精神耗弱状态——可以作为正当的结论而被肯定。"

由于责任能力是特殊的法律概念，因此，认为应将其专门束缚于精神医

---

[1] 此外，大阪高判昭和59年（1984年）3月27日判时第1116号第140页中，对于神经性食欲不振症（青春期消瘦症）患者所实施的盗窃，认定心神丧失，从而做无罪处理。

[2] 参见安田，前列：《刑事责任能力的本质及其判断》，第162页以下。

| 第十三章　责任阻却事由Ⅰ——责任能力的欠缺（以及减少）|

学与心理学的观点是不妥当的。另一方面，无视生物学要素，独断地进行规范性判断也是不妥当的，这一点毋庸赘言。其结果，应当在从鉴定结果出发所引导出的对于辨别、行动能力进行事实性判断的基础上，由裁判官进行规范性评价。〔1〕

在这个意义上，最判平成20年（2008年）4月25日刑集第62卷第5号第1559页指示了妥当的方向。对于在因综合失调症而导致的幻觉妄想的强烈影响下所实施的伤害致死案件，该判决作出了以下判示："关于作为生物学要素之精神障碍的有无及其程度，以及这对心理学要素所产生的影响的有无及其程度，从该诊断是临床精神医学的本分这一点来看，当作为专家的精神医学学者的意见作为鉴定意见等而成为证据时，只要不存在对鉴定人的公正与能力产生合理怀疑，或者在鉴定的前提条件上存在问题，从而不能采用该结论的合理事由，就应当说必须充分尊重该意见进行认定。"〔2〕

与此相对，最决平成21年（2009年）12月8日刑集第63卷第11号第2829页中，裁判所认为：即使在部分采用特定的精神鉴定意见的情形中，关于责任能力的有无及其程度，也并不被该意见的其他部分所束缚，应当综合判断被告人犯行当时的病状、犯行前的生活状态、犯行的动机、样态等进行判定。〔3〕在该判决中，遵循了前述最高裁昭和59年（1984年）决定等所指

---

〔1〕 总之，"关于生物学要素，从包含精神鉴定在内的关系证据出发，对于被告人在犯行当时的精神障碍有无及其程度进行事实性判断，基于此，综合检讨被告人在犯行当时的是非辨识能力与行动控制能力的心理学诸要素。在这里，虽然混合存在事实性判断与规范性判断，但在导出责任能力的有无与程度之结论的阶段，其结果是综合考虑这两者的要素，由裁判官进行规范性判断。"（参见前列，大阪刑事实务研究会判夕第1372号第90页）。与此相对，认识、控制"主体"的判断应当是事实性判断，不存在法律性、规范性评价的余地，但是，关于认识、控制"可能性"的判断，将其作为法律性、规范性评价的是，安田："关于责任能力的判断基准"，载《现刑》第36号，第34页。对于这种控制主体论，町野："'精神障碍'与刑事责任能力：再考与再论"，载《内田古稀》，第141页中提出了以下批判：这只不过是对刑法性的辨识能力、控制能力产生影响的精神障碍的存在与否这种一个步骤式的判断，根据"精神医学性的、刑法的方法"而实施的判断而已。

〔2〕 关于本案，参见安田，平成20年（2008年）度重判，第178页、浅田：《判例评论》第610号（判时第2054号）第185页。此外，本案的控诉审［东京高判平成21年（2009年）5月25日判夕第1318号第269页］指示了心神丧失的方向。进而，参见竹川："刑事责任能力中精神鉴定人的作用（1）（2完）"，载《早稻田法学会志》第65卷第2号第151页以下、第66卷第1号第189页以下（2015年）。

〔3〕 关于本案，参见安田：《百选Ⅰ》，第72页；林（美），平成22年（2010年）度重判，第202页；中川（武），《刑事法学家》第23号，第91页。

出的——关于责任能力的有无及其程度,应当结合被告人犯行当时的病状、犯行前的生活状态、犯行的动机、样态等进行综合判断。除此之外,作为其中间性的判断要素,在提出了"由综合失调症所引发的病理体验与犯行之间的关系、被告人本来的人格倾向与犯行的关联性程度等"这一抽象性的框架这一点上,值得关注。[1]

此外,当被告人因心神丧失而被认定无罪时,检察官必须根据《精神保健福祉法》第25条的规定,将该裁判主旨向都道府县知事通报,而知事在让其接受精神保健指定医生的诊断的基础上,当该被告人被认定为精神障碍者并且具有自伤或他害的危险时,可以令其入住指定医院(《精神保健福祉法》第29条)(措置入院)。只是,对于该当于重大犯罪之行为,适用平成15年(2004年)所颁布的《关于在心神丧失等状态所实施的重大他害行为者的医疗及观察等法律》(所谓的《医疗观察法》)(边页第570页)。[2]

四、刑事未成年人

未满14周岁者被认为是无责任能力者(《刑法》第41条)。该规定并不是认为未满14周岁的未成年人就一般性地缺乏辨识能力或控制能力,而是基于以下刑事政策性的价值性考量而制定的,即:以青少年还处在精神发育的阶段,对其施加刑法上的非难并不妥当为理由,将14周岁这一年龄作为一条

---

[1] 这可以评价为,基本上承认了司法研究:《难解的法律概念与裁判员裁判》(2009年)所提倡的视角。该书(第36页以下),作为一个例子,举出了以综合失调症为理由而对责任能力存在争议的情形,在犯行是否被妄想地直接支配成为责任能力判断之关键的案件中,归根结底,从"是因为精神障碍才犯罪的,还是基于本来的人格遵从其判断而犯罪"这一视角出发进行检讨就可以。具体而言,存在以下几种判断形式:"由于综合失调症的压倒性影响而犯的罪,不能评价为基于本来的人格、遵从其判断而犯罪"(心神丧失)、"虽然显著受到综合失调症的影响,但可以评价为仍然残存着可以说基于本来的人格的、遵从其判断而犯的罪的部分"(心神耗弱)、"即使具有综合失调症的影响,但并不显著,可以评价为基于本来的人格、遵从其判断而犯的罪"(完全责任能力)。这种判断形式,除了综合失调症,对于狂躁症、酒精关联障碍、药物关联障碍、广泛性发达障碍、人格障碍等情形也是有效的。此外,最判平成27年(2015年)5月25日判夕第1415号第77页中,对于罹患妄想性障碍的被告人所实行的杀人、杀人未遂等行为之案件,肯定了认为还不能承认事理辨识能力以及行动控制能力显著低下的原判决,从而维持了死刑的量刑。但在此之际,提示了如上所述的裁判员裁判中的责任能力的具体判断。关于本案,参见安田:《判例通选》2015年第1期,第28页。

[2] 关于医疗观察法,参见:"(特集)医疗观察法的现在",载《刑事法学家》第19号(2009年),第2页以下。

统一的界线。在理论上,其实是不存在可罚的责任。

但是,在《少年法》上则将不满 20 周岁的人作为少年(《少年法》第 2 条),少年的刑事案件都必须送达家庭裁判所(《少年法》第 41 条、第 42 条)。家庭裁判所可以对其科处保护观察、解送到儿童自立支援设施等、解送到少年院等保护处分(《少年法》第 24 条)。

当对未满 18 周岁的未成年人科处刑罚时,经常减轻其刑(死刑减为无期徒刑、无期徒刑减为 10 年以上 15 年以下的惩役或禁锢)(《少年法》第 51 条)。此外,当解送时,对于未满 16 周岁者,一般认为禁止检察官解送以及科处刑罚(改正前的第 20 条但书规定),但通过 2000 年的部分修正,对于 14 周岁以上的犯罪少年,检察官解送成为可能(《少年法》第 20 条第 1 款),此外,对于在犯罪行为当时,16 周岁以上的少年通过杀人等故意的犯罪行为而导致被害人死亡的重大案件,由检察官解送成为原则(《少年法》第 20 条第 2 款)。[1]

第三节 原因上的自由行为

一、问题点

从前述的(边页第 64 页)同时存在原则出发,责任能力原则上必须存在于实行行为时。但是,即使在实行行为时陷入了心神丧失状态(无责任能力状态)或者心神耗弱状态(限定责任能力状态),当其自己陷入这种状态并实施犯罪行为时,不得不说是值得处罚的。因此,有必要对这种行为的可罚性提供根据,该法理就是"原因上的自由行为(actio libera in causa)之法理"。[2]

原因上的自由行为之法理是指,即使违法行为是在无责任能力或者限定

355

---

[1] 关于少年法,参见田宫、广濑编:《注释少年法》(第 3 版)(2009 年);守山、后藤编著:《初学少年法》(第 2 版补订版)(2009 年);川出:《少年法》(2015 年)等。

[2] 关于原因上的自由行为,参见佐伯(千):《刑法中的违法性理论》(1974 年),第 309 页以下;团藤:"自招的精神障碍",载《植松还历(法律编)》,第 227 页以下;西原:《犯罪实行行为论》(1998 年),第 133 页以下;中空:"关于'原因上的自由理论'",载《团藤古稀》第 2 卷,第 162 页以下;富樫:"原因上的自由行为中的构成要件模式的再检讨(1)",载《法学(东北大学)》第 74 卷第 5 号(2010 年),第 562 页;同:"原因上的自由行为的历史性展开(1)",载《法学》第 75 卷第 6 号(2012 年),第 787 页以下;杉本:"作为责任归属之原理的责任模式与例外模式(1)——以原因上的自由行为为线索",载《早稻田法学》第 88 卷第 2 号(2013 年),第 129 页以下;同:"alis 与 alic",载《理论刑法学入门》,第 97 页以下等。

责任能力的状态下实施的，当这是在具有责任能力的时点上因故意或过失而陷入无责任能力状态时，认为对于违法行为就可以追究完全的责任的法理。将导致这种无责任能力状态的原因称为"原因行为"，将在无责任能力状态所实施的违法行为称为"结果行为"。

关于该法理，原因上的自由行为的处罚根据、实行行为性、责任能力的功能及其存在时期、原因上的自由行为之法理的适用范围等成为问题。

二、学说的状况

在学说上，存在以下两种学说的对立：间接正犯类似说与同时存在原则实质化说。前者是将责任能力与实行行为同时存在的原则贯彻到底，将原因行为理解为实行行为的"构成要件模型"；后者是缓和责任能力与实行行为同时存在原则，仅仅将责任能力的存在时期求诸于原因行为的"责任模型"。

（一）构成要件模型（间接正犯类似说）

有观点认为，原因上的自由行为就像将自己无责任的状态作为"道具"利用，从而与间接正犯的构造相类比来进行说明。[1]该观点试图维持作为未遂犯之成立要件的"实行行为"与责任同时存在的原则，可以将其称为形式的"同时存在原则"维持说。根据该观点，责任能力就被理解为与实行行为受同时的控制。

间接正犯类似说在解释论上的归结，可以列举出以下几点：在原因行为上肯定实行的着手；原则上不适用于故意犯（可能适用于定型性比较弱的过失犯与不作为犯）；在限定责任能力的情形中，因欠缺道具性而不具有适用性（其刑经常减轻）；由于也要求具备对道具性的认识，因此要求存在二重的故意。

对于间接正犯类似说，以下的批判是可能的。具体而言，将实行的着手时间过分提前；对于与危险的关联性稀薄的行为肯定实行行为性，导致定型性变为缓和；对于限定责任能力的情形无法适用原因上的自由行为之法理；在无责任能力与限定责任能力上产生不均衡，在适用该法理的情形中，导致承认两个实行行为的结果；与间接正犯同样，在欠缺利用意思的情形中就无法追究其责任等。

---

[1] 参见团藤第 161 页、福田第 197 页、大塚（仁）第 165 页。

但是，也存在将该法理适用于限定责任能力之情形的修正说。[1]具体而言，应用间接正犯的"有故意的道具"之理论，在利用无身份有故意的道具之情形中，例如，在作为公务员的丈夫利用其妻子而收受贿赂的情形中，丈夫成立受贿的间接正犯，与此相均衡，在限定责任能力的情形中也可以适用原因上的自由行为之法理。但是，在间接正犯的情形中，道具作为单独犯是不可罚的行为，与此相对，在原因上的自由行为的情形中，是可罚行为的利用，因此这种解释是没有道理的。[2]

（二）责任模式（"同时存在原则"实质化说）

与此相对，有观点对结果行为肯定了实行的着手，仅仅追溯责任的存在时期。[3]这样的话，就肯定了广义的"行为"与责任的同时存在，因此可以说是将"同时存在原则"做实质性理解的观点。

作为该观点的根据，可以列举出以下几点：根据规范责任论，责任是非难可能性，是对于行为的意思决定进行否定性的评价，因此，在实行行为时是否存在责任能力并不重要；[4]如果实行行为是由事前的责任能力所支配的，或具有支配可能性，就能追究其责任；[5]将正犯行为与实行行为相分离，只要在作为正犯行为的原因行为当时存在责任就足够了。[6]

本书认为该观点是妥当的。根据该观点，虽然"实行行为"与责任的同时存在被放弃，但却维持了"行为"与责任的同时存在。具体而言，当从意思决定到实行行为或结果惹起这一期间的人的态度是贯穿于同一意思时，就

---

[1] 参见大塚（仁）第168页。

[2] 进而，有观点认为，为了追问无责任能力状态的"行为"所产生的"结果"的责任的原因行为所必须具备的危险性与未遂犯的成立所必要的实行着手中的危险性应做个别理解，在能够肯定原因行为与结果行为之间的因果关联、责任关联的情形中，就可以对结果行为追问责任（山口：《探究》，第195页以下；内藤（下）Ⅰ第884页）。但是，该观点不仅在如何特定原因行为上不明确，在将实行行为的存在求诸于原因行为还是结果行为上也不明确。

[3] 参见佐伯（千），前列：《违法性的理论》，第322页；西原（下）第460页以下；藤木第208页；大谷第326页以下；川端第432页以下；前田第309页以下；山口第276页。

[4] 参见西原（下）第462页。

[5] 参见中第172页以下。

[6] 参见平野：《诸问题》，第130页。进而，平野Ⅱ第302页以下认为，原因上的自由行为存在两种形态，第一种形态是产生原因行为的意思与不连续的结果行为的意思（如果饮酒、酩酊的话，则是酩酊状态成为原因而产生杀伤意思的情形）。第二种形态是，一开始就具有实施杀伤行为之故意这种意思是连续性的情形。应将这两种形态区分开来。该区别在判断意思的一贯性之际应当被考虑。此外，参见中野第206页以下。

将其理解为一个行为，当责任能力存在于该行为的开始之时，对该行为就可以追究完全的责任。

根据实质化说而对"原因上的自由行为"进行可罚性判断，首先必须通过选定在社会上重要的行为这一工作来完成。在这里，要确定原因行为与结果行为这两个行为。其次，判断对其中的哪个行为肯定实行行为性。如果对前者的原因行为肯定抽象的危险，那么在该阶段上就能肯定实行的着手等同于实行行为，但由于后者的结果行为与（作为抽象危险）实行行为同时发生了具体的危险（进而发生了结果），因此作为实行行为性的判断，前者被后者所包含，仅以后者为问题即为足够。其结果，基于故意或过失的实行行为，就在存在于无责任能力（限定责任能力）时的行为中被看透。与此相对，责任可以在原因行为中获得承认。这是因为，原因上的自由行为中的"自由"指的并不是遂行实行行为是自由的，而是意味着不遂行实行行为（遂行其他行为）是自由的，这是（在原因上自由地）设定了不具有为了回避结果而遂行其他行为之可能性的状态这一义务规范违反的问题。其结果，责任能力并没有必要与实行行为同时存在，只要与行为同时存在即为足够。

此外，关于实质化说中的故意与过失的判断，从本书将故意与过失也理解为责任要素的立场出发，原因行为时的故意与过失与结果行为时的故意与过失之间的关系成为问题。[1]后者是构成要件故意或过失，因此如果在责任阶段存在与其相对应的故意或过失，则成立故意犯或过失犯。但是，当在原因行为时存在故意，而在结果行为时仅具有过失时，就不能对构成要件过失追究故意责任，其结果，就只能肯定过失犯的成立。与此相对，在原因行为时仅仅存在过失，而在结果行为时存在故意的情形中，虽然存在构成要件故意，但在责任的阶段称为过失，因此仅仅止步于过失犯的成立。[2]

对于这种实质化说，存在如下的批判。具体而言，轻视了责任能力所具有的"行动制御能力"的一面；责任能力并不是对行为的事前性控制的问题，

---

[1] 与此相对，认为在无责任能力状态下的故意行为是可能回避的，在可能预见的情形中，可以将其作为故意犯处罚的是，安田："关于在可以回避的无责任能力状态中的故意的犯行（2完）"，载《法学论丛》第142卷第2号（1997年），第32页以下。

[2] 但是，在过失犯的情形中，可以将在原因行为的时点上不陷入无责任能力状态这一点放置于结果回避义务的内容之位置上，从而根据过失犯的一般成立要件进行判断。因此，即使在过失犯的情形中，不能适用原因上的自由行为之法理，但可能处罚的情形也很多。

而是对行为进行同时性控制的问题;将从意思决定到实行行为的一系列整体经过视为"一个行为",并将其作为问责对象是没有道理的,等等。但是,如前所述,责任能力是以作为非难可能性之对象的行为时的意思决定能力作为核心的,与此同时,如果具有意思的一贯性,也可以将其作为一个行为从而作为问责对象,因此这些批判并不中肯。

三、判例的状况

判例的立场虽未必是明确的,但可以说一般是从"故意的关联性"这一视角出发进行判断的。

(一) 原因行为时的故意与结果行为时的故意相连续的情形

当故意的连续性被肯定时,一般能够适用原因上的自由行为之法理。

最判昭和 28 年(1953 年)12 月 24 日刑集第 7 卷第 13 号第 2646 页中,作为麻药中毒者的被告人因其坐垫与衣服分别被 A 与 B 拿走而发起了失心疯。对此,是否该当于《旧麻药取缔法》第 4 条第 4 款的"因麻药中毒而发失心疯"成为问题。关于这一案件,最高裁判所作出了以下判示:"这样的话,这里所禁止以及处罚的对象是行为,因此,将'因麻药中毒而发失心疯'理解为因麻药的连续使用而导致麻药中毒,结果实施失心疯的行为,是妥当的。而在实施以上失心疯行为的当时,即使被告人不具有责任能力,只要在连续使用麻药之际,被告人具有责任能力,而且具有对于因麻药的连续使用而陷入麻药中毒症状的认识(未必的认识),就可作为所谓的原因上的自由行为而处罚。"〔1〕

此外,最决昭和 43 年(1968 年)2 月 27 日刑集第 22 卷第 2 号第 67 页中,关于醉酒驾驶罪(改正前《道路交通法》第 118 条第 1 款第 1 项),作出了以下判示:"就像在本案中,即使在实施醉酒驾驶的行为当时因醉酒而陷入心神耗弱的状态,当可以肯定在饮酒之际存在醉酒驾驶的意思时,认为不应该适用《刑法》第 39 条第 2 款而减轻其刑是妥当的。"〔2〕

---

〔1〕 进而,大阪高判昭和 56 年(1981 年)9 月 30 日高刑集第 34 卷第 3 号第 385 页中认为,关于兴奋剂的使用以及持有,即使在犯行当时因兴奋剂中毒等而至少处于心神耗弱的状态,在具有责任能力的当时可以认为兴奋剂的反复使用、继续持有等意思被实现的情形中,不应当适用《刑法》第 39 条。

〔2〕 关于本案,参见中空:《百选Ⅰ》,第 80 页。

（二）在原因行为时存在故意，但与结果行为时的故意并不连续的情形

在该情形中，同一意思是否贯穿始终成为问题。如果能够肯定行为意思的一贯性，就可以作为同一意思而适用原因上的自由行为之法理。但由于在结果行为时的故意支配了实行行为的内容，因此，原因行为时的责任故意就发挥着限定前者故意的功能。例如，虽然能够肯定结果行为时的杀人故意，但在原因行为时仅具有暴行故意的情形中，作为暴行罪之结果加重犯的伤害致死罪就在责任阶段成立了。

名古屋高判昭和 31 年（1956 年）4 月 19 日刑集第 9 卷第 5 号第 411 页中，作为非洛滂中毒患者甲，某日自己注射了盐酸麻黄碱而引起幻觉妄想，以为自己以及家人遭到世人的痛恨而被复仇，产生了厌世观，想着在杀害其妹妹 X 之后自杀，于是用短刀将 X 刺死，但甲在犯罪行为实施当时，陷入心神丧失的状态。该案件虽以杀人罪被起诉，但如果注射药物，就肯定幻觉妄想成为原因从而承认产生暴行故意，进而肯定在注射药物时产生暴行的未必故意，从而对于结果行为时的死亡肯定作为结果加重犯的伤害致死罪的责任。

进而，大阪地判昭和 51 年（1976 年）3 月 4 日判时第 822 号第 109 页中，因酒精中毒而一旦饮酒就具有暴力倾向的被告人试图在多量饮酒而导致病理性醉酒从而陷入心神丧失的状态下持牛刀抢劫出租车司机，但止于未遂。对于该案件，大阪地方裁判所并未肯定在饮酒时存在抢劫故意，仅肯定了暴行、胁迫的未必故意，从而肯定了《暴力行为等处罚法》第 1 条的示凶器暴行胁迫罪的成立。[1]

（三）原因行为时存在过失，但在结果行为时存在故意的情形

在前述的名古屋高裁昭和 31 年（1956 年）的判决中，虽然肯定了在原因行为时存在暴行的未必故意，但在"故意的连续性"完全不被肯定的情形中，则肯定过失犯的成立。最大判昭和 26 年（1951 年）1 月 17 日刑集第 5 卷第 1 号第 20 页中，被告人甲在饮食店饮酒之际向女从业员表白，遭拒绝之后怒火中烧，拿起旁边的水果刀，朝过来制止的 X 的头部捅去，致其死亡。关于该案件，裁判所认为，甲在犯行当时罹患了精神病，因重复不断喝酒而导致病理性醉酒并陷入心神丧失状态，由于甲具有在多量饮酒之后施加暴行的恶习，因此当多量饮酒时具有因陷入病理性醉酒而将恶行波及于他人的危

---

[1] 关于本案，参见长井（圆）：《百选Ⅰ》，第 78 页。

| 第十三章　责任阻却事由 I——责任能力的欠缺（以及减少）|

险者具有抑制饮酒从而防止危险发生的注意义务。当懈怠该注意义务时，就肯定过失致死罪的成立。[1]

（四）在结果行为时陷入心神耗弱的状态之情形

关于结果行为陷入心神耗弱的情形，前述最高裁昭和 43 年（1968 年）的决定中，甲在汽车上散发传单之后到酒吧喝酒，返回停车场后开错了他人的车，但在醉驾的时点上，已经因酩酊而陷入心神耗弱的状态。关于该案件，第一审对于醉酒驾驶罪肯定了心神耗弱从而适用《刑法》第 39 条第 2 款，但第二审认为饮酒之后也认识到了继续驾驶这一点，因此不能适用《刑法》第 39 条第 2 款。本书支持该观点。[2]

四、实行行为途中的无责任能力、限定责任能力

关于在实行行为着手之后陷入无责任能力状态或限定责任能力状态的情形，[3]长崎地判平成 4 年（1992 年）1 月 14 日判时第 1415 号第 142 页（敲肩棒事件）中，被告人在饮酒之际与其妻子 X 发生争吵，继而殴打 X 的头部与脸部，之后被告人继续喝酒，结果因复杂酩酊而陷入心神耗弱状态，在这种状态下进而用敲肩棒殴打 X 的头部，这一暴行成为致命伤，最终导致 X 死亡。对于该案件，长崎地方裁判所作出了以下判示："本案中，被告人的行为是在同一机会中从同一个意思发动所产生的，实行行为是被继续性或断续性实施的，被告人并不是在心神耗弱的状态下才开始实施犯行，在犯行开始时责任能力并不存在问题，但由于在犯行开始之后进而继续自己饮酒，因此才导致在实行行为的途中出现复杂酩酊，进而陷入心神耗弱的状态。因此，在

---

[1] 关于本案，参见丸山（治）：《百选 I》，第 76 页。此外，大阪地判平成元年（1989 年）5 月 29 日判夕第 56 号第 265 页中认为，虽然在事故发生的时点上因酩酊而陷入心神丧失或者心神耗弱的状态中，但肯定了在饮酒的时点上应当控制饮酒量的注意义务，从而肯定完全责任能力（机动车驾驶过失致死罪）。

[2] 此外，上述大阪地判平成元年（1989 年）判决对于醉驾行为适用了原因上自由行为的法理，肯定了完全责任能力。

[3] 关于该问题，参见林（美）："实行行为中途的无责任能力"，载《神奈川法学》第 28 卷第 1 号（1993 年），第 283 页以下；中空："实行行为着手后的心神丧失、心神耗弱与所谓的'同时存在原则'"，载《西原古稀》第 2 卷，第 237 页以下；山下："关于在实行行为途中陷入责任能力减弱或丧失状态的案件的一个考察"，载《产大法学》第 32 卷第 2、3 号（1998 年），第 352 页以下；小野（晃）："实行着手后的责任能力低下与行为分断的可否"，载《刑杂》第 55 卷第 2 号（2016 年），第 79 页以下。

这种情形中，将以上的因素在量刑上考虑则另当别论，但难以肯定对被告人之非难可能性的减弱，也很难说存在应当将其刑必要性减轻的实质性根据。这样的话，认为不应当适用《刑法》第39条第2款是妥当的。"〔1〕

在判例中，就像长崎地方裁判所的这一判决，存在以下两组类型，即仅要求实行着手时期存在责任能力与要求责任能力状态下的行为的重大性或与责任能力状态的行为同样的行为的反复性或心神丧失（心神耗弱）状态的自招性。

作为后者的判例，东京高判昭和54年（1979年）5月15日判夕第394号第161页中，被告人在与其丈夫X大吵一架之后，用锋利的进口剪刀捅了X数下，被告人马上就因激昂、恐怖等感情而导致精神极度亢奋，情绪也陷入了焦躁状态。与此同时，怀着杀意，用该把进口剪刀朝X全身捅了150多下，致使X死亡。对于该案件，东京高等裁判所作出了以下判示："从本案的事实关系来看，被告人在实行行为开始时的行为是用锋利的进口剪刀连续数次捅X的上半身，这可以说是相当用力的，其加害的程度当然也是重大的。也就是说，被告人在其责任能力并不是特别减弱的状态下已经怀着未必的杀意积极地实施重大加害行为，之后的实行行为是作为该杀意自身的继续发展，而且主要是将与以上同种样态的加害行为一味地反复继续。因此，不能说本案中犯行行为中开始的部分在对于判定被告人的本案行为整体的非难可能性的有无以及程度上即使无视也无妨，或者说仅仅是起着不应被重视的程度微小之作用的因素。此外，也很容易窥知被告人在行为中途情绪陷入朦胧状态在很大程度上也是起因于被告人对于被害人意图性地开始施加如上的重大加害行为而引起的精神极度亢奋。这样的话，也可以肯定这种精神亢奋状态在很大程度上是由被告人自己导致的。不得不说应该肯定减弱对被告人的非难可能性的实质性根据越来越薄弱。"据此而对被告人肯定了完全的责任。〔2〕

---

〔1〕 关于本案，参见小池：《百选I》，第74页。进而，东京地判平成9年（1997年）7月15日判时第1641号第156页中认为，在伤害行为的时点上，即使因癫痫发作而陷入无意识状态，既然发作中的行为是遵从在此之前的被告人的意思而实施的，就肯定完全责任能力。但是仅仅以实行行为前的责任能力而肯定责任是不妥当的，应当适用原因上的自由行为之法理。

〔2〕 大阪地判昭和58年（1983年）3月18日判时第1086号第158页中认为，即使是在暴行行为的途中因深度醉酒而在错乱状态中继续施加暴行导致对方死亡，在前半部分的暴行时并不存在责任能力上的疑问，当暴行前后的样态相同时，就不适用《刑法》第39条第2款。关于本案，参见岩井：《百选I》（第3版），第76页。此外，札幌地判平成2年（1990年）4月23日判夕第737号第242页中认为，从事后强盗罪的中途（暴行时）而陷入心神耗弱的状态，从而适用法律上的减轻。

| 第十三章 责任阻却事由 I——责任能力的欠缺（以及减少） |

根据重视责任能力的同时性控制的观点，就会得出在实行行为终了之前，责任能力都是必要的这一结论。作为结论而言，我认为不能追究直到结果的责任。[1]此外，根据间接正犯类似说，要求具有对于引起心神丧失（心神耗弱）状态的故意，而且要求从责任能力状态的实行行为出发导致心神丧失状态的发生，因此，对于长崎地方裁判所这样的案件，就不能追究直到结果的完全责任。

前述的长崎地方裁判所平成4年（1992年）的判决承认了一体的（暴行）实行行为，肯定了伤害致死罪的构成要件该当性，由于在实行的着手时存在责任能力，因此否定了《刑法》第39条第2款的适用。但是，以下观点也可以考虑：不承认一体的（暴行）实行行为，而仅仅将导致死亡的行为作为问责对象，肯定伤害致死罪的构成要件该当性，将着手时的行为作为原因行为，从这里所存在的责任出发，适用原因上的自由行为之法理，也可以得出同样的结论。本书认为，应肯定一体的（暴行）实行行为，并肯定伤害致死罪的构成要件该当性，在这一点上，与长崎地方裁判所的判决是同样的，但在着手时的能力上附加了以下条件，即必须存在着手时的意思决定贯穿于整体实行行为这种"作为责任非难的意思一贯性"。在这一点上，应该理解为适用了原因上的自由行为之法理（在构成要件该当性阶段上做统合性处理，而在责任阶段上做分断性处理）。长崎地方裁判所所认定的"在同一机会的同一个意思""实行行为被继续性或断续性地实施"，可以将其作为判断实行着手时的意思决定是否被贯彻的判断资料。[2]

364

---

[1] 参见浅田第297页。
[2] 在实行着手后责任能力的丧失等类型中，认为不适用原因上的自由行为之法理，只要在着手时具有责任能力即为足够的是，中森："实行开始后的责任能力低下"，载《中山古稀》第3卷，第225页以下。但是，着手时的意思决定需要贯穿于整体实行行为之中。

第十四章　责任阻却事由 II
——不存在其他责任要素

第一节　总　说

作为责任阻却（减少）事由，除了无责任能力或限定责任能力的情形之外，还存在以下两种情形，即不存在作为心理性要素的责任故意或责任过失的情形与不存在作为规范性要素的违法性意识可能性以及期待可能性。

第二节　不存在责任故意或责任过失

如前所述（边页第171页），故意（进而过失）具有作为行为关系性的行为意思之地位与作为行为人关系性的本来地位之双重地位。具体而言，一方面，故意是作为控制行为的行为规范违反要素，因此是违法要素；另一方面，作为属于行为人之责任的意思形成过程的结果，故意也是责任要素。顺便提一下，过失一方面也控制行为意思之方法的不充分，即作为结果回避义务违反的违法要素；另一方面也是作为非难可能性之标志的责任要素。

但是，作为非难可能性的责任故意或责任过失，仅仅与为违法性提供基础的事实相关联，如果存在构成要件故意或构成要件过失，原则上就具有非难可能性；在责任阶段上的故意或过失主要是作为责任（故意或者过失）阻却事由而发挥其功能的。

一、责任故意的要件

责任故意的内容是对于为违法性提供基础的事实的认识。例如，明明不存在为正当防卫等正当化事由提供基础的事实却误认为存在的情形（假想防卫）中，责任故意就被阻却了（边页第303页）。

进而，可以说无责任能力者也具有构成要件故意，但无责任故意。因为责任能力是能够保持责任故意的能力。[1]

二、责任过失的要件

责任过失的内容是在没有认识到为违法性提供基础的事实上存在注意义务违反的情形。[2]例如，在假想防卫的情形中，如果在这一点上存在过失，即可肯定责任过失。而即使构成要件故意被肯定，在责任阶段上也仅成立过失犯。

责任过失是将行为人的能力本身作为基准而追问过失的成立与否，因此，与将行为人的能力包含到判断资料中的"该生活领域中的一般人"为基准的过失的构成要件该当性的判断自然是不同的。

第三节 不存在违法性意识可能性

一、事实认识与违法性意识

在完成事实认识的情形中，法律就可以期待对违法性的意识以及基于此而回避或阻止违法行为，尽管如此，在不存在违法性意识的情形中，就是违法性错误。与此相对，在没有完成事实认识的情形中，法律就只能期待行为人唤起违法性意识从而完成犯罪事实的认识，这种情形就是事实错误。

具体而言，对于成为刑法评价之对象事实的错误就是事实错误，而对于成为刑法评价之基准规范的错误则是违法性错误。例如，在猎熊过程中，以为是熊而实际上是人，进而朝该人开枪而致其死亡的情形中，对方是"人"这一事实的认识尚未完成，通过履行注意义务而认识到对方是"人"这一点是来自法规范的要求。因此，以注意义务违反为根据，仅成立过失犯（业务上过失致死罪）。

与此相对，在认识到了对方是"人"这一事实的情形中，就直面"不得杀人"这一规范，通常，"杀人是罪恶的"这一违法性意识就被唤起，从而将犯罪停留于思想层面。但是，例如行为人确信是犯人，认为杀害该人是为民除害，在这种情形中，（虽存在不同观点）由于不存在违法性意识，因此成为

---

[1] 参见高桥："无责任能力人的故意"，载《研修》第736号（2009年），第3页以下。
[2] 以责任过失为内容的注意义务违反，仅仅以行为人的预见可能性（预见义务）为问题。

违法性错误，这一点应如何处理成为问题。[1]

二、违法性意识中的"违法性"的含义内容

违法性意识中的"违法性"与作为犯罪成立要件的"违法性"处在不同的层面，应该从在责任判断中是否可能对行为人进行责任非难这一视角出发来考虑"违法性"。

关于该违法性的内容，存在以下三种学说：第一是将其理解为违反前法律规范的学说；[2]第二是将其理解为不被法律上或法上所允许的学说；[3]第三是将其理解为可罚的刑法违反的学说。[4]

在存在违法性意识的情形中当然可以施加责任非难，但这必须是法律上的责任。从这一点来看，第一种学说缺乏妥当性。第二种学说是以下想法为根据的，即，通过事实认识而直面法规范的禁止或命令，尽管如此，仍然决定实施违法行为从而寻求责任非难的契机，既然如此，直面在何种意义上的"法规范"就可充分形成反对动机。与此相对，通过以刑罚威吓为必要条件的刑法所赋予的是，形成刑法上反对动机的可能性，反映于将可罚的违法性论的基本思想作为责任论的违法性错误，应该将"可能性"判断的对象做限定性理解。因此，第三种学说被有力主张。

如前所述，行为规范的对象是一般人，而该行为规范的内容并未被限定于刑法规范，因此应该理解为在法规范违反的认识上即为足够。要求可罚的刑法违反的认识之观点，可以说忽视了制裁规范的适用对象是法官等从业人员这一点。因此，第二种学说是妥当的。

最判昭和32年（1957年）10月18日刑集第11卷第10号第2663页（关根桥事件）中，由于归自己村里所有的桥梁腐朽，危及车马通行，甲与乙再

---

[1] 关于违法性意识以及违法性错误，参见福田：《违法性错误》（1960年）；齐野：《故意概念的再构成》（1995年）；长井（长）：《故意概念与错误论》（1998年）；高山：《故意与违法性意识》（1999年）；松原（久）：《违法性错误与违法性意识的可能性》（2006年）。

[2] 参见泷川第127页、小野第154页。

[3] 参见平野Ⅱ第265页、福田第210页、大塚（仁）第466页、川端第444页、山中第707页、大谷第335页以下。

[4] 参见町野："关于'违法性'的认识"，载《上智法学论集》第24卷第3号（1981年），第205页；内藤（下）Ⅰ第1031页以下；曾根第157页；野村第300页以下；西田第239页；山口第268页；井田第378页。

三请求村当局重新架设桥梁未果,深感日常生活的不便,于是在与他人共谋的基础上,考虑了如果假装因雪灾而导致桥梁被压塌,接受灾害补偿金的交付之后再重新架设桥梁应该会容易一些,于是使用爆破岩石的炸药损毁该桥梁,致其崩塌,从而妨害往来通行(第二审采用了辩护人的以下主张,即,甲与乙等人不知道该行为是重罪,不知《爆破物取缔罚则》第1条,应当根据《刑法》第38条第3款的但书规定减轻其刑,从而撤销第一审判决而宣告付执行犹豫的判决)。对于该案件,最高裁判所作出了以下判示:"即使不知道适用于自己行为的具体刑罚法令的规定或者法定刑的宽严程度,只要意识到该行为是违法的……就不应该根据该条款的但书规定而减轻其刑,这一点自不待言。"[1]

在本判决中,行为人虽然认识到了自己的行为是违法的,但在不知道该行为该当于哪个法条、法定刑是什么程度的情形中,刑事责任成为问题。如后所述,判例自从大审院以来,基本上一贯地立足于以下立场:要成立故意,只要具备犯罪事实的认识即足够,违法性意识并不是必要的这一"违法性意识不要说"。据此,《刑法》第38条第3款所说的"法律"就意味着"违法性",通过违法性错误,即使不具有违法性意识,故意也不被阻却,但在应该宽宥的情形中,可以根据该条该款的但书规定而减轻其刑。由于本判决是存在违法性意识的情形,因此自然得出不适用但书规定的结论。

三、关于违法性意识及其错误的学说动向

(一)违法性意识不要说

根据违法性意识不要说,《刑法》第38条第3款所说的"法律"就意味着"违法性",即使具有违法性错误也仍存在故意,《刑法》第38条第3款的但书成为"在对于欠缺违法性意识这一点上存在应该宽宥之事由的情形中可以减轻其刑"的宗旨。[2]该观点的根据是来源于"不允许不知法(ignorantia

---

[1] 关于本案,参见丹羽:《百选Ⅰ》,第100页。
[2] 虽然在之前这是通说,但现在已经成为少数说。作为该立场,参见庄子(旧版)第556页。但是,在不要说当中,存在以下观点的对立:将违法性错误分为刑罚法规的错误与非刑罚法规的错误,对于前者不阻却故意,而对于后者阻却故意的观点;将犯罪分为自然犯与法定犯,虽然对于前者并不需要具备违法性意识,但对于后者则是必要的。关于这些观点的论述,参见牧野第221页以下、第217页以下。此外,东京高判平成24年(2012年)5月1日高刑裁速(平成24年)第128页中,对于药事法违反之罪,认为在欠缺违法性意识上存在应当酌情宽宥的事情,从而主张适用《刑法》第38条第3款的但书规定。对于该案件,东京高等裁判所认为不能肯定这种事情的存在,从而驳回控诉。

juris non excusat)"这一罗马法的法谚，即国民应当知道法这种对于法的权威主义性的理解。

但是，当因为不得已的事情而欠缺违法性意识，在不能非难行为人的情形中也肯定其故意责任，不得不说是违反责任主义的。

该观点是判例的基本立场，战后也承袭了战前的违法性意识不要说。例如，最大判昭和23年（1948年）7月14日刑集第2卷第8号第889页（有毒饮食物取缔令违反事件）中，将甲醇认为是甲基，虽然两者是同一物质，但却误信为不一样的东西。关于该案件，大审院认为这只不过是单纯的"不知道法律而已"，从而作出了肯定故意的判示。

但是，暗示了脱离不要说之可能性的是"伪造百元钞事件"[最决昭和62年（1987年）7月16日刑集第41卷第5号第237页]。具体而言，甲为了饮食店开业的宣传，发行了服务券，该服务券的正面印着与旧百元真钞同样的图案，反面写着广告标语，但在发行之前见到了认识的警察官，被告知只要大家一看就知道并非真钞即可，于是印了1万枚这种服务券，此外又继续印刷了1万枚。乙参考甲制作的服务券，制作了类似的服务券1万枚。对于该案件（违反《伪造货币取缔法》），最高裁认为可以肯定原判决所认为的在被告人欠缺违法性意识这一点上欠缺相当理由。从而肯定了原判决的以下结论：在此之际，如果在对于欠缺行为的违法性意识上具有相当的理由则不成立犯罪的观点是否成立当然应该被深入检讨。[1]

在该伪造百元钞事件中，判示中虽然认为其即使欠缺违法性意识，也不具有相当的理由，但这可以说是暗示着从不要说的脱离。这是因为，即使在违法性的错误上具有相当的理由，也提示了阻却故意或故意责任的方向性。从不要说出发，与相当理由的有无并无关系，最终都肯定故意责任。此外，在该案中，关于前述的违法性意识的内容，由于相信自己的行为是被法律所允许的，并不受处罚，因此我认为是肯定了违法性的错误，可以说是立足于前述的第二种学说。

但是，在下级审中，已经出现了几个认为当在违法性的错误上具有相当理由时阻却故意的判例。例如，在东京高判昭和44年（1969年）9月17日高刑集第22卷第4号第595页（黑雪事件）中，虽然传播淫秽物品罪成为问

---

[1] 关于本案，参见齐野：《百选Ⅰ》，第98页。

题，但因认定在欠缺违法性意识上存在相当的理由而被认定为无罪。该理由求诸于电影伦理制度的主旨与电影伦理通过作品没有任何一次被提起公诉这一点上〔进而，参见东京高判昭和27年（1952年）12月36日高刑集第5卷第13号第2645页〕。此外，东京高判昭和51年（1976年）6月1日高刑集第29卷第2号第301页（羽田事件）中，在没有考虑到集团行动并未被允许这一点上被认为具有相当的理由。但是，最判昭和53年6月29日刑集第32卷第4号第967页（羽田事件第二次上告审判决）作出了具有违法性意识的判断。东京地判平成14年（2002年）10月30日判时第1816号第164页中，存在镭射脱毛该当于医疗行为的事实认识，却不咨询厚生省等，厚生省认为镭射脱毛该当于医疗行为的观点已经通过新闻报道而通知到都道府县等，据此，并不能说在欠缺违法性意识上具有相当的理由。[1]

（二）实质的故意论

实质的故意论认为，应当从实质的责任非难考虑故意的成立与否，是否可能进行故意非难成为判断基准。[2]具体而言，要成立故意犯，就必须具备对于该犯罪构成要件之主要部分即该犯罪构成要件的实质违法内容的认识。这样的话，就以一般人的话能够意识到当该犯罪类型所预定的违法性为必要，且以此为足。该犯罪的违法性意识的（一般人中的）唤起可能性，成为决定故意之认识内容的基准。

该观点实质上是重新建构了判例的不要说，但该观点存在以下疑问：如果责任非难是可能的话，不就具有故意了吗？"具有唤起违法性意识之可能性的事实认识"，不管是故意还是过失都被承认，故意与过失的差异是取决于对于构成要件该当事实之认识的有无。进而，故意的实质化是通过含义的认识而带来的，因此不得不说故意与违法性意识是完全不同的概念。故意是事实认识的问题，是一定的心理性态度。因此，事实的"认识"与事实的"认识可能性"之间存在着"质的差异"。与此相对，违法性意识并不是作为一种心理性事实，而是作为抵抗犯罪的意思决定的规范性意识而被把握的。因此，

---

[1] 进而，东京高判平成5年（1993年）6月4日判夕第831号第248页中，制作并持有用于日本料理之仪式的菜刀。对于该行为，东京高等裁判所认为不能说在欠缺违法性意识上具有相当的理由。大阪高判平成21年（2009年）1月20日判夕第1300号第302页中，对于输入枪支零件的行为认为不具有违法性意识及其可能性，从而作出了阻却故意的判示。

[2] 参见前田第170页。

违法性的"认识"与违法性的"认识可能性"之间仅仅具有"量的差异"。

(三) 严格故意说

这是将违法性意识理解为故意要素的观点。[1]该观点认为，在存在对于犯罪事实的认识的情形中，违法性意识就被唤起（不能做），并形成反对动机（停止实施），当坚持实施违法行为（还是做了）时，作为故意的责任非难就是可能的。据此，违法性意识就被作为故意与过失的分水岭。

根据该观点，《刑法》第38条第3款所说的"法律"并不是"法"，而是意味着"法规"，但书规定就是指以下情形：不知道法规，即使具有违法性意识，对于该违法性程度的认识也是很困难的。在不存在违法性意识的情形中，就不存在《刑法》第38条第1款所说的"犯罪的意思"，于是问题转移到是否成立过失犯。[2]

但是，对于该观点，也可以提出以下诸多疑问：无法说明加重处罚常习犯人（由于重复实施犯罪而导致违法性意识淡薄）；激情犯人与确信犯人成为不可罚；当不存在过失犯的处罚规定时就成为不可罚；难以证明行政犯中的违法性意识等。确实，如果将违法性意识中的"违法性"内容理解为如前所述的前法律规范的违反的话，不得不说激情犯人与确信犯人没有这样的意识，因此，严格故意说就做出了以下说明：在意识的表面下具有违法的意识。[3]如果将违法性意识理解为法规范违反或者刑法规范违反的话，就可以肯定激情犯人与确信犯人存在这种意识。

(四) 限制故意说

该观点认为违法性意识并不是故意的要素，违法性意识的可能性才是故意的要素。[4]具体而言，通过犯罪事实的认识而直面规范，与违法性意识是否被唤起并无关，如果具有违法性意识的可能性，就具有反对动机的形成可能性，当遂行违法行为时，作为故意的责任就被肯定。

根据该观点，《刑法》第38条第3款的"法律"就可以理解为"法规"

---

[1] 参见小野第154页、泷川第127页、植松第243页、大塚（仁）第461页、冈野第178页、中野第40页以下、中山第372页、浅田第298页。

[2] 与此相对，也存在所谓的准故意说这种观点，即，虽然本来是过失犯，但准于故意处理。参见宫本第147页、草野第96页、齐藤（金）第196页、佐伯（千）第278页。

[3] 参见中野第41页。

[4] 参见江家第144页、团藤第316页、佐久间第288页以下。

或者"违法性",但书规定就成为对以下情形的规定:虽具有违法性意识的可能性,但由于极其困难,因此被作为欠缺违法性意识而减少对其非难的情形。

对于限制故意说而言,存在以下疑问:第一,将"可能性"这一过失要素导入故意;第二,违法性意识的可能性也是故意犯与过失犯的共通要素;第三,事实的过失阻却了故意,但违法性的过失却不阻却故意,其根据何在。因此,不得不说违法性意识的可能性并不是故意的要素。

(五) 责任说

事实认识与违法性意识之间存在质的区别,因此违法性意识的可能性应该被放在与故意相区别开来的责任要素的位置上。这就是责任说。[1]本书认为该责任说是妥当的。[2]

根据该观点,《刑法》第38条第3款就是关于"违法性"的错误并不阻却故意的规定,但书规定就成为对以下情形的规定:即使具有违法性意识的可能性,在难以保持违法性意识的情形中,减轻其责任。具体而言,①在行为人存在具有违法性意识的情形中,以及②因错误而不具有违法性意识,但该错误是可以被避免的情形,就通过《刑法》第38条第3款的文本规定而肯定故意责任。③错误虽然并不是不可能避免,但极其困难,在不具有违法性意识的情形中,根据《刑法》第38条第3款的但书规定而减少故意责任;④由于违法性错误是不可能避免的,因此在未意识到违法性的情形中,就不可罚。

(六) 违法性意识的"可能性"及其基准

在前述的伪造百元钞事件中,应被作为问题的是:是否具有违法性意识的可能性。违法性意识的可能性的一般性基准是,是否可以期待在具体的状况下行为人被赋予了意识到自己行为的违法性的契机。行为人意识到了违法性,并不是对于一般人,而是对于行为人是否可能的问题。"可能性"判断的界限虽然依据于反对动机形成的可能性判断,但进而从刑罚的特别预防目的

---

[1] 参见木村(龟)第318页、平野Ⅱ第263页以下、中第175页、西原(下)第477页、福田第209页、川端第450页、山中第700页、曾根第192页、野村第304页。

[2] 责任说可以分为严格责任说与限制责任说,但这是关于如何处理像如前所述的(边页第302页)假想防卫这种"为违法性提供基础事实"的错误的问题上的对立。根据严格责任说,这就是违法性错误,因此成为违法性意识的可能性问题;根据限制责任说,这就是事实错误,阻却了(责任)故意,因此就与违法性意识的可能性问题无关了。

与一般预防目的出发的判断也应同时进行。

作为个别性的类型，可以分为因不知法规而引起的违法性错误类型与因适用的错误（包摄的错误）而导致的违法性错误的类型。

1. 法规的不知

这是指以下情形：由于不知道或者忘记在刑法上存在禁止自己的行为的法规，而误以为自己的行为是被允许的。例如，由于不知道《刑法》第192条（横死者秘葬罪）的存在而未经验尸就将横死者埋葬。

一方面，国家应该努力告知国民各条法律，但这只要以一定的合理方法实施就足够了，另一方面，国民也应努力知晓法律。因此，在这里就产生了保持忠实于法的思想准备这一国民的负担与谋求规范的检索、理解可能性这一国家的负担问题。从"不允许不知道法律"这一基于国民负担的国家权威主义出发能在多大程度上提高自由度，即与国家的负担这两者的关系成为问题。此外，如前所述，违法性意识中的"违法性"是指"不被法所允许"，因此知道法规在违法性意识的保持上并不是不可或缺的要素，即使在不知道法规存在的情形中，也可能基于诸般因素而存在违法性意识。

2. 适用的错误（包摄的错误）

这是指以下情形：虽然知道在刑法上存在禁止自己行为的法规，但错误地解释了该法规，结果误信自己的行为是被允许的。作为适用的错误，存在以下样态。

第一，因信赖判决（判例）而错误解释刑罚法规，从而误信行为是被允许的情形。虽然不存在以信赖判例为根据而免责的事例，但由于判例在法律上的形成力是被承认的，因此在信赖与自己的行为是同一事实的判例的情形中，应该理解为不存在违法性意识的可能性。

第二，因信赖公共机关的观点（法解释）而陷入错误的情形。在该情形中，应该允许信赖执行该法律的行政机关对于该法律所作出的解释。[1]例如，在根据检察厅的回答而确信合法并实施相应行为的情形中，就具有欠缺违法性

---

[1] 前述的"百元钞票伪造事件"的原审，札幌高判昭和60年（1985年）3月12日高刑集第41卷第5号第251页中，作为具有相当理由的情形，举出了以下例子：遵循被认为确立了的刑罚法规的判例与所管官厅的公开观点或者负有刑罚法规的解释运用之职责的公务员的公开言论而行动的情形或者准于该情形。如前所述，最高裁判所认为，警察署防范系长等人默示容忍伪造百元钞票，这种程度的言语行动，不能说具有相当的理由。

意识的相当理由。(不具有违法性意识的可能性)。[1]

第三，信赖私人的意见（法解释）而陷入错误的情形。在信赖律师与法律学者之意见的情形中，由于这并非公共观点，法制度不能被私人意见所左右，因此原则上不承认其具有相当的理由。大判昭和9年（1934年）9月28日刑集第13卷第16号第1230页中，对于听从律师的意见而实施侵入住宅之行为的案件，大审院作出了以下判示："即使听从了律师的意见而犯侵入他人住宅之罪，毕竟还是错误地解释了《刑法》第130条，因此构成家宅侵入罪。"但是，如果是准公共机关，例如在前述的"黑雪事件"中电影伦理委员会的情形中，在误信通过其审查方面应肯定其具有相当的理由。

四、事实错误与违法性错误的区别

事实错误与违法性错误的区别虽可以概括为是事实层面的错误还是评价层面的错误，但在实际判断中存在诸多困难情形。如前所述（边页第171页），该区别是通过包含"含义的认识"这一意义上的犯罪事实之认识的有无来进行判断的。但是，当事实认识与具有一定的价值性、评价性的认识相结合时（规范的构成要件要素的认识），事实其本身就是价值中立的，当与具体的禁止规定的认识相结合时（行政犯中的事实认识），该区别就成为困难的判断。

（一）规范的构成要件要素的错误

例如，关于物或文书的"猥亵性"，物的"他人性"，职务行为的"合法性"等规范的构成要件要素，[2]当欠缺平行于这些要素的社会性意义的认识时就是事实错误，当具有该认识时就是违法性错误。

最判昭和26年（1951年）8月17日刑集第5卷第9号第1789页中，被

---

[1] 反对这一观点的是，名古屋高判昭和24年（1949年）9月27日高刑判特第3号第42页。此外，东京高判昭和55年（1980年）9月26日高刑集第33卷第5号第359页（石油暗箱联盟事件）中，对于石油联盟加盟的石油精制公司旗下的各个子公司进行石油生产调整从而违反《反垄断法》的案件，东京高等裁判所认为，公正交易委员会也没有采取任何措施，从该委员会的委员长在通产省的行政指导会议上对于是否容忍石油的生产调整这一国会答辩来看，认为在欠缺违法性意识这一点上具有相当的理由，据此宣告无罪判决。进而，大阪高判平成21年（2009年）1月20日判夕第1300号第302页中，对于输入枪支零件的行为认为不具有违法性意识的可能性，从而否定故意的成立。

[2] 一般而言，他人性与合法性等，是法律事实，因此虽然可以将其错误归入事实错误的分类中，但应当区分是他人性本身的错误还是对于为他人性提供基础事实的错误，同时也不能当然地认为前者就是事实错误。

告人误解了没有养犬证的犬就视为无主犬这一规则，以为没有许可证的犬即使是他人的养犬也直接被视为无主犬，于是打死了没有附带许可证的向导猎狗，剥皮后出售（以器物损害罪、盗窃罪被起诉）。对于该案件，最高裁判所作出了以下判示："也许本案中被告人错误的结果就是导致欠缺对于该案中的犬属于他人所有之物这一事实的认识。这样的话，原判决以被告人所供述的认定该案中的犬是他人的养犬，并以此为依据直接断定被告人认识到了该案中的犬是属于他人所有之物，据此断定被告人在本案中具有犯意。其结果，不得不说原判决所认定的错误解释《刑法》第38条第1款而肯定结果犯意存在审理不尽的违法。"据此而撤销了肯定两罪成立的原判决。[1]该判决认定被告人由于误解警察规则，结果导致欠缺杀害他人之犬的认识，即为他人性提供基础的事实的认识。但在认为可能是无主犬，将其杀害也没关系的情形中，就成为违法性错误了。

（二）行政犯中的事实认识

行政刑罚法规在很大程度上是通过法规的制定才决定禁止什么，因此，判断是否具有犯罪事实的认识是极其困难的。就像前述（边页第172页）的"狸、貉事件"与"鼯鼠、貘马事件"所显示的。[2]但是，在这些情形中也应当把含义的认识作为区别基准，将被禁止其本身的认识与被禁止的事实的认识区别开来进行判断。

对于在一定的区域内禁止某种行为的法令，判例一般认为如果没有认识到是禁止区域就否定故意。例如，关于禁止超车，"单纯具有超越他人的汽车这一认识并不足够，还必须具备在公安委员会所指定的场所，即在禁止超车的区域内超越他人汽车的认识"［东京高判昭和30年（1955年）4月18日高刑集第8卷第3号第325页］。关于狩猎禁止区域，"不知道狩猎的场所属于狩猎禁止区域……就欠缺构成'在狩猎禁止区域内狩猎'罪之事实的认识"［东京高判昭和35年（1960年）5月24日高刑集第13卷第4号第335页］等。

---

[1] 关于本案，参见石井：《百选Ⅰ》，第90页。
[2] 进而，关于封印等毁坏罪（《刑法》第96条）的案件，在认为毁坏债务已经偿还完毕的封印是被允许的前提下毁坏该封印的情形中，虽然可以通过不存在扣押或者通过误认为具有毁坏封印的权利从而否定故意［大判大正15年（1926年）2月22日刑集第5卷第97页］，但在误以为裁判所执行人员已经实施的合法扣押只是一种假装的处分，是无效的情形中，只要认识到了公务员是实施的可靠标志，就肯定故意［最判昭和32年（1957年）10月3日刑集第11卷第10号第2413页］。

还有，在最判平成元年（1989年）7月18日刑集第43卷第7号第752页中，公司代表人继承了其生父的公众浴场，并以公司的形式进行营业，在营业过程中，被县系官告知应当将当初的营业许可申请者从其生父名下变更到公司名下这一公众浴场营业许可申请事项变更向县知事提出，由于已经被告知其变更申请已经被受理，因此以为对公司具有营业许可而继续营业（《公众浴场法》第8条第1号的无许可营业罪）。对于该案件，最高裁判所认为：暂且先搁置被告公司通过变更受理，对于该浴场是否具有营业许可这一问题，被告人认识到通过变更受理而具有对被告公司的营业许可，之后也在这种认识的支配下维持本案浴场的经营，这一点应该说是很明确的⋯⋯这样来看的话，关于本案公诉事实中变更受理之后的⋯⋯本案浴场的营业，就不能对被告人肯定存在"无许可"营业的故意，于是被告人以及被告公司就不成立《公众浴场法》上的无许可营业罪。[1]无许可营业罪中故意的内容是"无知事的许可，作为业务而经营公众浴场"，被告人虽然具有"无知事的许可"这一认识，但通过其变更已经被受理这一认识，结果就达到其营业具有许可的认识，因此，可以说并不具有含义的认识。

进而，最判平成15年（2003年）11月21日刑集第57卷第10号第1043页中，明明没有法定的除外事由，却从平成14年（2002年）5月23日下午8点左右到同月24日上午4点30分左右这一夜间的八个半小时期间，在作为适用法令规定之地域的道路上，将一辆普通乘用汽车停放在该道路上，该汽车在以上时间段连续八小时以上停放在该道路上的同一地方（《关于机动车的保管场所的确保等法律》第11条第2款第2号、第17条第2款第2号）。对于

---

[1] 关于本案，参见松尾（诚）：《百选I》，第94页。进而，最判昭和26年（1951年）7月10日刑集第5卷第8号第1411页中，误认为寺院规则失效，没有根据相关程序就选任方丈并登记。对于该案件，最高裁判所认为欠缺登记事项是虚伪不真实这一点的认识，从而否定公证证书原本不实记载罪（《刑法》第157条第1款）的故意。与此相对，最判昭和34年（1959年）2月27日刑集第13卷第2号第250页中，因不知道秋千是需要申报的物品税课税的物品，从而在没有申报的前提下就加以制造。对于该案件（《物品税法》的无申报制造罪），最高裁判所认为，不知道是课税物品从而需要制造申报这一点只不过是不知道关于《物品税法》的法令而已，因此欠缺对于犯罪事实本身的认识，即并不成立事实的错误。此外，东京高判昭和38年（1963年）12月11日高刑集第16卷第9号第787页中，尽管县的《公安委员会规则》中规定了禁止穿戴拖鞋或与此相类似的鞋驾驶汽车，被告人不知道这一规定而穿拖鞋驾驶汽车。对于该案件，东京高等裁判所认为，被告人认识到了自己穿着拖鞋驾驶汽车的事实，只不过不知道以上的规则而已。因此这相当于不知道法律，其犯意并没有欠缺。

该案件，最高裁判所认为：应当将本罪理解为专门处罚故意犯，而要成立本罪的故意，应该说，行为人在开始停车时以及在此后的时间里，至少需要对于超过法定的限制时间而持续停车状态这一点具有未必的认识。根据记录，被告人一贯地供述在其妻子说放弃去购物的时点上，就忘记了将本案中的汽车一直停放在道路上的状态。从以下本案中的其他诸多因素来看，即：本案中的汽车停放的地点在其自家车库前的路上，车库的卷门处于开放的状态，被告人平时每天晚上都会将本案中的汽车放入车库中。应该说排斥被告人的上述辩解而对被告人认定具有本罪的故意，在这一点上存在合理的怀疑。据此而撤销了第一审与第二审的判决，宣告无罪。[1]在限制时间内的停车是合法行为，要肯定故意，必须存在对于为超过八小时的停车提供基础的事实的认识。

第四节　不存在期待可能性

期待可能性是指，在当时的情况下可以期待行为人停止实施违法行为而实施合法行为。如前所述，这是规范责任论的核心概念。[2]期待可能性理论是以作为德国判例的1897年的"癖马案"[3]（有匹马具有将尾巴缠绕缰绳从而妨碍马夫驱车的癖好，埋下了不时会出事故的不定时炸弹，雇主和马夫都知道该情况，但雇主却命令马夫使用这匹有癖好的马。马夫担心自己如果不遵从雇主的命令就会丢掉工作与薪水，因此不得已而遵从了该命令。结果在事故中导致一名行人受伤。莱比锡裁判所认定该马夫无罪）为契机而展开的。日本判例在裁判文书中虽然使用了"期待可能性"这一表述，但却并未明确作出肯定或否定该理论的判断。[4]

---

[1] 关于本案，参见古川：《法学家》第1311号，第204页。

[2] 关于期待可能性，参见佐伯（千）：《刑法中的期待可能性思想》（1947年）；中森："期待可能性"，载《刑法基本讲座》第3卷（1994年），第277页等。

[3] 参见 RGSt 30.25（莱比锡裁判所判例集第30卷，第25页以下）。

[4] 但是，福冈高判昭和30年（1955年）6月14日判时第61号第28页中从期待可能性理论出发肯定了责任阻却。此外，大阪高判平成26年（2014年）10月3日 LEX/DB25505292 中，对于3名被告人导致的伤害致死、监禁罪等案件，在责任能力与期待可能性上存在争议，虽然均肯定了两者，但一审采用以下判断方法，即：将责任能力判断中原则上应尊重鉴定的立场原封不动地适用于期待可能性判断，例外地对鉴定检讨是否存在不能够采用的合理事由。与此相对，大阪高等裁判所并没有采用这种判断方法，而认为在责任能力判断与期待可能性判断中，鉴定的位置是不同的。关于本案，参见小坂：《判例通选》2015年第1期，第29页。

不交付失业保险金事件判决［最判昭和33年（1958年）7月10日刑集第12卷第11号第2471页］中，作为修正前的《失业保险法》所确定的事业主的工场长甲，违反《失业保险法》第32条，作为该公司的代理人，未在所定的缴纳期限内缴纳从该工场中的失业保险被保险人的工资中扣除的保险金，但该公司也处于经营困难与融资枯竭的状况下（相当于第二次控诉审的原判决采用了辩护人所主张的不具有期待可能性理由，认定甲不存在故意，并认定甲以及公司无罪）。对于该案件，最高裁判所专门将其作为构成要件的解释案件来处理，维持了原判决的结论。[1]此外，第五柏岛丸事件判决［大判昭和8年（1933年）11月21日刑集第12卷第2072页］中，轮船搭载着超过定员五倍的乘客数量，结果导致客船倾覆，数十名乘客死亡（船长被以业务上过失往来危险罪以及业务上过失致死罪问责）。对于该案件，最高裁判所认为，考虑到当时的通勤情况、取缔警察官、船主的态度等，船长在超过定员人数的情况下出航也实属无奈之举，对其科处严厉刑罚是存在问题的，因此对其宣告了罚金刑。

关于期待可能性的体系性地位，有观点将期待可能性作为故意或过失的要素，[2]但期待可能性与违法性意识的可能性一样都是规范性的责任要素，因此应该将其理解为与故意或过失相区别的责任要素。[3]

期待可能性本来就具有超法规的性质，是一种超法规的责任阻却事由，但也存在通过刑罚法规而被法定化的情形。例如，证据隐灭罪与犯人藏匿罪、与其相关的亲族间的特例、过当防卫与过当避险等即为适例。

关于期待可能性的判定基准，存在以下观点的对立：①国家标准说（认为应当以在当时的情况下国家期待什么为标准的学说）；[4]②平均人标准说（认为应当以在当时的情况下是否可以对一般人期待其实施合法行为为标准的学说）；[5]③行为人标准说（认为应当以在当时的情况下参见该行为人的个

---

［1］ 关于本案，参见船山：《百选Ⅰ》，第124页。
［2］ 参见小野第156页、泷川第108页、团藤第323页以下。
［3］ 参见佐伯（千）第283页、平野Ⅱ第258页、福田第222页以下、大塚（仁）第477页、西原（下）第478页、川端第461页以下、大谷第353页。
［4］ 参见佐伯（千）第290页、平野Ⅱ第278页、中第188页。此外，参见山中第734页以下。
［5］ 参见小野第166页、木村（龟）第305页、西原（下）第481页、藤木第226页、川端第467页、前田第297页以下。

人能力，是否可以期待其实施合法行为为标准的学说）。[1]

责任非难是对行为人进行个别性的、一身性的非难，对行为人而言应当以可能为限度，因此行为人标准说基本上是妥当的，但由于期待这一概念涉及到了期待这一侧与被期待这一侧之间的关系，因此也不得不考虑国家与行为人之间的紧张关系。在此之际，有必要判断从制裁规范派生出来的可罚的责任的有无。

在明明不存在可以否定期待可能性的行为事情却误信其存在进而实施相应行为的情形中，如果该误信是相当的话，就与该行为事情现实存在同样地阻却该责任，在不相当的情形中，则应当认为并不阻却责任。

---

[1] 参见团藤第329页、大塚（仁）第479页、西田第295页、曾根第161页以下、野村第314页。

第十五章　可罚性阻却、减少事由

制裁规范在违法阻却阶段以及责任阻却阶段分别发挥着作为可罚的违法性阻却以及可罚的责任阻却的功能，与此同时，即使在不存在违法阻却事由与责任阻却事由的情形中，也存在由于特殊的因素而欠缺（或者减少）可罚性的情形。该可罚性的阻却或减少，存在在法律上当然应当允许的情形与由裁判所裁量性判定的情形。但是，属于该范畴的事由应当被限定性地解释。多数的犯罪阻却事由是属于违法与责任的范畴，在从政策性来看无论如何都是必要的情形中（尤其是在免除刑罚的情形中），才属于这里的可罚性阻却或减少的范畴。[1]

（一）法定的可罚性阻却、减少事由

（1）在违法性或责任轻微的情形中，存在不罚或免除刑罚的情形（《刑法》第64条、第105条、第201条但书等）。在残存着违法或责任这一意义上，可以说虽然违法性或责任被肯定，但可罚性被阻却或减少。

（2）不处罚法益侵害或其危险并未客观产生的情形（《刑法》第109条第2款的但书＝但是，如果将公共危险理解为构成要件要素的话，就不具有构成要件该当性）。

（3）作为纯粹地基于政策性理由的情形，可以列举如下：为了保障职务执行自由的情形（《宪法》第51条），以防止犯罪或实害发生为目的的情形[例如，中止未遂，在实行之前或实害发生前自首的情形（《刑法》第80条、第93条但书、第170条、第173条、第228条之3但书）中的刑罚免除]、由

---

[1] 虽然处罚阻却事由属于这种可罚性阻却事由，但也有观点认为应当将处罚阻却事由消解于违法性与责任的范畴之内［参见佐伯（千）第137页；松原（芳）：《犯罪概念与可罚性》（1997年）］。与此相对，也有观点将处罚阻却事由作为当罚性与要罚性的要件，将其作为独立的犯罪成立要件。参见中野第56页以下；铃木（茂）："规范性评价与可罚性评价"，载《小野退官》，第19页以下；板仓："当罚性（实质的可罚性）与要罚性"，载《平野古稀》（上），第93页以下；朝仓："犯罪论体系中的可罚性问题"，载《庄子古稀》，第195页以下。

于是家庭内部的事情而没有必要发动刑罚权［例如，亲族相盗例（《刑法》第244条第1款）］、将可罚性与被害人及其他关系人的意思相关联的情形（亲告罪等）等。

（二）根据裁判所的裁量形成的可罚性阻却或减少事由

可罚的违法性虽然在构成要件该当性阶段或者违法阶段发挥其功能，但在被认为该当于构成要件的基础上，也存在应当考虑可罚性阻却或减少的情形。例如，加害人积极赔偿被害人的损害这一恢复损害的态度，作为犯罪之后发生的事情，就可以作为可罚性阻却或减少事由。[1]据此，在处罚阻却、刑罚免除、刑罚减轻、刑罚执行犹豫等事由的说明成为可能的同时，将量刑因素进一步与刑事程序上的措施相沟通也成为可能。

---

[1] 参见高桥：《损害恢复》，第19页以下。

第十六章　未遂犯

第一节　总　说

《刑法》第43条规定："着手于犯罪的实行却未遂者，可以减轻其刑。但是，当根据自己的意思而中止犯罪时，则减轻或免除其刑。"法条的本条部分是关于通常的未遂犯（障碍未遂）的规定，但书是关于中止犯（中止未遂）的规定。障碍未遂是任意的刑罚减轻事由，而中止未遂则是刑罚的必要减轻事由。

由于日本刑法分则的规定以既遂犯为模型，因此在未遂犯的情形中，通过附加了本条的规定而形成了被修正（被扩张）的构成要件。此外，在《刑法》第44条中，规定了"当处罚未遂犯时，根据各本条的规定"。因此，例如，在杀人未遂的情形中，通过《刑法》第199条与第43条相结合而形成了被修正的构成要件，于是根据《刑法》第44条的规定而启动《刑法》第203条的规定，以此为根据，使其处罚成为可能。[1]

未遂犯一方面与既遂犯相区别，另一方面则为预备和阴谋提供界限。

预备是指，为了犯罪的实现而实施的准备行为。一般被认为是没有达到实行着手的行为，但如前所述，本书认为（边页第102页），即使没有达到实行着手的程度，只要具体危险还没发生，就不成立未遂犯（将前者称为事前预备，将后者称为实行预备）。[2]在规定于刑法典的预备罪中，有内乱预备（《刑法》第78条）、外患诱致、外患援助预备（《刑法》第88条）、私战预备（《刑法》第93条）、放火预备（《刑法》第113条）、货币伪造等准备（《刑法》第153条）、支付用卡片电磁性记录不正作出准备（《刑法》第163

---

[1] 在该意义上，即使对于不存在处罚未遂规定的侵占罪，通过《刑法》第252条与第43条也可以形成未遂构成要件，但由于不存在未遂犯处罚规定，因此不可罚。

[2] 相同主旨的是，铃木第189页。

条之四)、杀人预备（《刑法》第 201 条）、以勒索赎金为目的的掠取等预备（《刑法》第 228 条之三）、强盗预备（《刑法》第 237 条）。[1]在这些预备罪中，存在处罚实行行为的杀人预备、强盗预备等，与不处罚实行行为的私战预备。可以将前者理解为被修正的构成要件（非独立罪），而后者已经从基本犯的构成要件中脱离出来独立受处罚，因此是独立罪。

阴谋是指，两个以上的人谋议实行某种犯罪。在规定于刑法典的阴谋罪中，仅限于内乱阴谋（《刑法》第 78 条）、外患阴谋（《刑法》第 88 条）、私战阴谋（《刑法》第 93 条）。阴谋是先行于作为物理性准备行为的预备行为之犯罪发展的一个阶段，仅仅具有单纯的合意并不足够，还必须具有客观的谋议行为。因此，在预备行为中并不包括心理性的准备行为。[2]

关于未遂犯，成为问题的是为什么即使对于犯罪未完成的情形也处罚。该问题归根结底必须追溯到违法本质论。在此之际，既然以法益侵害为根本，如何判断针对法益的危险性才是问题的核心。因此，实行行为的理解、不能犯与未遂犯的区别、中止犯的法性质等问题，都必须以该危险性的理解为核心进行考察。[3]

第二节　未遂犯的处罚根据

由于在未遂犯中，尽管结果没有发生却仍然受处罚，因此其根据成为问题。之前存在以行为人的危险意思与性格为根据的主观未遂论与以行为的危险性为根据的客观未遂论之间的对立，但现在则在客观未遂论内部——以如何理解危险概念为核心——形成对立。具体而言，虽然都以对于法益的客观危险性为基本，但在如何考虑行为人的主观问题（是将作为行为属性的危险

---

[1] 关于预备罪，参见齐藤（诚）：《预备罪的研究》（1971 年）。此外，必须注意存在具有实质上作为预备犯之功能的犯罪类型。例如，货币伪造罪与文书伪造罪等，其行使就具有预备罪的性质。此外，最近具有处罚早期化的倾向，具有预备罪性质的犯罪类型被立法化。例如，处罚没有正当理由而持有盗窃工具之行为的《关于禁止携带特殊开锁用具的法律》，就可以说是处罚侵入住宅盗窃的预备。

[2] 参见西原（上）第 315 页以下。

[3] 关于未遂犯，参见野村：《未遂犯的研究》（1984 年）；山口：《危险犯的研究》（1982 年）；宗冈：《客观未遂论的基本构造》（1990 年）；森住：《未遂处罚的理论构造》（2007 年）。

作为问题,还是将作为结果的危险作为问题)上存在争论。[1]

从行为无价值论的立场出发,未遂犯被认为是以行为所具有的法益侵害的一般危险性(行为本身的危险性)为基础而受处罚;从结果无价值论的立场出发,未遂犯被认为是以从该行为发生法益侵害的具体危险(作为结果的危险)为根据而受处罚。

如前所述(边页第102页),本书认为,实行行为是违反行为规范的行为,其危险性的内容只要具有对法益抽象的危险性即为足够,但未遂犯中的危险是被放置在作为制裁规范的发动条件这一位置上的,因此必须具有对法益(严格而言是行为客体)的具体危险。[2]但是,在实行行为时,通常也发生了具体的危险,在这个阶段中虽然已经成立了未遂犯,但这只不过是作为行为规范要素的实行行为的抽象危险与作为制裁规范要素的具体危险(偶然地)同时存在而已。

其结果,要肯定未遂犯的成立,以下三个要件是必不可少的:①已经着手实行犯罪;②已经发生了具体的危险;③尚未发生构成要件结果。

第三节 实行的着手

一、实行行为概念

如前所述(边页第103页),在所谓的学派之争中,实行行为的位置成为问题,甚至可以说实行行为概念的确定是犯罪论的核心任务。在刑法典上,"实行"这一词,也存在于《刑法》第43条、第60条、第61条之中。此外,《刑法》第43条、第60条、第61条中的"实行行为"概念,是否具有同样的内容,或者各自具有不同的内容,在这一点上成为问题。但各自的关注点并不一样,《刑法》第43条关注的是未遂犯的处罚根据,《刑法》第60条关

---

[1] 关于未遂犯的处罚根据,参见大沼:"未遂犯的实质处罚根据",载《上智法学论集》第18卷第1号(1974年),第63页以下;野村,前列:《未遂犯的研究》,第239页以下;山口,前列:《危险犯的研究》,第97页以下。
[2] 《刑法》第43条规定了着手于犯罪的实行与未遂这两个阶段。本书将后者当然地解读为发生了具体的危险(不成文的构成要件要素)。同主旨参见铃木第187页以下;名和:"未遂犯的理论构造",载《福田·大塚古稀》(下),第422页。此外,将这种未遂结果作为违法要素的是,曾根:《重要问题》,第258页。

注的是共同正犯的处罚根据，《刑法》第 61 条关注的是（狭义）共犯的处罚根据。

学派之争的结果是将实行行为概念做客观的、形式的把握，从而维持实行行为＝实行的着手（并非预备）＝未遂犯成立（并非不能犯）。也就是说，例如，当对某个行为言明其"具有实行的着手"时，与此同时也说明了该行为"并不是不能犯"以及可以对该行为"肯定其实行行为性"。但在现在，客观且实质性地把握实行行为概念的观点成为了通说。也就是说，该观点将实行行为概念理解为对法益的具体危险行为或实质危险行为等。进而，伴随着危险概念的发展，通过区别"行为本身的危险"与"作为结果的危险"，上述的等式便值得怀疑。

甲以杀害 X 为目的，将混入致死量的毒砂糖以小包裹的形式寄给了 X，X 接收了该包裹，但注意到了里面混有毒药，因此并未食用。这种隔离犯（间接正犯）中实行的着手时点成为问题，对于该案件，原判决将向 X 的住址邮寄毒砂糖的行为认定为实行行为，与此相对，大审院在 X 接收毒砂糖之时才肯定实行的着手〔大判大正 7 年（1918 年）11 月 16 日刑录第 24 辑第 1352 页〕。[1]具体而言，大审院认为，尽管甲所实施的仅仅是邮寄行为，但在该行为实施之时，并不能肯定实行的着手，只有在包裹到达对方手里之时才能肯定实行的着手并肯定未遂犯的成立。可以说这种观点推导出了当对法益产生具体危险之时才肯定未遂犯的成立这一妥当的结论，但另一方面也产生了实行行为性应该在哪里获得肯定这一理论性难题。

关于这个问题，如前所述（边页第 105 页以下），将实行行为与实行的着手时期相分离的观点、将实行的着手时期与未遂犯成立时期相分离的观点等已经指示了解决的方向。不管怎样，以下这一点已经很明显了，即前述的"实行行为＝实行的着手（非预备）＝未遂犯成立（非不能犯）"这一个等号公式已经崩溃，可以说应当求诸于更加实质性的判断（基准）。

彻底贯彻该观点的话，就会得出以下结论：并不需要"实行行为"这一概念，仅以未遂犯的成立为问题即为足够。事实上，这种观点正被有力主张着，经改造之后的溯及禁止论为该观点提供了有力支撑。具体而言，该理论认为：在行为人的行为之后，介入了第三人、被害人、行为人自身的有责的、

---

[1] 关于本案，参见佐藤（拓）：《百选 I》，第 132 页。

故意行为从而导致结果发生时，该结果就归属于介入者的行为，禁止继续将该结果追溯到第一个行为人的行为并归属于该行为。[1]确实，实行行为这一概念，根据形式说，其内容是空虚的，根据实质说，法益的危险才是核心问题，因此，也许实行行为概念不要论是这种实质化的最终形态。但是，危险概念也未必是明确的，犯罪是行为，因此，不能忽视该行为之中的实行行为性，将这一作为刑法评价的核心的支柱从犯罪论中驱逐出去。

二、实行的着手时期

（一）学说的状况

关于实行的着手时期，在学说上存在诸多分歧。

1. 形式客观说

该观点认为实现犯罪构成要件的一部分就是实行的着手。[2]但是，什么时候部分实现了构成要件，才是问题的关键，因此该观点只是以问答问。此外，属于构成要件要素的行为的范围是极其狭窄的，根据该观点，实行的着手时期就会过于延迟。例如，盗窃的实行着手并不是物色行为（判例）之时，而是部分实现侵害占有的"窃取"之时。因此，也有观点将该学说修正为"密接"于构成要件该当行为的行为，但不得不说在这里已经考虑了实质的危险性。

2. 实质客观说

该观点认为，应当在对法益的现实危险性能被肯定的时点上，[3]或者在具有导致构成要件结果发生的现实危险性的行为开始之时[4]寻求实行的着手。如前所述，关于危险性的内容，存在着将其理解为作为"行为本身的危险"还是作为"结果的危险"[5]的争论。但是，"现实的"危险性的核心内

---

[1] 参见山口，初版（2001年），第44页以下。
[2] 小野第182页；团藤第354页以下、盐见："关于实行的着手（3完）"，载《法学论丛》第121卷第6号（1987年），第15页以下（主张以自动性、时间的接近性为基准去判断构成要件行为的一体性，要求介入被害人领域的"被修正的形式客观说"）；同："间接正犯、隔离犯中的实行着手时期"，载《理论刑法学的探究④》，第1页以下。此外，参见井田第397页。
[3] 参见福田第229页、平野Ⅱ第313页。
[4] 参见大塚（仁）第171页、大谷第365页。
[5] 将实行的着手时期与未遂犯成立作连动性理解，并将其与实行行为相分离的观点即为此。参见平野Ⅱ第313页、山中第764页、前田第77页以下、山口第284页。但是，该观点混同了行为规范与制裁规范，因此是不妥当的。

容未必是明确的，此外，该观点的主张者仅仅考虑作为行为人主观方面的故意，因此，具有比较早地提前着手时期的倾向。与此同时，由于没有考虑行为人的犯罪计划，因此，尽管判断法益的危险性并非不可能，但在处理具体案件之际，就会导致比较粗糙的判断。[1]如后所述，最近的判例也在考虑了行为人的犯罪计划的基础上判断实行的着手。

3. 主观说

这是从主观未遂论的立场出发，将实行的着手求诸犯意的飞跃性表动，[2]或者通过其遂行的行为能够确定性地肯定犯罪的成立之时[3]的观点。但是，主观的未遂论其本身是不妥当的，不仅如此，作为判断基准也太不明确了。

4. 折中说

这是将实行的着手求诸行为人的整体犯罪计划，在法益侵害的危险极为迫切的时点上。[4]该学说超越了故意，将行为人具体的犯罪计划作为判断的基础，在这一点上具有其特色。如前所述，本书将实行行为理解为违反行为规范的行为，在与危险概念的关系上，将其理解为根据事前判断的"对法益的抽象危险"，因此，在这个意义上，折中说是妥当的。

（二）判例的状况

判例的立场未必是明确的（使用了"客观的危险性"这一用语），但在实行着手时点的判断上，不仅考虑了故意，而且也考虑了犯罪计划，因此可以说基本上采用了折中说。

作为在盗窃罪中实行的着手成为问题的判例，在最决昭和40年（1965年）3月9日刑集第19卷第2号第69页中，甲以盗窃的目的，在深夜潜入了电气器具商X的店铺内，使用怀中的手电筒照看一下店内，发现电气器具产品堆积如山，但还是想尽量盗窃现金，在走到店铺内卖烟草的墙角之时，被

---

[1] 与此相对，认为完全不应当考虑行为人之主观的是，中山第411页以下、内藤（下）II第1227页以下、浅田第371页以下，但完全不考虑行为人的主观，是否能够妥当地进行危险判断，存有疑问。

[2] 参见宫本第178页。

[3] 参见牧野（上）第254页。

[4] 参见木村（龟）第345页、西原（上）第326页、川端第481页、西田第306页、野村第333页。此外，参见佐伯（仁）第345页；仲道："犯罪论中的计划"，载《理论刑法学入门》，第175页以下。

外出提前回来的 X 发现，为了避免被逮捕，拿着刀子朝 X 捅去，结果导致 X 死亡。对于这一案件，最高裁判所对于"走到烟草贩卖处的行为"肯定了盗窃的实行着手。盗窃的着手时期一般被认为是物色行为之时。因此也有观点认为由于在该案中尚未有物色行为，因此不能肯定着手的存在。但是，最高裁判所认为，即使不存在物色行为，也存在密接于被告人所意图的盗窃金钱的行为，并以此为理由肯定了盗窃的实行着手。[1]

作为在强奸罪中实行的着手成为问题的判例，在最决昭和 45 年（1950 年）7 月 28 日刑集第 24 卷第 7 号第 585 页中，甲与同乘者乙乘坐着自动卸货卡车徘徊在路上，怀着与女性发生性关系的目的呼叫了路上的 X 女，但直接被无视，于是乙就下车强行将 X 拖到卡车的副驾驶室内，甲与乙共谋将拼死抵抗的 X 拖到驾驶室内，在此之际，甲对 X 施加了暴行致其负上约需要治疗 10 天的伤害，之后发动卡车行驶到前方约 5 千米处的工地现场，并在驾驶室内抑制住 X 的反抗，成功将其奸淫。对于该案件，最高裁判所对于将被害人拖到驾驶室的这一时点肯定了实行的着手，并肯定了强奸致伤罪的成立。虽然强奸的实行着手时期是作为手段的暴行或胁迫开始实施之时，但在本案中，将被害人拖到驾驶室的行为是否满足这一点呢？最高裁判所认为在该阶段上已经明显可以肯定达到强奸的客观危险性，并以此为理由肯定了强奸的实行着手。由于计划是在驾驶室内实施强奸，因此我认为对于该结论并不会有异议。假设计划是在工地现场实施强奸的话，根据折中说，将被害人拖入驾驶室的行为还不能被判断为实施了强奸罪中的暴行或胁迫。根据"实质的客观说"，在该危险性的判断中，行为人的主观被认为是故意，但根据折中说，行

---

[1] 关于本案，参见松泽：《百选 I》，第 126 页。关于盗窃罪的实行着手时点，参见最判昭和 23 年（1948 年）4 月 17 日刑集第 2 卷第 4 号第 399 页（对物色行为肯定了着手）、东京高判昭和 24 年（1949 年）12 月 10 日高刑集第 2 卷第 3 号第 292 页（对于入侵家屋这一时点否定了着手）、名古屋高判昭和 25 年（1950 年）11 月 14 日高刑集第 3 卷第 4 号第 748 页（对入侵仓库这一时点肯定了着手）、东京高判昭和 45 年（1970 年）9 月 8 日东高刑时报第 21 卷第 9 号第 303 页（对于潜入车上这一时点肯定了着手）、名古屋高判平成 13 年（2001 年）9 月 17 日 LEX/DB28075247（对于将借记卡插到 ATM 取款机的时点上肯定了着手）。进而，东京高判平成 22 年（2010 年）4 月 20 日判夕 1371 号第 251 页中，被告人用胶水封住了车站的自动售票机的硬币找钱出口，试图粘住零钱并将其回收取得。对于该案件，东京高等裁判所认为，涂胶水的行为与取得零钱行为密切关联，据此就产生了窃取硬币的客观危险性，从而在该时点上肯定了盗窃的实行着手，并撤销了否定这一点的原判决（将实际粘住硬币作为问题核心，从而否定实行的着手）。关于本案，参见小岛（阳）：《刑事法学家》第 28 号，第 96 页。

为人的主观内容就是行为人的犯罪（行为）计划。因此，根据行为人的计划，着手时期可能变早，也可能变晚。[1]

作为在放火罪中实行的着手成为问题的判例，在横滨地判昭和58年（1983年）7月20日判时第1108号第138页中，被告人在密闭木屋的所有房间内都洒上了汽油，在点燃汽油之前想抽最后一根烟，划燃打火机的瞬间也引爆了汽油，导致房屋全部烧毁。关于这一案件，横滨地方裁判所认为，由于本案中的房屋是木造的平房结构，内部也没有使用不燃材料，在处于密封状态的室内，泼洒了相当量的汽油，考虑到汽油具有强烈的引火性，如果在此时有任何火星，必定陷入引起火灾的状况之中，因此可以说通过泼洒汽油，被告人的放火企图已经实现了大半，可以肯定在该阶段中具有侵害法益即导致本案房屋被烧毁的迫切危险，据此而将泼洒汽油的行为认定为放火罪的实行着手。与此相对，千叶地判平成16年（2004年）5月25日判夕第1188号第347页中，被告人企图放火烧毁木造平房，于是在住宅内的走廊与大门及床上泼洒灯油，在此基础上，点燃了从该大门外捡来的报纸，但其邻居打落了该报纸，从而未实现放火的目的。关于该案件，千叶地方裁判所认为，仅仅泼洒挥发性比汽油低的灯油，还不能说发生了烧损该案居宅的具体危险性，从当时的情况来看，难以认定通过被告人点燃报纸的行为而对该案居宅产生了烧损的具体危险。从而否定现住建造物等放火罪的实行着手，仅认定该当于现住建造物等放火预备罪。[2]

---

[1] 关于本案，参见西村：《百选Ⅰ》，第128页。关于强奸罪的实行着手时期，进而参见以下判例：东京高判昭和57年（1982年）9月21日判夕第489号第130页中，对于带入宾馆这一时点肯定了着手；京都地判昭和43年（1968年）11月26日判时第543号第91页以及大阪地判平成15年（2003年）4月11日判夕第1126号第284页等，对带入汽车这一时点否定了着手。

[2] 此外，关于抽象危险犯的着手时期，最判平成11年（1999年）9月28日刑集第53卷第7号第621页中，企图走私大麻的被告人，将大麻分别装在托运的行李箱与自己携带的行李箱中，乘坐飞机到达新东京国际空港后，入国审查官命令其退出日本，当天虽然搭乘了从日本出发的飞机，但在此之前，托运的行李箱被空港作业人员搬入旅具检查场内，于是自己携带着随身携带的行李箱赶赴上陆审查接受上陆审查。对于该案件，裁判所对于全部的大麻均肯定《关税法》第109条的禁制品走私罪的实行着手。关于本案，参见野村，平成11年（1999年）度重判，第148页以下。与此相对，最判平成20年（2008年）3月4日刑集第62卷第3号第123页中，被告人试图采用在日本国外将走私船上所运载的兴奋剂扔到海上，再以小型船回收该兴奋剂并运到日本国内这一方法走私兴奋剂，但因为天气恶劣而无法发现并回收兴奋剂。对于该案件，最高裁判所否定了禁制品走私罪的实行着手。关于本案，参见松泽，平成20年（2008年）度重判，第180页；日山：《刑事法学家》第12号，第103页。进而，最判平成26年（2014年）11月7日刑

进而，关于复数行为中实行的着手，如前所述（边页第184页），在构成要件的提前实现成为问题的"氯仿杀人事件"［最决平成16年（2004年）3月22日刑集第58卷第3号第187页］中，最高裁判所认为氯仿的吸入行为是密接于推入海中的行为，其本身已经具有达到杀害的客观危险性，因此肯定杀人的实行着手。具体而言，"可以说第一行为对于确实并容易实施第二行为而言是必不可少的，在第一行为成功的情形中，就可以认为在遂行此后的杀害计划上不存在特别成为障碍的因素，并且第一行为与第二行为在时空上具有接近性，等等。根据这些因素，就明显可以肯定第一行为是密接于第二行为的行为，三名实行犯在开始实施第一行为的时点上已经达到了杀人的客观危险性，因此认为在该时点上具有杀人罪的实行着手是妥当的。"［1］这三个基准［2］在名古屋高判平成19年（2007年）2月16日判夕第1247号第342页中也被采用。具体而言，被告人计划开车撞倒被害人，在其摔倒无法动弹之后，用匕首将其杀害。对于该案件，名古屋高等裁判所在开车撞倒被害人的时点上肯定了杀人罪的实行着手（此外，对于放弃刺杀行为肯定了中止犯的成立）。也就是说，"被告人计划开车撞倒被害人，在其倒下不能动弹之际用匕首刺杀该女。根据该计划，开车撞该女的行为对于使该女无法逃跑从而用匕首进行刺杀是必要的。接着，根据被告人的想法将汽车撞向该女并致使该女摔倒之后，遂行此后的计划就不存在成为障碍的特殊因素，因为开车撞倒被害

（接上页）集第68卷第9号第963页中，被告人将鳗鱼的幼鱼隐藏在飞机内托运的行李箱中，试图以这一方法未经许可将该幼鳗鱼运出日本。对于该行为，最高裁判所认为，在入口设置了X射线检查装置，但被告人却将贴着保安检查完毕之标签的行李箱办了托运手续让飞机运载，因此，当被告人假装将该行李箱作为随身携带的行李箱而非托运行李箱，从而回避了入口的保安检查并贴上通过不正当手段得到的保安检查完毕之标签的时点上，就可以肯定《关税法》第111条第3款第1项第1号的无许可输出罪的实行着手。关于本案，参见松泽：《判例通选》2015年第I期，第24页；佐伯（和）：《刑事法学家》第44号，第89页。

〔1〕关于本案，参见古川：《百选I》，第130页。进而，名古屋地判昭和44年（1969年）6月25日判时第589号第95页认为，被告人谋划让被害人饮用安眠药，或者用木棒殴打使其气绝，并利用该状态将被害人搬上汽车，继而让汽车撞上悬崖或者坠入山谷，从而将被害人杀害。根据该计划，在让被害人服用安眠药的基础上，试图用木棒殴打被害人头部从而令其气绝时，就成立杀人的实行着手。

〔2〕该基准是适用了将计划也包含在内的事前判断的"一体的行为"论的基准。与此相对，在是由第一个行为还是第二个行为导致死亡并不明确的情形中，就适用考虑现实产生的第二个行为的事后判断的"一体的行为"论。进而，当确定是由第二个行为导致死亡结果的情形中，就成立第一个行为的杀人未遂与第二个行为的杀人既遂。其结果，就成立杀人既遂罪（第一个行为是共罚的事前行为）。

人的行为与用匕首的刺杀行为是顺次实施的，可以认为这两者之间具有同时间、同地点之程度的时空接近性，等等。根据以上的这些因素，应该说开车冲撞该女的行为与刺杀行为之间是具有密切关联的一体行为，也可以认为在被告人开车冲撞该女的时点上，具有达到杀人的客观的现实危险性，因此，认为在该时点上成立杀人罪的实行着手也是相当的。"[1]

这样，关于复数行为中的实行着手时期，就不得不考虑第一行为与第二行为之间的关系问题，在此之际，行为人的行为意思、行为计划成为重要的判断要素，这无非就是折中说的适用。

三、间接正犯、隔离犯中的实行着手时期

关于间接正犯的正犯性将在后面（边页第 410 页）讨论，在这里，仅讨论间接正犯以及隔离犯的实行着手问题。

判例一贯地立足于被利用者说（到达主义）。例如，大判大正 7 年（1918年）11 月 16 日刑录第 24 辑第 1352 页中，被告人将混入毒药的白砂糖以包裹的形式寄到 A 宅，A 接收了该包裹，但在做饭之际感觉到了异常而没有食用。对于该案件，大审院作出了以下判示：尽管预见到了如果他人食用则会中毒身亡，却仍然将毒物放在他人可能食用的状态中，当具有该事实时，必须将其认定为毒杀行为的着手……在 A 接收上述混入毒药的砂糖时，该砂糖已经被

---

[1] 关于本案，参见金泽（真）：《刑事法学家》第 12 号，第 70 页。进而，东京高判平成 23 年（2011 年）2 月 8 日高刑速报（平成 23 年）第 61 页中，行为人让被害人服下大量的安眠药致使其陷入睡眠状态，在此基础上，用乙烯树脂袋子蒙住其头部，在袋子上面用手捂住其嘴巴，并将袋口系紧，导致被害人窒息死亡。对于该案件，东京高等裁判所认为，虽然无法判明被害人是在从套上乙烯树脂袋子到最后袋口被系紧期间的哪一个时点死亡的，但让被害人服用安眠药的行为与其后的行为是在时空上紧密关联的一体行为，在让被害人服用大量安眠药的时点上可以视为存在杀人的实行着手。与此相对，大阪地判昭和 57 年（1982 年）4 月 6 日判夕第 477 号第 221 页中，计划在实施抢劫之后将被害人杀害，行为人将该被害人塞入睡袋中并用烟灰缸殴打其头部，致使其负伤。对于该案件，大阪地方裁判所认为，殴打行为与杀害行为并不是密不可分的，据此否定强盗杀人未遂（杀人的着手），肯定了强盗伤人罪的成立。还有，仙台高判平成 27 年（2015 年）2 月 19 日 LEX/DB25505914 中，行为人将被害人带到荒无人烟的地方，在该地用绳子勒被害人的脖子致使其气绝，并将其埋杀害。对于该案件，仙台高等裁判所认为，单独评价的话，并不直接构成杀人罪的实行行为，但这对于确实且容易地实施此后的活埋行为而言是不可或缺的，而且与活埋行为紧密关联，据此认为可以将其与活埋行为做一体性评价，从而将其认定为实行行为的一部分。

置于 A 或者其家人可食用的状态,因此应该说这已经存在毒杀行为的着手。[1]

在学说上,存在以下三种学说的对立:①求诸利用者的行为开始之时的观点(利用者说、发送主义);与判例的立场同样的,②求诸作为道具的被利用者开始行动之时的观点;③根据结果发生的自动性、确实性而确定是求诸利用者的行为还是被利用者的行动的个别化说。

将间接正犯的实行着手时期求诸背后者的利用行为时的观点,其根据主要存在于以下这一点:被利用者的行为是因果关系的经过,认为在离开间接行为人之手后实行行为才开始是不合理的,实行意思的主体与实行行为的主体不能分离。[2]但是,对该观点也可提出以下疑问:极早地提前了着手时期,在利用行为时危险性还没那么迫切。

也有观点将间接正犯的实行着手时期(或者未遂时期)求诸被利用者的行为时(或者危险发生时),但问题是其理论构成。

第一种观点采用以下理论构成,即:将实行行为概念与着手概念相分离,当达到被利用行为时就存在着手,在此之前作为预备行为的利用行为(自然行为)就转化为实行行为。[3]这是将实行的着手这一概念单纯理解为时间概念的观点,将着手实行之后的阶段称为实行行为也很简明。此外,根据该观点,当正犯已经达到实行的着手时,共犯也不带有实行行为性,在不采用单一正犯体系的日本刑法典上,存在疑问。

第二种观点将间接正犯理解为作为与不作为的复合形态,在其不作为的

---

[1] 关于本案,参见佐藤(拓):《百选Ⅰ》,第132页。进而,宇都宫地判昭和40年(1965年)12月9日下刑集第7卷第12号第2189页中,被告人意图毒死一家人而将6瓶混入毒药的果汁分散放在自家附近的农用道路上,近邻的儿童捡拾该果汁并饮用,导致中毒死亡。对于该案件,宇都宫地方裁判所认为,在临近被害人捡拾饮用果汁之时存在杀人罪的实行着手。东京高判昭和42年(1967年)3月24日高刑集第20卷第3号第229页中,邮政事务员在从事区分邮寄物品之业务的过程中,企图领取包裹里面的现金等财物,于是自己偷偷地将记载包裹的收件人这一栏修改为自己住所的同姓的虚拟人名,之后将其放入邮寄物区分棚里,不知情的配送员陆续地配送以上包裹,部分包裹送达,被告人达成其目的,但部分包裹因上司责怪而未送达。对于该案件,东京高等裁判所对于后者肯定了盗窃罪的实行着手(前者是盗窃既遂)。东京高判平成9年(1997年)1月29日高刑集第50卷第1号第1页中,被告人托运装有麻药的行李箱,试图将其带入日本。对于该案件,东京高等裁判所认为,在由不知情的空港作业人员将货物搬入旅具检查场内的时点上,就存在禁制品走私罪(《关税法》第109条)的实行着手。

[2] 参见团藤第355页、大塚(仁)第174页、福田第230页。

[3] 参见平野Ⅱ第318页。

阶段上寻求实行的着手时期。[1]但是，该观点存在以下问题：仅仅以先行行为（犯罪行为）为理由而肯定作为义务是存在疑问的。此外，在被利用者的行为时（隔离犯的情形则是到达时）失去作为可能性的情形中，就不能追究不作为犯的罪责了。

第三种观点没有将实行行为与实行的着手时期相分离，而是将这两个概念与未遂概念相分离。[2]具体而言，该观点认为在利用行为时可以肯定实行行为及其着手，但如果没有被利用者的行为，则依然还是停留于预备阶段，在被利用者的行为时则成立未遂。该观点在区别实行行为的危险性与未遂犯成立的危险性这一点上具有其意义，前者仅要求具备一般的危险性即足够，而后者则要求具体的危险。

如前所述，刑法规范是由行为规范与制裁规范构成的，在违法性的阶段上，从前者派生出了规范违反的违法性，从后者派生出了可罚的违法性。将这一点放在危险概念下考察，前者只要具备法益侵害的一般危险性即为足够（事前判断），这为实行行为性与实行的着手提供了基础，另一方面，后者则要求具体的危险性（事后判断），这被认为是为可罚的未遂提供基础。因此，本书在结论上与第三种观点是一致的。[3]

四、不作为犯中实行的着手时期

尽管没有发生作为义务，但当没有实施被期待的作为时，就可以肯定不作为犯中实行的着手，但未遂犯的成立是在对法益产生具体危险之时。

在真正不作为犯的情形中，例如，不退去罪（《刑法》第130条后段）的实行行为就是虽然知道了对方的退出要求，却没有实施对应于该要求之态度的行为，既遂时期就是经过了退出所必要的时间。札幌高判昭和29年（1954年）3月23日高裁判特第32号第64页中认为，既然在被要求退出而经过了大约1小时仍然没有退出，即使此后退出，不退去罪也达到了既遂。因此，在经过退出所必要的一定时间之前，可以存在未遂状态的余地（《各论》第152页）。进而，例如，在显示出了不退出的姿势的阶段上，即使是在被强行

---

[1] 参见西原（下）第367页。
[2] 参见曾根第217页以下、铃木第188页以下；名和，前列：《未遂犯的理论构造》，第425页以下。
[3] 参见高桥：《规范论》，第145页以下。

驱逐出去的情形中，也可以肯定未遂。

在不真正不作为犯的情形中，应分为危险先行型与作为义务先行型这两种类型进行判断。在危险先行型这一类型中，法益侵害的具体危险已经发生，因此是只要具备行为人的行为即可回避该危险的情形。例如，在没有其他救助者的状况中，发现了自己的孩子正处于溺水状态的父亲即为适例。在该情形中，应当认为作为义务在行为人认识到了危险的存在时就存在，实行的着手时期也可以被肯定，与此同时，也可以肯定未遂犯的成立。而作为义务先行型是如果没有行为人的作为，法益侵害的具体危险就会发生的情形。例如，不给婴儿授乳的母亲即为适例。在该情形中，作为义务是事前发生的，在母亲怀着杀意第一次不给婴儿授乳时，就可以肯定杀人的实行着手，但要作为未遂犯而受处罚，则必须产生由于危害到婴儿的健康从而产生死亡的具体危险，在该时点上成立未遂犯。[1]

五、构成要件结果的不发生

如前所述，本书在《刑法》第43条的"未遂"之中，嵌入了作为不成文构成要件要素的"具体危险的发生"（未遂结果）。此外，"未遂"是指作为该构成要件要素的构成要件结果没有发生，因此作为构成要件行为的实行行为就止于未遂。因此，例如，怀着杀意用刀捅了X的腹部，但X仅负伤。在该情形中，行为人的行为是杀人的实行行为，但由于其并未实现，因此就只能肯定杀人未遂罪的成立。即使发生了伤害的结果也并不当然地成立伤害罪，也不能因为以杀人罪的故意而实现了伤害罪就通过《刑法》第38条第2款的准用而成立较轻的伤害罪。这两种处理都犯了将本案件的行为理解为伤害的实行行为这一错误。必须注意本案件的前提是存在杀人的实行行为，只是在杀人既遂与未遂上存在问题。

将"未遂"理由是根据自己的意思而中止犯罪的情形称为"中止未遂"（中止犯），将以除此之外的方法达到未遂的通常情形称为"障碍未遂"。此外，根据"未遂"的样态，可以分为着手未遂与实行未遂（终了未遂）。着手未遂是指，虽然已经存在实行的着手，但实行行为本身并未终了的情形；实行未遂（终了未遂）是指，虽然实行行为已经终了，但构成要件结果并未

---

[1] 关于以上论述，参见曾根：《原论》，第474页。

发生的情形。

第四节　不能犯

一、含义

不能犯是指，作为行为人，虽然已经打算着手犯罪的实行，但由于结果的发生是不可能的，因此未能实现的情形。不能犯也被称为不能未遂，但作为未遂犯是不能处罚的，因为其并不成立犯罪。[1]

不能犯的核心问题在于，以结果的不发生为前提，但尽管如此，是否发生"作为结果的危险（具体的危险）"依然成为问题。与此相对，因果关系的核心问题是，以结果（"法益侵害"或者"作为结果的危险（具体的危险）"）为前提，这些结果是否可以归属于（实行）行为。本书认为，无论哪一个问题都属于制裁规范的问题，应当根据事后判断来进行判断，与此相对，实行行为（实行的着手）是属于根据行为时的事前判断来判断抽象性危险的行为规范问题。因此，也可能存在虽然具有实行的着手但却是不能犯的事态。

二、未遂犯与不能犯的区别

关于未遂犯与不能犯的区别，在学说上存在以下观点的对立。

（一）主观说

主观说认为，既然行为人具有犯意，而且具有试图实现该犯意的行为，据此就可以肯定未遂犯的成立。[2]根据该观点，甚至连误信用砂糖可以杀人而怀着杀意向人提供砂糖的情形，都会被肯定（杀人）未遂犯的成立。但是，即使根据该学说，迷信犯（扎小人）也一般会以没有故意或者社会危险性为理由而被认为是不能犯。但是，主观说是将行为人的意思危险性作为违法的本质来考虑的，意思刑法本身是不妥当的。

---

[1] 关于不能犯，参见野村，前列：《未遂犯的研究》第 331 页以下；山口，前列：《危险犯的研究》，第 97 页以下；佐藤（拓）："不能犯"，载《理论刑法学的探究④》，第 33 页以下等。

[2] 参见宫本第 192 页、江家第 166 页。

（二）抽象危险说

抽象危险说从一般人的立场出发，以如果行为人所认识到的事情一旦实现是否具有危险为基准。[1]例如，在误信砂糖可以杀人而提供大量砂糖的情形中，由于从一般人的视角来看并不能感受到危险，因此该行为就成为不能犯。但如果是在误把白糖当砒霜而提供砂糖的情形中，行为人所认识到的"砒霜的提供"，从一般人的视角来看是能感受到危险的，因此该行为就成为杀人的未遂犯。抽象危险说与主观说同样，都着眼于行为人所认识到的事情，但在通过一般人标准对行为危险性进行判断这一点上是与主观说不同的。

（三）具体危险说

具体危险说将在行为当时一般人所能够认识到的事情以及行为人所特别认识到的事情（在与客观事实一致的情形）作为判断的基础，当从一般人的立场出发不能感受到危险时成立不能犯，否则成立未遂犯。[2]因此，即使注射未达到致死量的空气，也就是说，即使不存在科学上的发生结果的危险，如果从一般人的观点来看能够感受到危险，也能够肯定未遂犯的成立。一直以来，具体危险说都是通说性观点，但最近客观危险说得以有力主张，该学说批判了在行为当时的事前判断中，将一般人的危险感作为基础，而将通过事后判断所判明的事情也纳入到结果发生之可能性的判断之中。

根据具体危险说，甲以杀害 X 的意思，将立在田间的稻草人误认为是 X 而向其开枪，而在一般人看来也会认为是 X 的情形中，尽管稻草人受损，但如果据此对甲肯定杀人未遂罪的成立，则是过度的预防主义，这是不妥当的。

（四）客观危险说

客观危险说基于科学的因果法则对法益侵害的可能性进行物理性、客观性判断。但是，如果彻底贯彻该观点，既然现实并未发生既遂结果，这就成为必然的产物，因此所有的情形都成为不能犯，未遂犯这一范畴就不存在了。因此，客观危险说也不得不作出修正。另一方面，也有观点对具体危险说进行若干修正，即，部分吸收事后判断，将判断者设为科学的一般人的观点也

---

[1] 参见牧野第 332 页、草野第 114 页、齐藤（金）第 221 页、木村（龟）第 356 页。
[2] 参见团藤第 168 页、福田第 243 页以下、大塚（仁）第 269 页以下、西原（上）第 351 页、藤木第 268 页、大谷第 376 页以下、川端第 510 页、野村第 349 页以下、立石第 286 页、伊东第 322 页、佐久间第 325 页。

被主张着。[1] 于是，修正具体危险说与修正客观危险说之间的异同问题必须被探讨。具体而言，无论哪一种修正说，在判断"具体的危险"时，都认为从事实关系出发考虑行为与法益之间的关联这一点才是重要的。由于具体危险的有无是危险结果的问题，因此是制裁规范发动条件。在这种理解之下，"修正的客观危险说"基本上是妥当的。[2] 根据该观点，首先①阐明结果没有发生的原因，科学性地明确如果添加怎样的事实条件，结果就可能发生（与一般人的认识可能性无关）；②其次，接着判断能够引起结果的这些（假定的）事实是否可能存在（假定事实的存在可能性），这一点根据"一般人的事后危险感"进行判断。[3] 具体而言，首先根据鉴定进行科学判断，以此为基础，接着从一般人的视角出发假定比此更为广泛范围的事实，这是将具体危险说精细化的观点。

本书认为，由于实行行为的危险性是根据行为时的事前判断，只要具有对于法益侵害的抽象危险即可以肯定。但是，由于未遂犯的成立是能否发动制裁规范的事后判断，因此就成为事后判断该客体在行为当时具有何种程度的危险性。当不存在对该客体的危险时，就不成立未遂犯，从而成立不能犯。如前所述，对法益的危险与对行为客体的危险是不同的，可以将其分别配置于行为规范（事前判断）与制裁规范（事后判断）。

三、不能犯事例的样态与判例的立场

判例之前一直都是以"绝对的不能还是相对的不能"这一基准来区分未遂犯与不能犯。例如，大判大正6年（1917年）9月10日刑录第23辑第999

---

[1] 虽然根据具体危险说，但修正了"根据一般人的事前判断"这一点的观点即为此。例如，部分援用了事实的欠缺理论（在欠缺行为的主体、客体、方法、行为状况等构成要件要素的情形中，就否定构成要件该当性的理论，这也是将不能犯的讨论包含在内的理论），对于因果关系以外则否定构成要件该当性的观点［佐伯（千）第305页、香川第302页］，将科学的一般人作为判断人的观点（藤木第267页以下、中野第87页以下 "最具有思虑性的人以及行为人所能够认识到的事情"）、部分地导入事后判断从而修正事前判断的同时，将科学的一般人作为判断人的观点（平野Ⅱ第325页以下） 等。

[2] 参见山口第290页、西田第310页（称为假定的盖然性说）、松原（芳）第311页。

[3] 对于将这种置于危险判断之基础的事实抽象化的观点，虽然认为危险判断的基础是物理性事实，但认为危险判断本身（判断基准）应当是科学的一般人的是，曾根：《重要问题》，第268页以下［此外，参见内藤（下）Ⅱ第1275页］对危险做更为客观判断的是，内山："未遂犯中的危险判断与故意"，载《西原古稀》第1卷，第447页以下。

页（硫磺事件）中，行为人怀着杀意，试图将硫磺粉末混入食物中以及药水中让 X 服用以将其毒杀（第一个方法），但并未实现［可是次日采用绞杀的方法（第二个方法）致其死亡］。关于该案件，大审院作出了以下判示：在怀着杀意而对他人施加两个不同的杀害方法的情形中，当采用第一个方法绝对不能引起杀害的结果而仅仅止于伤害他人的层面，只有采用第二个方法才能实现杀害目的时，……当根据第一个方法的行为，作为杀人罪而言，纯然属于不能犯时，当然不应当追究杀人罪的罪责……在该行为的结果该当于伤害罪时，以伤害罪处断，不应当以根据第二个方法的杀人罪既遂与具有连续犯关系的杀人罪未遂论处。

之后的判例，基本上倾向于客观危险说的立场，即，关于危险的判断，并不是从一般人视角出发的事前危险判断，而是事后地、客观性地判断结果发生的可能性。[1]

作为不能犯事例的样态，存在方法不能、客体不能、主体不能。

在方法不能中，存在以下三种情形：第一是对于手段的效果存在错误的情形［硫磺事件与空气注射事件（后述）等］；第二是对于作为手段使用之物的作用存在错误的情形（偶然地使用没有填装子弹的手枪实施开枪行为等）；第三是对于作为犯罪手段而使用的用具本身发生认识错误而拿错的情形（买了毒药而放入柜子里，取出时错拿了放在旁边的消化剂的瓶子让被害人喝下的情形）。

最判昭和 27 年（1952 年）8 月 3 日裁判集刑第 67 号第 31 页中，行为人怀着杀人的目的让被害人服下氰化钾，但其纯度偶然地较低，而且其分量也未达到致死量，因此没有导致死亡。关于该案件，最高裁判所肯定杀人未遂罪的成立。福冈高判昭和 28 年（1953 年）11 月 10 日高刑判特第 26 号第 58 页中，被告人在被巡查员 X 紧急逮捕之际，夺取了别在 X 腰间的手枪，将枪

---

[1] 但是，最判昭和 51 年（1976 年）3 月 16 日刑集第 30 卷第 2 号第 146 页（和平烟罐炸弹事件），被告人点燃了自己制造的和平烟罐炸弹的导火线并将其扔到机动队的厅舍正门前，但以哑弹而告终。关于该案件，是否该当于《爆炸物取缔罚则》第 1 条的"爆炸物"的"使用"成为问题，虽然肯定了这一点，但对于作为该前提的事实，最高裁判所认为，本案行为当时，被告人在导火线上连接工业用雷管之际使用了胶水，这导致了燃烧中断，成为没有爆炸的原因，但被告人完全没有预想到这会成为不爆炸的原因，反而用胶水强化导火线与雷管的连接，因此相信引燃导火线的话就是确实具有爆炸构造与性质的炸弹，此外，一般人也会当然地这样认为。因此，也有观点认为该判示采用了具体危险说的判断。

口对着 X 的侧腹扣动扳机，但恰好枪里没有填装实弹，因此未能实现杀害目的。关于该案件，福冈高等裁判所肯定了杀人未遂罪的成立。最决昭和 35 年（1960 年）10 月 18 日刑集第 14 卷第 12 号第 1559 页中，兴奋剂的制造方法具有科学的根据，如果使用该药品按照特定的工序实施的话，本来是有可能制造出兴奋剂的，然而却因在该工序中使用的某种药品的量在基准以下而无法得到制品。关于该案件，最高裁判所认定了兴奋剂制造罪之未遂罪的成立。[1]

最判昭和 37 年（1962 年）3 月 23 日刑集第 16 卷第 3 号第 305 页（空气注射事件）中，甲企图通过杀害上了保险的侄女 X 从而获得保险金，并计划往 X 的静脉里注射空气，通过引起所谓的空气栓塞从而将其杀害，于是欺骗其侄女，往其侄女的两手臂分别各注射 5 毫升的蒸馏水以及 30 毫升或 40 毫升的空气，但由于未达到致死量，未能实现杀害目的。关于该案件，最高裁判所作出了以下判示："此外，关于被告人所主张的向人体注射空气，通过引起所谓的空气栓塞从而杀人是绝对不可能实现的这一点，原判决以及肯定原判决结论的一审判决认为，即使在本案中往静脉里注射的空气的量在致死量以下，根据被注射者的身体条件及其他因素，也不能说绝对没有发生死亡结果的危险。该判断是在参照原判示所出示的各种鉴定书的基础上作出的，具有充分的依据，因此从结论上而言，应该说关于这一点的原判示，是相当的。"从而肯定杀人未遂罪的成立。[2]在本判决中，考虑到了"身体条件及其他因素"这一客观性因素。东京地判昭和 47 年（1972 年）11 月 7 日刑月第 4 卷第 11 号第 1817 页中，拾得一般划线支票的被告人，试图从与自己没有交易关系的作为支付人的银行那里直接接受该支票金额的支付。关于该案件，东京地方裁判所认为"欺骗支付人这一点在定型上是不可能的"，从而否定欺诈未遂罪的成立。

岐阜地判昭和 62 年（1987 年）10 月 15 日判夕第 654 号第 261 页（瓦斯

---

[1] 与此相对，东京高判昭和 37 年（1962 年）4 月 24 日高刑集第 15 卷第 4 号第 210 页中，由于兴奋剂的主要原料并不是真正的原料，由此导致无法制造出兴奋剂。对于该案件，东京高等裁判所认为，由于绝对不存在结果发生的危险，因此也不构成制造兴奋剂的未遂罪。进而，东京高判昭和 29 年（1954 年）6 月 16 日东高刑时报第 5 卷第 6 号第 236 页中，被告人怀着杀意，朝 A 方扔拔掉安全栓的手榴弹，对于该案件，东京高等裁判所认为手榴弹欠缺作为本来的爆炸物之性能，从而否定杀人未遂罪的成立。

[2] 关于本案，参见清水：《百选Ⅰ》，第 134 页。

中毒死事件）中，被告人试图让都市瓦斯充满整个房间从而逼迫两个孩子与其一同自杀（强迫一起自杀）但因被发现而被救助。关于该案件，岐阜地方裁判所作出了以下判示：本案中，被告人所泄露出的都市瓦斯是天然瓦斯，而在天然瓦斯的成分中是不包含一氧化碳的，因此可以肯定没有因一氧化碳而引起中毒死亡的危险，但另一方面，根据前述证据，通过该都市瓦斯的泄露而导致室内空气中的瓦斯浓度达到4.7%到13.5%之间的范围内时，冰箱的恒温装置等电器设备以及衣服等所产生的静电就有可能作为因火源而导致爆炸事故发生。如果瓦斯浓度进一步升高的话，室内的空气就会因为被置换成都市瓦斯而导致氧气浓度下降，从而引发氧气缺乏症，也就是说，当空气中的氧气浓度降低到16%以下时，人体就会出现脉搏、呼吸次数增加、头痛等症状。当氧气浓度持续在10%到6%或更低的状态时，一般可以肯定6分钟到8分钟后就会导致窒息死亡。因此，在4小时50分钟的时间里持续不断地泄露都市瓦斯而充满整个房间的本案中，很明显可能产生因瓦斯爆炸事故或者氧气缺乏症而导致室内的人发生死亡结果的危险。此外，关于本案中被告人是因自杀而接通都市瓦斯这一点，据判示犯行的发现者乙供述，当其听闻目击者描述被告人及其孩子等三人在室内睡成"川"字形时，立马想到了被告人是企图用瓦斯实施自杀。在作为被告人住宅的房东丙野次郎进入室内后，发现了亲子三人中似乎有一人的头稍动了一下，于是认为被害人还没死亡。根据以上供述可以认为，即使这是天然瓦斯，如果以判示中的样态将都市瓦斯泄漏，也是一种会对就寝于该室内的人产生足以致其死亡的高度危险行为。因此，在社会观念上将以上行为评价为足以致人死亡的危险行为，是相当的。[1]也就是说，虽然不具有中毒身亡的危险，但却具有因爆炸或氧气缺乏症死亡的危险，一般人也认识到这是一种高度危险行为，因此可以肯定杀人未遂的成立。在事前判断中，由于可以一般性肯定瓦斯中毒死亡的危险性，因此能够肯定实行行为性，而在事后判断中，作为其他危险的诸如因瓦斯爆炸或氧气缺乏症死亡的危险也在行为客体中被肯定，因此可以肯定杀人未遂的成立。

在客体不能中，存在以下类型：针对尸体的杀人、对空床的开枪、对空

---

[1] 关于本案，参见伊藤（涉）：《百选Ⅰ》，第138页。

包的扒窃、对自己财物的窃取等。[1]

广岛高判昭和 36 年（1961 年）7 月 10 日高刑集第 14 卷第 5 号第 310 页中，被告人甲与乙都是暴力团 A 组的成员，一直以来都对该组之一派的老大 X 看不顺眼，有一天，甲由于被 X 殴打而怒火中烧，掏出手枪在路上对 X 开枪并打中其左胸部，X 奋力逃跑，甲继续开枪并打中其左头部等部位，在此之际，乙听到了枪声便立即赶来给甲助阵，携带日本刀赶到了现场，怀着杀意将刀刺向 X，虽然最终 X 死亡了，但在乙实施刺杀行为的当时，X 已经死亡。关于该案件，大阪高等裁判所作出了以下判示：本案在关于 X 的生死问题上，即使连专家也会产生观点分歧，在医学上生死界限也是极其微妙的案件。因此，应该说，并不单纯只有乙在加害当时误信被害人的生存，一般人在当时也无法确认被害人的死亡，并据此能够感知到通过被告人乙的前述加害行为所产生的导致 X 死亡的危险。在这种情况下，即使在被告人乙的加害行为迫在眉睫之际 X 已经死亡，这也仅仅止于因意外障碍而未能实现预期的结果，并不能说在行为的性质上就没有发生结果的危险，因此不能将该被告人的所为理解为杀人的不能犯，将其作为未遂犯论述是相当的。[2] 在本案中也考虑了在医学上生死界限极其微妙这一事后判明的事实。

在主体不能中，例如存在以下情形：并不是背任罪中的事务处理人，却误信自己是事务处理人，并据此实施违背任务之行为。对于该情形，如果彻底贯彻具体危险说，就可以肯定背任罪的未遂。[3] 但是，关于行为主体（身份），必须以客观的事实为基础，此外，从事后来看，并不具有结果发生的危险，因此应该认为不可罚。[4]

---

[1] 进而，大判大正 3 年（1914 年）7 月 24 日刑录第 20 辑第 1546 页中，被告人怀着强取通行中的被害人之金钱的目的而将被害人摆倒并试图夺取其怀之物，但被害人口袋里空无一物，因此未能达成其目的。对于该案件，大审院肯定了强盗未遂罪的成立。大判昭和 21 年（1946 年）11 月 27 日刑集第 25 卷第 55 页中，被告人以盗窃为目的物色目标，但却因不存在目的物而未窃取。对于该案件，大审院肯定了盗窃未遂罪的成立。

[2] 关于本案，参见和田：《百选 I》，第 136 页。

[3] 野村第 351 页以下虽然肯定了法益的危险，但以欠缺义务违反性为由认为不成立未遂犯。

[4] 参见中山第 429 页、前田第 110 页注 14，曾根第 224 页。

第五节 中止犯

一、含义

中止犯是指，已经着手犯罪的实行，由于自己的意思而中止了犯罪（中止未遂）。[1]《刑法》第43条但书规定"当因自己的意思而中止犯罪时，减轻或免除其刑"，从而承认了刑罚的必要性减免。[2]

中止犯中的中止行为是实行行为之后的、事后性的恢复行为，[3]并不与实行行为本身直接关联，而是由实行行为所引起的未遂状态，也就是说，这是与具体的危险直接关联的行为。这是从以下推论出发的必然归结：中止犯是中止（未遂），是以未遂犯的成立（处罚）为前提，因此具体的危险这一制裁规范的发动条件成为问题的核心。也就是说，中止犯与未遂犯同样地，都不是行为规范（实行行为）的问题，而属于制裁规范的问题。[4]因此，中止犯的法性质，基本上依据于刑罚目的。

二、法性质

在通常的未遂犯（障碍未遂）的情形中，刑罚只是被任意性减轻，与此相对，尽管同样产生了结果发生的危险，但在中止犯（中止未遂）的情形中，刑罚却被必要性地减轻或者免除（刑罚的必要性减免事由）。其实质性根据是什么，成为问题。

---

[1] 关于中止犯，参见香川：《中止未遂的法性格》（1963年）；山中：《中止未遂的研究》（2001年）；町田：《中止未遂的理论》（2005年）；金泽（真）：《中止未遂的本质》（2006年）；野泽：《中止犯的理论构造》（2012年）；铃木（一）："关于中止犯的根据论"，载《早稻田法学会志》第66卷第2号（2016年），第267页以下等。进而参见大阪刑事实务研究会：《中止未遂（上）（下）》判夕第1380号第75页以下、第1382号第52页以下（2012年、2013年）。
[2] 与此相对，德国《刑法》规定将中止犯作为未遂罪而不处罚（第24条），瑞士《刑法》将着手未遂作为裁量性的不处罚，将实行未遂作为裁量性的减轻事由（第21条第2款、第22条第2款）。
[3] 作为这种事后的恢复行为，例如，自首（《刑法》第42条）、伪证、虚伪告诉之情形的自白（《刑法》第170条、第173条）、人质的赎金目的拐取罪中的因释放而减轻（《刑法》第228条之2）等。参见高桥：《损害恢复》，第14页以下。
[4] 正确而言，是制裁（媒介）规范，中止行为以及任意性这一要件是在制裁规范内部的行为规范（第422页）。进而，参见仲道："中止犯——两个往返、两个考察法"，载《理论刑法学入门》，第145页以下；高桥："中止行为的规范论基础"，载《浅田古稀》。

(一)政策说

政策说是将对中止犯做宽大处理的根据求诸于试图未然性地防止了犯罪的完成这一政策性考虑上的观点。其中又可以分为一般预防说与特别预防说。前者认为,通过架设"浪子回头的黄金桥梁"(李斯特语),即使踏入犯罪的世界,也通过对罪犯赋予中止的动机意图实现事前地一般预防;[1]后者认为实际上中止犯罪的人已经得以改善,行为人的危险性已经可以视为减少或消灭了。[2]

(二)法律说

与此相对,法律说试图从构成要件出发进行说明,其中又存在违法减少说与责任减少说,进而违法、责任减少说,以及再加上政策说的合并说等。

1. 违法减少说

该观点认为,通过中止犯罪行为,违法性得以减少,根据自己意思而中止这一主观性要素对违法性评价产生了影响。[3]但是,作为违法减少说的另一种立场,虽然可以在消灭了通过实行行为所惹起的危险这一意义上考虑违法减少,但如后所述,该危险的消灭与实行行为的违法性判断是不同的东西。

2. 责任减少说

在责任减少说内部也存在两种观点,一种观点认为,通过中止行为所显示出的行为人的人格态度而减少非难,[4]另一种观点认为,未遂犯与中止犯在既遂结果的不发生(危险发生)这一点上是相同的,但主观性要素不同,因此是属于责任的问题。[5]图式性地来看,前者是从行为无价值论出发得出的结论,而后者是从结果无价值论出发得出的结论。

3. 违法、责任减少说

这是考虑了违法的减少与责任的减少这两方面的观点,但在关于如何理解各自的内容这一点上并未达成一致。[6]例如,存在以下几种观点的争论:

---

[1] 参见中野第132页。
[2] 参见牧野第642页、木村(龟)第369页。
[3] 参见平场第140页、福田第235页、西原(上)第333页、大谷第384页、野村第357页以下。
[4] 参见团藤第362页。
[5] 参见内藤(下)Ⅱ第1284页以下、中山第431页、曾根第227页以下、前田第117页、浅田第391页、山中第806页以下。
[6] 参见川端第496页以下、佐伯(仁)第358页以下、林(干)第363页以下、井田第424页。此外,参见山口第293页、松原(芳)第320页。

将中止行为与结果不发生作为违法减少的根据,将任意性作为责任减少的根据,分别与中止犯要件相对应的观点;认为通过作为主观违法要素的故意之放弃而减少违法以及通过中止行为而减弱法敌对的态度从而减少责任的观点;将违法减少摆在核心位置,在此基础上附加责任减少。

(三)检讨

如果将责任减少说一以贯之的话,那么,即使既遂结果发生也不得不肯定中止犯的成立。这是因为,即使是在既遂的情形中,责任也可以减少。对于这一观点,虽然也存在将未遂作为外在框架的反论,但必须追问其理由。将未遂作为外在框架,无非是认为客观的"犯罪中止"是必要的。

关于违法减少说,如前所述,如果认为通过中止行为减少了实行行为的违法性,是不妥当的。因为不能认为实行行为时的违法性通过事后性的中止行为而减少。关于违法、责任减少说,如果认为实行行为时的违法与责任减少了,同样是不妥当的。

这样的话,剩下的就只有政策说了,但政策说并不能单独成为根据。因为在法的基础里包含有政策上的考虑。既然将中止行为理解为事后的恢复行为,就应该将如何实施这种事后性的恢复行为的刑法性评价作为核心问题。这是通过中止行为而消灭了既遂结果惹起的危险这一刑法评价问题的。但是,将这种中止行为纳入到犯罪论体系中的构成要件该当性、违法性(阻却)、责任(阻却)这三种类别下是很困难的。如前所述(边页第65页),本书除了这三个阶层,还设置了"可罚性(阻却或减少)"这一阶层。可以将中止犯摆在这种"可罚性"的减少事由这一位置上。也就是说,通过消灭实行行为所惹起的具体危险性(危险的进展),减少了与违法性相关联(与实行行为时的违法性无关的)的可罚性(可罚性减少说)。[1]

这样,就可以将中止犯的减免根据理解为具体危险的消灭这一意义上的可罚性减少,因此,作为中止犯的要件,首先是中止行为的有无问题,其次是任意性问题。

三、中止行为

判例与通说认为,着手未遂的情形(已经着手实施犯罪的实行行为,但

---

[1] 据此,也为中止犯的效果的一身专属性提供了根据,免除与减免的差异可以作为可罚性的程度问题来考虑。

在未终了的状态下,犯罪停留于未完成的状态),只要不继续实施此后的行为,即不作为即为足够。但在终了未遂的情形(也称为实行未遂,犯罪的实行行为虽然已经终了但并未完成犯罪),就必须对结果的回避实施积极的"作为"。而该区别与实行行为的终了时期是连动的,根据主观说,[1]则求诸行为人的主观;根据客观说,[2]则求诸客观结果发生的可能性。[3]但是,这种形式性的区分并不具有合理性。例如,根据客观说,在打了一发子弹但并未命中的情形中,就成为终了未遂,于是某种作为成为必要,但这在当时的情况下不可能完成,因此就否定了中止行为。另一方面,根据主观说,意图用两发子弹实施杀害行为,第一枪打中被害人丙造成重伤的后果,尽管如此还是着手未遂,如果仅仅离开现场就能够肯定中止行为。这显然都是不妥当的。

因此,没有必要与实行行为的终了时期连动考虑,而有必要提示更为实质性的基准。具体而言,如果说为什么作为是必要的,是因为如果就此放置的话则将导致结果发生;如果说为什么仅仅不作为就足够的话,是因为即使就此放置也不会导致结果发生。[4]

这样的话,应该做以下理解:在如果不阻断因果关系,结果就会发生的情形中,作为就是必要的;在即使不阻断因果关系,结果也不会发生的情形中,不作为即为足够。也就是说,在中止行为的时点上,当存在发生既遂结果的危险时,作为就是必要的;当不存在该危险时,不作为就足够。例如,甲怀着杀意朝 X 的头部砍了一刀,X 眼疾手快用左手抵挡,为此左手负伤,其程度需治疗两周才能康复,此后 X 多次求饶,催生甲的怜悯之心,中止了犯行,为了让 X 接受治疗,甲呼叫了出租车,将 X 送往医院[东京高判昭和62 年(1987)7 月 16 日判夕第 653 号第 205 页]。在该案件中,即使不阻断因果关系,结果也不会发生,因此只要甲不作为就足够。因此,可以肯定甲的行为是中止行为,也肯定任意性,因此可以肯定中止犯的成立。将 X 送往医

---

[1] 参见齐藤(金)第 212 页、佐伯(千)第 325 页、佐伯(仁)第 361 页。
[2] 参见植松第 329 页。
[3] 进而,也有综合说(折中说)认为应综合客观的事情与行为人的主观来判断实行的终了时期。立足于这种立场,东京高判昭和 51 年(1976 年)7 月 14 日判时第 834 号第 106 页中,被告人用刀刃长约 52 厘米的日本刀刺了被害人的右肩,之后停止了攻击,对于该案件,东京高等裁判所认为是着手未遂(中止)从而肯定了中止犯的成立。
[4] 参见西原(上)第 338 页、中山第 436 页以下、曾根第 229 页、野村第 359 页、前田第 123 页、山口第 297 页、大谷第 388 页、井田第 428 页。此外,参见山中第 810 页以下。

院，只是单纯地作为量刑事由来判断而已。[1]

在该情形中，仅仅根据脱离了行为人的行为的因果行进，结果发生的危险性成为问题，因此，该危险性应被事后地、客观地判断。与此相对，东京地判平成14年（2002年）1月22日判时第1821号第155页中，做出了以下判示："关于是否产生达到既遂的具体危险……应该将从事前的一般人的立场出发的判断作为基准，而不应该将事后的客观性判断作为基准"，[2]该判决存在疑问。

进而，行为人必须认识到这一客观侧面。这是因为仅仅应当对具有这种认识的中止行为施予恩典。（中止故意的存在成为要件）。[3]

---

[1] 关于本案，参见城下：《百选Ⅰ》，第142页。作为实行中止的案件，大判大正15年（1926年）12月14日新闻第2661号第15页中，被告人在放火之后因有病缠身而陷入衰弱状态，自己无力灭火，因此大声呼叫邻居，得到邻居的帮助得以灭火。对于该案件，大审院肯定了中止犯的成立。与此相对，大判昭和12年（1937年）6月25日刑集第16卷998页中，被告人在放火之后对A说道自己放火了，拜托A去灭火，然后自己走开了。对于该案件，大审院认为，被告人对于放火结果发生的防止并没有尽到与自己是放火人同等程度的努力，从而否定中止犯的成立。可以说，该同视基准对于中止行为提出正犯性要求。在中止行为中，必须说要求这种可以称为所为支配的正犯性，即事后的所为支配（Nachtatherrschaft）。这是因为，仅仅在具有正犯性的情形中，才能满足作为刑罚目的之一的行为人的"'自我'再社会化"，在仅仅具备（狭义）共犯性的情形中，不能承认"'自我'再社会化"。此外，在该情形中，共谋共同正犯性的中止行为也足够（在这个限度内，我改变了本书第2版所认为的以共犯性的中止行为为足够的观点）。关于这一点，参见高桥："中止行为的规范论基础"，载《浅田古稀》。进而，福冈高判平成11年（1999年）9月7日判时第1691号第156页中，被告人用双手全力掐住被害人的颈部致使其陷入意识模糊状态，进而压上自己的身体并用左手继续掐住被害人的脖子，但之后根据自己的意思中止了该行为。对于该案件，福冈高等裁判所认为，客观上来看，在被害人气绝之后还继续掐住被害人脖子30秒，被告人也认识到了这一点，因此在该时点上实行行为就终了，因此如果没有为了被害人的救护以及防止结果的发生而实施积极的行为，中止犯就不成立。此外，东京高判平成13年（2001年）4月9日高刑速报第3132号第50页中，对于现住建造物等放火未遂的案件，东京高等裁判所认为，被告人在用没有处于燃烧状态的洗涤物覆盖到已经燃烧的衣服之后，认识到了火焰转移到了室内木质的小箱子与榻榻米。因此，不能说被告人的行为是能够与防止结果发生同等看待的行为，即使被告人紧急拨打了119，既然被告人没有将火灾通知公寓的居住者或者寻求灭火帮助等措施，就不足以将其认定为可以与防止结果发生同等看待的行为，从而否定中止犯的成立。关于本案，参见金泽（真）：《百选Ⅰ》，第144页。

[2] 关于本案，参见和田：《刑事法学家》第4号，第79页以下。将其理解为事前判断的是，井田第427页。

[3] 青森地弘前4平成18年（2006年）11月16日判夕第1279号第345页中，被告人怀着杀意数次强力掐住被害人脖子并导致被害人晕厥，误认为被害人已经死亡而松开双手后，确认了被害人还在呼吸，从而认识到了被害人还没有死亡，但并未进而实施强力掐住被害人脖子的行为。对于该案件，裁判所肯定了中止未遂的成立。

关于中止行为的存在与否，可以进行如下整理。

设例：甲以杀害 X 的意图，装了两颗子弹到手枪里并开枪。在以下的各种情形中，是否可以说甲的行为是中止行为？

（1）以一发子弹命中，产生了死亡的危险，将被害人送往医院，捡了一条命。

（2）第一发子弹没有命中，虽然知道枪膛里还有一发子弹，但就此作罢。

（3）第一发子弹没有命中，却以为已经命中，撒手离去。

（4）两发子弹都没有命中，悻悻而归。

在该设例的第一种情形中，行为人认识到了在当时的状况下必须有所作为，也实施了相应的作为，因此可以肯定中止行为的存在。而第二种情形则是仅仅需要不作为即为足够的状况，行为人认识到了这一点而实施了不作为，因此可以肯定中止行为的存在。第三种情形仅仅需要不作为即为足够，但行为人却没有认识到这一点，因此没有中止故意，应否定中止行为的存在。在第四种情形中，本来危险就已经消灭，欠缺中止行为的前提，因此应否定中止行为的存在。

此外，（不真正）不作为犯中的中止行为以实施被期待的作为为必要，因此经常被理解为作为，要求实施积极的结果防止行为。顺带提一下，如前所述（边页第 397 页），在作为义务先行型的类型中，即使存在作为义务违反，并肯定实行的着手，在还没有发生法益侵害的具体危险之前，都不成立未遂犯。根据我的这一观点，预备犯的中止成为问题（边页第 417 页）。

是否要求中止行为必须为了防止结果发生而作出了真挚的努力，成为问题。从责任减少说出发，就会得出要求具备"真挚的努力"的结论，但应该认为并不需要将"真挚的努力"作为要件，将其放在量刑判断中进行考虑就足够了。[1]

与此相对，在裁判例中则要求"真挚的努力"。例如，东京地判昭和 37 年（1962 年）3 月 17 日刑集第 4 卷第 3、4 号第 224 页中，行为人意图杀害被害人，于是让被害人服下安眠药，但看到被害人的痛苦状态后，认识到靠自己的力量无论如何也无法救助被害人，于是拨打了紧急电话将事态通报警

---

[1] 认为需要具备"真挚的努力"的是，团藤第 365 页、大塚（仁）第 261 页以下、西原（上）第 339 页。认为不需要的是，野村第 364 页、山口第 299 页、佐伯（仁）第 362 页。

察，最终在警察的协助下将被害人送往医院，被害人因此得救。关于该案件，东京地方裁判所认为，被告人已经尽到了足以与其自身防止结果发生同等看待之程度真挚努力，因此肯定了杀人的中止未遂。

"真挚的努力"之要件，就像在以下裁判例中所显示的，可以说对行为人的主观态度提出过度的要求了。具体而言，大阪高判昭和44年（1969年）10月17日判夕第244号第290页中，被告人用切生鱼片的长刀刺了被害人的左腹部，这一刀直接刺破了肝脏，被害人嚎啕大哭，苦苦哀求被告人"求你送我去医院吧！"，于是被告人用自己平时开的车将其送到医院，被害人因此获救。关于该案件，大阪高等裁判所认为："在本案中，如果在实行行为终了后，就此扔下遭受重创倒地呻吟的被害人不管的话，致死结果的发生可能性是很大的。因此，如果要将被告人之后的救助活动作为中止未遂来认定的话，应当认为必须具备能够评价被告人为了防止死亡结果的发生而倾注了真挚努力的事由。"在此基础上进一步认为："被告人将被害人送进医院后，在医生对被害人实施手术期间，被告人对与被害人共同的数名朋友以及被害人的母亲等人谎称犯人并不是自己，被害人虽然不能认清是谁实施的伤害行为，但确是被他人所刺伤，并且在快到医院之前，被告人将凶器扔到河里隐藏犯罪痕迹，这些都是不可动摇的事实。此外，在被告人将被害人送入医院之际，也没有对该医院的医生表明自己就是犯人、使用什么凶器、捅伤哪个部位以及自己将承担手术或治疗所产生的费用，即难以说被告人为了救助被害人采取了完全的行动，只不过是单纯地做了将被害人送往医院这种大致的努力而已。因此，这种程度的行动，必须说还不足以认定被告人为了防止结果的发生而尽了真挚的努力。"据此否定了中止犯的成立。[1]

四、中止行为与结果不发生的因果关系

例如，甲以杀害X的意图，对其下了毒药，但之后后悔而将其送往医院，X虽然得救了，但实际上一开始其所中之毒就没有达到致死量，在这种情形中，中止犯是否成立成为问题。

根据责任减少说，未必要求中止行为与结果不发生之间必须具备因果关

---

[1] 关于本案，参见名和：《百选Ⅰ》（第6版），第144页。此外参见东京高判平成13年（2001年）4月9日高刑速报第3132号第50页［金泽（真）：《百选Ⅰ》，第144页］。

系。〔1〕但是根据违法减少说，因果关系成为必要，〔2〕由于即使没有甲的中止行为结果也不发生，因此不能将甲的行为作为中止行为。因此，从与达到致死量之情形之间的均衡论出发，也存在准用中止犯规定的观点。〔3〕

与此相对，如果将中止行为理解为具体的危险结果的除去行为（危险消灭行为）的话，只要中止行为与具体危险结果除去之间具有因果关系就足够了。〔4〕也就是说，由于发生了使未遂犯成立的具体危险，因此只要将其去除就足够。所以，可以将甲的行为评价为中止行为，也能够肯定任意性，据此可以肯定中止犯的成立。〔5〕

进而，存在结果的发生与实行行为之间不具有相当因果关系的情形。例如，甲意图杀害 X，在将 X 砍成重伤之后就后悔了，于是将 X 送往医院，可是次日医院发生了火灾，X 还是死了。在该情形中，是否成立中止犯成为问题。由于不能承认危险的现实化，因此首先肯定未遂犯的成立，由于可以说将被害人送往医院的行为是具体危险结果的去除行为，因此可以将甲的行为评价为中止行为，也可以肯定任意性，因此甲成立中止犯。

五、任意性（基于自己的意思）

其次，中止犯是将基于"自己的意思"（任意性）而中止犯罪作为其要件的。关于对怎样的情形才能肯定任意性，在学说上存在各种各样的观点。具体而言存在以下观点：以"是欲行而不能（未遂犯）还是能行而不欲（中止犯）"（弗兰克公式）为基准的主观说；〔6〕以行为人所认识到的事情在经

---

〔1〕 但是，从违法减少说与违法、责任减少说出发，因果关系不要说也被主张着。参见平野 II 第 337 页、福田第 239 页、大塚（仁）第 263 页、川端第 501 页。

〔2〕 作为因果关系必要说，参见佐伯（千）第 326 页、藤木第 264 页。

〔3〕 参见大谷第 391 页。

〔4〕 参见山口第 298 页。

〔5〕 但是，如前所述（本书第 183 页），在具体危险中存在能够达到既遂的危险与不能够达到既遂的危险，由于本设例是后者，因此作为中止行为，单纯的不作为就足够了。此外，札幌地判平成 19 年（2007 年）8 月 31 日 LEX/DB28135425 中，对于因在杀人的实行行为之后的救命行为（中止行为）而造成死亡的案件，肯定了杀人既遂罪的成立。关于本案，参见高桥：《刑事法学家》第 12 号，第 77 页以下。

〔6〕 参见平野 II 第 334 页、内藤（下）II 第 1291 页以下、曾根 230 页以下、堀内第 244 页。此外，虽然以主观说为基础，但附加了从一般人的立场出发的通过客观评价之限定的是，大谷第 386 页。

验法则上是否一般被认为是妨碍犯行遂行的事情为基准的客观说；[1]在基于广义后悔（改正、同情、怜悯等）的情形中而肯定任意性的限定主观说；[2]认为在脱离了合理性价值而做出不合理决断的情形中，就肯定任意性的不合理决断说；[3]除了在中止行为被强制的情形以外都肯定任意性的学说[4]等。

虽然任意性的基准与中止犯的法性质之间的关联未必是明确的，但根据责任减少说，就会得出限定主观说的结论；根据违法减少说，就会得出客观说。这种图式性的大致对应是可能的。但是，对于限定主观说而言，在以下这一点上存在疑问，即，不仅不存在条文上的根据，而且这是从将责任理解为道义或人格责任的观点出发所得出的结论，而这种理解是不妥当的。对于客观说而言，在以下这一点上也存有疑问，即，什么是在经验上一般的这一点未必明确，此外，"根据自己的意思"这一文言表述与行为人基准更具有整合性。

因此，"弗兰克公式"（主观说）基本上是妥当的。但是，可以将中止行为理解为具体危险的去除行为，在消灭这种危险的意义上减少可罚性。从本书所坚持的这种立场出发，在主观上不可能遂行犯罪的情形中，就不存在遂行犯罪的危险，在该情形中，已经不存在作为中止行为之前提的危险，因此中止行为当然就不可能存在。在这个意义上，任意性仅仅具有划定中止行为之可能性的界限功能。[5]

判例的立场未必是明确的。对于行为人因见别害人血流如注而心生恐惧并据此中止的案件，大判昭和11年（1936年）3月6日刑集第15卷第272页的判决中否定了其任意性，且仅对因其因内部性原因而中的情形肯定任意性，实质上可以说是客观说的立场。以此同时，判决也多处提到悔悟、反省、

---

[1] 参见西原（上）第335页以下、前田第119页。
[2] 参见佐伯（千）第323页、中山434页、内田（文）第272页、西田第321页。
[3] 参见山中第825页以下。
[4] 参见山口第302页。
[5] 因此，如果具有意思的自由或行动自由的话，任意性就被肯定了。山口第302页认为，欠缺任意性，基本上仅限定于因惊愕、恐怖而导致身体无法动弹的情形与中止行为被强制的这种例外情形。进而，参见野村第363页。根据该立场，不论是因误认为警察来了而试图中止还是因警察真的来了而中止，都根据意思的自由或行动的自由是否存在而判断任意性。此外，东京高判平成19年（2007年）3月6日高刑速报（平成19年）第139页认为，在遂行强奸行为的过程中实际上并未存在实质性的障碍的情形中，尽管被告人反悔该犯意的动机是不想进监狱，而不是出于对被害人的怜悯与真挚的反省，也可以肯定是基于自己的意思而中止犯行。关于本案，参见佐藤（拓）：《刑事法学家》第10号，第115页。

怜悯等心情，实质上也可以说是限定主观说。[1]与此同时，也多处提到悔悟、反省、怜悯等心情，实质上也可以说是限定主观说。

作为客观说的判例，最判昭和24年（1949年）7月9日刑集第3卷第8号第1174页作出了以下判示：在着手实行强奸之后，行为人因惊愕而中止犯行，即使在这种情形中，成为该惊愕之原因的诸般状况，当阻碍被告人犯意的遂行之障碍事情被认为具有客观性时，就是障碍未遂而非中止未遂。[2]

作为折中说的判例，最决昭和32年（1957年）9月10日刑集第11卷第9号第2202页中，被告人决意自杀，但与此同时又担忧其母亲无人照料，于是决意将其母亲也一同杀害，在殴打了其母亲的头部之后，见到其母亲头部流血痛苦不堪的样子，惊恐万分，无法继续实施此后的杀害行为。关于这一案件，最高裁判所做出了以下判示："也就是说，被告人见到了前述其母亲流血痛苦的样子，才发觉事情的重大性，并陷入惊愕恐怖的心境中，与此同时，也明白了无法按照当初自己的意图来完成杀害其母亲的行为，因这些原因而压制了其继续实施杀害行为的意志。另一方面，行为人又担心如果将事态就此搁置，自己是犯人这一点就当然会被直接发现，于是便打开卫生间的门与高窗等，制造是从外部闯进来的侵入者的犯行这种假象。在以上诸般事情的原因下，被告人压抑住了完成犯行的意志力而中止了本案犯行，应当将这种情形认定为足以妨碍犯罪完成之性质的障碍，因此，认为这种情形不符合日本刑法第43条但书所谓的基于自己的意思而阻止犯行，是妥当的。"此外，福冈高判昭和61年（1986年）3月6日高刑集第39卷第1号第1页中，被告人怀着未必的故意朝X女的颈部捅了一刀，但却没有继续捅第二刀、第三刀的意图，看到X女从口中吐出了大量的鲜血，惊愕的同时，心想着"这下可捅大篓子了"，于是马上用毛巾捂住该女的颈部以止血，在拨打电话请求派救护车来救助之后，在原地等候救护车的到来，与消防员一起将X女搬上了救

---

[1] 或者，也可以将判例的立场置于折中说的位置上。具体而言，综合主观说与客观说，行为人如何接受外部性因素，客观地判断其接受的方式从而作为任意性的基准。当外部的因素在某种程度上必然导致该行为人中止其决意时就是障碍未遂；但尽管由外部性因素触发，但却根据自己的意思而中止时，则为中止未遂。例如，大谷385页以下。

[2] 甲府地判平成23年（2011年）5月24日LEX/DB25443839中，被告人因要求恢复夫妻关系未成而用菜刀捅刺被害人的左腹部，并掐其脖子，但并没有导致其死亡。对于该杀人未遂的案件，被害人的抵抗成为被告人遂行犯行之障碍的可观因素，因此不能认为被告人是根据自己的意思而停止掐被害人的颈部，据此而否定中止犯的成立。

护车。关于这一案件，福冈高等裁判所认为："即使在对外部事实的表象成为中止行为的契机这种情形中，当犯人是在根据该表象并不一定会做出中止行为的情况下实施了中止行为时，就应当看做是根据任意的意思而中止。"从而肯定了中止犯的成立。[1]

六、预备犯与中止

关于预备犯，是否准用中止犯的规定成为问题。虽然通说肯定了这一点，[2]但判例却予以否定。[3]由于《刑法》第43条的但书是对于中止"犯罪的实行"之情形的规定，因此也可以得出不得准用预备犯的结论。但是，如果不承认准用，就会导致刑罚不均衡的结果。具体而言，如果是在犯罪从预备阶段向实行行为阶段进展之后而中止的话，其刑罚就可以被减轻或免除，与此相对，如果是在实行着手以前的预备行为阶段就断了念想的话，反而不能承认刑罚的减免（尤其是在根据具体情形不存在免除规定的强盗预备罪这种场合中）。因此，关于作为非独立罪的预备罪，应该容许预备中止的观念，承认准用中止犯的规定。[4]但是，在该情形中，既然预备罪被理解为非独立罪，就不得不认为该预备罪的法定刑在配刑上是比照基本犯的法定刑而法定减轻。因此，再次附加中止的法定减轻，在与《刑法》第68条（法律上的减轻事由是一个也好数个也罢，对其肯定同样的法效果）的关系上是不被允许的。因此，仅仅应当把预备罪中止的法效果理解为免除其刑罚。

---

[1] 关于本案，参见野泽：《百选I》，第140页。在同样的案件中，作为肯定中止犯的有，宫崎地都城支判昭和59年（1984年）1月25日判夕第525号第302页。作为否定的有，大阪地判昭和59年（1984年）1月21日判夕第537号第256页。作为否定任意性的判例，有担心犯行被发现而中止的情形［大判昭和12年（1937年）9月21日刑集第16卷1303页］、因性欲减退而中止强奸的情形［东京高判昭和39年（1964年）8月5日高刑集第17卷第6号557页］等。作为肯定任意性的判例，有看见了对方的表情而心生怜悯之情从而产生断念的情形［名古屋高判平成2年（1990年）7月17日判夕739号第243页］、试图强迫一起自杀而用菜刀捅刺长子，但因长子在此刻所说的话而丧失了犯意［横滨地判平成10年（1998年）3月30日判时第1649号第176页］、因被害人苦苦哀求而中止奸淫的情形［浦和地判平成4年（1992年）2月27日判夕第795号第263页］、因被害人恳求放过而中止的情形［札幌高判平成13年（2001年）5月10日判夕第1089号第298页］等。

[2] 参见团藤第367页注3、大塚（仁）第264页、福田第241页、大谷第392页、川端第502页、曾根第232页、野村第372页、浅田第399页。与此相对，否定准用的是西田第322页、山口第303页以下。

[3] 最大判昭和29年（1954年）1月20日刑集第8卷第1号第41页（关于本案参见森住：《百选I》，第146页）。

[4] 参见西原（上）第316页。

第十七章 共 犯

第一节 总 说

一、共犯的意义与种类

(一) 共动问题的法规制

在复数的行为人参与犯罪的情形中，在法律上应如何处理各个行为人，关于这一点，存在两种立法形式。一种是将所有对于犯罪的成立提供条件的人都作为正犯处理的单一正犯体系；[1]另一种是在构成要件阶段区分各个参与人的共犯体系。日本刑法典采用了共犯体系（共同正犯、教唆犯、帮助犯），但仍然有必要在考虑是何种意义上的共犯体系的基础上考察共犯论。也就是说，可以对日本的共犯论做出以下评价：通过共谋共同正犯的存在，实质上正在朝着单一正犯体系的方向发展。[2]

(二) 共犯体系中的共犯

共犯是指两个以上的行为人参与构成要件的实现之情形（最广义）。这个意义上的共犯可以分为任意的共犯与必要的共犯。任意的共犯是指，两个以上的行为人参与了在法律上作为单独犯而被预定的构成要件，从而实现犯罪的情形，规定于日本刑法典总则中的共同正犯（《刑法》第60条）、教唆犯（《刑法》第61条）以及从犯（《刑法》第62条、第63条）即为适例（广

---

[1] 在单一正犯体系中，存在形式的单一正犯体系（完全不承认参与类型之间的区别，将其全部委诸于量刑事由，意大利刑法典、巴西刑法典等采用了这种立法形式）与实质的（功能的）单一正犯体系（虽然概念性地承认参与类型，但将所有的参与人都作为正犯，在量刑事由中设置独自的类型，奥地利刑法典、丹麦刑法典、挪威刑法典等采用了该立法形式）。参见高桥：《共犯体系》，第25页以下。

[2] 参见平野：《诸问题》，第135页。进而指出"裁判官的思考无意识地按照单一正犯体系进行"的是，松泽："关于共犯与正犯的区别"，载《曾根·田口古稀》，第822页。

义)。通常所说的共犯就是指任意的共犯。进而,在这些共犯类型中,将教唆犯与帮助犯称为狭义共犯(加担犯),与正犯相对置。共同正犯到底是正犯还是狭义的共犯,在这一点上存有争论,但如后所述(边页第440页),本书认为,可以将共同正犯理解为正犯性与共犯性并存。[1]

二、必要的共犯

必要的共犯是指,在构成要件上规定着预定两个以上的行为人参与的犯罪,可以分为聚众犯(集团犯)与对向犯。[2] 聚众犯是指像内乱罪或骚乱罪这种在构成要件上以朝着同一目标的聚众的共同行为为必要的犯罪,考虑到这种聚众性的心理性质,对各个参与人的处罚应以参与的程度及样态做阶段性区分。对向犯是指,两个以上的行为人相互对向的行为是在构成要件上被预定的犯罪,从处罚形式的观点出发,可以区分为以下情形:对向者双方被规定于同一法定刑的情形(重婚罪)、被规定于不同法定刑的情形(贿赂罪)、仅仅处罚对向者一方的情形(片面的对向犯:传播淫秽物品罪)。

必要的共犯是在刑罚法规中作为独立的共犯类型而被规定的,因此在与规制任意共犯的刑法总则的共犯规定之间的关联上成为问题。在聚众犯中,关于总则的共犯规定是否适应于处于集团外部而加担于聚众犯的行为,否定说[3]认为,既然在聚众犯中将参与人限定于一定的形态上,从刑法的严格解释出发,除此之外的参与行为只能解释为不受处罚。但是,认为必要共犯的效果波及到集团者之外,缺乏理论根据,因此肯定说是妥当的。[4]

此外,关于片面的对向犯,不受处罚的另一方是否可以作为共犯而被处罚,成为问题。依照不处罚另一方的根据在于立法者一开始就没有为其设定构成要件的意思之观点(立法者意思说=形式说),[5] 虽然不可或缺的参与行为是不可罚的,但像积极地促进这种参与行为却作为共犯(教唆犯)而受处

---

[1] 如后所述,通过共谋共同正犯的存在,共同正犯的成立占据压倒性的多数。也就是说,在复数参与人的案件中,97.9%都是共同正犯。关于这一点,参见龟井:《区别正犯与共犯》(2005年),第6页以下。
[2] 关于必要的共犯,参见佐伯(千):《共犯理论的源流》(1987年),第221页以下;平野:《诸问题》,第184页以下;丰田:《共犯的处罚根据与客观归属》(2009年),第33页以下。
[3] 参见团藤第434页、大塚(仁)第276页。
[4] 参见平野Ⅱ第380页、西原(下)第372页。
[5] 参见团藤第432页以下。

罚。判例也采用形式说。

最判昭和43年（1968年）12月24日刑集第22卷第13号第1625页中，诸位被告人将自己的法律事件的和解交给非律师者，并对其支付了报酬。在该案件中，是否成立《律师法》第77条、第72条之罪（违反非辩行为的禁止之罪）成为问题。围绕该问题，最高裁判所做出以下判示："《律师法》第72条禁止了非律师者以获取报酬为目的而处理关于一般的法律事件的法律性事务，违反者，根据该法第77条进行处罚，但不能认为该法甚至也禁止自己亲自处理自己的法律事件，因此，应该认为这当然是禁止处理他人的法律事件的规定。可以将该法第72条的规定理解为，存在请求法律事件之解决的人，并且该人对非律师者支付了报酬或者约定对其支付报酬，因此如果没有他人的参与行为，该罪就不可能成立。但是，关于实施如上所述的支付报酬等行为，该法并没有对其设定处罚趣旨的规定。这样的话，虽然参与行为当然被预想成立某犯罪，但正因为如此才使其不可或缺，关于这种参与行为，既然不存在对其进行处罚的规定，将其作为接受参与这一方的可罚的教唆或帮助行为进行处罚，原则上，应该理解为并不是法的意图。"从而否定《律师法》第72条、第77条违反罪的教唆犯之成立。[1]

与此相对，根据将片面的对向犯的不处罚根据求诸于不存在共犯者的违法性或责任的观点（实质说），[2]就可以将其还原为后述的共犯处罚根据论的实质性讨论之中（边页第439页以下）。

三、正犯与共犯的区别

对于共犯体系而言，正犯与共犯的区别在理论上成为重要的一环。作为实际上的效果，由于对从犯采取了必要的减轻主义（《刑法》第63条），结果导致共同正犯与从犯的区别尤其成为问题。

---

[1] 关于本案，参见京藤：《百选Ⅰ》，第198页。进而参见最决昭和40年（1965年）9月16日刑集第19卷第6号第679页（肯定犯人所实施的教唆伪造证据的成立）、横滨地判平成25年9月30日判夕1418号374页（公开买付人等关系人向第三人提供信息与金商法第167条第3款之罪的正犯与共犯〔关于本案，参见铃木（优）：《刑事法学家》第40号，第159页以下〕）。此外，关于背任罪中接受融资者的罪责，将其作为必要共犯处理的观点，参见关："不正融资中出借方的刑事责任（关于背任罪、特别背任罪之学说的检讨）"，载《国士馆法学》第38号（2006年），第228页以下。

[2] 参见平野Ⅱ第379页。

作为有关区别正犯与共犯的一般理论，主观说、客观说、折中说等展开了争论。

主观说[1]将正犯与共犯的区别基础求诸于行为人的意思，将怀着正犯意思而实施行为的参与人作为正犯，将怀着共犯（加担）的意思而实施行为的参与人作为共犯。在该学说的基础里，有判断因果关系的条件说，即认为所有的条件在作为结果的原因这一意义上都是等价的。

客观说以行为的客观性意义为基准，其中可以分为形式客观说与实质客观说。前者将实施了该当于构成要件的实行行为的参与人作为正犯，将实施了实行行为以外之行为的参与人作为共犯。[2]关于后者，之前的观点将对结果赋予原因的参与人作为正犯，将只不过赋予条件的参与人作为共犯；[3]最近的观点可以说是将实行行为做规范性、价值性把握的观点，有时也在如下的折中说意义上使用。

折中说是统合主观说与客观说的观点，例如，根据对于犯罪实现是否起重要作用进行区分的共同意思主体说；[4]将为了实现构成要件而目的性地支配了因果关系称为行为支配，并根据行为支配的有无进行区分的行为支配说[5]等即为适例。

但是，这种一般性基准本身未必有用，有必要设定个别性地区分各个正犯或共犯类型的基准。毋宁说，作为正犯与共犯的区分问题，预定着单独犯的基本构成要件与《刑法》第60条以下的修正（扩张）构成要件在规范论上如何区分这一点更为重要。关于这一点，本书做了以下考虑：制裁规范仅仅预定适用于单独正犯，在共犯的情形中，《刑法》第60条以下的规定形成了制裁规范。但是，仅仅根据《刑法》第60条以下的规定并不足以形成制裁规范，而是例如与《刑法》第199条的制裁规范相结合，形成完整的制裁规范。在这个意义上，第60条以下的规定可以说是所谓的制裁（媒介）规范。具体

---

[1] 主观说认为所有的条件都是等价的，其结果，不得不将具有为了自己而实施之意思者理解为正犯，将为了他人的意思而实施者理解为共犯。

[2] 参见团藤第373页、福田第252页、大塚（仁）第281页、川端第536页。

[3] 这一意义上的客观说是对抗立足于条件说之主观说而登场的学说，是以因果关系中的原因说为基础的观点。

[4] 参见草野第118页以下、齐藤（金）第224页、西原（下）第374页以下、冈野第275页。

[5] 参见平场第155页、福田第251页（将行为支配与实行行为做同义理解），西田第328页、井田第437页以下。进而，关于行为支配论，参见桥本：《行为支配论与正犯理论》（2000年）。

而言，例如，将第199条的行为规范违反与第199条的制裁规范、第60条的制裁（媒介）规范相结合，而共犯的行为规范是为了发动第60条以下的制裁（媒介）规范，而不是直接发动第199条的制裁规范。这样的话，共犯就是以各自的行为规范为前提的制裁（媒介）规范。在这个意义上，正犯与共犯的区别问题就应当在同等考虑了该犯罪中所有的客观性要素、主观性要素、规范性要素之后再决定，作为整体而言，是否支配了犯罪事实这一基准应该"作为上位基准"而被设定。[1]

第二节 间接正犯

一、间接正犯的正犯性

间接正犯是指将他人作为工具利用而实现犯罪的情形。[2]作为利用他人的行为，还存在教唆犯，于是产生了间接正犯与教唆犯的区别在哪里的问题。之前间接正犯是一个填补处罚空隙的救济性概念，即，一方面根据只将亲手实行犯罪的参与人理解为正犯的限制正犯概念，[3]另一方面根据认为只有在正犯的行为具有构成要件该当性、违法性、有责性的情形中才成立共犯的极端从属性说（边页第437页）的话，就会产生可罚性间隙。但是，由于不成立共犯因此成立正犯的这一思考顺序是不妥当的，有必要为间接正犯的正犯性提供积极性根据。

之前的通说性观点停留于将间接正犯的正犯性求诸实行行为性这一形式

---

[1] 关于正犯、共犯与规范论的关联，参见照沼：《体系的共犯论与刑事不法论》（2005年），第18页以下、高桥："规范论视角下的正犯、共犯论的再定位"，载《野村古稀》，第135页以下。

[2] 关于间接正犯，参见大塚（仁）：《间接正犯的研究》（1958年）；西原：《间接正犯的理论》（1962年）；中：《间接正犯》（1963年）；岛田：《正犯、共犯论的基础理论》（2002年）；照沼，前列：《体系的共犯论》第74页以下；杉本："遡及禁止与间接正犯"，载《理论刑法学入门》，第191页以下。

[3] 限制的正犯概念（说）将亲手实施构成要件该当行为的直接行为人作为正犯，将共犯理解为刑罚扩张事由，与此相对，扩张的正犯概念（说）将所有对构成要件该当结果赋予条件者均作为正犯，将共犯理解为刑罚缩小事由（该观点的立法形式是单一的正犯体系）。这两种观点都是为了对间接正犯的正犯性提供根据而被主张的，虽然这是已经被克服的对立，但是例如，对于过失犯而言，是限制的正犯概念比较妥当还是扩张的正犯概念（统一的正犯概念）比较妥当，这一争论仍然与该对立相关联（边页第471页）。

性的观点。[1]但是,如果不阐明该实行行为性的内涵,就只不过是以问答问而已。因此,有必要提示实质性的解释基准。例如,将其根据求诸被利用者的道具性质的"道具理论",该道具性的判断具有什么内容未必是明确的。也就是说,存在到底是事实性判断还是规范性判断的问题。这一问题对于根据"行为支配"这一概念为其提供根据的观点也是妥当的。具体而言,这同样产生以下问题:是指向于"事实性的"行为支配还是指向于"规范性的"行为支配。因此,也有观点认为应当附加"危险性"这一事实性判断为其提供根据。[2]具体而言,将其根据求诸于利用被利用者的行为具有实现某种犯罪的现实危险性。但是,在间接正犯的情形中,现实危险的发生一般并不是在利用行为之时,而是存在于被利用者的行为之时,因此,以危险性的不存在为理由,就会导致将间接正犯置于共犯的位置上,从而容易得出间接正犯不要说的结论。进而,根据是否介入规范性障碍来进行判断的"规范障碍说"[3]也存在以下疑问,即不仅在规范性障碍的判断中应纳入何种因素的考虑未必是明确的,而且这种观点试图仅仅根据规范责任论来区分正犯与共犯,作为区别基准,仅仅以规范责任论为由显然是不充分的。最近,有观点主张,在被利用者对于构成要件结果存在自律性决定的情形中,背后者的间接正犯性就被否定,在不是这样的情形中,只要满足相当因果关系,背后者就是间接正犯。[4]该观点将间接正犯的正犯性作为结果归属的程度、因果关系的强度问题来把握,根据在背后者的行为之后所介入的因素的性质,通过事后判断来决定其有无,之前的观点仅仅着眼于背后者的行为性质,因此,该观点在采用根据自我答责原理、溯及禁止论而从结果出发的进路上,有其特色。但是,我认为行为支配论与这种进路之间未必是矛盾的。这是因为,行为支配的内容其本身是模糊的,但行为支配论仅仅提示了规范性基准作为其下位基准,例如也可以提出自我答责等基准。

这样的话,其结果就只能沦为具体问题具体分析这一从来都被诟病的判断方法。但是,如果将犯罪参与形态的区别问题理解为应当根据具体案例的

---

[1] 参见团藤第153页、大塚(仁)第160页。
[2] 参见大塚(仁)第159页以下、大谷第144页、川端第541页、佐久间第84页、井田第437页以下。
[3] 参见西原(下)第358页以下、山中第822页以下。
[4] 参见岛田,前列:《正犯、共犯论》,第389页以下。

因素而被决定的"开放的评价问题"的话，可以说具体问题具体分析是当然的结果。具体而言，间接正犯与教唆犯的区别、共同正犯与帮助犯的区别，进而间接正犯与共同正犯的区别等问题，在正犯与共犯论中，应当在同等考虑了该犯罪所有的客观性要素、主观性要素、规范性要素之后而决定。该问题并不是与由行为规范构成的规范性判断相关联的问题，而是属于从刑罚目的派生的由可罚性判断（可罚的违法性、可罚的责任）构成的"制裁规范"的问题（边页第422页）。

也就是说，犯罪参与形态的问题应当按照以下顺序进行判断。首先，判断是否存在共谋（边页第446页），如果存在共谋，就成立共谋共同正犯。只有在不存在共谋的情形中，才进一步追问教唆犯、帮助犯或者间接正犯的成立可能性。而到底是教唆犯、帮助犯，还是间接正犯，归根结底不得不依据是属于犯罪事象的中心形态还是属于边缘形态。在这一点上，我认为犯罪事实的支配，尤其是优越性支配的有无这一行为支配性的观点基本上是有用的。应当将其理解为"事实性的"行为支配。

这样，在间接正犯的正犯性成为问题的情形中，应当根据事实性的行为支配（犯罪事实的优越性支配）进行判断，因此，即使在被利用者的正犯性被肯定的情形中，也可以肯定背后者的正犯性。[1]

二、间接正犯的成立范围

以上述的一般性理论为基础，确定间接正犯的具体成立范围成为重要课题。

（一）欠缺行为性或意思能力者的利用

所谓的"死亡道具（无行为性的身体活动）"的利用或欠缺意思能力者的利用等，虽然也存在可以作为直接正犯评价的情形，但由于这是利用他人的行为样态，因此可以说是包含于间接正犯的范畴。例如，最决昭和27年（1952年）2月21日刑集第6卷第2号第275页中，被害人不具有通常的意思能力，也不能理解自杀的意义，而且被害人遵照被告人所下达的任何命令，

---

[1] 也就是说，应当肯定"正犯背后的正犯"这一法概念。与此相对，根据将行为支配做规范性把握的观点（规范的行为支配论），在被利用者被置于正犯的位置上时，他就已经获得被第一次性追问法责任的地位，而背后者则承担第二次性的法责任，也就是说仅仅被作为教唆犯处罚。因此就否定了"正犯背后的正犯"这一法概念。

被告人利用这一点而教被害人上吊方法,于是被害人上吊身亡。对于该案件,最高裁判所认定杀人罪的成立。

(二) 无故意行为的利用

在判例上,存在以下情形,即:让不知情的第三人申请从而导致在公证证书原本上做不实记载的情形〔大判明治44年(1911年)5月4日刑录第17辑第753页〕;欺骗被害人会苏醒过来而让被害人上吊的情形〔最决昭和8年(1933年)4月19日刑集第12卷第471页〕;利用不知情的第三人实施盗窃的情形〔最决昭和31年(1956年)7月3日刑集第10卷第7号第955页〕等。此外,作为利用被害人的动机错误的间接正犯,也存在以下判例,即:被告人没有自杀的意图却向被害人提出了一起自杀的想法(伪装相约自杀),被害人误认为被告人会追随其死亡,于是自杀。判例认为该情形并不成立自杀参与罪,而成立杀人罪〔最判昭和33年(1958年)11月21日刑集第12卷第15号第3519页、参见本书边页第329页〕。[1]

成为问题的是,例如,在利用护士的过失使其对患者注射剧毒药品这种利用有过失者的情形是否成立间接正犯。由于过失行为人存在规范性障碍,欠缺道具性,因此要肯定背后者的间接正犯性,确实存在困难的一面。但是,由于背后者存在故意,结果就可以肯定其具有超越被利用者的优越性,因此我认为在这里可以肯定优越性支配的犯罪事实支配。因此,对于背后者可以肯定杀人的间接正犯的成立。

此外,在被利用者与背后者具有不同(更轻罪的)故意的情形中,能否肯定背后者的间接正犯性成为问题。例如,甲明明知道屏风后面藏有人,却唆使乙用手枪对着屏风射击,结果由不知情的乙的行为而实现了人的杀害。在该情形中,虽然乙是器物损坏罪的正犯,但如何处理甲的罪责成为问题。对于重罪的杀人罪而言,乙只不过是道具而已,由于甲存在优越性支配,因

---

[1] 此外,横滨地判平成25年(2013年)5月10日判例时报第1402号第377页中,被告人出版社以及作为其董事长的被告人,出版了以劝诱购买未成人医药品为内容的本案书籍,并通过传达室、书店的介入实施了贩卖行为。关于该案件,横滨地方裁判所认为,与本案书籍的贩卖等流通层面没任何关系的被告人,尽管并未亲自实施本案书籍的贩卖、陈列等广告行为,但要说的是通过本案书籍的出版发行能够与其贩卖、陈列同等看待,通过本案书籍的出版发行,必须具有相当高的盖然性能够现实引起其贩卖或陈列,在缺乏这种高度的盖然性时,就应该否定间接正犯性。据此而认定被告人无罪。关于本案,参见仲道祐树:《判例选集》2013年第1期,第29页;宫川:《刑事法学家》第39号,第147页;小岛(阳):《商学讨究》第66卷第1号,第407页。

此可以对甲肯定杀人罪的间接正犯的成立。[1]与此相对,也存在反对说,即,对乙肯定规范性障碍,从而只对甲肯定杀人罪的教唆犯。[2]

(三)合法行为人之行为的利用

例如,医生接受了孕妇的堕胎嘱托,亲自实施了堕胎手术,结果没有产生堕胎的效果,反而招致孕妇身体的异常状况,如果不通过手术将胎儿排除母体的话,就会危及到孕妇的生命,在此之际,医生迫不得已实施了作为对孕妇生命必要的紧急避险的手术。在该案件中,判例认为被告人成立利用医生的正当业务行为的同意堕胎罪的间接正犯〔大判大正10年(1921年)5月7日刑录第27辑第257页〕。此外,作为利用医生之治疗行为的麻药注射的间接正犯的判例,在最决昭和44年(1969年)11月11日刑集第23卷第11号第1471页中,作出了以下判示:"被告人对于作为麻药施用者的医生谎称其胃部剧痛,从而请求医生对其注射麻药,从而让不知情的医生误诊为注射麻药对于疾病的治疗而言是必要的,并对被告人注射麻药。在该情形中,成立《麻药取缔法》第27条第1款的麻药施用罪。"进而,也存在这样的判例:在实施所谓的被控制的配送之后,即使作为工具的快递员知情的情况下,也肯定了关税法上的禁制品走私罪的间接正犯的既遂〔最决平成9年(1997年)10月30日刑集第51卷第9号第816页〕。

(四)利用无责任能力者的行为

首先,可以考虑以下图式性的思考:根据极端从属性说的话,就是间接正犯,而根据限制从属性说的话,就是教唆犯。但是,如前所述,这只是从共犯这一侧的进路出发提供消极性根据,而不能说是正犯性的积极性根据。因此,也存在以下二分说:从道具理论、行为支配性等观点出发,利用无责任能力者当中的幼儿或重度精神障碍者的情形就肯定间接正犯,否则就肯定教唆犯。[3]

判例并未做整齐划一的判断,而是在实质性地考虑了背后者强制的有无与程度、刑事未成年人的意思抑制的有无与程度等因素之后再做判断。值得关注的有以下三个判例。

第一是,最决昭和58年(1983年)9月21日刑集第37卷第7号第1070

---

〔1〕 参见团藤第159页注14。
〔2〕 参见西原(下)第360页、第361页注4。
〔3〕 参见团藤第156页以下、大塚(仁)第160页以下。

页,案件事实如下:被告人带着12岁的养女参拜四国中的八十八所古刹的过程中,平时一旦该养女做出反抗被告人之言行的举动,被告人就用烟头烫该养女的脸或用螺丝刀搓该养女的脸,因此该养女对被告人言听计从,被告人在此之际命令其养女去实施盗窃。关于该案件,最高裁判所作出了以下判示:"被告人利用惧怕自己平时的言行从而意思被压制的养女实施以上各种盗窃,由于这一点可以肯定,因此即使该养女具有是非善恶的判断能力,本案中的被告人也对各个盗窃行为成立间接正犯。"[1]

本决定是肯定了意思压制型的间接正犯之判例,可以理解为是肯定了因强制而支配了犯罪事实的判例。但是,作为判断顺序,也存在探讨被告人与其养女之间是否存在共谋这一点的余地,当这一点被否定时,作为犯罪事象的中心形态,就否定教唆犯,从而肯定间接正犯。应当采用这样的判断顺序。

第二是,大阪高判平成7年(1995年)11月9日判时第1569号第145页,基本案情如下:被告人指示、命令10岁的少年从在交通事故中倒下的被害人身上取走公文包,该少年遵从其指示拿走了公文包。对于该行为,大阪高等裁判所肯定了盗窃罪的间接正犯,但辩护人主张成立共谋共同正犯。本案中,从由单纯命令所形成的支配力的强度与少年之行为是一种瞬间的机械性行动这一点来看,可以肯定少年的意思被压制,也即可以将少年的行为评价为一种反射运动性的道具。

这种意思压制型的间接正犯与指示型、支配型的共谋共同正犯(本书第446页)之间的区别极其微妙。行为人有可能与刑事未成年人成立共同正犯这一点,在理论上,通过对共同正犯也适用限制从属性说的观点(违法的连带性)而被肯定。但是,从对共同正犯的情形适用"部分实行全部责任的法理"这一视角出发,不得不说有必要对刑事未成年人进行实质性判断。

第三是最决平成13年(2001年)10月25日刑集第55卷第6号第519页,基本案情如下:作为被告人的母亲指示命令其12岁10个月的长子乙去实施强盗,乙一开始表示拒绝,但最后还是答应了,除了按照甲所指示的方法胁迫被害人之外,还根据自己的判断,将出入口的百叶窗放下,并将被害人关闭在厕所内,从而抑制住被害人的反抗,之后强取了现金等物,甲从乙处接收了所有的财物,并将现金作为生活费而消费掉。对于该案件,最高裁

---

[1] 关于本案,参见松生(光):《百选Ⅰ》,第150页。

判所作出了以下判示："在本案发生当时，乙具有辨别是非的能力，被告人甲的指示命令并没有达到足以抑制乙的意思之程度。很明显，乙是根据自己的意思而决意实行本案中的强盗，在此基础上自己进行随机应变处理而完成了本案中的强盗。参见这些事情的话，就不能承认像之前的论点所主张的对被告人肯定强盗的间接正犯之成立。与此相应，被告人是在生活消费欲望的驱使下策划了本案的强盗，对乙传授犯行方法，与此同时还提供了犯行道具，在指示命令本案中的强盗的基础上，还全部接受了乙所抢来的金钱，从这些事情来看，可以认为被告人并不是本案中的强盗的教唆犯，而成立共同正犯。"

这样，本决定就对刑事未成年人的利用行为否定了间接正犯以及教唆犯的成立，从而肯定了共谋共同正犯的成立。在本案中，以"长子具有辨别是非的能力，母亲的指示命令并没有达到足以抑制长子的意思之程度，长子是根据自己的意思而决意实行本案中的强盗，在此基础上自己进行随机应变处理而完成了本案中的强盗"为理由，而肯定了共同正犯的成立。[1]

---

[1] 关于本案，参见高桥：《规范论》，第126页。此外，作为意思压抑型的间接正犯的案件，有最决平成16年（2004年）1月20日刑集第58卷第1号第1页（边页第327页）。本决定中，在牛郎俱乐部做牛郎的被告人，因为作为客人的被害人无法支付嫖资，因此对被害人施加激烈的暴行与胁迫以强迫其支付，在此过程中，事态发展到企图令被害人自杀从而取得巨额的生命保险金。于是命令被害人按照自己所说的做，即命令其驾驶汽车连人带车开进海里，被害人虽然没有自杀的想法，但却想装死从而从被告人处脱身，于是虽然按照被告人的命令在严冬深夜连人带车翻入海中，但在汽车被海水淹没之前，从驾驶室的车窗逃脱，爬上岸从而免于一死。对于该案件，最高裁判所认为，被告人怀着伪造事故让被害人自杀从而获取巨额保险金的目的，设计了让被害人自杀的方案，在准备了用于让被害人自杀的车辆等工具的基础上，被告人对于陷入极度畏惧而绝对服从的被害人，在犯行前一天，在渔港现场对其交替施加暴行、胁迫，强烈要求其直接将车开入海中自杀，由于被害人苦苦哀求，因此双方才约定于第二天实行。在本案犯行当时，对于被害人而言，可以说已经陷入了无法选择根据被告人的命令而开入海中之外的行为之精神状态。被告人对于已经陷入以上这种精神状态的被害人命令其于本案当天从渔港的岸壁上将车开入海中，对于被害人而言，这是一种具有高度的导致自己死亡之危险性的行为，因此被告人所实施的命令被害人连人带车翻入海中的行为，应当说应该当于杀人罪的实行行为。（关于本案，参见圆田：《百选Ⅰ》，第148页）。本决定中，由于被害人的行为并不是违法行为，因此并不是正犯与共犯的区别问题，而是以杀人罪与自杀参与罪的区别为问题的案件（《各论》第19页以下），但通过压抑被害人的意思，将被害人道具化，事实上支配了被害人的行为，因此可以认定利用被害人的杀人的间接正犯之成立。此外，本决定虽然将杀人的实行行为求诸于"令其开动并翻入海中"这一点上，但本书认为，实行行为（实行的着手）是"令其发动的行为"，而在"翻入海中时"成立未遂。进而，参见最决昭和59年（1984年）3月27日刑集第38卷第5号2064页（《各论》，第19页注11）、神户地判平成27年（2015年）11月13日LEX/DB25447741（强要自杀）。

(五) 利用有故意的道具

1. 有故意无目的之道具的利用

在目的犯中，当利用了被利用者欠缺目的的行为时，例如，让印刷工人误以为是电影摄影材料，却怀着使用的目的而让印刷工人伪造了货币的行为等情形中，根据通说，对利用者就可以肯定货币伪造罪之间接正犯（也存在教唆犯说）。

2. 有故意无身份之道具的利用

在身份犯中，当身份者利用无身份者的故意行为时，例如，公务员让自己的妻子实施接受贿赂等行为的情形中，通说将丈夫作为受贿罪的间接正犯，而将其妻子作为其从犯。与此相对，也存在以下观点，即，重视妻子存在规范性障碍，因此丈夫是受贿罪的教唆犯，而将妻子作为从犯的观点；[1]以及将丈夫与妻子作为受贿罪之共同正犯的观点。[2]对两人肯定共同正犯的观点而言，如后所述（边页第473页），不能肯定违法行为与合法行为之间成立共同正犯，因此这是不妥当的。可以通过肯定丈夫的行为对于妻子所实现的犯罪事实具有优越性支配，从而对丈夫肯定受贿的间接正犯，而将妻子认定为从犯。

3. 有故意的帮助道具之利用

作为道具而实施行为的人，即使具备了故意以及其他为正犯性提供根据的所有要素，是否可能仍然将其认定为帮助犯，而将背后者认定为间接正犯，成为问题（该问题也关系到是否成立共谋共同正犯）。

最判昭和25年（1950年）7月6日刑集第4卷第7号第1178页中，公司的董事长命令该公司的职员违反《粮食管理法》而搬运大米。对于该案件，最高裁判所认为，不问职员是否知情，即使职员是以自己的手足亲自搬运了大米，也只对该董事长肯定实行正犯的罪责。虽然有观点认为对于利用有故意的帮助道具肯定间接正犯是采用了在区别正犯共犯上的主观说，并不妥当，但是如果可以肯定背后者存在优越的事实性支配的话，则可以肯定间接正犯。或者，根据不同的情形，也可能肯定共同正犯的成立（关于实施了实行行为的从犯，参见本书边页第482页）。

---

[1] 参见中山第476页、中第235页。
[2] 参见西原（下）第362页以下。

进而，关于前述的"正犯背后的正犯"，所谓的"多拿事件"（德国的古拉夫·主·多拿（Graf zu Dohna）所设计的案例[1]）也是一个值得探讨的问题。具体而言，在幕后者利用（已经决意实施犯罪的）直接正犯者的（客体）错误而杀害被害人的情形中，幕后者的罪责成为问题。例如，C 知道 A 试图杀害 B，而 C 想杀害 D，于是 C 想办法让 A 将 D 误认为 B，利用 A 的该认识错误而杀害了 D。

关于幕后者 C 的行为支配性的判断，如何理解幕后者 C 与被利用者 A 之间的关系是一个重要的问题。在本案例中，存在着以下事态，即，本来并不处于危险状态的被害人 D，只因为通过背后者 C 的操作而导致死亡。而这种事态的发生是基于幕后者 C 让正犯者 A 引起了客体错误。具体而言，让正犯者引起客体错误并加以利用的行为是否能够成立间接正犯，成为问题。在客体错误的情形中，直接正犯者的违法性（在其量的层面上）并不受任何影响。但是，由于幕后者让直接正犯者引起了客体错误，因此直接正犯者的违法性内容变成了性质不同的东西。具体而言，一方面，正犯者认识到了杀人罪之构成要件中的"人"这一抽象意义上的人；另一方面，背后者是认识到了具体的人而引起了该结果。在该情形中，虽然被害人对于正犯者而言是抽象意义上的人，但对于背后者而言却是具体的人。在该意义上，操作了实施杀害被害人的具体实行行为的人就是将被害人作为具体的人而加以把握的幕后者。因此，我认为可以理解为幕后者比正犯者更具有"优越性的"事实性的行为支配。虽然构成要件是抽象的概念形象，但可以认为行为支配是一个根据具体事情进行判断的概念。因此，可以对幕后者肯定杀人既遂的间接正犯的成立。

三、自手犯

自手犯是指，不可能以间接正犯的形式而犯的犯罪。也就是说，对于犯罪的实现而言，通过行为人自身亲手实行是必要的，不可能利用他人来实现犯罪。[2]自手犯在划分间接正犯的成立界限这一点上具有其意义，但自手犯

---

[1] 关于多拿事件，参见 Graf zu Dohna, Uebungen im Strafrecht und Strafprozessrecht, 3. Aufl., 1929, Fall Nr. 36。进而，参见高桥：《共犯体系》，第 77 页以下。

[2] 关于自手犯，参见大塚（仁），前列：《间接正犯的研究》（1958 年），第 224 页以下；西原："自手犯"，载《刑法基本问题 60 讲》（1969 年），第 501 页以下。

这一理由仅仅是形式性根据,有必要揭示前述的间接正犯成立的实质性根据。

自手犯可以区分为真正自手犯与不真正自手犯。真正自手犯是指在任何形态中都不可能以间接正犯的形式来完成的犯罪。例如,伪证罪、鸦片烟吸食罪、驾驶证不携带罪等即为适例。与此相对,不真正自手犯是指,具有某种身份、目的等资格者有可能利用不具有该资格者实施犯罪,而反过来则不可能的情形。例如,受贿罪、强奸罪,进而目的犯等,即为适例。

进而,自手犯也可以分为实质的自手犯与形式的自手犯。实质的自手犯是指,间接正犯的犯行形式在实质上是不可能的犯罪(从罪质上而言是自手犯);而形式的自手犯是指,虽然在实质上间接正犯的犯行形式也是可能的,但单纯地在法律上排除了这种犯行形式的情形(法令规定上的自手犯)。作为形式的自手犯,例如,在虚伪公文书作成罪(《刑法》第156条)中,公务员利用非公务员实施犯罪没有任何问题,反过来也具有可能性。但由于《刑法》第157条的公正证书原本不实记载等罪就是作为《刑法》第156条之罪的间接正犯的一种形态而独立地受处罚(尤其是规定了更轻的法定刑),因此,间接正犯就被否定了(通说)。

第三节 共犯的基础理论

关于共犯的基础理论,存在犯罪共同说与行为共同说、共犯独立性说与共犯从属性说、共犯的处罚根据论等争论。如果不理解这些争论的意义、相互之间的关系以及射程范围,就无法把握共犯的本质。

一、犯罪共同说对行为共同说

(一)争论的内容

这是关于共犯是以什么作为其共同内容的问题。犯罪共同说认为,当两个以上的行为人共同实现了特定的犯罪时才成立共犯。行为共同说认为,两个以上的行为人只是单纯地共同实施了自然的行为,而实现了各自的犯罪的情形也成立共犯。前者与古典学派的客观主义相对应,而后者则与近代学派的主观主义相对应。例如,甲以杀人的意思,乙以放火的意思,在相互了解的前提下实行犯罪。在该情形中,根据犯罪共同说,甲与乙之间就不成立共犯(共同正犯);但根据行为共同说的话,甲与乙就成立杀人以及放火的共犯

（共同正犯）。但是，由于近代学派的衰退，后者的行为共同说现在已经不被主张。现在的行为共同说应该说是所谓的"构成要件的"行为共同说或者（实行）行为共同说。该观点主张犯罪行为并没有必要全部共同，只要实行行为的一部分存在共同即为足够。[1]另一方面，犯罪共同说一直以来所主张的将特定的"犯罪"严格限定于同一罪名这种严格把握的观点（完全犯罪共同说）[2]也在衰退，认为只要在构成要件重合的限度内共同就足够的观点（部分的犯罪共同说）[3]正在被通说化。因此，可以说犯罪共同说与行为共同说的对立正在走向缓和。

（二）争论的意义

犯罪共同说与行为共同说的争论到底是关于什么问题上的争论，这一点并不能说是明确的。也就是说，该争论仅仅是共同正犯固有的问题，[4]还是波及到共犯的整体问题[5]，在这一点上存在争议。此外，必须注意有观点主张，将该争论作为"罪名从属性"的问题，从而图式性地理解为犯罪共同说＝罪名从属性说、行为共同说＝罪名独立性说。[6]

该争论，尤其是在"不同的构成要件上共同正犯的成立与否"这一问题上会产生实际结论的差异（边页第210页注1）。例如，共谋了暴行及伤害的共犯者中的一人（甲）犯了杀人罪，在该情形中，其他共犯者（乙、丙）的罪责就成为问题［最决昭和54年（1979年）4月13日刑集第33卷第3号第179页］。[7]

根据（实行）行为共同说，则成立杀人罪（甲）与伤害致死罪（乙、丙）的共同正犯（A说）。根据完全犯罪共同说，则甲、乙、丙成立杀人罪的共同正犯，乙、丙根据《刑法》第38条第2款的规定以伤害致死罪的刑罚进

---

[1] 参见佐伯（千）第332页、中野第141页、平野Ⅱ第364页、中山第449页、浅田第409页、前田第344页以下、山中第887页、西田第397页、川端第525页、佐伯（仁）第382页。
[2] 参见泉二第627页。
[3] 参见团藤第391页、大塚（仁）第282页注13、福田第269页以下、大谷第402页、井田第466页。
[4] 参见木村（龟）：《新构造（下）》，第248页；福田第269页注1。
[5] 参见大塚（仁）第282页注11、川端第523页、中第213页以下。
[6] 参见平野Ⅱ第364页以下。将该争论置于作为"共犯的共犯性"之位置上的是，植田：《共犯的基本问题》（1952年），第110页以下。
[7] 关于本案，参见丰田：《百选Ⅰ》，第182页。

行处断（B 说）。根据部分犯罪共同说，（在否定结果加重犯之共同正犯的情形中）甲、乙、丙在伤害的限度内成立共同正犯，而甲成立作为单独犯的杀人罪，乙、丙成立作为单独犯的伤害致死罪（C 说）。（在肯定结果加重犯的共同正犯，但否定结果加重犯与故意犯成立共同正犯的情形中）甲、乙、丙在伤害的限度内成立共同正犯，而甲成立作为单独犯的杀人罪，乙、丙成立伤害致死罪的共同正犯（D 说）。（在肯定结果加重犯的共同正犯，并肯定结果加重犯与故意犯成立共同正犯的情形中）甲、乙、丙就在伤害致死的限度内成立共同正犯，甲成立作为单独犯的杀人罪，乙、丙成立伤害致死罪的共同正犯（E 说）。

本书采用其中的（D 说）的立场，即仅仅在故意犯的限度内成立共同正犯。但是，"伤害罪的限度"之含义未必是明确的（C 说也存在同样的问题）。也就是说，关于死亡结果，就作为各自的单独犯而判断其归属可能性，例如，在由甲而发生死亡结果的情形中，甲就成立杀人既遂，但乙与丙与死亡结果之间是否存在因果关系就成为问题，如果欠缺因果关系，则乙与丙各自仅仅成立伤害罪。与此相对，在由乙而产生死亡结果的情形中，乙与丙就成立伤害致死罪的共同正犯，而对甲而言，是否存在因果关系成为问题，如果欠缺因果关系，则仅仅停留于杀人未遂罪。

最高裁昭和 54 年（1979 年）的界定一般被理解为采用了上述的部分犯罪共同说的 E 说，但从行为共同说出发进行说明也是可能的。但是，在莎克蒂治疗杀人事件［最决平成 17 年（2005 年）7 月 4 日刑集第 59 卷第 6 号第 403 页，参见本书第 162 页］中，却作出了以下判示，即，在令被告人成立不作为的杀人罪之际，在与无杀意者之间，在保护责任者遗弃致死罪的限度内成立共同正犯。这明显采用了部分犯罪共同说的立场。

对于部分犯罪共同说，从支持行为共同说这一侧出发，可以进行如下批判。[1]

第一，在从具有轻罪意思的行为人的行为而发生结果的情形中，或者，在由哪个行为人的行为而发生结果并不明确的情形中。例如，X 以杀人的意思，Y 以伤害的意思，在共谋的基础上，各自向 A 开枪，在由 Y 的子弹命中而导致死亡的情形中，以及由谁的子弹命中丙不明确的情形中，根据部分犯

---

[1] 参见十河："共同正犯中抽象事实的错误"，载《大谷喜寿》，第 307 页以下。

罪共同说，由于仅仅在轻罪的限度内成立共同正犯。因此，虽然可以对 X 肯定伤害致死罪的成立，但对于杀人罪而言，却停留于未遂阶段。该结论被认为是不妥当的。问题是，肯定了"构成要件的重合"，就意味着在该限度内成立共同正犯。这并不是意味着作为实在的成立犯罪，而只不过意味着在该限度内，通过"部分实行全部责任"所发挥的功能而肯定结果的归属。由于可以将死这一结果客观性地归属于 X 与 Y，因此，Y 成立伤害致死罪，而由于 X 存在杀意，因此当然成立杀人既遂罪。[1]最高裁昭和 54 年（1979 年）的决定所认定的伤害致死罪与杀人罪，在伤害致死罪的限度内肯定两者在构成要件上的重合，就体现了该宗旨。

第二，怀着重罪的意思者所成立的罪名的罪数关系被认为是不明确的。具体而言，在 X 以杀人的意思，Y 以伤害的意思共同导致被害人死亡的情形中，根据部分犯罪共同说，X 就成立杀人罪的单独正犯与伤害致死罪的共同正犯，而这两者的罪数关系并不明确。

关于这一点，如前所述，必须注意 X 并不当然成立实在意义上的伤害致死罪。为了将死亡的结果归属于 X，仅仅是在观念上可以在多大范围内考虑"共同正犯关系"的成立，因此，并不会产生罪数关系的问题。即使将罪数关系作为问题，如果认为伤害致死罪被杀人既遂罪吸收的话，也可以回避对死亡进行双重评价。[2]

不管怎样，犯罪共同说对行为共同说的争论是共同正犯固有的问题，其中，仅应被限定于不同构成要件之间的错误问题。这是因为，在该问题中，共同正犯的"部分实行全部责任"的射程范围成为问题。而在该情形中，当然不需要根据《刑法》第 38 条第 2 款进行处理。（边页第 210 页）。

二、共犯独立性说对共犯从属性说

（一）争论的内容

共犯独立性说是指，要成立共犯，仅仅需要具备教唆行为或帮助行为即为足够，被教唆者或被帮助者是否实行犯罪，在所不问。共犯从属性说是指，

---

[1] 井田第 466 页以下、佐伯（仁）第 381 页也是同样的主旨。
[2] 参见佐伯（仁）第 381 页。但是，该书第 382 页却更改为行为共同说。

要成立共犯,至少需要正犯者实施了该当于基本构成要件的行为。[1]前者与近代学派的主观主义,后者则与古典学派的客观主义,分别对应。在这个意义上的两种学说的对立,仅仅与共犯的未遂是否可罚这一问题相关联。具体而言,虽然实施了教唆行为或帮助行为,但在正犯者并未遂行实行行为的情形中,是否可能作为共犯的未遂而适用《刑法》第43条。但是,关于这个问题,学界已经一致认为共犯的未遂是不可罚的。这是因为,《刑法》第61条规定了教唆他人使之"实行犯罪",《刑法》第62条规定帮助了"正犯",应当理解为现行刑法在教唆犯以及帮助犯的成立上是以正犯的存在为必要的。[2]此外,在理论上也认为,只有当存在正犯的实行行为时,才对被构成要件所保护着的法益产生危险性,因此应当认为只有在该阶段才能够肯定共犯行为的可罚性。

关于共犯的从属性内容,应当分为从属性的有无(实行从属性)与从属性的程度(要素从属性)这两个问题来探讨。

1. 从属性的有无(实行从属性)

共犯的成立虽然以正犯的实行为必要,但关于"实行"的含义,存在这一问题:是仅仅意味着该当于基本构成要件的行为,还是意味着预备行为就足够。也就是"预备的共犯"是否可罚这一问题。如果将《刑法》第60条以及第61条中的"实行"与日本刑法第43条中的"实行"理解为具有同样的内容,那么对于预备罪而言,就不适用《刑法》第60条以下的共犯规定。[3]与此相对,由于本书肯定了实行概念的相对性,将从属性实质性理解为对违

---

[1] 参见大野:《共犯的从属性与独立性》(1964年)。
[2] 在特别刑法中,存在共犯的独立处罚(独立教唆)之规定,由于对其做比正犯的未遂更轻的处罚(例如,《破坏活动防止法》第38条、第40条),因此在日本刑法典上,教唆未遂被理解为以不该当于日本刑法第43条为前提。一旦教唆未遂当于《刑法》第43条,就会导致对像破防法中的这种重大的教唆行为作出轻的处罚这种不合理的立法。此外,作为独立教唆犯,存在《爆炸物取缔罚则》第4条等,《国家公务员法》第110条第1款第17号、第98条之2的"唆使"行为也是同样的。与此相对,"煽动"(《爆炸物取缔罚则》第4条)"煽动"(《公职选举法》第234条)、"唆使"(《国家公务员法》第110条第1款第17号、第98条之2)等行为是指,为了遂行特定的犯罪而让不特定或者多数人产生其决意,或者助长其已经产生的决意这种赋予助势之刺激。此外,作为独立帮助犯,有《国家公务员法》第111条之罪,《轻犯罪法》第3条之罪等。
[3] 参见团藤第382页、大塚(仁)第308页以下。

法行为的加功，因此也肯定预备的共犯。[1]此外，也存在这样的观点，即，将预备犯二分为独立预备罪与非独立预备罪，进而肯定前者的共犯而否定后者的共犯。[2]判例承认了预备罪的共同正犯［最决昭和 37 年（1962 年）11 月 8 日刑集第 16 卷第 11 号第 1522 页］。关于预备罪的共同正犯将在后文中阐述（边页第 476 页）。

2. 从属性的程度（要素从属性）

这是指，要成立共犯，正犯行为必须具备怎样的要素这一问题。关于这一点，M. E. 迈耶提出了有名的四种从属形式的存在。具体而言，认为只要正犯行为该当于构成要件即为足够的"最小从属形式"；认为正犯行为需要该当于构成要件而且违法的"限制从属形式"；认为正犯行为需要该当于构成要件，并且具备违法与责任的"极端从属形式"；认为正犯行为必须是该当于构成要件、违法、有责的行为，并且具备可罚性条件的"夸张从属形式"。[3]

在现行刑法的解释论上，一般存在着认为应采用限制从属形式的限制从属性说[4]与认为应当采用极端从属形式的极端从属性说[5]的对立。作为形式性根据，极端从属性说是以《刑法》第 61 条所规定的"教唆他人使之实行犯罪者"当中的"犯罪"表述为根据，与此相对，限制从属性说则是以该条文中的"实行"这一表述为根据。此外，如后所述（边页第 444 页），作为实

---

[1] 参见平野Ⅱ第 351 页、前田第 328 页注 9。
[2] 参见西原（上）第 318 页、福田第 258 页注 7。进而，也有观点认为预备罪的从犯是预备其本身，从而否定预备罪的从犯这一概念本身。参见正田：《刑法中的犯罪论的批判性考察》（1963 年），第 33 页。这种观点是在预备行为中将他人预备行为也包含进去的归结，但作为非独立罪的预备行为，由于是实行行为的前阶段之行为，因此应当认为不具有包含他人预备行为的余地。
[3] 参见 M. E. Mayer, Der allgemeine Teil des deutschen Strafrechts, 1915, S. 390f.
[4] 虽然限制从属性说是通说，但进而，是彻底贯彻作为限制从属性之基础的"违法的连带性"，还是承认对其进行某种程度的修正，观点存在分歧。为了解决该分歧，有必要回溯到后述的"共犯的处罚根据论"进行检讨。例如，大谷第 412 页认为，法益侵害或危险在正犯与共犯之间具有连带性，并将从属限度理解为最小从属性与限制从属性的中间形态，但在肯定即使正犯是正当防卫，共犯也成立这一点上，其结果，无非就是最小从属性说。进而，支持最小从属性说的是，前田第 332 页。但是，对于最小从属性说，可以进行以下批判：仅仅在构成要件该当性这一层面上的从属，其含义并不明确，如果没有关联性地考虑与违法及责任的从属性的话，其连带的根据是什么就值得追问，同时这也不得不不把构成要件理解为违法类型而理解为行为类型为的观点为前提。该问题在共同正犯的违法判断中会产生更为困难的问题，这一点如后所述（边页第 473 页）。
[5] 参见泷川第 205 页、齐藤（金）第 244 页。

质性根据，极端从属性说是责任共说的归结，而限制从属性说则是不法共犯说或者惹起说（因果共犯论）的归结。

作为这两种学说的实际性归结，在间接正犯的成立范围上，根据极端从属性说，例如当正犯是刑事未成年人时则不成立共犯，而成立间接正犯；根据限制从属性说，则成立共犯。

但是，如前所述（边页第 422 页），间接正犯的成立与否应当通过正犯概念其本身的内容来决定，而不是在不成立共犯的前提下的二次性概念。

(二) 争论的意义

第一个问题是，实行从属性与要素从属性的关系。关于这一点，存在以下两种观点，第一种观点将实行从属性与要素从属性相关联，认为当缓和到最小限度从属性的程度时就与共犯独立性说相接近了。[1]第二种观点认为实行从属性是正犯是否需要现实存在的问题，而要素从属性则是共犯的概念问题，因此实际上极端从属性说最接近于共犯独立性说，而最小从属性说反而离共犯独立性说最远。[2]

第二个问题是，要素从属性与"犯罪共同说对行为共同说"之间的关系。关于这一点，一般认为极端从属性说与犯罪共同说相对应，而限制从属性说则与行为共同说相对应。[3]具体而言，由于极端从属性说要求对犯罪的所有要素都必须具有从属性，因此与共同犯罪说所主张的在同一个犯罪内部的共犯这一观点相对应；另一方面，由于限制从属性说认为以犯罪的部分共同为足，因此，这也是行为共同说的一个结论。

以上的两个问题是概念相互之间的位置问题，其实，犯罪共同说对行为共同说以及共犯独立性说对共犯从属性说只是分别来源于法国与德国的讨论，将两者相互关联并没有多大意义，接下来的问题才是最重要的。

第三个问题是，采用犯罪共同说对行为共同说、实行从属性或限制从属性说对极端从属性说等学说的实质性根据何在。这些问题依存于接下来要讨论的对于共犯处罚根据的理解。在这个意义上，置于共犯的基础理论的出发点之位置的是"共犯的处罚根据论"，作为其归结，应当理解为："犯罪共同

---

[1] 参见木村（龟）第 391 页。
[2] 参见平野Ⅱ第 346 页、第 360 页，中山第 448 页。
[3] 参见平野：《诸问题》，第 173 页以下。

说对行为共同说"以及"共犯独立性说对共犯从属性说"的问题是紧随其后的二次性问题。

三、共犯的处罚根据论

共犯并未亲自实现刑法分则所规定的构成要件,而是通过刑法总则中的规定(《刑法》第60条以下)而被扩张处罚的。以其实质性根据为问题的就是"共犯的处罚根据论"。[1]在此之际,共同正犯的处罚根据与狭义共犯的处罚根据必须被区分开来。

(一)共同正犯的处罚根据

共同正犯的形式性处罚根据在于《刑法》第60条的规定,但其实质性处罚根据在哪里成为问题。共同正犯的法效果是"部分实行全部责任",例如,两人计划实施强盗,一方实施暴行,另一方实施夺取财物,在该情形中,作为各个行为人的单独犯特征就是暴行罪与盗窃罪。但是,各个行为人都相互地为另一方的行为与结果承担责任,两人成为强盗罪的共同正犯。

作为以"部分实行全部责任"之根据的学说,有共同意思主体说(该学说将共犯视为具有特殊社会心理现象的共同意思主体的活动,从而认为当异心别体的两个以上的参与人以实现某种犯罪为共同目的而一体化时,就形成了共同意思主体。因此,只要这个团体中至少一人怀着该共同目的实行犯罪,作为共同意思主体活动的结果,全体成员都应该承担责任)、因果共犯论(该学说认为共犯是因为共同惹起了正犯所实现的结果才受处罚,因此可以将共同正犯理解为部分具有实行犯的性质,部分具有教唆犯及帮助犯的性质)、功能的行为支配论(该学说通过行为支配来把握正犯概念,将共同正犯理解为每个人都与他人共同分担并支配着全体事项,因此每个人对于整体犯罪计划

---

[1] 关于共犯的处罚根据论,参见大越:《共犯的处罚根据论》(1981年);山中:《刑法中的因果关系与归属》(1984年);高桥:《共犯体系》,第93页以下;香川:《共犯处罚的根据》(1988年);松宫:《刑事立法与犯罪体系》(2003年),第275页以下;增田(丰):《规范论视角下责任刑法的再构筑》(2009年)第341页以下;照沼,前列:《体系的共犯论》,第157页以下;丰田,前列:《共犯的处罚根据》,第3页以下;十河:"共犯的处罚根据论的现状与课题(1、2完)",载《爱媛法学会杂志》第29卷第4号,第67页以下、第30卷第1、2合并号101页以下(2003年);葛原:"共犯的处罚根据与处罚的界限(上)(下)",载《法教》第281号第63页以下、第282号第68页以下(2004年);小野上:"日本的共犯处罚根据论的意义",载《法研论集(早大)》第122号(2007年),第49页以下。

都具有功能性的行为支配)等。

关于共同正犯,存在着以下关于其性质的根本性争论,即共同正犯是正犯还是共犯。如果将共同正犯理解为正犯的话,那么就会得出以下结论:共犯的处罚根据论的效力并不波及于共同正犯。在德国,共同正犯被放在正犯的位置上讨论,因此共同正犯就不处于共犯处罚根据论的射程范围之内,而是仅仅专门论证共同正犯的正犯特征及其构造论(行为支配论的应用)。与此相对,在日本,比较多数的观点倾向于将共同正犯往共犯性的方向理解。作为其典型例子,就是共同意思主体说与因果共犯论。但是,对于前者而言,共同正犯的法效果是部分"实行"全部责任,而且,共同正犯与共犯在从属性内容上是不同的;对于后者而言,因果性的存在是共通于正犯与共犯的前提条件。据此,我认为不能以这些理由为根据而肯定共同正犯的共犯性。

由于共同正犯兼具正犯性与共犯性,因此,如果以因果性(共犯性)为前提来考虑共同正犯之构造(正犯性)的话,那么共同正犯的处罚根据应该被求诸以下这一点上,即:基于共谋而形成的相互利用、相互补充的行为归属这一点(相互的行为归属)上。具体而言,对于他人的行为与结果,自己的行为作为"共同正犯"而被归属的根据是,并不仅仅在于自己的行为与整体犯罪结果之间具有因果关系这一点上(可以将仅仅以此为根据的观点称为"因果的结果归属论"),还在于他人的行为作为自己的行为而被归属这一点上。例如,在强盗罪中,甲负责实施暴行,乙负责实施夺取财物。在该情形中,乙触发了甲实施的暴行行为的结果,而甲则触发了乙的财物夺取的结果,通过这一因果性要素,并不能为乙的暴行行为以及甲的财物夺取行为提供根据。这就不得不考虑甲的暴行行为其本身就是作为乙的行为而被归属的,而乙的财物夺取行为其本身也是作为甲的行为而被归属的。《刑法》第 60 条,作为为了肯定这种相互的行为归属上的文理性根据,可以说具有所谓的构成性意义。[1]而如后所述(边页第 451 页),这种相互的行为归属是通过"共谋"来发挥其功能的,只有通过共谋的存在,才能将个别的行为与整体的事象相结合。[2]

---

[1] 与此相对,根据因果的结果归属论,共同正犯就被认为是单独正犯的并存,《刑法》第 60 条的规定就仅仅具有注意规定的意义了。此外,参见伊藤(嘉):"共同正犯的因果性扩张机能",载《法研论集(早大)》第 152 号(2014 年),第 27 页以下。
[2] 参见高桥:《规范论》,第 174 页。

(二) 狭义共犯的处罚根据

教唆犯与帮助犯的形式性处罚根据在于《刑法》第61条与第62条，但关于其实质性根据是什么，可以进行如下分类。

1. 责任共犯说。该观点认为共犯是因为促使正犯堕落而陷入罪责与刑罚的深渊中才受处罚。[1]

2. 不法共犯论（行为无价值惹起说）。该观点认为，共犯是因为促使正犯引起了在社会上无法忍受的行为，或者说引起了正犯的行为无价值，才受处罚的。[2]

3. 惹起说（因果共犯论）。该观点认为，共犯是因为共同惹起了正犯所实现的结果而受处罚。虽然可以说通说的立场是惹起说，但根据如何理解共犯独自的违法性，在惹起说内部，存在以下三种类型的区别。

(1) 纯粹惹起说（独立性志向惹起说）。该学说在共犯本身就侵害了分则上的法益这一点上寻求根据，认为共犯的违法性完全从正犯的违法性中独立出来。[3]

(2) 修正惹起说（从属性志向惹起说）。该学说从共犯是加功于正犯的法益侵害这一点上寻求处罚根据，认为共犯的违法性是从正犯的违法性导出来的。[4]

(3) 混合惹起说（从属的法益侵害说）该学说在从属性地侵害构成要件上的保护法益这一点上寻求处罚根据，从而认为共犯的违法性是基于共犯行为本身的违法性与正犯行为的违法性这两方面。本书采用这一立场。[5]

责任共犯说将堕落说作为其基础，从沿革的的意义上，是将法与伦理作为整体看待而引导出的观点。根据该观点，正犯与共犯的犯罪性具有本质性

---

[1] 参见泷川第246页以下、江家第190页、庄子（旧版）第717页、齐藤信宰第444页。

[2] 参见大塚（仁）第290页、藤木第295页、西原（下）第378、400页、大谷第400页（虽然自称是混合惹起说，但其内核是不法共犯说）。

[3] 参见佐伯（千）第337页、植田第152页、中第220页、中山第444页。此外，主张否定最小从属性的可罚的不法从属性说的是，山中第862页。认为对于教唆犯适用纯粹惹起说，将帮助犯理解为抽象的危险犯，并将正犯行为作为客观处罚条件的是，野村第394页。

[4] 参见曾根第245页。承认例外的是，平野Ⅱ第354页；大越，前列：《共犯的处罚根据》，第224页以下。

[5] 参见齐藤（诚）第176页以下；西田第338页（称为构成要件惹起说）；山口第314页以下；井田第481页以下；佐久间第351页；高桥：《共犯体系》，第166页。

差异，正犯在侵害刑法分则的保护法益这一点上存在其处罚根据，而共犯则在侵害正犯这一点上存在其处罚根据。因此，共犯的可罚性就在于引起了与刑法上的保护法益无关的"正犯的堕落"这一结果上。非但如此，其处罚根据简直就在于"诱惑"这一共犯行为其本身（共犯的心情无价值）之中，这可以说是伦理性的行为无价值立场。

不法共犯论基本上可以说是从目的行为论或者人的不法论出发而主张的观点。该观点指出了正犯与共犯在规范违反上的差异，即正犯是违反诸如"禁止杀人"这样的行为规范，而共犯则违反了"禁止唆使他人杀人"这一行为规范。首先，也可以认为该观点将共犯理解为抽象危险犯。这样的话，正犯行为就成为一种客观处罚条件，可以说是行为无价值一元论的立场。此外，根据正犯的行为无价值惹起说，虽然正犯行为包含了共犯的违法内容，但正犯的行为无价值就决定了共犯的违法性，共犯规定就成为为了保护正犯不陷入行为无价值而存在。进而，惹起了正犯行为无价值的共犯行为无价值的实体就接近于伦理的行为无价值了。

惹起说（因果共犯论）认为正犯与共犯只是量上的差异，指出了共犯与结果之间的关系（正犯直接侵犯了法益，而共犯则间接侵犯了法益）。但是，通过"间接的法益侵害"这一名称，容易产生因果共犯论是从行为无价值论出发的主张这一误解。纯粹惹起说指出了共犯不法独立于正犯不法这一共犯固有不法的存在，是对共犯的行为无价值性的强调。诸多惹起说在共犯侵害了分则的法益这一点上具有共通项，但并不能否定将正犯作为媒介这一点，通过对正犯的不同定位而形成不同的内容。该问题是共犯从属性的问题，也是正犯不法与共犯不法之间关系的问题。进而，惹起说是认为只要惹起了正犯的实行行为即为足够，还是认为必须达到惹起正犯所实现的结果这一程度，并不明确。所有的这些问题都无非是共犯构成要件的构造问题。

其结果，根据惹起说，"共犯有必要惹起了什么"这一视点就变得非常重要（具体例子：①甲请求 A 对甲自身实施伤害，但 A 却让甲负上了危及生命之危险程度的伤害（A 的行为是违法的）。②乙唆使 B 对 B 自身实施伤害，B 因此负伤（B 的行为是合法的））。

根据纯粹惹起说，共犯只是单纯地不具备正犯特征，因此，正犯只是为共犯与结果之间提供媒介的事实性存在。共犯的从属性被置于事实上的依存关系这一位置上，从属性其本身成为一种客观处罚条件。其结果是，该学说就原则性肯定了违法的相对性（违法的个别性把握），既肯定了"无正犯的共犯"（即使不具有正犯的违法性也具有共犯的违法性），也肯定了"无共犯的正犯"（即使具有正犯的违法性，也不一定具有共犯的违法性）（上述具体例子的解决：①甲的教唆行为是合法的；②乙的教唆行为是违法的）。共犯就成为以"惹起了对于共犯而言是违法的结果"为内容。违法的相对性从主观的违法论出发能够得到最良好的说明，此外，也是人的不法论的归结。在这个意义上，纯粹惹起说是与行为无价值一元论相结合的。

根据修正惹起说，共犯的从属性就被推向前方，共犯不法的根据及其程度就由正犯不法所决定。这样就原则性否定违法的相对性，并贯彻违法的连带性，其结果，就既否定了"无正犯的共犯"（如果没有正犯的违法性就没有共犯的违法性），也否定"无共犯的正犯"（有正犯的违法性就有共犯的违法性），（上述具体例子的解决：①甲的教唆行为是违法的；②乙的教唆行为是合法的）。于是，从犯就是以"惹起了对于正犯而言是违法的结果"为内容。违法的连带性是从否定人的不法论的客观违法论出发的归结，因此与结果无价值论的基本观点相结合。

根据混合惹起说，共犯不法被认为是部分从属部分独立于正犯不法。具体而言，共犯不法是基于共犯行为其本身的违法性，与此同时，也是基于正犯行为的违法性，即是由共犯的法益侵害这一独立、固有的要素与从正犯行为的不法导出的从属性要素构成的。由于违法的相对性被部分否定部分肯定，其结果，就一方面否定"无正犯的共犯"（无正犯的违法性就无违法性），另一方面肯定"无共犯的正犯"（即使具有正犯的违法性也不一定具有共犯的违法性）（上述具体例子的解决：①甲的教唆行为是违法的；②乙的教唆行为是合法的）。因此，共犯成为以"惹起了对于正犯，而且对于共犯而言是违法的结果"为内容。该学说考虑了共犯的行为无价值与结果无价值两方面，因此与行为无价值二元论相结合。

这样，在与从属性的关系上，在因果共犯论内部就可能存在三个种类，在对共犯的处罚根据论进行分类之际，必须说这是不可或缺的区分。

各自的立场都带来了某种解释论上的归结。例如，关于要素从属性，根据纯粹惹起说就会得出最小从属性说，而根据修正、混合惹起说则会得出限制从属性说的结论（责任共犯论则导向极端从属性说，不法共犯论则导向限制从属性说）。关于未遂的教唆，根据纯粹或混合惹起说就成为不可罚，而根据修正惹起说则得出可罚的结论（虽然以故意的不存在为理由而认为不可罚的观点占据多数，但如果是站在不要求共犯固有的法益侵害之立场上，故意的对象则仅仅在正犯的实行行为限度内就足够）。关于必要的共犯（片面的对向犯），根据纯粹或混合惹起说则成为不可罚，根据修正惹起说则成为可罚。但是，这些解释论上的归结通过附加其他要素，也可能得出不同的结论，这点毋庸赘言。可以评价为：共犯的处罚根据论具有作为演绎性思考模型的意义，对于共犯论上的诸问题也提供了某种条理。

第四节 共同正犯

一、含义

共同正犯是指二人以上共同实行犯罪（《刑法》第60条）。[1]如前所述，共同正犯的法效果是"部分实行全部责任"，从该根据（共同正犯的处罚根据）出发，必须探讨共同正犯的成立要件及其诸问题。

要成立共同正犯，两个以上的行为人必须在主观上存在共同实行的意思（共谋），以及在客观上必须存在共同实行的事实，但是必须注意，这些要件通过支配了日本裁判实务的共谋共同正犯的存在，有必要提示更加具有分析性的成立要件。

共同实行的意思是指，行为人相互利用、相互补充他人的行为而实现构成要件的意思。在该领域中产生以下问题：这种共同实行的意思是需要存在于行为人双方，还是仅仅存在于其中一方的情形也足够，即"片面的共同正犯"问题（边页第458页）；在某个行为人实行部分实行行为之后，其他行为人以共同实行的意思而参与实行的情形，是否也肯定共同意思，即"承继的共同正犯"问题（边页第460页）；在过失犯中是否也可以肯定共同实行的意思这一"过失犯的共同正犯"问题（边页第466页）；进而，对于结果加重犯的加重结果是否能够肯定共同实行的意思这一"结果加重犯的共同正犯"问题（边页第471页）。

共同实行的事实是指，两个以上的行为人共同实行某个犯罪。关于该要

---

[1] 关于共同正犯，参见"（特集）共同正犯论的新展开"，载《现刑》第3卷第8号（2001年），第25页以下；高桥：《规范论》，第174页以下。

件，存在以下问题：是每个人都必须各自实现该当于基本构成要件的行为，还是二人以上在共谋实施某个犯罪的基础上，当其中某个行为人付诸实行时，没有直接实施实行行为的共谋者也成为共同正犯。这就是"共谋共同正犯"的问题。

二、共谋共同正犯

（一）含义

共谋共同正犯是指，两人以上共谋实行某个犯罪，当共谋者当中某个人实行了与共谋相关的犯罪时，那么其他共谋者也被认为成立《刑法》第60条的共同正犯。[1]两个以上的人在对某个犯罪进行共谋的基础上，在其中某个行为人付诸实行的情形中，没有直接实施实行行为的共谋者为什么成为共同正犯，成为问题；共同正犯中"实行"的含义也成为问题。

如果将《刑法》第60条中的"实行"与《刑法》第43条中的未遂犯的"实行"做同义理解的话，那么共谋共同正犯就会被否定，共谋者就成为教唆犯或者从犯（形式的实行共同正犯论）。[2]与此相对，根据实质性地理解共同正犯中的实行概念的观点（行为支配说、共同意思主体说或者因果共犯论），那么共谋共同正犯就会在一定的范围内被肯定（实质的实行共同正犯论）。[3]如果从前述的共同正犯的处罚根据（相互的行为归属论）出发进行考虑的话，我认为像形式说这样将共同正犯中的实行概念做狭义把握的观点是不妥当的。[4]在实质说当中，关于在什么范围内将共谋者认定为共同正犯，

---

[1] 关于共谋共同正犯，参见西原："共同正犯中犯罪的实行"，载《齐藤还历》，第119页以下；同："共谋共同正犯"，载中义胜编：《论争刑法》（1976年）第221页以下；藤木：《可罚的违法性理论》（1967年）第293页以下；西田："关于共谋共同正犯"，载《平野古稀》，第361页以下；小林（充）："共同正犯与狭义共犯的区别"，载《法曹时报》第51卷第8号（1999年）第1845页；岛田："共谋共同正犯的现状与课题"，载《理论刑法学的探究③》，第31页以下；松原（芳）："共谋共同正犯论的现在"，载《法曹时报》第63卷第7号（2011年）第1页以下。

[2] 参见大塚（仁）第306页、佐伯（千）第351页、福田第279页、内田（文）第299页、中山第467页、曾根第255页、山中第936页、松宫第275页、浅田第419页。

[3] 将形式的实行共同正犯论与实质的实行共同正犯论相对置的是，西田，前列：《共谋共同正犯》，第370页。

[4] 甲与乙共谋了杀意奔赴X住宅，甲稍微提前到达并将正在走出玄关的X刺杀，或者，甲与乙追赶逃入森林的X，结果甲刚好发现了X并将其刺杀。在该情形中，如果将甲认为为直接正犯，而将乙认定为帮助的话，不能说准确把握住了共动现象。

有必要进而订立下位基准,这必须在如下所述的判例理论的基础上进行检讨。

(二)判例中的共谋共同正犯论的展开

共谋共同正犯是通过日本的判例而被展开的,因此,首先概览判例的展开就显得尤为重要。

被认为创设了共谋共同正犯的概念并予以承认的判例是大审院明治29年(1896年)的判决,对于恐吓罪的案件,作出了以下判示:"既然共谋举事,何人均该当局中,其行为无外乎为共谋者一体之行为也(大判明治29年(1896年)3月3日刑录第2辑第3卷第10页)。"但是,关于盗窃罪,也存在以下判例,即认为未亲临犯行者即使实施了共谋也不成为正犯,必须需要具备实行行为〔大判明治24年(1891年)4月27日刑录明24年4月至9月第45页〕。即使进入现行刑法的时代,关于盗窃罪,即使谋议了犯罪的实行,只要没有参与到其实行行为或者与其密接且必要的行为中,共同正犯就被认为并不成立〔大判大正3年(1914年)6月19日刑录第20辑第1258页〕。也就是说,一开始基本上是将共谋共同正犯限定于智能犯罪上。这是以如下理由为根据的,即关于所谓的智能犯罪的遂行,不仅身体性地加功于作为其构成要件的行为是必要的,而且在绝大多数情形都要求精神上的加功〔大判大正11年(1922年)4月18日刑集第1卷第233页〕。

但是,通过所谓的"大森银行团伙事件",在判例上确立了不问智能犯还是实力犯,对所有的犯罪均肯定共谋共同正犯的立场,因此共谋共同正犯成为判例上得以稳固确立。具体而言,在大判判昭和11年(1936年)5月28日刑集第15卷第715页中,案情如下:作为当时某党派地下组织的干部,为了资金调度目的而计划袭击银行,并指示其部下去实施,部下听从该指示袭击了银行。对于这一案件,最高裁判所作出了以下判示:共同正犯的本质在于两个以上的人如一心同体而相依相援共同地实现各自的犯意,并据此而实行特定的犯罪,让所有的共同者对既成事实承担全部责任的理由就存在于此。即使并未一起完成共同实现犯罪的手段,或者不能说共同下手遂行犯意,或者其样态共同,既然两人均在齐心协力的作用下,其价值并没有差异。因此,在任何一种情形中都应当以肯定共同正犯的关系为原则。

本判决在学说上反映了共同意思主体说,该理论在战后也被最高裁判所继受。但是,下面的"练马事件大法庭判决"就提出了与共同意思主体说完全不同的理由来限定共谋共同正犯的成立范围。

最大判昭和 33 年（1958 年）5 月 28 日刑集第 12 卷第 8 号第 1718 页中，案情如下：在练马区所在的某造纸公司中所发生的劳动争议之际，被告人 X 以及 Y 分别在第一组合与第二组合，并反目对立，在第一组合的成员之间，利用对第二组合的委员长 A 以及在处理纷争之际练马警察署巡查 B 日益高涨的反感情绪，对 A 施加了暴行，压制了第二组合的行动。与此同时，作为权力斗争的一环，计划对 B 也施加暴行，X 与 Y 谋划并决定将具体实行的指导以及联络任务交给 Y。基于 Y 的联络与指导，被告人 Z 等数名人员赶赴现场，将 B 诱骗到马路上，用铁棍及木棒对 B 的后头部一阵乱打，不久 B 即因脑挫伤死于现场。对于该案件，最高裁判所作出了以下判示："要成立共谋共同正犯，两个以上的人必须为了实行特定的犯罪而在共同意思之下成为一个整体，从而相互利用他人的行为，形成以将各自的意思付诸实行为内容的谋议，并存在据此而实行犯罪的事实。因此，既然在如上的关系中可以认定参加共谋的事实，即使没有直接参与实行行为者，在将他人的行为作为所谓的自己的手段从而实施犯罪这一意义上，并不具有应当认为其间产生刑责成立之差异的理由。这样的话，在该关系中，是否直接参与了实行行为，其分担或作用如何并不左右以上共犯之刑责本身的成立，这样的理解是妥当的。"[1]进而，本判决也将"共谋"或者"谋议"认定为共谋共同正犯中的"应当成为罪的事实"，因此要认定其成立，必须经过严格的证明。

练马事件判决以后的判例基本上都是在遵循该理论构成的方向上展开，但本判决并未明确是将共谋理解为客观的谋议行为，还是将其理解为共同遂行的合意。关于该练马事件，虽然比较多的观点都从共同意思主体说（团体责任）向间接正犯类似说（个人责任）转变，但将"部分实行全部责任"的法理作为团体责任或个人责任的问题其本身毫无意义，因为可以说这两种学说就具有同一的内容。[2]

此后，在最决昭和 57 年（1982 年）7 月 16 日刑集第 36 卷第 6 号第 695 页（大麻走私事件）中，甲计划从泰国走私大麻到日本，于是请求被告人作为实行担当者，被告人虽然很想入手大麻以满足自己的欲求，但以自己是处于执行犹豫的身份为理由而拒绝，却将该事情透露给其朋友乙，并与甲沟通

---

[1] 关于本案，参见高桥：《百选 I》，第 152 页。
[2] 参见西原，前列：《齐藤还历》，第 132 页以下。

让乙替代自己前往泰国，而且被告人与乙约定将部分走私的大麻拿给自己享用，在此基础上，被告人将部分资金交给甲。对于该案件，最高裁判所认为应当对被告人认定与甲及乙遂行了走私大麻的谋议。[1]

关于本决定，在考虑具体事例所表现出的诸要素的基础上，以是"自己的犯罪"还是"他人的犯罪"这一点为基准成为有力观点（此外，关于对走私枪支的参与，作为否定"自己的犯罪"的案件，参见大阪地判昭和58年（1983年）11月30日判时第1123号第141页）。

必须注意，在最近出现了扩大练马事件的判断框架的判例。具体而言，在最决平成15年（2003年）5月1日刑集第57卷第5号第507页（保镖事件）中，作为暴力团组长的被告人虽然没有直接下达指示让自己的手下持有枪支等，但也被认为应当承担共谋共同正犯的罪责。关于这一案件，最高裁判所作出了以下判示：即使被告人没有直接下达指令让保镖随身携带用于警护的手枪等物，既然被告人确定地认识到了保镖是为了警护被告人而自发地随身携带本案中的手枪等，并将其视为理所当然之事而加以接受、容忍……可以说被告人与保镖之间在枪支等物的携带上具有默示性的意思联络。而从本案的实际情况来看，保镖虽然是为了警护被告人而携带本案中的枪支等，但自始至终都在被告人身边，与被告人共同行动，综合考虑对于这些保镖具有指挥命令权限的被告人地位与接受了这些保镖的警护这一被告人的立场，实质上可以评价为就是被告人让保镖携带本案中的枪支等物。因此，关于被告人对于本案枪支的携带，维持了认为被告人与A、B、C以及D这些保镖，即五人之间成立共谋共同正犯的第一审判决原判决的判断，是正当的。[2]

在本案中，以默示的意思联络与被告人的地位为根据肯定了共谋共同正犯。在犯行现场与实行行为者共同行动，在这一点上与练马事件存在差异，因此，即使没有具体的指示行为或磋商行为，也可以肯定共谋共同正犯。但是，默示的意思联络是否可以说是共谋，这一判断是很重要的。为此，我认为具体的指示行为等的存在、共同犯行的意识形成的存在等必须被作为要件。根据本决定，就导致了以下结果，即仅仅以共同行动这一客观要件为共谋共同正犯提供基础。

---

[1] 关于本案，参见桥本：《百选Ⅰ》，第156页。
[2] 关于本案，参见井田：《百选Ⅰ》，第154页。

存在与本最高裁相类似的案件，具体而言，暴力团的会长，即所有带有"会长"头衔的头目在宾馆一楼南侧出入口前的通道上，对于一把荷枪实弹的手枪的携带行为是否成立共谋共同正犯，成为问题。关于这一案件，一审判决［大阪地判平成13年（2001年）3月14日判时第1746号第159页］认定为无罪，但二审判决［大阪高判平成16年（2004年）2月24日判时第1881号第140页］认为各个头目之间存在默示的意思联络从而认定作为被告人的会长也具有共谋，最高裁判所也维持了这一结论［最决平成17年（2005年）11月29日裁判集刑第288号第543页］。本案对于没有前述的保镖事件那样稳固的组织性的案件都肯定了共谋，仅凭这一点就更具有问题了。[1]

作为共同正犯之法效果的"部分实行全部责任"的根据，是由于每个人的违法行为都被相互归属，因此对全体结果承担责任，这种相互归属就是基于"共谋"。通过共谋，就能够认识从此之后所实施的行为的含义并具有对由该行为而可能产生的结果的预期，正因为如此，就能够确认在整体行为中自己的地位与作用。如果不能肯定这种意义上的"共谋"的形成，就无法肯定共谋共同正犯的成立。因此，共谋应该被理解为"共同犯行的意识形成"。此外，本来在正犯与共犯的区别问题中，就应该考虑包括参与人的利益、动机等在内的诸多因素，从刑罚目的的视角出发进行综合性判断（制裁规范的层面），因此是否可以归属于共谋共同正犯的类型也应当按照同样的判断基准进行。

（三）通过判例确立的共谋共同正犯的成立要件

在判例上，作为共谋共同正犯的成立要件，可以列举出"共谋""共谋者

---

[1] 参见西原："应当忧虑的最近的共谋共同正犯实务"，载《刑事法学家》第3号（2006年），第54页以下。此外，关于保镖事件，从行为主义的要求出发认为，告知下属"去东京"这一点是在可以探知"准备手枪进行警护"的限度内，这样的话，就成为了肯定默示的意思联络的行为贡献，参见松原（芳）："共谋共同正犯与行为主义"，载《铃木古稀》（上），第547页。进而，最决平成21年（2009年）10月19日判夕第1311号第82页中，暴力团甲组第五代目之辅佐人兼乙会总长携带了上了子弹的手枪。对于该案件，最高裁判所驳回了认为不成立在携带手枪上的共谋之原判决并发回重审。但与此相对，重审的大阪地判平成23年（2011年）5月24日LEX/DB25443755认为，推定被告人认识或容忍其属下组员携带手枪还存在合理怀疑，从而认为也不能认定共谋的存在，据此而再次宣告无罪。此外，最决平成25年（2013年）4月16日刑集第67卷第4号第549页中，犯罪组织关系人请求被告人领取进入到日本的走私货物，被告人虽然认识到了这里面具有隐藏兴奋剂的可能性却仍然予以接受。对于该案件，最高裁判所不仅仅肯定了故意，也肯定了共谋。

的正犯性（正犯意思）""部分人的实行"等。[1]

1. 共谋

对共谋概念赋予明确定义的判例是练马事件的判决，根据该判决，共谋是指"二人以上者，为实施特定的犯罪，在共同意思之下成为一个整体，实施了以相互利用他人的行为，将各自的意思付诸实行为内容的谋议"。但是，在其他判例中，也使用"共同犯行的认识""意思联络""通谋""谋议"等用语，于是，共谋是客观要件还是主观要件就未必是明确的。但是，作为判例的倾向，存在以下两种观点，第一种观点将共谋理解为意思联络，再加上作为添加要素的正犯性（正犯意思）；第二种观点将共谋与诸如"共同犯行的意识"等紧密结合起来理解。根据前一种观点，"具有共谋的帮助"也会被肯定；而根据后者，就不会承认该概念。本书采取后者的立场。

2. 共谋的射程

要成立共谋共同正犯，部分行为人的实行必须是"基于共谋"而实施的。由于共谋是为"部分实行全部责任"提供基础的实体，因此不能将其作为抽象性的概念，而必须具有具体的内容（具体的意思形成）。因此，共谋与各共同者的故意必须被区别开来。从这一点出发，关于结果惹起，是否在共谋的范围内这一问题与是否能够肯定故意责任是完全不同的问题。前者是共谋的射程问题，而后者是共同正犯的错误问题。例如，东京高判昭和 60 年（1985 年）9 月 30 日判夕第 620 号第 214 页中，作为暴力团组长的被告人，指示作为其手下的 X 等组员对近日与其呈敌对状态的 A 实施控制并监禁，X 等四人却未能完成该任务，考虑到在面子上挂不住，次日闯入了 A 宅将 A 杀害。对于该案件，东京高等裁判所认为，如果要将分散在各个阶段上的谋议合并起来作为整体而成立一个共同谋议，那么就必须保持各个阶段上的谋议内容的同一性与连续性。据此而否定杀人罪（以及伤害致死罪）的共谋共同正犯的

---

[1] 关于判例对于共谋共同正犯的把握方式，参见小林（充），前列论文，第 1852 页以下；石井、片冈："共谋共同正犯"，载《刑事事实认定（上）》，第 341 页以下；村濑："共谋（1）——支配型共谋"；菊池："共谋（2）——对等性共谋"，载《刑事事实认定重要判决 50 选》（上），第 286 页以下；朝山："共谋的认定与判例理论"，载《基本问题》，第 157 页以下；大阪刑事实务研究会："共犯（1）——共谋共同正犯的成立要件（上）（下）"判夕第 1355 号第 75 页以下，第 1356 号第 50 页以下；同："共犯（2）关于对裁判员在共犯概念上的说明方式的具体、实践性研究（上）（下）"判夕第 1357 号第 46 页以下、第 1358 号第 56 页以下（2011 年、2012 年）。

成立。[1]在这种情形中,当然是处于产生了与共谋无关的结果这一共谋的射程之外,因此,是在射程之内还是在射程之外的急转,可以求诸于欠缺共谋行为与结果惹起之间的因果性这一点上。[2]但是,如前所述(边页第441页),由于共谋是以因果性为前提的"共同者的相互利用、相互补充关系"的基础,因此,应该认为只要能够肯定欠缺因果性或者欠缺相互利用、补充关系,就是在共谋的射程范围之外。[3][4]

3. 顺次共谋、间接共谋

认为共谋形成的过程即使是数人顺次互相联络的方式也足够,是判例的立场。练马事件判决作出了以下判示:要成立数人的共谋共同正犯,该数人并不一定必须在同一场所相会,并且数人之间形成一个共谋,关于同一的犯罪,以甲与乙之间存在共谋为例,在数人之间实施顺次共谋的情形中,认为所有的这些人之间都实施了该犯行的共谋,是妥当的。此外,即使没有参加犯罪的谋议,如果通过参与人而取得意思联络,就认为成立共谋,这是判例的立场。

4. 默示(暗示)的共谋

认为共谋并没有必须要明示性进行,默示性地实施即为足够,是判例的立场。例如,大阪高判平成13年(2001年)6月21日判夕第1085号第292页中,母亲怀着确定的杀意,并未制止孩子父亲将孩子装在烟熏笼子里并吊

---

[1] 进而,参见名古屋高判昭和59年(1984年)9月11日判时第1152号第178页(实行行为人超出了谋议范围的情形)、东京高判昭和58年(1983年)7月13日高刑集第36卷第2号第86页(不能说实行行为人的行为是基于事前的共谋的情形)。

[2] 将共谋的射程理解为因果性所波及的范围的是桥爪:"共谋的射程与共犯的错误",载《法教》第359号(2010年),第20页以下。

[3] 将共谋的射程理解为相互利用、补充关系所波及之范围的是,十河:"关于共谋的射程",载《理论刑法学的探究③》,第98页以下。此外,作为共谋之射程的具体基准,就像十河在上述论文第101页以所列举的,①作为客观性因素,有之前的共犯行为的贡献度、影响力、当初的共谋与实行行为内容的共通性(被害人的同一性、行为样态的类似性、侵害法益的同质性、伴随性等)、根据当初之共谋所实施的行为与惹起过剩结果之行为之间的关联性(机会的同一性、时间、场所的接近性等)、对于惹起过剩行为的贡献程度等;②作为主观性因素,有犯意的单一性、继续性、动机、目的的共通性、对于过剩结果的预见可能性程度等。进而参见仲道:"由共谋产生的义务与共谋的射程",载《理论刑法学入门》,第235页以下。

[4] 与此相对,共同正犯的错误是以结果惹起共谋的射程范围之内为前提的,在与各自的故意的关系上,是在什么范围内成立共同正犯的这一问题,也是犯罪共同说与行为共同说对立的问题领域(边页第433页)。

在天花板上的行为。对于该案件，大阪高等裁判所做出了以下判示：虽然自己（母亲）也知道被告人（父亲）具有想让自己去制止的心情，但由于自己（母亲）也具有想让被害人去死的心情，从这种复杂的心情出发，可以说母亲通过避免与被告人（父亲）四目对视，从而不采取任何制止被告人的措施，就可以说其容忍了被告人通过将被害人吊在天花板上从而杀害。据此，通过将被害人吊在天花板上这一方法，关于杀害被害人这一点，在该时点上，应该说认为成立默示的共谋是妥当的。进而，在前述的"保镖事件"中，也肯定了默示的共谋。

5. 共谋的具体性程度

判例的立场认为，共谋并没有必要确定关于犯罪行为的日时、场所、手段等具体内容，以及详细、明确、特定的形式实施。

6. 通过命令或恳请而形成的共谋

共谋未必都是采用对话的方式进行，以命令形式实施也可以。例如，当公务员尊重上司的命令，虽然认识到了犯罪事实，却不法处分了其业务上保管的物件时，就可以说通过该命令而形成了业务上横领罪的共谋［仙台高判昭和29年（1954年）11月10日高刑裁特第1卷第11号第474页］。此外，即使是在无法推脱对方恳请而答应其请求的情形中，也可以肯定共谋的存在［札幌高判昭和26年（1951年）4月30日高刑集第4卷第4号第444页］。

7. 共谋与共谋者的地位

判例的立场认为共谋并没有必要发生在各自的职务上或者在社会上处于对等地位的行为人之间。例如，在业务上依照他人的嘱托而作成了虚假文书的司法书士，也成为文书伪造罪的共同正犯［大阪高判昭和31年（1956年）2月16日高刑裁特第3卷第3号第95页，同样判例主旨的还有福冈地判昭和39年（1964年）7月7日下刑集第6=7卷第8号第845页；东京高判昭和40年（1965年）8月9日高刑集第18卷第5号第594页；札幌高判昭和51年（1976年）7月1日高检速报（昭51）第104号，等］。

8. 望风行为

判例上存在将望风行为广泛认定为共谋共同正犯的倾向。例如，关于强盗罪，在最判昭和23年（1948年）3月11日刑集第2卷第3号第185页中，作出了一下判示："根据原判决，以下的事实已经被认定，即，三名被告人商议胁迫过路人并夺取金钱，在案发当日上午10点左右，另外两名被告人伪装成警察模样将过路人 A 喊住并将其带到附近的隧道里,被告人对此实施望风。"因此,对于本案中的犯罪,被告人也是在共谋的基础上实施的,这一点明确无疑。因此,即使像论旨所主张的被告人既未动被害人一根汗毛,也对被害人一言不发,或者即使对于抢来的金钱并未得到分文,被告人也不能免除其罪责。[关于强盗罪,作出相同主旨判决的是最判昭和 23 年(1948 年)3 月 16 日刑集第 2 卷第 3 号第 220 页]。[1]

与此相对,作为将望风认定为从犯的判例,关于赌博的望风,有大判大正 7 年(1918 年)6 月 17 日刑录第 24 辑第 844 页;关于杀人罪,有大阪地堺支判昭和 46 年(1971 年)3 月 15 日判夕第 261 号第 294 页等。

9. 共谋者的认识

判例的立场认为,并未担当实行的共谋者,没有必要详细地认识到担当实行的共谋者的实行行为的具体内容[最判昭和 26 年(1951 年)9 月 28 日刑集第 5 卷第 10 号第 1987 页等]。仙台高判昭和 31 年(1956 年)9 月 29 日高刑裁特第 3 卷第 22 号第 1061 页中认为,"由于犯意是指在法定范围内的应该成为罪之事实的认识,因此在甲、乙共谋实行犯罪,由乙分担实行行为的情形中,即使甲所认识到的事实与基于以上共谋而由乙的实行行为而发生的事实之间存在具体不一致的地方,当在法定的犯罪类型的范围内一致时,应该认为甲就对于实际发生的事实不能免除作为共同正犯之责。"进而,在最决平成 19 年(2007 年)11 月 14 日刑集第 61 卷第 8 号第 757 页中,X 公司(被告公司)经营仓库业与产业废弃物收集、搬运业等,作为该公司之代表董事的 5 名被告人,将被告公司将在千叶市内租用的土地中所保管的、装有所谓的硫酸沥青的圆形罐子的处理委托给作为其转包公司的代表人 Y,关于将该罐子扔到北海道内的土体这一点,在与被告公司之业务的关联上,被告人与 Y 等人在共谋的基础上,任意处置了该废弃物。从而被追问《关于废弃物的处理以及清扫之法律》所规定的不法投弃罪。关于该案件,最高裁判所作出了以下判示:对于 Y 而言,是在听闻被告公司为上述罐子的处理绞尽脑汁之后,想通过在承包该废弃物的处理的基础上,取得居间费用后再交给其他从业者处理,从而获利。据此 Y 向被告公司强烈请求承包该废弃物的处理。5 名被告人虽然没有确定认识到 Y 与实际充当垃圾处理者会不法投弃该圆形罐

---

[1] 关于本案,参见齐藤(彰):《百选 I》(第 6 版),第 156 页。

子，但强烈认识到了不法投弃的可能性，尽管如此，却仍然认为这也是不得已的事情，因此将垃圾的处理委托给Y。这样的话，应当说5名被告人就应当对于以Y为媒介的共犯者所实施的对于该圆形罐子的不法投弃，承担间接故意的共谋共同正犯的责任。[1]关于故意的内容，没有理由将单独犯的情形与共谋共同正犯的情形做不同理解，这只不过是判断是否能够承认共谋的成立这一问题的一项资料而已。[2]

10. 共谋者的正犯意思

判例的立场认为，既然共谋共同正犯是承担正犯的罪责，那么各个共谋者就必须具备正犯意思。而这里的正犯意思并不是指对于他人犯行的认识，而是共同犯行的认识。在正犯意思的认定之际，需要考虑以下内容：①共谋者与实行行为者的关系；②犯行的动机；③共谋者与实行行为者之间的意思疏通行为的经过、样态、积极性；④在加功了实行行为以外之行为的情形中，应考虑其内容；⑤犯行前后的表征行为（犯罪痕迹隐蔽行为、犯罪所得的份额、来自实行行为人的事后报告、对接续于实行行为之后的行为的参与等）等与犯罪的性质（罪种）、内容相关联的因素。[3]最判昭和24年（1949年）2月8日刑集第3卷第2号第113页中，作出了以下判示：共谋是指数人相互之间存在共同犯行的认识，因此，单纯单方面地认识到他人的犯行，并不能说该人是共谋者。此外，名古屋高判昭和31年（1956年）2月10日高刑集第9卷第4号第325页中，作出了以下判示：共同正犯需要具备意思的共同与行为的共同，在没有亲自加功于犯行的情形中，至少需要具备利用他人实现自己犯意的意思，即使对于实行行为担当者而言，试图实现其他加功者的犯

---

[1] 关于本案，参见松原（芳）：《刑事法学家》第14号，第112页。
[2] 此外，最判平成21年（2009年）10月8日判夕第1336号第58页中，被告人与两名共犯人在共谋的基础上到商店偷东西，但其中一名共犯人被追赶上来的店主抓住并向同伴求救，应声赶来的另一名共犯人在与该被抓住的共犯人共谋的基础上，主要由赶来的共犯人对店长施加暴行并导致店长负伤。对于该案件，最高裁判所撤销了不承认关于作为事后强盗的暴行之共谋的原判决，并发回重审［关于本案，参见十河：《判例评论》第650号（判时2175号），第156页；水落：《法学新报》第119卷第1、2号第233页；田野尻：《警论队》第64卷第5号第164页］。是否能够肯定在"足以压制对方的反抗之程度的暴行"上存在共谋，成为疑问。
[3] 参见石井、片冈："共谋共同正犯"，载《刑事事实认定（上）》，第348页以下。进而，参见伊藤（嘉）："关于共同正犯中'重要作用'的一个考察——关于正犯性扩张机能（1）（2）（3完）"，载《法研论集》第154号第1页以下，第155号第27页以下，第156号第29页以下（2015年）。

意的认识也是必要的。也就是说，共同者相互之间的意思共同是最小限度的要件……总而言之，本案的核心问题是，从对方被告人 K 那里被告知放火的决意，听闻之后就逃走了，或者没有进一步阻止 K 的放火行为，是否能够肯定放火这一点上的共同意思成为问题……换而言之，两名被告人没有对工场放火的意思，应当说通过 K 和 S 的行动来看，被告人并不存在试图实现这一点的共同意思。

（四）判例中否定共谋共同正犯的事例

共谋共同正犯论其本身是已经基于实务而确立的判例理论，但也存在比较多的否定共谋共同正犯的事例。可是，大多数这些判例都是根据不能认定用于肯定共谋共同正犯的间接事实而遭否定的。在类型上，可以区分出以下五种事例：①共谋的存在被否定的事例；②否定共谋共同正犯而肯定从犯的事例（如果不能肯定共谋，肯定帮助犯的成立的事例也很多。在实务中，共谋共同正犯与从犯的区别很重要，其基准应当在综合考察行为人的意思内容、犯罪遂行过程的作用，确定是否存在利用共犯者的行为从而实施自己犯罪的意思）；③实行行为人实施了超出事前共谋范围的行为之事例（在实行行为人实施了超出事前共谋范围之行为的情形中，共谋者的责任就被否定了）；④实行行为人的行为并不是基于事前的共谋之事例；⑤由于并不是为了实现自己的犯罪而被否定共谋的事例。在⑤的情形中，自己的犯罪是否实现这一基准承担着限定共谋共同正犯成立的功能。

作为否定共谋共同正犯而肯定帮助犯成立的案件，例如，长崎地佐世保支判昭和 60 年（1985 年）11 月 6 日判夕第 623 号第 212 页中，案情如下：暴力团成员 M 与 S 从 K 那里听说 K 最近要帮忙将金块等物品走私到韩国，据此想到作为走私的对价，到时候 K 肯定会接手大量的现金，于是计划假装帮忙走私从而强取该现金。接着逐步召集伙伴，进而充分讨论并确定了该计划，之后将该强取计划告知作为渔夫的被告人，约定以 60 万日元作为租赁费，要求渔夫将其所有的渔船借给其使用。被告人一开始也承诺了这一点，但之后因害怕而撤回以上承诺，M 也认可被告人已经从该计划中脱离，但在计划实行前一天，K 再次请求被告人将船借给其使用，被告人由于之前接受过 K 与 M 的恩惠，不得已答应了。犯行当日，为了等待 M 等人，将其渔船开到犯行场所附近徘徊。对于这一案件，长崎地方裁判所认为，要让没有参与实行行为的人承担作为共谋共同正犯之刑事责任，必须在各当事人之间形成相互利用对方的行为这种实质的相互利用关系,与此同时,还必须具备以下两个条件:①在全体的犯罪遂行过程中,作为对等及以上的行为主体而加功,或者分担着能够与实行行为做等价性评价的重要作用(等价的分担关系);②将实行行为人的行为作为自己的手段,在实质上也支配、利用了实行行为人的行为(实质的支配利用关系)。在本案中,被告人的参与程度并不符合以上的任何一种情形,因此仅肯定帮助犯的成立。[1]进而,福冈地判昭和59年(1984年)8月30日判时第1152号第182页中,对于参与强盗杀人未遂事件,实施了财物的夺取这一实行行为的重要部分的被告人,仍然仅肯定成立帮助犯[2](关于实施实行行为的从犯,参见本书第482页)。

横滨地判平成25年(2013年)9月30日判夕第1418号第374页中,作为当时证券公司的执行董事的被告人,在职务上处于处理保密性极高的内幕信息的立场上,却利用该特别地位,将处于其立场上能够知悉的三个交易品种的内幕信息透露给其友人B,让其进行内幕交易。对于该案件,横滨地方裁判所并没有肯定被告人与B之间成立共同正犯,但认为,站在一般投资人的信赖保护的立场,从试图彻底规制内幕交易的《金融商品交易法》第167条第3款的趣旨出发,公开买付人等关系人即使没有达到作为第一次信息接受人而对内幕交易发挥重要作用这种可以说是实施了自己犯罪的程度,当公开买付人等关系人使第一次信息接受人产生内幕交易这一犯行的决意,或者使其犯行变得容易时,在可能损害证券市场的公正性与健全性这一意义上,具有作为该条款的教唆犯或帮助犯进行处罚的实质性理由。其教唆或帮助的手段是通过重要事实的传达方法还是通过此外的方法,并不存在应加以区别的理由。据此而对于被告人的行为肯定该条款之教唆犯的成立。[3]

---

[1] 关于本案,参见大谷:《法セミ》第391号,第95页。进而,广岛高判平成21年(2009年)4月30日高刑速报(平成21年)第212页,对于原判决肯定杀人的共谋共同正犯,做出了以下反论:不存在实施自己的犯罪之意思,因此仅仅停留于杀人的从犯。东京高判平成23年(2011年)11月25日高刑速报(平成23年)第176页对于"汇款诈骗"的取钱人,驳回了原判决认定的诈骗的帮助,而将其认定为共同正犯。

[2] 关于本案,参见植村:《百选Ⅰ》,第158页。

[3] 关于本案,参见田川:《判例通选》2014年第1期,第30页;铃木(优):《刑事法学家》,第40号第158页。

三、片面的共同正犯

片面的共犯是指，在共犯者之间并不存在相互性的意思疏通，仅有一方存在片面的共同意思或加担意思的形态，包括片面的共同正犯、片面的教唆犯、片面的从犯（帮助犯）这三种形态。

其中，片面的共同正犯是指，在共同实行能够被肯定的情形中，共同实行的意思却仅仅存在于其中一方，而并不存在于共同者的另一方的情形。例如，在实行强盗之际，并未存在与行为人之间的意思疏通就将财物夺走的情形。判例与通说对于这种情形均否定共同正犯的成立，而作为同时犯或者片面从犯（帮助犯）处理。

大判大正11年（1922年）2月25日刑集第1卷第79页中，甲听闻乙等一伙人正侵袭A的住宅并实施损毁建造物等犯罪，于是连忙加入了该犯行，用石头等狂砸A的住宅，侵入房屋内胁迫A等人，但事后无法证明存在意思联络。对于该案件，大审院作出了以下判示：《刑法》第60条规定了二人以上共同实行犯罪的皆为正犯，虽然行为人各自仅实行犯罪要素的一部分，但却不是让其仅负担与其实行部分相应的责任，而是让各个参与人均承担全部犯罪的责任，之所以如此，是因为共同正犯与单独正犯不同，共同正犯是行为人相互之间存在意思联络即共同犯行的认识，据此而相互利用他方的行为，所有成员共同协力而推进犯罪事实。如果行为人之间缺乏意思联络，即使其中一人怀着与其他行为人共同犯行的意思而参与其犯罪，也不能说是因全员的协力而实行犯罪事实。因此不能肯定共同正犯的成立。

与此相对，大判大正14年（1925年）1月22日刑集第3卷第921页中，甲知道乙在A场所开设赌场，召集赌徒进行赌博并从中收取场地费用，于是为了乙的利益而引诱赌徒丙和丁到A场所赌博。关于该行为，大审院认为，在从犯的情形中，并不需要像共同正犯一样的意思联络，只要具有对正犯的帮助意思即可，据此而对甲肯定开设赌场罪之片面从犯的成立。大判昭和3年（1928年）3月9日刑集第7卷第172页中，在町会议员选举的投票中，中风的选举权人A委托其不具有选举权的法定代理人乙代为投票，在场的选举长甲目击这一情景并未制止，从而违反町会议员选举法则。关于该案件，大审院认定甲以不作为的方式成立对于乙的投票干涉罪的片面帮助。大判昭和8年（1933年）12月9日刑集第12卷第2272页中，甲与乙实施翻译A商社与 B 商社的往来文书等行为，单方地实施了使商社逃避关税更为容易的行为。对此，大审院肯定了片面从犯的成立。进而，东京地判昭和 63 年（1988年）7 月 27 日判时第 1300 号第 153 页中，将手枪及子弹隐藏于桌子之中，试图作为航空货物而走私。关于该案件，东京地方裁判所认为，被请求实施发送已经打包完毕的桌子之手续者，在发送之际具有这样的未必性认识，即桌子里面可能藏有手枪而意图走私。据此而肯定手枪走私罪之片面帮助的成立。[1]

根据犯罪共同说、共同意思主体说、（功能的）行为支配说以及作为本书立场的相互的行为归属论，作为共同正犯的成立要件，意思疏通（共谋）是不可或缺的，因此，片面的共同正犯自然就被否定了。[2] 因为部分实行全部责任这一法效果是基于共谋而产生的。

与此相对，从行为共同说、因果共犯论出发认为，并不仅仅依靠心理性方法，只要通过物理性方法对于对方所引起的结果产生因果性，即为足够。据此认为意思疏通对于共同正犯的归属而言并非绝对性要件，因此片面的共同正犯也被肯定。[3]

此外，对于片面的从犯（帮助）而言，除了根据共同意思主体说，均获得肯定。这是因为，一般认为共犯与共同正犯不同，并不适用"部分实行全部责任"的法理，通过因果共犯论就能够获得说明（关于片面的帮助，参见本书边页第 482 页）。此外，关于片面的教唆犯，通说通过"教唆"这一用语或者正犯实行的不确定性等理由而予以否定，但从因果共犯论的立场出发，也会得出肯定结论。

四、承继的共同正犯

先行者已经着手于某犯罪的实行，在其实行行为终了之前（或者犯罪的既遂之前，或者犯罪的终了之前），后行者在与先行者相互意思疏通的基础上，分担实行行为（共同正犯）或者援助实行行为（帮助）的情形中，后行者在怎样的范围内承继先行者的行为以及结果，这就是承继的共同正犯（承

---

[1] 关于本案，参见武藤：《百选 I》，第 172 页。
[2] 这是通说。
[3] 参见牧野（下）第 738 页、宫本第 197 页、佐伯（千）第 348 页、山中第 899 页、平野 II 第 390 页以下、西田第 355 页、山口第 367 页。进而，参见杉本："关于意思联络"，载《理论刑法学入门》，第 221 页以下。

继的从犯）的问题。[1]

关于该问题，在学说上存在积极说或者全面肯定说（后行者对包含先行者已经实施的行为在内的整体犯罪成立共犯）、[2]消极说或者全面否定说（后行者仅仅对于其加入之后所实施的行为成立共犯）、[3]中间说或者限定肯定说（在积极地利用先行者之行为的效果的情形中，在该限度内成立共犯，[4]或者对于共同正犯持否定态度，而对帮助则持肯定态度的观点[5]）。

积极说或者全面肯定说的根据在于认为共犯的罪名与正犯的罪名应当是同一的犯罪共同说（罪名从属性说）。与此相对，如果根据认为共犯也仅仅对与自己的行为具有因果关系的结果承担责任的行为共同说以及因果共犯论，就会得出消极说或者全面否定说的结论。但是，从因果共犯论的立场出发，中间说或者限定肯定说也被主张着，即，虽然没有承继先行者的结果，但在先行者的行为之效果在后行者参与之后也持续发挥效果的情形中则肯定承继性。

如果将共犯的因果性贯彻到底的话，就会得出消极说或者全面否定说的结论，但是例如，在诈骗罪与恐吓罪中，仅仅参与金钱受领的后行者就不可罚了，这一点是不妥当的。如本书所述，如果考虑到共同正犯与帮助犯的处罚根据是不一样的这一点的话，也就是说，共同正犯的处罚根据在于通过意思疏通（共谋）而肯定相互的行为归属这一点，而帮助犯的处罚根据则在于对法益的从属性侵害这一点。这样，对于承继的共同正犯而言，全面否定说

---

[1] 作为关于承继的共同正犯（共犯）的最近的文献，参见阿部（力）："关于承继的共同正犯"；高桥："关于承继的共同正犯"；桥本："关于'承继的共同正犯'"，载《川端古稀（上）》，第531页以下、第557页以下、第579页以下；松原（芳）："承继的共犯"，载《野村古稀》，第189页以下；山口："承继的共犯论的新展开"，载《法曹时报》第68卷第2号（2016年），第343页以下；小林（宪）："围绕所谓的承继的共犯"，载《研修》第791号（2014年），第10页以下；桥爪："关于承继的共犯"，载《法教》第415号（2015年），第95页以下等。

[2] 参见木村（龟）第408页、植松第354页、西原（下）第386页。

[3] 参见牧野（下）第745页、中山第460页、内藤（下）Ⅱ第425页、曾根第258页、浅田第422页、山口第370页以下、松原第386页。根据该观点，在欺诈罪与恐吓罪中，仅仅参与领取金钱的后行为就不可罚了，但可以说这忽视了使得先行人的行为变得容易这一点。

[4] 参见藤木第291页、福田第274页注7、大塚（仁）第295页、大谷第418页、前田第359页以下、川端第570页。此外，将在参与之后效果继续存在的情形也理解为具有承继性的是，平野Ⅱ第383页、西田第44页以下。但是，即使承认结果的承继也无法肯定行为的承继，为共同正犯提供基础的相互的行为归属应当限定于意思疏通之后。

[5] 参见中野第165页；齐藤（诚）第203页；照沼，前列：《体系的共犯论》，第290页以下；井田第473页。

就是妥当的，因为仅仅对意思疏通之后的行为成立共同正犯。与此相对，对于承继的帮助而言，在对犯罪全体可能产生因果性贡献的限度内就可以肯定。在强盗致死伤罪中仅仅参与夺取财物的情形中，在成立盗窃罪（占脱罪）之共同正犯的同时，也能够肯定对于强盗部分的因果性贡献，因此也成立强盗的帮助犯，两者形成想象竞合。在伤害罪的情形中，如果伤害结果已经发生，对于该部分就不能肯定因果性贡献，因此并不成立伤害的帮助，仅仅成立暴行的共同正犯。

关于承继的共犯（共同正犯）之成立与否，大判昭和13年（1938年）11月18日刑集第17卷第839页中，丈夫以强盗目的杀害了被害人并请求之后知情的妻子帮忙强取金钱，妻子不得不答应，手拿着蜡烛照明，使丈夫的强取行为变得容易一些。关于该案件，大审院认为强盗杀人罪是单纯一罪，妻子是在知道了强盗杀人的事实之后而加担的，因此妻子应当对强盗杀人全体承担共犯的责任，据此而肯定强盗杀人帮助的成立。该观点采用了积极说或者全面肯定说。

在战后的下级审判例中，作为采用这种积极说或者全面肯定说的判例，可以列举如下，但其根据存在差异。

第一，存在以单纯一罪性为根据的判例。例如，乙看到了甲怀着杀意用菜刀砍A的头部，当即决定为甲助势而加入了对A的攻击，即使结果将会导致A死亡也在所不惜。于是甲乙互通意思，甲继续用菜刀砍A的头部，而乙则将A摔倒在地，并用椅子砸其头部，在施加以上暴行之后，结果导致A死亡，但死因是由甲的行为引起的。对于该案件，大阪高等裁判所以杀人罪的单纯一罪性对乙也肯定了杀人既遂罪之共同正犯的成立［大阪高判昭和45年（1970年）10月27日判时第621号第95页，但是，作为第一审的大阪地判昭和45年（1970年）1月17日判时第597号第117页中，以不存在因果关系为根据，对乙仅仅肯定杀人未遂罪的共同正犯］。进而，关于结果加重犯，也存在肯定强盗伤人罪之承继的共同正犯等判例［札幌高判昭和28年（1953年）6月30日高刑集第6卷第7号第859页；福冈地判昭和40年（1965年）2月24日下刑集第7卷第2号第227页］。

第二，存在以后行者的事后性认识或容忍为根据的判例。例如，强盗致伤罪的成立与否成为问题的东京地判昭和40年（1965年）8月10日判夕第181号第192页、冈山地判昭和45年（1970年）6月9日判时第611号第103

页等。但是，在两个判决中，均认为后行者没有认识到先行者所造成的伤害结果，因此否定承继性，仅仅止于强奸罪的成立。

第三，存在认为意图救济因果关系证明之困难性的判例。由先行者的行为是否产生了致死伤的结果并未明确的情形即为适例。例如，东京高判昭和34年（1959年）12月2日东高刑时报第10卷第12号第435页中，对于在中途参与轮奸的参加者的责任，认为当被害人致伤的结果是由先行者还是后行者造成的这一点不明确的情形中，应肯定强奸致死伤罪之共同正犯的成立（同旨，关于伤害致死罪，名古屋高判昭和47年（1972年）7月27日刑月第4卷第7号第1284页；关于伤害罪，名古屋高判昭和50年（1975年）7月1日判时第806号第108页、东京高判平成8年（1996年）8月7日东高刑时报第47卷第1-12号第103页等）。

与以上的积极说或全面肯定说相对，也存在采用消极说或者全面否定说的下级审判例。例如，关于强盗罪，以后行者不存在其犯意为理由而仅肯定盗窃的成立［名古屋高判昭和29年（1954年）10月28日高刑裁特第1卷第10号第427页，但是，认为先行者与后行者之间本来就不存在共同正犯的关系］；关于强奸致伤，认为即使后行者认识到了先行者的行为并加功，也并不当然地支配了先行者的行为，既然无法证明与致伤之间的因果关系，就仅仅能够肯定强奸［浦和地判昭和33年（1958年）3月28日判时第146号第33页。进而，广岛高判昭和34年（1959年）2月27日高刑集第12卷第1号第36页中，对后行者仅仅肯定准强奸的成立］；以及作为共同正犯，虽然对后行者肯定强奸致伤罪的成立，但其责任仅仅停留于强奸罪的限度［东京地判昭和40年（1965年）8月10日判夕第181号第192页］，等判例即为适例。

进而，也存在采用在积极利用了先行者之行为的情形中肯定承继性的中间说或者限定肯定说的下级审判例。例如，大阪高判昭和62年（1987年）7月10日高刑集第40卷第3号第720页中，由先行者的一系列暴行而导致被害人负伤之后，后行者继续施加暴行。在该案件中，大阪高等裁判所驳回了认定成立伤害罪之共同正犯的一审判决，对后行者仅仅肯定暴行罪的成立。其理由如下，即我认为，对于在先行者遂行犯罪中途基于共谋而加入的后行者能够对包含先行者的行为等犯罪的全体肯定共同正犯之成立的实质性根据，在于后行者将先行者的行为作为自己的犯罪遂行手段加以积极利用这一点上。除此之外的根据是不可想象的。因此，认为应当将所谓的承继的共同正犯的成立范围限定在以下情形中是相当的,具体而言,后行者不仅认识或容忍了先行者的行为及其由此而产生的结果,而且在将其作为自己的犯罪遂行手段加以积极利用的意思主导下,中途基于共谋而加入了先行者在实体法上构成一罪(并不限于狭义的单纯一罪)的犯罪,并将之前的行为现实地作为其手段而利用。据此,关于本案的适用,大阪高等裁判所认为:在先行者遂行一系列暴行的中途,后行者也是怀着暴行故意而在与先行者共谋的基础上加入的情形中,由于一个暴行行为本来就构成一个犯罪,而后行者也不是加功于一个暴行其本身。对于后行者而言,除了对被害人施加暴行以外,就没有其他目的了,因此即使后行者认识或容忍了先行者的行为等,只要没有其他特殊的因素,就不能认为是将先行者的暴行作为自己的犯罪遂行手段而加以积极利用。[1][同旨,关于监禁罪,札幌地判昭和56年(1981年)11月9日判时第1049号第168页;关于强奸致伤罪,冈山地判昭和45年(1970年)6月9日判时第611号第103页;关于强盗致伤罪,东京地判平成7年(1995年)10月9日判夕第922号第292页;[2]关于恐吓罪,横滨地判昭和56年(1981年)7月17日判时第1011号第142页;[3]名古屋高判昭和58年(1983年)1月13日判时第1084号第144页等]。

此外,坚持这种结论会不会与《刑法》第207条(同时伤害的特例)产生不均衡这一问题被提出来。前述的大阪高裁昭和62年(1987年)判决中,关于该问题,作出了以下判示,具体而言:例如,甲对丙施加暴行之后,乙在不存在与甲的意思联络下对丙施加了暴行,丙因甲或者乙其中一人的暴行而受伤,但无法特定产生伤害结果的行为人,在此情形中,根据《刑法》第207条的规定,甲与乙均不能免除伤害罪的刑事责任。与此相对,在甲暴行终了之后,乙在与甲共谋的基础上施加暴行的情形中,当无法判明因谁的暴行而导致伤害时,根据如前所述的该裁判所的观点,乙的刑事责任就仅仅停留于暴行罪的限度,这样,与不存在与甲的意思联络而对丙施加暴行并产生同

---

[1] 关于本案,参见堀内:《百选Ⅰ》(第6版),第168页。
[2] 关于本案,参见齐藤(诚):《法学新报》第105卷第4、5号,第321页。
[3] 关于本案,参见只木:《百选Ⅰ》(第6版),第170页。进而,东京高判平成21年(2009年)3月10日东高刑时报第60卷第1-12号第35页中,对于恐吓未遂的共同正犯之案件认为,就共犯人的先行行为而言,并不能对被告人肯定承继的共同正犯的成立,被告人仅仅对于后行行为承担共同正犯的罪责。

样结果的情形相比，乍一看就会感到有失均衡，这一点难以否定。但是，在两人以上施加暴行而对人造成伤害的情形中，当无法特定造成伤害的行为人或者即使能够将行为人特定化也无法知道伤害的轻重时，而该伤害明明是由其中一方（或者双方）的暴行而产生的，但只要无法证明共谋的存在，就无法对任何一个行为人追究伤害的刑事责任。《刑法》第 207 条就是着眼于该情形中所产生的显著不合理之处，为了消解这种不合理而特别设置的例外规定。与此相对，作为后行者的乙基于与先行者甲的共谋而施加暴行的情形中，即使无法确定造成伤害结果的行为人，至少也可以对甲追究伤害罪的刑事责任，因此并不会产生通过适用刑法的以上特别规定而必须消解的显著不合理之处。因此，在该情形中，并不能适用以上特别规定，对于加功后的行为与伤害之间不能够认定具有因果关系的后行者乙而言，应该在暴行罪的限度内追究其刑事责任，并不能认为以上的结论是不当的。〔1〕

《刑法》第 207 条是为了回避对谁都无法追究伤害的责任而设置的政策性的例外规定，在存在共谋的情形中，先行者对于后行者的行为及其结果均承担责任，因此，先行者对于先行行为与后行行为的全部承担责任（成立伤害罪），据此应当否定《刑法》第 207 条的适用（《各论》第 2 版，第 58 页）。

最近，关于承继的共同正犯，最高裁判例粉墨登场。具体而言，最决平成 24 年（2012 年）11 月 6 日刑集第 66 卷第 11 号第 1281 页中，甲以及乙在第一现场以及第二现场对 X 以及 Y 施加了暴行之后，赶到第二现场的被告人在与甲、乙共谋的基础上，继续对 X 等人施加暴行，由于这一系列的暴行，导致 X 以及 Y 负伤。（此外，被告人在共谋加功之后的暴行，在相当程度上使在共谋加功前其他行为人所产生的伤害重度化）。关于该案件，最高裁判所认为：由于被告人对于其共谋加功前由甲已经产生的伤害结果，被告人的共谋以及基于此而实施的行为与该结果之间并不具有因果关系，因此被告人并不负作为伤害罪之共同正犯的责任，应当认为，只有在足以引起共谋加功后的伤害之暴行对 X 等人的伤害之发生做出贡献时，让其承担作为伤害罪之共同正犯的责任才是相当的。原判决认定被告人积极利用了 X 等人在遭受甲等人的暴行之后处于负伤、难以逃跑以及抵抗的状态进一步施加暴行，但即使

---

〔1〕 与此相对，大阪地判平成 9 年（1997 年）8 月 20 日判夕第 995 号第 286 页中，肯定了同时伤害特别规定的适用。

具有这样的事实,这也只不过是被告人在共谋加功之后进一步施加暴行的动机或者契机而已,不能够成为对于共谋加功前的伤害结果承担刑事责任的理由,因此关于伤害罪之共同正犯的成立范围,并不受到上述判断的左右。本判决明确否定了全面肯定说,但到底是站在全面否定说的立场还是站在限定肯定说的立场,未必是明确的。关于这一点,当停留于判决主文中所指出的"动机或者契机"之情形时,就存在成立承继共同正犯的余地。不仅如此,在补充意见中,也明示了在强盗、恐吓、欺诈等犯罪中成立承继共同正犯的可能性。这可以评价为:最高裁判所采用了作为下级审所主张的有力观点之限定肯定说〔例如,前述大阪高裁昭和62年(1987年)的判决等〕。[1][2]

五、过失犯的共同正犯

关于过失犯是否也可以成立共同正犯这一问题,[3]在大审院时代的判例

---

[1] 关于本案,参见小林(宪):《百选Ⅰ》,第166页;高桥:《刑事法学家》第39号,第85页;照沼,平成25年(2013年)度重判,第164页;松宫:《立命馆法学》第352号,第335页;今井(康):《早稻田法学》第89卷第2号,第101页。

[2] 在本最高裁决定之后,东京高判平成24年(2012年)11月28日东高刑时报第63卷第1-12号第254页中,A在着手实施强盗行为之后,被告人察觉到A强取金钱的意图并参与进来从而导致强盗致伤。对于该案件,东京高等裁判所认为,在共谋成立前所产生的结果与共谋以及基于该共谋所实施的行为之间不具有因果关系,因此,应当理解为被告人对于共谋成立前所产生的结果并不承担责任。东京地立川支判平成26年(2014年)3月20日LLI/DB06930113中,被告人在A等人将被害人杀害之后,在与A等人共谋的基础上,将尸体扔进高压锅里用水和药剂溶解尸体,并将剩余的骨头丢弃。对于该案件,裁判所认为,作为包括一罪而受处罚的尸体遗弃行为与尸体损坏行为,对于具体的行为内容本身并不当然地肯定其一体性,对于仅仅参与后者的被告人而言,还不能认为其将参与之前的先行行为作为遂行自己犯罪行为的手段而积极利用,据此而否定对于共谋之前的行为的责任(关于本案,参见宫川:《判例通选》2014年第1辑,第29页)。

[3] 关于过失犯的共同正犯,参见内田(文):《刑法中的过失共动理论》(1973年);西田:"过失的共犯",载《法教》第137号(1992年),第19页;山口:"关于过失共同正犯的备忘录",载《西原古稀》第2卷,第387页以下;甲斐:《责任原理与过失犯论》(2005年),第181页以下;嶋矢:"过失犯的共通正犯论(1)(2完)",载《法协》第121卷第1号77页以下、第121卷第10号1657页(2004年);伊东:"'过失犯的共同正犯'论的现在",载《现刑》第3卷第8号(2001年),第11页以下;同:"过失犯的共同正犯的成立范围",载《神户法学杂志》第62卷第1、2号(2012年)第1页以下;松宫:"关于'过失犯的共同正犯'的理论基础",载《立命馆法学》339、340号(2011年)第499页以下;金子:"关于过失犯的共同正犯",载《立命馆法学》第326号(2009年)第26页以下;今井(康):"关于过失犯的共同正犯(1)-(3)",载《法研论集(早大)》第143号第49页以下、第144号1页以下、第148号25页以下(2012年-2013年);同:"过失犯中的单独正犯与共同正犯",载《法研论集》第149号第49页以下、第151号第107页以下(2014年);内海:《关于过失共同正犯》(2013年)。

中遭到否定［例如，大判明治44年（1911年）3月16日刑录第17辑第380页、大判大正3年（1914年）12月24日刑录第20辑第2627页等］。但到了最高裁时代则出现了肯定的判例。具体而言，最判昭和28年（1953年）1月23日刑集第7卷第1号第30页中，案件事实如下：两名被告人共同经营着饮食店，从饮食店C购入威士忌（含有法定除外量以上的甲醇），两人对于是否含有甲醇这一点，既不注意也没有做任何检查，在意思联络之下贩卖给了客人，客人喝了威士忌之后因中毒而导致死伤。关于该案件，原判决认为，由于两名被告人也无法判断从饮食店C所购入被称为"威士忌"的液体是否含有甲醇（工业酒精），因此应当在对此做充分检查并确认不含有甲醇的基础上才贩卖给客人，尽管如此，却既不注意也没有做任何检查，两名被告人就在意思联络下贩卖了本案中的液体。也就是说，原判决明示了两名被告人负有以下义务，即，两名被告人在共同经营的饮食店中，对于出处不明的液体，在贩卖给客人之际，必须在充分检查是否含有甲醇的基础上才能贩卖。而两名被告人均因不注意而懈怠了此义务，因没有进行必要的检查而轻信本案中的液体并不含有法定除外量以上的甲醇并贩卖给客人，在这一点上，原判决文书上明确肯定了"因过失而违反了"《有毒饮食物等取缔令》第4条第1款后半段。但是，根据原判决所确认的事实，本案中的饮食店是由两名被告人共同经营的，关于案中液体的贩卖，两名被告人也是在具有相互意思联络下而贩卖的，因此在这一点上，在两名被告人之间肯定共犯关系的成立是相当的，因此，原判决对此适用《刑法》第60条，是正当的。

过失共同正犯之成立与否的问题，一直都被认为是犯罪共同说与行为共同说之对立问题。具体而言，根据前者，共同实现共同正犯中的特定犯罪之意思就是必要的，因此故意的共同成为不可或缺的要件。与此相对，根据后者，则认为共同正犯只要共同实施前构成要件行为并对此具有意思疏通即为足够，因此过失共同正犯也被肯定。这一对立是从共同正犯的构造论出发的进路。另一方面，否定说这一侧则提出了以下论据：过失行为的本质在于其无意识的侧面，因此以意识性侧面的意思联络为基础而讨论过失共同正犯违反了过失犯的本质。[1]与此相对，这一观点与以下观点形成了对立，即，将过失的实行行为性求诸于违反了注意义务的结果惹起行为，当能够肯定共同

---

[1] 参见团藤第393页以下。

实施该行为的意思与事实时,即可肯定过失共同正犯。[1]这一对立是从过失犯的构造论出发的进路。

由于以上两种进路都能够独立存在,其结果,从前一进路中的犯罪共同说的立场出发而采用后一进路中的肯定说也是完全有可能的。罗克辛所提倡的根据"共同义务的共同违反"这一特征而肯定过失共同正犯就是该立场的代表性观点。[2]这种观点最近逐渐变得有力。例如,在共同实施含有导致某种结果发生的高度危险性的情形中,当每个共同者均被科以防止结果的注意义务,各个行为人通过违反共通之注意义务的共同行为而导致犯罪结果发生时,就是通过该过失犯之共同实行而惹起了过失犯的构成要件结果,因此就可以肯定作为过失共同正犯的构成要件过失。[3]

在裁判例中,例如,世田谷通信电缆火灾事件［东京地判平成 4 年（1992 年）1 月 23 日判时第 1419 号第 133 页］,就以该"共同义务的共同违反"这一观点为根据,肯定了过失犯的共同正犯。具体而言,本判决所指向的案件事实如下:两名被告人各自使用一支点火的火焰枪,从事这样的作业:将设置于地下洞道里的电话电缆的铅管溶解开来以寻找断线的地方。在发现断线的地方之后,为了探讨其修理方法等而暂时地退出洞道外,但两人均未确认各自所使用的火焰枪是否完全熄火就此离去,由此导致其中一支并未完全熄灭的火焰枪穿透防火薄片,将共计 104 条的电话电缆烧毁。关于这一业务上失火罪的案件,东京地方裁判所认为:"就像在本案的熔铅作业等场合中,数名作业人员使用数支火焰枪共同实施作业,当暂时中断作业而离开现场时,即使作为作业习惯,各个作业人员也不仅对于自己使用的火焰枪,同时也对共同从事作业者所使用的所有火焰枪,负有必须相互提醒确实已经灭火这一业务上的注意义务,因此可以认为这一注意义务科加到了所有共同作业人员身上。""虽然存在关于是否成立过失犯的共同正犯的议论,但就像在

---

[1] 参见内田（文）第 296 页以下。
[2] 参见 Roxin, Taeterschaft und Tatherrschaft, 2. Aufl., 1967, S. 531ff. 但是,该书在第 3 版以后,删除了《过失犯中的正犯与共犯》一章。
[3] 例如,参见大塚（仁）第 296 页以下。进而,作为肯定过失犯的共同正犯之观点,参见大谷第 414 页以下、佐伯（千）第 348 页以下、内藤（下）Ⅱ第 1380 页、中山第 465 页注 8、林（干）第 405 页、福田第 272 页、山口第 385 页以下、山中第 900 页以下、松原第 439 页以下、佐伯（仁）第 428 页以下等。

本案中，在能够预想到社会生活上危险的而且重大的结果之发生的情形中，现实也存在通过相互利用、补充而负有共同注意义务的共同作业者，而且在该共同作业者中，当能够肯定存在懈怠该注意义务的共同行为时，对该共同作业者全员肯定过失犯的共同正犯之成立，并且让其对所发生的全体结果承担作为共同正犯者的刑事责任，一点也不违反刑法上的责任主义"。[1]

但是，认为由于对于过失犯也可以肯定其实行行为性，因此其共同也是可能的理论就会导致仅仅以实行行为的同时性存在这一物理的因果性而为共

---

[1] 关于本案，参见嶋矢：《百选 I》，第 162 页。此外，最决平成 28 年（2016 年）7 月 12 日裁判所 HP（明石花火大会步道桥事件）中，采用了"共同义务的共同违反"的观点，对警察署副署长否定与该署地域官之间的共同正犯。作为肯定过失犯之共同正犯的裁判例，列举如下：两名被告人将两个素烧炉子放在床板上，在没有做任何调查的情况下，在意思联络的基础上使用该素烧炉子，在没有采取完全的灭火措施的情况下就回家了，导致火灾发生的案件［名古屋高判昭和 31 年（1956 年）10 月 22 日高刑裁特第 3 卷 21 号 1007 页］；两名被告人在酒醉之余，好奇心爆棚，企图驾驶某一观光船，于是潜入停放在栈桥边上的观光船，由一人掌舵，但另外一人并没有实施机关部的操作，共同地驾驶该船，因过失而导致该观光船触礁而损坏的案件［佐世保简略式命令昭和 36 年（1961 年）8 月 3 日下刑集第 3 卷第 7、8 号第 816 页］；作为铁道警卫员的甲，尽管当时处于浓雾状态，却没有注意线路，此外，值班的乙也只是等待甲的信号，并没有注意列车已经接近，于是没有采取将栅栏关闭等措施，导致进入线路内的汽车与火车相撞的案件［京都地判昭和 40 年（1965 年）5 月 10 日下刑集第 7 卷第 5 号第 855 页］；在实施钢材的电气焊接作业之际，一人进行焊接，另一人监视火花的飞散状况，中途交替各自的角色来进行作业，最终由于钢材的焊接固定作业产生的火花而导致火灾发生的案件［名古屋高判昭和 61 年（1986 年）9 月 30 日高刑集第 39 卷第 4 号第 371 页］；护士甲在给被害人注射血液凝固防止剂之际，错误地准备了对其他患者使用的消毒液，护士乙没有对此进行确认就给被害人注射，由此导致被害人死亡的案件［东京地判平成 12 年（2000 年）12 月 27 日判时第 1771 号第 168 页］等。进而，奈良地判平成 24 年（2012 年）6 月 22 日判夕第 1406 号第 363 页中，对于肝肿伤的切除手术完全没有执刀经验的医院院长、医生与勤务医生在不具有充分的人员能够实施该手术的情况下就开始实施该手术，损伤了肝静脉而导致大出血，由于无法采取妥当的止血措施，从而导致患者死亡。对于该案件，奈良地方裁判所认为，开始实施该手术的行为是违反注意义务的共同过失行为。关于本案，参见高桥：《刑事法学家》第 46 号，第 115 页。与此相对，作为否定过失犯的共同正犯之成立的裁判例，列举如下：在木造建筑的屋顶上实施建筑工事的过程中，作为上司的被告人与两名从业员当中的其中一人的烟灰而导致火灾发生的案件［秋田地判昭和 40 年（1965 年）3 月 31 日下刑集第 7 卷第 3 号第 536 页］；被告人甲、乙是被害人 X 的共同担当医生，丙是护士，丙在根据甲的指示而对 A 实施全身麻醉之际，由于丙注射了与甲的指示不同的药，导致 A 死亡的案件［广岛高判昭和 32 年（1957 年）7 月 20 日高刑裁特 4 卷追录第 696 页］；作为广告气球公司的董事长甲对从业员乙指示了广告气球的悬挂计划，并指示其留在现场进行监视，但乙将正在充氢气的广告气球随意放置在地上，怠于监视，由此导致两名儿童进入该气球内并因缺氧症死亡的案件［越谷简判昭和 51 年（1976 年）10 月 25 日判时第 846 号第 128 页］等。

同正犯提供基础,结果就会导致丧失共同正犯与同时正犯的区别。如果不能肯定共谋(意思疏通)这一心理的因果关系,就无法肯定共同正犯性,但该意思疏通的内容是限定于故意,还是也包含过失,这一点成为问题。因此从共同正犯的构造论出发的进路就成为重要的进路。

世田谷通信电缆事件判决承认了相互确认火焰枪的火处于熄灭状态的共同义务以及懈怠该义务的共同违反行为的存在,但作为后者的共同违反,在过失的实行行为的同时存在这一层面上并不足够,尽管实行过失的实行行为的意思疏通是必要的,但本判决并未言及这一点。在本案的情形中,过失并不在于"离去",而在于"没有灭火"这一不作为上。但是,在不作为的情形中,并不存在意思疏通,因此过失的实行行为的意思疏通并不能被肯定。此外,过失的实行行为是通过结果发生而被确定对于特定的过失犯具有违法的危险性。因此,共同者当然没有事前就该过失犯的实行行为进行意思疏通。

共同正犯的处罚根据,如前所述(边页第 440 页),是存在于以下这一点,即基于共谋而在犯罪实现中根据各个行为人之行为的地位与作用的重要性,尽管部分分担,但其行为也被相互归属,从而承担全体的责任。因此,必须认为只有事前地认识到结果,才能在犯罪事实整体中把握自己的地位与作用。"共同义务的共同违反"这一观点,忽视了如上的意思疏通问题,其结果,可以说仅仅根据客观要素就肯定共同正犯的成立。

共同义务的内容,例如,一般被理解为"共同者仅仅各自单独地注意到自己的行为并不足够,也必须注意到其他同伴的行为"之义务;[1]或者"一方也必须注意到他方之行为的情形"[2]。而这在几乎所有的情形中,都可以消解于相互的监督过失的同时正犯中。[3]进而,本来对于过失犯而言就不存在正犯与共犯的区分,统一的正犯概念是妥当的,因此必须判断各自的正犯性。[4]因此,应否定过失犯的共同正犯。

---

[1] 参见大塚(仁)第 297 页。
[2] 参见平野 II 第 395 页。
[3] 参见西原(下)第 385 页、曾根第 256 页、前田第 370 页、西田第 383 页、井田第 476 页。
[4] 对于该观点,存在以下批判:故意犯就是一种帮助的形态,而在过失犯中则成为正犯,这是不妥当的,但是过失犯与故意犯的平衡性是被否定的(边页第 212 页)。进而,将正犯、共犯类型嵌入过失犯中"协动作业中的复杂角色分担",本来就是很困难的,无法把握过失的实态。

六、结果加重犯的共同正犯

结果加重犯的共同正犯是指,在两个以上的行为人共同实行基本犯罪的意思之下共同实施实行行为的情形中,当由其部分行为而导致加重结果发生时,共同者全员对于加重结果均被认定为共同正犯。

肯定结果加重犯的共同正犯的学说认为,结果加重犯是在基本行为之中就蕴含着导致加重结果发生之高度危险性的犯罪类型,因此基本犯的共同者就负有相互提醒不导致加重结果发生的共同注意义务,对该注意义务的违反能够被肯定。[1]

关于结果加重犯之构造的理解,从责任主义的观点出发,如果认为对于加重结果有必要存在过失的话,其他共谋者的责任对于过失部分是否成立共同正犯就成为问题,即,可以还原为过失犯的共同正犯的问题。

从过失共同正犯肯定说出发,如果"共同义务的共同违反"能够被肯定,则其他共谋者也对加重结果承担责任;从否定说出发,共同正犯中的意思疏通成为不可或缺的要件,因此共同正犯的成立范围就仅仅限定于认识范围内的基本犯。或者,如果关于加重结果部分,以各自的过失正犯为问题的话,共谋者各自的过失的成立与否就成为问题。如果这一点被肯定,就成立基本犯的共同正犯,在此基础上也成立作为单独犯的结果加重犯。

判例一直认为只要基本犯与加重结果之间的因果关系能够被肯定,就应当肯定结果加重犯的共同正犯。

最判昭和26年(1951年)3月27日刑集第5卷第4号第686页中,被告人甲与乙在共谋的基础上,在着手实施强盗之后,被房屋主人发现而逃走,房主在后面边追赶边喊抓小偷,之后被警视厅的巡查发现,巡查加入追捕阵营,乙在即将被逮捕之际,为了避免被逮捕而捅了该巡查数刀,致使该巡查死亡。关于该案件,最高裁判所认为:这样的话,必须说本案中乙的伤害致死行为是在强盗的机会中所实施的,因此就强盗而形成共谋的共犯者当中的一人在强盗机会中所实施的行为,其他共犯者也应当对此承担责任,原裁判所的处理是妥当的。据此而认定甲成立强盗致死罪。[2]

---

[1] 参见大塚(仁)第299页。
[2] 关于本案,参见内海:《百选Ⅰ》,第160页。

如前所述（边页第247页），本书认为，作为结果加重犯的构造，在基本犯与加重结果之间，只要能够肯定危险及其实现这一客观归属的关系即为足够，因此在这种关系能够被肯定的情形中，就能够肯定结果加重犯的共同正犯。[1]

七、共同正犯与违法判断

共同正犯与防卫过当相关联的，存在以下两个最高裁判例。[2]

①最决平成4年（1992年）6月5日刑集第46卷第4号第245页（菲律宾酒吧事件）中，被告人甲被X气昏了头，一脚踢开了X的店门，之后其友人乙也握着菜刀（刃长约14.5厘米）与甲一起冲向出租车。甲对出租车内的X产生未必的杀意，于是对乙指示：敢还手的话就用刀！令乙走到该店的出入口，而自己则在不远处伺机而动。乙将从店门口走出来的X误认为甲，突然遭受X的猛烈暴行，怀着防卫自己生命、身体的意思，决意杀害X，在与甲共谋之下，将菜刀刺向X，X当场死亡。关于该案件，最高裁判所认为：在成立共同正犯的情形中是否成立防卫过当，应当在探讨各个共同正犯者是否各自满足其要件的基础上决定，即使对共同正犯者的其中一人肯定防卫过当，其结果也并不当然地意味着其他共同正犯者也成立防卫过当。根据原判决的认定，被告人预期到了X的攻击，意图利用该机会而让乙持菜刀对X实施反击，因此可以说是以积极的加害意思而面临侵害。据此，X对乙施加的暴行，即使对没有积极加害意思的乙来说是急迫不正的侵害，对甲而言也丧失了急迫性〔最高裁昭和51年（1976年）（あ）第671号；昭和52年（1977年）7月21日第一小法庭决定刑集第31卷第4号第747页〕。因此，对乙认定成立防卫过当，而对甲则不认定成立正当防卫的原判决，可以承认其是适当的（边页277页）。[3]

②最判平成6年（1994年）12月6日刑集第48卷第8号第509页（迪

---

[1] 如前所述（边页第434页），由于在故意的限度内共同正犯是被肯定的，因此结果加重犯与故意犯的共同正犯就被否定。例如，在共谋伤害而由一人的行为产生致死结果的情形中，虽然全体成员成立伤害致死罪的共同正犯，但在虽然共谋伤害，其中一人却产生杀意而实施杀人的实行行为从而成立杀人罪的情形中，其他参与人就在伤害的限度内成立共同正犯，由于对于死亡结果没有因果关系，因此仅限于伤害罪的成立。

[2] 参见高桥：《规范论》，第175页以下。

[3] 关于本案，参见松原（芳）：《百选Ⅰ》，第178页。

尼斯事件）中，由于 X 对甲的友人 Y 女施加了揪头发等暴行，甲就纠集乙、丙等人对 X 施加暴行，之后虽停止了暴行，但 X 仍然显示出了应战的气势，于是乙推开丙的劝阻，继续殴打 X，结果导致 X 负伤。对于该案件，最高裁判所认为："就如本案中的事实，对于对方的侵害，数人共同实施作为防卫行为的暴行，在终了对于对方的侵害之后，部分行为人还继续施加暴行的情形中，在探讨没有施加之后的暴行的行为人是否成立正当防卫之际，将侵害现在时与侵害终了后分开考察是妥当的。当侵害现在时的暴行被认定为正当防卫时，对于侵害终了后的暴行而言，其问题并不在于是否从侵害现在时中作为防卫行为之暴行的共同意思中脱离，而应探讨是否成立了新的共谋。只有当共谋的成立能够被肯定时，才将侵害现在时以及侵害终了后的一体行为作为整体进行考察，从而探讨作为防卫行为的相当性。""对于被告人而言，在反击行为上成立正当防卫，在追击行为上则不能够肯定成立新的暴行共谋，因此，并不存在将反击行为与追击行为作为一个整体进行综合评价的余地。原判决将被告人的行为作为一个整体，认定基于共谋的伤害罪的成立，并维持将其认定为防卫过当的第一审判决，存在足以影响判决的重大事实误认。"据此而认定甲无罪。[1]

在①决定和②判决中，前者是关于共同正犯者之意思内容差异（积极的加害意思的有无）的案件，而后者是关于共同正犯者的行为的时间性经过与共谋的成立与否的案件，案件内容存在差异。但是，在"共同正犯中各个行为人的法判断的相对化（违法的相对化）"这一点上，具有共通性。

首先，作为承认这种相对化的根据，有观点指出：共同正犯的成立要件是构成要件该当性的问题，只有在该阶段上才具有连带性。[2]但是，这种学说只有从将构成要件置于与违法或责任无关之位置上的行为类型说出发才具有可能性，但不考虑与违法之间的关系，就无法说明连带性了。此外，该观点是将狭义犯之情形中的最小从属性说适用于共同正犯，其结果，如前所述（边页第 437 页），最小从属性说是不具有存在意义的从属形式。

其次，如果以共同正犯的共犯性为考虑方向的话，就会得出适用于狭义

---

[1] 关于本案，参见十河：《百选 I》，第 194 页。
[2] 参见川端："共同正犯与正当防卫、过剩防卫的成立与否"，载《研修》第 578 号（1996 年），第 5 页以下；桥本，平成 4 年（1992 年）度重判，第 167 页；井田第 467 页以下。

共犯的从属性理论也同样适用于共同正犯的结论。但是，在狭义的共犯中，只要考虑对于正犯的从属即为足够，因此不存在问题，但在共同正犯中，在一方是合法行为，另一方是违法行为的情形中，就会产生从属于哪一方这种无法解决的问题。这是因为，在共同正犯的情形中，相互的影响是被肯定的。

如前所述（边页第 440 页），共同正犯的处罚根据在于基于共谋的相互的行为归属，正是因为通过共谋能够明白此后所实施的行为的意义以及预期由该行为所可能产生的结果，所以才能够相互归属。实施违法行为的共谋与实施合法行为的意思疏通在行动预期这一点上具有本质的不同。另一方面，在最终结果是一个共同者的行为是合法的情形中，从制裁（媒介）规范派生的结果归属的侧面出发（虽具有共谋但不存在结果归属），共同正犯性就被否定了。[1] 这是因为，不存在作为全部责任之前提的"违法的全部结果"。因此，在合法行为仅存在于其中一方的行为人这种情形中，就可将其分解为自己的单独犯与对他人的教唆犯或帮助犯这一形态。例如，甲与乙共谋杀害 X，在实行分担者乙变成正当防卫的情形中，甲就成为对乙的行为的教唆或帮助，由于正犯是合法的，因此在这一点上不成立犯罪，但关于自己的行为，根据不同情形，可能成立杀人预备罪的单独犯。

在①决定中，防卫过当是违法行为，因此成立共同正犯，但如果将防卫过当理解为违法以及责任减少（边页第 298 页），其结果，通过对方的违法减少，另一方的共同正犯者的违法性也减少。在②判决中，关于正当防卫行为的共同，则分解为单独犯，关于暴行罪，作为各个单独犯，以正当防卫为问题即为足够。关于侵害终了之后，应当以新的共谋的成立与否为问题，关于这一点，②判决是妥当的。[2]

进而，在共同正犯中的一人成立假想防卫的情形中，由于假想防卫是违法行为，但阻却责任故意，因此对各个行为人做个别性判断是理所当然的。

东京地判平成 14 年（2002 年）11 月 21 日判时第 1823 号第 156 页中，长

---

[1] 在结论上同主旨的是，冈野："过剩防卫的连带性与个别性"，载《研修》第 584 号（1997 年），第 9 页；野村：《法教》第 177 号，第 73 页。

[2] 在②判决中，对于乙、丙而言，第一暴行（正当防卫）与第二暴行（追击行为）是作为一体的行为而被认为是伤害的防卫过当，与此相对，对于甲而言，两个行为就被分断开来，在第二个暴行上被认为必须存在"新的共谋"。关于这一点，本书认为，正当防卫行为的共同是无法存在的，由于第一暴行被分断为单独犯，其结果，对于第二暴行当然要求新的共谋。

男D在喝得酩酊大醉之后在自己家中试图对次男C施加暴行,但被C以及两名被告人(母亲A、长女B)等三人所阻止,为了让D老实不动而将其按压在地上,C用被子压住俯卧在地上的D的后头部五至十分钟,结果导致D窒息死亡。对于该案件,东京地方裁判所作出了以下判示:在对急迫不正的侵害实施反击行为的情形中,即使在客观上该行为已经超出防卫行为的相当性范围而被看作是防卫过当的情形,当该行为人对于相当性判断的基础事实即为过当性提供基础的事实存在错误,如果遵从该认识的话就不会超出相当性范围时,作为假想防卫的一种情形,对于行为人就不能就所产生的结果追究其故意责任。进而,在复数的行为人共同实施这种反击行为的情形中,由于相当性判断之基础事实的认识有无被认为应当对每个人进行个别判断,因此即使其中一人的反击行为超出防卫行为的相当性范围,就由这种反击行为所产生的结果而言,在客观上也无法否定与共同实施反击行为的其他行为人之行为之间的因果关系。当共同实施反击行为的行为人在相当性判断之基础事实上存在错误,如果遵从该认识就不会超出相当性范围时,作为假想防卫的一种情形,对该人,应该说不能就所产生的结果追究其故意责任。据此而认定两名被告人无罪。[1]

八、预备罪的共同正犯

如前所述(边页第437页),关于作为非独立罪的预备罪,他人预备行为被否定,但并不是预备罪其本身,而是预备罪的共犯的成立可能性成为问题。

虽然也有观点认为共犯规定的"实行""正犯"并不包含预备,从而完全否定预备罪的共犯。[2]但是,本书认为,可以肯定实行预备这一概念,毋宁说预备与未遂的区别才是重要的(边页第384页),因此没有理由在"实行"概念这一棵树上吊死,不仅如此,由于预备罪也是被修正的构成要件,因此其实行行为与正犯也是可以想象的。

此外,也有观点认为他人预备行为仅仅可能成立帮助犯,从而仅仅肯定

---

[1] 关于本案,参见岛田:《刑事法学家》第5号,第121页。此外,相当性判断其本身就成为共同正犯者全员之行为的对象,一人的过当对于其他人而言也成为过当。

[2] 参见植松第383页、大塚(仁)第309页、曾根第274页、浅田第470页。此外,作为仅仅对独立预备罪肯定共同正犯的观点,有福田第258页注7、西原(上)第318页。

预备的帮助。[1]但是，与通常的共同正犯与帮助犯的区别同样的，在预备阶段中，对于预备罪这一犯罪的实现起重要作用者，在预备阶段中也应肯定共同正犯。[2]

最决昭和37年（1962年）11月8日刑集第16卷第11号第1522页中，被告人的堂哥A请求被告人为其准备用于杀害B的氰化钾，被告人答应了其请求，并将从C那里入手的氰化钾交给A，但A并未将其使用于杀害B的实行中，而是在让B服用安眠药之后将其绞杀。关于该案件，最高裁判所作出了以下判示：原判决驳回了认定成立杀人预备的帮助犯的第一审判决，从而认定成立预备罪的共同正犯，将被告人在本案中所实施的行为作为杀人预备罪的共同正犯来处理的原判决的判断是正当的。[3]

第一审的名古屋地方裁判所［名古屋地判昭和36年（1961年）4月28日下刑集第3卷第3=4号第378页］认为，预备罪也是一种独立的构成要件，总则的共犯规定对其也适用，预备的帮助也成立，但要成立预备罪，行为人必须具备自身去实现基本犯罪的意思，因此，并不成立杀人预备罪，而成立杀人预备罪的帮助。

与此相对，第二审的名古屋高等裁判所［名古屋高判昭和36年（1961年）11月27日高刑集第14卷第9号第635页］认为，虽然在理论上预备也具有其实行行为，也存在对预备的帮助，但预备罪的实行行为或者从犯的行为都缺乏定型性，处于无限定状态，因此，预备的从犯就更加缺乏定型性以及限定性。以此为理由，第二审驳回了第一审，但与此同时又认为，正犯与从犯的区别应当综合主观与客观，从行为性质出发进行判断，从而对被告人的行为肯定了《刑法》第60条的适用，并肯定了杀人预备罪的共同正犯的成立。

第一审是否定了"他人预备行为"，与此相对，第二审则肯定了"他人预

---

[1] 参见川端第583页；野村："关于预备罪的从犯"，载《研修》第533号（1992年），第3页以下。
[2] 参见西田第391页以下。
[3] 关于本案，参见川口：《百选Ⅰ》，第164页。在战前的判例中，存在肯定预备罪之帮助的案例［大判昭和4年（1929年）2月19日刑集第8卷第84页＝货币伪造准备罪的帮助］。在下级审判决中，也存在肯定帮助预备罪之成立的案例［大阪高判昭和38年（1963年）1月22日高刑集第16卷第2号第177页＝企图偷渡（预备罪的帮助）］。

备行为"，在这一点上存在差异，但在对预备也肯定其实行行为性即"实行行为的相对性"这一点上是共通的。这样的话，作为预备罪中犯罪实现的问题，就可以将其与共同正犯与狭义共犯的区别问题做同样处理了。

第五节　教唆犯

一、含义

教唆犯是指，"教唆他人使其犯罪"（《刑法》第61条第1款）。关于教唆犯的处罚根据，如前所述（边页第441页），从大的分类而言，存在责任共犯说、不法共犯说（行为无价值惹起说）、惹起说（因果共犯论）的对立，但应当说惹起说中的混合惹起说是妥当的，有必要从该立场出发探讨教唆犯的要件。

二、要件

要成立教唆犯，必须具备以下两个要件：(1)教唆他人；(2)被教唆人实行犯罪。

（一）教唆他人

教唆是指，唆使他人使其产生实行犯罪的决意。

1. 教唆犯的故意

作为教唆犯的故意，是只要认识到被教唆者实施实行行为即为足够，还是必须认识到被教唆者实现的构成要件结果，存在疑问。具体而言，当教唆人一开始就是以让被教唆人的实行行为终于未遂的意思而实施教唆时，即所谓的"未遂的教唆"是否成立教唆犯，成为问题。

关于该问题，如前所述（边页第441页），可以通过共犯的处罚根据论进行解决。根据责任共犯论或不法共犯论，教唆的故意只要达到正犯的实行这一层面即为足够，"未遂的教唆"作为教唆的故意已经足够。但根据惹起说（因果共犯论），教唆的故意必须认识到正犯结果，因此"未遂的教唆"就欠缺教唆的故意而不可罚。[1]

---

[1] 与此相关联，agent provocateur（教唆的刑事侦查）（例如，警察官作为卧底混入犯人之中，教唆罪的常习者实施犯罪，在着手实行之际将其逮捕的情形）也作为该"未遂的教唆"问题而被处理。但是，搜查的违法性、合法性问题应另当别论（警察圈套）。

在未遂的教唆的事例中，当违反教唆人的意图而发生结果时，根据前一种学说，不存在错误，结果就作为客观处罚条件而被归属，从而成立既遂犯的教唆犯。[1]根据后一种学说，如果可以肯定对于结果的过失，过失犯的成立可能性就成为问题。

2. 教唆行为

教唆行为不问其方法或手段必须让被教唆人产生实行特定犯罪的决意，因此，像"把人给我杀了！"这种一般性地、默然地教唆犯罪并不足够［最判昭和26年（1951年）12月6日刑集第5卷第13号第2485页］。[2]

过失的教唆是否能够被肯定成为问题。有观点认为，在过失犯中也存在正犯与共犯的区别，限制的正犯概念是妥当的，现行法上并没有明文规定以故意为必要，因此可以肯定过失的教唆。但是，过失的教唆与教唆的观念相矛盾，不存在处罚过失共犯的特别规定，对过失犯应适用统一的正犯概念，等，从这些理由出发，应该否定过失的教唆，根据不同情形，可以作为过失的单独正犯进行处罚。

关于片面的教唆犯，虽然也有观点从责任共犯论或共同意思主体说等学说出发予以否定，但从因果共犯论以及《刑法》第61条的文理出发，被教唆人并没有必要知道被教唆的事实，因此应当肯定片面的教唆犯。

共同教唆（两个以上行为人怀着共同实施教唆行为的意思而教唆他人，使其实行犯罪）也是由每个教唆人承担教唆犯的罪责。与此相对，两个以上的行为人共谋教唆行为，由其中部分的行为人实施教唆行为这种共谋共同教唆是否成立教唆犯成为问题，但最判昭和23年（1948年）10月23日刑集第2卷第11号1386页对于共谋共同教唆也适用《刑法》第60条，从而肯定

---

[1] 但是，大塚（仁）第312页中，作为对于违反未遂教唆的预期而达到既遂的情形之处理，根据从犯与错误的理论，肯定了对于未遂犯的教唆。但是，既然在正犯的未遂之前就已经完成教唆故意，就不存在错误，应该认为是对于既遂犯的教唆。在这一点上，可以将正犯结果置于客观处罚条件的位置上。

[2] 最决平成18年（2006年）11月21日刑集第60卷第9号第770页中，作为以规划、盛行格斗技能比赛为目的的公司之董事长的被告人身上背负了一起刑事案件，A就对于该案件设计了具体的伪造证据的方案，即使存在对被告人积极提案这一因素，被告人承诺了这一做法并将与提案相关的工作交给A来实行，据此就可以确定A试图按照该提案遂行犯罪的意思。对于该案件，最高裁判所认为，使他人产生实行特定犯罪的决意就相当于教唆，据此判定被告人成立伪造证据的教唆。关于本案，参见丰田：《刑事法学家》第8号，第140页；小林（宪），平成19年（2007年）度重判，第171页。

共谋共同教唆犯的成立。

（二）被教唆人实行了犯罪

教唆行为的结果要求被教唆人决意犯罪，并付诸实行。但是，根据惹起说（因果共犯论），共犯的最终结果是正犯实现的结果，因此如果教唆的因果关系没有波及正犯的结果，就不成立既遂犯的教唆犯。

对过失犯的（故意）教唆，根据通说，被认为是间接正犯的问题（过失行为的利用）（进而，参见东京高判昭和26年（1951年）11月7日高刑判特第25号31页）。与此相对，根据因果共犯论，具有肯定的余地。关于该问题，有必要区分不同的情形。例如，在从一开始就利用过失行为的情形中，由于可以肯定背后者的优越的事实支配，因此成立间接正犯。但在教唆故意行为，而正犯者遂行过失行为的情形中，由于过失行为是违法的，因此成立对其教唆犯。在后者的情形中，归根结底，成立对过失犯的（故意）教唆犯。

对于结果加重犯的教唆（对基本犯的教唆），被判例与通说所肯定［大判大正13年（1924年）4月29日］。由于在结果加重犯中，只要基本犯（危险犯）与结果之间具有因果关系（客观归属）即为足够，因此，例如，尽管教唆者只是教唆了伤害，但正犯者却犯了伤害致死罪的情形中，如果能够肯定教唆行为与死亡结果之间的因果关系，对教唆人就成立伤害致死罪的教唆。

三、处分

教唆犯的处罚是"科以正犯之刑"（《刑法》第61条第1款）。也就是说其宗旨是在适用于正犯行为的基本构成要件所规定的法定刑的范围内进行处罚。正犯者没有必要现实地被处罚，而且也不妨碍对教唆人处以比正犯者更重的刑罚。

此外，仅适用拘留或者科料之罪的教唆人，如果没有特别的规定，不受处罚（《刑法》第64条）。

四、间接教唆、再间接教唆

间接教唆是指教唆教唆人，与教唆人同样被科以正犯之刑（《刑法》第61条第2款）。

再间接教唆是指，教唆间接教唆人。再间接教唆以及继续往前追溯的间接教唆统称为顺次教唆。但由于没有明文规定，是否可罚成为问题。大判大正11年（1922年）3月1日刑集第1卷第99页中，A教唆B去对X实施职务强要（《刑法》第 95 条第 2 款），B 进而教唆 C，C 进而教唆 D，D 最后对 X 实施了胁迫行为。关于这一案件，大审院认为 A 该当于《刑法》第 61 条第 2 款所规定的"教唆教唆人"，此外，由于再间接教唆也与犯罪结果具有因果关系，因此对 A 肯定教唆犯的成立。

五、独立教唆犯

独立教唆犯是指，基于教唆行为，被教唆人产生了犯罪决意，仅仅据此而认定为犯罪行为，在没有将正犯的犯罪实行作为要件这一点上，与教唆犯不同。在特别刑法中存在大量的这类规定。例如，《爆炸物取缔罚则》第 4 条，《破坏活动防止法》第 38~40 条，《国家公务员法》第 110 条第 1 款第 17 号，《地方公务员法》第 61 条第 4 号、第 62 条等即为此。

第六节　从犯（帮助犯）

一、含义

从犯（帮助犯）是指，"帮助了正犯的人"（《刑法》第 62 条第 1 款）。[1] 教唆犯与帮助犯（无形的帮助）的区别在于以下这一点：前者是通过诱导等行为使本来还未决意实行犯罪者产生新的犯罪决意；后者是通过打气与激励等使已经决意实行犯罪者强化其决意〔大判大正 6 年（1917 年）5 月 25 日刑录第 23 辑第 519 页〕。

二、要件

从犯的成立要件包括以下两个：（1）帮助者帮助了正犯；（2）正犯实施了犯罪的实行行为。

（一）帮助正犯

关于从犯的故意，与教唆犯同样（未遂的教唆），存在以下问题：认识到正犯的实行行为就足够，还是必须认识到正犯实现的结果（未遂的帮助）。关于过失帮助，也存在于教唆犯同样的议论。

---

[1] 关于帮助犯，参见小岛：《帮助犯的规范构造与处罚根据》（2015 年）。

作为帮助行为的样态，包括物理性帮助与心理性帮助，后者进而可以分为受认识性心理影响的技术性助言与受意欲性心理影响的狭义心理性帮助。此外，不作为的帮助也被肯定，由于不能肯定部分实行全部责任，其结果，片面的帮助也被肯定［关于不作为的片面从犯，参见大判昭和3年（1928年）3月9日刑集第7卷第172页］。

帮助行为可以分为先行于正犯的实行行为而实施的预备性从犯与伴随正犯的实行行为而实施的伴随性从犯。但是，由于在正犯的实行行为终了之后就不能成立对其帮助，因此事后从犯并不是从犯。事后从犯的样态，例如，就像犯人藏匿罪与盗品等参与罪，将其作为独立的犯罪进行处罚。

如前所述，在日本的裁判实务中，共谋共同正犯处于压倒性的支配地位，即使没有实施实行行为也可能被认定为共同正犯，作为其反面，即使实施了实行行为，也有可能不成立正犯。这就是所谓的"实施了实行行为的从犯"这一类别（前述最高裁昭和25年判决，第430页）。例如，横滨地川崎支判昭和51年（1976年）11月25日判时第842号第127页中，被告人甲请求乙向其转让兴奋剂，乙将兴奋剂交给X并收取对价。关于该案件，裁判所认为：被告人将50克的兴奋剂亲手交给X，是不可动摇的客观事实，在实施以上行为中，被告人欠缺转让兴奋剂的正犯意思，不得不将乙对X的转让行为视为仅仅具有帮助意思的行为，因此应当认为这是所谓的使正犯的犯行变得容易的有故意的帮助性道具。[1]

仅仅以分担实行行为者具有帮助意思这一点就认定为从犯，就完全依据主观说了，这并不是妥当的。应当判断是否能够肯定作为共同正犯之基础的"基于共谋的相互行为归属"（边页第440页），正犯意思、帮助意思只不过是其中一个判断资料而已。

（二）正犯者实行了犯罪

从实行从属性的观点出发，正犯者实行了犯罪这一点是必要的。在此之际，帮助行为对正犯者产生什么程度的影响，具体而言，帮助行为与正犯到哪个阶段为止必须存在因果关系，存在争论。这就是帮助的因果性问题。在

---

[1] 进而，参见大津地判昭和53年（1978年）12月26日判时第924号第145页、福冈地判昭和59年（1984年）8月30日判时第1152号第182页（边页第457页）、东京地判昭和63年（1988年）7月27日判时第1300号第153页（边页第459页）等。

帮助犯的情形中，由于正犯者已经决意犯行，因此"如果没有帮助行为就没有结果发生"这一条件公式原封不动适用的话是不妥当的。

判例认为帮助对于结果而言并不需要达到不可或缺的程度，只要使行为的遂行变得容易即为足够，基本上倾向于只要促进了实行行为或使实行行为变得容易就肯定因果性（促进公式）。[1]东京高判平成2年（1990年）2月21日判夕第733号第232页（板桥宝石商杀害事件）中，被告人甲在正犯者乙实行强盗杀人之际，首先，在乙当初计划将地下室作为杀人场所时，为了不让枪声外传而将入口的门缝用胶布贴严实，用毛布将排气口堵住，为其望风（望风行为）。但乙改变了计划，打算在行驶中的汽车内将被害人射杀，在此之际，乙驱车追踪，赶到杀害现场（追踪行为）。关于该案件，一审判决认为，就望风行为而言，是基于一体的计划而提高将被害人的生命等法益的侵害现实化的危险性的行为，就追踪行为而言，是强化了乙强盗杀人的意图，据此对两个行为均肯定了帮助的因果性。与此相对，东京高等裁判所认为："被告人在地下室所实施的望风等行为与乙现实的强盗杀人的实行行为，在因果关系上完全没有任何作用，这一点，原判决也承认。尽管如此，在这种情形中，如果要说被告人在地下室中所实施的望风等行为对乙现实的强盗杀人的实行行为起到帮助作用的话，则必须做这样的理解，即被告人的望风等行为其本身必须为乙提供精神动力，对维持或强化其强盗杀人起到了作用。但是，原审的证据以及当庭审理的事实调查的结果，并不具备足以认定以下事实的证据，即，乙指示被告人在地下室实施望风等行为，被告人对此表示承诺，被告人的协力强化了乙的犯罪意图。此外，本来就甚至没有足够的证据证明被告人实施的望风行为被乙所认识到，即，被告人在地下室所实施的望风等行为是自己直接向乙报告，还是通过丙而向乙报告；或者乙接受了该报告；或者乙亲自到地下室确认被告人为自己实施望风行为。因此，无法肯定被告人所实施的望风等行为其本身对乙提供了精神动力，对维持或强化了其强盗杀人的意图

---

[1] 例如，大判大正2年（1913年）7月9日刑录第19辑第771页中，对于将自己的住所借给他人用于开设赌场的案件，作出了以下判示：要认定为帮助行为，知道存在犯罪并对犯人提供对于犯罪遂行之便宜使其实施更为容易，仅仅以这一点为足够，并不需要对于其遂行提供必要的、不可或缺的助力。此外，大判大正4年（1915年）8月25日刑录第21辑第1249页中，对于向强盗犯人提供鸭舌帽与布袜的案件，作出了以下判示：像鸭舌帽或者布袜这种东西，从其性质而言，将其认为使强盗更为容易毕竟属于特殊的情形，因此需要对于这一点进行充分地说明，不能以其交付就迅速判断为强盗罪的帮助。

起了作用。"但是，对于追踪行为，东京高等裁判所作出了以下判示："乙也强烈地感到被告人从后面追踪而来，因此，可以认定强化了乙的意图。"[1]

在学说上，有观点将帮助犯解释为抽象的危险犯，[2]可以认为第一审判决就是立足于该立场的观点。但是，如果将帮助行为其本身的危险性作为根据的话，不可罚的帮助未遂也变成可罚，这是不妥当的。只有帮助行为的危险性在正犯所实现的结果中现实化，才能够肯定对既遂犯的帮助。此外，将实行行为理解为只要起到促进作用即为足够的观点也变得有力，[3]但是，必须说这是从不法共犯论出发的归结。

问题是帮助行为与正犯结果的因果性的实质性内容。关于这一点，首先，有观点认为只要起到促进的因果关系即为足够。[4]虽然这也包含了结果的促进化或容易化这一含义内容，但我认为本学说归根结底是与实行行为促进说同样的归结。其次，也有观点认为以帮助者与正犯者之间存在意思疏通为根据肯定因果性。[5]该观点认为只要具有意思联络就能够肯定心理的因果关系，再通过物理性的帮助行为进行限定。但这会导致放弃帮助行为与结果进而与实行之间的因果性，实行行为以及结果就很容易被理解为客观处罚条件。

归根结底，可以说维持正犯结果的惹起这一点的学说是妥当的。[6]但如何解决无法适用"如果没有帮助行为就没有结果发生"公式这一点，成为问题。关于这一点，代替条件公式，采用合法则的条件公式，通过该帮助行为，结果是否以法益状态的恶化或者法益侵害的容易化这一形态被变更。这一判断方法是妥当的（边页第119页）。

进而，如何判断心理的因果性，成为问题。心理性帮助可以分为受认识心理的影响的技术性鼓舞与受意欲性心理影响的狭义的心理性帮助。对于前者而言，比较容易判断鼓舞是否与物理性帮助一样在结果中现实化，但就像在板桥宝石商杀害事件中，在狭义的心理性帮助的情形中，也伴随着困难的判断。在该情形中，并不是所有的赞同行为都具有成为帮助的危险，并没有

---

[1] 关于本案，参见林（干）：《百选Ⅰ》，第174页。
[2] 参见野村第424页。
[3] 参见大谷第446页。
[4] 参见平野Ⅱ第381页、大塚（仁）第324页、川端第599页、前田第382页、西田第342页。
[5] 参见町野："惹起说的整理与检查"，载《内藤古稀》，第142页。
[6] 参见曾根第263页、山中第986页。

通过心理性帮助而广泛覆盖非因果的物理性帮助。[1]关于本判决（以及第一审判决）中的追踪行为的判断可以说就是这种倾向。应当认为，要肯定狭义的心理性帮助，仅仅限定于附加新的动机的情形与减弱反对动机的情形。因此，本案的望风行为自不待言，甚至对于追踪行为也应当否定心理性帮助。此外，这种对意欲性心理的影响在正犯的实行行为以及结果实现之前都必须继续性地发挥效果。在狭义的心理性帮助的情形中，通过对意欲性心理的影响，法益状态走向恶化也是必要的。[2]

（三）通过中立行为的帮助（日常行为与帮助）

例如，明知对方买螺丝刀是用于侵入他人住宅，店主仍然将螺丝刀卖给对方，在这种情形中，店主是否成立住居侵入罪的帮助。或者明知对方买了面包之后会放入毒药进而卖给客人，从而杀死客人，仍然将面包卖给对方，在这种情形中，是否成立杀人罪的帮助。该问题就是"日常行为与帮助"的问题。[3]

---

[1] 大判昭和7年（1932年）6月14日刑集第11卷第797页中，被告人甲听闻乙试图杀害X，于是对其激励道："男子汉该出手时就出手，如果你杀了X，我给你送牢饭！"对于该案件，大审院对其肯定了杀人罪之帮助的成立。与此相对，名古屋地判昭和33年（1958年）8月27日判时第167号第35页中，被告人甲在乙开张赌场之际，为了祝愿该赌场繁荣兴盛而实施了撒盐行为。对于该案件，名古屋地方裁判所认为，撒盐行为单纯只是一种祈愿，并没有直接地使赌场开张图利行为变得更加容易，从而否定帮助犯的成立。

[2] 最决平成23年（2011年）12月6日判夕1373号第156页中，被告人对公司的经营人提出了以下对策：作为免除强制执行之手段的财产隐匿行为，可以假装将其他公司变更为出租人，而由本公司向其借，并将租金汇到出租公司的账户上。对于该案件，日本最高裁判所肯定了强制执行妨害帮助罪的成立。关于本案，参见小野上：《刑事法学家》第33号，第110页；阿部（力）：《判例评论》第656号（判时2193号），第180页。此外，最决平成25年（2013年）4月15日刑集第67卷第4号第437页中，正犯者坐上了汽车的驾驶室，确认了同乘的两名职场上的前辈的被告人之意向，认为这是能够互相了解的重要契机，另一方面，两名被告人在虽然认识到了正犯者受到酒精的影响而陷入难以驾驶的状态中，却仍然坐到车上而默认其继续驾驶，结果正犯者实施了危险驾驶致死伤的犯行。对于该案件，日本最高裁判所对这两名被公认肯定了危险驾驶致死伤罪之帮助罪的成立。关于本案，参见深町：《判例通选》2013年第1期，第33页；内田（浩）：《刑事法学家》第38号第92页；龟井，平成25年（2013年）度重判，第166页；照沼：《上智法学论集》第58卷第3、4号，第153页。

[3] 参见松生（光）："中立行为的帮助（1）（2完）"，载《姬路法学》第27、28合并号，第203页以下、第30、31合并号第237页以下（1999年、2001年）；岛田，前列：《正犯、共犯论》第359页以下；曲田："日常的行为与从犯（1）（2）"，载《法学新报（中央大学）》第111卷第3、4号第141页以下、第112卷第1、2号第443页以下（2004年、2005年）；山中："中立行为的帮助的可罚性"，载《关大法学论集》第56卷第1号（2006年）第34页以下；丰田，前列：《共犯的处罚根据》，第150页以下。

关于该问题，根据本书所采用的混合惹起说，这是依据于如何理解共犯固有的不法内容的问题。具体而言，这是因为，要成立帮助犯，必须对帮助行为能够肯定"犯罪性的意义关联"，否则，帮助犯就会沦为兜底性的犯罪类型。如前所述，应当理解为，在心理因果性的限定法理（进而附加动机等）的基础上，中立行为在具有犯罪性的意义关联的情形中，就成立帮助犯。在该情形中，可以将"犯罪性的意义关联"作为是否制造出"不被允许的"危险这一客观归属论的问题，作为其判断基准，"自己的行为就像具体地适合于正犯的犯罪计划或者正犯行为"这一点（与正犯行为的特别结合）是必要的。[1]因为在这种情形中，正犯与帮助被认为处于一种连带关系，对帮助行为可以认定具有犯罪性的意义关联。

在关于通过中立行为的帮助的裁判例中，作为肯定帮助犯的判例，有东京高判平成2年（1990年）12月10日判夕第752号第246页，东京高等裁判所对于受经营秘密卖淫俱乐部（所谓的应召女）之人的请求而印刷粉红色传单的业主，肯定了卖淫周旋罪之帮助犯的成立。与此相对，熊本地判平成6年（1994年）3月15日判时第1514号169页中，虽然知道自己的行为会帮助轻油交易税不缴纳罪，仍然便宜买入了轻油，对于该行为，熊本地方裁判所不仅否定了本罪的共同正犯，连帮助犯的成立都被否定（但是，处于类似于必要的共犯关系这一点也被认为是根据）。根据前述的"与正犯行为的特别结合"，可以理解为前者肯定了这一点，而后者则否定了这一点。

进而，东京地判平成18年（2006年）12月13日判夕第1229号第105页中，案件事实如下：被告人开发并公开了文件共享软件"Winny（威尼）"，并向利用因特网的不特定多数人提供，两名正犯者在没有得到著作权人之承诺的前提下将游戏软件与电影的各种信息放在因特网上，使其处于能够自动发送给公众的状态，从而在客观上帮助侵害了著作权人所有的公众送信权。关于这一著作权法违反帮助案件，东京地方裁判所认为，Winny的技术其本身可以应用于诸多领域，是有意义的技术，技术本身是价值中立的东西，这种技术对外部的提供行为是否可以作为帮助行为而具有违法性，应当综合考虑这种技术在社会中现实的利用状况及其对此的认识、在提供之际主观上的样态等。由于被告人的行为是在因特网上利用Winny等文件共享软件而将处

---

[1] 参见丰田，前列：《共犯的处罚根据》，第174页以下。

于互相交换状态的相当一部分的著作权作为对象,因此,这种行为以侵害著作权的样态而将文件置于可被广泛利用的现实利用状况下而实施的,据此,可以评价为构成帮助犯。[1]与此相对,大阪高判平成21年(2009年)10月8日LEX/DB25451807将帮助犯的成立范围限定于以下情形,即,仅仅将软件用于违法行为的用途,或者将违法行为作为主要用途而使用从而在因特网上劝导提供软件的情形。在此基础上认为,本案并不符合这种情形,从而认定帮助犯不成立。作为上告审的最决平成23年(2011年)12月19日刑集第65卷第9号第1380页中,一方面否定了原判决所作出的上述限定;另一方面认为,是否试图利用软件而现实地实施具体的侵害著作权的行为,或者在入手软件的人当中不能说是例外之范围者将其利用于侵害著作权的盖然性很高的情形中,超过一般可能性的具体侵害利用状况是必要的,认识或容忍这一点也是必要的。在此基础上认为,本案中,并不能说具有这种认识或容忍,因此欠缺帮助犯的故意。[2]

Winny这种文件共享软件是以侵害著作权的样态而处于被广泛利用的状况下,提供具有保护文件共享者的匿名性之功能的Winny是适合于著作权法违反的正犯行为,可以说特别地形成了自己的行为,因此可以肯定帮助犯的成立。

三、处分

"从犯之刑,比照正犯之刑减轻"(《刑法》第63条)。具体而言,根据将应适用于正犯的刑罚法规的法定刑减轻的刑罚进行处断,其宗旨并不是参见正犯的宣告刑而减轻刑罚。因此,也存在帮助犯比正犯的宣告刑更重的情形。

此外,与教唆犯同样,仅仅该当于拘留或科料之罪的帮助者,如果没有特别的规定,不受处罚(《刑法》第64条)。

488

---

[1] 关于本案,参见十河,平成19年(2007年)度重判,第173页;小野上:《法时》第80卷第1号,第114页。

[2] 关于本案,参见盐见:《百选I》,第176页;林(干),平成24年(2012年)度重判,第152页;岛田:《刑事法学家》第32号,第142页。

四、从犯的教唆

"教唆从犯者,科以从犯之刑"(《刑法》第 62 条第 2 款)。这是指,让本来没有帮助正犯之意思者产生帮助正犯的决意,并实施帮助行为。例如,甲请求已经对 X 产生杀意的乙去杀害 X,在此之际,被告人劝说甲请乙喝酒以增强其杀意,甲答应了此事,在此情形中,被告人就成为杀人罪之帮助犯的教唆 [大判大正 7 年(1918 年)12 月 16 日刑录第 24 辑第 1529 页]。

五、间接从犯、再间接从犯

间接从犯是指帮助从犯者,再间接从犯是指帮助间接从犯者。再间接从犯及其继续往前追溯的从犯被称为顺次从犯。这些形态是可罚的还是不可罚的,存有争论,与间接教唆、再间接教唆中的讨论是一样的。

最决昭和 44 年(1969 年)7 月 17 日刑集第 23 卷第 8 号第 1061 页中,作为小五金的制造贩卖业主的被告人甲对其老客户 A 说,有必要的话自己愿意在任何时候把自己所持有的淫秽影片借给 A,事后 A 说自己想把淫秽影片借给老顾客,因此想从甲这里借出淫秽影片,于是,甲将含有露骨性描写的 8 毫米电影胶片 10 卷借给了 A,A 将该胶片交给了其老顾客 B,B 使用 C 所提供的 8 毫米播放机播放了该胶片,10 多名群众围观。关于该案件,大审院作出了以下判示:"此外,被告人明知 A 或者其老顾客可能会召集不特定多数人观看,却仍然将本案中的淫秽影片借给了 A,A 又将该影片借给其老顾客 B,B 播放了该影片并招来十多人观看,达到公然陈列的程度。鉴于本案事实,认为被告人间接帮助了作为正犯者 B 的犯行,从而成立从犯的原判决的判断,是相当的。"[1]

第七节 共犯的诸问题

一、共犯与身份

(一)《刑法》第 65 条第 1 款与第 2 款的关系

在身份犯中,在身份者与非身份者处于共犯关系的情形中,应如何处理,

---

[1] 关于本案,参见平山(干):《百选 I》,第 170 页。

成为问题。关于该问题,《刑法》第 65 条第 1 款规定:"当加功于由犯人的身份才能构成的犯罪行为时,即使不具有身份者,也作为共犯处理。"第 2 款规定:"当因身份而特别地导致刑罚的轻重时,对不具有身份者,科以通常之刑。"

这样,第 1 款就规定了身份的连带性,而第 2 款则规定了身份的个别性。于是,就会形成以下的矛盾关系,即第 1 款是立足于共犯从属性说的立场,而第 2 款则是立足于共犯独立性说的立场。

试图消解该矛盾本身的观点认为,第 1 款是通过真正身份犯以及不真正身份犯而成立共犯,第 2 款是对不真正身份犯规定科刑的个别性作用。[1]该观点将第 1 款的适用作为第 2 款适用的前提,使第 1 款的从属性思想尽可能地贯彻到底。[2]

但是,根据该观点,犯罪的成立与科刑就相分离了,因此是不妥当的,此外,仅仅将不真正身份犯的科刑个别化处理的根据并不明确。

试图为该矛盾提供合理性基础的观点如下:第 1 款中,身份成为规制行为的违法性之要素,第 2 款中的身份则成为规制行为的责任性之要素;[3]或者,第 1 款是规定了法益侵害这一意义上的违法身份的连带性,而第 2 款则规定对行为人进行法非难这一意义上的责任身份的个别性。[4]这些观点试图通过将身份作为犯罪要素从而与违法以及责任相关联,实质性地处理身份的违法性与个别性。

但是,存在以下问题:违法身份与责任身份的区别并不明确;构成身份与加减身份未必分别与违法身份、责任身份相对应,即使能够相对应,也会与构成性责任身份的个别化(非身份者=犯罪不成立)、加减性身份的连带(不适用《刑法》第 65 条第 2 款)这一条文的文言相背离。[5]

---

[1] 参见团藤第 418 页以下、大塚(仁)第 331 页以下、福田第 292 页、佐久间第 415 页。
[2] 此外,将《刑法》第 65 条第 1 款理解为通过真正身份犯以及不真正身份犯而规定"构成要件上"身份的连带作用,将《刑法》第 65 条第 2 款理解为规定关于实质性的违法性以及责任的身份的个别性作用的是,十河:《身份犯与共犯》(2009 年),第 347 页以下。但是,不能将"构成要件的连带"脱离违法性进行判断。
[3] 参见泷川第 254 页。
[4] 参见西田第 402 页以下;同:《共犯与身份》(新版)(2003 年),第 171 页以下;山口第 345 页;内藤(下)Ⅱ第 1403 页以下;林(干)第 431 页;平野Ⅱ第 366 页;堀内第 279 页。
[5] 例如,就像特别公务员职权滥用罪中的特别公务员,在加减性身份中也带有违法身份,反之,就像《暴力行为等处罚法》第 2 条第 2 款的常习性会面强要罪中的常习者,虽然是构成性身份犯,但也被认为存在责任身份的成分。参见西田,前列:《共犯与身份》,第 260 页以下。

判例与通说认为，第 1 款是对真正（构成的）身份犯规定身份的连带作用，而第 2 款则是对不真正（加减的）身份犯规定身份的个别性作用。[1]该观点只不过是形式性地对应于条文的文本而已，并没有提示实质性的根据。[2]

该问题也可以置于作为共犯的处罚根据论的应用问题。从纯粹惹起说出发，要说明《刑法》第 65 条第 1 款，是极其困难的。因为，这仅仅指出了与仅针对非身份者与身份者的法益之间的事实依存性。但是，仅仅依据事实的依存性，作为连带的根据是不充分的，我认为应当从作为法的依存性的从属性之功能出发进行说明。从这一点出发，也可以说明修正或者混合惹起说具有妥当性。

通过从属性原理而为可罚性提供根据的功能，参与于身份者之行为的非身份者的可罚性就能够被肯定，但如前所述，通过违法身份的连带性来说明这一点还是存有疑问的。这是因为，在身份犯中，非身份者并非其对象，非身份者本身并不存在任何的行为规范违反性。根据作为本书立场的混合惹起说，共犯固有的违法性成为问题，因为作为共犯者的非身份者并不存在固有的违法性。

这样考虑的话，不得不承认：《刑法》第 65 条第 1 款就是仅仅以作为制裁规范之发动条件的法益侵害或危险作为根据，而承认制裁（媒介）规范中的可罚性扩张之规定。于是，《刑法》第 65 条第 1 款就被作为对真正（构成的）身份犯的政策性、例外性的共犯成立规定。[3]因此，作为立法论，应当承认对非身份者减轻刑罚的可能性。[4]与此相对，《刑法》第 65 条第 2 款就可以理解为是对不真正（加减的）身份犯关于共犯成立的当然的注意规定。[5]

---

[1] 关于常习赌博罪，参见大判大正 2 年（1913 年）3 月 18 日刑录第 19 辑第 353 页。关于尊属杀人罪，参见最判昭和 31 年（1956 年）5 月 24 日刑集第 10 卷第 5 号第 734 页。

[2] 对于判例与通说，存在以下批判：非保护责任者的人教唆保护责任者实施"遗弃"的情形中，保护责任者这一身份，在与单纯遗弃的关系上是一种加重身份，因此根据《刑法》第 65 条第 2 款的规定，就成为单纯遗弃罪的教唆，但在非保护责任者教唆保护责任者实施"不保护"的情形中，保护责任者这一身份，在不保护上是构成性身份，因此，根据《刑法》第 65 条第 1 款的规定，就成立保护责任者不保护罪的教唆。而这会产生不均衡的现象。参见西田第 400 页。在该情形中，为了纠正这种不均衡，应当准用《刑法》第 65 条第 2 款。

[3] 在结论上同主旨的是，松宫第 307 页以下。

[4] 共犯成立是《刑法》第 65 条的前置问题，据此认为《刑法》第 65 条第 1 款是规定了真正身份犯之共犯的处罚，而第 65 条第 2 款是规定了不真正身份犯之共犯的处罚的是，西原（下）第 409 页。

[5] 参见团藤第 422 页注 6。此外，将强奸罪称为表见身份犯的是，福田第 295 页注 6。

(二) 身份的含义

根据判例，《刑法》第 65 条的身份是指，"并不限于男女的性别、内外国人的国别、亲族的关系、作为公务员的资格这种关系，而是概括性地指称关于某种犯罪行为的作为犯人的人身属性关系的特殊地位或者状态。"（最判昭和 27 年（1952 年）9 月 19 日刑集第 6 卷第 8 号 1083 页〔关于侵占罪的占有者〕），就像该定义所指出，身份概念被相当广泛地理解。例如，作为《刑法》第 65 条第 1 款的身份，虚伪公文书作成罪（《刑法》第 156 条）的公务员、伪证罪（《刑法》第 169 条）中的"根据法律而宣誓的人"，受贿罪（《刑法》第 197 条以下）中的"公务员"背任罪（《刑法》第 247 条）中的"他人事务之处理者"等。作为第 2 款的身份，常习赌博罪（《刑法》第 186 条第 1 款）中的"常习者"，业务上堕胎罪（《刑法》第 214 条）中的"医师"等即为适例。

关于身份概念，存在以下几个问题。

第一，强奸罪的主体是"奸淫了女子的人"，仅限于男性，因此"男性"是否包含于《刑法》第 65 条第 1 款的真正身份犯，成为问题。最判昭和 40 年（1965 年）3 月 30 日刑集第 19 卷第 2 号第 125 页中，甲女与男性乙、丙共谋，让乙、丙强奸 X 女。关于该案件，最高裁判所作出了以下判示："由于强奸罪的行为主体仅限于男性，因此这是该当于《刑法》第 65 条第 1 款所说的由犯人的身份才能构成的犯罪，但没有身份的人也可以通过利用有身份者的行为，侵害强奸罪的保护法益，因此，如果无身份者与有身份者共谋，加功于其犯罪行为的话，根据《刑法》第 65 条第 1 款，应当理解为成立强奸罪的共同正犯。"

但是，女性也可以实施强奸罪的部分实行行为（暴行或胁迫），根据《刑法》第 60 条的共同正犯中的部分实行全部责任的法理，即使不适用《刑法》第 65 条，也可以肯定共同正犯的成立。因此，认为强奸罪是身份犯，是不妥当的。[1]

第二，事后强盗罪中的"盗窃犯人"是否是身份，作为身份的话，是真正身份还是不真正身份，成为问题。关于该问题，虽然不存在最高裁判所的判例，但在下级审判例中，虽然在将盗窃犯人作为身份这一点并不存在争议，

---

[1] 参见团藤第 422 页注 6。此外，将强奸罪称为表见身份犯的是，福田第 295 页注 6。

但分为将其作为不真正身份与作为真正身份的判例。

解释为不真正身份的是东京地判昭和 60 年（1985 年）3 月 19 日判时第 1172 号第 155 页，案件事实如下：甲在乙盗窃行为终了之后，为了防止其盗窃而来的金钱被拿回去，在与乙取得意思联络之后对被害人施加了暴行。关于该案件，东京地方裁判所认为，由于事后强盗罪是身份犯，因此不能将其作为承继的共同正犯问题，而应作为共犯与身份的问题处理。据此作出以下判示：对于没有身份的甲，根据《刑法》第 65 条第 1 款而将其解释为成立强盗致伤罪的共同正犯，但根据《刑法》第 65 条第 2 款，其刑罚应紧紧停留于伤害的限度，做这样的判断是妥当的［此外，作为与本判决同主旨的判决，有新泻地判昭和 42 年（1967 年）12 月 5 日判时第 509 号第 77 页］。与此相对，将其解释为真正身份的大阪高判昭和 62 年（1987 年）7 月 17 日判时第 1253 号第 141 页中，对于同样的案件，适用了《刑法》第 65 条第 1 款、第 60 条而肯定了强盗致伤罪的共同正犯，具体作出了以下判示：事后强盗罪并不是在暴行罪、胁迫罪的基础上因附加了盗窃犯人这一身份而被加重刑罚的犯罪，而是具有作为盗窃犯人之身份者怀着《刑法》第 238 条所规定的目的，通过施加足以抑制被害人的反抗之程度的暴行或胁迫才成立的犯罪，因此，这是真正身份犯，而不是不真正身份犯。[1]

不真正身份犯说是以以下理由为根据的，[2]即，在并不是由盗窃犯人施加暴行或胁迫的情形中，只不过成立暴行罪或胁迫罪，与此相对，如果盗窃犯人是怀着《刑法》第 238 条所规定的目的实施同样行为的话，就作为重的事后强盗罪而受处罚。但是，将事后强盗罪理解为与其罪质不同的暴行罪、胁迫罪之加重犯是很困难的。事后强盗罪是由于盗窃的事后行为的样态而被加重其刑罚的犯罪，因此，从不真正身份犯说出发，可能会得出否定将事后强盗罪置于财产犯的位置上这一结论。与此相对，真正身份犯说[3]是以以下理由为根据的，即，事后强盗罪与受贿罪中的公务员同样的，是通过盗窃犯人这一身份的存在才成立的犯罪。此外，通过将事后强盗中的盗窃犯人理解为违法身份，也可以为该学说提供根据。

---

［1］ 关于本案，参见本田：《百选Ⅰ》，第 188 页。
［2］ 采用不真正身份犯说的是，藤木英雄 117 页注 6；内田（文）第 285 页；日高第 518 页；冈野第 329 页；大谷：《各论》，第 241 页；曾根：《各论》，第 131 页以下等。
［3］ 采用真正身份犯说的是，前田第 523 页以下、西田第 406 页、井田第 515 页等。

但是，问题是事后强盗罪是否本来就是身份犯。确实，根据判例所采用的《刑法》第65条的广义身份概念的话，实施特定的犯罪行为也可以包含于身份概念之中。但是，不仅这种广义的身份概念其本身存在问题，由于盗窃罪具有谁都可以去犯这种一般性的性质，因此难以将其作为一种身份。具体而言，盗窃犯人与受贿罪中的公务员等是不同的，具有任何人在任何时候都可以随时实施该行为的性质，应该说这也可以称为"被一般性地解放的身份犯"[1]。身份犯的核心在于违背或脱离与其地位相结合的特定角色这一点上。[2]因此，不能将事后强盗罪理解为身份犯。[3]此外，根据身份犯说，盗窃行为并不包含于事后强盗罪的实行行为之中，而被消解于犯罪主体的要件。但是，事后强盗之所以被"作为强盗论处"（《刑法》第238条），是因为暴行、胁迫与盗窃行为的同时存在，在违法性中，与强盗罪是等价的。此外，既然强盗罪的保护法益的核心是先行的关于盗窃行为的法益（财产），将盗窃行为从事后强盗罪的实行行为中排除出去就是不妥当的。进而，也不能通过并非实行行为的盗窃的既遂或未遂而决定事后强盗罪的既遂或未遂。[4]

如上所述，事后强盗罪并不是身份犯，而应当理解为：这是由盗窃行为与《刑法》第238条所规定的目的的暴行、胁迫行为构成的结合犯。也就是说，应当理解为，盗窃行为是事后强盗罪之实行行为的一部分。[5]

第三，营利目的这种主观性要素是否是身份，成为问题。最判昭和42年（1967年）3月7日刑集第21卷第2号第417页中，关于《旧麻药取缔法》

---

[1] 参见齐藤（诚）第275页。
[2] 参见上野（幸）："事后强盗罪与刑法第65条适用的妥当与否"，载《日本法学纪要》第30卷（1989年），第440页。
[3] 采用非身份犯说的是，齐藤（诚）第276页以下；中森：《判例评论》第353号（判时第1273号）（1988年）71页；萩原（由）："事后强盗罪（刑法第238条）是身份犯吗"，载《上智法学论集》第31卷第3号（1988年）第177页以下；上野（幸），前列论文第434页以下；古江：《研修》第457号（1987年）第66页以下；山口第349页以下；内藤（下）Ⅱ第1411页以下；齐藤信治第289页。
[4] 进而，就像在萩原（由），前列论文，第177页以下所说的，根据身份犯说，一旦实施了盗窃行为者，并不会丧失"盗窃犯人"这一身份，因此使事后强盗罪成立的暴行、胁迫并没有必要在盗窃的机会中实施，此外，以下这一批判也是可能的：《刑法》第240条（强盗致伤罪）、第241条（强盗强奸罪·同致死罪）也将"强盗犯人"作为主体，从而将其认定为身份犯，这不也具有一贯性吗。
[5] 关于事后强盗罪中从中途参与暴行、胁迫的共犯者之罪责，就被作为承继的共犯问题来处理了。详细参见高桥：《规范论》，第211页以下；增田（隆）："事后强盗罪的基本构造及其参与问题"，载《法研论集（早大）》第114号（2005年），第171页以下。

第 64 条第 2 款的以营利为目的的走私罪，甲怀着营利目的而请求走私麻药，乙、丙虽然认识到了甲的目的，但自己并没有营利目的而搬入麻药。原判决将三人认定为以营利为目的的走私罪的共同正犯，但最高裁判所撤销了该判决，作出了自己的判决。判示如下：即使同样地违反了该法第 12 条第 1 款的规定而走私了麻药，该条对于这些违反者而言，也根据犯人是否具有营利目的这一犯人的特殊状态，对各个犯人所应科处的刑罚存在轻重上的区别，因此，将其理解为相当于《刑法》第 65 条第 2 款所说的"当因身份而特别地导致刑罚的轻重时"是妥当的。[1]

但是，从日常用语的性质来看，身份必须具备继续性的性质，目的这种一时的主观性要素不应当包含于身份之中。[2]

（三）真正（构成的）身份犯与共犯

在非身份者加功于身份者的情形中，在《刑法》第 65 条第 1 款所规定的"共犯"之中，是否也包括共同正犯，存在问题。判例当初采用了限定于共同正犯的观点［大判明治 44 年（1911 年）10 月 9 日刑录第 17 辑第 1652 页］，但此后采用了包括正犯在内的全体共犯形式的观点［大判大正 4 年（1915 年）3 月 2 日刑录第 21 辑第 194 页］。

在学说上，有观点认为对于真正身份犯而言，并不包含共同正犯。作为其根据，可以举出维持形式的实行共同正犯的观点，或者将身份犯的本质理解为义务违反的观点等。[3]但是，既然将共同正犯中的实行行为做更为实质性的理解，从而肯定共谋共同正犯，共同正犯当然也包含于"共犯"之中［大判昭和 9 年（1934 年）11 月 20 日刑集第 13 卷第 1514 页，作出了共谋共同正犯也包含于"共犯"的判示］。

此外，在身份者加功于非身份者的情形中，就是关于无身份而有故意的道具问题。（边页第 429 页）。

---

［1］关于本案，参见照沼：《百选 I》，第 184 页。作为同样的立场，有东京高判平成 10 年（1998 年）3 月 25 日判时第 1672 号第 157 页。与此相对，大审院否定了营利目的的身份犯性质［大判大正 14 年（1925 年）1 月 28 日刑集第 4 卷第 14 页］。

［2］通说认为营利目的等主观性要素也相当于《刑法》第 65 条的身份。参见团藤第 419 页、平野Ⅱ第 372 页、大谷第 450 页、山口第 349 页、内藤（下）Ⅱ第 1414 页、井田第 513 页以下。与此相对，认为其相当于身份的，参见大塚（仁）第 329 页注 2、福田第 292 页注 1、前田第 335 页、山中第 1006 页。

［3］参见团藤第 420 页、大塚（仁）第 333 页、福田第 294 页、松宫第 298 页。

(四) 不真正（加减的）身份犯与共犯

在非身份者加功于身份者的情形中（非常习者对赌博常习者实施了赌博的教唆之情形），根据判例与通说，通过《刑法》第 65 条第 2 款的适用，对非常习者肯定单纯赌博的教唆。与此相对，根据前述的（边页第 490 页）区别"共犯的成立"与"科刑的问题"之观点的话，首先，根据《刑法》第 65 条第 1 款，虽然可以对非常习者肯定常习赌博的成立，但通过《刑法》第 65 条第 2 款，仅仅以单纯赌博之刑进行处断。

进而，(1) 在非占有者与占有者共同侵占他人之物的情形中，根据《刑法》第 65 条第 1 款，非占有者成立单纯侵占罪的共同正犯。(2) 在占有者与业务上占有者共同侵占的情形中，根据《刑法》第 65 条第 2 款，占有者成立单纯侵占罪的共同正犯。(3) 非占有者与业务上占有者共同侵占的情形中，判例认为，根据《刑法》第 65 条第 1 款，非占有者成立业务上侵占罪的共同正犯（双重的真正身份犯），但基于与占有者之情形的均衡论，适用《刑法》第 65 条第 2 款而科以单纯侵占罪之刑［最判昭和 32 年（1957 年）11 月 19 日刑集第 11 卷 12 号第 3073 页］[1]。与此相对，根据彻底贯彻违法身份的连带性与责任身份的个别性之观点，两参与者就根据《刑法》第 65 条第 1 款而成为单纯侵占罪的共同正犯，仅仅对于业务者才根据《刑法》第 65 条第 2 款而成立业务上侵占罪。[2]但是，该观点违反了《刑法》第 65 条第 2 款（对于无身份者）的文本。

在身份者加功于非身份者的情形中（赌博常习者对非常习者实施了赌博之教唆的情形），判例与通说认为，通过《刑法》第 65 条第 2 款的适用，常习者成立常习赌博的教唆，而非常习者则成立单纯赌博的正犯。[3]与此相对，有观点认为，如果将共犯的从属性贯彻到底的话，将没有身份这一点也理解为一种身份，就是身份概念的自杀，在该情形中，并不适用《刑法》第 65 条第 2

---

[1] 关于本案，参见内田（幸）：《百选 I》，第 186 页。判例进而认为，对于参与特别背任罪的非事务处理人而言，在根据《刑法》第 65 条第 1 款而认定为特别背任罪之共犯的基础上，根据该条第 2 款而科以"日本《刑法》第 247 条的通常背任罪之刑"［东京高判昭和 42 年（1967 年）8 月 29 日高刑集第 20 卷第 4 号第 521 页］。这些判例虽然都可以评价为采用了所谓的团藤说，但这样的话，判例的基本立场就存在矛盾了。应当理解为这些判例都是根据刑罚的均衡论而准用《刑法》第 65 条第 2 款的判例。

[2] 参见西田第 410 页。

[3] 参见大连判大正 3 年（1914 年）5 月 18 日刑录第 20 辑第 932 页。

款，常习者成立单纯赌博的教唆，而非常习者则成立单纯赌博的正犯。[1]但是，肯定这种片面的夸张从属性也是不妥当的，[2]不仅如此，如果考虑到常习者与共犯规定相结合而形成共犯构成要件的话，就会得出前者的结论。

（五）消极的身份与共犯

具有某种身份在有些情形中可能阻却可罚性，将这种身份称为消极的身份。例如，就像无证驾驶罪（《道路交通法》第84条、第118条第1款第1号）与无证医业罪（《医师法》第17条、第31条第1款第1号）这种犯罪，"无许可证者"即为适例。

在具有身份者（在与消极的身份犯的关系上是非身份者）加功于这种通过无身份者的行为而成立的消极身份犯（一种构成的身份犯）的情形中，是否适用《刑法》第65条第1款成为问题。判例并不承认消极的身份以及消极的身份犯概念。例如，在医师帮助了无证医业罪的情形中，并未言及是否需要适用《刑法》第65条第1款，而肯定了该罪的从犯［大判大正3年（1973年）9月21日刑录第20辑第1719页］。在学说上，有观点承认消极身份的存在，肯定第65条第1款的适用，[3]另一方面也有观点否定第65条的直接适用。[4]

该问题也是共犯的处罚根据以及"共同正犯与违法判断"的应用问题。具体而言，无资格者的违法行为对资格者产生怎样的影响，成为问题。在资格者的行为成为教唆或帮助的情形中，连带于无资格者的违法性，资格者的行为也成为违法。但是，例如，在许可证者与医师共同实施手术的情形中，虽然无资格者是违法的，但医师是合法的，因此产生了连带于哪一方行为的问题。判例虽然将该情形解释为连带于违法［东京高判昭和47年（1972年）1月25日判夕第277号第357页］，但不考虑医师行为的合法性，是存在疑问的。认为因他人的卷入而消灭了自己行为的合法性，是带有责任共犯论意味的观点。[5]如

---

[1] 参见团藤第424页注13。

[2] 山口第353页中，从违法身份、责任身份区别说出发支持了该结论。

[3] 参见平野Ⅱ第369页、曾根第270页、山口第349页、内藤（下）Ⅱ第412页。

[4] 参见西田第404页（但是，对于责任阻却的消极身份肯定了《刑法》第65条第2款的准用）。

[5] 判例认为，在卷入了第三人的情形中，自己行为的合法性消失，而分担了他人的违法行为。例如，犯人教唆第三人将自己藏匿的情形，以"防御权"的滥用为理由而肯定犯人藏匿罪之教唆犯的成立［最决昭和40年（1965年）2月26日刑集第19卷第1号第59页］。犯人教唆第三人隐灭自己的刑事案件之证据的情形，也肯定证据隐灭罪之教唆犯的成立［最决昭和40年（1965年）9月16日刑集第19卷第6号第679页］。

前所述（边页第475页），不可能存在合法行为与违法行为的共同正犯，应当分解为自己的单独犯与对他人的共犯。

不管怎样，关于消极的身份犯与共犯，可以通过共犯的一般理论为其提供根据，由于《刑法》第65条并不具有处罚创设功能，因此并不需要适用该条文。

二、共犯的错误

在共犯者的认识内容与正犯者所实行的犯罪事实之间存在不同的情形中，如何处理成为问题。

在同一构成要件内的错误之情形中，根据判例与通说的法定符合说（数故意犯说），共犯者的故意并不被阻却。而根据具体符合说，客体错误与方法错误的区分显得尤其重要，在后者的情形中，共犯者的故意就被阻却了。

在不同构成要件之间的错误的情形中（超越共犯者的意思内容而发生加重结果的情形=共犯过剩），在构成要件重合的限度内对较轻的犯罪承认故意，从而成立共犯。[1]在实现比共犯的意思内容更轻的犯罪之情形中，通说认为，该情形也适用《刑法》第38条第2款，在构成要件重合的限度内成立共犯。[2]

间接正犯与教唆犯之间的错误也成为问题。由于间接正犯是实现了基本构成要件的犯罪，而教唆犯是基本的构成要件与共犯规定相结合的修正构成要件，因此，两者的错误是不同构成要件之间的错误，适用《刑法》第38条第2款。

在以教唆犯的意思而产生间接正犯的结果，或者相反的情形中，成立作

---

[1] 最判昭和23年（1948年）5月1日刑集第2卷第5号第435页中，被告人与他人共谋盗窃而在屋外望风，结果其他共同正犯者却在屋内实施强盗。对于该案件，最高裁判所适用了《刑法》第38条第2款，判定被告人承担盗窃罪的共同正犯之责任。此外，前述（边页第205页）最判昭和25年（1950年）7月11日刑集第4卷第7号第1261页中，虽然被告人教唆他人对A家实施盗窃，但正犯者却在相邻的B商会实施了强盗。对于该案件，最高裁判所认为在侵入住居盗窃的范围内应当承担教唆犯的责任（教唆行为的因果性也成为问题）。关于本案，参见荒川：《百选I》，第180页。

[2] 共犯的错误问题是与共犯的成立问题相重合的，是否需要适用《刑法》第38条第2款成为问题。具体而言，上注的最高裁昭和23年（1948年）的判决，从部分行为共同说出发，本来在盗窃的限度内就成立共同正犯，因此，没有必要根据错误论进行处理。只是，由于本书将部分犯罪共同说理解为是关于"不同构成要件之间的共同正犯之错误"问题的处理。因此，在教唆、帮助的情形中，就通过《刑法》第38条第2款的适用而解决。但是，由于在部分犯罪共同说的背后存在第38条第2款的宗旨，因此虽然错误论确实是处于根底的地位，但是通过错误论所处理的是根据部分犯罪共同说处理过的问题。

为较轻的教唆犯的既遂。[1]但是，例如，医师为了杀害患者，命令不知情的护士为患者注射加入毒药的注射液，但护士在中途了解是真相，尽管如此，仍然给患者注射了该药（以间接正犯的意思产生了教唆犯的结果的一个事例）。在该情形中，根据将间接正犯的着手时期求助于利用者的行为之观点，间接正犯的既遂或者（如果欠缺因果关系）间接正犯的未遂就与既遂教唆成立法条竞合或者想象竞合。与此相对，根据将间接正犯的着手时期求助于被利用者之行为的观点，就成立作为较轻的教唆犯的既遂。如果根据本书的观点，即，将间接正犯的着手时期求诸于利用者的行为时，而将未遂成立时期求诸于被利用者的行为时，由于存在间接正犯的实行行为，也发生了未遂结果，因此在成立间接正犯未遂的同时，由于对于既遂而言，发生了作为教唆犯的结果，因此，其结果就得出以下结论：成立间接正犯的未遂与既遂教唆的法条竞合或者想象竞合（以教唆犯处罚）。

关于共同正犯者之间的错误，如前所述（边页第433页），从部分的犯罪共同说出发，在构成要件重合的限度内成立共同正犯。[2]由于本书仅仅承认故意的共同，因此杀人罪与伤害致死罪在"伤害的限度"内重合，超过伤害部分就成立单独犯。在该情形中，对于实行杀人者而言，伤害的共同正犯部分被作为单独犯的杀人既遂所吸收。

三、共犯的脱离

（一）共犯的中止

在"根据自己的意思"而"中止"其行为的情形中，共犯也适用《刑

---

[1] 松山地判平成24年（2012年）2月9日判夕第1378号第251页中，被告人让不知情的二手车贩卖从业人员搬运并窃取动力铲。据此，检察官主张被告人成立盗窃的间接正犯，但松山地方裁判所排斥了这一主张，以不承认被利用人的道具性从而将利用人认定为盗窃的正犯为前提，认为如果被告人认识到了被利用人的正犯意思则为共谋共同正犯，如果没有认识到（具备间接正犯之认识的话），则根据《刑法》第38条第2款的宗旨而成立教唆犯，但在证据上并不明确，因此在犯罪情形比较轻微的盗窃教唆的限度内成立犯罪。
[2] 由于判例肯定了故意犯与结果加重犯的共同正犯，因此虽然在最高裁昭和54年（1979年）决定（边页第433页）中的"伤害致死的限度"、最高裁平成17年（2005年）决定（边页第434页）中的"在保护责任者遗弃致死的限度内"被认定为是重合的，但本书虽然肯定结果加重犯的共同正犯，但却否定故意犯与结果加重犯的共同正犯，因此认为最高裁昭和54年（1979年）决定中是在"伤害的限度"内重合，而最高裁判所平成17年（2005年）决定中则是在"保护责任者遗弃的限度内"重合，超越这一限度的部分则各自作为单独犯处理。

法》第 43 条之但书的规定。共犯中止的问题为是否成立共犯的中止未遂之问题,因此是以犯罪处于未遂阶段为前提的。由于中止犯是一身专属的刑罚减免事由,因此,共犯者中部分参与人的中止效果并不影响于他人[大判大正 2 年(1913 年)11 月 18 日刑录第 19 辑第 1212 页]。

首先,关于共同正犯与中止犯的成立与否,在共同正犯全体成员自愿地防止结果发生的情形中,对于所有成员而言,成立中止犯。在共同正犯中的一人试图中止的情形中,与单独犯的情形不同,并不仅仅防止从自己的行为所可能产生的结果就足够,同时还必须防止从他人的行为及可能从该行为产生的结果[大判大正 12 年(1923 年)7 月 2 日刑集第 2 卷第 610 页中,被告人甲与乙在实施恐吓行为之后,甲陷入恐慌而擅自回家,由乙继续遂行恐吓,但终于未遂,对于该案件,大审院否定被告人成立中止犯]。

在虽然实施了中止行为,但未能阻止结果发生的情形中,是否一概不承认中止犯,成为问题。最判昭和 24 年(1949 年)12 月 17 日刑集第 3 卷第 12 号第 2018 页中,被告人甲与乙一起闯入 A 宅,亮出匕首,胁迫其交出钱财,A 的妻子 B 拿出了 900 日元,甲一看便说:"我不要这么点钱,我也是因为穷困才出此下策,如果你家也没钱的话,我就不拿你们这点钱了!"同时对乙说道"回去吧",自己就出门,之后约三分钟,乙也出门了,但乙对甲说:"你有菩萨心肠,我不管,我把 900 日元拿来了,这样的话就不能分给你了!"对于该案件,最高裁判所作出了以下判示:"如原判决所述,即使被告人断绝了接受 A 的妻子所拿出来的 900 日元,并让同伴离去。既然被告人并没有阻止作为其共谋者的一审被告人乙如判示所述的强取本案中的金钱,而是加以放任,就不能仅仅将被告人作为中止犯论处,因此,被告人也不能免除由乙所遂行的本案强盗既遂的罪责。"[1]

与此相对,东京高判昭和 51 年(1976 年)7 月 14 日判时第 834 号第 106 页中,被告人甲将其妻子 A 寄宿在 B 家里,之后甲拜访 B 家时才知道 A 返回了自己家里与 X 男幽会,并且共同被告人乙发现了这件事并把 X 带了回来,甲勃然大怒,责问 X 是否有此事,完全无法认同 X 说没有这回事,甲与乙共谋将 X 杀害,乙用日本刀朝 X 的肩膀砍了一刀,在进而实施下一次攻击之际,甲对乙说"已经够了,走吧乙",乙也听从了甲的劝阻,放弃了接下来的攻

---

[1] 关于本案,参见曲田:《百选 I》,第 196 页。

击，对于该案件，东京高等裁判所对甲肯定了中止犯的成立。

关于共同正犯的处罚根据，根据从因果共犯论出发进行说明的观点，如果对于结果的物理性因果关系以及心理性因果关系被遮断的话，就具有中止犯的成立可能性。关于共同正犯的构造，本书采用基于共谋的相互的行为归属论，因此只要切断因果关系或者相互利用、相互补充关系的其中之一就足够。

关于教唆犯、帮助犯与中止犯的成立与否，在教唆者或帮助者自愿地中止了教唆行为或帮助行为并阻止正犯的实行或者阻止结果发生的情形中，就肯定中止犯的成立。

(二) 共犯关系脱离

从共犯关系脱离是指，共犯者的部分参与人在达到犯罪完成之前的这一期间，放弃了犯意，中止了自己的行为，没有参与之后的犯罪行为。[1]作为事实行为的"脱离"，在法律上的评价，是"共谋关系的消解"还是"共犯关系的消解"，才是问题之所在。

1. 共同正犯关系的脱离

首先，共同正犯关系的脱离是指，共同正犯中的部分参与人在犯罪完成以前，表明了脱离共同关系的意旨，其他共同者也认识到了这一点，但在其脱离之后，由其他共同者完成了犯罪的情形。

(1) 着手前的脱离。着手前的脱离是"共谋关系的消解"问题，脱离的意思表示［东京高判昭和25年（1950年）9月14日高刑集第3卷第3号第407页］与其他共谋者的认识成为其要件［福冈高判昭和28年（1953年）1月12日高刑集第6卷第1号第1页＝虽然是默示的意思表示，但其他共犯者意识到了共犯者的脱离，在这种情形中，肯定了脱离，大阪地判平成2年（1990年）4月24日判夕第764号第264页＝虽共谋了杀人，但在其实行着手前，自己完全失去了杀害的意思，并向其他共谋者传达了该事实，在该情形中，肯定了脱离］。在脱离被肯定的情形中，脱离者对此后的犯行就不承担责任。在从共谋关系脱离的情形中，是否存在心理性因果关系的切断，成为重要的标志。

但是，在像首谋者这种在共谋的形成过程中发挥了指导性作用的情形中，仅仅单纯地做出脱离的意思表示，并不能肯定其脱离，必须具备积极的对于

---

[1] 关于共犯的脱离，参见西田：《共犯理论的展开》（2010年），第240页以下；盐见第125页以下。

犯行的中止行动。例如,松江地判昭和51年(1976年)11月2日刑月第8卷第11=12号第495页中,对于杀人的共谋共同正犯的案件,作出了以下判示:在首谋者的情形中,如果脱离者不能使其恢复到不存在共谋关系的状态,就不能说共谋关系被消解了。[1]

最决平成21年(2009年)6月30日刑集第63卷第5号第475页中,案件事实如下:被告人与其他七名共犯者共谋,由两名共犯者侵入屋内,在确保侵入口安全的基础上,包含被告人在内的其他共犯者也侵入屋内实施强盗。在这一共谋之下,两名共犯者在确保侵入口安全之后,作为望风的共犯者,在屋内的两名共犯者着手实施强盗之前的阶段中,发现有人向现场附近靠拢,担心罪行败露,于是给屋内的共犯者打电话说:"有人在靠近,快点放弃并撤离会比较好!"但对方回应:"再稍等一下!",之后又对对方单方传达了"太危险了,没法待了,先回去了",然后就挂断电话,坐进了停靠于附近的汽车内,在车内的被告人与其他一名共犯者说好了一起逃走,于是被告人驾驶汽车离开了现场。但屋内的两名共犯者虽然知道一旦被害人出现,就少了三名被告人的战力,却仍然与逗留于现场附近的三名共犯者按计划实行强盗,导致两名被害人负伤。对于该案件,最高裁判所认为:被告人与数名共犯者共谋侵入住居以实施强盗,在部分共犯者侵入还有人在家的住宅之后,承担望风角色的共犯者对已经侵入住宅内的共犯者仅仅单方传达了"早点放弃会比较好,先回去了",被告人并未采取任何防止此后犯行的措施,这只不过是从待机的场所以及望风的角色中脱离而已,残存的共犯者还是按原计划实施了强盗。这样的话,被告人的脱离就是在强盗行为的着手之前,即使被告人是在认识担任望风角色的上述电话内容的基础上脱离,而残存的共犯者也在此后得知被告人脱离的事实,也不能说当初的共谋关系被消解了,认为此后共犯者的强盗也是基于当初的共谋而实施的,是妥当的。并据此认定被告人对于住居侵入罪以及强盗致伤也承担共同正犯的责任。[2]虽然也可以考虑本决定是认为"住居侵入与强盗",作为犯罪类型,已经是在着手之后,但对于强盗罪,却理解为"实质上"是在着手之后。可以说肯定了最高裁平成元年决

---

[1] 关于本案,参见西村:《百选Ⅰ》(第6版),第192页。
[2] 关于本案,参见桥爪:《百选Ⅰ》,第190页;葛原,平成21年(2009年)度重判,第179页;岛田:《判例评论》第641号(判时第2148号),第176页;丰田:《刑事法学家》第27号,第81页;林(干):《法曹时报》第62卷第7号,第1页。

定（后述）的"仍然存在施加制裁的危险"。

（2）着手后的脱离。着手后的脱离是所谓的"共犯关系的消解"问题。最决平成元年（1989年）6月26日刑集第43卷第6号第567页（我回去事件）中，案件事实如下：乙的胞弟被告人甲，对于在饮食店里一起喝酒的被害人X的态度极其不满，接着把X带到乙那里，X继续显示出了反抗的态度，甲对此极其恼火，在与乙意思疏通的基础上，两人对X的身体施加暴行，经过一个到一个半小时的时间，两人用竹刀与木刀多次殴打X，甲在从乙处离开之际，仅仅说了句"我回去了！"既没有对X说任何表明停止继续施加制裁之意旨的话，也没有请求乙之后停止施加暴行，或者请求乙让X休息一下，或者请求乙将X带到医院，而是就那样离开了现场。但此后，乙再次被X的言语激怒，对X怒吼"你还没被打够吗！"接着用木刀刺X的脸，在施加一系列暴行之后，X在乙家窒息死亡，但该死亡结果是在回去之前由甲、乙共同施加的暴行产生的，还是由乙的暴行产生的，并不清楚。对于该案件，最高裁判所作出了以下判示：在被告人回去的时点上，并没有消除乙可能继续施加制裁的危险，但被告人并没有采取任何可以防止这一点的措施，而只不过是放任结果的发展趋势而离开了现场。因此，在以上的时点上，并不能说甲与乙当初的共犯关系已经消解，认定此后乙的暴行也是基于之前的共谋而实施，是妥当的。这样的话，原判决就是立足于与本院同主旨的判断，即使X的死亡结果是在被告人回去之后，由乙所施加的暴行所产生的，让被告人承担伤害致死的责任，也是正当的。[1]

名古屋高判平成14年（2002年）8月29日判时第1831号第158页中，被告人甲在与乙共同对X施加暴行之后（第一暴行），乙试图进一步施加暴行，但被甲制止，据此，甲反而被乙等人施加暴行而晕厥。之后，乙等人继续对X施加暴行（第二暴行），X所受的伤害是由第一暴行还是由第二暴行所

---

[1] 关于本案，参见岛冈：《百选Ⅰ》，第192页；原田（国），最判解［平成元年（1989年）度］第175页。进而，在前述的（边页第473页）最判平成6年（1994年）12月6日刑集第48卷第8号第509页中，被告人甲听闻其红颜知己Y女被X施加了抓头发等暴行，因此与乙、丙等人共同对X施加了暴行，虽然之后一度停止了暴行，但X竟然还显示出了应战的气势，于是被告人不听丙的劝阻而继续殴打X，导致X负伤。对于该案件，最高裁判所认为，应当检讨的并不是是否从作为防卫行为的暴行的共同意思中脱离，而是是否成立了新的共谋，只有当共谋的成立被肯定，才应当将侵害现时以及侵害终了后的一体行为作为整体进行考察，从而检讨作为防卫行为的相当性。在本案中，最高裁判所认为不成立新的共谋，据此而宣告甲无罪。

导致的,并不清楚。关于该案件,名古屋高等裁判所作出了以下判示:以乙为中心而形成了包括被告人在内的共犯关系,通过乙等人对被告人施加暴行以及将晕厥的被告人放在一边这一乙自身的行动,就被单方解除了,因此,认为此后的第二暴行仅仅是由排除了被告人的意思与参与的乙、丙等人所实施的,是妥当的。[1]关于本案,虽然存在通过共谋而形成的心理性因果关系,但由于相互利用、补充关系被单方切断,因此可以认定共犯关系的消解。

此外,例如,虽然共同正犯者已经着手实行,但由于遭到激烈反击而各自朝不同方向逃窜,但由其中一人的实行而导致结果发生。在该情形中,也可以肯定共同正犯关系的消解。

2. 从教唆犯、从犯关系的脱离

关于从教唆犯、从犯关系的脱离,在着手前脱离的情形中与共同正犯关系的情形是同样的,都作为教唆的未遂而不可罚。在着手后脱离的情形中,例如,被教唆者在着手实行之后,教唆者向被教唆者表明了脱离的意思,也为了阻止正犯的实行而努力,其结果,正犯者虽然暂时中止了实行,但之后又重新完成了犯罪。在该情形中,存在认为应准于教唆犯的障碍未遂(对未遂犯的教唆)进行处理的观点[2]与认为应当肯定教唆犯的中止犯的观点。[3]在这种情形中,正犯者已经实施的脱离前的行为之所以止于未遂,是基于教唆者的自愿的中止行为,因此,应当肯定教唆犯的中止犯(帮助的情形也同样)。

四、不作为与共犯

首先,关于"对于不作为的共犯",一般被认为成立共犯。但是,是否将

---

[1] 关于本案,参见小林(宪):《判例评论》,第546号(判时第1858号),第200页(但是,适用了《刑法》第207条从而肯定了共同正犯)(《各论》,第59页)。此外,本案的原判决[名古屋地判平成14年(2002年)4月16日判时第1831号第160页]中,否定了脱离(共犯关系的消解)。我认为这一结论上的不同是来源于对第一暴行的因果影响力的评价之差异。进而,东京地判平成12年(2000年)7月4日判时代1769号第158页中,数名被告人在共谋的基础上,将被害人监禁,对担忧被害人之安全的近亲属勒索赎金。对于该案件,东京地方裁判所认为,本来对犯行的加功就是从属的,但对于犯罪倾向相当深化的少年被告人而言,在被警察现行逮捕之后,听从了警察的劝说全力协助搜查,据此可以评价为其面向将来消除了通过自己的加功而对本案的各个犯行所赋予的影响。在该时点上可以认为其从当初的共犯关系脱离,据此而对其处以3年以上5年以下的惩役。关于本案,参见岛田:《判例评论》第534号(判时第1821号),第193页。

[2] 参见大塚(仁)第350页。

[3] 参见平野Ⅱ第384页、大谷第473页。

正犯的保证人地位作为"构成的身份"而适用《刑法》第65条第1款，存在问题，但由于可以通过共犯的一般理论进行解决，因此并没有适用的必要。

其次，关于"不作为的共犯"，通说认为通过不作为并不能惹起意思，从而否定不作为的教唆犯。与此相对，不作为的帮助是一般性被肯定的（尤其是片面帮助的情形）。但是，不作为的帮助与不作为正犯的区别成为问题。这是"正犯与共犯的区别"之问题与"作为与不作为的区别"之问题的交错问题。

关于不作为犯中正犯与共犯的区别，虽存在诸多学说，[1]但本书试图以以下两个典型事例为对象进行探讨。

（1）父亲甲看着第三人X将自己的孩子Y投入河中而试图将其溺死，但装作没看见，结果其孩子Y溺死。

（2）父亲乙看着处于自己监护之下的孩子Y正试图杀害幼儿Z，但并没有制止，结果Z死亡。

根据否定不作为的因果性，因此而否定不作为犯中正犯与共犯的区别之观点，以及将不作为犯理解为行为支配或者义务犯的观点，以不作为的形式参与的都是正犯（原则正犯说），据此，上述事例的甲与乙均为杀人罪的正犯。与此相对，根据适用于作为犯中的正犯与共犯的区别之观点，最终就成为主观说或者行为支配说的应用（作为犯中的区别基准适用说）。由于背后的不作为者并不存在行为支配，因此原则上肯定帮助犯，根据该观点，以不作为形式的参与就全部成为帮助犯（原则帮助犯说）。据此，上述事例中的甲与乙就成为杀人罪的帮助犯。但例外地，在不作为者的参与是在无法回避达到结果之过程的状态下实施的情形中，就成为正犯。如前所述（边页第161页），我认为，由于应当将作为义务功能性地分为两种，因此在该情形中也应理解为根据作为义务的种类进行区别。具体而言，在保护性的保证人之情形中就是正犯，而在监督性的保证人的情形中就是帮助犯，这一区别说是妥当的。据此，在上述事例中，甲就是正犯，而乙是帮助犯。

但是，关于不作为犯中正犯与共犯的区分，存在如下问题。

---

[1] 关于不作为犯中正犯与共犯的区别问题，参见神山：《围绕不作为的共犯论》（1994年）；平山（干）：《不作为犯与正犯原理》（2005年）；松生（光）："不作为的参与与犯罪阻止义务"，载《刑杂》第36卷第1号（1996年），第142页以下；岛田："关于不作为的共犯（1）（2完）"，载《立教法学》第64号（2003年）第1页以下、第65号（2004年）第218页以下。

第一个问题是，在日本的裁判实务中，如上的讨论未必具有影响力。其理由是共谋共同正犯的存在。[1]具体而言，在存在共谋的情形中，都被作为共谋共同正犯处理，不作为的帮助犯的成立只被认为是极其例外性的事态。因此，在作为的情形中当然如此，即使在不作为犯的情形中，只要存在共谋，也被看作是某种作为的存在，从而被消解于通过共谋的实行这一形态之中。[2]换言之，虽然共谋不被肯定，但从参与的重要性来看，仅仅在值得处罚之参与的情形中，成立不作为的帮助犯。[3]

札幌高判平成12年（2000年）3月16日判时第1711号第170页中，被告人与之前已经协议离婚的A再次开始同居，在此之际，自己成为亲权人，A带着与前夫B所生的长男C以及次男D（当时3岁）与A妍居。此后，A反复责打D等人，某日下午7点15分左右，A在自家公寓内，用手掌以及拳头多次殴打D，并将其摔倒在地上，在这些暴行之下，D负了硬膜下出血等伤害，次日凌晨1点55分在医院死亡。被告人虽然认识到了A试图开始施加暴行，但并未加以阻止而是放任不管。对于该案件，札幌高等裁判所认为："不作为的帮助犯是在以下情形中成立的，即，负有必须防止正犯者犯罪之作为义务者虽然可能通过一定的作为而防止正犯者的犯罪，在认识到这一点的基础上，却没有实施该作为，并据此而使正犯者的犯罪实行变得更为容易。而这必须达到能够与作为帮助犯的情形能够同等看待的程度。""能够阻止D免受来自A的暴行的人，除了被告人之外，别无他人，从这一点来看，D的生命、身体之安全的确保处于仅仅依存于被告人的状态，而且，应该说被告人也认识到了D的生命、身体安全处于被侵害之危险状态，因此，被告人对于A对D所施加的暴行，负有必须加以阻止的作为义务。"该作为义务的程度是极其强烈的。"原判决所提出的'尽管确实有很大可能阻止犯罪的实行，但却

---

[1] 指出这一点的是，平野：《诸问题》，第137页；堀内：《不作为犯论》（1978年），第245页以下。

[2] 作为肯定不作为之共同正犯的案例，有大阪高判平成13年（2001年）6月21日判夕第1085号第292页、东京高判平成20年（2008年）6月11日判夕第1291号第306页等。但是，如本书所述，只要存在共谋，不作为就不存在任何意义。

[3] 作为承认不作为帮助的判例，有大阪高判昭和62年（1987年）10月2日判夕第675号第246页（不作为的杀人帮助），作为不承认的判例，有大阪高判平成2年（1990年）1月23日高刑集第43卷第1号第1页（不作为的卖淫帮助）、东京高判平成11年（1999年）1月29日判时第1683号第153页（不作为的强盗致伤帮助＝犯罪阻止义务）等。

加以放任不管'这一要件，应该说对于不作为的帮助犯之成立而言是不必要的。"作为要求被告人所实施的作为，是"监视 A 不对 D 施加暴行的这一行为""用语言制止 A 的暴行的行为""以实际行动阻止 A 的暴行的行为"。"综合本案的具体状况，被告人是有可能从比较容易的行为开始阶段性地实施以上的监视或者制止行为，或者复合地实施以上行为而阻止 A 对 D 施加暴行"，因此，"应该说被告人的行为是能够与作为帮助犯的行为做同等看待的。"[1]

第二个问题是，对于该问题，必须从不作为犯的进路与从共犯论的进路这两方面出发进行解决。在此之际，我认为应当将该问题放在刑法所具有的行为规范与制裁规范的关系之位置上进行讨论。具体而言，在行为规范的层面上，作为与不作为的区分成为问题，而在制裁规范的层面上，正犯与共犯的区分成为问题，两者相结合，决定了行为的评价。[2]

---

[1] 关于本案，参见安达：《百选Ⅰ》，第 168 页。与此相对，本判决的一审［钏路地判平成 11 年（1999 年）2 月 12 日判时第 1675 号第 148 页］中认为，要成立不作为的帮助犯，必须具备以下条件：负有应当阻止他人之犯罪实行的作为义务者尽管基本确实能够阻止犯罪的实行，却予以放置，从被要求的作为义务的程度以及实施被要求的行为之容易性等观点来看，可以将该不作为与作为的帮助同等看待。在本案中，通过被告人所实施的监视与语言的禁止，不能说确实能够阻止正犯者的暴行，通过被告人之实力而阻止暴行处于显著困难的状况，据此认为不能将被告人的不作为与作为的伤害致死罪同等看待，从而认定被告人无罪。

[2] 东京高判平成 20 年（2008 年）10 月 6 日判夕第 1309 号第 292 页中，对于虽然一起去了杀人的现场，但却没有实施实行行为者，在肯定其作为义务违反的基础上，肯定其与实行行为人成立共同正犯，此外，东京高判平成 20 年（2008 年）6 月 11 日判夕第 1291 号第 306 页中认为，并不仅仅停留于对于作为犯的帮助犯，应成立不作为的共同正犯。关于这两个东京高等裁判所判决，参见中森：《近大法科大学院论集》第 7 号，第 125 页以下。

第十八章 罪　数

第一节　犯罪的个数

一、罪数论的意义

当某个行为该当于构成要件并且不存在阻却事由（违法阻却、责任阻却、可罚性阻却）时，就成立犯罪。但是，现实的犯罪样态是多种多样的，既存在同时或者连续犯数个犯罪的情形，也存在于不同的时间、场所犯数个犯罪的情形。在这种情形中，是应当作为一个犯罪而仅仅适用刑法具体条文的法定刑，还是作为数个犯罪而加重刑罚。如何将上述问题整合与处理将成为问题。如此对犯罪的单复进行讨论，便是刑法总论中的罪数论。[1]

由于罪数论是关于区分一罪与数罪之基准的理论，因此属于犯罪论的一部分，但在成立数罪的情形中，如何处理属于刑罚论中量刑论这一部分成为关键。介于此罪数论与量刑论处于不可分割的关系之中。[2]

二、决定罪数的基准

关于决定罪数的基准求诸于什么这一点，当前，"构成要件标准说"是通

---

[1] 关于罪数论，参见虫明：《包括一罪的研究》（1992年）；只木：《罪数论的研究》（补订版）（2009年）；小林（充）："关于包括的一罪"，载《判时代》第1724号（2000年），第3页以下；香城："罪数概论"，载《独协法学》第61号（2003年），第1页以下；平野：《刑事法研究（最终卷）》（2005年），第8页以下、第16页以下。

[2] 参见中山（善）："罪数论的现状"，载《中野还历》，第167页以下。进而，罪数的问题在刑事诉讼法上，与公诉事实的同一性（单一性）及既判力的范围的关系上也具有重要意义。

说,〔1〕具体而言,以构成要件为标准区别一罪还是数罪,当通过一个构成要件就能够一次性评价时,就是一罪,当需要两次以上的评价时,就是数罪。〔2〕

刑罚法规是对于一定的犯罪事实规定一定刑罚(法定刑)的规定,与此相对应,刑罚法规的构成要件所预定的事实也存在一定的界限。因此,如果是在该构成要件所预定的范围内的事实,一次适用该规定即为足够(单纯一罪),但如果事实超出了该范围,则必须适用两次以上(数罪)。具体而言,罪数的问题是构成要件在量上最大限度预定了怎样的事实这一问题。在这一点上,决定罪数的基准必须以构成要件为标准,此时,行为、犯意、法益等成为其判断的基础。

由于犯罪的核心是行为,因此,如果要将该犯罪事实进行一个构成要件性评价,行为就必须被认定为一个。但也存在一个构成要件就预想着数个或跨越长时间的行为之情形。在该情形中,即使行为是复数,刑法上也作为"一件事情"而规定,因此作为整体成立一罪。例如,集合犯(构成要件预定了实施多数的同种行为的犯罪)(边页第518页)、结合犯(将存在手段与目的关系的两个以上的行为规定于一个构成要件的犯罪)、继续犯(在法益侵害持续期间犯罪也处于继续的状态,且犯罪还未终了)(边页第114页)等,即为适例。

与此相对,一般而言,一个行为是构成要件的界限,如果存在数个行为就是数罪。一个行为并不是指一个动作,而是在社会观念上被视为一个行为,即在社会意义上被视为一个行为。即使实施了数个自然行为,如果从其社会性意义来看是为了达成一个具体的目的,就可以将这些行为包括性地视为具

---

〔1〕 作为其他观点,有以犯罪是行为这一命题为根据,根据行为的数量来区别一罪还是数罪的"行为标准说"[大判明治44年(1911年)11月16日刑录第17辑第1994页;草野:《刑事判例研究》(第1卷)(1934年),第391页以下、下村第203页];根据各个行为所侵害的法益个数来区别一罪还是数罪的"法益标准说"[大判明治37年(1904年)1月21日刑录第10辑第51页、大判明治41年(1908年)3月5日刑录第14辑第161页、大判明治41年(1908年)5月8日刑录第14辑第490页、宫本第210页、泷川第257页];从主观主义的立场出发,根据行为人犯意的单复数来区别一罪还是数罪的"犯意标准说"[牧野第542页以下、木村(龟)第429页、江家第198页]。

〔2〕 在日本,成为小野创立并倡导的学说。参见小野第265页;同:《犯罪构成要件的理论》(1953年),第130页以下。

有一个社会意义的行为。这就是社会行为论的归结。例如，为了杀人而捅了数刀，也是一个"杀害"行为，为了盗取仓库内大量的物品而分数次搬出，也是一个"盗窃"行为（接续犯）（边页第 517 页）。

由于构成要件是为了保护法益而被设定的，因此，被害法益的个数是一个还是数个成为重要的要素。例如，在将人作为行为的直接对象的犯罪中，由于被害法益是属于被害人一身专属的东西，因此，罪数也是与被害人的数量相对应的个数。例如，在杀人罪的情形中，即使仅仅实施了一个杀害行为，如果杀害一人就是一罪，而杀害两人则成立两罪。在伤害罪的情形中，当用拳头打一个人的脸部，并进而用匕首割其手臂时，虽然伤害的个数是两个，但仅成立一个伤害罪。与此相对，在财产罪这种一身专属性比较弱的犯罪中，应当将客体的个数与被害法益相关联综合决定罪数。例如，在盗窃罪的情形中，并不是由所有人的数量，而是由占有侵害的次数来决定罪数的。因此，从 X 的居室盗出归 X 所有的西装与归 Y 所有的照相机，就是一罪；而从 X 的居室盗出归 X 所有的西装，从 Y 的居室盗出归 Y 所有的照相机时，就成立两罪。在放火罪的情形中，由于在使公共地点发生具有危险的火灾将一个法益置于危险状态，因此即使一个放火行为延烧了数栋建筑，也被认为是一罪。

关于犯意的个数，例如，甲试图杀害 A 而着手实施了杀害行为，但失败了，曾一度放弃，数年之后又再次萌生了杀意并对 A 实施了杀害行为，结果导致 A 死亡。在该情形中，不仅欠缺行为的同一性，而且犯意也不是单一的，因此成立杀人未遂罪与杀人既遂罪两个犯罪。

三、因构成要件之相互关系的一罪性

某个事实虽然看起来该当于某构成要件（A），但实际上由于适用了其他构成要件（B），而不接受 A 构成要件的适用。在该情形中，根据行为是一个还是数个，可以分为以下两种类型。

（一）法条竞合

法条竞合是指，虽然一个行为具有该当于几个构成要件的外观，但实际上由于适用了其中的一个构成要件，因此其他构成要件就被当然地排除的情形。在法条竞合中，存在特别关系、补充关系、择一关系。吸收关系应当解释为包含于包括的一罪之中。

1. 特别关系

这是指，在 A（基本类型）所预定的事实中规定了 B（加重类型或者减轻类型）这种特殊的情况，通过适用 B，从而在理论上认为没有必要适用 A。在这种情形中，仅仅适用该当于特别规定的构成要件（特别法优先于一般法）。例如，在成立业务上侵占罪（《刑法》第253条）的情形中，并不成立单纯侵占罪（《刑法》第252条第1款），在成立同意杀人罪（《刑法》第202条）的情形中，就不成立普通杀人罪（《刑法》第199条）。

虽然行为是数个，但在结合犯（数个不同种类的构成要件结合在一起而形成一个构成要件的情形）的情形中，例如，强盗强奸罪（《刑法》第241条）就是强盗罪（《刑法》第236条）与强奸罪（《刑法》第177条）的特别规定，当成立强盗强奸罪时，就不成立后两者。

2. 补充关系

这是指，只有在 A 不该当于 B 的情形中，才补充规定的情形。据此，只要 B 被适用，就当然地不适用 A。即使作为在构成要件上没有被明示的情形，例如建造物等以外放火罪（《刑法》第110条）与现住建造物等放火罪（《刑法》第108条）及非现住建造物等放火罪（《刑法》第109条）；器物损坏罪（《刑法》第261条）与公用文书毁弃罪（《刑法》第258条）及私用文书毁弃罪（《刑法》第259条）、建造物等损坏罪（《刑法》第260条）等，即为适例。作为在解释上被承认的情形，例如，公印伪造罪（《刑法》第165条）与公文书伪造罪（《刑法》第155条）；准强制猥亵罪及强奸罪（《刑法》第178条）与强制猥亵罪（《刑法》第176条）、强奸罪（《刑法》第177条）等，即为适例。

3. 择一关系

当一个行为在外表上该当于两个以上以同一法益侵害为内容但样态不同的相并列的构成要件（A 与 B）时，例如，未成年人掠取、诱拐罪（《刑法》第224条）与营利目的掠取、诱拐罪（《刑法》第225条），就只适用较重的构成要件（B）。

（二）包括一罪

包括一罪是指，在某个犯罪事实数次该当于构成要件的情形中，应当包括于一次性的构成要件之评价的犯罪。构成包括一罪的个别事实其本身就成立犯罪，因此包括一罪并不是单纯一罪，而具有类似科刑上一罪的性质。

作为包括一罪，存在以下两种情形：作为轻罪被重罪吸收之情形的"吸收一罪"与将相同的数个犯罪包括地作为一罪处理之情形的"狭义的包括一罪"。

1. 吸收一罪

（1）伴随行为。当该当于 A 的事实作为该当于 B 之事实的手段、原因或者目的、结果而伴随存在时（伴随行为），在根据 B 事实进行处罚之际，A 事实也可以在量刑上进行判断。在该情形中，在 B 事实的刑罚之中就纳入了可罚评价。因此，当 A 罪的可罚性与 B 罪相比，显得极其轻微时，在 B 罪的处罚之外，就不用附加 A 罪的处罚，即不适用 A 罪也可以。这是因为可罚性已经被吸收，可以说是在制裁规范阶段上的吸收。例如，在杀人之际，衣服也损坏的情形中，虽然产生了器物损坏的结果，但被更重的杀人罪所吸收。或者，在打人脸部而导致被害人眼睛的镜片破损的情形中，器物损坏罪也被伤害罪的刑罚所吸收［东京地判平成 7 年（1995 年）1 月 31 日判时第 1559 号第 152 页］。进而，在使用伪造的货币购买商品的情形中，诈骗罪就被伪造货币使用罪的刑罚所吸收了［大判明治 43 年（1910 年）6 月 30 日刑录第 16 辑第 1314 页］。在对现住建造物放火而致人死伤的情形中，对于死伤者所成立的重过失致死罪就被现住建造物等放火罪的刑罚所吸收了［熊本地判昭和 44 年（1969 年）10 月 28 日刑月第 1 卷第 10 号第 1031 页］。

（2）不可罚的事前行为、事后行为与共罚的事前行为、事后行为。这是指在时间上前后实施的复数行为从外观上来看分别该当于 A 与 B 的情形。第一，如果存在实行行为（B）的话，就不适用预备的罚则（A）。将这种情形称为不可罚的事前行为。第二，构成要件该当行为（B）是之后当然伴随的处分行为（A），就不予处罚。例如，在损坏所窃取的财物的情形中，就不作为器物损坏罪进行处罚。将其称为不可罚的事后行为，但由于仅仅参与事后行为者也可以作为共犯而受处罚，因此，这是虽然成立器物损坏罪但仅通过盗窃罪进行评价的情形，据此，应该认为仅仅成立盗窃罪（最判昭和 24 年（1949 年）10 月 1 日刑集第 3 卷第 10 号第 1629 页中，将在有偿转让盗来的赃物之后的搬运行为认定为不可罚）。因此，称为共罚的事后行为是妥当的。这样，对于不可罚的事前行为而言，例如，在无钱饮食（一项欺诈）之后，被请求支付对价，接着通过暴行、胁迫而避免该请求。在该情形中，一项欺诈就被二项强盗既遂所吸收，以二项强盗一罪进行处罚即可，这样考虑，应当将其称为共罚的事前行为。[1]但是也存在与不可罚的事后行为相对应的领域。例如，在侵占了占有脱离物之后损坏该物的情形，由于前者的法定刑较轻，因此以器物损坏罪进行处罚是不妥当的。后者应当解释为不可罚的事后行为（《各论》第390页以下）。此外，由于领得罪成立之后的盗品利用也是领得意思本来的实现行为，因此后者就成为不可罚的事后行为。

此外，对于再次侵占之前侵占而来的物品之案件（在他人的不动产之上擅自设定、登记了抵押权之后，进而，擅自转移并登记了该不动产的所有权的案件），之前的判例都将事后所实施的侵占行为认定为不可罚的事后行为［大判明治43年（1910年）10月25日刑录第16辑第1745页，最判昭和31年（1956年）6月26日刑集第10卷第6号第874页］，但最高裁判所在昭和31年（1956年）变更了判例将作为后行行为的贩卖行为也认定构成侵占罪［最大判平成15年（2003年）4月23日刑集第57卷第4号第467页］。[2]可以说，这就是将抵押权设定行为与贩卖行为一起作为可罚的行为而视为包括的一罪。

但是，在事后行为另外侵犯了新的法益的情形中，就构成别的犯罪。例如，利用窃取的邮局储蓄存折而接受发放存款的行为，就成立盗窃罪与诈骗罪，从而形成并合罪［最判昭和25年（1950年）2月24日刑集第4卷第2号第255页］。此外，在行为的一体性不被承认的情形中，并不是包括的一罪，而成立并合罪。例如，因业务上过失而导致被害人负重伤，此后基于故意而将被害人杀害的情形中，就不能认为仅存在一个意思决定，因此，行为的一体性并不能被肯定。据此，就成立业务上过失致伤罪与杀人罪的并合罪［最决昭和53年（1978年）3月22日刑集第32卷第2号第381页，本书边页第145页］。

（3）混合的包括一罪。在数个行为各自该当于不同的构成要件的情形中，是否可以将其作为包括一罪处理，成为问题，将这种情形的包括一罪称为混合的包括一罪。例如，大阪高判昭和33年（1958年）11月18日高刑集第11卷第9号第573页中，被告人在窃取X的财物之后，继续在现场对X施加胁迫，进而试图强取财物，但终于未遂。对于该案件，大阪高等裁判所认为应

---

[1] 大判大正7年（1918年）2月16日刑录第24辑第103页中，被告人怀着杀人目的对同一个人在不同的时间场所实施数次攻击，虽然刚开始着手未遂，但最终还是达成其目的。对于该案件，大审院认定了杀人罪一罪的成立。我认为这是将其认定为共罚的事前行为的观点，但将其理解为并合罪会妥当一些。

[2] 关于本案，参见杉本：《百选Ⅱ》，第138页。

当将盗窃既遂罪与强盗未遂罪作为包括一罪而以重的强盗未遂罪进行处断。

判例一般以数个行为的犯意同一性、时间、空间的接近性、同一的机会性、两行为的密切关联性、被害法益的同一性等理由，肯定混合的包括一罪。

最决昭和61年（1986年）11月18日刑集第40卷第7号第523页中，甲与乙一开始计划将丙杀害之后强取其所持有的兴奋剂，但此后变更了计划，在共谋的基础上，首先，甲以兴奋剂交易的斡旋为借口将丙叫到旅馆中的一个房间里，假装在另一个房间里有买主在等待，为了与买主商谈兴奋剂的买卖，有必要先将货让买主看一下，于是从丙手中拿到了兴奋剂，就此从该旅馆逃走。之后不久，乙赶到丙所在的房间里，用手枪朝丙开枪，但并未达到杀害的目的。对于这一案件，最高裁判所作出了以下判示：成立盗窃罪、欺诈罪以及所谓的二项强盗罪的强盗杀人未遂罪的包括一罪。[1]此外，大阪地判平成18年（2006年）4月10日判夕第1221号第317页中，在加油站中明明没有支付对价的意思却装作具有支付的意思从而骗取汽油，此后对店员施加暴行使其负伤，最后在没有支付对价的情况下逃走了。对于该案件，大阪地方裁判所作出了以下判示：除了诈骗罪之外，还成立强盗致伤罪，两罪是包括一罪的关系。[2]

2. 狭义的包括一罪

在实施了数个该当于同一构成要件之行为的情形中，当这些行为之间被认为存在密切的关联性，而且是朝着同一法益侵害的单一意思的实现行为时，就可以将其包括性地进行一次的构成要件评价，这种情形就是狭义的包括一罪。[3]

（1）构成要件上的包括。在一个构成要件中规定着面向同一法益侵害的数个行为样态，当这些行为相互之间处于手段与目的或者原因与结果之间的关系时，如果各个行为可以视为行为人的一个犯意的实现行为，就接受一次

---

[1] 关于本案，参见辰井：《百选Ⅱ》，第80页。
[2] 进而，名古屋高判平成3年（1991年）7月18日判时第1403号第125页中，被告人试图从等待信号灯的被害人的自行车的前车筐窃取一个背包，发现了这一点的被害人抓住了其左手，为了防止被害人拿回背包，被告人抓住了被害人的手腕将其摔倒在路上，并坐上了普通货车发动试图逃跑，在此之际，该车辆前部撞到了站在车辆前面的被害人并致使其摔倒，导致被害人负伤，但该伤害是由哪一个暴行导致的并不明确。对于该案件，名古屋高等裁判所认定其成立伤害罪与事后强盗罪的包括一罪。
[3] 《刑法》改正准备草案第71条对于包括一罪作出了以下规定：即使是触犯了同一罪名的数个行为，从时空的接近性、方法的类似、机会的同一、意思的继续以及其他各个行为之间的密切关系处罚，当将该整体作为一个行为进行评价是相当的时候，就将其包括地作为一个犯罪进行处断。但改正刑法草案最终并未规定这一法条。

的构成要件评价，从而成立包括一罪。例如，将人逮捕并持续监禁的情形，作为整体而言就成立《刑法》第 220 条第 1 款的包括一罪［最大判昭和 28 年（1953 年）6 月 17 日刑集第 7 卷第 6 号第 1289 页］。此外，在通过一个欺瞒行为而致使对方交付财物（一项欺诈罪）之后，进而取得财产性利益（二项欺诈罪）的情形中，作为整体而成立《刑法》第 246 条的包括一罪［大判大正 12 年（1923 年）12 月 8 日刑集第 2 卷第 934 页］。

（2）接续犯。在由接续实施的数个行为是对同一被害人实施的数个同种行为的情形中，整体上也成立包括一罪，将其称为接续犯。例如，在晚上两个小时之内分三次、每次将三袋糙米从统一仓库搬出的情况下，成立一个盗窃罪［最判昭和 24 年（1949 年）7 月 23 日刑集第 3 卷第 8 号第 1373 页］。[1]

与此相对，即使接续实施同种的行为，在被害人以及被害法益不同的情形中，并不成立包括一罪。例如，在同一场所对不同游客数次实施公然猥亵的行为就不成立包括一罪［最判昭和 25 年（1950 年）12 月 19 日刑集第 4 卷第 12 号第 2577 页］。在不同的情况下所犯的常习累犯盗窃罪与轻犯罪法上的管制刀具携带罪，就不成立包括一罪［最决昭和 62 年（1987 年）2 月 23 日刑集第 41 卷第 1 号第 1 页］。[2]此外，最决平成 5 年（1993 年）10 月 29 日刑集第 47 卷第 8 号 98 页中，乙超过限制速度的状态接续地驾驶普通乘用汽车，通过了两个地点，这两个地点之间的距离约 19.4 公里，中间的道路状况等也发生变化。对于该案件，最高裁判所认为，在以上两个地点中的超速行为是处于并合罪的关系，分别构成犯罪。[3]

此外，昭和 22 年（2010 年）刑法部分修正之前，存在着第 55 条这一体

---

[1] 关于本案，参见关：《百选 I》，第 200 页。

[2] 关于本案，参见宫川：《百选 I》，第 202 页。

[3] 此外，最决平成 22 年（2010 年）3 月 17 日刑集第 64 卷第 2 号第 111 页中，对于在街头实施伪装的捐款活动，对不特定多数人实施欺诈行为的案件，从街头捐款活动的特质出发作出了包括一罪的判示。但是，既然被害法益并不是单一的，就应当理解为并合罪（《各论》，第 337 页以下）。关于本案，参见只木：《百选 I》，第 204 页。进而，最决平成 26 年（2014 年）3 月 17 日刑集第 68 卷第 3 号 368 页中，对同一个被害人在约四个月或者一个月的时间内反复施加连续的暴行，导致被害人负有种种伤害。对于该事实，最高裁判所认为，该暴行是以被告人及被害人之间一定的人际关系为背景，是从共通的动机出发而产生的反复实施的犯意，从这一点来看，可以将全体作为一个整体进行评价，从而理解为包括的一罪。关于本案，参见丸山（雅），平成 26 年（2014 年）度重判，第 161 页；松泽：《判例评论》第 679 号（判时第 2262 号），第 246 页；小野（晃）：《刑事法学家》第 42 号，第 85 页。

续犯的规定,即"当连续实施数个行为,并触犯同一罪名时,以一罪进行处断"。但判例将该"同一罪名"做了广义上的理解(例如,在盗窃罪与强盗罪之间也肯定了连续犯[大判大正3年(1914年)2月3日刑录第20辑第101页])。其结果是在与诉讼法之既判力的关系上产生了弊端,因此《刑法》第55条被删除。但是,在连续犯被删除之后,判例也将连续犯的事态作为包括一罪处理。最判昭和31年(1956年)8月3日刑集第10卷第8号第1202页中,医师在数月期间,在自家诊疗所中对麻药中毒患者X,以缓和其中毒症状的目的,对其施用了麻药。对于该案件,最高裁判所认为这是基于单一犯意而实施的,因此是包括一罪。

(3)集合犯。这是指,作为构成要件行为,预定着数个同种类的行为之犯罪,常习犯、职业犯、营业犯等即为适例。

常习犯是指,预定着具有常习性之行为人的反复行为的犯罪。例如,赌博的常习者不管实施了几次赌博行为,这些行为都通过常习赌博罪[《刑法》第186条第1款]的构成要件而被包括,从而成立一罪[最判昭和26年(1951年)4月10日刑集第5卷第5号第825页]。职业犯是指,预定着作为职业而反复实施某种犯罪。例如,即使对数人发布、贩卖淫秽物品,也只成立淫秽物品颁布等罪(《刑法》第175条)的包括一罪[大判昭和10年(1925年)11月11日刑集第14卷第1165页]。营业犯是指,预定着怀着营利目的而反复实施某种犯罪。例如,即使不具有医师资格者怀着营利目的而对多数人实施医疗行为(《医师法》第17条、第31条第1号),也成立包括一罪。此外,最判昭和53年(1978年)7月7日刑集第32卷第5号第1011页中,对于《出资法违反》第5条第1款的违反罪,最高裁判所认为,该规定的目的在于取缔高额利息,从而促进健全金融秩序的保持,由于这并没有将作为业务实施作为要件,也没有预定着同种行为的无限制反复累计实施,因此,对于各个契约或者受领均单独成罪,应当作为并合罪处断,而不是包括一罪。

第二节 科刑上一罪

科刑上一罪是指,①"一个行为触犯了两个以上的罪名";②"作为犯罪的手段或者结果的行为触犯了其他罪名",因此以"最重之刑"进行处断的情形(《刑法》第54条第1款)。一种为想象竞合,另一种为牵连犯。

一、想象竞合

想象竞合（《刑法》第54条第1款前半段）是指，实施了一个行为，却触犯了数个罪名。例如，以一发子弹而导致两人死亡的情形。又如，投掷石头，在伤人的同时也损坏了器物的情形等，即为适例。

"一个行为"的含义是什么，对于想象竞合与并合罪的区别来说，这一点尤其重要。关于这一点，最大判昭和49年（1974年）5月29日刑集第28卷第4号第114页中认为，"在脱离了法律评价、将构成要件的视角抽象化的自然性观察之下，从社会性视角来看，行为的动态可以被评价为一个的情形"就是其标准。在此基础上认为："以醉酒的状态在驾驶汽车的过程中导致过路人发生人身事故的情形中，原本，驾驶汽车的行为其形态就通常伴随着时间性的继续与空间性的移动。与此相对，在此过程中导致人身事故发生的行为是在处于继续驾驶状态过程中某一时点、某一场所的事项，因此，从前述的自然观察视角出发，这两者与在醉酒状态下驾驶是否构成了引起事故的过失内容无关，在社会观点上应该被评价为个别的犯罪，而能将其视为一个行为"。据此认为道路交通法上的醉酒驾驶与刑法上的业务上过失致死伤罪之间处于并合罪的关系。[1]此外，在该判例中，关于无证驾驶与醉酒驾驶之间的关系，做了如下说明：无驾驶证或处于醉酒的状态都只不过是车辆驾驶者的属性而已，因此，当一个车辆驾驶者触犯了两个罪名时，两者形成想象竞合，进而，无证驾驶与机动车检查证有效期届满之后的机动车驾驶之间的关系也是想象竞合的关系。[2]

---

[1] 关于本案，参见佐伯（和）：《百选I》，第208页。

[2] 进而，最决昭和50年（1975年）5月27日刑集第29卷第5号第348页中，对于在醉酒驾驶开始之后不久即产生事故的案件，认为醉酒驾驶与重过失致死伤罪是并合罪。最判昭和58年（1983年）9月29日刑集第37卷第7号第1110页中，将在带入税关空港等之时就达到既遂的兴奋剂走私罪与在突破通关线时就达到既遂的关税法上的无许可走私罪作为想象竞合处理。东京高判平成24年（2012年）11月1日判夕第1391号第364页中，被告人以实施猥亵行为为目的而将被害人诱入公共卫生间内之后将门锁上并站在门前阻挡去路，进而实施触摸被害人的阴部等猥亵行为。对于该案件，东京高等裁判所认为监禁罪与强制猥亵罪是处于想象竞合关系（此外，在实施猥亵行为之际将这些行为姿态拍照并制作儿童淫秽物品的情形中，强制猥亵罪与《儿童卖淫、儿童色情等处罚法》第7条第3款所规定的儿童淫秽物品制造罪就处于并合罪的关系）。关于本案，参见仲道：《判例评论》第671号（判时2238号），第161页；小名木，平成25年（2013年）度重判，第168页。

但是，仅仅从自然观察的视角来判断"一个行为"，并不能说明想象竞合与并合罪在法律效果上的不同。在想象竞合的情形中被认为是"以最重的刑罚进行处断"，而在并合罪的情形中，刑罚则是被"加重"。其理由是：当行为人试图实施违反某个行为规范之行为就必然地会违反其他行为规范时，将其作为违反较重一方之行为规范进行处理是妥当的。与此相对，当行为人试图实施违反某个行为规范之行为时，如果处于想要回避违反其他行为规范，尽管能够回避却未回避时，加重其刑罚是妥当的。[1]因此，应该认为，当醉酒驾驶构成刑法上的过失内容时就是想象竞合，无法构成时就是并合罪。此外，无证驾驶与醉酒驾驶，无证驾驶与机动车检查证有效期届满之后的驾驶，各自都是独立的行为，因此应当作为并合罪处理。

当成立想象竞合时，在与各自的罪名相对应的法定刑中，选择上限与下限都最重的刑罚进行处断。[2]因此，在甲罪的法定刑是"10年以下的惩役"，乙罪的法定刑是"3个月以上5年以下的惩役"的情形中，处断刑就是"三个月以上10年以下"，当存在两个以上的没收时，应将其并科处理（《刑法》第54条第2款）。

二、牵连犯

牵连犯是指，在数个犯罪之间存在手段与目的或者原因与结果之关系的情形（《刑法》第54条第1款后半段）。将其作为科刑上一罪处理是因为：与想象竞合同样的，在实施违反作为目的之行为规范的行为之际，其手段行为必然违反其他行为规范，因此以较重的刑罚进行处断即为足够。

关于在怎样的情形中肯定牵连犯的关系，判例认为："要将罪数认定为牵连犯，仅仅存在行为人主观上将其中一个行为作为另一个行为的手段或结果来实行并不足够，在数罪之间，其罪质上必须存在通常的手段与结果之间的关系。"［最大判昭和24年（1949年）12月21日刑集第3卷第12号第2048页］。作为肯定牵连犯的判例有：住居侵入罪与盗窃或强盗罪［大判大正6年

---

[1] 参见西原（下）第427页。
[2] 参见最判昭和28年（1953年）4月14日刑集第7卷第4号第850页、最判昭和32年（1955年）2月14日刑集第11卷第2号第715页。但是在学说上，也有观点认为，应当对于各个犯罪选择刑种，并以施加了再犯加重以及法律上减轻之刑为基准。参见团藤第461页、大塚（仁）第502页注9、福田第313页、大谷第491页。

(1917年)2月26日刑录第23辑第134页；大判明治45年（1912年）5月23日刑录第18辑第658页]、住居侵入罪与杀人罪［大判明治43年（1910年）6月17日刑录第16辑第1220页]、公文书伪造罪与公文书伪造行使罪［大判明治42年（1909年）1月22日刑录第15辑第27页]等。与此相对，作为否定牵连犯的判例有：杀人罪与尸体遗弃罪［大判明治44年（1911年）7月6日刑录第17辑第1388页]、营利目的麻药受让罪与麻药让渡罪［最判昭和54年（1979年）12月14日刑集第33卷第7号第859页]、监禁罪与恐吓罪［最判平成17年（2005年）4月14日刑集第59卷第3号第283页][1]等。

三、罪数判断的个别问题

（一）不作为犯的个数

由于不作为是指不实施某种作为，因此，不作为犯的罪数应该根据与该不作为相对应的作为的个数进行判断。

最大判昭和51年（1976年）9月22日刑集第30卷第8号第1640页中，以驾驶机动车为业的被告人以超过限制时速的速度，并且醉酒驾驶普通机动车，在改变道路时，因不注意前方而采取紧急制动，导致车辆后部横过来，副驾驶室的车门与从左侧对面走来的被害人产生激烈碰撞，导致被害人受伤。尽管如此，被告人却没有报警而逃走，次日，被害人死亡。在这一案件中，裁判所认为，当所谓的逃逸案件的驾驶者没有履行救护义务或报告义务的意思而从事故现场离去时，只要没有其他特殊的因素，就将各个义务违反作为一个动态，认定为想象竞合的关系。[2]

但是，由于与该不作为相对应的作为是救护与报告这一互相独立的个别行为，因此，应该认为不实施该行为的不作为也是两个，应当认为成立并合罪。

---

[1] 关于本案，参见内山：《百选Ⅰ》，第206页。最决昭和58年（1983年）9月27日刑集第37卷第7号第1078页中，被告人以取得赎金为目的而掠取、诱拐了被害人并进而监禁了被诱拐者，在此期间勒索赎金的情形中，赎金目的拐取罪与赎金要求罪是处于牵连犯的关系，以上各罪与监禁罪是处于并合罪的关系。此外，东京地判平成4年（1992年）7月7日判时第1435号第142页中，在诈骗中的处分行为之后，使用了伪造的质权设定承诺书。对于该案件，东京地方裁判所认为这并不是牵连犯，但伪造有印文书的行使与欺诈本来就是被预定着同时地、一体性地实施，而事实上也是这样实施的，因此作为科刑上一罪而处于包括一罪的关系。

[2] 关于本案，参见近藤：《百选Ⅰ》，第210页。

（二）共犯的个数

1. 共同正犯的罪数

由于共同正犯中每个行为人都被认为是全部犯罪的实行者，因此，在罪数上，将其与亲自实行的情形做同样考虑即可。因此，在甲与乙共谋，甲杀害 X，乙杀害 Y 的情形中，应当认为甲与乙各自都依次杀害了 X 与 Y，通过两个行为而成立两个杀人罪（并合罪）[最判昭和 25 年（1950 年）8 月 9 日刑集第 4 卷第 8 号第 1562 页]。[1]进而，甲与乙等四人在共谋的基础上，对 X 等四人相继施加了拳打脚踢的暴行，导致其中三人负伤。在这一情形中，仅仅就受伤人数成立伤害罪，并成立并合罪[最决昭和 53 年（1978 年）2 月 16 日刑集第 32 卷第 1 号第 47 页]。

2. 教唆、帮助的罪数

由于共犯构成要件是在包含基本构成要件的基础上所做的修正，因此首先应按照正犯的罪数而决定固有的罪数。在根据该基准而成立数罪的情形中，如果仅具有一个共犯行为，则作为共犯而成立想象竞合。之前的判例认为，即使只有一个教唆行为，也与正犯的罪数相对应而成立数个教唆犯[大判昭和 2 年（1927 年）10 月 28 日刑集第 6 卷第 403 页]，现在仍然承认这一点[最决昭和 57 年（1982 年）2 月 17 日刑集第 36 卷第 2 号第 206 页]。[2]此外，即使在通过复数的共犯行为而成立正犯之一罪的情形中，当这些行为是面向一个正犯的实现而形成的一体行为时，就成为包括一罪。教唆复数的人而成立作为共同正犯的一罪者的情形中也相同。[3]

（三）扒钉现象

例如，当侵入住居之后以一个行为杀害数人时，就形成牵连犯与想象竞合的竞合。在该情形中，一般认为各个犯罪结合为一个整体从而形成科刑上一罪。例如，像侵入住居并相继杀害两人这种个别独立的数个犯罪与一个犯罪分别处于科刑上一罪的关系之情形中，一般也认为，从作为科刑上一罪之特征的行为规范违反的部分重复这一点来看的话，整体结合在一起从而形

---

[1] 之前的判例认为，甲与乙共谋，同时在同一场所，由甲杀害 X，乙杀害 Y，并各自夺取其财物的情形中，将甲与乙的行为作为一个行为，从而认定为杀人罪与强盗致死罪的想象竞合（大判大正 5 年（1916 年）11 月 8 日刑录第 22 辑第 1693 页）。

[2] 关于本案，参见星：《百选Ⅰ》，第 214 页。

[3] 关于共犯与罪数，参见中野：《刑事法与裁判的诸问题》（1987 年），第 78 页以下。

成一种科刑上一罪。这样，将住居侵入罪作为所谓的"扒钉"，将全体成为科刑上一罪称为"扒钉现象（作用）"。例如，最决昭和 29 年（1954 年）5 月 27 日刑集第 8 卷第 5 号第 741 页中，被告人侵入了已经离婚的妻子 A 的住居，用劈刀将 A、B 以及 C 三人斩杀。对于这一案件，最高裁判所认为，三个杀人行为与一个侵入住居行为分别成立牵连犯的关系，应当适用日本刑法第 54 条第 1 款后半段、第 10 条将其作为一罪而根据其中最重的刑罚进行处断。[1]

同样的现象产生于：在 X1 与 A 罪是想象竞合关系、X2 与 B 罪也是想象竞合关系，而 X1 与 X2 是 X 罪的包括一罪这种情形中，也将全体作为科刑上一罪。例如，最判昭和 33 年（1958 年）5 月 6 日刑集第 12 卷第 7 号第 1297 页中，被告人没有法定的排除事由，对于同一妇女，以让该妇女从事有害公共卫生或公众道德的卖淫职业为目的，而与专门从事让妇女卖淫的从业者斡旋，让该妇女作为接客妇就业，并从雇主手里得到了作为介绍费的金钱。对于该案件，最高裁判所认为，被告人的行为虽然该当于《劳动基准法》第 6 条、《劳动基准法》第 118 条，以及《职业安定法》第 63 条第 2 号，但当将该行为作为社会事实进行观察时，可以认定为一个行为，因此，认定为以一个行为触犯了《劳动基准法》以及《职业安定法》的两个罪名是妥当的。[2]

但是，将其归结为"扒钉现象"是不妥当的。[3]在住居侵入罪与复数的杀人罪这种牵连犯关系的情形中，仅仅肯定最初的牵连关系，将其他犯罪认

---

[1] 关于本案，参见龟井：《百选Ⅰ》，第 212 页。
[2] 进而，最决平成 21 年（2009 年）7 月 7 日刑集第 63 卷第 6 号第 507 页中，将作为儿童色情物品而且是猥亵物的物品贩卖并提供给不特定或者多数人，与此同时，以贩卖或提供给不特定多数人为目的而持有的情形中，猥亵物贩卖与儿童色情物品提供、猥亵物贩卖目的的持有与儿童色情物品提供目的的持有，各自都处于想象竞合关系，因此当猥亵物贩卖与猥亵物贩卖目的的持有成为包括一罪时，就适用"扒钉理论"而将全体作为一罪。关于本案，参见仲道：《刑事法学家》第 22 号第 107 页；林（美）：《判例评论》第 635 号（判时 2130 号），第 165 页；只木：《论究法学家》第 3 号，第 225 页。
[3] 参见山口第 410 页以下、林（干）第 461 页以下。与此相对，作为罪数的问题，虽然承认三个杀人与一个住居入侵作为整体成立一罪，但在科刑的层面上，在三个杀人的并合罪，与杀人与住居侵入的牵连犯的刑罚之中，应当按照较重的一方进行处断。参见中野，前列：《刑事法与裁判的诸问题》，第 127 页以下。

定为并合关系即可。[1]此外，在与构成包括一罪的个别行为形成想象竞合的情形中，由于不能说存在 A 罪的行为规范违反必然伴随 B 罪的行为规范违反这种关系，因此在承认想象竞合的基础上，应当作为并合罪处理。

第三节 并合罪

一、要件

并合罪是指，"没有经过确定裁判的两个以上的罪"（《刑法》第 45 条）。第一，必须是在确定裁判之前，并且存在未经裁判的数罪（《刑法》第 45 条前段）。当对某个犯罪存在处以禁锢以上之刑罚的确定裁判时，只是将该犯罪与其裁判确定前所犯的罪[2]作为并合罪处理（《刑法》第 45 条后段）。也就是说，关于具有同时审判之可能性的犯罪，均作为并合罪处理。例如，在顺次犯了甲罪、乙罪、丙罪、丁罪的情形中，（1）当全部的犯罪都没有经过任何确定裁判时，均作为并合罪处理；或者（2）当仅仅甲罪被发现并经过确定裁判，但甲、乙、丙、丁四罪全部都是在其确定裁判前实施时，均作为并合罪处理；但是（3）在对于乙罪存在处以禁锢以上之刑罚的确定裁判，而甲罪是在该确定裁判之前实施时，只有甲罪、乙罪成立并合罪，丙罪、丁罪则成立其他的并合罪。而这两个并合罪是个别独立的，并不是并合罪的关系。但是，当乙罪仅仅接受被处以罚金以下的刑罚之确定裁判时，甲、乙、丙、丁四罪就全部成立并合罪。[3]

---

[1] 德国的判例与通说认为，"扒钉"作用所波及的犯罪，当比相关联的犯罪具有更低的不法内容时（住居侵入与杀人），就不承认"扒钉"作用，复数的杀人依然是并合罪。"扒钉"作用所波及的犯罪仅仅是在比相关联的犯罪具有更高的不法内容之情形中，才肯定"扒钉"作用。参见耶塞克、魏根特：《德国刑法总论》（第 5 版）（1999 年），第 567 页。

[2] 最决昭和 35 年（1960 年）2 月 9 日刑集第 14 卷第 1 号第 82 页认为，当在非法持有刀剑的继续状态中存在其他犯罪的确定裁判时，非法持有刀剑作为继续犯是一罪，应当将非法持有的继续的终了之时理解为犯罪的终了之时，因此两罪并不是处于并合罪的关系。

[3] 最决平成 22 年（2010 年）12 月 20 日刑集第 64 卷第 8 号第 1312 页中认为，《劳动基准法》第 32 条第 1 款（以周为单位的时间外劳动的规制）违反之罪与该条第 2 款（以日为单位的时间外劳动的规制）违反之罪是处于并合罪的关系。关于本案，参见滝谷：《法时代》第 84 卷第 6 号，第 118 页。

二、效果

日本刑法是以加重主义为原则，例外地采用吸收主义、并科主义。当犯人犯了数个犯罪，并同时交付于裁判时，规范性非难的程度就很高，或者犯罪反复的危险性也很大，因此当然可以将其中具备条件的犯罪并合而加重其刑。

（一）加重主义

当对于并合罪当中两个以上的犯罪处以有期惩役或者禁锢时，最高刑为加上最重的罪所定的刑罚的二分之一。但是，不能超过各个犯罪所定的刑罚的总和。（《刑法》第47条）。

关于并合罪加重的方法，最判平成15年（2003年）7月10日刑集第57卷第7号第903页（新泻监禁事件）中，被告人在掠取女子小学生之后，将其囚禁在自家房间里长达九年两个月。其结果，在对其施加伤害的同时（未成年掠取罪与逮捕监禁致伤罪的想象竞合），在监禁期间，被告人盗取了被害人所穿的市场价格约2500日元的内裤。对于该案件，最高裁判所认为："日本刑法第47条是这样规定的，即当在并合罪之中对两个以上的犯罪处以有期惩役或者禁锢时，根据该条文的规定就构成并合罪，并形成了统一全体个罪的处断刑，在应该说是被修正的法定刑的该处断刑的范围内，决定对构成并合罪的各罪整体的具体刑罚。在处断刑的范围内决定具体刑罚之际，在重新对作为并合罪之构成单位的各个犯罪做个别的量刑判断的基础上，进而将其合算，在法律上并没有被预定，这一理解是妥当的。此外，该条明显暗含了为回避因采用所谓的并科主义而导致刑罚过分严酷之结果的主旨，但从该视角出发，根据法律而形成的作为制度的刑罚框架，尤其是其上限的设定成为问题。但对该条文做以下的理解，不得不说是不妥当的，即进而，作为不成文的法规范，将实现对构成并合罪的各个犯罪个别地量定其刑罚作为前提，从而对该个别的刑罚量定施加一定的制约。"[1]

本案第一审判决，通过将逮捕监禁致伤罪[平成16年（2004年）改正前的上限是10年]与盗窃罪的并合罪加重而形成15年的处断刑，并宣告了14年的惩役，但二审判决认为，对于构成并合罪的个别犯罪，不允许认为其

---

[1] 关于本案，参见只木，平成15年（2003年）度重判，第162页。

宗旨是超过法定刑，在对逮捕监禁罪与盗窃罪的并合罪全体量定其刑罚之际，应该认为对于逮捕监禁罪而言，最长也应在 10 年的限度内进行评价。据此而驳回了一审判决，宣告了 11 年的惩役。

由于加重主义是为了缓和采用并科主义而导致刑罚过重所规定的制度，因此，如果按照一审以及最高裁判所的解释，刑罚就不仅比单纯数罪更重，实质上也加重了各个犯罪类型的法定刑，在这一点上存在疑问。如果考虑加重主义的意义，我认为二审的方法是妥当的。[1]

（二）吸收主义

当在并合罪之中对其中一个犯罪处以死刑时，就不科加其他刑罚。但是，没收除外（《刑法》第 46 条第 1 款）。此外，当对其中一个犯罪科处无期的惩役或禁锢时，也不科加其他刑罚。但是，罚金、科料以及没收，不受此限。

（三）并科主义

当在并合罪之中，存在两个以上的犯罪被科处罚金、拘留、科料以及没收时，将其做并科处理（《刑法》第 48 条第 1 款）。但是，两个以上的罚金则在相加的数额以下处断（《刑法》第 48 条第 2 款）。

在并合罪之中，当存在已经经过裁判的犯罪或者没有经过裁判的犯罪时，进而对未经裁判的犯罪进行处断（《刑法》第 50 条）。当对并合罪存在两个以上的裁判时，将其刑做合并处理。但是，（1）当应当执行死刑时，除了没收之外就不执行其他刑罚；（2）当应当执行无期惩役或者禁锢时，除了罚金、科料以及没收之外，不执行其他刑罚；（3）有期惩役或者禁锢的执行不能超过加上对最重的犯罪所定的刑罚的一半（《刑法》第 51 条）。此外，也不允许超过 30 年（《刑法》第 14 条）。

---

[1] 此外，东京高判平成 24 年（2012 年）6 月 27 日东高刑时报第 63 卷第 1—12 号第 130 页中，关于对于被告人的强奸致伤、盗窃、强盗的被告事件，一审对于第一群的强奸致伤、盗窃、强盗判处 24 年惩役，对于在其他罪行的确定裁判后的第二群的强奸致伤、强盗判处并科 26 年的惩役。但辩护人主张原判决错误适用了《刑法》第 45 条后段的解释，从而提起控诉。对于该案件，东京高等裁判所认为，关于确定裁判后之罪，机关经过了确定裁判却继续犯罪，在这一点上已经不免对其进行严厉非难，从这一点来看的话，不赋予其并合之利益也具有相应的理由，从而驳回控诉。

第三编

刑罚的理论

第一章 刑罚的概念

第一节 刑罚是什么

作为制裁规范发动的效果,刑法设置了刑罚这一制度(边页第12页以下)。制裁规范首先意味着对于行为人违反行为规范的反作用。因此,作为制裁规范发动之效果的刑罚也具有这样"反作用"的一面,与此同时,还具有使被违反的行为规范得以恢复的一面。也可以将这两个侧面称为"报应"。刑罚的本质就是在这种意义上的"规范性报应"。但是,作为该报应的刑罚,并不是漫无目的的,而是通过怀着某种社会性目的而将其存在正当化。[1]

本来报应这一概念就是多义的,可以理解为作为被害人的报应、作为国家的道义性报应、神的报应、作为赎罪的报应、作为罪刑均衡的报应等。不管怎样,将其理解为从国家本身出发而导出其价值,认为刑罚的正当化根据是不言自明的观点与本书所倾向的"自由共同体"之立场是不相容的。归根结底,国家只不过是支撑个人与共同体的自由交流而存在的政策性制度而已。因此,这里所说的报应,应当仅限于"作为罪刑均衡之反作用"这一意义上而使用。

从这种国家观来看的话,国家的刑罚,其正当化根据在于维持个人与共同体的自由交流,刑罚的正当化根据就存在于这一点上。与犯罪相关的出场人物有被害人、加害人,以及与之相对应的社交网络(私人共同体)、共同体、地域社会(公共共同体),进而,甚至扩展到社会、国家这一层面。而这

---

[1] 关于刑罚的理论,参见牧野:《刑事法的新思潮与新刑法》(1923年);小野:《关于刑罚的本质及其他》(1955年);庄子、大塚(仁)、平松编:《刑罚的理论与现实》(1972年);平场编著:《刑罚的思想》(1978年);吉冈:《追求刑事制度的基本理念》(1984年);大越:《刑罚论序说》(2008年);雅科布斯(饭岛、川口译):《国家刑罚——其意义与目的》(2013年)。

些关系的修复或再生就是刑罚的目的。

总之，刑罚是作为对于犯罪的规范性报应，是恢复被犯罪所侵害的法和平的制度。法和平基本上是指被害人、加害人、共同体这三者之间的规范性交流。为恢复这三者关系而设置的最终手段就是刑罚。与此相对，修复性正义（司法）并不是将被害人、加害人、共同体这三者各自的修复放在规范层面上考虑，而是放在事实层面上考虑（边页第13页）。[1]

第二节 刑罚与修复

作为刑罚的目的，存在将一般预防（消极的、积极的）与特殊预防放在核心位置的观点。[2]这两者都是基于展望的刑罚观的观点，与此相对，报应是基于回顾的刑罚观的观点。也有观点指出难以将这两者单纯地结合起来。[3]但是，如下文所述的量刑循环是可能发生的，即回顾性的措施是展望性地运转，而展望性的措施则是回顾性地运转。因此，重要的并不在于是回顾性的还是展望性的这一点，而在于一般预防与特殊预防是否能够通过刑罚来实现这一点。作为通过刑罚带来的预防效果，虽然不能完全否定一般预防效果（一般抑止）就存在于刑罚其本身这一点，但却不能为不去犯罪提供动机这一功能仅仅求诸刑罚，也不应当求诸刑罚。另一方面，特殊预防效果存在于作为刑罚执行内容的再犯防止教育。具体而言，例如，在自由刑的情形中，并不是通过拘禁就当然地实现防止再犯（但由于处于被拘禁的状态，因此能够防止该对象者实施犯罪），而是通过在被拘禁状态中的教育而实现防止再犯。确实，该效果虽然在某种程度上正在被实证，但"通过剥夺自由而通往自由的教育"这一点对于再社会化具有怎样程度的效果，存在疑问。

这样考虑的话，刑罚就仅仅具有为了恢复规范而存在的宣言性的、象征性的意义，在其范围之内，也可以看出修复性正义（司法）的真意，即通过指向于对受刑者的改善教育这一方向性，而将害恶（被害人所承受的害恶以

---

[1] 参见高桥：《探求》，第33页以下；同《对话》，第16页以下。

[2] 所谓的"学派之争"（报应刑对目的刑）已经偃旗息鼓，现在处于在此基础上的新阶段，不应当固执地将刑罚限定在报应还是改善这两项对立上（边页第54页以下）。

[3] 参见Jakobs, Zur gegenwaertigen Straftheorie, in: Klaus‑M. Kodalle (Hrsg.), Strafe muss sein! Muss Strafe sein?, 1998, S. 29ff.

及加害人已经施加的害恶）的修复作为目标。

那么，刑罚与修复的不同点在哪里。在以下这一点上，两者存在不同，即刑罚是与"法益"相关联的，而修复则是与"害恶"相关联的。刑罚，例如在杀人罪的情形中，是以对于"人"的生命被侵害这一点，通过事后地处罚该加害人而彰显保护"人"的生命这一规范，丝毫没有动摇这一点为中心而设定的。当然，以下这一点也可以考虑，即通过事前地提示施加刑罚的可能性而实现一般预防，进而与事后性地实现加害人的再社会化以及被害人的复仇感情相融合。这些都是作为围绕着"法益"的要素。与此相对，修复是以被害人所遭遇的"害恶"以及共同体所承受的"害恶"，进而加害人已经施加的"害恶"为核心，以加害人直面这些"害恶"，对于这些"害恶"应承担采取什么措施的责任为中心而设定。

作为构成刑罚的基本要素，可以列举出：①强制，②严厉处置，③害恶科赋的意图，④苦痛科赋与所犯下的害恶的关联。例如，税金等就缺乏第四种要素，因此并不是刑罚。例如，在孩子于家中故意毁坏某物的情形中，父母亲打孩子屁股的行为就缺乏第三种要素，因此并不具有刑罚性。家庭中的惩戒行为并不是以对孩子施加害恶为目的。也就是说，这种惩戒并不是试图将孩子从父母的世界中排除，而是为了将孩子引入父母亲之爱的世界中的手段。让孩子承担责任，例如，通过让孩子从自己的储蓄罐中拿出零钱进行赔偿，就实现了修复行为。父母亲并不是在非难孩子本身，而仅仅是在非难孩子的行为，亲子关系并不发生任何改变。

与此相对，由国家所施加的刑罚就与这种亲子关系不同，法官并不具有父母亲这种道德性权威，于是，对加害人施加害恶成为中心目的。即使在接受社会性制裁的情形中，加害人与共同体也已经陷入了破坏性关系之中，而国家再进一步施加处罚时，也很容易导致公开承认将加害人作出了社会排除的意味。毋宁说，这就是对行为人本身进行非难，导致留下烙印的结果，从这一点出发，可以承认刑罚的最终手段性，与此同时，也可以导出探求修复之道的必要性。

刑罚的本质在于规范性报应，其目的在于法和平的恢复。但是，达成后者之目的的手段多种多样，通过刑罚所能够达成的范围是被限定着的。因此，值得向着代替刑罚，或者刑罚之中也包含修复性的要素，这一方向进行思考。

第三节　刑罚的种类与内容

与被剥夺的利益种类相对应，刑罚可以分为生命刑、身体刑、自由刑、财产刑、名誉刑等。日本现行刑法中，设置了作为生命刑的死刑、作为自由刑的惩役与禁锢、作为财产刑的罚金与科料以及没收等七种刑罚（《刑法》第9条）。

作为刑罚的分类，存在主刑与附加刑的区别。主刑是指，其本身可以独立科处的刑罚。附加刑是指，只能在宣判主刑时才能科处的刑罚，没收即为适例。

一、死刑

（一）概观

死刑（《刑法》第11条）是以剥夺生命为内容的刑罚。[1]日本宪法预定着存在剥夺生命的刑罚（《宪法》第31条），由于死刑并不直接等于"残虐的刑罚"（《宪法》第36条），[2]因此判例认为死刑制度并不违反宪法。[3]

日本现行法律中，对19种犯罪（其中特别法规定了7种）规定了死刑。具体而言，作为规定死刑的犯罪，包括12种刑法犯以及7种特别刑法犯，12种刑法犯是指：内乱罪（《刑法》第77条第1款）、外患诱致罪（《刑法》第81条）、外患援助罪（《刑法》第82条）、现住建造物等放火罪（《刑法》第108条）、激发物破裂罪（《刑法》第117条）、现住建造物等侵害罪（《刑

---

[1] 关于死刑，参见向江：《死刑废止论的研究》（1960年）；佐伯（千）、团藤、平场编：《追求死刑废止》（1994年）；齐藤（静）：《新版死刑再考论》（第2版）（1999年）；三原：《死刑存废论的系谱》（第6版）（2008年）；团藤：《死刑废止论》（第6版）（2000年），"（特集）死刑制度的现状与展望"，载《现刑》第3卷第5号（2001年）第6页以下；井上（薰）编著：《裁判资料 死刑的理由》（1999年）；森：《死刑》（2008年），"（特集）追问死刑制度"，载《世界》2008年9月号；森、藤井：《存在死刑的国家——日本》（2009年）；井田、太田编：《现状考虑死刑制度》（2014年）等。

[2] 参见最大判昭和23年（1948年）3月12日刑集第2卷第3号第191页。但是，该判决认为，当从人道主义的见地出发一般性地认为执行方法具有残虐性时，就该当于残虐的刑罚。

[3] 进而，存在认为规定了死刑的刑法并不违反《宪法》第9条、第13条的判决［最大判昭和26年（1951年）4月18日刑集第5卷第5号第923页］，并不违反《宪法》第25条的判决［最判昭和33年（1958年）4月10日刑集第12卷第5号第839页］等。

法》第 119 条)、汽车颠覆等致死罪 (《刑法》第 126 条第 3 款)、往来危险的汽车颠覆等罪 (《刑法》第 127 条)、水道毒物混入致死罪 (《刑法》第 146 条后半段)、杀人罪 (《刑法》第 199 条)、强盗致死罪 (《刑法》第 140 条后半段)、强盗强奸致死罪 (《刑法》第 241 条后半段)。7 种特别刑法犯是指:爆炸物使用罪 (《爆炸物取缔罚则》第 1 条)、决斗致死罪 (《关于决斗罪之案件》第 3 条)、航空器强取等致死罪 (《关于航空器的强取等的处罚法律》第 2 条)、航空器坠落致死罪 (《关于处罚产生航空之危险的行为等法律》第 2 条第 3 款)、人质杀害罪 (《关于挟持人质的强要行为等的处罚法律》第 4 条)、组织性的杀人罪 (《关于组织性犯罪的处罚以及犯罪收益的规制等法律》第 3 条)、海盗行为等致死罪 (《关于海盗行为的处罚以及对海盗行为的对策之法律》第 4 条第 1 款)。此外,外患诱致罪规定着作为绝对法定刑的死刑,除此之外的其他犯罪,均选择性地规定了其他刑罚。还有,对于在犯罪时不满 18 周岁的未成年人,不能科处死刑 (《少年法》第 51 条)。

在日本,死刑判决的宣判人数 (第一审),从 1980 年到 2000 年之间,每年的数量在 1 人到 14 人之间推移, 2000 年以后呈现出增加的倾向, 2002 年达到了 18 人,之后又回到了反复增减的状态, 2013 年是 5 人。此外,死刑确定者的关押人员, 2013 年末是 130 人。死刑执行人数从 2003 年到 2005 年间,仅有 4 人,但是从 2006 年到 2009 年 8 月增加到了 35 人。进而,根据 2014 年 11 月内阁府所实施的舆论调查,"容忍死刑" 的回答人数达到了 80.3%。

这样,日本的死刑制度就获得了大多数国民的支持,从而进入了存置论占据优势地位的时代。

(二) 死刑存废论

日本关于死刑的讨论,感觉论点已经清晰呈现,剩下的就是选择的问题了,也就是说,已经处于从各自的世界观、价值观出发进行决断以及政治性决断的阶段。

从死刑废止论出发,以下诸多理由为其提供根据:①人道上的禁止 (死刑=野蛮而且残虐);②一方面禁止国民杀人,另一方面却又认可国家杀人,自相矛盾;③不允许剥夺国家所无法赋予的生命;④丧失对死刑囚犯进行改善的余地 (教育刑);⑤与动态的刑罚性质不相吻合;⑥对犯罪人、一般人不具威慑力;⑦在误判的情形中,后果不可逆转等。

与此相对,死刑存置论对于①、②、③提出针锋相对的反论,即剥夺了生命的犯罪才是非人道的；对于④、⑤，提出了刑罚的目的是因果报应的反论。而对于⑥则提出死刑具有威慑力的反论。对于⑦则提出了误判的情形并不限于死刑等。

这样，两种立场互不相让，呈现出水火不容的样态。但是，作为最新的理论展开，满足被害人（遗族）的报应感情的满足这一点成为死刑存置论的重要论据。这一点是关系到刑罚是什么、刑事司法是什么的重要问题。

1. 被害人（遗族）与死刑制度

被害人（遗族）与死刑的问题，在地铁沙林毒气事件与光市母子杀害事件中被热烈讨论。驳回光市母子杀害事件的控诉审［广岛高判平成20年（2008年）4月22日LEX/DB28145306］对少年被告人（犯行当时18岁1个月）宣告了死刑的判决。由于该事件中，被害人遗族的想法通过媒体被广泛报道，结果成为国民的重大关心事件。

最高裁判所在"连续手枪枪击事件（永山事件）"［最判昭和58年（1983年）7月8日刑集第37卷第6号第609页］中，综合考虑了犯行的罪质、动机、样态，尤其是杀害手段方法的执着性与残虐性、结果的重大性，尤其是被杀害的被害人数量、遗族的被害感情、社会影响、犯行时的年龄、前科、犯行后的情状等九个项目的因素，认为在其刑事责任极其重大，且从罪刑均衡的立场出发处于不得已而为之的情形中，也可适用死刑。[1]

确实，这一永山基准只不过是抽象的指针而已，在个别案件中还应该被具体化。但与例外地采用死刑这一基准相对，光市母子杀害事件中，撤销原判决的最高裁判决［最判平成18年（2006年）6月20日判夕第1213号第89页］[2]，虽然也以永山基准为前提，但不得不说采用了"原则上死刑"的基准。具体而言，可以说该判决表明了以下观点，即：在犯罪是恶劣性质的情形中原则上是死刑，仅仅当存在应该特别酌情考量的因素时才例外地回避死刑。但是，本案在被害人的人数以及被告人的年龄等方面上，并不能简单地做"原则与例外的逆转"这一判断，应注意这是一个作为界限的事例。尽管如此，日本最高裁判所仍然作出了这样的判断，控诉审判决也遵从了这一点，这不禁让人推测，在九个项目的永山基准中，尤其重视了"被害人遗族的感

---

[1] 关于本案，参见墨谷·昭和58年（1983年）度重判，第152页。
[2] 关于本案，参见平川·平成18年（2006年）度重判，第161页。

情"。

2. 被害人（遗族）与刑事司法

被害人遗族抱有"想要动用死刑"这一感情，是理所当然的。爱人以残忍的方式死去，被害人的声音犹如灵魂的呼唤，每每读到被害人生前留下的只言片语，对加害人的复仇感情无论如何也难以压抑。但是，这是被害人的私人报应感情，国家刑罚权并不仅仅根据这一点作为其支撑，自不待言。因此，在这里存在私层面与公层面这一阶梯性之差。我认为，问题在于，这一落差是否可以填补，填补的话，妥当的手段是什么。具体而言，既然国家刑罚权不能仅仅根据被害人的报应感情来行使，在刑事司法中，被害人感情就不可能得到完全的满足。因此，各个具体的被害人感情就作为客观的被害人感情而得以类型化、一般化。这在法治社会中是显而易见的。毋宁说，作为表明被害人感情的公共场所，只有刑事司法与媒体，社会是在表面上、表层上共有被害人感情，这一现实才存在问题。

进而，问题在于，"被害人感情＝报应＝死刑存置"这一等号是否恒成立。也可以认为，将被害人感情与报应相连结，是作为由于难以恢复到犯罪以前的状态而产生的反射性效果。具体而言，在满足报应感情之前，应当先解决恢复感情的满足这一课题。这一点才具有被害人保护的实质性课题，尽管如此，只有死刑才能实现被害人保护这一武断性思考却被广泛传播。这样思考的话，通过死刑就可以完全实现被害人保护，就是一种幻想。可以说，死刑制度就是一种阻碍实现适当的被害人保护措施的制度。

3. 从报应到修复与恢复

修复性正义（司法）是将犯罪把握为人与人之间关系的侵害，通过被害人、加害人、社区的参与，从而以各自关系的修复、恢复为目标的体系，因此是一种能够发挥刑事司法的补充性作用的制度。各个当事人自愿参加到修复性正义（司法）的体系中，虽然在无法顺畅解决的情况下仍然要回归刑事司法体系，但不存在这样的体系，这是存在问题的。具体而言，在修复性正义（司法）中，通过被训练的中介者，当事人之间的交流得以实施，只有在这种场域中才可能由感情的相互碰撞。当然，如果是不可能直接对话的案件，也可通过代理人等进行间接的交流。总之，修复性正义（司法）为与事件相关的各种各样的人之间的交流提供了场域，是试图为这些人搭建沟通桥梁的体系。[1]

我认为,作为法律上交流之场域的刑事司法与作为交流之场域的修复性正义(司法)两者应当相互结合,共同面向解决犯罪问题。被害人的报应感情应当在修复性正义(司法)体系中得以表明。虽然也存在据此并没有减轻被害人的报应感情的情形,但创设"从报应到修复与恢复"的大道尤为重要。

根据修复性正义(司法)的观点,加害人的责任是指,为了被害人的恢复与再生,应当采取什么措施,因此,并不是服膺刑罚,此外,社区的责任与媒体的责任是共同感受被害人的苦痛,并对其施加援手,因此,不能只要求对加害人科加严罚。

"报应,是通过将已经降临于被害人身上的苦痛让加害人再体尝一遍,从而试图恢复平衡。这是试图挫败行恶者的嚣张气焰,剥离其身上的优越感,让被害人再次确认尊严感之存在的做法。另一方面,这里的恢复是指恢复到被害人遭受被害之前的状态。"[2]认为这句话只是单纯的美妙幻想也好,真挚地接受这句话并认为应当朝该方向迈进也罢,可以说这是各自如何构想以后的社会这一点的试金石。

4. 从被害人关系的刑事司法到修复性正义(司法)

在刑事司法中,存在两条包含犯罪被害人之方向的道路,一条是"惩罚性的被害人(权利)模式(被害人关系的刑事司法)",另一条是"非惩罚性的被害人(支援)模式(修复性正义(司法))"。被害人参加制度等,是处于实现前者的方向性上,只要停留于这种被害人关系的刑事司法,通往死刑废除的道路就极其困难,我认为说是绝望也并不为过。

如果对犯罪被害人赋予当事人的地位,刑事司法在个别的修复性正义(司法)的体系中就具有实现的可能性。因为在修复性正义(司法)中,犯罪被害人能够获得主体性地位。

虽然被害人参加制度被认为具有考虑来自被害人的声音的意义,但存在检察官的介入与裁判所的许可这一制约,此外,作为辩论的意见陈述也不被

---

[1] 参见高桥:《探求》,第72页以下;同:《对话》,第1页以下。

[2] 参见霍华德·泽尔(西村、细井、高桥监译):《修复性司法是什么》(2003年),第195页以下。

认定为证据等，其结果是被害人的声音无法发出，这其中还具有二次被害的可能性。进而，被害人参加制度还被认为在被害人了解事件真相及信息这一点上具有意义，但关于这一点，在刑事司法的范围内也具有制约，在这里也无法否定存在二次被害的可能性。

在刑事司法中，由于时间的法律关联性被作为重要问题，因此，有必要进行所谓的法律意义上的对话。被害人的声音、事件真相的检索被制约也是不得已而为之的事情。与此相对，在修复性正义（司法）中，通过实现人与人之间的对话，事件的全体面貌就变得明朗。因为修复性正义（司法）是以被害人的需求关联性为核心课题，并非法的关联性。被害人（遗族）参加到修复性正义（司法）中，从其中得到的成果只要能够反馈于刑事司法中即可。在其中没有得到任何成果的情形下，就只能委诸刑事司法"法的对话"之中，因此，在该情形下，人与人之间的对话通过刑事司法的原理被消灭了。

"惩罚性的被害人（权利）模式（被害人关系的刑事司法）"的实现具有其界限，因为归根结底，犯罪被害人的需求并不能得到充分满足，作为另一个选项的"非惩罚性的被害人（支援）模式［修复性正义（司法）］"的实现可能性就是值得考虑的课题。应该将指向被害人、加害人、社区各自的恢复与相互关系之修复的体系与刑事司法相独立并与刑事司法相联系而构建起来。

从修复性正义（司法）来看，可以得出刑罚也是为了法和平的恢复（被害人、加害人、社区的再生）而存在的结论，由于应当探讨各自再生的方向，因此，死刑就是以该方向相反为目标的制度。进而，通过媒体大势宣传被害人的故事（叙事），舆论也与媒体保持同样的论调，从而造成"加害人是怪物"这一印象的广泛传播。有必要对这种媒体大势宣传＝通过被害人这一联合体而形成舆论保持谨慎的态度，与此同时，媒体也应当进一步接受加害人的故事。为此，"从报应性正义到修复性正义"这一范式的转换是必要的，必须探索人与人之间相互支援，人与人在社会中获得统合的"社会性融合"与"社区的再生"等道路。被害人支援必须作为这种道路的一个环节来把握，有必要认识到这是与加害人支援共通的问题。

必须说，死刑是与以下理念完全针锋相对的制度，即作为"为了维持人类持续生存之手段"的法理念（边页第6页），及以"被害人、加害人、社区的再生"为目标的修复性正义（司法）的理念。[1]

二、惩役、禁锢

惩役（《刑法》第12条）与禁锢（《刑法》第13条）这两者在均为通过拘置于刑事设施中而被执行这一点上是相同的，但惩役除了拘禁，还负有必须实施"所规定的作业"的义务，与此相对，禁锢并不负有这样的义务，在这一点上存在不同（《刑法》第12条第2款，第13条第2款）。禁锢刑被规定于内乱罪与过失犯中，这来源于以下主旨，即对于政治犯与过失犯这种非破廉耻的犯罪，应当对其施加与通常的犯罪人不同的处遇。但是，将犯罪划分为破廉耻罪与非破廉耻罪并没有任何意义，此外，当禁锢受刑者申请参加劳作时，也可以被许可参加作业（请愿作业）（《刑事收容法》第93条）。实际上，在请愿者占据多数的现状中，应当废除惩役与禁锢的区别，将其作为自由刑而单一化。[2]

在惩役以及禁锢中，均存在无期与有期的情形。有期惩役以及禁锢是1个月以上20年以下，在加重的情形中，则可以将刑期加到30年，在减轻的情形中则可以减到不满一个月（《刑法》第12条第1款、第13条第1款、第14条）。

此外，拘留是比惩役与禁锢更轻的自由刑，主要被规定于轻犯罪法中。在日本刑法典中，只不过在公然猥亵罪（《刑法》第174条）、暴行罪（《刑法》第208条）、侮辱罪（《刑法》第231条）中被规定而已。刑期是1日以上30日以下，将受刑者拘置于刑事设施中执行（《刑法》第16条，《刑事收容法》第2条第7号）。

自由刑占据着近代刑罚的中心地位，但问题点也很多。例如，这是否具有社会复归的效果，还是会沾染上之前所没有的恶风劣习，即关于设施内处

---

[1] 向着废止的方向，应当检讨中国所实施的"死刑的缓期执行制度"与在韩国已经实施十年的"死刑的执行停止"等制度。西原（下），第493页注8提出了以下制度构想；作为死刑的缓期执行制度，例如，除了希望执行死刑者以外，将缓期5年（或者10年）执行，该期间执行与无期惩役同样的自由刑，当不存在特定的缓期执行取消事由（逃走、在刑务所内实施杀人或伤害等）时，在缓期执行期间届满之时就由裁判所宣告转换为无期惩役。

[2] 关于自由刑的单一化，作为赞成论，参见平野：《犯罪者处遇法的诸问题》（增补版）（1982年），第69页以下；作为反对论，参见藤木：《刑事政策》（1968年），第172页以下；须须木：《刑事政策》（1969年），第91页以下。

遇的有效性存在问题。这一点，应当与社会内处遇的有效性相关联进行探讨。[1]

三、罚金、科刑

财产刑是指，对犯罪人剥夺财产性利益的刑罚，日本现行刑法设置了罚金（《刑法》第 15 条）、科刑（《刑法》第 17 条）、没收（《刑法》第 19 条）这三种财产刑。

罚金（科料）是指，让犯罪人将一定金额的金钱缴纳国库的刑罚。[2]在刑法上，罚金是 10 000 日元以上，但没有设置上限。在减轻罚金的情形中，也可以下调至不满 10 000 日元（《刑法》第 15 条但书）。科料是 1000 日元以上 10 000 日元以下。

无法完全缴纳罚金、科料者，将其留置于劳役场（《刑法》第 18 条第 1 款）。留置的期间，被科处罚金时，通常为 1 日以上 2 年以下，被科处科料时通常是 1 天以上 30 天以下。当科料并科时，不得超过 60 日（《刑法》第 18 条第 1 款至第 3 款）。由法官在上述范围内具体裁定留置期间，在宣告罚金或科料的同时宣告（《刑法》第 18 条第 4 款）。

关于罚金的量定，由于几乎没有考虑被告人的经济情况，因此，即使是同样的金额，也会由于资力的差异而产生刑罚的实质差异。另一方面，如果仅仅考虑被告人的资力而决定金额的话，就无法明确其对于犯罪的责任大小。因此，最近在诸多外国的立法中，导入了"日数罚金制"。[3]具体而言，即在宣告罚金的同时，根据其责任大小而提示日数，每日的金额在考虑被告人的资力的基础上决定。在日本，对于一定数额以上的罚金，也是应当检讨的制度。

---

[1] 关于社会内处遇，参见濑川：《犯罪者的社会内处遇》（1991 年）；染田：《犯罪者的社会内处遇的探求——处遇的多样化与修复性司法》（2006 年）；小长井：《犯罪者的再统合与社区——从司法福祉的视点出发考虑犯罪》（2013 年）。

[2] 关于罚金刑，参见木村（龟）：《刑事政策的基础理论》（1942 年），第 335 页以下；小野坂："罚金刑"，载《刑事政策讲座》第 2 卷，第 275 页；"（特集）围绕罚金刑的今日课题"，载《刑事法学家》第 6 号（2007 年）第 2 页以下；"（特集）罚金刑的诸问题"，载《刑杂》第 49 卷第 1 号（2009 年），第 1 页以下。

[3] 关于日数罚金制度，参见平野，前列：《犯罪者处遇法的诸问题》，第 145 页以下；森下：《刑法改正与刑事政策》（1964 年），第 45 页以下；宫泽："日数罚金制的意义与现实——以西德新刑法典为中心"，载《法学研究（庆应大学）》第 49 卷第 1 号（1976年），第 61 页以下。

四、没收、追征

没收（《刑法》第19条）是指作出以下处分，即将作为犯罪原因之物的所有权从原所有人身上剥离，从而归属于国库。[1]日本刑法是将其作为附加刑而在主刑被宣判的情形中将其附加宣判的。因此，没收虽然是财产刑的一种，但例如，向第三人没收并不是刑罚，在这一点上，没收可以理解为具有刑罚与保安处分这两方面性质。

关于没收的一般规定，根据法官的裁量而进行的任意性没收设置于《刑法》总则（第19条）中，而在《刑法》分则（第197条之5）以及特别法（例如，《关税法》第118条第1款、《酒税法》第54条第4款、《兴奋剂取缔法》第41条之8的第1款等）中，规定了必要的没收。

成为没收之对象物，有组成物件、供用物件、生成、取得、报酬物件、对价物件（《刑法》第19条第1款）。

组成物件是指组成犯罪行为之物。具体而言，就像在赌博罪中的赌资〔大判大正3年（1914年）4月21日刑录第20辑第596页〕，该物的存在成为犯罪行为不可或缺的构成要件要素。货币伪造准备罪中的器械、原料（大判明治45年（1912年）4月2日刑录第18辑第389页）、贿赂供与罪中的贿赂〔最判昭和24年（1949年）12月6日刑集第3卷第12号第1884页〕等即为适例。

供用物件是指，就像用于杀人的凶器，是为了实施犯罪行为而利用之物（供用物件），或者为了利用而准备之物（供用预定物件）。例如，开设赌场者贷给赌徒的金钱〔名古屋高金泽支判昭和45年（1970年）11月17题高刑集第23卷第4号第776页〕。用于伪造文书的假印章〔大判昭和7年（1932年）7月20日刑集第11卷第1113页〕。在强盗强奸中记录了奸淫过程的录像带〔东京高判平成22年（2010年）6月3日判夕第1340号第282页〕。偷偷录制的强制猥亵、强奸之犯行状况的数字录像带〔宫崎地判平成27年（2015年）12月11日LEX/DB25541874〕等，即为适例。

生成物件是指，由犯罪行为所制造出来之物。例如，在伪造罪中伪造的货币〔大判明治42年（1909年）4月19日刑录第15辑第458页〕、文书

---

〔1〕关于没收，参见町野、林（干）编：《现代社会中的没收与追征》（1990年）。

[大判明治 42 年（1909 年）6 月 11 日刑录第 15 辑第 763 页]、有价证券[大判明治 44 年（1911 年）10 月 19 日刑录第 17 辑第 1726 页]等，即为适例。取得物件是指，在犯行当时已经存在，但通过犯罪行为而取得之物。例如，有偿受让的赃物[最判昭和 23 年（1948 年）11 月 18 日刑集第 2 卷第 12 号第 1597 页]，通过赌博而赢得的财物[大判大正 13 年（1924 年）6 月 25 日刑集第 3 卷第 542 页]等，即为适例。报酬物件是指，例如，作为杀人行为之报酬而支付的酬金，作为堕胎手术之谢礼而得到的金钱等，即为适例。

对价物件是指，就像贩卖赃物等而得到的代金[前述最判昭和 23 年（1948 年）11 月 18 日]这种作为生成、取得或报酬物件的对价而得到之物。

要没收作为没收的对象物，第一，成为对象的物件必须现实存在。当该物件由于消费或破坏而不存在时或者因混同或加工而丧失该物的同一性时，就成为没收不能，于是成为追征的问题。第二，该物必须是不属于犯人之外的人。但是，在犯罪之后，犯人以外者明知该物的来源仍然取得时，就可以没收（《刑法》第 19 条第 2 款）。对于仅仅适合科处拘留或者科料之罪，不得没收（《刑法》第 20 条）。[1]

追征是指，在本应没收之物不可能被没收的情形中，作为代替措施，令其向国库缴纳一定数额的金钱之处分（《刑法》第 19 条之 2）。虽不是刑罚，但作为一种换刑处分，具有准于刑罚的性质。

"无法没收时"是指，由于犯人的消费、丢失、破坏、混同等而丧失物的同一性，或者由于让渡给善意的第三人等理由，判决时，在事实上或法律上无法没收。

追征之价值的算定标准，必须以该行为的时点即物的受让或取得当时的金额为标准。因为此后该物质价值的增减是基于行为之外的其他原因。[2]

---

[1] 名古屋高判平成 25 年（2013 年）10 月 3 日判夕第 1410 号第 190 页认为，关于第 20 条的适用，在根据第 19 条对各个犯罪行为检讨是否具有没收事由的基础上，对于该罪适用第 20 条的理解在条文的文言上也是直白的解释，关于接受其适用之罪，不适用该条之罪与处于科刑上一罪的情形也适用该条的这一理解是妥当的。关于本案，参见今村：《刑事法学家》第 46 号，第 121 页。

[2] 作为特别法上的没收或追征，有 1991 年制定的《麻药特例法》与 1999 年制定的《组织犯罪处罚法》等，刑法典上的没收与追征之适用范围也在逐渐扩大。

第二章　刑的适用

第一节　法定刑及其加减

一、法定刑及其轻重

(一) 刑的适用阶段（法定刑、处断刑、宣告刑）

刑的适用经历如下阶段。即第一，裁判所对于所认定的犯罪事实，通过具体地适用刑罚法规相关条文的规定而选出法定刑的阶段。法定刑是指刑罚法规各个条文中所规定的刑罚。例如，在《刑法》第 199 条的杀人罪中，所规定的"死刑或者无期或者 5 年以上的惩役"，即为适例。第二，通过实施科刑上一罪的处理、刑种的选择、刑的加重减免等修正，裁判所最终确定刑罚幅度的阶段，将该刑罚称为处断刑。第三，在该处断刑的范围内确定对被告人所宣告的刑罚之阶段。将这种被决定的刑罚称为宣告刑。

(二) 法定刑的轻重

关于法定刑的轻重，《刑法》第 10 条设置了如下基准。具体而言，①关于法定刑的轻重，按照死刑、惩役、禁锢、罚金、拘留、科料的顺序递减。但是，在无期禁锢与有期惩役的比较上，禁锢更重，当有期禁锢的刑期比有期惩役的刑期长两倍以上时，禁锢也为重刑（《刑法》第 10 条第 1 款）。②同种刑罚中，以刑期较长或数额较多者为重刑，当刑期或数额相等时，其下限刑期较长以及最低数额较大者为重刑（《刑法》第 10 条第 2 款）。③两个以上的死刑，刑罚以及数额上限以及下限相同的同种刑罚，根据犯罪情状确定其轻重（《刑法》第 10 条第 3 款）。

二、法定刑的加重以及减轻

法律上的加重事由分为并合罪加重与累犯加重。法律上的减轻事由，分为必要的减轻事由与任意的减轻事由。作为必要的减轻事由，例如，存在心神耗弱（《刑法》第 39 条第 2 款）、中止犯（《刑法》第 43 条但书）、从犯（《刑法》第 63 条）等。作为任意的减轻事由，例如，存在防卫过当（《刑法》第 36 条第 2 款）、避险过当（《刑法》第 37 条第 1 款但书）、未遂犯（《刑法》第 43 条本文）、自首以及首服（《刑法》第 42 条）等。

虽然并不认可裁判上的刑罚加重事由，但裁判上的减轻事由，作为酌量减轻（《刑法》第 66 条、第 67 条）却被认可（边页第 549 页）。

三、累犯加重

累犯有广义与狭义之分。广义的累犯是指，对于经过确定裁判的犯罪，此后再次实施的犯罪。狭义的累犯是指，通过在广义的累犯之中满足一定的要件而加重其刑罚。日本刑法典规定，应当被处以惩役或者准于惩役者，在其执行终了之日或者能够免除其执行之日起，5 年以内再次犯罪，当应当被处以有期惩役及以上时，将该犯罪人称为再犯，将再犯以上者统称为累犯，其刑罚被加重（刑期上限的两倍以下）（《刑法》第 56 条至第 59 条）。

关于累犯之刑被加重的根据，有观点认为，由于之前所科赋的刑罚并未起到防止再犯的效果，因此延长刑期是基于特别预防（行为人的危险性）的考虑。[1]但是，虽然将科刑的有无作为累犯加重的要件，但可以说，如果考虑行为人的危险性，该要件就不是必要的。应当将加重根据求诸以下这一点：尽管接受了刑罚的执行，但由于再次违反了规范，因此比起并合罪的情形，其规范性非难的程度更高。[2]

作为累犯加重的要件，第一，行为人作为前犯，需要具备以下三个条件：①被处以惩役者；②根据该当于惩役之罪与同等性质的犯罪，被处以死刑者；③被处于合并罪者。第二，对前犯存在刑的宣告，而且该刑罚已经被实际执行完毕，或者存在执行的免除。第三，前犯的刑罚执行完毕或者执行能够免除之日起五年以内，再次犯罪。第四，要成立再犯，之前被科处惩役刑的，必须进而被科处有期惩役。此外，"对于三犯以上者，依再犯之例"（《刑法》第 59 条）。

---

[1] 参见佐伯（千）第 417 页、大塚（仁）第 539 页。
[2] 参见团藤第 532 页、西原（下）第 498 页。

再犯之刑是该罪所定的惩役最高限度的两倍以下（《刑法》第 57 条）。但是，当适用《刑法》第 14 条时，不能超过 30 年。此外，加重的仅仅是最高限度，最低限度并不加重。

应当与累犯相区别的是常习犯这一概念。常习犯是指，具有作为累犯者之性质的常习性的犯罪。常习性是指，将一定种类的犯罪反复实施的习癖。例如，常习赌博罪（《刑法》第 186 条第 1 款）、常习盗窃、强盗罪（《盗犯等防止法》第 3 条）等，即为适例。

四、自首、首服、自白

（一）自首

自首是指，犯了罪的人在搜查机关发觉之前，自发地申告自己的犯罪事实，做出请求相应处分的意思表示。自首是刑罚的任意减轻事由（《刑法》第 42 条第 1 款）。其宗旨在于使搜查变得容易这一政策性理由，以及由于悔改而使责任减少。

"发觉之前"是指，搜查机关还完全没有认知到犯罪事实的情形，以及即使认知到了犯罪事实，也并不知道谁是犯罪嫌疑人的情形。如果犯罪事实以及犯人是谁已经判明，即使搜查机关没有认知到犯人之所在，也是发觉〔最判昭和 24 年（1949 年）5 月 14 日刑集第 3 卷第 6 号第 721 页〕。

自首要求对搜查官（检察官以及司法警察人员）实施，此外，要求犯人对搜查机关申告自己的犯罪事实并进而做出要求相应处分的意思表示。因此，对于搜查官的调查而被动回答，即使供述犯罪事实也不成立自首。[1]

（二）首服

首服是指，在搜查机关发觉之前，亲告罪的犯人亲自对于告诉权人（《刑事诉讼法》第 230 条以下）申告自己是亲告罪的犯人，并做出让告诉权人进行控告的意思表示。与自首一样，首服也是刑罚的任意减轻事由（《刑法》第 42 条第 3 款）。

---

[1] 最决平成 13 年（2001 年）2 月 9 日刑集第 55 卷第 1 号第 76 页认为，由于是在搜查机关发觉之前将自己的犯罪事实向搜查机关申告，因此即使能够肯定在此之际对于所使用的手枪陈述了虚伪的事实，也不妨碍第 42 条第 1 款的自首的成立。此外，东京高判平成 17 年（2005 年）6 月 22 日判夕第 1195 号第 299 页中，虽然被告人申告了犯罪事实，但当其是以主张自己是单独犯实行从而积极地隐蔽共犯者的存在为目的而实施时，自搜其本身就相当于隐蔽犯人，因此否定自首的成立。

(三) 自白

自白是指，自己对搜查机关承认犯罪事实的犯人供述。包含接受调查官的调查而承认全部或部分犯罪事实的情形（《刑法》第 170 条、第 173 条）。

五、酌量减轻

酌量减轻是指，"当犯罪的情状存在应当酌量之余地时"，酌量而任意减轻其刑，这是裁判上的减轻事由（《刑法》第 66 条）。"当犯罪的情状存在应当酌量之余地时"是指，参见犯罪的具体情状，即使按照法定刑或处断刑的最低限度而处刑，刑罚也被认为过重的情形［大判昭和 7 年（1932 年）6 月 6 日刑集第 11 卷第 756 页］。即使是在法律上加重或减轻刑罚的情形，也可以酌量减轻（《刑法》第 67 条）。

六、加重减轻的方法

（一）法律上的减轻方法

当在法律上存在一个或两个以上应当减轻刑罚的事由时，按以下之例处理（《刑法》第 68 条）。但是，在存在两个以上的法律上的减轻事由的情形中，并不是数次重合减轻，法律上的减轻以一次为限［最判昭和 24 年（1949 年）3 月 29 日裁判集刑第 8 号第 455 页］。

（1）当减轻死刑时，处以无期或 10 年以上的惩役或禁锢（第 1 号）。处以惩役还是禁锢，由犯罪的性质决定（《刑法》第 56 条第 2 款）。

（2）当减轻无期惩役或者禁锢时，处以 7 年以上的有期惩役或者禁锢（第 2 号）。减轻是针对刑期而言的，而不针对刑种。

（3）当减轻有期惩役或禁锢时，减轻其刑期的二分之一（第 3 号）。

（4）当减轻罚金时，数额上限与下限均减二分之一（第 4 号，还有《刑法》第 15 条的但书）。

（5）当减轻拘留时，减轻其上限的二分之一（第 5 号）。该情形中，下限并不减轻。

（6）当减轻科料时，减轻其数额上限的二分之一（第 6 号）。该情形中，下限并不减轻。

（二）存在数个刑名的情形

在法律上减轻的情形中，当存在像"惩役或者禁锢"这种两个以上的刑名时，首先，先确定应当适用的刑名，再减轻其刑罚（《刑法》第 69 条）。"刑名"是指，《刑法》第 9 条所规定的"主刑"是选择性规定之情形中刑的种类（例如，《刑法》第 204 条）。因此，在具体条文中将主刑并科的情形中（例如，《刑法》第 256 条第 2 款），应当减轻各个刑罚。

（三）尾数的舍去

通过减轻惩役、禁锢、拘留，当出现不满 1 日的尾数时，将其舍去（《刑法》第 70 条）。

（四）酌量减轻的方法

当应当酌量减轻时，也应当依照《刑法》第 68 条以及第 70 条之例（《刑法》第 71 条）。将《刑法》第 69 条排除在外的宗旨是：在实施酌量减轻以前，必须首先进行法律上的加重减轻，在此之际确定应当适用的刑名。

（五）加减的顺序

当刑的加重与减轻应同时进行时，依照以下顺序进行：①再犯加重；②法律上的减轻；③并合罪的加重；④酌量减轻（《刑法》第 72 条）。确定加减顺序之宗旨在于以下这一点：首先进行最重的再犯加重，其次考虑法律上的减轻，在此基础上进行并合罪的加重，最后，在由此而得出的处断刑的范围内确定宣告刑，如果参见犯罪情状，判断宣告刑过重时，则应当进行酌量减轻。

第二节　刑的量定、宣告、免除

一、刑的量定基准

（一）刑的量定

刑的适用是指，对特定的行为人宣告特定的刑罚，但选定该特定刑罚的过程就是刑的量定或者称为量刑。[1]

---

[1] 关于量刑，参见松冈：《量刑程序法序说》（1975 年）；佐伯（千）："刑的量定基准"，载《刑法讲座》第 1 卷，第 114 页以下；原田（国）：《量刑判断的实际》（第 3 版）（2008 年）；同：《裁判员裁判与量刑法》（2011 年）；城下：《量刑基准的研究》（1995 年）；同：《量刑理论的现代性课题》（增补版）（2009 年）；"（特集）量刑的基准与理念"，载《现刑》第 3 卷第 1 号（2001 年），第 4 页以下；大阪刑事实务研究会：《量刑实务大系（1 卷-5 卷）》（2011 年-2013 年）；沃尔夫冈弗里修、浅田、冈上编著：《量刑法的基本问题——量刑理论与量刑实务的对话》（2011 年）等。

要决定宣告刑,有必要从法定刑形成处断刑,但在该情形中,就像法律上的任意减轻与酌量减轻等,大部分都委托于法官的裁量。在法定刑是选择刑的情形中,刑种的选择成为必要,这也是量刑上的重要课题。在决定宣告刑的阶段中,基本上都委托于法官的裁量。例如,刑罚的任意免除与执行犹豫等的决定,即为适例。

这样,量刑判断在其性质上不得不具有柔软性。这是因为,犯罪的样态千差万别,行为人的因素、被害人的因素等也必须具体案件具体分析。但是,将量刑完全委托于法官的裁量也可能会招来量刑上不均衡、违反平等原则的危险。在制度上,虽然刑事诉讼法规定量刑不当是上诉理由(《刑事诉讼法》第381条,以及第411条第2号),但仅仅根据这一点并不足够,有必要探求量刑基准。[1]

(二)量刑基准

量刑的体系性基础是必要的,其核心要素就是量刑目的。也就是说,在从多样的量刑事实中选出重要事实,按照顺序比较衡量量刑事实,从而选择刑种以及刑量之际,量刑目的是决定这一过程的视点。

量刑目的是由刑罚目的所决定的。因此,通过刑罚目的的精致化,量刑判断成为可能。具体而言,从报应刑论出发,则根据违法性大小、责任大小进行量刑判断;从一般预防论出发,则根据社会影响度大小进行量刑判断;从特别预防刑论出发,则根据行为人的危险性进行量刑判断。但是,一般而言,以下这种综合性立场占据支配性地位,即虽然将责任主义设定为核心(责任相应刑),但其中也考虑一般预防以及特别预防的侧面(目的刑)。

问题在于,如何理解这里的责任相应刑与目的刑之间的关系。关于这一点,存在以下三种观点。第一种观点将量刑的基础求诸责任,是在责任评价的"幅"的范围内考虑预防性侧面的责任相应刑中心的观点;[2]第二种观点将量刑的基

---

[1] 关于量刑基准的大致头绪,从《刑事诉讼法》第248条关于起诉便宜主义的规定可以看出端倪。具体而言,该条规定,"当根据犯人的性格、年龄以及境遇、犯罪的轻重及情状以及犯罪后的情况认为没有追诉必要时,可以不提起公诉"。此外,参见野村(健):"量刑导出的理论过程与量刑因素的机能",载《法学研究》第55卷第1、2号(2014年),第239页以下。

[2] 参见井田:"为量刑理论的体系化的备忘录",载《法学研究(庆应大学)》第69卷第2号(1996年),第295页以下。

础求诸预防,是将责任作为"上限"而设定的目的刑中心的观点;[1]第三种观点是否定在量刑基准中考虑预防目的本身的观点。[2]

第一种观点接近于《日本改正刑法草案》第48条的规定。具体而言,该条第1款规定:"必须与犯人的责任相适应而量定刑罚。"第2款规定:"在刑罚适用之际,必须考虑犯人的年龄、性格、经历以及环境、犯罪的动机、方法、结果以及社会影响,犯罪后犯人的态度以及其他因素,并以有助于犯罪的抑制以及犯人的改善更生为目的。"这是基于所谓的"幅的理论"(在责任中存在幅度,在该幅度范围内可以做预防性考虑的理论)的观点。

第二种观点并没有将"责任"作为刑罚的根据,只不过是作为当不存在责任时就不得科处刑罚这一意义上的刑罚的"前提条件"而已,从而试图维持消极的责任主义。据此,量刑中的"责任"概念的主要作用被认为是,对过度的预防性考虑提供界限这一意义上的"刑罚限定功能"。

第三种观点将刑罚理解为犯罪的事后处理,即,由犯罪产生的有害事态的情绪性处理,据此,仅仅将责任相应刑在量刑层面上考虑。

由于本书将刑罚目的求诸"法和平的恢复",即被害人、加害人、社区的再生(边页第532页),因此,为量刑提供基础的也必须是这三者的恢复与修复。在这个意义上,展望性判断是必要的,因此目的刑基本上是妥当的。但是,自不待言有必要对其进行一定程度的限定。设定其上限的就是行为人的"责任",其回顾性的责任相应刑就成为问题。

这样考虑的话,将预防目的完全排除在外的第三种观点就不妥当。[3]此外,即使责任的内涵是虚构的,也应认为是由一点所决定的(点的理论)。罪刑均衡原则,即使是虚构的,作为永恒追求的课题,也应当被维持。这样的话,第一种观点也存在疑问。因此,按其结果,第二种观点是妥当的。据此,前述的《日本改正刑法草案》第48条第1款应当换为以下表述:刑罚应当以犯人的责任为限度。

综合以上来看,在量刑判断中,首先,进行与责任相对应的刑罚量定。

---

[1] 参见西原(下)第506页;浅田:"量刑基准",载《松冈古稀》第36页以下;城下,前列:《量刑理论》,第4页以下。

[2] 参见吉冈:《因果关系与刑事责任》(2006年),第157页以下。

[3] 但是,如果将刑罚理解为对行为人的象征性、宣言性的东西,其内核是考虑被害人、加害人、社区的再生的话,可以说就是接近于本书的观点了。

其次，从刑事政策的视角出发实施刑罚量刑。在后者的判断中，刑罚对该被告人的功能显得尤其重要。前者的对应于责任的量定虽然与犯罪行为之后的事情无关，但由于对于后者而言，宣告以及应当被执行的刑罚的功能成为问题，因此不问犯罪行为的前后。但是，后者的量定应当在前者量定的范围内进行判断，因此经常往减轻刑罚的方向考虑。例如，除去行为人真挚地悔悟这一因素、接受与刑罚相匹配的社会性制裁的因素、与被害人（遗族）之间的示谈[1]、成立的因素、成为犯罪原因的因素，不具有反复实施犯罪的危险性这一因素等，即为适例。这些就成为酌量减轻与赋予执行犹豫的事由。[2]

二、刑罚的宣告与免除

（一）宣告刑

当存在犯罪的证明时，除了免除刑罚的情形，法官必须以判决的形式宣告刑罚（《刑事诉讼法》第333条）。将应当对犯人宣告的刑罚称为宣告刑。

在宣告刑中，存在定期刑与不定期刑，进而，在不定期刑中还存在刑期完全不确定的绝对不定期刑，与例如"一年以上五年以下的惩役"这种规定了一定的长期与短期的相对不定期刑。

在日本刑法中，采用定期刑主义（《刑法》第24条第2款，第28条），

---

[1] 示谈是指，就民事上的纷争，在裁判之外，由当事人之间成立的和解契约。示谈的成立在事实上对刑事司法产生了影响，即导致起诉犹豫与执行犹豫的可能性变高，但其理由是通过示谈（以及被害赔偿），当事人之间的纷争已经获得解决（或者视为已经获得解决），作为刑罚目的的法和平的恢复已经达成。关于这一点，参见高桥：《损害恢复》第195页以下；横田："被害人与量刑（1）（2）（3）（4）"判夕第1272号第43页以下、第1273号第87页以下、第1274号第48页以下、第1275号第40页以下（2008年）（被前列《量刑实务大系》第2卷第1页以下所收录）。

[2] 此外，最决平成24年（2012年）12月17日裁判集刑第309号第213页中，犯了强盗杀人事件（一名被害人）并接受无期惩役之确定判决的被告人在该事件发生13天之后又犯了住居侵入、强盗杀人（一名被害人）。对于该案件最高裁判所认为，本案中在量刑上应当被重视的事情是，被告人仅仅在13天前就犯了与本案同样的强盗杀人事件，竟然再次实施强盗杀人这一点。在进行作为前案等的确定裁判之余罪的本案的量刑判断之际，不允许从实质性地再度处罚前案这一宗旨进行考虑，但是将其作为达到犯行的重要经纬等进行考虑当然是被允许的。另一方面，参见死刑是终究的刑罚形态的话，考虑了这些因素，选择死刑仍感觉踌躇从而选择了无期惩役的第一审判决被原判决所肯定，不能认为这在刑罚的量定上显著不当，不撤销的话就显著违反正义。关于本案，参见小池：《判例通选》2013年第1期，第30页；只木，平成25年度（2013年）重判，第170页。

例如，就像"对被告人处以 3 年惩役"这种，裁判所确定准确的刑期，进而宣告。

《少年法》第 52 条采用相对的不定期刑主义，其宗旨是，考虑到少年的可塑性，为了少年的健全培养而将刑期弹性化。

（二）刑的宣告

宣告刑罚的判决，主文一般以诸如"对被告人处以 10 年惩役"的形式进行。当在宣告刑罚的同时，还宣告刑罚的执行犹豫以及保护观察（《刑法》第 25 条之 2 第 1 款）时，必须以判决的方式进行。

伴随刑罚宣告的是接受资格限制。在资格限制中，存在必要的欠格事由与裁量的欠格事由。作为前者，例如，被处以禁锢以上之刑者，在其刑罚执行终了之前，或者不存在接受执行之前（包含执行犹豫者），不得担任国家公务员（《国家公务员法》第 38 条第 2 款）、法官（《法官法》第 46 条第 1 号）、检察官（《检察官法》第 20 条第 1 号）、律师（《律师法》第 7 条第 1 号）等。作为后者，例如，在被处以罚金以上之刑罚的情形中，根据裁量可能无法成为医师（《医师法》第 4 条第 3 号）、药剂师（《药剂师法》第 5 条第 3 号）等。

进而，存在剥夺选举权或被选举权的停止公民权的制度。

（三）刑罚的免除

当存在刑罚免除事由时，法官不宣告刑罚，而宣告免除刑罚（《刑事诉讼法》第 334 条）。刑罚免除是所有法律上的免除，因此，裁判上的免除并不被认可。在免除事由中，存在共通于所有犯罪的一般性免除事由与特定的犯罪所固有的特殊性免除事由。前者由日本刑法总则进行规定，例如，中止犯（第 43 条但书）、防卫过当（《刑法》第 36 条第 2 款）、避险过当（《刑法》第 37 条第 1 款但书）。对于后者而言，例如，犯了窝藏犯人的亲族间的特例（《刑法》第 105 条）、关于亲族之间财产犯的特例（《刑法》第 244 条、第 251 条、第 255 条、第 257 条）等，即为适例。

第三章　刑罚执行与执行犹豫

一、死刑的执行

死刑在刑事设施内的刑场中以绞首的方式执行（《刑法》第11条第1款，《刑事收容法》第178条第1款）。根据法务大臣的命令执行。该命令原则上必须自判决之日起6个月以内作出（《刑事诉讼法》第475条）。当存在法务大臣的命令时，必须在5天以内执行死刑（《刑事诉讼法》第476条）。但是，在星期天、星期六、《关于国民祝日之法律》所规定的节日、1月2日、1月3日以及12月29日到31日期间，不得执行死刑（《刑事收容法》第178条第2款）。执行死刑时，检察官、检察事务官以及刑事设施长或者其代理人必须到场（《刑事诉讼法》第477条第1款）。一般认为，执行死刑时，从确认被绞首者死亡，经过5分钟之后解开绞绳（《刑事收容法》第179条）。未经检察官或者刑事设施长的许可，任何人不得进入刑场（非公开制）（《刑事诉讼法》第477条第2款）。此外，关于应当停止死刑执行的情形，规定于《刑事诉讼法》第479条。

具体规定死刑执行方法的是明治6年（1873年）太政官布告第65号的绞罪器械图式，其中所显示的绞首台是屋上绞首式。但是，现在所实行的死刑执行方法是地下绞架式。即，让死刑犯站在绞架的踏板上，用绞绳套住其脖子，之后打开踏板，让其自由落下。因此，现在的死刑执行方法并不具有法律根据，于是，其是否违反《宪法》第31条成为问题。关于这一点，最大判昭和36年（1961年）7月19日刑集第15卷第7号第1106页中认为，规定绞首方法的绞罪器械图式是与现在的法律具有同一效力的规定，此外，地下绞架式并不违反太政官布告所规定的死刑执行方法的重要事项，因此是合宪的。此外，与刑法上所规定的"绞首"相对，现在的方法是"缢死"，因此，其是否违反刑法成为问题。关于这一点，东京地判昭和35年（1960年）9月28

日刑集第 11 卷第 9 号第 2753 页中认为，缢首也是绞首的一种方法。

二、自由刑的执行

惩役、禁锢、拘留在刑事设施中执行（《刑法》第 12 条第 2 款、第 13 条第 2 款、第 16 条）。

在以下情形中，停止执行。第一，必要的执行停止，例如，在处于心神丧失状态的情形中，检察官必须将相应囚犯移交给监护义务者或者地方公共团体之首长，将其转入医院或者其他合适的场所（《刑事诉讼法》第 480 条、第 481 条，《精神保障法》第 29 条、第 33 条）。第二，任意的执行停止，①由于刑罚的执行显著危害健康，或者具有性命不保的危险时；②年龄在 70 岁以上时；③怀孕后 150 天以上时；④孩子出生后未满 60 天时；⑤由于刑罚的执行而产生无法恢复这一不利的危险时；⑥祖父母或父母的年龄在 70 岁以上，或者患重病，或者残疾，而没有其他亲族可以照顾时；⑦子或孙尚为幼年，没有其他亲族可以照顾时；⑧具有其他重大事由时。根据检察官的指挥，可以停止执行（《刑事诉讼法》第 482 条）。

三、未决拘留的算入

在接受刑事裁判过程中被实施的未决拘留，虽然与刑罚性质不同，但在由于剥夺自由而受到痛苦这一点上与自由刑是相同的，因此，在刑罚（罚金或科料也可以）宣告之际，可以将其部分或全部算入，从而代替刑罚执行（《刑法》第 21 条）。此外，也存在在法律上当然被算入的情形（《刑事诉讼法》第 495 条）。

四、罚金刑的执行

罚金、科料、没收、追征的裁判是根据检察官的命令而执行，该命令与具有执行力的债务名义具有同样的效力（《刑事诉讼法》第 490 条第 1 款）。关于罚金等裁判的执行，虽然准用关于民事诉讼的法令的规定，但却没有必要在执行之前实施裁判的送达（同条第 2 款）。在接受罚金等刑罚的宣告之人，在判决确定之后死亡的情形中，关于继承财产是否可以用于该执行，现行法认为，"关于租税及其他公共科赋或者关于专卖的法令所宣告的罚金"，允许对其执行。

在对法人宣告罚金的情形中，当该法人在判决确定后由于合并而消灭时，可以对于合并之后存续的法人或者通过合并而设立的法人执行（《刑事诉讼法》第 492 条）。

五、刑罚的全部执行犹豫

（一）含义

刑罚的全部执行犹豫是指，在刑罚宣告之际，根据情状，将一定期间的刑罚暂缓执行，当平安无事地度过该期间时，刑罚的宣告就丧失其效力，从而产生与不存在刑罚宣告同样的效果之制度。[1]从沿革的角度来说，该制度是为了回避短期自由刑（未满六个月的自由刑（通说））的弊害，即因自由刑而失业，造成再就业的困难，对家庭造成经济上的负担、在刑务所沾染不良风气，出狱后作为具有前科者难以回归社会等消极性效果，而设置的。但是，由于也认可"三年以下的惩役或禁锢"这一并非短期的自由刑，甚至承认对于罚金的执行犹豫。因此具有作为与保护观察相结合的社会内处遇的一种方法的积极性效果，即特别预防效果。

（二）全部执行犹豫宣告的条件

1. 首次宣告的要件

要被宣告全部执行犹豫，必须具备以下两个要件：①之前并未被处以禁锢以上的刑罚；②即使之前被处以禁锢以上的刑罚，从其执行终了之日或者得以免除执行之日起 5 年以内未被处以禁锢以上的刑罚（《刑法》第 25 条第 1 款）。

符合以上两个条件者，当接受了 3 年以下的惩役或禁锢，或者 50 万日元以下的罚金之宣告时，根据具体情况，可以允许全部执行犹豫（《刑法》第 25 条第 1 款本文）。对于拘留与科料，不承认执行犹豫。

2. 再次全部执行犹豫

之前被处以禁锢以上之刑，其执行被犹豫或者处于犹豫中的人，进而实

---

[1] 关于执行犹豫，参见小野：《刑的执行犹豫与有罪判决的宣告犹豫以及其他》（增补版）（1970 年）；须须木："执行犹豫的目的"，载《早稻田法学》第 41 卷第 1 号（1965 年）第 59 页以下；繁田："犹豫制度（二）——执行犹豫、宣告犹豫"，载《刑事政策讲座第 1 卷》（1971 年），第 313 页以下；"（特集）刑罚执行犹豫的多角度检讨"，载《论究法学家》第 14 号（2015 年），第 12 页以下。

施犯罪时，其要件就变得更为严格（《刑法》第25条第2款）。具体而言，第一，仅限于被宣告一年以下的惩役或禁锢的情形才被认可。不承认罚金的再次全部执行犹豫。第二，需要具备特别值得酌量的情状。第三，对于根据《刑法》第25条第2款的规定附加了保护观察，在该期间内进而犯罪者，不承认全部执行犹豫。但是，即使是在保护观察的期间内，当接受保护观察的假解除时，在假解除被取消之前，视为没有附加保护观察（《刑法》第25条之2第3款）。

3. 全部执行犹豫的期间

全部执行犹豫的期间是从裁判确定之日起1年以上5年以下（《刑法》第25条第1款）。在该范围内，通过裁判所的裁判而确定具体的期间。

能否允许部分执行犹豫，即仅仅犹豫一个自由刑的一部分，或者一个财产刑的金额的一部分之执行，存在争议［福冈高判昭和26年（1951年）12月14日高刑集第4卷第14号第211页（允许）；大津地判昭和42年（1967年）9月18日下刑集第9卷第9号第1171页（不允许）］。但刑法还是导入了后述的"部分执行犹豫"，即在自由刑与财产刑被同时宣告的情形中，仅仅承认对于前者的执行犹豫。[1]

（三）全部执行犹豫的取消

1. 必要性取消

①在全部执行犹豫的期间内进而犯罪并被处以禁锢以上的刑罚，而对该刑罚并没有宣告全部执行犹豫时；②对于全部执行犹豫的宣告之前所犯的罪处以禁锢以上的刑罚，且对该刑罚并没有宣告全部执行犹豫时；③发现在全部执行犹豫的宣告之前犯有其他被处以禁锢以上之刑罚的犯罪时。必须取消刑罚的全部执行犹豫之宣告（《刑法》第26条）。

2. 裁量性取消

①当在全部执行犹豫的期间内进而犯罪，被处以罚金时；②当被赋予保护观察者没有遵守应当遵守的事项（《更生保护法》第50条、第51条）情况比较严重时；③在全部执行犹豫的宣告之前，发现犯有其他被处以禁锢以上之刑的犯罪，该刑罚的执行被犹豫时。可以取消刑罚的全部执行犹豫之宣告（《刑法》第26条之2）。

---

[1] 参见团藤第583页注9、西原（下）第531页以下。

3. 全部执行犹豫取消的程序

取消是根据检察官的请求，由裁判所决定实施的（《刑事诉讼法》第 349 条、第 349 条之 2）。关于对被赋予保护观察者以违反应遵守事项为由而取消（《刑法》第 26 条之 2 第 2 号），如果没有保护观察所所长的申请，检察官不能做出上述请求（《刑事诉讼法》第 349 条第 2 款）。

（四）全部执行犹豫的效力

并不是全部执行犹豫的宣告被取消，而是当经过该犹豫期间时，刑罚的宣告丧失其效力（《刑法》第 27 条）。"当经过该犹豫期间时"是指，在犹豫期间届满之前并没有作出有效的取消，因此，即使在犹豫期间内存在取消的决定，当在期间内该决定并未产生执行力时，就该当于"经过"。"刑罚的宣告就丧失其效力"是指，并不单纯地停留于刑罚的执行被免除的层面，还包括刑罚宣告的效果面向将来而消灭，根据法令的资格限制也消灭。

六、刑罚的部分执行犹豫

（一）含义

平成 25 年（2013 年）6 月，成立了刑罚的部分执行犹豫制度以及对药物使用者的刑罚的部分执行犹豫制度的法案。平成 28 年（2016 年）6 月开始实施。前者的立法理由在于，"鉴于近年来，犯罪者的再犯防止成为重要的课题，为了防止犯罪者再度犯罪，对于之前并未被处以禁锢以上之实刑者等，导入可能犹豫其部分刑罚的执行之制度的同时，也谋求保护观察等的充实强化，因此，将实施对地域社会的利益增进做出贡献的社会性活动附加到保护观察的特别遵守事项，制定对规制药物具有依存性者的保护观察之特则并完善其他规定，是必要的"。后者的立法理由在于，"鉴于近年来犯有药物使用等罪者的再犯防止成为重要课题，为了紧接刑事设施中的处遇，通过继续实施保护观察处遇，而防止犯了使用药物罪者再度犯罪，关于对这些罪犯之刑罚的部分执行犹豫，可以就宣告者的范围以及犹豫期间中的保护观察等，制定刑法的特则，是必要的。"

关于如何理解刑罚的部分执行犹豫（以下，简称为"部分执行犹豫"），可以分为以下观点：作为全部实刑与全部执行犹豫的中间选项，即将其放在所谓的中间刑的位置上的观点,以及将其置于全部实刑的变量之位置的观点。[1]一般认为,部分执行犹豫是将责任作为量刑的基础,通过设施内处遇与社会内处遇的协作而谋求再犯防止的制度,因此后者的观点更为妥当。[2]

(二) 部分执行犹豫宣告的条件

要宣告部分执行犹豫,必须具备以下条件:①之前并没有被处以禁锢以上的刑罚;②即使之前被处以禁锢以上的刑罚,其全部刑罚的执行也被犹豫;③即使之前被科处禁锢以上的刑罚,从其执行终了之日或者可得免除执行之日起5年以内未被科处禁锢以上的刑罚(《刑法》第27条之2第1款)。

该当于上述第一到第三个条件者,在接受3年以下的惩役或禁锢之宣告的情形中,"考虑犯罪的轻重以及犯人的境遇及其他情状,对于防止再次犯罪而言是必要的,而且被认为是相当时",就被允许(《刑法》第27条之2第1款本文)。

此外,关于对于药物使用者的部分执行犹豫,对于犯有自己使用药物等犯罪者,实施有助于改善规制药物的处遇必要性被作为要件,但前述的第一到第三个要件是同样的(《关于对犯药物使用等罪者的刑罚的部分执行犹豫的法律》第3条)。

(三) 部分执行犹豫的期间

部分执行犹豫的期间是从裁判确定之日起1年以上5年以下,在该范围内通过裁判所的裁量而确定具体的期间(《刑法》第27条第1款本文)。此外,部分执行犹豫期间中,虽然可以附加保护观察,但当接受保护观察的假解除时,在该处取消之前期间,视为没有附加保护观察(《刑法》第27条之3)。此外,关于药物使用者的部分执行犹豫,在该期间中,必须附加保护观察(《关于对犯药物使用等罪者的刑罚的部分执行犹豫的法律》第4条第1款)。

【具体例】部分执行犹豫的宣告,例如,在宣告"2年惩役,对其中的6

---

[1] 关于该争论,参见太田:《刑罚的部分执行犹豫——犯罪者的改善更生与再犯防止》(2014年)。
[2] 作为后者的立场,参见太田,前列书第18页;小池:"关于刑罚的部分执行犹豫与量刑判断备忘录",载《庆应法学》第33号(2015年),第269页。樋口:"刑罚的部分执行犹豫的选择要件与宣告内容——以制度理解为基础",载《论究法学家》第14号(2015年),第105页;同:"刑罚的执行犹豫",载《罪与罚》第53卷第2号(2016年),第81页以下。

个月附加 2 年期间的保护观察的执行犹豫"的情形中，首先，在 1 年 6 个月期间，执行惩役刑，之后，剩下的 6 个月的惩役刑的执行因被附加 2 年间的保护观察而被犹豫。通过 1 年 6 个月的设施内处遇与 2 年的社会内处遇（保护观察）[1]的协作，谋求再犯防止与改善更生。

（四）部分执行犹豫的取消

1. 必要性取消

①当在部分执行犹豫的期间内进而犯罪并被处以禁锢以上之刑罚时；②当在部分执行犹豫的宣告之前犯有其他罪并被处以禁锢以上之刑时；③在部分执行犹豫的宣告之前，发现所犯的其他罪被处以禁锢以上之刑，其全部刑罚并没有被宣告执行犹豫时。必须取消部分执行犹豫的宣告（《刑法》第 27 条之 4）。但是，当接受犹豫宣告者是《刑法》第 27 条之 2 第 1 款第 3 号者时，则排除第③种情形。（《刑法》第 27 条之 4 但书）。

2. 裁量性取消

①当在部分执行犹豫的期间内进而犯罪，并被处以罚金时；②当被赋予保护观察者并未遵守应当遵守的事项（《更生保护法》第 50 条、第 51 条）时，可以取消部分执行犹豫的宣告（《刑法》第 27 条之 5）。

（五）部分执行犹豫的效力

并不是取消部分执行犹豫的宣告，而是当经过该犹豫期间时，其刑期就以未被执行犹豫的惩役或禁锢这部分期间为限，从而在整体上减轻了惩役或禁锢。在该情形中，该部分期间执行终了之日或者不存在接受该执行之日，被认为是刑罚执行的终了之日（《刑法》第 27 条之 7 后半段）。

七、假释放

（一）含义

假释放是指，将收容于矫正设施者，在收容期间届满之前假性释放，赋予其复归社会之机会的措施的总称，当释放后违反相应条件时，通过取消假

---

[1] 此外，在对保护观察对象者要求特别遵守之事项的类型中，例如，追加了从事公共场所的清扫活动等社会贡献活动（《更生保护法》第 51 条第 2 款第 6 号规定，"在一定的时间内实施有助于培养作为善良的社会之一员的意识涵养以及规范意识的向上、贡献于地域社会之利益的增进的社会活动"）。

释放的处分而再次收容于设施内这一心理性强制,谋求复归社会的制度。[1]

假释放分为以下四种:①对惩役或禁锢受刑者的假释放;②对拘留或拘置于劳役场者的假出场;③对少年院收容中者的假退院;④对妇女辅导院收容中者的假退院。

(二)假释放

对被处以惩役或禁锢者,当存在悔改的情况时,在有期刑经过了其刑期的三分之一,无期刑经过了其刑期的10年之后,[2]通过行政官厅的处分,可以允许假性释放(《刑法》第28条)。悔改的情况是指:①更生意欲;②悔悟之情;③无再犯危险;④在社会感情上认为应当假释放(《关于对假释放、假出场以及假退院的保护观察规则》第32条)。"行政官厅"是指,地方更生保护委员会(《更生保护法》第16条以下)。被许可假释放者,必须被附加保护观察(《更生保护法》第40条)。当平安无事地警告假释放期间(残刑期间),刑罚的执行就终了(期间经过的效力)。

当在假释放中进而犯罪,被科处罚金以上的刑罚时,或者对假释放前所犯的其他罪被科处罚金以上的刑罚时,或者在假释放前犯有被科处罚金以上之刑罚的犯罪,并且该刑罚应当执行时,或者当未遵守假释放中应当遵守的事项时,可以取消假释放的处分(《刑法》第29条第1款)。假释放的取消由地方更生保护委员会决定。在被取消的情形中,就再次收容于刑务所中,残刑期间就成为收容期间。释放的天数不算入刑期之内(《刑法》第29条第2款)。

此外,对于拘留与劳役场拘置而言,存在无条件的假出场制度(《刑法》第30条)。

---

[1] 关于假释放,参见平野:《犯罪者处遇法的诸问题》(增补版)(1982年),第84页以下;须须木:"假释的目的与构造",载《早稻田法学》第39卷第1号(1964年),第47页以下;菊田:"假释放",载《刑事政策讲座》(第2卷)(1972年),第227页以下。

[2] 但是,无期刑的假释放时期,实际上平均约为30年,应当说产生了无期自由刑的终身刑化这一现象。最近,终身刑的导入的妥当与否被作为问题,但是,在存在死刑的状态下导入终身刑的话,就设置了两种否定复归社会的刑罚,应当说这是不妥当的。此外,导入取代死刑的终身刑也许比存在死刑会更良好一点,但归根结底这是以否定社会复归的观点为基础的刑罚,其本身是不妥当的。关于终身刑,参见"(特集)终身刑的意义与课题",载《刑事法学家》(2009年),第2页以下。

第四章　刑罚的消灭

一、犯人的死亡

由于刑罚是仅仅对犯了罪的人适用的一身专属性的制度，因此，如果犯人死亡，刑罚权就消灭（《刑事诉讼法》第 339 条第 1 款第 4 号）。当法人消灭时也同样（同条同款同号）。但是，对于财产权而言则存在例外（《刑事诉讼法》第 491 条、第 492 条）。当公诉被提起时，必须宣告驳回公诉的决定（《刑事诉讼法》第 339 条第 1 款）。

二、时效

作为国家刑罚权的一种样态的刑罚执行权以及公诉权，通过时效而归于消灭。将前者称为刑罚时效（《刑法》第 31 条至第 34 条），将后者称为公诉时效（《刑事诉讼法》第 250 条至第 255 条）。

关于这些时效的宗旨，存在改善推测说（通过时效而推测犯人已经改善）、罪证消灭说（因时间的经过而使证据归于灭失）、苦痛说（因长时间的逃亡，已经遭受了充分的痛苦）、事实状态尊重说（犯人也与一般人同样地生活在社会生活关系之中，应当尊重由此形成的事实状态）等学说。通说认为，对犯罪的社会规范感情，在时间流逝的同时也逐渐走向缓和，因此丧失了现实的处罚要求（规范感情缓和说）。[1]

根据将刑罚目的理解为"法和平的恢复"这一本书的立场，即使事实性和平并未被恢复（被害人的报应感情），也可将其评价为规范性的"法和平"

---

[1] 参见大塚（仁）第 240 页注 1。这里所说的"处罚要求"是指从国家层面出发的规范性的处罚要求，并不是作为私人的被害人的处罚要求，有必要注意这一点。时效制度是与法的存在理由其本身相关联的制度，我认为废止该制度就会导致法制度的存立基盘崩溃。关于时效制度，参见青柳："刑事法中的时效制度"，载《综合法学》第 6 卷第 2 号（1963 年），第 8 页以下。

已经被"恢复",就是设立这些时效制度的宗旨。

刑罚时效是指,以经过一定期间为条件,使刑罚执行权归于消灭。一旦完成刑罚时效,刑罚的执行就被免除(《刑法》第31条)。①死刑的时效于平成22年的修正中被废除;[1]②无期惩役或禁锢是30年;③有期惩役或禁锢,10年以上时是20年,3年以上时是10年,不满3年时是5年;④罚金是3年;⑤拘留、科料以及没收是1年。在该期间内,未接受执行时,刑罚时效就完成(《刑法》第32条)。时效期间的计算依照日历(《刑法》第22条),第一天与具体时间无关,一律按照一天计算(《刑法》第24条第1款)。

公诉时效是指,以经过一定期间作为条件,对于还没确定判决的事件,其公诉权归于消灭,同时也使刑罚请求权归于消灭。[2]当公诉时效完成时,即使公诉被提起,裁判所也应当作出免诉的宣告(《刑事诉讼法》第337条第4号)。①致人死亡的犯罪,对于应当判处死刑的,不计时效,该当于无期惩役或禁锢的犯罪的,时效是30年;该当于最高刑为20年的惩役或禁锢的犯罪,时效是20年;除此以外的犯罪是10年(《刑事诉讼法》第250条第1款)。②对于致人死亡之罪(处以禁锢以上刑罚的犯罪)以外的犯罪,该当于死刑的犯罪,其时效是25年;该当于无期惩役或禁锢的犯罪的时效是15年;该当于最高刑为15年以上之罪的时效是10年;该当于最高刑未满15年的惩役或禁锢之罪的时效是7年;该当于最高刑未满10年的惩役或禁锢之罪的时效是5年;该当于最高刑未满5年的惩役或禁锢或罚金之罪的时效是3年;该当于拘留或科料之罪的时效是1年(《刑事诉讼法》第250条第2款)。

因对相应的事件所提起的公诉而停止公诉时效的进行,从管辖错误或者驳回公诉的裁判确定之时起,继续进行公诉时效(《刑事诉讼法》第254条第1款)。当犯人在国外,或者由于犯人逃匿而无法有效地送达起诉状副本(《刑事诉讼法》第271条)或者告知略式命令(《刑事诉讼法》第463条之2)时,在国外期间或者逃匿期间,就停止时效的进行(《刑事诉讼法》第

---

[1] 平成22年(2010年)改正之前,死刑的时效是30年,死刑确定者在经过30年仍然没有被执行死刑的情形中,是否已经完成了时效,关于这一问题,最决昭和60年(1985年)7月19日判时第1158号第28页认为,既然根据《刑法》第11条第2款而被"拘置",就处于接受执行的状态,时效并未开启,因此时效还没有完成。

[2] 关于公诉时效,参见"(特集)公诉时效制度之所在",载《刑事法学家》第18号(2009年),第15页以下。

255 条)。

三、恩赦

恩赦是指，根据行政权而全部或部分地消灭刑罚权，将刑罚的效果灭杀的制度。[1]恩赦在沿革的意义上是以国王的恩惠为本质的，但在君主制退潮的现代国家中，将国家的贺意作为刑罚权弹性运用的表现方法，仍然具有其存在的意义。

恩赦法肯定了大赦（《刑法》第2条、第3条）、特赦（《刑法》第4条、第5条）、减刑（《刑法》第6条、第7条）、刑罚执行的免除（《刑法》第8条）、复权（《刑法》第9条、第10条）这五种形式。任何一种都需要天皇的认证（《宪法》第7条第6号），并由内阁决定（《宪法》第73条第7号）。

四、刑罚的消灭（法律上的复权）

刑罚的消灭是指，在刑罚的执行接受终了（或者得以免除执行）之后，通过经过一定的期间而丧失该刑罚宣告的效力之制度（《刑法》第34条之2）。据此，在使各种法令的资格限制等消灭这一点上具有意义。与前述的恩赦的复权制度具有共通之处，因此也被称为法律上的复权，一般被称为"前科抹消"制度。

"前科"这一表述并非法律上的用语，一般在以下意义上使用：①接受了刑罚的宣告；②接受了自由刑的执行；③市町村役场所准备的犯罪人名簿[2]中登录了刑罚的宣告。前科的抹消是指，在犯罪人名簿上将前科者的姓名删除。

以上之刑罚的执行终了或者可以免除其执行者，当在十年的时间内没有被科处罚金以上之刑罚时，刑罚的宣告就丧失其效力（《刑法》第34条之2第1款前半段）。罚金以下之刑罚的执行终了或者接受了该执行的免除者，在5年的时间内没有被科处罚金以上之刑罚时，也做同样处理（同款后半段）。

"刑罚的宣告，丧失效力"是指，刑法的宣告在法律上的效果面向将来而

---

[1] 关于恩赦，参见菊田："恩赦制度的批判性考察"，载《法律论丛（明治大学）》第42卷第4、5、6号（2009年），第297页以下。

[2] 犯罪人名簿制度并不是法律上的制度，而是作为行政上的措施而设置与被告人的本籍地的户籍公务所中，因此是记载了关于被监察厅送达的确定判决之事实。

消灭。由于对既成的效果并没有影响，例如，在犯罪的审理中也会审问前科的有无，因此允许将其作为量刑的资料［最判昭和 29 年（1954 年）3 月 11 日刑集第 8 卷第 3 号第 270 页］。

接受了刑罚免除之宣告者，当在该宣告确定之后 2 年之内未被科处罚金以上的刑罚时，刑罚免除的宣告就丧失其效力（《刑法》第 34 条之 2 第 2 款）。

第五章　保安处分

一、含义

保安处分是指，主要以特别预防为目的而设置的，具有刑罚以外的刑法上的法效果之制度。由于刑罚基本上是与责任相适应的报应。因此，从特别预防的观点来看，刑罚具有其缺陷。而弥补该缺陷的就是保安处分。

保安处分是从多个国家引入的制度，但在日本，并不具有与刑罚相并列的刑法上的法效果。[1]但是，可以将卖淫防止法上的辅导处分（《卖淫防止法》第17条第1款）、保护观察、[2]更生紧急保护（《更生保护法》第85条、第86条）、对精神障碍者的住院措施（《精神保健福祉法》第29条）、团体规制处分（《破坏活动防止法》第7条）、监察处分（《关于实施无差别大量杀人行为之团体的规制之法律》第5条、第8条），以及心神丧失者等医疗观察（《关于在心神丧失等状态下实施重大他害行为者的医疗以及观察等的法律》）等，就可以将其置于一种保安处分的位置上。

由于保安处分是刑法上的法效果，因此必须以刑法上的违法行为为前提，而且，必须以具有将来反复实施该违法行为的危险为要件。也就是说，以再

---

[1] 保安处分首次在刑法中出现是在1893年由瑞士刑法学者卡尔斯托斯所制定的《瑞士刑法预备草案》中。此后，进入20世纪，很多国家在刑法全面改正中导入了保安处分制度。在日本，在刑法全面改正的过程中，在战前的刑法改正假案中导入保安处分就被提出并讨论，在战后的改正刑法草案中，第97条以下，提出了对精神障碍者实施治疗处分与对酒精或药物中毒者实施禁绝处分这两种类型的保安处分之提案。但是，对于该提案，保安的侧面在前面就出现了，治疗的侧面就被轻视了，因此直到今天都没有获得赞同。关于保安处分，参见西原（下）第554页以下（以及这里所列举的文献）。

[2] 在保护观察中，根据对象者的不同，存在以下种类（《更生保护法》第48条）：①作为对少年进行保护处分的保护观察（《少年法》第24条第1款第1号、第26条）；②对被允许从少年院假出院者的保护观察（《更生保护法》第42条、第40条）；③对被允许假释放者的保护观察（《更生保护法》第40条）；④对接受刑罚执行犹豫者的保护观察（《刑法》第25条之2）。进而⑤对被允许从妇人辅导院假出院者的保护观察（《卖淫防止法》第26条）。

犯的危险性为前提，在这一点上，与刑罚不同。此外，由于保安处分是刑法上的法效果，因此与行政处分不同。

这样，二元主义就将刑罚与保安处分作为性质不同的制度，且将两者作为互为独立的制度。与此相对，一元主义彻底贯彻特别预防论，将刑罚与保安处分置于同样性质之制度的位置上。关于该对立，二元主义是妥当的，但导入保安处分本身就存在诸多疑问，因此真正的对立在于：是采用刑罚一元主义，还是采用在导入保安处分的基础上的刑罚与保安处分二元主义。

日本现行法中，将无责任能力者作为不处罚的对象，将限定责任能力者作为刑罚减轻的对象，由于并未将保安处分在刑法典上立法化，因此所采用的是刑罚一元主义。既然再犯的危险性判断依然还有不确定的要素，现在的方向性基本上是妥当的，即以刑罚一元主义为基本，在特别法中，个别导入保安处分性质的要素。

二、心神丧失者等医疗观察

目前为止，犯了罪的精神障碍者均通过《精神保健福祉法》上的措施而被作为强制医疗的对象，但在处遇的层面上并不充分，退院之后再次犯罪的人也比较多，鉴于此，作为一种保安处分的《关于在心神丧失等状态下实施重大他害行为者的医疗以及观察等的法律》（简称为《医疗观察法》）得以立法［平成15年（2003年）7月16日公布］。[1]

对象者是，①在心神丧失或者心神耗弱的状态下，实施该当于杀人、放火、强盗、强奸、强制猥亵、伤害之行为的人，而且，②接受不提起公诉之处分者，或者以心神丧失为理由而接受无罪的确定判决者，或者以心神耗弱为理由而接受旨在减轻刑罚的确定判决者（《刑法》第2条第2款、第3款）。

对于上述对象者，检察官必须就处遇的需要与否以及处遇的内容之决定，对地方裁判所作出申诉（存在例外）（《刑法》第33条）。

接受申诉的裁判所，以一名法官以及精神保健审判员（医师）组成合议

---

[1] 关于医疗观察法，参见中山：《心神丧失者等医疗观察法的性格——"医疗的必要性"与"再犯危险"的困境》（2005年）；同：《心神丧失者等医疗观察法案的国会审议——法务委员会的质疑之全貌》（2005年）；"（特集）医疗观察法的现在"，载《刑事法学家》第19号（2009年），第2页以下；绪方："心神丧失者等医疗观察法与刑事责任能力判断"，载《理论刑法学的探究⑥》，第71页以下等。

体进行审理，决定处遇的需要与否以及内容。处遇的判断基准是："改善实施对象行为之际的精神障碍，为了让其以后不实施同样的行为，促进其复归社会，根据该法律令其接受医疗被认为是必要的。"（《刑法》第42条第1款第2号）。当不存在为对象者进行辩护的律师时，裁判所必须指定律师进行辩护（必要的添附人）（《刑法》第35条）。当对象者没有实施对象行为或者并非心神丧失者或心神耗弱者时，裁判所必须作出驳回申诉的决定（《刑法》第40条第1款）。只要不是以上情形，当具有入院的必要时，则必须作出"入院决定"，当必须接受入院以外的治疗时，则必须做出"通院决定"（《刑法》第42条）。

接受入院决定者，必须在指定的入院医疗机关中接受治疗，当认为有必要继续入院时，原则上必须每隔6个月向地方裁判所提出入院继续确认的申诉。此外，入院患者这一方可以对地方裁判所申请退院许可的申诉（《刑法》第49条、第50条）。在许可退院的情形中，当还有必要通院时，可以同时附上3年的通院期间，或者在不超过2年的范围内延长期间（《刑法》第44条）。

作为对于对象者的处遇，存在以下两种：在指定医疗机关中的医疗（《刑法》第16条第1款、第81条）、在地域社会中的处遇（精神保健观察）（《刑法》第16条第2款、第106条）。

事项索引*

あ

明石人工砂堆沉没事件……219
明石花火大会步道桥事件……245、469
诱惑侦查……479
涵摄错误（包摄错误）……374
浪子回头的黄金桥……406
癖马事件……379
启蒙主义的刑法思想……49
安乐死……334

い

硫磺事件……401
意思支配可能性……84
意思说……178
意思的自由……344
意思表示说……324
意思方向说……324
板桥宝石商杀害事件……483
一故意犯说……195、198
部分实行全部责任……440
一厘事件……253
一个的行为……520
一体的行为……298
一体的行为论……70、184、393
作为一般概念的犯罪……61

一般的正当行为……262
一般预防论……53
违法一元论……256
违法减少说……407
违法推定功能……91
违法推定说……89
违法性消解说……90
违法性意识……367
违法性意识可能性……373
违法性意识可能性不要说……369
违法性的本质……248
违法、责任减少说……407
违法、责任类型说……91
违法阻却事由……248
违法多元论……256
违法二元论……252
违法的相对化……474
违法的相对性……256
违法身份……491
违法类型说……89
意义的认识……175
医疗观察法……354、570
岩手县教组事件……257
因果关系……116
因果关系错误……193

---

* 本部分索引页码为本书的边页码——编辑注。

| 事项索引 |

因果关系中断……120
因果共犯论……440、441
因果的结果归属论……440
因果行为论……75
确定的同意……333
阴谋……385

う

韦伯的概括故意……146、188
威尔泽尔……76、88、212、214

え

营业犯……518
营利的目的……495
疫学的因果关系……123
M. E. 麦耶……88 437
延命可能性……155

お

报应刑论……13、53
奥姆真理教私刑杀人事件……317
大阪学艺大学事件……255
大阪南港事件……130
大野医院事件……227
大森银行团伙事件……447
过迟的构成要件的实现……188
我回去了事件……504
恩赦……567

か

概括的故意……186
外国判决的效力……47
改正刑法草案……28
盖然性说……178
改订律例……25
回避、退避义务……272
外部的态度……85
外务省机密泄漏事件……268

溃疡病变事件……138
扩张解释……18、36
扩张的正犯概念……422
确定的故意……186
学派之争……52、54
科刑上一罪……519
过失……211
过失的教唆……479
过失的过当防卫……301
过失的竞合……243
过失的标准……234
过失拟制说……100
过失推定说……100
过失犯……480
对过失犯的（故意）教唆……480
过失犯的共同正犯……466
过失犯的行为规范……212
过失犯的构造……215
过失并存说……237
过当避险……315
过当防卫……297
扒钉现象（作用）……523
瓦斯中毒致死事件……403
油罐车倾覆事件……37
加重主义……525
坚硬的违法一元论……256
敲肩棒事件……362
假定的因果经过……120
假定的条件关系……117
可能……63、347
可罚性阻却、减少事由……382
可罚的违法性……252
可罚的责任论……347
格拉斯……88

·517·

假刑律……25
假释放……563
科料……542
卡涅阿德斯之板……307
川崎协同医院事件……336
川治王子饭店火灾事件……221、241
弄错患者事件……245
习惯法……34
间接教唆……481
间接共谋……453
间接从犯（帮助）……489
间接正犯……422
间接正犯的实行着手时期……394
间接正犯的正犯性……422
间接的安乐死……334
间接的法益侵害……442
完全犯罪共同说……433
康德……13、51
监督过失……239
想象竞合……519
管理过失……239

き

议会制民主主义……31
企业组织体责任论……99
危惧感说……217
危险源管理义务……158、161
危险社会……28
危险的现实话……135
危险的实现……133
危险的创造……132
危险的接受……331
危险犯……110
危险犯中的危险……112
既遂故意……183

伪装相约自杀……328
期待可能性……379
北瓦斯事件……240
功能的行为支配论……440
功能的二分说……161
规范……4
规范与事实的架桥……19
规范的相互关联……67
规范的违法性……253
规范的构成要件要素……175
规范的构成要件错误……376
规范的障碍说……423
规范的条件关系说……121
规范的责任论……346
规范的符合说……206
规范论……63
义务规范……64
义务的冲突……339
客体的错误……193
客体的不能……404
客观主义……53
客观说……414、421
客观的违法论……249
客观的危险说……400
客观归属论……131
客观处罚条件……45、95、174
客观的相当因果关系说……127
客观的未遂论……385
旧过失论……215
旧刑法……26、30
吸收一罪……514
吸收主义……526
急迫性……273
急迫性的始期……273

急迫性的终期……273
救命可能性……155
狭义的相当性……125
狭义的包括一罪……516
教唆犯……478
从教唆犯、从犯关系的脱离……505
教唆、帮助的罪数……522
行政刑法……17
行政犯中的事实认识……377
共同意思主体说……421、440
共同教唆……480
共同实行的意思……445
共同实行的事实……445
共同正犯……445
共同正犯与过当防卫……473
共同正犯的罪数……522
从共同正犯关系的脱离……502
共同体关系的行为容许性……262
共同体的正义……24
共同体论……4
共罚的事后行为……514
共罚的事前行为……514
共犯……500
从共犯脱离……500
共犯的错误……498
共犯与身份……490
共犯的中止……500
共犯过剩……499
从共犯关系的脱离……502
共犯关系的消解……504
共犯从属性说……436
共犯体系……418
共犯独立性说……436
共谋关系的消解……502

共谋共同正犯……446
共谋的射程……451
业务上过失……229
业务上特别义务者……319
强要紧急避险……316
供用物件……543
极端从属形式……437
极端从属性说……423、437
举动犯……110
容许规范……257
紧急救助……279
紧急行为……262
紧急的正当化事由……262
紧急状态无法律……270
紧急避险……307
禁锢……541
均衡性原则……313
禁止规范……65
近代学派（新派）……51
近铁生驹隧道火灾事件……219、234

〈

空气注射事件……402
偶然防卫……284
具体的依存性说……159
具体的危险说……399
具体的危险犯……110
具体的结果观……118
具体的事实错误……192
具体的人……55
具体符合说……194
熊击事件……145
熊本水俣病事件……217
久留米站事件……255
久留米站事件方式……255

·519·

黑雪事件……370
氯仿杀人事件……84、184、392

け

刑的宣告……554
刑的部分执行犹豫……27、560
刑的时效……566
刑的全部执行犹豫……558
刑的消灭……567
刑的废止……43
刑的变更……35
刑的免除……555
刑的量定……551
倾向犯……96
形式的违法论……248
形式的客观说……388、421
形式的实行共同正犯论……446
形式的法义务说……157
刑事政策学……15
刑事政策的价值决定……62
刑事诉讼法学……15
刑事未成年人……355
刑事立法的活性化……28
继续犯……114
刑罚……531
刑罚与损害赔偿……23
刑罚目的……12
刑法……54
刑法中的人……54
刑法的沿革……24
刑法的解释……19
刑法的功能……21
刑法的全面改正工作……28、57
刑法的任务……11
刑法的法源……35

刑法学……15
刑法规范……9、65
启蒙主义的刑法思想……50
激情犯……182
结果……111
结果回避可能性……121、223
结果回避可能性……219
结核性病巢事件……138
结果说……44
结果加重犯……246
对结果加重犯的教唆……480
结果加重犯的共同正犯……471
结果犯……110
结果无价值……250
结果无价值论……249、251
结果预见可能性……219
决定规范……250
决定论……344
原因说……124
原因上的违法行为……293
原因上有故意的行为……189
原因上的自由行为……355
严格故意说……371
严格责任说……173、258、301、373
打架与正当防卫……295
现行刑法……26
现行犯逮捕……264
现在的危难……310
限时法……43
限定主观说……414
牵连犯……521

こ

故意……170
利用有故意的道具……429

| 事项索引 |

故意的过当防卫……301
故意的个数……198
利用无故意者的行为……425
故意的连续性……360
故意＝违法、责任要素说……91
故意规制功能……93
行为……74
行为的特定……75
行为意思……81、251
行为规范……7、10、65
违反行为规范的行为……105
行为客体……94、111
行为共同说……432
行为支配……423
行为支配论……421
行为人标准说……380
行为主体……93
行为状况……94
行为条件……95
利用欠缺行为性、意思能力者……425
行为责任……345
行为的（主体性）人类像……54
行为能力……84、348
行为无价值……250
行为无价值论……249
行为无价值一元论……250
行为类型说……89
行为论……75
后期旧派……50
广义的相当性……125
攻击的紧急避险……311
合宪限定解释……40
构成要件……87
构成要件的重合……203

构成要件的功能……92
构成要件的射程范围……134
构成要件该当事实……87
构成要件该当性……87
构成要件修正说……101
构成要件过失……211
构成要件结果……110
构成要件故意……172
构成要件错误……192
构成要件符合说……202
构成要件标准说……510
构成要件模型……356
构成要件要素……93
构成要件论……88
高速公路闯入事件……139
高速公路停车事件……148
公诉时效……566
拘置所暴行事件……300
光文社事件……255
合法则的条件公式……119
合法则的条件理论……119
公务员的国外犯……45
合理的人类像……54
呼吸器摘除事件……143
国外犯……45
国内犯……44
国民的国外犯……45
国劳桧山丸事件……256
个人的正义……24
个人抑制模型……98
假想过当避险……316
假想过当防卫……303
假想避险……315
假想防卫……302

夸张从属形式……437
国家标准说……380
古典学派（旧派）……50
不同构成要件之间共同正犯的成立与否……433
作为个别类型概念的犯罪……61
混合惹起说……442、444
混合的包括一罪……515
混合的方法……350
条件公式……117

さ

再间接教唆……481
再间接从犯……489
罪刑专断主义……30
罪刑均衡原理……41
罪刑的明确性……38
罪刑法定主义……30
罪刑法定主义的功能……92
财产刑……542
罪质符合说……206
最终手段（ultima ratio）……10
最小从属形式……437
罪数论……510
再启动碾压事件……146
裁判规范……10
罪名从属性……433
作为可能性……166
作为义务……156
作为义务的发生根据……156
作为与不作为的区别……81
通过作为的不作为犯……82
作为与不作为的复合形态……108
错误……191
错误的同意……328

樱木町站电车火灾事件……244
札幌市电事件……255
沙子吸入事件……146、188
猿拂事件……33
三权分立……31
三罚规定……99

し

时间的适用范围……42
自救行为……337
事业主……100
死刑……534
死刑的执行……556
死刑存废论……536
时效……565
自我决定权……336
事后从犯……482
事后的结果回避可能性……224
事后的故意……190
事后判断……67
事后法的禁止……34
自我保护原则……272
事实上的接受说……424
事实欠缺理论……400
事实错误……191
事实错误与违法性错误的区别……375
自首……548
自手犯……431
自招危难……317
自招侵害……292
事前的结果回避可能性……224
事前故意……188
事前判断……67
事前判断与事后判断的对应原则……67
事前预备……384

示谈……553

失业保险金不缴纳事件……379

实现意思说……179

实行行为……103、386

实行行为的终了时期……409

实施实行行为的从犯……482

实行行为概念……106、386

实行行为概念不要论……388

实行从属性……436

实行的着手……386

实行未遂（终了未遂）……398、409

执行犹豫的效力……560、563

执行犹豫的取消……559、562

实行预备……384

作为实在的犯罪……61

实质的违法论……248

实质的客观说……389、421

实质的故意论……371

实质的实行共同正犯论……446

实质的法义务说……158

实体的正当程序理论……40

质的过当……298

关于因机动车驾驶致人死伤行为等的处罚的法律……27

自白……549

涉谷温泉设施爆炸事件……222

社会规范……4

社会契约说……50

社会生活上必要的注意……214

社会的规范责任论……343

社会行为论……78、80

社会责任论……53、343

社会相当性……261

社会伦理秩序维持……12

沙克帝治疗杀人事件……162、434

酌量减轻……549

惹起说……441、442

重过失……230

宗教活动……269

自由刑……541

自由刑的执行……557

集合犯……518

修正旧过失论……218

被修正的客观危险说……400

被修正的具体符合说……196

被修正的形式客观说……388

修正惹起说……442、443

集团犯……419

重大错误说……329

柔道整复师事件……141

从犯……481

修复责任……342

修复的司法（正义）……12、13、532、539

自由保障功能……21

终了未遂……409

主观主义……53

主观说……389、399、414、421

主观的违法要素……249

主观的构成要件要素……95

主观的相当因果关系说……127

主观的未遂论……385

缩小解释……18

宿命的人类像……54

受刑能力……348

主体不能……405

取得物件……544

首服……549

纯过失说……100
顺次共谋……453
纯粹惹起说……441、443
障碍未遂……398
消极的安乐死……334
消极的一般预防论……14
消极的构成要件要素理论……90、173、258、303
消极的责任主义……341
消极的属人主义……46
消极的身份……497
消极的身份犯……497
承继的共同正犯……460
承继的从犯……460
条件关系……117
条件关系的断绝……119
条件说……124
附条件的故意……187
常习犯……518
常态的正当化事由……262
状态犯……113
状态犯与继续犯的区别……114
象征的功能……21
条例……33
职业犯……518
职务行为……264
处断刑……546
处罚阻却事由……382
白石中央医院事件……234
空白刑罚法规……34
平行的社会一般人的评价……175
侵害原理……5、22
侵害的预期……276
侵害犯……110

人格形成责任……345
人格责任论……78、345
人格行为论……77
新过失论……216
人工妊娠中绝……265
真挚的努力……412
新新过失论……217
心神耗弱……349
心神丧失……349
心神丧失者等医疗观察……570
真正不作为犯……82、153
真正（构成）身份犯……490、496
身体运动……85
人的适用范围……47
人的不法……249
信赖原则……230
心理学的方法……350
心理学的要素……350
心理强制说……32
新律纲领……25
心理责任论……346
心理性帮助……482、485

す

推定的同意……330
伴随行为……514
伴随的从犯……482
数故意犯说……195、198
保镖事件……181、449

せ

请愿作业……541
制御能力……350
限制故意说……372
限制从属形式……437
限制从属性说……437

限制责任说……373
限制的正犯概念……422
制裁（媒介）规范……7、10、12、422、424
制裁规范的发动条件……105
政策说……406
精神障碍……350
生成物件……544
正对正……307
正当化事由……257
正当化的一般原理……258
正当业务行为……267
正当防卫……270
正的确证……272
正犯意思……456
正犯与共犯的区别……421
无正犯的共犯……443
正犯背后的正犯……425、430
生物学的方法……350
生物学的要素……350
政令……33
世界主义……46
责任过失……366
责任共犯说……441、442
责任减少说……407
责任故意……172、365
责任主义……198……341
责任说……373
责任前提说……349
责任相应刑……553
责任能力……84、348
责任的本质……342
责任身份……491
利用无责任能力者的行为……427

责任模型……357
责任要素说……348
石油暗箱联盟事件……375
世田谷通信电缆火灾事件……468
积极的安乐死……334
积极的一般预防论……13
积极的加害意思……276、474
积极的责任主义……341
积极的属人主义……45
接续犯……517
绝对的轻微型……253
绝对的不定期刑……39
绝对的不能……401
折中说……389、421
折中的相当因果关系说……128
前科的消除……567
前期旧派……50
先行行为说 159
宣告刑……546、554
前后进碾过事件……145
全司法仙台事件……257
全体的正义……24
全体的评价……69
千日百货大厦火灾事件……221、228、240
全农林警职法事件……257

そ

相互的行为归属论……440
相对的报应刑论……14
相对的轻微型……254
相对的不定期刑……39
相对的不能……401
相当因果关系说……124
相当因果关系的危机……129

溯及禁止论……388
溯及处罚的禁止……34
促进公式……483
即成犯……113
属地主义……44
组织抑止模型……99
诉讼能力……348
组成物件……543
柔软的决定论……343
柔软的构成要件符合说……203
尊严死……336

た

代位责任论……99
第一次性规则……7、8、9
对应原则……67
对价物件……544
体系解释……18
体系性思考……63
对向车碾死事件……143
对向犯……419
第五柏岛丸事件……380
第二次性规则……7、8、9
代罚规定……99
对物防卫……278
大麻走私事件……449
大洋百货火灾事件……240
代理人……102
择一关系……513
择一的因果关系……122
择一的竞合……122
择一的故意……186
他人的两义性……3
多众犯……419
越野赛车同乘者死亡事件……331

他人预备行为……477
狸猪事件……176
达拉姆规则……350
阶段过失……237
单纯一罪……511
单纯行为犯……110

ち

千叶大伤寒事件……123
着手后的脱离……504
着手前的脱离……502
着手未遂……398、409
柴达夫人事件……175
注意义务违反……218
中止行为……409
中止犯……405
抽象的危险说……399
抽象的危险犯……110
抽象的事实错误……192、200
抽象的人……55
抽象符合说……201
通过中立行为的帮助……486
惩役……541
惩戒行为……264
重叠的因果关系……122
惩罚性的被害人（权利）模型……540
超法规的正当化事由……319
直接性法理……247
直近过失一个说……237
治疗行为……333
治疗行为伤害罪说……333
治疗行为非伤害罪说……333

つ

追征……544
附加禁止说……120

| 事项索引 |

て

利用违法行为人的行为……426
迪尼斯事件……473
转嫁罚规定……99
电器盗窃事件……37
点的理论……553

と

当为……63、346
同意伤害……322
同一视理论……98
统一的正犯体系……418
同意能力……325
同意的任意性……326
同意的认识……325
东海大事件……335
同价值性……166
动机说……179
道义责任论……53、343
东京中邮事件……257
道具理论……423
同时伤害的特例……464
同时存在原则……66、356
同时存在原则的例外……66
道德规范……4
盗犯等防止法……305
都教组事件……257
德岛市公安条例事件……39
特别关系……513
特别刑法……17
特别预防论……14、53
独立教唆犯……481
多纳事例……430
后备箱监禁致死事件……144

な

对象限定型……100
对象非限定型……100
永山事件……536
名古屋中邮事件……257
纳粹刑法理论……56

に

新潟监禁事件……525
双重的故意……357
双重的真正身份犯……497
货车厢擅自同乘事件……222
日常的行为与帮助……486
日航异常接近事件……135
日本 AEROSIL 工厂氯气瓦斯泄漏事件……234、242
日本铁工所事件……255
任意性……414
任意的共犯……418
有认识的过失……177、229
认识说……177
无认识的过失……229
容忍说……179

ぬ

辛可卡因事件……245

ね

练马事件……447

の

脑震荡溺死事件……142

は

烟灰缸投掷事件……299
排他性支配领域说……160
场所的适用范围……44
家长主义……5、22、423
拔管事件……141

罚金……542
罚金刑的执行……557
哈特……5、6、7
哈特与德富林论战……5
哈特与富勒的论战……5
柔软的构成要件符合说……202
羽田事件……370
幅的理论……552
过早的构成要件的实现……183
犯罪学……15
犯罪共同说……432
犯罪个别化功能……92
犯罪时……42
犯罪能力……348
犯罪的概念要素……63
犯罪的终了……113
犯罪是行为……74
犯罪问题的全体像……16
犯罪论体系……61
反对解释……18
犯人的死亡……565
判例的不溯及变更……35

ひ

被害人……94
被害人（遗族）与死刑制度……537
无被害人犯罪……22
被害人的同意（承诺）……320
被害人学……16
被害人关系性的刑事司法……539
光市母子杀害事件……537
逃逸……167
非决定论……344
工人纠察队……265
和平烟罐炸弹事件……401

非惩罚性的被害人（支援）模式……540
必要的共犯……419
非难可能性……345
避险意思……311
避险行为的相当性……314
百元钞伪造事件……369、375
评价规范……250
表现犯……96
表象说……178
开放的构成要件……211
毕尔克·麦耶……51
宾丁……51

ふ

飞镖现象……173
菲律宾酒吧事件……473
费尔巴哈……32、50
不确定的故意……186
不可罚的事后行为……514
不可罚的事前行为……514
武器对等原则……286
福冈县青少年保护育成条例事件……39
福知山线列车脱轨倾覆事件……242
不合理决断说……414
不作为……506
对于不作为的共犯……506
不作为的共犯……506
不作为的作为犯……82
不作为的因果关系……153
不作为犯……152
不作为犯中的正犯与共犯的区别……506
不作为犯的罪数……521
不真正不作为犯……82、152
不真正（加减的）身份犯……

490、496
　不正对正……271
　不正的侵害……277
　不注意……218
　物理性帮助……482
　塞布团致心脏疾患事件……137
　不能犯……398
　部分的责任能力……348
　部分犯罪共同说……210、434
　不法共犯说……441、442
　不法、责任符合说……207
　弗兰克公式……414
　分析性评价……69
　分配说……15
　文理解释……18、36

へ

　并科主义……527
　平均人标准说……380
　并合罪……524
　美兵逃逸事件……142
　黑格尔……14、51
　贝卡里亚……50
　阳台坠落致死事件……75
　贝林……51、88
　遍在说……44
　辨识能力……350
　片面的教唆犯……460
　片面的共同正犯……458
　片面的从犯（帮助）……458、460
　片面的对向犯……419

ほ

　保安处分……569
　防卫行为与第三人……290
　防卫行为的必要性与相当性……285

　防卫的意思……281
　法益……94、111
　对于法益的危险行为……103
　对于法益的具体危险行为……104
　对于法益的抽象危险行为……105
　法益关系错误……329
　法益衡量说……259
　法益侵害……111
　法益保护……11
　法益保护功能……21
　法益保护义务……158、161
　包括一罪……513
　法规的不知……374
　法规犯……4、7
　忘却犯……76
　防御的紧急避险……311
　报酬物件……544
　法条竞合……512
　帮助的因果性……483
　帮助犯……481
　法人处罚的根据……98
　法人的犯罪能力……97
　法秩序保护的原则……272
　法定刑……546
　法定的符合说……195、202
　法的责任论……343
　法和平的恢复……14、15、22
　法与道德……5
　放任行为……310
　法的解释……18
　不允许不知法……369
　法没有必要向不法让步……272
　方法错误……193
　方法错误与客体错误的区别……197

方法不能……402
法律主义……32
法律上的复权……567
法律说……407
法理的滥用……318
法令行为……263
北大电气手术刀事件……217、234
保护观察……569
保护客体……94
保护主义……45
补充关系……513
补充性原则……312
保证人地位……156、227
没收……543
新日本饭店火灾事件……221、240
踢飞聚乙烯溶液瓶事件……144

ま

野鸭捕获事件……37
大宪章……30
地域社会……13
魔法书事件……254
克诺顿规则……350
丸正事件……268

み

微型社区……13
未决拘留的算入……557
未遂故意……183
未遂的教唆……478
未遂的帮助……482
未遂犯……384
未遂犯与不能犯的区别……398
未遂犯中的危险……112
三菱自工轮胎脱落事件……136
三友炭坑事件……254

木樨号事件……307
望风……454
未必的故意……177、187
身份概念……492
无身份有故意的道具……429
身份的个别性……490
身份的连带性……490
身份犯……93
民事责任……23
民法的功能……23

む

无过失责任说……100
鼹鼠·貘马事件……177

め

明确性原则……38
无明文的过失犯处罚……212
命令规范……65
梅兹格……88、250

も

默示（黯然）的共谋……453
目的刑……552
目的刑论……53
目的性……76
目的说……260
目的行为论……56、76
目的犯……95
目的论解释……18
当然解释……18
森永毒奶粉事件……217
问题性思考……63

や

夜间潜水训练事件……131
药害艾滋厚生省事件……236
药害艾滋帝京大医院事件……235

弥彦神社事件……226
山田钢业所事件……266
缓和的违法一元论……256

ゆ

有意性……75
优越的利益说……260
有责行为能力……348
梦中杀人事件……84
制造被法所不允许的危险……132
被允许的危险……133\217

よ

要素从属性……437
预见可能性……219
预见可能性的对象……219
预备……384
预备的共犯……437
预备罪与中止……417
预备罪的共同正犯……476
预备的从犯……482
预防性的法益保护……11

ら

拉德布鲁赫……76
犯罪标签论……52
套索式踢击事件……294

り

利益不存在原则……320
隔离犯……108、118
法律道德主义……5、22、323
风险社会……211
李斯特……52
立法者意思说……419
事前的意思表示……336
集体主义……3
集体主义共同体……4
量刑……551
量刑基准……551
量的过当……298
两罚规定……99

る

类推适用（类推解释）……19、31、35、36
类推适用的禁止……35
规则……6

れ

连坐制……342
连续犯……518

ろ

劳动争议行为……265
龙勃罗梭……51
理论性结合说……121

判例索引*

大判明治 24 年 4 月 27 日刑录明治 24 年 4 月~9 月第 45 页……447

大判明治 29 年 3 月 3 日刑录第 2 辑第 3 卷第 10 页……447

大判明治 36 年 5 月 21 日刑录第 9 辑第 874 页……37

大判明治 37 年 1 月 21 日刑录第 10 辑第 51 页……511

大判明治 41 年 3 月 5 日刑录第 14 辑第 161 页……511

大判明治 41 年 5 月 8 日刑录第 14 辑第 490 页……511

大判明治 42 年 1 月 22 日刑录第 15 辑第 27 页……521

大判明治 42 年 4 月 19 日刑录第 15 辑第 458 页……544

大判明治 42 年 6 月 11 日刑录第 15 辑第 763 页……544

大判明治 42 年 7 月 27 日刑录第 15 辑第 1048 页……521

大判明治 42 年 11 月 1 日刑录第 15 辑第 1498 页……42

大判明治 43 年 6 月 17 日刑录第 16 辑第 1220 页……521

大判明治 43 年 6 月 30 日刑录第 16 辑第 1314 页……514

大判明治 43 年 10 月 11 日刑录第 16 辑第 1620 页……253

大判明治 43 年 10 月 25 日刑录第 16 辑第 1745 页……515

大判明治 43 年 11 月 24 日刑录第 16 辑第 2118 页……42

大判明治 44 年 3 月 16 日刑录第 17 辑第 380 页……467

大判明治 44 年 5 月 4 日刑录第 17 辑第 753 页……425

大判明治 44 年 6 月 16 日刑录第 17 辑第 1202 页……44

大判明治 44 年 6 月 23 日刑录第 17 辑第 1252 页……42

大判明治 44 年 7 月 6 日刑录第 17 辑第 1388 页……521

大判明治 44 年 10 月 9 日刑录第 17 辑第 1652 页……496

大判明治 44 年 10 月 19 日刑录第 17 辑第 1726 页……544

大判明治 44 年 11 月 16 日刑录第 17 辑第 1994 页……511

---

* 本索引中日本天皇年号纪年对应的公元纪年在正文中有标注，此处不再重复。另外，判例索引页码为本书边页码——编辑注。

大判明知 45 年 4 月 2 日刑录第 18 辑第 389 页……543

大判明治 45 年 5 月 23 日刑录第 18 辑第 658 页……521

* * *

大判大正 2 年 3 月 18 日刑录第 19 辑第 353 页……491

大判大正 2 年 7 月 9 日刑录第 19 辑第 771 页……483

大判大正 2 年 11 月 18 日刑录第 19 辑第 1212 页……500

大判大正 3 年 2 月 3 日刑录第 20 辑第 101 页……518

大判大正 3 年 4 月 21 日刑录第 20 辑第 596 页……543

大连判大正 3 年 5 月 18 日刑录第 20 辑第 932 页……497

大判大正 3 年 6 月 19 日刑录第 20 辑第 1258 页……447

大判大正 3 年 7 月 24 日刑录第 20 辑第 1546 页……404

大判大正 3 年 9 月 21 日刑录第 20 辑第 1719 页……498

大判大正 3 年 12 月 24 日刑录第 20 辑第 2627 页……467

大判大正 4 年 2 月 10 日刑录第 21 辑第 90 页……161

大判大正 4 年 3 月 2 日刑录第 21 辑第 194 页……496

大判大正 4 年 8 月 25 日刑录第 21 辑第 1249 页……483

大判大正 5 年 8 月 11 日刑录第 22 辑第 1313 页……194

大判大正 5 年 11 月 8 日刑录第 22 辑第 1693 页……522

大判大正 6 年 2 月 26 日刑录第 23 辑第 134 页……521

大判大正 6 年 5 月 25 日刑录第 23 辑第 482 页……482

大判大正 6 年 9 月 10 日刑录第 23 辑第 999 页……401

大判大正 6 年 11 月 9 日刑录第 23 辑第 1261 页……186

大判大正 6 年 12 月 14 日刑录第 23 辑第 1362 页……199

大判大正 7 年 2 月 16 日刑录第 24 辑第 103 页……515

大判大正 7 年 6 月 17 日刑录第 24 辑第 844 页……454

大判大正 7 年 11 月 16 日刑录第 24 辑第 1352 页……387、394

大判大正 7 年 12 月 16 日刑录第 24 辑第 1529 页……489

大判大正 7 年 12 月 18 日刑录第 24 辑第 1558 页……164

大判大正 8 年 7 月 31 日刑录第 25 辑第 899 页……139

大判大正 10 年 5 月 7 日刑录第 27 辑第 257 页……426

大判大正 11 年 2 月 4 日刑集第 1 卷第 32 页……199

大判大正 11 年 2 月 25 日刑集第 1 卷第 79 页……459

大判大正 11 年 3 月 1 日刑集第 1 卷第 99 页……481

大判大正 11 年 4 月 18 日刑集第 1 卷第 233 页……447

大判大正 12 年 3 月 23 日刑集第 2 卷

第 254 页……145

大判大正 12 年 4 月 30 日刑集第 2 卷第 378 页……146、188

大判大正 12 年 7 月 2 日刑集第 2 卷第 610 页……501

大判大正 12 年 7 月 14 日刑集第 2 卷第 658 页……140

大判大正 12 年 12 月 8 日刑集第 2 卷第 934 页……517

大判大正 13 年 4 月 25 日刑集第 3 卷第 364 页……177

大判大正 13 年 4 月 29 日刑集第 3 卷第 387 页……480

大判大正 13 年 6 月 25 日刑集第 3 卷第 542 页……544

大判大正 13 年 12 月 12 日刑集第 3 卷第 867 页……317

大判大正 14 年 1 月 22 日刑集第 3 卷第 921 页……459

大判大正 14 年 1 月 28 日刑集第 4 卷第 14 页……495

大判大正 14 年 6 月 9 日刑集第 4 卷第 378 页……176

大判大正 15 年 2 月 22 日刑集第 5 卷第 97 页……377

大判大正 15 年 12 月 14 日新闻第 2661 号第 15 页……410

* * *

大判昭和 2 年 10 月 28 日刑集第 6 卷第 403 页……522

大判昭和 3 年 3 月 9 日刑集第 7 卷第 172 页……459、482

大判昭和 3 年 6 月 19 日新闻第 2891 号第 14 页……297

大判昭和 4 年 2 月 19 日刑集第 8 卷第 84 页……477

大判昭和 4 年 4 月 11 日新闻第 3006 号第 15 页……121

大判昭和 5 年 10 月 25 日刑集第 9 卷第 11 号第 761 页……142

大判昭和 6 年 12 月 3 日刑集第 10 卷第 682 页……350

大判昭和 7 年 1 月 25 日刑集第 11 卷第 1 页……296

大判昭和 7 年 6 月 6 日刑集第 11 卷第 756 页……549

大判昭和 7 年 6 月 14 日刑集第 11 卷第 797 页……485

大判昭和 7 年 6 月 16 日刑集第 11 卷第 866 页……273

大判昭和 7 年 7 月 20 日刑集第 11 卷第 1113 页……543

大判昭和 8 年 4 月 19 日刑集第 12 卷第 471 页……326、425

大判昭和 8 年 6 月 29 日刑集第 12 卷第 1001 页……303

大判昭和 8 年 8 月 30 日刑集第 12 卷第 1445 页……199

大判昭和 8 年 9 月 27 日刑集第 12 卷第 1654 页……277

大判昭和 8 年 11 月 21 日刑集第 12 卷第 2072 页……310、314

大判昭和 8 年 12 月 9 日刑集第 12 卷第 2272 页……459

大判昭和 9 年 8 月 27 日刑集第 13 卷第 1086 页……325

大判昭和 9 年 9 月 28 日刑集第 13 卷第 16 号第 1230 页……375

大判昭和 9 年 11 月 20 日刑集第 13 卷第 1514 页……496

大判昭和 10 年 11 月 11 日刑集第 14 卷第 1165 页……518

大判昭和 10 年 11 月 25 日刑集第 14 卷第 1217 页……98

大判昭和 11 年 3 月 6 日刑集第 15 卷第 272 页……415

大连判昭和 11 年 5 月 28 日刑集第 15 卷第 715 页……447

大判昭和 11 年 12 月 7 日刑集第 15 卷第 1561 页……281

大判昭和 12 年 6 月 25 日刑集第 16 卷第 998 页……410

大判昭和 12 年 9 月 21 日刑集第 16 卷第 1303 页……416

大判昭和 12 年 11 月 6 日大审院判决全集第 4 辑第 1151 页……314

大判昭和 13 年 3 月 11 日刑集第 17 卷第 237 页……159、164

大判昭和 13 年 11 月 18 日刑集第 17 卷第 839 页……462

大判昭和 15 年 8 月 22 日刑集第 19 卷第 540 页……37

大判昭和 15 年 9 月 21 日新闻第 4629 号第 3 页……98

大判昭和 16 年 7 月 17 日刑集第 20 卷第 425 页……43

大判昭和 17 年 9 月 16 日刑集第 21 卷第 417 页……100

大判昭和 21 年 11 月 27 日刑集第 25 卷第 55 页……404

* * *

最判昭和 23 年 3 月 11 日刑集第 2 卷第 3 号第 185 页……454

最大判昭和 23 年 3 月 12 日刑集第 2 卷第 3 号第 191 页……535

最判昭和 23 年 3 月 16 日刑集第 2 卷第 3 号第 220 页……454

最判昭和 23 年 3 月 16 日刑集第 2 卷第 3 号第 227 页……180

最判昭和 23 年 4 月 17 日刑集第 2 卷第 4 号第 399 页……390

最判昭和 23 年 5 月 1 日刑集第 2 卷第 5 号第 435 页……499

最判昭和 23 年 6 月 22 日刑集第 2 卷第 7 号第 694 页……43

最判昭和 23 年 7 月 6 日刑集第 2 卷第 8 号第 785 页……352

最大判昭和 23 年 7 月 7 日刑集第 2 卷第 8 号第 793 页……295

最大判昭和 23 年 7 月 14 日刑集第 2 卷第 8 号第 889 页……369

最判昭和 23 年 10 月 23 日刑集第 2 卷第 11 号 1386 页……204、205、480

最判昭和 23 年 11 月 18 日刑集第 2 卷第 12 号第 1597 页……544

最判昭和 23 年 12 月 7 日刑集第 2 卷第 13 号第 1702 页……182

最判昭和 24 年 2 月 8 日刑集第 3 卷第 2 号第 113 页……456

最判昭和 24 年 2 月 22 日刑集第 3 卷第 2 号第 206 页……182

最判昭和 24 年 3 月 22 日刑集第 3 卷第 3 号第 333 页……455

最判昭和 24 年 3 月 29 日裁判集看第 8 号第 455 页……549

最判昭和 24 年 4 月 5 日刑集第 3 卷第

4 号第 421 页……301

最判昭和 24 年 5 月 14 日刑集第 3 卷第 6 号第 721 页……548

最大判昭和 24 年 5 月 18 日刑集第 3 卷第 6 号第 772 页……338

最判昭和 24 年 7 月 9 日刑集第 3 卷第 8 号第 1174 页……415

最大判昭和 24 年 7 月 22 日刑集第 3 卷第 8 号第 1363 页……328

最判昭和 24 年 7 月 23 日刑集第 3 卷第 8 号第 1373 页……517

最判昭和 24 年 8 月 18 日刑集第 3 卷第 9 号第 1465 页……273、280

名古屋高判昭和 24 年 9 月 27 日高刑判特第 3 号第 42 页……375

最判昭和 24 年 10 月 1 日刑集第 3 卷第 10 号第 1629 页……514

最判昭和 24 年 10 月 13 日刑集第 3 卷第 10 号第 1655 页……317

最判昭和 24 年 11 月 17 日刑集第 3 卷第 11 号第 1801 页……275

最判昭和 24 年 12 月 6 日刑集第 3 卷第 12 号第 1884 页……543

东京高判昭和 24 年 12 月 10 日高刑集第 2 卷第 3 号第 292 页……390

最判昭和 24 年 12 月 17 日刑集第 3 卷第 12 号第 2028 页……501

最大判昭和 24 年 12 月 21 日刑集第 3 卷第 12 号第 2048 页……521

最判昭和 25 年 2 月 24 日刑集第 4 卷第 2 号第 255 页……515

最判昭和 25 年 3 月 31 日刑集第 4 卷第 3 号第 469 页……137

最判昭和 25 年 4 月 11 日裁判集刊第 17 号第 87 页……205

最判昭和 25 年 7 月 6 日刑集第 4 卷第 7 号第 1178 页……430、482

最判昭和 25 年 7 月 11 日刑集第 4 卷第 7 号第 1261 页……205、499

最判昭和 25 年 8 月 9 日刑集第 4 卷第 8 号第 1562 页……522

东京高判昭和 25 年 9 月 14 日高刑集第 3 卷第 3 号第 407 页……502

最判昭和 25 年 11 月 9 日刑集第 4 卷第 11 号第 2239 页……138

名古屋高判昭和 25 年 11 月 14 日高刑集第 3 卷第 4 号第 748 页……390

最大判昭和 25 年 11 月 25 日刑集第 4 卷第 11 号第 2257 页……266

最判昭和 25 年 12 月 19 日刑集第 4 卷第 12 号第 2577 页……517

最大判昭和 26 年 1 月 17 日刑集第 5 卷第 1 号第 20 页……361

最判昭和 26 年 3 月 27 日刑集第 5 卷第 4 号第 686 页……472

最判昭和 26 年 4 月 10 日刑集第 5 卷第 5 号第 825 页……518

最大判昭和 26 年 4 月 18 日刑集第 5 卷第 5 号第 923 页……535

札幌高判昭和 26 年 4 月 30 日高刑集第 4 卷第 4 号第 444 页……454

最判昭和 26 年 6 月 7 日刑集第 5 卷第 7 号第 1236 页……230

最判昭和 26 年 7 月 10 日刑集第 5 卷第 8 号第 1411 页……378

最判昭和 26 年 8 月 17 日刑集第 5 卷第 9 号第 1789 页……376

最判昭和 26 年 9 月 20 日刑集第 5 卷

第 10 号第 1937 页……246

最判昭和 26 年 9 月 28 日刑集第 5 卷第 10 号第 1987 页……454

东京高判昭和 26 年 11 月 7 日高刑判特第 25 号第 31 页……480

最判昭和 26 年 12 月 6 日刑集第 5 卷第 13 号第 2485 页……479

福冈高判昭和 26 年 12 月 14 日高刑集第 4 卷第 14 号第 211 页……559

最决昭和 27 年 2 月 21 日刑集第 6 卷第 2 号第 275 页……326、425

最决昭和 27 年 3 月 4 日刑集第 6 卷第 3 号第 345 页……338

名古屋高金泽支判昭和 27 年 6 月 13 日高刑集第 5 卷第 9 号第 1432 页……264

东京高判昭和 27 年 7 月 1 日高刑判特第 34 号第 93 页……264

最判昭和 27 年 8 月 3 日裁判集刊第 67 号第 31 页……402

最判昭和 27 年 9 月 19 日刑集第 6 卷第 8 号第 1083 页……492

最判昭和 27 年 9 月 25 日刑集第 6 卷第 8 号第 1093 页……42

最大判昭和 27 年 12 月 24 日刑集第 6 卷第 11 号第 1346 页……33

东京高判昭和 27 年 12 月 26 日高刑集第 5 卷第 13 号第 1645 页……370

福冈高判昭和 28 年 1 月 12 日高刑集第 6 卷第 1 号第 1 页……502

高判昭和 28 年 1 月 23 日刑集第 7 卷第 1 号第 30 页……467

最决昭和 28 年 3 月 5 日刑集第 7 卷第 3 号第 506 页……212

最决昭和 28 年 4 月 14 日刑集第 7 卷第 4 号第 850 页……520

最大判昭和 28 年 6 月 17 日刑集第 7 卷第 6 号第 1289 页……517

札幌高判昭和 28 年 6 月 30 日高刑集第 6 卷第 7 号第 859 页……462

最大判昭和 28 年 10 月 27 日刑集第 7 卷第 10 号第 2009 页……47

最判昭和 28 年 11 月 10 日高刑判特第 26 号第 58 页……402

最判昭和 28 年 12 月 22 日刑集第 7 卷第 13 号第 2608 页……245

最判昭和 28 年 12 月 24 日刑集第 7 卷第 13 号第 2646 页……360

最判昭和 28 年 12 月 25 日刑集第 7 卷第 13 号第 2671 页……312

最大判昭和 29 年 1 月 20 日刑集第 8 卷第 1 号第 41 页……417

最判昭和 29 年 3 月 11 日刑集第 8 卷第 3 号第 270 页……568

札幌高判昭和 29 年 3 月 23 日高裁判特第 32 号第 64 页……396

最决昭和 29 年 5 月 27 日刑集第 8 卷第 5 号第 741 页……523

东京高判昭和 29 年 6 月 16 日东高刑时报第 5 卷第 6 号第 236 页……402

广岛高判昭和 29 年 6 月 30 日高刑集第 7 卷第 6 号第 944 页……326

大阪高判昭和 29 年 7 月 14 日高刑裁特第 1 卷第 4 号第 133 页……323

最决昭和 29 年 7 月 30 日刑集第 8 卷第 7 号第 1231 页……350

名古屋高判昭和 29 年 10 月 28 日高刑裁特第 1 卷第 10 号第 427 页……463

仙台高判昭和 29 年 11 月 10 日高刑裁

特第 1 卷第 11 号第 474 页……454

东京高判昭和 30 年 4 月 18 日第 8 卷第 3 号第 325 页……377

东京高判昭和 30 年 4 月 19 日高刑集第 8 卷第 4 号第 505 页……200

福冈高判昭和 30 年 6 月 14 日判时第 61 号第 28 页……379

最判昭和 30 年 10 月 25 日刑集第 9 卷第 11 号第 2295 页……275

最判昭和 30 年 11 月 11 日刑集第 9 卷第 12 号第 2438 页……338

东京高判昭和 31 年 2 月 9 日高刑裁特第 3 卷第 5 号第 143 页……140

名古屋高判昭和 31 年 2 月 10 日高刑集第 9 卷第 4 号第 325 页……456

大阪高判昭和 31 年 2 月 16 日高刑裁特第 3 卷第 3 号第 95 页……454

名古屋高判昭和 31 年 4 月 19 日高刑集第 9 卷第 5 号第 411 页……361

最判昭和 31 年 5 月 24 日刑集第 10 卷第 5 号第 734 页……491

最判昭和 31 年 6 月 26 日刑集第 10 卷第 6 号第 874 页……515

最决昭和 31 年 7 月 3 日刑集第 10 卷第 7 号第 955 页……425

最判昭和 31 年 8 月 3 日刑集第 10 卷第 8 号第 1202 页……518

仙台高判昭和 31 年 9 月 29 日高刑裁特第 3 卷第 22 号第 1061 页……454

高松高判昭和 31 年 10 月 16 日高刑裁特第 3 卷第 20 号第 984 页……182

名古屋高判昭和 31 年 10 月 22 日高刑裁特第 3 卷第 21 号第 1007 页……469

最判昭和 31 年 12 月 11 日刑集第 10 卷第 12 号第 1605 页……254

最判昭和 32 年 1 月 22 日刑集第 11 卷第 1 号第 31 页……296

最判昭和 32 年 2 月 14 日刑集第 11 卷第 2 号第 715 页……520

最判昭和 32 年 2 月 26 日刑集第 11 卷第 2 号第 906 页……246

最大判昭和 32 年 3 月 13 日刑集第 11 卷第 3 号第 997 页……175

札幌高判昭和 32 年 3 月 23 日高刑集第 10 卷第 2 号第 197 页……204

最判昭和 32 年 3 月 28 日刑集第 11 卷第 3 号第 1275 页……254

广岛高判昭和 32 年 7 月 20 日高刑裁特第 4 卷追录第 696 页……470

最决昭和 32 年 9 月 10 日刑集第 11 卷第 9 号第 2202 页……415

最决昭和 32 年 10 月 3 日刑集第 11 卷第 10 号第 2413 页……377

最大判昭和 32 年 10 月 9 日刑集第 11 卷第 10 号第 2497 页……43

最判昭和 32 年 10 月 18 日刑集第 11 卷第 10 号第 2663 页……368

最决昭和 32 年 11 月 19 日刑集第 11 卷第 12 号第 3073 页……497

最大判昭和 32 年 11 月 27 日刑集第 11 卷第 12 号第 3113 页……100

东京高判昭和 33 年 1 月 23 日高刑裁特第 5 卷第 1 号第 21 页……205

最判昭和 33 年 2 月 24 日刑集第 12 卷第 2 号第 297 页……281

浦和地判昭和 33 年 3 月 28 日判时第 146 号第 33 页……463

最判昭和 33 年 4 月 10 日刑集第 12 卷

第 5 号第 839 页……535

最判昭和 33 年 4 月 18 日刑集第 12 卷第 6 号第 1090 页……229

最判昭和 33 年 5 月 6 日刑集第 12 卷第 7 号第 1297 页……523

最判昭和 33 年 5 月 24 日刑集第 12 卷第 8 号第 1535 页……46

最大判昭和 33 年 5 月 28 日刑集第 12 卷第 8 号第 1718 页……448

最判昭和 33 年 7 月 10 日刑集第 12 卷第 11 号第 2471 页……379

名古屋地判昭和 33 年 8 月 27 日判时第 167 号第 35 页……485

最判昭和 33 年 9 月 9 日刑集第 12 卷第 13 号第 2882 页……159、164

最大判昭和 33 年 10 月 15 日刑集第 12 卷第 14 号第 3313 页……42

大阪高判昭和 33 年 11 月 18 日高刑集第 11 卷第 9 号第 573 页……515

最判昭和 33 年 11 月 21 日刑集第 12 卷第 15 号第 3519 页……329、425

东京高判昭和 33 年 12 月 26 日高刑裁特第 5 卷追录第 556 页……264

最判昭和 34 年 2 月 5 日刑集第 13 卷第 1 号第 1 页……299

最判昭和 34 年 2 月 27 日刑集第 13 卷第 2 号第 250 页……378

广岛高判昭和 34 年 2 月 27 日高刑集第 12 卷第 1 号第 36 页……463

最判昭和 35 年 1 月 27 日刑集第 14 卷第 1 号第 33 页……41

最判昭和 35 年 2 月 4 日刑集第 14 卷第 1 号第 61 页……310　313

最决昭和 35 年 2 月 9 日刑集第 14 卷第 1 号第 82 页……524

最决昭和 35 年 4 月 15 日刑集第 14 卷第 5 号第 591 页……244

东京高判昭和 35 年 5 月 24 日高刑集第 13 卷第 4 号第 335 页……377

广岛高判昭和 35 年 6 月 9 日高刑集第 13 卷第 5 号第 399 页……302

东京高判昭和 35 年 7 月 15 日下刑集第 2 卷第 7、8 号第 989 页……205

东京地判昭和 35 年 9 月 28 日行集第 11 卷第 9 号第 2753 页……557

最决昭和 35 年 10 月 18 日刑集第 14 卷第 12 号 1559 页……402

东京高判昭和 35 年 12 月 24 日下刑集第 2 卷第 11、12 号第 1365 页……186

札幌地判昭和 36 年 3 月 7 日下刑集第 3 卷第 3、4 号第 237 页……323

盛冈地一关支判昭和 36 年 3 月 15 日下刑集第 3 卷第 3、4 号第 252 页……302

名古屋地判昭和 36 年 4 月 28 日下刑集第 3 卷第 3、4 号第 378 页……477

札幌高判昭和 36 年 6 月 10 日下刑集第 3 卷第 5、6 号第 414 页……351

广岛高判昭和 36 年 7 月 10 日高刑集第 14 卷第 5 号第 310 页……204、404

最大判昭和 36 年 7 月 19 日刑集第 15 卷第 7 号第 1106 页……556

佐世保简略式命令昭和 36 年 8 月 3 日下刑集第 3 卷第 7、8 号第 816 页……469

广岛高判昭和 36 年 8 月 25 日高刑集第 14 卷第 5 号第 333 页……178

最决昭和 36 年 11 月 21 日刑集第 15 卷第 10 号第 1731 页……137

名古屋高判昭和 36 年 11 月 27 日高刑

集第 14 卷第 9 号第 635 页……477

东京地判昭和 37 年 3 月 17 日下刑集第 4 卷第 3、4 号第 224 页……412

最判昭和 37 年 3 月 23 日刑集第 16 卷第 3 号第 305 页……402

最大判昭和 37 年 4 月 4 日刑集第 16 卷第 4 号第 345 页……43

东京高判昭和 37 年 4 月 24 日高刑集第 15 卷第 4 号第 210 页……402

最判昭和 37 年 5 月 4 日刑集第 16 卷第 5 号第 510 页……212

最大判昭和 37 年 5 月 30 日刑集第 16 卷第 5 号第 577 页……33

大阪地判昭和 37 年 7 月 24 日下刑集第 4 卷第 7、8 号第 696 页……84

最决昭和 37 年 11 月 8 日刑集第 16 卷第 11 号第 1522 页……437、477

名古屋高判昭和 37 年 12 月 22 日高刑集第 15 卷第 9 号第 674 页……355

大阪高判昭和 38 年 1 月 22 日高刑集第 16 卷第 2 号第 177 页……477

最判昭和 38 年 3 月 15 日刑集第 17 卷第 2 号第 23 页……256

东京高判昭和 38 年 6 月 27 日东高刑时报第 14 卷第 6 号第 105 页……198

东京高判昭和 38 年 11 月 25 日下刑集第 5 卷第 11、12 号第 1077 页……351

东京高判昭和 38 年 12 月 11 日高刑集第 16 卷第 9 号第 787 页……378

福冈地判昭和 39 年 7 月 7 日下刑集第 6、7 卷第 8 号第 845 页……454

东京高判昭和 39 年 8 月 5 日高刑集第 17 卷第 6 号第 557 页……416

大阪高判昭和 39 年 9 月 29 日下刑集第 7 卷第 7 号第 1359 页……85

最决昭和 39 年 12 月 3 日刑集第 18 卷第 10 号第 698 页……319

福冈地判昭和 40 年 2 月 24 日下刑集第 7 卷第 2 号第 227 页……462

最决昭和 40 年 2 月 26 日刑集第 19 卷第 1 号第 59 页……498

最决昭和 40 年 3 月 9 日刑集第 19 卷第 2 号第 69 页……390

札幌高判昭和 40 年 3 月 20 日高刑集第 18 卷第 2 号第 117 页……238

最决昭和 40 年 3 月 26 日刑集第 19 卷第 2 号第 83 页……98 100

最决昭和 40 年 3 月 30 日刑集第 19 卷第 2 号第 125 页……492

秋田地判昭和 40 年 3 月 31 日下刑集第 7 卷第 3 号第 536 页……470

京都地判昭和 40 年 5 月 10 日下刑集第 7 卷第 5 号第 855 页……469

大阪高判昭和 40 年 6 月 7 日下刑集第 7 卷第 6 号第 1166 页……323

东京高判昭和 40 年 8 月 9 日高刑集第 18 卷第 5 号第 594 页……454

东京地判昭和 40 年 8 月 10 日判夕第 181 号第 192 页……462、463

最决昭和 40 年 9 月 16 日刑集第 19 卷第 6 号第 679 页……420、498

东京地判昭和 40 年 9 月 30 日下刑集第 7 卷第 9 号第 1828 页……162、168

宇都宫地判昭和 40 年 12 月 9 日下刑集第 7 卷第 12 号第 2189 页……395

最判昭和 41 年 6 月 14 日刑集第 20 卷第 5 号第 449 页……231

最决昭和 41 年 7 月 7 日刑集第 20 卷

第 6 号第 554 页……303

最大判昭和 41 年 10 月 26 日刑集第 20 卷第 8 号第 901 页……256

最判昭和 41 年 12 月 20 日刑集第 20 卷第 10 号第 1212 页……231

最判昭和 42 年 3 月 7 日刑集第 21 卷第 2 号第 417 页……495

东京高判昭和 42 年 3 月 24 日高刑集第 20 卷第 3 号第 229 页……395

最决昭和 42 年 5 月 19 日刑集第 21 卷第 4 号第 494 页……43

最决昭和 42 年 5 月 25 日刑集第 21 卷第 4 号第 584 页……226

最决昭和 42 年 5 月 26 日刑集第 21 卷第 4 号第 710 页……306

东京高判昭和 42 年 8 月 29 日高刑集第 20 卷第 4 号第 521 页……497

大津地判昭和 42 年 9 月 18 日下刑集第 9 卷第 9 号第 1171 页……559

大阪高判昭和 42 年 10 月 7 日高刑集第 20 卷第 5 号第 628 页……233

最判昭和 42 年 10 月 13 日刑集第 21 卷第 8 号第 1097 页……233

最决昭和 42 年 10 月 24 日刑集第 21 卷第 8 号第 1116 页……142

新泻地判昭和 42 年 12 月 5 日判时第 509 号第 77 页……493

最决昭和 43 年 2 月 27 日刑集第 22 卷第 2 号第 67 页……360、362

大阪高判昭和 43 年 3 月 12 日高刑集第 21 卷第 2 号第 126 页……42

最决昭和 43 年 4 月 30 日刑集第 22 卷第 4 号第 363 页……101

名古屋地冈崎支判昭和 43 年 5 月 30 日下刑集第 10 卷第 5 号第 580 页……161

京都地判昭和 43 年 11 月 26 日判时 543 号第 91 页……391

最判昭和 43 年 12 月 24 日刑集第 22 卷第 13 号第 1625 页……420

最大判昭和 44 年 4 月 2 日刑集第 23 卷第 5 号第 305 页……257

最大判昭和 44 年 4 月 2 日刑集第 23 卷第 5 号第 685 页……257

盛冈地判昭和 44 年 4 月 16 日判时第 582 号第 110 页……155

名古屋地判昭和 44 年 6 月 25 日判时第 589 号第 95 页……393

最决昭和 44 年 7 月 17 日刑集第 23 卷第 8 号第 1061 页……489

东京高判昭和 44 年 8 月 4 日判夕第 242 号第 313 页……238

东京高判昭和 44 年 9 月 17 日高刑集第 22 卷第 4 号第 595 页……370

大阪高判昭和 44 年 10 月 17 日判夕第 244 号第 290 页……412

熊本地判昭和 44 年 10 月 28 日刑月第 1 卷第 10 号第 1031 页……514

最决昭和 44 年 11 月 11 日刑集第 23 卷第 11 号第 1471 页……426

岐阜地判昭和 44 年 11 月 26 日刑月第 1 卷第 11 号第 1075 页……339

最判昭和 44 年 12 月 4 日刑集第 23 卷第 12 号第 1573 页……286

大阪地判昭和 45 年 1 月 17 日判时第 597 号第 117 页……462

最判昭和 45 年 1 月 29 日刑集第 24 卷第 1 号第 1 页……96

福冈高判昭和 45 年 2 月 14 日高刑集

第 23 卷第 1 号第 156 页……339

大阪高判昭和 45 年 5 月 1 日高刑集第 23 卷第 2 号第 367 页……312

福冈高判昭和 45 年 5 月 16 日判时第 621 号第 106 页……180

冈山地判昭和 45 年 6 月 9 日判时第 611 号第 103 页……462、464

最决昭和 45 年 6 月 23 日刑集第 24 卷第 6 号第 311 页……255

最决昭和 45 年 7 月 28 日刑集第 24 卷第 7 号第 585 页……390

东京高判昭和 45 年 9 月 8 日东高刑时报第 21 卷第 9 号第 303 页……390

大阪高判昭和 45 年 10 月 27 日判时第 621 号第 95 页……462

东京高判昭和 45 年 11 月 11 日判时第 639 号第 107 页……334

名古屋高金泽支判昭和 45 年 11 月 17 日高刑集第 23 卷第 4 号第 776 页……543

东京高判昭和 45 年 11 月 26 日判夕第 263 号第 355 页……317

福冈地久留米支判昭和 46 年 3 月 8 日判夕第 264 号第 403 页……161

大阪地堺支判昭和 46 年 3 月 15 日判夕第 261 号第 294 页……454

东京高判昭和 46 年 5 月 24 日判夕第 267 号第 382 页……313、315

最判昭和 46 年 6 月 17 日刑集第 25 卷第 4 号第 567 页……137

最判昭和 46 年 7 月 30 日刑集第 25 卷第 5 号第 756 页……338

前桥地高崎支判昭和 46 年 9 月 17 日判时第 646 号第 105 页……162

最决昭和 46 年 9 月 22 日刑集第 25 卷第 6 号第 769 页……139

东京高判昭和 46 年 10 月 25 日判夕第 276 号第 371 页……238

高松高判昭和 46 年 11 月 9 日判时第 660 号第 102 页……100

最判昭和 46 年 11 月 16 日刑集第 25 卷第 8 号第 996 页……276、281

东京高判昭和 47 年 1 月 17 日判夕第 277 号第 375 页……238

东京高判昭和 47 年 1 月 25 日判夕第 277 号第 357 页……498

最决昭和 47 年 4 月 21 日判时第 666 号第 93 页……143

东京高判昭和 47 年 7 月 25 日判夕第 288 号第 396 页……238

名古屋高判昭和 47 年 7 月 27 日刑月第 4 卷第 7 号第 1284 页……463

东京地判昭和 47 年 11 月 7 日刑月第 4 卷第 11 号第 1817 页……403

最判昭和 47 年 11 月 16 日刑集第 26 卷第 9 号第 538 页……233

东京高判昭和 48 年 2 月 19 日判夕第 302 号第 310 页……100

最决昭和 48 年 3 月 20 日判时第 701 号第 25 页……255

最大判昭和 48 年 4 月 25 日刑集第 27 卷第 3 号第 418 页……255

最大判昭和 48 年 4 月 25 日刑集第 27 卷第 4 号第 547 页……257

最判昭和 48 年 5 月 22 日刑集第 27 卷第 5 号第 1077 页……225

广岛高冈山支判昭和 48 年 9 月 6 日判时第 743 号第 112 页……165

德岛地判昭和 48 年 11 月 28 日判时第

721 号第 7 页……217

最大判昭和 49 年 5 月 29 日刑集第 28 卷第 4 号第 114 页……519

大阪高判昭和 49 年 6 月 12 日判时第 760 号第 106 页……72

最决昭和 49 年 7 月 5 日刑集第 28 卷第 5 号第 194 页……138

最大判昭和 49 年 11 月 6 日刑集第 28 卷第 9 号第 393 页……33

神户简判昭和 50 年 2 月 20 日判时第 768 号第 3 页……269

最判昭和 50 年 4 月 3 日刑集第 29 卷第 4 号第 132 页……264

最决昭和 50 年 5 月 27 日刑集第 29 卷第 5 号第 348 页……520

名古屋高判昭和 50 年 7 月 1 日判时第 806 号第 108 页……463

最判昭和 50 年 8 月 27 日刑集第 29 卷第 7 号第 442 页……255

最大判昭和 50 年 9 月 10 日刑集第 29 卷第 8 号第 489 页……39

东京高判昭和 50 年 9 月 30 日东高刑时报第 26 卷第 9 号第 166 页……238

最判昭和 50 年 11 月 25 日刑集第 29 卷第 10 号第 928 页……255、266

最判昭和 50 年 11 月 28 日刑集第 29 卷第 10 号第 983 页……282

大阪地判昭和 51 年 3 月 4 日判时第 822 号第 109 页……361

最判昭和 51 年 3 月 16 日刑集第 30 卷第 2 号第 146 页……401

札幌高判昭和 51 年 3 月 18 日高刑集第 29 卷第 1 号第 78 页……217、234

最决昭和 51 年 3 月 23 日刑集第 30 卷第 5 号第 1178 页……257

大阪高判昭和 51 年 5 月 25 日判时第 827 号第 123 页……219

东京高判昭和 51 年 6 月 1 日高刑集第 29 卷第 2 号第 301 页……370

札幌高判昭和 51 年 7 月 1 日高检速报（昭 51）第 104 号……454

东京高判昭和 51 年 7 月 14 日判时第 834 号第 106 页……409、501

最大判昭和 51 年 9 月 22 日刑集第 30 卷第 8 号第 1640 页……521

越谷简判昭和 51 年 10 月 25 日判时第 846 号第 128 页……470

松江地判昭和 51 年 11 月 2 日刑月第 8 卷第 11、12 号第 495 页……502

东京高判昭和 51 年 11 月 8 日判时第 836 号第 124 页……264

横滨地川崎支判昭和 51 年 11 月 25 日判时第 842 号第 127 页……482

东京高判昭和 51 年 12 月 23 日高刑集第 29 卷第 4 号第 676 页……351

仙台高判昭和 52 年 2 月 10 日判时第 846 号第 43 页……123

最大判昭和 52 年 5 月 4 日刑集第 31 卷第 3 号第 182 页……257

最决昭和 52 年 7 月 21 日刑集第 31 卷第 4 号第 747 页……276、473

最决昭和 53 年 2 月 16 日刑集第 32 卷第 1 号第 47 页……522

最决昭和 53 年 3 月 22 日刑集第 32 卷第 2 号第 381 页……145、515

最判昭和 53 年 3 月 24 日刑集第 32 卷第 2 号第 408 页……351

最判昭和 53 年 5 月 31 日刑集第 32 卷

第 3 号第 457 页……268

最判昭和 53 年 6 月 29 日刑集第 32 卷第 4 号第 967 页……370

最判昭和 53 年 7 月 7 日刑集第 32 卷第 5 号第 1011 页……518

最判昭和 53 年 7 月 28 日刑集第 32 卷第 5 号第 1068 页……199

大津地判昭和 53 年 12 月 26 日判时第 924 号第 145 页……483

大阪高判昭和 54 年 3 月 23 日判时第 934 号第 135 页……332

最决昭和 54 年 3 月 27 日刑集第 33 卷第 2 号第 140 页……204、205、209

最决昭和 54 年 4 月 13 日刑集第 33 卷第 3 号第 179 页……205、210、433、500

东京高判昭和 54 年 5 月 15 日判夕第 394 号第 161 页……71、363

最决昭和 54 年 11 月 19 日刑集第 33 卷第 7 号第 728 页……229

最决昭和 54 年 12 月 14 日刑集第 33 卷第 7 号第 859 页……521

最决昭和 55 年 4 月 18 日刑集第 34 卷第 3 号第 149 页……332

熊本地八代支判昭和 55 年 5 月 23 日判时第 995 号第 134 页……323

福冈高判昭和 55 年 7 月 24 日判时第 999 号第 129 页……277

东京高判昭和 55 年 9 月 26 日高刑集第 33 卷第 5 号第 359 页……375

最决昭和 55 年 11 月 13 日刑集第 34 卷第 6 号第 396 页……322

札幌高判昭和 56 年 1 月 22 日刑月第 13 卷第 1、2 号第 12 页……234

福冈高那霸支判昭和 56 年 2 月 26 日判时第 1008 号第 204 页……264

东京地判昭和 56 年 3 月 30 日刑月第 13 卷第 3 号第 299 页……44

东京高判昭和 56 年 4 月 1 日判时第 1007 号第 133 页……265

横滨地判昭和 56 年 7 月 17 日判时第 1011 号第 142 页……464

大阪高判昭和 56 年 9 月 30 日高刑集第 34 卷第 3 号第 385 页……360

札幌地判昭和 56 年 11 月 9 日判时第 1049 号第 168 页……464

最决昭和 56 年 12 月 21 日刑集第 35 卷第 9 号第 911 页……187

最决昭和 57 年 2 月 17 日刑集第 36 卷第 2 号第 206 页……523

最决昭和 57 年 4 月 2 日刑集第 36 卷第 4 号第 503 页……212

大阪地判昭和 57 年 4 月 6 日判夕第 477 号第 221 页……394

最决昭和 57 年 5 月 25 日判时第 1046 号第 15 页……123

最决昭和 57 年 5 月 26 日刑集第 36 卷第 5 号第 609 页……278

最决昭和 57 年 7 月 16 日刑集第 36 卷第 6 号第 695 页……449

福冈高判昭和 57 年 9 月 6 日高刑集第 35 卷第 2 号第 85 页……217

东京高判昭和 57 年 9 月 21 日判夕第 489 号第 130 页……391

最判昭和 57 年 9 月 28 日刑集第 36 卷第 8 号第 787 页……41

东京高判昭和 57 年 11 月 29 日判时第 1071 号第 149 页……314、315

最决昭和 57 年 12 月 16 日裁判集刊第

229 号第 653 页……233

东京地八王子支判昭和 57 年 12 月 22 日判夕第 494 号第 142 页……162、167

名古屋高判昭和 58 年 1 月 13 日判时第 1084 号第 144 页……464

大阪地判昭和 58 年 3 月 18 日判时第 1086 号第 158 页……364

最判昭和 58 年 7 月 8 日刑集第 37 卷第 6 号第 609 页……536

东京高判昭和 58 年 7 月 13 日高刑集第 36 卷第 2 号第 86 页……452

横滨地判昭和 58 年 7 月 20 日判时第 1108 号第 138 页……184、391

最决昭和 58 年 9 月 13 日裁判集刊第 232 号第 95 页……352

最决昭和 58 年 9 月 21 日刑集第 37 卷第 7 号第 1070 页……427

最决昭和 58 年 9 月 27 日刑集第 37 卷第 7 号第 1078 页……521

最决昭和 58 年 9 月 29 日刑集第 37 卷第 7 号第 1110 页……520

大阪地判昭和 58 年 11 月 30 日判时第 1123 号第 141 页……449

大阪地判昭和 59 年 1 月 21 日判夕第 537 号第 256 页……416

宫崎地都城支判昭和 59 年 1 月 25 日判夕第 525 号第 302 页……416

最判昭和 59 年 1 月 30 日刑集第 38 卷第 1 号第 185 页……277

最判昭和 59 年 3 月 6 日刑集第 38 卷第 5 号第 1961 页……187

大阪高判昭和 59 年 3 月 27 日判时第 1116 号第 140 页……352

最决昭和 59 年 3 月 27 日刑集第 38 卷第 5 号第 2064 页……429

最决昭和 59 年 7 月 3 日刑集第 38 卷第 8 号第 2783 页……351、352、354

最决昭和 59 年 7 月 6 日刑集第 38 卷第 8 号第 2793 页……139

福冈地判昭和 59 年 8 月 30 日判时第 1152 号第 182 页……457、483

名古屋高判昭和 59 年 9 月 11 日判时第 1152 号第 178 页……452

东京高判昭和 59 年 11 月 22 日高刑集第 37 卷第 3 号第 414 页……303

东京高判昭和 59 年 11 月 27 日判时第 1158 号第 249 页……352

札幌高判昭和 60 年 3 月 12 日高刑集第 41 卷第 5 号第 251 页……375

东京地判昭和 60 年 3 月 19 日判时第 1172 号第 155 页……493

大阪高判昭和 60 年 4 月 10 日判夕第 564 号第 269 页……238

东京高判昭和 60 年 4 月 24 日判夕第 577 号第 91 页……72

东京高判昭和 60 年 5 月 28 日判时第 1174 号第 160 页……181

福冈高判昭和 60 年 7 月 8 日判夕第 566 号第 317 页……294

最决昭和 60 年 7 月 19 日判时第 1158 号第 28 页……566

最判昭和 60 年 9 月 12 日刑集第 39 卷第 6 号第 275 页……282

东京高判昭和 60 年 9 月 30 日判夕第 620 号第 214 页……452

最决昭和 60 年 10 月 21 日刑集第 39 卷第 6 号第 362 页……229

最大判昭和 60 年 10 月 23 日刑集第 39

卷第 6 号第 413 页……34、39

　　长崎佐世保支判昭和 60 年 11 月 6 日判夕第 623 号第 212 页……457

　　东京高判昭和 60 年 12 月 10 日判夕第 617 号第 172 页……182

　　大阪简判昭和 60 年 12 月 11 日判时 1204 号第 161 页……316

　　福冈高那霸支判昭和 61 年 2 月 6 日判时第 1184 号第 158 页……225

　　札幌地判昭和 61 年 2 月 13 日判时第 1186 号第 24 页……240

　　福冈高判昭和 61 年 3 月 6 日高刑集第 39 卷第 1 号第 1 页……416

　　札幌高判昭和 61 年 3 月 24 日高刑集第 39 卷第 1 号第 8 页……206

　　最决昭和 61 年 6 月 9 日刑集第 40 卷第 4 号第 269 页……206、207

　　最决昭和 61 年 6 月 24 日刑集第 40 卷第 4 号第 292 页……254

　　堺简判昭和 61 年 8 月 27 日判夕第 618 号第 181 页……314、315

　　名古屋高判昭和 61 年 9 月 30 日高刑集第 4 号第 371 页……469

　　最决昭和 61 年 11 月 18 日刑集第 40 卷第 7 号第 523 页……516

　　仙台地石卷支判昭和 62 年 2 月 18 日判时第 1249 号第 145 页……322

　　最决昭和 62 年 2 月 23 日刑集第 41 卷第 1 号第 1 页……517

　　最决昭和 62 年 3 月 26 日刑集第 41 卷第 2 号第 182 页……304

　　大阪地判昭和 62 年 4 月 21 日判时第 1238 号第 160 页……323

　　大阪高判昭和 62 年 7 月 10 日高刑集第 40 卷第 3 号第 720 页……463、464、466

　　最决昭和 62 年 7 月 16 日刑集第 41 卷第 5 号第 237 页……369

　　东京高判昭和 62 年 7 月 16 日判时 1247 号第 140 页……410

　　大阪高判昭和 62 年 7 月 17 日判时第 1253 号第 141 页……493

　　千叶地判昭和 62 年 9 月 17 日判时第 1256 号第 3 页……286

　　东京地八王子支判昭和 62 年 9 月 18 日判时第 1256 号第 120 页……289

　　东京高判昭和 62 年 9 月 22 日判夕第 661 号第 252 页……181

　　大阪高判昭和 62 年 10 月 2 日判夕第 675 号第 246 页……507

　　岐阜地判昭和 62 年 10 月 15 日判夕第 654 号第 261 页……403

　　最判昭和 63 年 1 月 19 日刑集第 42 卷第 1 号第 1 页……155

　　大阪高判昭和 63 年 2 月 4 日判夕第 691 号第 241 页……224

　　仙台高判昭和 63 年 2 月 16 日高刑集第 41 卷第 1 号第 48 页……351

　　东京地判昭和 63 年 4 月 5 日判夕第 668 号第 223 页……294

　　最决昭和 63 年 5 月 11 日刑集第 42 卷第 5 号第 807 页……140

　　东京高判昭和 63 年 5 月 31 日判时第 1277 号第 166 页……146

　　东京高判高判昭和 63 年 6 月 9 日判时第 1283 号第 54 页……287

　　东京地判昭和 63 年 7 月 27 日判时第 1300 号第 153 页……459、483

　　最判昭和 63 年 10 月 27 日刑集第 42 卷

第 8 号第 1109 页……234、242

* * *

最决平成元年 3 月 14 日刑集第 43 卷第 3 号第 262 页……222

福冈高宫崎支判平城元年 3 月 24 日高刑集第 42 卷第 2 号第 103 页……327

大阪高判平成元年 5 月 24 日刑集第 46 卷第 4 号第 347 页……255

大阪地判平成元年 5 月 29 日判夕第 56 号第 265 页……362

最决平成元年 6 月 26 日刑集第 43 卷第 6 号第 567 页……504

最决平成元年 7 月 18 日刑集第 43 卷第 7 号第 752 页……377

最决平成元年 11 月 13 日刑集第 43 卷第 10 号第 823 页……287

最决平成元年 12 月 15 日刑集第 43 卷第 13 号第 879 页……154

大阪高判平成 2 年 1 月 23 日高刑集第 43 卷第 1 号第 1 页……507

最决平成 2 年 2 月 9 日判时第 1341 号第 157 页……176

东京高判平成 2 年 2 月 21 日判夕第 733 号第 232 页……483

札幌地判平成 2 年 4 月 23 日判夕第 737 号第 242 页……364

东京高判平成 2 年 4 月 24 日判时第 1350 号第 156 页……220

大阪地判平成 2 年 4 月 24 日判夕第 764 号第 264 页……502

最决平成 2 年 5 月 11 日刑集第 44 卷第 4 号第 363 页……38

名古屋高判平成 2 年 7 月 17 日判夕第 739 号第 243 页……416

最决平成 2 年 11 月 16 日刑集第 44 卷第 8 号第 744 页……221

最决平成 2 年 11 月 20 日刑集第 44 卷第 8 号第 837 页……130

最决平成 2 年 11 月 29 日刑集第 44 卷第 8 号第 871 页……221、240

东京高判平成 2 年 12 月 10 日判夕第 752 号第 246 页……487

大阪高判平成 3 年 3 月 22 日判时第 1458 号第 18 页……220

大阪地判平成 3 年 5 月 21 日判夕第 773 号第 265 页……146

名古屋高判平成 3 年 7 月 18 日判时第 1403 号第 125 页……516

仙台地气仙沼支判平成 3 年 7 月 25 日判夕第 789 号第 275 页……44

最判平成 3 年 11 月 14 日刑集第 45 卷第 8 号第 221 页……240

东京地判平成 3 年 12 月 19 日判夕第 795 号第 269 页……182

长崎地判平成 4 年 1 月 14 日判时第 1415 号第 142 页……71、362

东京地判平成 4 年 1 月 23 日判时第 1419 号第 133 页……468

浦和地判平成 4 年 2 月 27 日判夕第 795 号第 263 页……416

最决平成 4 年 6 月 5 日刑集第 46 卷第 4 号第 245 页……277、473

东京地判平成 4 年 7 月 7 日判时第 1435 号第 142 页……521

最决平成 4 年 7 月 10 日判夕第 795 号第 96 页……224

最决平成 4 年 12 月 17 日刑集第 46 卷第 9 号第 683 页……130

大阪高判平成 4 年 12 月 22 日公刊物未登载（法学家第 1042 号第 85 页）……140

东京高判平成 5 年 6 月 4 日判夕第 831 号第 248 页……371

大阪地判平成 5 年 7 月 9 日判时第 1473 号第 156 页……142

最决平成 5 年 10 月 12 日刑集第 47 卷第 8 号第 48 页……227

最决平成 5 年 10 月 29 日刑集第 47 卷第 8 号第 98 页……517

最决平成 5 年 11 月 25 日刑集第 47 卷第 9 号第 242 页……222

熊本地判平成 6 年 3 月 15 日判时第 1514 号第 169 页……487

最判平成 6 年 6 月 30 日刑集第 48 卷第 4 号第 21 页……306

东京地判平成 6 年 7 月 15 日判夕第 891 号第 164 页……299

最判平成 6 年 12 月 6 日刑集第 48 卷第 8 号第 509 页……71、473、504

最决平成 6 年 12 月 9 日刑集第 48 卷第 8 号第 576 页……45

东京地判平成 7 年 1 月 31 日判时第 1559 号第 152 页……514

福冈高判平成 7 年 3 月 23 日判夕第 896 号第 246 页……264

横滨地判平成 7 年 3 月 28 日判时第 1530 号第 28 页……335

大阪高判平成 7 年 3 月 31 日判夕第 887 号第 259 页……283

名古屋地判平成 7 年 6 月 6 日判时第 1541 号第 144 页……205

最决平成 7 年 7 月 19 日刑集第 49 卷第 7 号第 613 页……101

千叶地判平成 7 年 7 月 26 日判时第 1566 号第 149 页……238

东京地判平成 7 年 10 月 9 日判夕第 922 号第 292 页……464

大阪高判平成 7 年 11 月 9 日判时第 1569 号第 145 页……427

千叶地判平成 7 年 12 月 13 日判时地 1565 号地 144 页……331

东京地判平成 8 年 1 月 17 日判时第 1563 号第 152 页……316

东京高判平成 8 年 2 月 7 日判时第 1568 号第 148 页……294

最判平成 8 年 2 月 8 日刑集第 50 卷第 2 号第 221 页……37

东京地判平成 8 年 6 月 26 日判夕第 921 号第 93 页……317

东京高判平成 8 年 8 月 7 日东高刑时报第 47 卷第 1-12 号第 103 页……463

最判平成 8 年 11 月 18 日刑集第 50 卷第 10 号第 745 页……35

东京高判平成 9 年 1 月 29 日高刑集第 50 卷第 1 号第 1 页……395

最判平成 9 年 6 月 16 日刑集第 51 卷第 5 号第 435 页……274

最决平成 9 年 7 月 9 日刑集第 51 卷第 6 号第 533 页……101

最决平成 9 年 7 月 10 日刑集第 51 卷第 6 号第 533 页……38

东京地判平成 9 年 7 月 15 日判时第 1641 号第 156 页……363

东京高判平成 9 年 8 月 4 日高刑集第 50 卷第 2 号第 130 页……323

大阪地判平成 9 年 8 月 20 日判夕第 995 号第 286 页……465

最决平成 9 年 10 月 7 日刑集第 51 卷第 9 号第 716 页……102

大阪高判平成 9 年 10 月 16 日判时第 1634 号第 152 页……143

最决平成 9 年 10 月 30 日刑集第 51 卷第 9 号第 816 页……427

东京高判平成 10 年 3 月 11 日判时第 1660 号第 155 页……264

东京高判平成 10 年 3 月 25 日判时第 1672 号第 157 页……495

横滨地判平成 10 年 3 月 30 日判时第 1649 号第 176 页……416

东京高判平成 10 年 4 月 8 日判时第 1640 号第 166 页……254

横滨地判平成 10 年 4 月 16 日判夕第 985 号第 300 页……181

大阪高判平成 10 年 6 月 24 日高刑集第 51 卷第 2 号第 116 页……315

最决平成 10 年 7 月 10 日刑集第 52 卷第 5 号第 297 页……40

大阪高判平成 10 年 7 月 16 日判时第 1647 号第 156 页……205、326

大阪地判平成 11 年 1 月 12 日判夕第 1025 号第 295 页……349

东京高判平成 11 年 1 月 29 日判时第 1683 号第 153 页……507

钏路地判平成 11 年 2 月 12 日判时第 1675 号第 148 页……508

东京高判平成 11 年 3 月 12 日东高刑时报第 50 卷第 1-12 号第 24 页……41

大阪高判平成 11 年 3 月 19 日判夕第 1034 号第 283 页……45

大阪高判平成 11 年 3 月 31 日判时第 1681 号第 159 页……275

福冈高判平成 11 年 9 月 7 日判时第 1691 号第 156 页……410

最决平成 11 年 9 月 28 日刑集第 53 卷第 7 号第 621 页……392

横滨地判平成 11 年 10 月 6 日判时第 1691 号第 158 页……328

大阪高判平成 11 年 10 月 7 日判夕第 1064 号第 234 页……283

札幌地判平成 12 年 1 月 27 日判夕第 1058 号第 283 页……138

东京高判平成 12 年 2 月 16 日高刑集第 53 卷第 1 号第 1 页……255

最决平成 12 年 2 月 24 日刑集第 54 卷第 2 号第 106 页……38

札幌高判平成 12 年 3 月 16 日判时第 1711 号第 170 页……507

大阪高判平成 12 年 6 月 22 日判夕第 1067 号第 276 页……294

东京地判平成 12 年 7 月 4 日判时第 1769 号第 158 页……505

最决平成 12 年 12 月 20 日刑集第 54 卷第 9 号第 1095 页……219、234

东京地判平成 12 年 12 月 27 日判时第 1771 号第 168 页……470

最决平成 13 年 2 月 7 日刑集第 55 卷第 1 号第 1 页……227

最决平成 13 年 2 月 9 日刑集第 55 卷第 1 号第 76 页……548

东京高判平成 13 年 2 月 20 日判时第 1756 号第 162 页……70、75

大阪地判平成 13 年 3 月 14 日判时第 1746 号第 159 页……450

东京地判平成 13 年 3 月 28 日判夕第 1076 号第 159 页……235

东京高判平成 13 年 4 月 9 日高刑速报第 3132 号第 50 页……410、413

札幌高判平成 13 年 5 月 10 日判夕第 1089 号第 298 页……416

大阪高判平成 13 年 6 月 21 日判夕第 1085 号第 292 页……453、507

名古屋高判平成 13 年 9 月 17 日 LEX/DB28075247……390

广岛高松江支判平成 13 年 10 月 17 日判时第 1766 号第 152 页……310、314

最决平成 13 年 10 月 25 日刑集第 55 卷第 6 号第 519 页……428

东京地判平成 14 年 1 月 22 日判时第 1821 号第 155 页……410

千叶地判平成 14 年 2 月 5 日判夕第 1105 号第 284 页……163

最决平成 14 年 2 月 14 日刑集第 56 卷第 2 号第 86 页……72

长野地松本支判平成 14 年 4 月 10 日刑集第 57 卷第 7 号第 973 页……139

名古屋地判平成 14 年 4 月 16 日判时第 1831 号第 160 页……505

东京高判平成 14 年 6 月 4 日判时第 1825 号第 153 页……283

大阪高判平成 14 年 7 月 9 日判时第 1797 号第 159 页……277

东京高判平成 14 年 8 月 20 日判时第 1834 号第 158 页……145

名古屋高判平成 14 年 8 月 29 日判时第 1831 号第 158 页……504

大阪高判平成 14 年 9 月 4 日判夕第 1114 号第 293 页……200、291

东京地判平成 14 年 10 月 30 日判时第 1816 号第 164 页……370

东京高判平成 14 年 11 月 14 日高刑集第 55 卷第 3 号第 4 页……139

最判平成 15 年 11 月 21 日刑集第 57 卷第 10 号第 1043 页……378

札幌地判平成 15 年 11 月 27 日判夕第 1159 号第 292 页……155

东京地判平成 16 年 1 月 13 日判夕第 1150 号第 291 页……175

最决平成 16 年 1 月 20 日刑集第 58 卷第 1 号第 1 页……327、429

最决平成 16 年 2 月 17 日刑集第 58 卷第 2 号第 169 页……140

大阪高判平成 16 年 2 月 24 日判时第 1881 号第 140 页……450

最决平成 16 年 3 月 22 日刑集第 58 卷第 3 号第 187 页……70、84、146、184、392

大阪高判平成 16 年 4 月 22 日判夕第 1169 号第 316 页……115

千叶地判平成 16 年 5 月 25 日判夕第 1188 号第 347 页……392

最决平成 16 年 7 月 13 日刑集第 58 卷第 5 号第 360 页……233

大阪高判平成 16 年 7 月 23 日高刑速报（平 16）第 154 页……275

大阪高判平成 16 年 10 月 5 日判夕第 1174 号第 315 页……289

最决平成 16 年 10 月 19 日刑集第 58 卷第 7 号第 645 页……70、148

东京高判平成 16 年 12 月 1 日判时第 1920 号第 154 页……140

最判平成 16 年 12 月 10 日刑集第 58 卷第 9 号第 1047 页……72

横滨地判平成 17 年 3 月 25 日判时第

1909 号第 130 页……336

最判平成 17 年 4 月 14 日刑集第 59 卷第 3 号第 283 页……521

广岛高判平成 17 年 4 月 19 日高刑速报（平 17）第 312 页……167

名古屋高金泽支判平成 17 年 6 月 9 日刑集第 60 卷第 2 号第 232 页……321

东京高判平成 17 年 6 月 22 日判夕第 1195 号第 299 页……549

最决平成 17 年 7 月 4 日刑集第 59 卷第 6 号第 403 页……71、162、210、434、500

最决平成 17 年 11 月 8 日刑集第 59 卷第 9 号第 1449 页……287

最决平成 17 年 11 月 15 日刑集第 59 卷第 9 号第 1558 页……243

最决平成 17 年 11 月 29 日裁判集刊第 288 号第 543 页……450

神户地判平成 18 年 3 月 14 日 LEX/DB28115177……254

最决平成 18 年 3 月 27 日刑集第 60 卷第 3 号第 382 页……143

大阪地判平成 18 年 4 月 10 日判夕第 1221 号第 317 页……516

最判平成 18 年 6 月 20 日判夕第 1213 号第 89 页……537

青森地弘前支判平成 18 年 11 月 16 日判夕第 1279 号第 345 页……411

最决平成 18 年 11 月 21 日刑集第 60 卷第 9 号第 770 页……187、479

大分地判平成 18 年 11 月 29 日判夕第 1280 号第 340 页……224

京都地判平成 18 年 12 月 13 日判夕第 1229 号第 105 页……487

东京高判平成 19 年 1 月 29 日高刑速报（平成 19）第 107 页……61

名古屋高判平成 19 年 2 月 16 日判夕第 1247 号第 342 页……393

福冈高判平成 19 年 2 月 26 日 LEX/DB28135159……181

佐贺地判平成 19 年 2 月 28 日 LEX/DB28135252……168

东京高判平成 19 年 2 月 28 日判夕第 1237 号第 153 页……337

东京高判平成 19 年 3 月 6 日高刑速报（平 19）第 139 页……415

最决平成 19 年 3 月 26 日刑集第 61 卷第 2 号第 131 页……245

札幌高判平成 19 年 3 月 27 日高刑诉报（平 19）第 515 页……289

东京高判平成 19 年 3 月 28 日高刑速报（平 19）第 184 页……115

静冈地判平成 19 年 8 月 6 日判夕第 1265 号第 344 页……182

札幌地判平成 19 年 8 月 31 日 LEX/DB28135425……413

东京高判平成 19 年 9 月 6 日高刑速报（平 19）第 304 页……296

最决平成 19 年 9 月 18 日刑集第 61 卷第 6 号第 601 页……40

最决平成 19 年 11 月 14 日刑集第 61 卷第 8 号第 757 页……455

长崎地判平成 19 年 11 月 30 日判夕第 1276 号第 341 页……294

最决平成 20 年 1 月 22 日刑集第 62 卷第 1 号第 1 页……72

最决平成 20 年 3 月 3 日刑集第 62 卷第 4 号第 567 页……236

最决平成 20 年 3 月 4 日刑集第 62 卷

第 3 号第 123 页……392

东京高判平成 20 年 3 月 10 日判夕 1269 号第 324 页……172

广岛高判平成 20 年 4 月 22 日 LEX/DB28145306……536

最判平成 20 年 4 月 25 日刑集第 62 卷第 5 号第 1559 页……353

最决平成 20 年 5 月 20 日刑集第 62 卷第 6 号第 1786 页……294

东京地判平成 20 年 5 月 27 日判时第 2023 号第 158 页……349

东京高判平成 20 年 5 月 29 日判夕 1273 号第 109 页……72、285

东京高判平成 20 年 6 月 11 日判夕第 1291 号第 306 页……507、509

最决平成 20 年 6 月 25 日刑集第 62 卷第 6 号第 1859 页……69、70、281、299

东京高判平成 20 年 7 月 16 日判夕第 1316 号第 271 页……224

福岛地判平成 20 年 8 月 20 日刑事辩护第 57 号第 111 页……227

东京高判平成 20 年 10 月 6 日判夕第 1309 号第 292 页……509

东京地判平成 20 年 10 月 27 日判夕第 1299 号第 313 页……304

名古屋地判平成 20 年 12 月 18 日研修第 761 号第 83 页……205

东京地判平成 21 年 1 月 13 日判夕第 1307 号第 309 页……315

大阪高判平成 21 年 1 月 20 日判夕第 1300 号第 302 页……371、375

最决平成 21 年 2 月 24 日刑集第 63 卷第 2 号第 1 页……300

东京高判平成 21 年 3 月 10 日东高刑时报第 60 卷第 1-12 号第 35 页……464

广岛高判平成 21 年 4 月 30 日高刑速报（平 21）第 212 页……457

东京高判平成 21 年 5 月 25 日判夕第 1318 号第 269 页……353

横滨地判平成 21 年 6 月 25 日判夕第 1308 号第 312 页……151

最决平成 21 年 6 月 30 日刑集第 63 卷第 5 号第 475 页……503

最决平成 21 年 7 月 7 日刑集第 63 卷第 6 号第 507 页……524

最判平成 21 年 7 月 16 日刑集第 63 卷第 6 号第 711 页……288

名古屋地判平成 21 年 9 月 15 日 LEX/DB06450928……304

东京高判平成 21 年 10 月 8 日东高刑时报第 60 卷第 1-12 号第 142 页……276

最决平成 21 年 10 月 8 日判夕第 1336 号第 58 页……455

大阪高判平成 21 年 10 月 8 日 LEX/DB25451807……488

最决平成 21 年 10 月 19 日判夕第 1311 号第 82 页……450

大阪高判平成 21 年 10 月 22 日判夕第 1327 号第 279 页……288

札幌地判平成 21 年 11 月 30 日 LEX/DB25441701……155

最决平成 21 年 12 月 7 日刑集第 63 卷第 11 号第 1899 页……337

最决平成 21 年 12 月 7 日刑集第 63 卷第 1 号第 2641 页……219

最决平成 21 年 12 月 8 日刑集第 63 卷第 11 号第 2829 页……353

东京高判平成 22 年 1 月 21 日判夕第

1338 号第 282 页……35

最决平成 22 年 3 月 17 日刑集第 64 卷第 2 号第 111 页……517

东京高判平成 22 年 3 月 29 日判夕第 1340 号第 105 页……42

名古屋高判平成 22 年 4 月 5 日高刑速报（平 22）第 117 页……267

东京高判平成 22 年 4 月 20 日判夕第 1371 号第 251 页……390

东京地判平成 22 年 5 月 11 日判夕第 1328 号第 241 页……240

东京高判平成 22 年 5 月 12 日判夕第 1379 号第 251 页……172

松山地判平成 22 年 5 月 12 日 LEX/DB25442249……230

最决平成 22 年 5 月 31 日刑集第 64 卷第 4 号第 447 页……245

东京高判平成 22 年 6 月 3 日判夕第 1340 号第 282 页……543

福冈高判平成 22 年 9 月 16 日判夕第 1348 号第 246 页……267

最决平成 22 年 9 月 27 日判夕第 1335 号第 122 页……33

最决平成 22 年 10 月 26 日刑集第 64 卷第 7 号第 1019 页……135

东京高判平成 22 年 12 月 9 日东高刑时报第 61 卷第 1-12 号第 321 页……176

最决平成 22 年 12 月 20 日刑集第 64 卷第 8 号第 1312 页……525

最决平成 23 年 1 月 26 日刑集第 65 卷第 1 号第 1 页……100

东京高判平成 23 年 2 月 8 日高刑速报（平 23）第 61 页……394

宇都宫地判平成 23 年 2 月 10 日 LEX/DB25470408……264

东京高判平成 23 年 4 月 18 日东高刑时报第 62 卷第 1-12 号第 37 页……155

大阪地判平成 23 年 5 月 24 日 LEX/DB25443755……450

甲府地判平成 23 年 5 月 24 日 LEX/DB25443839……302

福冈高判平成 23 年 10 月 18 日 LEX/DB25443957……351

东京高判平成 23 年 11 月 25 日高刑速报（平 23）第 176 页……458

大阪地判平成 23 年 11 月 28 日判夕第 1373 号第 250 页……230

最决平成 23 年 12 月 6 日判夕第 1373 号第 156 页……486

最决平成 23 年 12 月 19 日刑集第 65 卷第 9 号第 1380 页……488

东京高判平成 23 年 12 月 27 日东高刑速报第 62 卷第 1-12 号第 161 页……264

神户地判平成 24 年 1 月 11 日 LEX/DB25480439……242

冈山地津山支判平成 24 年 2 月 2 日判夕第 1383 号第 379 页……264

最决平成 24 年 2 月 8 日刑集第 66 卷第 4 号第 200 页……136

松山地判平成 24 年 2 月 9 日判夕第 1378 号第 251 页……499

最决平成 24 年 2 月 13 日刑集第 66 卷第 4 号第 405 页……269

大阪地判平成 24 年 3 月 16 日判夕第 1404 号第 352 页……284

横滨地判平成 24 年 3 月 21 日判夕第 1398 号第 367 页……349

东京高判平成 24 年 5 月 1 日高刑速报

| 刑法总论 |

（平24）第128页……369

奈良地判平成24年6月22日判夕第1406号第363页……137、470

东京高判平成24年6月27日东高刑时报第63卷第1-12号第130页……526

东京高判平成24年8月28日东高刑时报第63卷第1-12号第170页……182

东京高判平成24年9月27日东高刑时报第63卷第1-12号第202页……73

东京高判平成24年11月1日判夕第1391号364页……520

最决平成24年11月6日刑集第66卷第11号第1281页……465

东京高判平成24年11月28日东高刑时报第63卷第1-12号第254页……466

札幌地判平成24年12月14日判夕第1390号第368页……209

最决平成24年12月17日裁判集刊第309号第213页……554

东京高判平成24年12月18日判夕第1408号第284页……317

前桥地判平成25年1月18日判夕第1412号第356页……241

东京高判平成25年2月19日东高刑时报第64卷第1-2号第55页……277

东京高判平成25年3月7日判夕第1415号第180页……288

最决平成25年4月15日刑集第67卷第4号第437页……486

最决平成25年4月16日刑集第67卷第4号第549页……450

横滨地判平成25年5月10日判夕第1402号第377页……425

东京高判平成25年8月28日判夕第1407号第228页……206

横滨地判平成25年9月17日LEX/DB25445945……245

横滨地判平成25年9月30日判夕第1418号第374页……420、458

名古屋高判平成25年10月3日判夕第1410号第190页……544

千叶地判平成25年10月8日判夕第1419号第386页……224

最决平成25年10月21日刑集第67卷第7号第755页……182

横滨地判平成25年10月30日LEX/DB25502567……301

最判平成26年1月16日刑集第68卷第1号第1页……41

高松高判平成26年1月28日高刑速报（平26）第213页……172

长崎地判平成26年2月12日LEX/DB2550177……301

最决平成26年2月25日LEX/DB25503390……269

宇都宫地判平成26年3月5日LEX/DB25503281……275

最决平成26年3月17日刑集第68卷第3号第368页……517

东京地立川支判平成26年3月20日LLI/DB06930113……466

鹿儿岛地判平成26年5月16日LEX/DB25446477……301

横滨地判平成26年7月3日LEX/DB25446568……349

最决平成26年7月22日刑集第68卷第6号第775页……219

神户地判平成26年8月22日LEX/

DB25504730……147

大阪高判平成 26 年 10 月 3 日 LEX/DB25505292……379

最判平成 26 年 10 月 7 日裁判集刊第 315 号第 1 页……39

最判平成 26 年 11 月 7 日刑集第 68 卷第 9 号第 963 页……392

最决平成 26 年 11 月 25 日刑集第 68 卷第 9 号第 1053 页……45

札幌高判平成 26 年 12 月 2 日 LEX/DB25505480……315

神户地判平成 26 年 12 月 16 日 LEX/DB25447069……294

仙台高判平成 27 年 2 月 19 日 LEX/DB25505914……394

大阪高判平成 27 年 3 月 27 日 LEX/DB25506197……242

横滨地判平成 27 年 3 月 31 日 LEX/DB25447214……240

大阪高判平成 27 年 5 月 19 日 LEX/DB25540516……233

最判平成 27 年 5 月 25 日判夕第 1415 号第 77 页……354

东京高判平成 27 年 5 月 29 日研修第 808 号第 91 页……141

东京高判平成 27 年 6 月 5 日 LEX/DB25540577……295

东京高判平成 27 年 7 月 15 日 LEX/DB25540066……289

大阪高判平成 27 年 7 月 30 日研修第 813 号第 69 页……182

福冈高判平成 27 年 8 月 28 日 LEX/DB25541173……148

东京地判平成 27 年 9 月 29 日判夕第 1423 号第 334 页……241

东京高判平成 27 年 10 月 30 日判夕第 1421 号第 146 页……221

神户地判平成 27 年 11 月 13 日 LEX/DB25447741……429

宫崎地判平成 27 年 12 月 1 日 LEX/DB25541874……543

横滨地判平成 28 年 1 月 29 日 LLI/DB07150064……277

最决平成 28 年 5 月 25 日 LEX/DB25447979……222

最决平成 28 年 7 月 12 日裁判所 HP……469

译者后记

高桥则夫教授曾总结存在于当今德国刑法学界的三种比较有特色的体系，第一种是以罗克辛（Roxin）教授为代表的以刑事政策为导向的犯罪论体系；第二种是以雅各布斯（Jakobs）为代表的建立在功能责任论基础上的犯罪论体系；第三种是以弗里西（Frisch）为代表的建立在规范论基础上的犯罪论体系。高桥则夫教授的刑法思想受到了德国学者弗里西以及佩龙（Perron）的影响，以规范论为基础展开了个性鲜明的刑法解释论。具体而言，高桥教授认为刑法规范是由行为规范与制裁规范构成的，这两者的适用对象分别为社会一般人与法官，正当化根据分别为面向将来的法益保护与刑罚目的，判断的视角分别事前判断与事后判断，据此形成了行为规范与制裁规范的对置。在这一框架中，只有对行为规范的违反达到可罚程度，即具备可罚的不法与可罚的责任时，才能发动制裁规范，而通过制裁规范的法定，是为了反过来确认行为规范的有效性，巩固社会一般民众继续遵守行为规范的决心。高桥教授将这一规范论的分析框架适用于犯罪论与刑罚论，在解释学上产生了诸多有力观点。在行为无价值论与结果无价值论争论不休的年代，高桥教授以规范论为基础形成的解释论立场在很大程度上扬弃了行为无价值论与结果无价值论。可以说，本书的代表性特征之一就是将规范论引入刑法解释论中，在追求逻辑自洽性的同时也反思结论的妥当性。

以下简单列举几处高桥教授在一些重要刑法问题上的主张。

一、实行行为概念的重新界定以及危惧感说的提倡

高桥教授立足于上述的规范论的分析框架，重新界定了实行行为，并重新理清实行行为与实行着手以及未遂犯的成立这三者之间的关系。具体而言，传统的观点认为"实行行为＝实行着手＝未遂犯成立（否定不能犯）"，但高桥教授认为，实行行为属于事前判断的范畴，以违反诸如"禁止杀人"这样

| 译者后记 |

的行为规范为问题，也就是说只要存在对于行为规范的违反，即可肯定实行行为的存在，因此对于实行行为的成立而言，仅需要具备抽象的危险即为足够；而实行的着手仅具有作为时间概念的意义，因为"实行行为＝实行着手"这一等号公式可以成立。然而未遂犯属于制裁规范的范畴，只有对法益侵害形成具体危险时，才能发动未遂犯这一制裁规范。因此可以得出以下公式：实行行为＝实行着手≠未遂犯成立（否定不能犯）。高桥先生将这一结论适用到隔离犯、间接正犯的实行着手于未遂犯的认定等问题上。

高桥教授进一步将上述结论运用到过失犯领域，具体论证如下："禁止引起他人死亡"的规范虽然对于故意犯是妥当的，但对于过失犯并不妥当。为了将构成要件结果与过失的行为规范相连结，就必须添加将两者关联起来的要素。关于这一点，旧过失论将结果的预见可能性这一范畴置于作为责任要素的位置上，但据此还不能获得行为规范性。可以说，只有根据设定结果回避措施这一基准行为，并将其置于作为违法要素的位置上的新过失论才能显示过失犯的行为规范性。如果将指向回避结果的注意作为行为规范的内容，就会形成"谨慎地实施行为"这一命令规范。

但是，这一规范不仅是不明确的，而且行为规范成为以注意义务的保持为目的，这是不妥当的。必须说行为规范归根到底是为了法益的保护而存在的。因此，将"社会生活上必要的注意"与"法益保护"相连结的实质性要素是不可或缺的。而该连结点就是存在对法益的"危险状况"与如果不注意的话该危险状况就可能达到法益侵害的程度。如果这种危险状况的存在对于行为人或者（包括行为人在内的）一般人而言是可能认识到的，以此为契机，行为人就面临着以下抉择，即：为了回避法益侵害而不实施该行为，或者在尽了必要的注意的同时实施该行为。过失犯的行为规范必须具备这种内容。也就是说，过失犯的行为规范的内容是"以可能认识的危险状况的存在为契机，当行为人认识到或者可能认识到从该行为能够导致法益侵害时，为了回避该侵害，尽了必要的注意而实施或者不实施该行为。"

据此高桥教授认为，由于构成要件结果本身并不能为过失犯的行为规范提供基础，因此，即使不具备对于结果的具体预见可能性也可以肯定违反过失犯的行为规范，在这个意义上，可以说危惧感说的基本观点具有充分的理由（抽象的预见可能性说这一名称更为贴切）。

二、中止犯刑罚减免根据

关于中止犯的刑罚减免根据，在日本刑法学界出现了政策说、违法减少说、责任减少说、违法与责任减少说等学说的争论。高桥教授认为违法减少说无法解释实行终了的情形所已经造成的损害，而将责任减少说贯彻到底的话，对于既遂犯也可能认定为中止犯，而折中说则可能同时具有这两种缺陷。可是单纯从政策的角度也难以为刑法意义上的中止犯的刑罚减免提供根据。据此，高桥教授从规范论的角度出发认为，中止犯与未遂犯一样，同样属于制裁规范的范畴，而制裁规范的正当化根据在于刑罚目的。从这一视角出发，可以对中止犯的刑罚减免根据做以下理解：任意的中止行为在与共同体的关系上维持了规范的妥当性；在于行为人的关系上，则表现出合规范的态度，在于被害人的关系上，阻止了实害结果的发生。因此，任意的中止行为是一种恢复行为，也是事后行为，符合法和平的恢复这一刑罚目的，因此应当减免中止犯的刑罚。

三、与共犯论的关联

高桥教授认为，正犯、共犯论，是属于由刑罚目的所派生出的可罚性判断所构成的"制裁规范"的范畴问题，而不属于行为规范领域的问题，例如，"禁止杀人"这一行为规范对于正犯或共犯等所有的参与人都是同等适用的。试图从正犯与共犯侵犯不同的行为规范，进而找出这两者具有本质不同的观点无非是立足于扩张的正犯概念与限制的正犯概念以及共犯的处罚根据来进行分析，但归根结底并不能说获得成功。应当认为共犯论是以行为规范违反为前提，归属于何种正犯类型或共犯类型的问题，在此意义上，正犯、共犯类型属于归属类型的问题。

也就是说，高桥教授认为刑法总则关于共犯的规定是属于制裁规范的范畴，而不属于行为规范的范畴。因为刑法分则的构成要件背后的行为规范对包括正犯与共犯在内的所有参与人都适用，但具体的制裁规范却仅适用于单独犯，因此需要与刑法总论所规定的共同犯罪相结合，从这个意义上来说，刑法总则关于共犯的规定是一种制裁媒介规范。但从上述关于行为规范与制裁规范的对置之分析来看，制裁规范的发动是以对于行为规范的违反达到可罚程度为前提，那么，共犯这一制裁媒介规范的发动也需要触犯相应的行为规范，而这一行为规范就隐藏在共犯这一制裁媒介规范之中，具体而言就是参与人之间的"共谋"，因为通过共谋的存在，所有的参与人都能够预测此后行为的进程，确认自己在共同犯罪过程中所处的地位。因为彼此的行为之间可以相互归属，即行为相互归属而非因果相互归属才是"部分实行全部责任"的归属基础。

四、未遂犯认定上"客观危险说"的提倡

如前所述，高桥教授认为未遂犯属于制裁规范的领域，因此在不能犯与未遂犯的区分上，应当立足于事后判断的视角判断具体的危险性。从这一角度出发，高桥教授并没有采用行为无价值论者所一般采用的具体危险说，而采用结果无价值论者所一般采用的客观危险说。具体而言，在未遂犯的认定中，首先立足于既遂结果并没有发生这一点，回溯性地探寻既遂结果没有发生的原因，进而分析附加上什么条件，既遂结果就会发生，然后客观判断产生这种附加条件的可能性。

译者有幸在高桥教授门下攻读博士学位，在这四年留学期间，受到高桥教授全方面的关照，每每念及于此，总惶恐不安。他上课幽默风趣，各种段子信手拈来，在同学之间广泛流传，擅长将案例转化为漫画，一节课下来，黑板上全是密密麻麻的火柴人，将学习刑法的乐趣传播到每个同学心中。在收到高桥教授从日本寄来的《刑法总论》（第3版）时，我却仅仅翻译到该教科书第二版的未遂部分，高桥教授开玩笑说最后不要终于未遂。我想这也是对我的一种激励。高桥教授在第三版教科书的前言中说道："终于，我们的时代也进入了'开始终结'的时代，随着大量优秀的年轻研究者的出现，我想逐渐向他们交接接力棒的时代已经到来。可是，研究是永无止境的，我也想继续往前一步。"高桥教授现在还继续在规范论与刑法解释论的领域上辛勤耕耘，这对我辈也是一种莫大的激励。

本书最终是按照第三版的内容进行翻译的，然而，在本书临近出版之际，高桥教授《刑法总论》（第4版）又出版了，连翻译的速度都赶不上恩师的写作速度，感到无比惭愧。鉴于第4版体系与基本主张相较于第3版并无大的改动，因此我没有再添加第4版新增或改动的内容。但在第4版的前言中，高桥教授写了两句感言，在此分享。第一句是关于规范论与刑法解释学的关系：没有规范论的刑法解释学虽然是可能的，却是没有意义的。第二句是关于人生的感悟：人生，事前判断很长，事后判断却很短。

在即将迎来高桥教授的古稀祝贺之际，希望本书的出版些许回报山高水长的师恩，更希望自己能对中日刑法学的进一步深入交流尽自己的绵薄之力。

最后，但也是最重要的，我想借此机会感谢付玉明教授，他在本书的校对和出版上付出巨大的心血，感谢本书的责任编辑丁春晖先生，没有丁先生的大力支持，本书不可能这么快与读者见面。

李世阳

2019 年 12 月